Bilanztechnik und Bilanzkritik

Von

Dr. h. c. Friedrich Leitner
Professor an der Handels-Hochschule und der Technischen Hochschule
Berlin

Neue Ausgabe der
achten und neunten, neu bearbeiteten Auflage

Mit einem Nachtrag
Bilanzen und Notrecht

Walter de Gruyter & Co.
vormals G. J. Göschen'sche Verlagshandlung — J. Guttentag, Verlagsbuchhandlung — Georg Reimer — Karl J. Trübner — Veit & Comp.
Berlin W 10 und Leipzig
1932

Archiv-Nr. 13 09 32
Druck von Walter de Gruyter & Co., Berlin W 10

Vorwort.

Eine Wissenschaft, die auf Erscheinungen des Wirtschaftslebens zurückgreift, ist nicht imstande, die von unübersehbar mannigfaltig historischen Umständen bedingten Formen und Methoden in ihrer Ganzheit in sich aufzunehmen. Die Wirtschaft ist ein Fortschreiten, keine Vollendung, eine fortwährende Modifikation ohne Abschluß. Ein Buch wirtschaftswissenschaftlichen Inhalts ist zeitbedingt, sein Inhalt davon abhängig, welche Wirtschaft in einem gegebenen Augenblick ist.

Im vorliegenden Buch soll versucht werden, die Mannigfaltigkeiten und das Chaos der Bilanzen durch verständliche und grundsätzliche Darstellungen zu einer Einheit zu formen, die Grundlagen zu bauen, auf denen der Leser in der Vielgestaltigkeit der Erscheinungen sich zurechtfinden kann. Die Erkenntnis der Dinge läßt sich dem Leser nicht hineinschütten wie Nüsse in einen Sack; alles Erkennen ist Aktivität des Geistes, erfordert Mitarbeit. Der Weg zur Praxis führt über die Theorie, doch darf die Theorie nicht im luftleeren Raum aufgebaut sein, sie muß stets erdverbunden bleiben. Die im Wirtschaftsleben eingebürgerten Begriffe können übernommen werden, wenn sie genügend klar sind. Es sollte kein Wesensmerkmal der Wirtschaftswissenschaften sein, daß jeder Autor seine eigenen Begriffe prägt und damit das bereits vorhandene Chaos durch einen Katalog eigenwilliger Begriffsbestimmungen vermehrt. Auch die Verbindung zu Nachbarwissenschaften, hier der Volkswirtschaftslehre und der Rechtswissenschaft, ist für die kritische Auswertung von Bilanzzahlen und für das Verständnis ihres Zusammenhanges mit wirtschaftlichen Bedingtheiten und rechtlichen Bestimmungen notwendig.

Nach Absicht und Neigung des Verfassers dient das Buch der Wirtschaftspraxis und der Kausalanalyse. Die eingestreuten typologischen Bilanzbeispiele dienen der Veranschaulichung und wollen studiert, nicht nur gelesen sein.

Die Abschnitte 1 und 3, 36—39 sind unverändert geblieben, alle übrigen sind umgebaut oder erweitert; neu eingefügt sind der zweite Abschnitt, das II. Kapitel, 8.—10. Abschnitt, 15., 16., 23., 31.—33. und der 40. Abschnitt. Der vorliegende Band ist in sich geschlossen und selbständig; gelegentlich wird in Nebensächlichkeiten auf den ersten Band (Die doppelte kaufmännische Buchhaltung, 6./7. Auflage, 1923) verwiesen, um Wiederholungen zu vermeiden.

Berlin C 2, April 1929.

Leitner.

Literatur-Ergänzung.

Verlagsorte: B = Berlin; L = Leipzig; M = München; St = Stuttgart; W = Wien. A = Auflage; Diss. = Dissertation (vornehmlich als Materialsammlung geeignet.)

A. Einführung: Außer den Lehrbüchern der kaufm. Buchhaltung (Abschnitt: Bücherabschluß):

Huber, Wie liest man eine Bilanz? St 1907 ff.

Hiemann, Bilanzen, ihre Entstehung und ihr Zusammenhang mit der Materialverwaltung, dem Lohnwesen und der Selbstkostenberechnung. 2. A, L 1912.

B. Juristisch:

Grundlegend: Simon, Die Bilanzen der Aktiengesellschaften und der Kommanditaktiengesellschaften. 3. A, B 1899 (4. A, B 1910).

Am ausführlichsten: Rehm, Die Bilanzen der Aktiengesellschaften und Gesellschaften m. b. H., Kommanditgesellschaften nach deutschem und österreichischem Handels-, Steuer-, Verwaltungs- und Strafrecht. M 1903. (2. A 1914.)

Mit wirtschaftlichen Betrachtungen durchsetzt: Passow, Die Bilanzen der privaten und öffentlichen Unternehmungen. 3. A, L 1921. Zitiert nach der 1. A 1910. Kurz orientierend: Knappe, Die Bilanzen der Aktiengesellschaften vom Standpunkte der Buchhaltung, Rechtswissenschaft und der Steuergesetze. 2. A, Hannover 1909. Bauer, Inventur und Bilanz. 4. A, L 1913.

Für Fortgeschrittene: Fischer, Die Bilanzwerte, was sie sind und was sie nicht sind. 1. und 2. Teil: L 1905/08. Die Kommentare und Lehrbücher zum Handelsgesetzbuch oder zu Teilgebieten (Staub, Lehmann, Düringer-Hachenburg usw.).

C. Kaufmännisch-technisch:

Reisch-Kreibig, Bilanz und Steuer, 2. Bd. 3. A, W 1914/15.

Berliner, Buchhaltungs- und Bilanzlehre, 5./6. A. Hannover 1920.

Busse, Inventur, Bücherabschluß und Bilanz, 3. A, St 1919.

Beigel, Buchführung und Abschluß der Handelsgesellschaften nach Gesetz und Technik, L 1914.

Chenaux-Repond, Die kaufmännische Bilanz und der Bücherabschluß. 2. A, St 1912.

Maatz, Die kaufmännische Bilanz und das steuerbare Einkommen, 6. A, B 1912 (im steuerrechtlichen Teil veraltet).

Schär, Buchhaltung und Bilanz, 4. A, B 1921.

D. Literatur zu einzelnen Kapiteln.

I. Kapitel s. oben A und C.

II. Kapitel:

Schmalenbach, Die dynamische Bilanz, 4. A, L 1926.

Schmidt, Die organische Bilanz im Rahmen der Wirtschaft. L 1922 (3. erweiterte Aufl. unter dem Titel: Die organische Tageswertbilanz, L 1929).

Schmidt, Bilanzwert, Bilanzgewinn und Bilanzumwertung, B 1924.

Schmidt, Der Wiederbeschaffungspreis des Umsatztages in Kalkulation und Volkswirtschaft, B 1923.

Mahlberg, Der Tageswert in der Bilanz, L 1925.

Sewering, Die Einheitsbilanz, L 1925.

Osbahr, Die Bilanz vom Standpunkt der Unternehmung, 2. A, B 1919. (3. Aufl. bearb. von Nicklisch, 1923.)

Handwörterbuch der Betriebswirtschaftslehre, St 1925—1928.

III. Kapitel.

8. Abschnitt:

Kovero, Die Bewertung der Vermögensgegenstände in der Jahresbilanz der privaten Unternehmungen, B 1911.

Mellerowicz, Grundlagen betriebswirtschaftlicher Wertungslehre, B 1926.

Schubert, Der gemeine Wert, B 1925.

Moral, Die Abschätzung des Wertes industrieller Unternehmungen, 2. A, B 1923.

Lion, Wahre Bilanzen?, B 1927.

11. Abschnitt, C. 4:

Findeisen, Der eiserne Bestand in betriebswirtschaftlicher und steuerlicher Beziehung, B 1923.

Bertram, Der eiserne Bestand in der Bilanz. Z. f. hw. F. 1923.

11. Abschnitt, B. D:

Brommels, Die eigentliche Abschreibung, Helsingfors 1928.

Eckstein, Die Abschreibung des buchführenden Kaufmannes, M 1926.

Schiff, Abschreibung, Vermögenserhaltung und Preisbildung, B 1923.

Lippmann, Steuerliche Abschreibungen, B 1927.

IV. Kapitel:

Mohr, Bilanz und immaterielle Werte, B 1927.

Mahn, Die Bilanzierungsfähigkeit immaterieller Firmenwerte nach Handels- und Steuerrecht, Diss. Berlin 1928.

Rechtmann, Die Behandlung des Geschäftswertes der Unternehmung in der Bilanz; Z. f. hw. F. 1926.

Lewin, Die stillen Reserven der Aktiengesellschaften und G. m. b. H. Diss. Göttingen 1920.

13. Abschnitt:

Findeisen, Die Reserven der Unternehmung in betrieblicher und steuerlicher Beziehung, B 1922.

V. Kapitel.

15. Abschnitt:

Deutsch, Konjunktur und Unternehmung, B o. J. (1928).

Cassel, Theoretische Sozialökonomie, 4. A, L 1927. (4. Buch: Theorie der Konjunkturbewegungen.)

Sombart, Das Wirtschaftsleben im Zeitalter des Hochkapitalismus, 2. Halbband, M 1927. (49.—54. Kapitel.)

Wagemann, Konjunkturlehre, B o. J. (1928).

Gerhard, Der handelsrechtliche, steuerrechtliche und betriebswirtschaftliche Ertrag der Unternehmung, B 1928.

16. Abschnitt:

Loewenstein, Kalkulationsgewinn und bilanzmäßige Erfolgsrechnung in ihren gegenseitigen Beziehungen, B 1922.

Müller-Bernhardt, Die getrennte doppelte Erfolgsrechnung, B 1928.

Richter, Das Problem der Erfolgsspaltung; Z. f. hw. F. 1928.

Schmalenbach, Die Weiterbildung der monatlichen Erfolgsrechnung, ebenda 1926.

17. Abschnitt:

Hummel, Das Rentabilitäts- und Wirtschaftlichkeitsproblem, St 1927.

Kühnel, Grundsätze der Rentabilitätsberechnung, L 1923.

18. Abschnitt:

Findeisen, Die Unternehmungsform als Rentabilitätsfaktor, B 1924.

19. Abschnitt:

Haar, Das Wesen der transitorischen Posten und Antizipationen und ihre Behandlung in der Buchhaltung und Bilanz, W 1926.

20. Abschnitt:

Weinreis, Die Bilanzierung der Teilschuldverschreibungen. Z. f. hw. F. 1925.

VI. Kapitel.

22. Abschnitt:

Stern, Bilanz-Delikte, L 1921.

Koch, Buch- und Bilanzvergehen vom Standpunkt des Steuerbeamten und ihre Bekämpfung, 2. A, Düsseldorf 1925.

Jenny-Niedermeyer, Die Hintertüren der Buchhaltung, B 1927.

26. Abschnitt:

Le Coutre, Praxis der Bilanzkritik, B 1926. (Bisher 1. und 2. Band erschienen.)

Derselbe, Die praktische Auswertung von Bilanzen, L 1923.

Lomnitz, Die systematische Bearbeitung der Veröffentlichungen von Aktien-Gesellschaften, L 1908.

Konrad, Bilanz-Rätsel, Wehingen o. J. (etwa 1911).

Gerstner, Bilanz-Analyse, 9. A, B 1928.

Schmaltz, Bilanz- und Betriebs-Analyse in Amerika in Hinsicht auf ihre Verwertbarkeit für die deutsche Wirtschaft, L 1927.

27. Abschnitt:

Penndorf, Fabrikbuchhaltung und ihre Zusammenhänge mit Kalkulation und Statistik, B 1924.

28. Abschnitt:

Obst, Bankbuchhaltung, St 1926.

Haase-Butze, Bankbuchhaltung, B 1926.

Kalveram, Bankbuchhaltung, L 1926.

Porges-Schönwandt, Die Kontrolle im Geschäftsbetrieb der Banken, Sparkassen und Genossenschaften, B 1926.

29. Abschnitt:

Auler, Das Pfandbriefgeschäft als Kreditquelle der deutschen Hypothekenbanken, B 1926.

30. Abschnitt:

Letschert, Die Revision der Genossenschaft, B 1927.

Hildebrand, Organisation und Direktion des genossenschaftlichen Betriebes, Halberstadt 1927.

34. Abschnitt:

Passow, Die gemischt-wirtschaftlichen und öffentlichen Unternehmungen auf dem Gebiete der Elektrizitäts- und Gasversorgung und des Straßenbahnverkehrs, 2. A, Jena 1923.

Homberger, Die Bilanzaufstellung der deutschen Reichsbahn; in der Festschrift für Schanz. I. Bd. Tübingen 1928.

Aretz, Bilanzierung der gewerblichen Gemeindebetriebe, Aachen 1913.

VII. Kapitel.

35. Abschnitt:

Grull, Die Inventur in Fabrik- und Warenhandelsbetrieben, B 1911.

Peiser, Grundlagen der Betriebsrechnung in Maschinenbauanstalten, 2. A, B 1923.

Popp, Kurzfristige Erfolgsrechnung und ihre Revision, B 1927.

Bauer, Die Bewegungsbilanz und ihre Anwendbarkeit insbesondere als Konzernbilanz, Z. f. hw. F. 1926.

Jochus, Kurzfristige Erfolgsrechnung in Banken, ebenda 1927.

40. Abschnitt:

Zusammenhänge zwischen Steuern und Betriebswirtschaft. Herausgegeben vom Reichs-Finanzministerium, B 1928.

Strutz, Handbuch des Reichssteuerrechts, B 1927.

Wulff, Die Praxis der steuerlichen Buchprüfung, 2. A, B 1927.

4. und 5. Steuer-Vortrags-Zyklus der Industrie- und Handelskammer Berlin 1928 und 1929 mit besonders wertvollen Vorträgen über Bilanzsteuerrecht, Bewertung und steuerliche Abschreibungen.

Lion, Bilanzsteuerrecht, 2. A, B 1923 (grundlegend).

Abkürzungen.

B. = Bilanz im Sinne des § 39 HGB.

BGB. = Bürgerliches Gesetzbuch.

HGB. = Handelsgesetzbuch.

KO. = Konkursordnung.

Wirtschaftslehre = Leitner, Wirtschaftslehre der Unternehmung, 5. Auflage, Berlin 1926.

Z. f. hw. F. = Zeitschrift für handelswissenschaftliche Forschung.

Inhaltsverzeichnis.

I. Kapitel.

Die Bilanztechnik.

1. Abschnitt.

Inhalt und Form der Bilanz.

Die Volkswirtschaftslehre verbindet mit dem privatwirtschaftlichen bzw. -rechtlichen Grundwort „Bilanz“ ein verkehrswirtschaftliches Bestimmungswort: Forderungs-, Zahlungs-, Handelsbilanz. Diese sozialwirtschaftlichen Begriffe und die kaufmännischen Bilanzen zeigen eine äußerliche Übereinstimmung: in jeder Bilanz handelt es sich um eine Aufstellung wirtschaftlich positiver und negativer Zahlengrößen, um eine Berechnung bestimmten Inhalts und mit bestimmtem Zweck.

Die im HGB. und in Sondergesetzen vorgeschriebenen Bilanzen sollen den Wert des Vermögens und die Gesamtheit der Schulden einer privatrechtlichen Einzelwirtschaft unter Berücksichtigung aller den Sonderzweck bestimmenden Bewertungseinflüsse ziffermäßig darstellen: in der Gründungsbilanz die Anschaffungskosten der Vermögensteile, in der Schlußbilanz den Wert der Vermögensgegenstände für den Bilanztag unter der Voraussetzung ungestörter und unveränderter Weiterführung der Unternehmung; in der Liquidations- bzw. Konkurseröffnungsbilanz den Veräußerungswert unter Berücksichtigung der Auflösung usf. Zu den gesetzlich notwendig zu beachtenden Berechnungsfaktoren treten noch subjektiv-privatwirtschaftliche Erwägungen verschiedener Art, die die Zahlenbilder verändern, schönen, färben.

Der jeweils gewollte Endzweck der Bilanz kaufmännischer Unternehmungen kann stets nur auf dem Umwege über die Feststellung des Vermögens und der Schulden erreicht werden. In der jährlichen Schlußbilanz werden neben Vermögen und Schulden regelmäßig noch berechnet: das Kapital und der Erfolg eines Wirtschaftsjahres.

Die Inventarbilanz des Gesetzes (§ 39[1] HGB.) gibt unabhängig von anderen Büchern eine Übersicht über das Verhältnis des Vermögens und der Schulden; sie ist eine summarische Zusammenstellung der Vermögensteile und der Schulden [1]), im kaufmännischen Sprachgebrauch eine summarische Zusammen- und Gegenüberstellung der Aktiva und Passiva [2]) für einen bestimmten Tag. Grundlagen für das Inventar [3]) sind die Inventur, die Inventarbücher, Bestandsbücher oder Skontren (wie Debitoren-, Kreditorenbuch, die Lagerbücher, Wechsel- und Effektenbücher). Konten, besonders die kollektiven Konten (Bd. I Sachregister) im System der doppelten Buchführung dienen zur Kontrolle der Bestandsbücher, soweit dem zusammenfassenden Konto ein zerlegendes Bestandsbuch beigegeben ist (Debitorenkonto ergänzt durch das Debitorenbuch, Wechselkonto ergänzt durch das Wechselbuch usw.). Die Inventur ermittelt die tatsächlichen, die Istbestände, wo eine Kontrolle der buchmäßigen Sollbestände erforderlich wird oder die Bestandsbücher versagen [4]).

Danach ist 1. das Inventar a) ein gesetzliches Erfordernis und die Grundlage für die Abschlußbilanz innerhalb eines jeden Systems kaufmännischer Buchführung, b) im System der einfachen Buchführung die wichtigste und einzige Ergebnisrechnung, eine Zusammenfassung der aktiven und passiven Bestände, c) im System der doppelten Buchhaltung ein Kontrollmittel für die reinen Bestandskosten und für die Beständeverwaltungen.

2. Die Inventur (die Aufnahme des Inventars, § 39 HGB.) ist notwendig zur Kontrolle der Bestandsbücher, zum Abschluß einiger Bestandskosten, zum Abschluß aller Bestandserfolgskonten (transitorische und antizipierende Posten).

Jeder Kaufmann [5]) ist verpflichtet, seine Vermögensteile und Schulden genau aufzuzeichnen [6]), dabei den Wert der einzelnen Vermögensgegen-

---

[1]) ... s'il veut tirer de cet inventaire un aperçu sommaire, il obtient ce qu'on appelle un bilan. (Verley, Le bilan dans les sociétés anonymes, Paris 1906, pag. 11.) Bilan résumant l'inventaire (franz. Gesetz vom 24. 7. 1867). Zur französischen Literatur vgl. noch Carpentier, Étude juridique sur le bilan dans les sociétés par action. Paris 1906 (mit Bibliographie). Léautey, Traité des inventaires et des bilans. Paris o. J. Eine Zusammenstellung der Buchhaltungsliteratur überhaupt bei Reymondin, Bibliographie sur la science des comptes, Paris 1909.

[2]) RG. vom 27. 3. 1900, zitiert in der Zeitschrift f. Aktienwesen VII, Nr. 2, S. 43.

[3]) inventarium, von invenire = auffinden, vorfinden. Wegen der Etymologie des Wortes „Bilanz" vgl. Passow, a. a. O. S. 2, Anmerkung.

[4]) Vgl. Grull, Die Inventur. Aufnahmetechnik, Bewertung und Kontrolle. Berlin 1911. Servais, Balances, opérations d'inventaire, bilan. Paris 1904. Der Bestand kann durch Inventur (Bestandsaufnahme) ermittelt oder durch Fortschreibung der Zu- und Abgänge vom Anfangsbestand berechnet werden (Soll-Bestand).

[5]) d. h. jeder private Vollkaufmann. Nicht jede Erwerbsunternehmung ist bilanzpflichtig; vgl. §§ 3, 4, 42 HGB.

[6]) Die einfache Buchführung kennt kein anderes Kontrollmittel der Voll-

stände, selbstverständlich auch der Schulden, anzugeben (Inventar, § 39 HGB.), und einen das Verhältnis zwischen Vermögen und Schulden darstellenden Abschluß zu machen (Bilanz) [1]).

Der allgemeine rechtliche Inhalt der Bilanz ist damit gegeben; jede Bilanz hat Vermögen, Schulden und das Verhältnis zwischen beiden darzustellen. Sie kann nicht aus einer bloßen Zusammenstellung bestehen. Mindestens muß summarisch angegeben werden, durch welche Vermögensgegenstände die Aktiva und durch welche Einzelposten die Passiva gebildet worden sind. Die bloße Gegenüberstellung des Gesamtbetrages der Aktiva und des Gesamtbetrages der Passiva mit Einstellung des Saldos ist völlig ungeeignet, ein klares Bild vom Vermögensstande und seiner Zusammensetzung zu geben.

Für Gesellschaftsunternehmungen sind überdies Sonderbestimmungen maßgebend. So muß die Bilanz einer Aktiengesellschaft (§ 261, Ziff. 5, 6 HGB.) auf der Passivseite angeben: den Betrag des Grundkapitals und eines jeden Reservefonds, am Schluß der Bilanz den aus der Vergleichung sämtlicher Aktiva und sämtlicher Passiva sich ergebenden Gewinn oder Verlust (Unterbilanz, § 329 HGB.). Sie kann auch einen der Abnutzung des Anlagevermögens gleichkommenden Erneuerungsfonds auf der Passivseite enthalten (§ 261, Ziff. 3). Für die G. m. b. H. bestehen dem Aktienrecht ähnliche Vorschriften für den Inhalt der Bilanz (§ 42; Stammkapital nach den Bestimmungen des Gesellschaftsvertrages, Reserven und Erneuerungsfonds, Gewinn oder Verlust); dann sind noch nichteingezahlte Nachschüsse auf beiden Seiten der Bilanz ersichtlich zu machen, eingezahlte Nachschüsse unter die Passiva aufzunehmen, soweit nicht die Verwendung eine Abschreibung der betreffenden Passivposten begründet.

Die Inventarbilanz, die wir kurzweg als „Bilanz" (die B.) bezeichnen werden, kann formell als Kapital- oder als Erfolgsermittlungsbilanz aufgestellt werden. Ein paar schematische Beispiele sollen zunächst den formalen Unterschied klarlegen.

---

ständigkeit in der Aufzählung der Vermögensteile wie die Durcharbeitung der ganzen Buchführung. Die doppelte Buchführung bietet größere Gewähr, ist aber auch nicht absolut zuverlässig; aus steuertechnischen und anderen Gründen können Vermögensteile unterschlagen werden, z. B. durch Verbuchung von Anschaffungskosten für Anlagevermögen auf Betriebskosten.

[1]) Die auf Buchführung und Bilanzen sich beziehenden gesetzlichen Vorschriften sind zusammengestellt bei Knappe, Bilanzen, 2. Aufl. Berlin 1909, S. 1—22; Betzinger, Wie der Kaufmann Bücher führen muß. Leipzig (o. J.), S. 1—23; Fischer, Buchführung und Bilanzaufstellung nach Handelsrecht. Leipzig 1913.

α. Die B. als Kapitalermittlungsbilanz.

	Aktiva	Schulden	Kapital	Ergebnis der Vergleichung
1. Jahr	100	70	30	Kapitalverminderung .... ÷ 10
2. „	80	60	20	
3. „	120	85	35	Kapitalzuwachs .... + 15

Diese Bilanzen stellen Vermögen und Schulden sowie deren Wertunterschied dar. Der Kapitalzuwachs oder die Kapitalverminderung des Bilanzjahres ist nicht unmittelbar zu ersehen, kann aber durch Vergleichung berechnet werden (letzte Spalte).

β. Die B. als Erfolgsermittlungsbilanz. Die ursprüngliche Kapitaleinlage (Grund-, Stammkapital) muß in der B. unverändert

1. Jahr.

Aktiva		Passiva	
Vermögen	100	Schulden	70
		(Grund-)Kapital	30

2. Jahr.

Aktiva		Passiva	
Vermögen	80	Schulden	60
Verlust	10	(Grund-)Kapital	30

3. Jahr.

Aktiva		Passiva	
Vermögen	120	Schulden	85
Verlustvortrag	10	(Grund-)Kapital	30
		Reingewinn	15

bleiben. Kapitalzuwachs oder -verminderung, Erfolg oder Mißerfolg sind unmittelbar ersichtlich [1]) gemacht.

Ob der Kapitalzuwachs = Reingewinn und die Kapitalminderung = Reinverlust ist, hängt von der Rechtsform der Unternehmung ab. Bei Einzelkaufleuten und den Personalgesellschaften des Handelsrechts sind die Privatentnahmen zu berücksichtigen: Kapitalzuwachs und Entnahmen = Reingewinn; Kapitalminderung abzüglich Entnahmen = Reingewinn bzw. Reinverlust (Bd. I, S. 30, 104 ff. und Abschnitt 18 dieses Buches).

Beiden Bilanzformen fehlt eine Analyse des Erfolges. Kapitalgesell-

[1]) Vgl. auch Abschnitt 2, wo durch Nebenrechnung in der Vermögensbilanz der Erfolg ersichtlich gemacht ist.

schaften des HGB. (Aktien- und Kommanditaktiengesellschaften), G. m. b. H. und Genossenschaften müssen eine Erfolgsermittelungsbilanz aufstellen, Einzelkaufleute und die handelsrechtlichen Personalgesellschaften können die eine oder die andere Form wählen.

Auch die Bewertung der Vermögensteile beeinflußt den Charakter der B. Eine Vermögensbilanz muß den wahren Wert angeben, beispielsweise die Verkaufswerte und den nichtrealisierten Wertzuwachs des Immobiliarvermögens, eine Vermögensverteilungsbilanz die Versilberungswerte berücksichtigen. Eine Erfolgsermittlungs- und Erfolgsverteilungsbilanz wird die rein buchmäßigen Bewertungsgewinne nicht darstellen dürfen.

Vielfach wird von Aktiengesellschaften der Generalversammlung eine sehr eingehende B. vorgelegt, während zum Zwecke der Veröffentlichung im Interesse der Vermeidung zu hoher Insertionskosten eine Kürzung vorgenommen wird, indem eine Anzahl Unterposten gestrichen und nur die Hauptposten in der B. dargestellt werden [1]). Nur die wichtigsten Posten der B. und der Gewinn- und Verlustrechnung werden in der Bilanzveröffentlichung getrennt, minder wichtige in Sammelposten vereinigt. Wenn man bedenkt, daß die Bilanzvorlage bei sehr vielen Aktiengesellschaften nur ein farbloser Abguß der viel ausführlicheren internen B. ist, wie sie sich auf Grund der spezialisierenden Buchführung ergibt, so kann man häufig von drei Bilanzen sprechen, über die eine Aktiengesellschaft verfügt: die interne ausführliche B. mit allen Einzelheiten, die verschleierte Zusammenstellung der Bilanzvorlage an die Generalversammlung, die fast alle Gesellschaften im Hinblick auf § 263² HGB. in Verbindung mit dem Geschäftsbericht des Vorstandes und den Bemerkungen des Aufsichtsrats durch Druck vervielfältigen lassen, endlich die im Reichsanzeiger und anderen Zeitungen zu veröffentlichende B. (§ 265 HGB.). Die Berechnung des steuerbaren Einkommens stützt sich auf eine besonders aufzumachende Steuerbilanz. Die meisten Aktiengesellschaften veröffentlichen die mit dem verteilungsfähigen Reingewinn abschließende B., andere mit dem Gewinnverteilungsvorschlag in der Vermögensbilanz oder in der Gewinn- und Verlustrechnung vor der Hauptspalte, andere wiederum eine B. nach der Gewinnverteilung, die also mit dem Gewinnvortrag schließt, unter den Passiven die Tantièmen, Dividenden und sonstigen Auszahlungsbeträge anführt (sog. Nettobilanz, gereinigte B.). Einige wenige Aktiengesellschaften veröffentlichen eine B. vor der Gewinnverteilung und eine Nettobilanz im angegebenen Sinne.

---

[1]) Eine gesetzlich erlaubte Zusammenfassung der Bilanz; vgl. die Denkschrift zum Entwurf ... Berlin 1897, S. 160.

Beispiel für eine Nettobilanz (unter Weglassung der Aktiva).

Netto-Bilanz

auf Grund der Beschlüsse der ordentlichen Generalversammlung.

Passiva.		ℳ	₰
Aktien-Kapital		5 000 000	—
Kreditoren		3 081 546	78
Delkredere		158 037	89
Gesetzl. Reservefonds	ℳ 2 011 400.21		
Besonderer Reservefonds	„ 270 000,—		
Dividenden-Ergänzungs-Fonds	„ 360 000,—	2 641 400	21
Unterstützungsfonds für Beamte und Arbeiter (einschl. Zinsen)		149 074	54
Beamten-Pensionsfonds (einschl. Zinsen)		482 523	53
Fonds für Wohlfahrts-Einrichtungen (einschl. Zinsen)		152 561	97
Dividenden-Konto		1 500 000	—
Rückstellung für Neubauten		500 000	—
„ „ Steuern		20 000	—
Tantième-Konto		573 600	—
Tantièmefreier Gewinnvortrag		367 562	22
		14 626 307	14

Gewinn- und Verlust-Konto am 31. Oktober 1929.

Soll.	ℳ	₰
Handlungs-Unkosten-Konto	1 046 509	05
Abschreibungen	876 140	87
Delkredere-Konto*	30 000	—
Dividenden-Konto*	1 500 000	—
Tantième-Konto*	573 600	—
Pensionsfonds*	100 000	—
Fonds für Wohlfahrtseinrichtungen*	40 000	—
Rückstellung für Neubauten*	250 000	—
„ „ Steuern*	10 000	—
Tantièmefreier Gewinnvortrag*	367 562	22
	4 793 812	14

Haben.	ℳ	₰
Gewinn-Vortrag von 1928/29	240 092	22
Waren-Konto, Gewinn nach Abzug der Fabrikations-Unkosten, einschließl. Ergebnisse der Filialen u. Beteiligungen	4 553 719	92
	4 793 812	14

*) Die mit * bezeichneten Posten sind verteilter Reingewinn (gleich 2 871 162,22 ℳ).

Die traditionelle Kontenform der B., die gesetzlich ebensowenig vorgeschrieben ist wie die innere Gliederung der B., schließt manche Unklarheiten in sich. Sie bedingt die Einsetzung eines aktiven Überschusses auf die Passivseite und umgekehrt. Sie läßt beispielsweise bei Aktienbilanzen weder den Gesamtbetrag des Eigenkapitals noch jenen der Schulden unmittelbar in einer Summe erkennen. Für Kapitalgesellschaften besteht überdies die zwingende Vorschrift, das Reinvermögen bilanzmäßig in einzelne Teile zu zerlegen: Grund- oder Stammkapital, Reservekapitalien und Reingewinn oder Unterbilanz.

Die Anordnung[1]) der Aktiva und der Schulden ist eine willkürliche, wechselt mitunter in der B. derselben Unternehmung in kürzeren Zwischenräumen absichtlich, um die Vergleichung der Bilanzergebnisse zu erschweren. Sie unterliegt keinen Vorschriften „ordnungsmäßiger Buchführung". Es wechseln Bilanzen in voller Durchsichtigkeit und weitgehender Spezialisierung mit Bilanzen, die ein paar Zahlen darstellen, der Not d. h. dem Gesetze gehorchend, nicht dem eigenen Triebe. Für Einzelfälle hat der Gesetzgeber Zwangsformulare erlassen, die neben dem obligatorischen Inhalt gleichzeitig die Reihenfolge angeben, z. B. für die B. der Notenbanken, für die dem Aufsichtsamt unterstellten Versicherungsgesellschaften; auch für Hypothekenbanken ist teilweise der Inhalt vorgeschrieben. Seit 1909 bzw. 1912 veröffentlicht eine größere Zahl deutscher Kreditbanken Zwischenbilanzen nach einem einheitlichen Schema.

Eine natürliche Anordnung der Passiva erleichtert die Bilanzkritik außerordentlich. Dem gewohnheitsmäßig an die Spitze gestellten Grund- oder Stammkapital sollen die Reserven folgen — bei Genossenschaften: Geschäftsguthaben, Reservefonds, Betriebsrücklage, Sicherungseinlagen der Genossen — etwa in einer Vorspalte spezialisiert und in der Hauptspalte aufaddiert, dann die Bewertungskorrekturen für Aktiva (Abschreibungskonten), die echten Schulden und schließlich der Reingewinn. Vgl. die folgende B. einer Kommandit-Aktiengesellschaft (S. 8).

Die Benennung der Posten gleichen Inhalts ist in den Bilanzen verschieden und erschwert ihre Beurteilung; auch können Posten gleicher Benennung durchaus verschiedenen Inhalts sein. So kann z. B. der Delkredere-Fonds ein Wertberichtigungskonto für die mit ihrem Nennwert eingestellten Buchforderungen sein, oder eine Gewinnrücklage zur Deckung etwaiger zukünftiger Verluste an vollwertigen Forderungen, endlich auch eine echte Schuld für übernommene Garantien bestimmter Art. Der Erneuerungsfonds kann Abschreibungskonto oder Gewinnrücklagen oder

---

[1]) Über die Vereinheitlichung der Bilanzaufstellungen vgl. Léautey, L'unification des bilans des sociétés par actions. 5. éd. Paris o. J.; Neijmarck, Du meilleur mode à indiquer au point de vue statistique international pour la confection des bilans des sociétés anonymes. Berlin 1903. Beide Autoren im Bulletin de l'Institut international de Statistique. Berlin 1904. Faragi, Du bilan des sociétés par actions. (Étude économique, comptable, financière et juridique.) Paris 1906. S. 71 ff.; Moll, Rentabilität der Aktiengesellschaften. Jena 1908.

Debet	ℳ	₰	Credit	ℳ	₰
Immobilien- u. Mobilien.	7 692 995	91	Aktien-Kapital-Konto ..	7 900 000	—
Assekuranz	18 375	65	P. Rd. Ed. Stöhr Kapital-		
Kassa	155 203	05	Konto	100 000	—
Wechsel...............	393 852	53	H. Keil Darlehn-Konto .	100 000	—
Effekten	8 488 819	59	Kontokorrent der persön.		
Debitoren	4 761 022	79	haft. Gesellschafter...	279 770	17
Garn-(Fabrikations-)Be-			Reservefonds-Konto ...	2 525 000	—
stände	4 326 243	80	Spezial-Reservefonds-		
			Konto	250 000	—
			Pensions- und Unter-		
			stützungs-Konto	278 969	—
			Verantwortl. Kapital ...	11 433 739	17
			Schuldverschreibungen..	901 000	—
			Amort.-Hypotheken	2 375 000	—
			Tratten	2 167 937	50
			Einlage-Konto d. B. u. A.	987 877	06
			Kreditoren	7 728 899	59
			Dividenden	242 060	—
	25 836 513	32		25 836 513	32

beides sein. Durch die unklare Bezeichnung eines Bilanzpostens bleibt es oft zweifelhaft, welche Bedeutung den Bilanzzahlen zukommt.

Die Bilanzgleichung: Aktiva = Passiva verlangt für die Kritik eine Auflösung in eine andere Form: Aktiva abzüglich Schulden = eigenes Kapital (Reinvermögen); für Kapitalgesellschaften:

Aktiva	285 Mill.	Grundkapital	90 Mill.
÷ Wertberichtigungsposten		+ Reserven	15 „
(§ 261 [3])	17 „	{ + Reingewinn	6 „
Wert der Aktiva	268 Mill.	{ ÷ Reinverlust	
Abzüglich Schulden	157 „	Reinvermögen.	111 Mill.
bleibt Reinvermögen	111 Mill.		

Beide Darstellungsformen zeigen auch die beiden Berechnungsmöglichkeiten für das eigene Kapital der Kapitalgesellschaften. Links wird das Reinvermögen mittelbar durch Subtraktion der Schulden von den Aktiven, rechts unmittelbar durch Addition der Reinvermögensteile berechnet.

Das **Reinvermögen** hat den Charakter einer Saldogröße, einer Differenzgröße. Es bildet den ideellen Anteil, den „freien" Teil der Aktiva im Gegensatz zu dem durch die Schulden gebundenen Teil des Gesamtvermögens. Ist die Unveränderlichkeit des Reinvermögens oder eines seiner Teile (des Stamm-, des Grundkapitals) vorgeschrieben, wie bei

Kapitalgesellschaften, mitunter auch durch Vertrag bei Personalgesellschaften, so ergibt sich, daß jede Erhöhung oder Verminderung des Reinvermögens bilanzmäßig in Erscheinung treten muß, ein Reingewinn als Reinvermögensergänzung auf der Passivseite, ein Reinverlust als Wertberichtigungsposten des Reinvermögens auf der Aktivseite. Aus dem Saldocharakter des Reinvermögens ist zu folgern, daß die „Deckung" einer Unterbilanz durch Entnahmen aus einem Zusatzkapital, also einem Teil des bilanzmäßigen Reinvermögens oder durch Herabsetzung des Stamm- oder Grundkapitals nur eine Rechnungsoperation sein kann, eine Umbuchung von einem auf ein anderes Konto, die die Wertverminderung auch bilanzmäßig durch Abschreiben des Minderungsbetrages vom Reinvermögen zum Ausdruck bringt.

Bilanzpassiva und Schulden sind ebensowenig identisch wie Aktiva und Vermögen oder Eigentum [1]). Auf der Passivseite der B. stehen Schulden und Kapital, doch bilden beide rechtliche und wirtschaftliche Gegensätze. Die Bilanzpassiva sind teils echte Verbindlichkeiten, rechtlich begründete Ansprüche Dritter an die Vermögensmasse, teils wirtschaftliche Schulden der Unternehmung an den oder die Inhaber wie Anfangs- und Grundkapital, Stammeinlagen, Geschäftsguthaben der Genossen, teils Rechnungsposten, wie die Erfolgsregulierungs- und Wertberichtigungsposten. Der Reingewinn als Saldo der B. einer Kapitalgesellschaft stellt den rechnerischen Überschuß der größeren Seite dar, hat den Charakter der größeren Seite, ist also selbst aktiv und natürlich kein Passivum, ebensowenig wie der Bilanzverlust, die Unterbilanz, ein Aktivum ist. Bei den Aktienvereinen und ihnen gleichgestellten Gesellschaften bindet die Gesamtsumme der Passiva mit Ausschluß des Reingewinns einen gleich hohen Betrag der Aktiva; erst der Überschuß ist verteilungsfähig.

Auf der Aktivseite der B. stehen außer Vermögensgegenständen und Forderungsrechten, außer Sachgütern, Rechten, immateriellen Gütern noch: der Bilanzverlust und der Betrag einer Überschuldung — beide als rechnungsmäßige Ausgleichposten —; bei den Personalgesellschaften der Passivsaldo eines Gesellschafters; dann Berichtigungsposten für Schulden, z. B. Disagio, und rein rechnungsmäßige Aktiva (transitorische und Antizipationsbuchungen).

Die Begriffe „Unterbilanz" und „Überschuldung" sind gesetzlich festgelegt und sollen nicht, wie es noch manche Autoren tun, für gleich erachtet werden. Eine Überschuldung (§ 240 HGB.: Das Vermögen

---

[1]) Besonders deutlich bei den Aktienvereinen: Der Überschuß der Aktiva über die Schulden ist Reinvermögen, jener der Aktiva über die Passiva ist Reingewinn oder Reinverlust.

Bilanzschema einer

Aktiva (Kapitalverwendung, Arten der Vermögensteile).

I. Anlagevermögen (stehendes Kapital);
  1. Unbewegliches: a) Grundstücke (Fabrikterrain, Bergwerke, Forstbesitz usf.);
     b) Häuser (Fabrik-, Verwaltungsgebäude, Beamten- und Arbeiterhäuser u. a.);
  2. Bewegliches: Maschinen (Arbeits-, Kraftmaschinen), Werkzeuge, Modelle; Fabrik- und Bureau-Inventar; Fuhrwerk u. ä.
  3. Betriebsanlagen: Haupt- und Hilfsbetriebe, z. B. Kraftanlage, Hochöfen, Wasser- und Gaswerk, Schwebebahnen, Versuchsanlagen usf.
  4. Immaterielle Güter: Patente, Urheberrechte (Verteilung der Erwerbskosten auf mehrere Jahre).

II. Umsatzvermögen (umlaufendes Kapital):
  A. Vorräte (Sachgüter):
  Zahlungsmittel {
    1. Bargeld, Schecks und Reichsbank-, Giro-, Postscheckguthaben;
    2. fremde Geldsorten, Zinsscheine;
    3. Wertpapiere: α) im eigenen Besitz;
       β) aktive oder Lombard- und Kautionseffekten, als Sicherstellung hinterlegt (nicht verfügbar);
    4. Besitzwechsel: α) inländischer Währung (Rimessenwechsel);
       β) ausländischer Währung (Devisen, Cambien);
  }
    5. Betriebsvorräte: α) auf eigenem Lager: Rohstoffe, Halb- und Ganzfabrikate, Hilfsstoffe, Betriebsmaterialien;
       β) Vorräte auf fremdem Lager: Konsignationswaren, Waren der Niederlagen, bei Spediteuren usw.;
       γ) schwimmende, rollende Waren.
  B. Forderungen (Ansprüche auf Leistungen aus dem Vermögen eines Dritten);
    1. Ungedeckte: α) sichere Buchforderungen: Debitoren für Warenverkäufe; Guthaben bei Banken; Darlehensforderungen; Forderungen an Tochtergesellschaften und Konzernfirmen;
       β) zweifelhafte (dubiose) und uneinbringliche Forderungen.
    2. Sichergestellte, durch Depots, Bürgschaft usw. gedeckte Forderungen; aktive Hypotheken.
    3. fehlende Einzahlungen auf das Gesellschaftskapital;
  C. Leistungs-, Lieferungsansprüche: eigene Anzahlungen auf zukünftige Warenlieferungen;
  D. Beteiligung an anderen Unternehmen (teils Anlage-, teils Betriebskapital).
  E. Eventualdebitoren: Avaldebitoren als Gegenposten für Eventualverbindlichkeiten [II. c.].

III. Rechnungsmäßige Aktiva (Interne Rechnungs- oder Ergänzungsposten):
  1. Wertkorrekturen für Passivposten (selten);
  2. Transitorische (Verlust-) Ausgaben und Gewinn-Antizipationen (Einnahmen) für Rechnung eines künftigen Bilanzjahres (Disagio, vorausbezahlte Versicherungen ....).

Aktiengesellschaft (Industrie).

(Arten der Kapitalquellen, Kapitalbeschaffung) Passiva

I. Eigenes Kapital:

Unverteilbares gebundenes Kapital	1. Grund- oder Aktienkapital: Stamm- und Vorzugsaktien; 2. Gesetzlicher oder Zwangs-Reservefonds;	
Verteilbares freies Kapital	3. Statutarische freiwillige Reservefonds zur Deckung bestimmter Verluste. (z. B. echter Delkrederefonds), oder bestimmter Ausgaben (Garantiefonds, echter Erneuerungs-, Wohlfahrtsfonds u. a.), oder ohne Zweckbeschränkung (Spezialreserve, Dispositionsfonds); 4. Reingewinn, Überschuß[1]).	Echte Reservekonten Zusatzkapital, Rücklagen. (2.–4.)

II. Fremdes Kapital:

a) Geldschulden (Verbindlichkeiten zu Leistungen aus dem eigenen Vermögen):

Anlageschulden	1. Hypothekenschulden; Restkaufgelder; feste Darlehen; 2. Anleiheschulden (Obligationen);	Langfristiges Leihkapital
Betriebsschulden	3. Buchschulden, Kreditoren für Warenlieferungen, Bankkredite; 4. Wechselschulden: Akzepte und Tratten;	Kurzfristiges Leihkapital
	5. Rückständige Ausgaben: Löhne, Steuern, noch nicht bezahlte Dividenden- und Zinsscheine; 6. Empfangene Barkautionen (Kautions-Kreditoren)[2]).	Sofort fällig.

b) Leistungsschulden: Anzahlungen der Abnehmer auf noch nicht erfüllte Lieferungsverträge.

c) Eventualschulden für geleistete Bürgschaften, Avalakzepte u. a.

III. Rechnungsmäßige Passiva (Interne Ergänzungsposten):

1. Wertkorrekturen für Aktiva, Bewertungskonten, Wertminderungsposten, z. B. Amortisationskonto, Erneuerungskonto.
2. Transitorische Einnahmen (Erträgnisse) und Antizipationen (Verlustausgaben) für Rechnung eines künftigen Bilanzjahres.

---

[1]) Infolge gesetzlicher Vorschriften am Schlusse der Bilanz gesondert anzuführen (§ 261, Ziff. 6 HGB).

[2]) Überdies: Pensionskassen, Stiftungen, Spargelder; fehlende Einzahlungen auf Beteiligungen.

deckt nicht mehr die Schulden; Denkschrift zu dem Entwurf eines Handelsgesetzbuchs, Berlin 1897, S. 151/152; §§ 63, 64 des Gesetzes betreffend die G. m. b. H.; §§ 98, 99, 126, 140 des Genossenschaftsgesetzes) ist vorhanden, wenn die fälligen und die noch nicht fälligen Verbindlichkeiten größer sind als das Vermögen. (Zahlungsunfähigkeit liegt vor, wenn die bereiten Mittel zur Deckung des fälligen Schulden nicht ausreichen.)

Die Unterbilanz (§§ 329 HGB.; Denkschrift, S. 193) ist gleichbedeutend mit Bilanzverlust. Sie ist bei Aktienvereinen vorhanden, wenn die Passiva größer sind als die Aktiva; sie entsteht, wenn die Verluste größer sind als die Gewinne einer Unternehmung, wenn die Kapitalproduktion des Betriebes geringer ist als der Kapitalverbrauch, wobei selbstverständlich der Konsumtionsfonds des Einzelunternehmers bzw. der persönlich haftenden Gesellschafter außer Ansatz bleibt.

Der Inhalt der Vermögensbilanz in ökonomischer Hinsicht wurde im Schema S. 10/11 gekennzeichnet: Vermögen (Aktiva) = Kapitalverwendung, Passiva (mit Ausschluß des Reinerfolges) = Kapitalbeschaffung. Im folgenden wird versucht, die Vermögensbilanz einer Industrie-Aktiengesellschaft nach wirtschaftlichen Gesichtspunkten zu gliedern [1]) (S. 10/11).

Die Gegenstände des Geschäftsvermögens lassen sich in zwei Hauptgruppen teilen: 1. Umsatzvermögen (Verbrauchsvermögen) ist jener Teil des Vermögens, der bestimmungsgemäß fortlaufend dem Verbrauch, dem Wechsel oder der Formveränderung dient. Der Geschäftsbetrieb ändert fortgesetzt die Zusammensetzung dieses Teils des Gesamtvermögens, zu dem beispielsweise gehören: Geld, Waren, Rohstoffe, Wertpapiere, Wechsel, Forderungen u. dgl. 2. Anlagevermögen (Gebrauchsvermögen), das bestimmungsgemäß dem Betriebe dauernd erhalten bleibt und ihm nur durch Benutzung in derselben äußeren Gestalt dient. Gegenstände des Anlagevermögens sind nicht zur Veräußerung bestimmt (§ 261[3] HGB.); z. B. Arbeits- und Kraftmaschinen, Werkzeuge, gewerbliche Grundstücke und Gebäude, Wasserkraft, Verlagsrechte, dauernde Beteiligungen. Das Anlagevermögen vermindert sich, soweit es gegenständlich ist, allmählich infolge der Verwendung im Dienste des Betriebes durch Abnutzung usw. Das Umsatzvermögen soll durch Umsatz, das Anlagevermögen durch Arbeit und dauernden Besitz dem Unternehmen Vorteile bringen. Die Unterscheidung zwischen beiden Gruppen kommt hier nur für die Bilanzkritik und nur für den Zeitpunkt der Bilanzaufstellung in Frage. Vermögensgegenstände können ihre Bestimmung ändern; der gleiche Ver-

---

[1]) Vgl. auch Étude économique des bilans (anonym). Macon 1907. S. 13 und Anhang. Fuisting, Die preußischen direkten Steuern. Band I. 7. Aufl., Berlin 1907. S. 236.

mögensgegenstand kann für einen Betrieb Anlage-, für einen andern Umsatzvermögen sein, wie beispielsweise Kraftmaschinen, die für ihren Erzeuger Umsatz-, für ihren Erwerber Anlagevermögen sind. Aktive Kautionseffekten sind dauernd oder vorübergehend Anlagevermögen usw.

Teilweise findet man in der Bilanzpraxis eine dieser theoretischen Gruppierung ähnliche Gliederung; z. B. Deutsche Verlagsanstalt, Stuttgart (1911):

A. Aktiva. 1. Ständige Fonds[1]): Verschiedene Betriebsanlagen, Maschinen, Wasserkraft, Wasserleitung, Beleuchtungsanlagen, Verlagsrechte, Effekten der Reserven und des Geschäfts.

2. Betriebsfonds: Bargeld, Wechsel, Bankguthaben, Debitoren, Warenbestände, Papier, Drucksachen, Holzstoffe usw.

B. Passiva. 1. Fremde Fonds: Aktienkapital (!), Obligationen, Hypotheken, Kreditoren, Unterstützungskasse, Kautionskasse.

2. Eigene Fonds: Reserven, Unterstützungs- und Pensionsfonds.

Die Deutsch-Luxemburger Bergwerks- und Hütten-Aktiengesellschaft, Bochum, gliederte (1912) die Schulden wie folgt:

Passiva
- A. Aktienkapital (Stamm-, Vorzugsaktien).
- B. Fundierte Schulden: Grundschuldbriefe, hypothekarisch gesicherte Obligationen, Hypotheken.
- C. Unfundierte Schulden: Löhne, Obligationszinsen, Kreditoren, Rückständige Dividenden.

Dann folgen die Reservefonds und der Bilanzgewinn.

Unternehmungen mit verschiedenen Betriebsorten oder Betriebszweigen können diesem Umstande durch verschiedene Bilanzierungsmethoden Rechnung tragen. In der einheitlichen B. werden die Bestände und die Schulden, häufig auch die Erträgnisse, gesondert angeführt. Eine Eisenbahn-Aktiengesellschaft gliedert Vermögens- und Ertragsbilanz wie folgt:

Aktiva:

I. Eisenbahnbetrieb (mit Spezialisierung der Bestände wie Bahnanlagen, Gebäude, Betriebsmittel usw.).

II. Industrielle Betriebe:
- a) Ringöfen (Bestände im einzelnen, wie Anlagen, Pferde, Waren, Materialien, Wechsel usw.),
- b) Steinbruch (Einzelheiten),
- c) Zementwarenfabrik (Einzelheiten).

---

[1]) Betragsspalten: Selbstkosten bis 30./6. 1910; Zuwachs; Abgang; Buchwert am 30./6. 1911.

Passiva:

I. Eisenbahnbetrieb: Aktienkapital, Prioritäten, Erneuerungsfonds, Reserven, Vortragsposten, Kreditoren, Darlehen.

II. Industrielle Betriebe: Vortragsposten, Spezialreservefonds.

III. Gewinn- und Verlust-Konto: Eisenbahnbetrieb .... ℳ....
Ringöfen .... ℳ....
Steinbruch .... „ ...
Zementwaren .... „ ....

Ähnlich ist die Gewinn- und Verlustrechnung gegliedert.

Eine ungarische Kreditbank gliedert Warenabteilung, Bankabteilung. Versicherungsgesellschaften gliedern nach Versicherungszweigen usf. Diese Gliederung der B. läßt die in den einzelnen Abteilungen investierten Kapitalien erkennen, die Zusammensetzung des Gewinns, die Rentabilität der einzelnen Betriebsstätten. Russische Kredit- und Handelsbanken trennten die Bilanzergebnisse der Filialen von denen der Zentrale [1]). Die Mannesmann-Röhrenwerke, Düsseldorf, veröffentlichten eine Generalbilanz nebst einer Spezifikation, die die aktiven Bestände nach Betriebsorten trennte. Gemischte Hypothekenbanken veröffentlichen neben der allgemeinen B. und dem allgemeinen Gewinn- und Verlustkonto Sonderbilanzen und besondere Ertragsbilanzen für die Pfandbriefanstalt (geteilte Bilanzen)[1]). Die Otavi-Minen- und Eisenbahngesellschaft veröffentlichte je eine Vermögens- und Ertragsbilanz für den Bergbau, für den Eisenbahnbetrieb, eine zusammenfassende Generalbilanz und ein Generalgewinn- und -verlustkonto.

Die Willkür bei der Aufstellung der Bilanz mögen die Bilanzierungsmethoden hinsichtlich der Zweiggeschäfte (Produktionsstellen, Verkaufsstellen, Detailgeschäfte, Niederlagen, Zweigniederlagen, Depositenkassen, Tochtergesellschaften) zeigen (vgl. auch Bd. I, S. 250 f.).

1. Die Bestände des Zweiggeschäftes werden in der Bilanz des Hauptgeschäftes überhaupt nicht erwähnt; oder aus dem Texte der Bilanzposten ist zwar ersichtlich, daß verschiedene Produktionsstellen vorhanden sind, eine Trennung ist jedoch nicht durchgeführt (Fabrikanlage in X, Y, Z, M ......). Sie werden mit jenen des Stammhauses vermengt, während die interne Bilanz natürlich die Bestände trennt. Es kann aber auch nur der Saldo der Filialbilanz in die Bilanz des Stammhauses eingestellt werden und in der veröffentlichten Bilanz unter Debitoren, Kreditoren, Beteiligungen und Effektenbesitz verschwinden, z. B. „Debitoren einschließlich der Anlagen der Zweiggeschäfte“; „die Debitoren enthalten unser Guthaben bei den Zweiganstalten“.

2. In den Bilanzen des Stammhauses sind Zweiggeschäfte usw. er-

[1]) Vgl. Hypothekenbanken, Zwischenbilanzen.

wähnt. a) Das Vermögen sämtlicher Zweigniederlassungen ist in einer Summe besonders angeführt; z. B. „ausländische Zentralen im eigenen Betriebe M. .....“; „Konten der Gasanstalt, der Elektrizitätswerke und Zentralwerkstätten M. ....“. Gelegentlich wird im Geschäftsbericht anstatt in der Bilanz ein kurzer Hinweis eingefügt, z. B.: „unsere Betriebsmittel an Kasse, Effekten und Waren in der Filiale X. betragen M. ....“. b) Das Kapital ist für jede Filiale besonders angegeben, z. B.

Aktiva: Filiale in X. M. ....
„ „ Y. M. ....

Oder: Salden der Filialbilanzen Ernst & Co. in New York M, ...
„ „ „ in Wien M. ....

Oder: Kapital und laufende Rechnung der Filiale werden getrennt:
Filiale Kapitalkonto M. ....
„ laufende Rechnung M. ....

c) Aktiva und Passiva, Anlage- und Betriebskapital der Zweigniederlassungen werden getrennt (S. 14), oder ein bestimmtes Aktivum wird entsprechend spezifiziert, z. B.:

Abteilung Exportlager Hamburg Aktiva .... ℳ....	Exportableitung Passiva .... ℳ....
Abteilung Glühlampen Aktiva .... „	Abteilung Glühlampen....... „ ....

Oder: Fabrikanlagen in A., Anlagekapital ..... ℳ....
A., Betriebskapital .... „ ....

Oder: Debitoren: 1. Verkaufsstellen, Außenstände .... ℳ....
2. Warenforderungen unserer Kundschaft .... „ ....

d) Es wird eine Generalbilanz veröffentlicht, in der das Vermögen der Filiale als Forderung des Hauptgeschäfts erscheint, überdies eine Bilanz oder mehrere Spezialbilanzen für das Filialvermögen.

e) Es werden „geteilte“ Bilanzen veröffentlicht, in denen Aktiva und Passiva oder doch Aktiva und die wichtigsten Passiva in aller Ausführlichkeit für das Stammhaus und die Zweigniederlassungen bzw. Produktionsstellen getrennt zur Darstellung kommen (vgl. Bankbilanzen). Oder man beschränkt sich auf die Spezialisierung der wichtigsten Aktiva oder der für die Analyse des Filialvermögens erforderlichen Bestandteile.

1. Beispiel:

Vermögensteile	Stammhaus	Filialen	Summe
Grundstücke............ usw.			

2. Beispiel:

Aktiva:		Passiva:	
I. Produktionsort A.:		Grundkapital	M....
Grundstücke	M....	Reserven	„....
Gebäude	„....	Anleihe für A.	„....
usw.		„ für B.	„....
II. Produktionsort B.:		Hypotheken A.	„....
Grundstücke	M....	„ B.	„....
Gebäude	„....	Kreditoren A.	„....
usw.		„ B.	„....
III. Gemeinschaftliche Konten:			
Beteiligungen	M....		
usw.			

3. Beispiel:

Aktiva:	
Anlagen in X.	M .....
„ in Y.	„ .....
Waren in X.	„ .....
„ in Y.	„ .....
usw.	

In der Gewinn- und Verlustrechnung wird der Ertrag der Filialen usw. nicht gesondert angegeben, nach Abzug der Lasten entweder mit den Erträgnissen der Beteiligungen oder des Verkaufs zusammengeworfen oder die bei den einzelnen Zweiggeschäften erzielten Einzelerträgnisse und die Kosten auf einem bei der Zentrale geführten einzelnen Konto verrechnet. Gelegentlich erwähnt der Geschäftsbericht: „Die Fabrikationsfiliale in L. hat mit Verlust gearbeitet“; „die Filiale in New York brachte einen bedeutend niedrigeren Gewinn als im Vorjahr“. Voilà tout. Die Ertragsbilanz bringt den Erfolg der Filiale von dem Ertrag des Stammhauses getrennt (z. B.: „Erträgnis der Filiale Berlin M. ...“; „Gewinn der G. m. b. H. in U. M. ...“). Bei jenen Gesellschaften, die die Ergebnisse mehrerer Filialen zu verrechnen haben, kann die Summe der Erträgnisse angeführt oder es können die Erträgnisse der Einzelfilialen getrennt dargestellt sein. An die Stelle von Angaben im Gewinn- und Verlustkonto treten häufig solche im Geschäftsbericht, z. B.: „Nach Vornahme der ordentlichen Abschreibungen und der Verzinsung des uns vom Stammhaus überwiesenen Betriebskapitals erzielten wir einen Reingewinn von M. ...., welchen Betrag wir dem Stammhaus überwiesen haben“. Manche Unternehmungen spezialisieren die Erträgnisse vollständig oder nur teilweise durch Anführung einiger Erfolgskonten der Filiale: z. B.:

Generalkosten in X. .... *M*....	Saldovortrag ....*M*.....
„ in Y. .... „	Fabrikationsgewinn in X..... „ ....
Abschreibungen in X. ...... „	„ in Y..... „ ....
„ in Y. ...... „	
Überschuß .... „	

Endlich kann eine besondere Gewinn- und Verlustrechnung der Filialen veröffentlicht werden.

Hier wurden nur die wichtigsten Fälle der Verbuchung der Aktiva, der Schulden und der Erträgnisse der Zweiggeschäfte usw. erwähnt, um die Vielgestaltigkeit der Bilanzierungsmöglichkeiten zu zeigen.

Die Kapitalbeteiligungen bei Tochtergesellschaften bzw. bei anderen Unternehmungen werden ebenso verschieden behandelt. Zum Teil sind sie unter den Effektenbeständen, zum Teil als Sonderposten „Beteiligungen“ angeführt. Einzelne Beteiligungen werden ihrem Kapital nach angeführt („Beteiligung an der Fabrik H. & Co. 400 000 M.“). Die über das Nominalkapital hinaus zur Verfügung gestellten Kredite (und die Beteiligungsgewinne), die Forderungen an Tochtergesellschaften und Gesellschaften, an denen die Unternehmung beteiligt ist, werden mit der Kapitalbeteiligung vereinigt dargestellt (z. B. „Rigaer Drahtindustrie, Grundkapital und laufende Rechnung M. ...“) oder aber getrennt: Unter den „Debitoren“ die Forderungen an die Tochtergesellschaften, unter den „Beteiligungen“ der Nennwert (Anschaffungswert) der Kapitaleinlage. Für die Beurteilung des Kreditverhältnisses zwischen Stamm- und Tochtergesellschaft ist eine Trennung der Kapitaleinlage und der laufenden Kredite unerläßlich.

Der im Betriebsgerätegesetz (§ 72) an sich neue Begriff „Betriebsbilanz“[1]) ist gesetzlich nicht erläutert. Nach der Fassung des Gesetzes ist die nach handelsgesetzlichen Vorschriften aufzustellende Jahresbilanz seitens bilanzpflichtiger Vollkaufleute vorzulegen, sofern die Unternehmung in der Regel mindestens 300 Arbeitnehmer oder 50 Angestellte im Betrieb beschäftigt. Privatvermögen und Privatschulden sind in der Betriebsbilanz wegzulassen. Fragerecht und Auskunftspflicht bestehen, die Auskunft muß sich auf Unterlagen gründen (§ 2: „Inventar, Rohbilanz, Konto-Korrent-Konto, Betriebs- und Handlungsunkosten“), eine Verpflichtung zur Vorlegung von Bilanzunterlagen besteht nicht. Die vorzulegende Betriebsbilanz ist die Bilanz der Unternehmung; insoweit für Teilbetriebe Bilanzen bestehen (z. B. für Werkbetriebe, Depositenkassen,

[1]) Vgl. meinen Artikel in der Deutschen Wirtschafts-Ztg., Juli 1920 (Die Bilanzen im Betriebsrätegesetz); Stier-Somlo, Das Gesetz über die Betriebsbilanz, 2. Aufl., Berlin 1921, insbesondere S. 13 f. über den Begriff „Betrieb“.

Zweigfabriken, Zweiggeschäfte; vgl. „geteilte" Bilanzen) brauchen sie dem zuständigen Betriebsrat nicht vorgelegt zu werden.

Der Inhalt der Betriebs-Gewinn- und Verlustrechnung ist im Gesetz gleichfalls nicht weiter erläutert. In der einfachen Buchführung ergibt sich der Reingewinn aus der Vergleichung des Anfangs- und des Schlußkapitals einer Rechnungsperiode unter Zurechnung der Privatentnahmen und Abrechnung der Kapitaleinschüsse; insoweit die Unternehmung eine Gewinn- und Verlustrechnung aufstellen muß (vgl. Abschnitt 17), ist die Betriebs-Gewinn- und Verlustrechnung gleich der Gewinn- und Verlustrechnung des HGB., dessen Inhalt auch dort nicht erläutert ist. (Auch die Kreditbanken veröffentlichen nur Zwischenbilanzen nach einem einheitlichen Schema, von der Schematisierung der Gewinn- und Verlustrechnung wurde abgesehen; § 27 des Hyp.-Bank-Gesetzes verlangt die getrennte Aufführung bestimmter Posten wie Hyp.-Zinsen, Darlehnsprovisionen, Nebenleistungen der Hyp.-Gläubiger, entrichtete Pfandbriefzinsen.) Eine Betriebsrechnung über Einnahmen und Ausgaben des Betriebs ist im 17. Abschnitt dargestellt. | |

2. Abschnitt.

Die technischen Grundlagen der Bilanz.

1. Die Vermögensrechnung kann sich nur auf eine Bestandsaufnahme nach Art und Menge unter Ansetzung des Wertes stützen, die „Aufnahme des Inventars" nach § 39 HGB.; beispielsweise für die Vermögenssteuererklärung nicht buchführungspflichtiger Personen; die Vermögensaufnahme eines bürgerlichen Haushalts, der Handwerks- und landwirtschaftlichen Kleinbetriebe. Der Vermögensstand ist das Ergebnis einer Aufnahme außerhalb einer Buchführung, die Kontrolle seiner Vollständigkeit ist erschwert.

2. Die Vermögensaufstellung stützt sich auf fortlaufende Bestandveränderungs-Aufzeichnungen und Bestandsaufnahme betriebsfremder Unternehmungen, z. B. auf Konto- und Depotauszüge der Banken im Haushalt (zum Teil in Verbindung mit 1.).

3. Buchführungspflichtige Kaufleute müssen ein Gründungsinventar nebst einer Gründungs- oder Eröffnungsbilanz und jährlich ein Schlußinventar und eine Schlußbilanz aufmachen, die sich auf eine nach den Grundsätzen ordnungsmäßiger Buchführung eingerichtete fortlaufende Aufzeichnung der Handelsgeschäfte und der Lage des Vermögens stützt (§§ 38, 39 HGB.). Die Jahresbilanz soll mit einem formellen Bücherabschluß verbunden sein; der Grundsatz der Ordnungsmäßigkeit wird verletzt, wenn Inventar und Bilanz ohne Bücherabschluß vorliegen.

4. Außerhalb der Jahresbilanz können Vermögensaufstellungen ohne formellen Abschluß der Bücher aber auf Grund der buchmäßigen oder statistischen Aufzeichnungen aufgemacht werden, die besonderen Zwecken dienen; z. B. ein Status, d. i. eine Übersicht über den Vermögensstand (nach § 314 HGB.); die Zwischenbilanz nach § 240 HGB.; die Monatsbilanzen der Kreditbanken und andere Zwischenbilanzen.

Der Jahresbilanz registerpflichtiger Kaufleute ist das Inventar vorgelagert (unter Umständen in Einzelinventare aufgelöst); Unterlagen des Inventars liefert die Buchführung. Diese Buchführung ist eine handschriftlich geschriebene (die jahrhundertelang geübte Eintragung in Grund- und Hilfsbüchern; das Durchschriftsverfahren der Neuzeit in Büchern und auf Zetteln mit und ohne Grundbuch) oder eine maschinelle (das Umdruckverfahren mit Buchungsmaschinen; das Lochkartensystem). Bei der handschriftlichen Bücherführung in gebundenen Büchern werden die Eintragungen in Grundbüchern (erste Aufzeichnung in den Memorialen wie Kasse und Memorial im engeren Sinne, Hauptbuch) und in die Hilfsbücher zeitlich hintereinander geschaltet, von dem A-Buch in das B-Buch „übertragen“: eine überflüssige Doppelschreibarbeit, Wiederholungen, Übertragungsfehler. Wiederholte Kontrollen müssen in Kauf genommen werden. Die Gebundenheit wichtiger Bücher wurde schon in der Vorkriegszeit aufgegeben. Die Verwendung loser Blätter (mit nachträglicher Bindung oder ohne eine solche aber mit geordneter Aufbewahrung) in der neuzeitlichen Buchführung folgt dem „Gesetz der Wiederholung“: Rückkehr zu den alten Formen (Ton-, Holztafeln, Häute u. dgl.) in neuzeitiger Gestaltung, bedingt durch Arbeitsteilung und Splitterung des Arbeitsfeldes. Die Blatt-Durchschreibebuchführung und die maschinelle Buchführungstechnik stehen unter dem „Gesetz der Arbeitszusammenfassung“ mehrerer Buchungsvorgänge in vertikaler Richtung. In einem Arbeitsvorgang wird auf losen Blättern gleichzeitig durchgeschrieben oder mit der schreibenden Buchungsmaschine umgedruckt. Welche Arbeitsvorgänge zusammengefaßt werden, ist eine Frage der Gestaltung der Buchführungen, von denen eine große Zahl im Handel ist. Man schreibt vom Kontoblatt in das festgebundene Grundbuch oder auf ein Lose-Blatt-Journal oder auf Kontokarten durch oder umgekehrt. Die Buchungsanzeige an den Kunden wird damit verbunden, gleichzeitig werden andere Buchungsunterlagen geschaffen. In der mechanisierten Bankbuchhaltung werden Kontoauszug, Kontokarte und Journal, Brief an den Kunden, Abschrift für die Registratur in einer Operation durchgeschrieben (mit der flachschreibenden Buchungsmaschine meist mit angeschlossenem Zählwerk.) [1])

[1]) Über die neueren Buchhaltungsformen vgl. K. Seidel, Modernes Buch-

Von der formalen Technik der Durchschrift- und der mechanisierten Buchführung abgesehen liegt das (für Geldinstitute besonders) wichtige materielle Ergebnis des Auflösungsprozesses der Buchhaltung in der Tagesbilanz, d. h in der Möglichkeit, die Buchführung so zu gestalten, daß sie für tägliche Kapitaldispositionen und Liquiditätsaufstellungen brauchbar wird. Der Ausdruck: „Tagesbilanz" bedeutet: Tagesumsätze auf den bewegten Konten, eine tägliche Konten- und Probebilanz, die hauptsächlich der Geschäftsdisposition und nebenbei auch der Kontrolle dient, also eine Übersicht über Bestände und Bewegungen. Solange auf Grund von Belegen in Grundbüchern und nebeneinander gearbeitet wird (in Großbankbetrieben in „umschichtigen" Büchern), die Buchungen „gesammelt" und kontrolliert werden müssen, ist eine Aufstellung der Tagesbilanzen von der Schnelligkeit der Sammel- und Kontrollarbeit abhängig. Für die geschäftliche Disposition kommen sie zu spät und entbehren gewöhnlich der erforderlichen Unterteilung der Konten. (Formular der Tagesbilanz mit folgender Spaltenteilung: Konto, Tagesumsätze, Gesamtumsatz, beide für Soll und Haben; Saldospalte für Soll und Haben). Schon das Durchschriftverfahren mit richtig organisiertem Formularaufbau (numerierte Vordrucke mit entsprechenden Farben, Text, Zeichen) und einer Kontrolle des Formularlaufes, die weitgehende Verwendung der Numerierung (der Belege, Konten, Orte) bringen eine Beschleunigung und Vereinfachung der Verarbeitung des Buchungsstoffes mit sich. Nach der mechanischen Gruppierung der Buchungsvordrucke nach Hauptbuchkonten werden die Umsatzzahlen in Umsatzbogen zusammengefaßt und die Tagesbilanz aufgestellt. Durch eine Steigerung der Leistungsschnelligkeit durch Registrierkassen und das Lochkartensystem (Hollerith, Powers; Auflösung der Buchungsvorgänge in drei Teilarbeiten: lochen, sortieren, rechnen; keine Grundbücher; Verwendung der Lochkarten für statistische Zwecke) wird erreicht, daß die Umsatzzahlen mit Geschäftsschluß vorliegen. Sie werden meist monatlich auf die Hauptbuchkonten übertragen.

Bilanzberichtigung. Die Jahresbilanz kann durch irgendein Versehen unrichtig sein, beispielsweise wurden Effekten infolge eines Schreibfehlers statt mit 150 mit 250% bewertet, eine Forderung oder eine Schuld wurde versehentlich vergessen. Es entspricht den Grundsätzen ordnungsmäßiger Buchführung, solche Fehler am Tage ihrer Auffindung buchmäßig zu berichtigen. Eine Berichtigung der letzten Bilanz halten

---

führen; Tendenzen und Methoden. Leipzig 1927; F. Grüner, Technik der Maschinenbuchhaltung, Berlin 1928; W. Prelinger, Grundriß der Maschinenbuchhaltung, Stuttgart 1928. Auch die Aufsätze in der Zeitschrift f. handelswissenschaftl. Forschung von Beste, Die neueren Formen der Buchhaltung und ihr Einfluß auf die Revisionstechnik, Jahrgang 1927, dann die Aufsätze von A. Schmitz und Kirsch, Jahrg. 1925, von Weißgerber, Jahrg. 1926.

wir dann nicht für erforderlich, wenn sie bereits als Unterlage für einen Rechtsakt gedient hat, beispielsweise die Generalversammlung hat sie genehmigt, die Erfolgsverteilung bei Gesellschaften ist vollzogen. Stellt sich hingegen „bei der Aufstellung" der Bilanz ein solcher Fehler heraus, ist auch die Jahresbilanz zu berichtigen. Fehler auf der Vermögensseite wirken auf die Ziffer des Endkapitals und auf den Jahreserfolg, beide waren zu groß oder zu klein. Bei der Einzelfirma und bei Personalgesellschaften wird die Berichtigungsbuchung über Kapitalkonto erfolgen müssen, sie berührt den Erfolg im Jahre der Berichtigung nicht, nur die Kapitalziffer wird richtiggestellt. Weil in dieser berichtigten Ziffer auch der Erfolgsanteil mitberechnet ist, wird mittelbar auch die Erfolgsziffer im Jahre der Berichtigung korrigiert. Eine Forderung wurde vergessen; Buchung: Debitoren an Kapitalkonto; Effekten wurden mit 250 statt mit 150% bewertet: Kapitalkonto an Effektenkonto.

Bei Kapitalgesellschaften ist der unrichtig ermittelte Erfolg verteilt und ausbezahlt, eine buchmäßige Berichtigung des Gewinnvortrages kommt nicht in Frage. Ist das Vermögen durch Bilanzfehler zu niedrig bewertet (Berichtigungsbuchung beispielsweise: Debitoren- oder Effektenkonto an Bilanzberichtigungskonto, dieses Konto über Gewinn- und Verlustkonto abgeschlossen), so wirkt der Fehler wie eine stille Vermögensreserve, die im Berichtigungsjahr aufgelöst wird. War die Vermögensseite zu hoch, wird der Unterschied aus einer freiwilligen Reserve gedeckt oder vom Erfolg des Berichtigungsjahres abgebucht (Bilanzberichtigungskonto an Effektenkonto beispielsweise). Wurden in der Bilanz Schulden vergessen, ist die genehmigte Jahresbilanz unvollständig und unheilbar nichtig. Die Rechtsfolgen interessieren hier nicht. Die buchmäßige Berichtigung wird auch hier den bilanzmäßigen Erfolg des laufenden Jahres schmälern. In allen Fällen wird es gut sein, ein Bilanzberichtigungskonto einzuschieben, um die Tatsachen zunächst buchmäßig klarzustellen.

3. Abschnitt.

Die Abschlußtechnik der doppelten Buchhaltung.

Wiederholend sei bemerkt (vgl. Bd. I, S. 115 f.):

1. Die Probe- oder Kontenbilanz (Umsatz-, Bruttobilanz) und die Saldobilanz sind Einrichtungen der doppelten Buchführung, von relativem Wert als Buchungsprobe, von größter Bedeutung als Übersicht über die Lage der Unternehmung und als Ausgangspunkt der Vorbereitung des Kontenabschlusses (vgl. Bd. I, S. 88 ff.).

2. Gesetzlich vorgeschrieben sind:

a) die Eröffnungs-, Gründungs-, Errichtungsbilanz bei Beginn des Handelsgewerbes (§ 39 HGB.);

b) die jährliche Abschlußbilanz, im vorliegenden Buche kurz als Bilanz oder Jahresbilanz bezeichnet. (Interne Bilanz, Bilanzvorlage an die Aktionäre, veröffentlichte Bilanz der Aktienvereine.);

c) die Prospektbilanz des § 7 der Ausführungsvorschriften zum Börsengesetz von 1908;

d) die Konkurs- und die Liquidationseröffnungsbilanz.

3. Zwischenbilanzen innerhalb eines Geschäftsjahres sind gesetzlich vorgeschrieben (§ 240 HGB.) oder freiwillig. Die freiwilligen Zwischenbilanzen sind entweder regelmäßige wie jene der Deutschen Kreditbanken, oder einmalige, durch besondere Verhältnisse veranlaßt, z. B. Auseinandersetzung, Aufnahme eines Gesellschafters.

4. Die Bilanz ist α) der Form nach eine Kapitalermittlungs- oder eine Erfolgsermittlungsbilanz, und zwar eine Bruttobilanz (abschließend mit dem Bilanzgewinn) oder eine Nettobilanz (abschließend mit dem Gewinnvortrag); β) den Grundsätzen der Bewertung nach eine Vermögens-, eine Vermögensverteilungs- oder eine Erfolgsermittlungsbilanz.

A. Die Technik des Bücher- und Kontenabschlusses setzen wir als bekannt voraus [1]). Die abschließenden Konten, der Kontenabschluß im allgemeinen, die Abschlußmethoden wurden im Band I, S. 94—128 erläutert. Es folgt ein schematisiertes Abschlußbeispiel für eine Einzelfirma, d. h. eine den Kontenabschluß vorbereitende Tabelle für einfachste Verhältnisse, um die Genesis des Kontenabschlusses auf Grund der doppelten Buchhaltung noch einmal vorzuführen (S. 25).

Durch die Inventur ist der Wert der Lagervorräte, der Wert der Debitoren und die Summe der Kreditoren festgestellt. Der Soll- (buchmäßige) Wert der Forderungen stimmt mit dem Istwert (bewertet nach § 40 HGB.) nicht überein; der Unterschied ist Verlust. Entnahmen des Unternehmers sind nicht vorhanden.

Die Saldobilanz gibt wertvolle Anhaltspunkte für die Bilanz. Der Saldo eines Kontos (Band I, S. 119 f.) kann angeben:

1. den rechnungsmäßigen Bestand an Vermögensteilen, an Schulden (z. B. Kasse, Tratten, Kreditoren) oder an Kapital (Kapital-Konten, Reserve-Kapitalien). a) Der rechnungsmäßige Sollbestandswert stimmt mit dem Bilanzwert der Bestände überein und wird durch Inventur, Inventarium und Einzelaufzeichnungen kontrolliert. Im vorliegenden Falle also durch „Kassensturz", Aufzeichnung der noch nicht eingelösten

[1]) Eine gute Anleitung gibt Scubitz, Doppelte Buchführung, 3. Aufl. Leipzig (Poeschel).

Tratten und der nicht bezahlten Lieferanten im einzelnen; die Summe dieser Aufzeichnungen (Konten- und Bücherauszüge) soll mit dem Saldo des betr. Hauptbuchkontos übereinstimmen [1]). b) Der Buchwert des Bestandes muß mit dem Bilanzwert nicht übereinstimmen; in diesem Falle wird der Bilanzwert bestimmt α) durch Inventurbewertung, d. h. durch Inventarisierung und Bewertung der Bestände im einzelnen oder kollektiv für bestimmte Vermögensgruppen; β) durch Abschreibungsbewertung, z. B. Anlagevermögen.

2. Den Gewinn oder den Verlust; dann gehört die Wertdifferenz in die Erfolgsbilanz, falls nicht bestimmte Beträge als Bilanzaktivum oder -passivum behandelt werden (vgl. „Erfolgsregulierungsposten").

3. Der Kontensaldo sagt nichts, wenn das Konto Bestände und Umsatzerfolge gleichzeitig verrechnet (Bd. I, Sachregister). Es ist eine Zerlegung des Saldos in Bestandswert und Erfolg mit Zuhilfenahme der Inventur [2]) erforderlich (z. B. Waren-, Effektenkonto).

Die Bilanz des Einzelkaufmannes ist der Form nach in der Regel eine Kapitalermittlungsbilanz; der Jahreserfolg kann jedoch in der Bilanz durch eine Nebenrechnung zum Ausdruck gebracht werden, z. B.:

1. Form			2. Form		
Schulden		22	Schulden		22
Einlage	50		Reinvermögen		53
Reingewinn	13				75
	63		Einlage	50	
÷ Entnahmen	10		Endvermögen	53	
			Kapitalzuwachs	3	
Gegenwärtiges Kapital		53	+ Entnahmen	10	
		75	Reingewinn	13	

Die Anrechnung von Zinsen auf die Kapitaleinlage des Unternehmers hat die Bedeutung einer Rechnungsoperation, die den Reingewinn der Unternehmung spaltet in Besitz- bzw. Kapitaleinkommen und Unternehmerlohn für Arbeit und Risiko. Z. B.

Einlage	50	
+ 5% Zinsen	2,5	
	52,5	
÷ Entnahmen	10	
	42,5	
+ Restgewinn	10,5	
Reinvermögen		53

---

[1]) L'inventaire intra-comptable nach Léautey, Traité des inventaires et des bilans, S. 105 (Paris o. J.), besser wohl als l'inventaire des compt es zu bezeichnen.

[2]) L'inventaire extra-comptable nach Léautey, pag. 109.

3. Form

Dieselbe Bilanz als Reingewinnermittlungsbilanz aufgestellt:

Aktiva	75	Schulden	22
Entnahmen	10	Einlage	50
	85	Reingewinn	13
			85

In einer mit dem Bilanzgewinn abschließenden Aufstellung (4.Form) würde der Reingewinn (13) um die Entnahmen (10) gekürzt werden.

4. Form

Vermögen	75	Schulden	22
		Einlage	50
		Bilanzgewinn	3

B. An der Hand eines ausführlichen Beispieles des Abschlusses einer Kreditgenossenschaft sollen die im 1. Bande (S. 94 ff.) und hier entwickelten Grundsätze noch einmal veranschaulicht werden. Es folgen:

1. Abschlußtabellen, S. 26, 27 f.
2. die veröffentlichten Bilanzen, S. 28 u. 30 f.
3. kritische Bemerkungen hierzu. Der Bücherabschluß erstreckt sich auf zwei Jahre.
4. Hauptbuch, S. 33 f.
5. Gewinnverteilung:

	1911	1912
Reservefonds	18 874,—	20 902,—
Dividende	153 108,24	155 500,14
Tantiemen	6 124,32	6 220,—
Gratifikationen	7 760,—	8 675,—
Unterstützungen	900,—	1 000,—
Vortrag	1 976,76	13 038,11
Reingewinn	188 743,32	305 335,25

Kritische Bemerkungen zu beiden Abschlüssen.

Der tägliche Kassenumsatz (Einnahme + Ausgabe: 300 Tage) M. 789 527 bzw. M. 782 078 M. läßt das Fehlen eines Scheckverkehrs deutlich erkennen. Das Valuten- und Kupongeschäft ist von geringerer Bedeutung.

Abschlußtabel

Konto	1 Anfangsbestände Aktiva ℳ	₰	1 Anfangsbestände Passiva ℳ	₰	2 Umsätze Soll ℳ	₰	2 Umsätze Haben ℳ	₰	Sun Soll ℳ
Kassa	269 801	98	—	—	117 297 393	64	117 326 171	77	117 567 195
Kupons, Sorten	15 803	32	—	—	429 387	06	433 887	54	445 190
Wechsel	3 273 106	42	—	—	29 477 354	79	29 763 463	46	32 750 461
Effekten	1 260 953	80	—	—	603 998	29	752 540	49	1 864 952
Effekten-Kommission	—	—	—	—	3 803 569	78	3 803 569	78	3 803 569
Kontokorrent	3 768 705	72	3 125 336	36	82 773 876	21	82 034 658	94	86 542 581
Banken	470 930	76	454 673	43	62 694 254	49	62 958 262	89	63 165 188
Vorschuß	2 871 327	51	—	—	2 373 886	29	1 983 304	55	5 245 213
Depositen	—	—	70 254	10	875 403	64	969 191	99	875 403
Darlehen	—	—	2 174 759	27	492 088	64	541 990	84	492 088
Spareinlagen	—	—	2 468 591	99	1 090 100	63	1 031 287	47	1 090 100
Haussparkassen	—	—	74 462	62	45 971	92	43 415	67	45 971
Geschäftsanteile	—	—	2 644 616	36	147 879	08	189 407	19	147 879
Reservefonds	—	—	546 196	—	—	—	20 902	—	—
Spezialreserve	—	—	100 000	—	—	—	—	—	—
Ruhegehalt	—	—	100 000	—	—	—	—	—	—
Beamtenunterstütz.	—	—	25 000	—	—	—	—	—	—
Akzepte und Avale	—	—	57 830	74	82 383	20	282 953	57	82 383
Zinsen	8 553	75	32 719	07	411 860	32	736 850	43	420 414
Provision	—	—	—	—	2 478	70	75 847	98	2 478
Unkosten	—	—	—	—	167 826	31	9 152	31	167 826
Haus	110 000	—	—	—	—	—	—	—	110 000
Liegenschaften	14 000	—	—	—	—	—	—	—	14 000
Gew. u. Verlust 1911	—	—	188 743	32	188 743	32	—	—	—
Dividenden	—	—	—	—	153 108	24	153 108	24	153 108
Tantièmen	—	—	—	—	6 124	32	6 124	32	6 124
Gratifikationen	—	—	—	—	7 760	—	7 760	—	7 760
Unterstützungen	—	—	—	—	900	—	900	—	900
Gew. u. Verlust 1912	—	—	—	—	379	32	1 976	76	379
	12 063 183	26	12 063 183	26	303 126 728	19	303 126 728	19	315 189 911

(zu Seite 24).

		4				5				6				
		Konten-Salden				Schlußbilanz				Gewinn und Verlust				
n		Soll		Haben		Aktiva		Passiva		Verluste		Gewinne		
	Pf.	M	Pf.	M	Pf.	M	Pf.	M	Pf.	M	Pf.	M	Pf.	
…71	47	241 024	15	—	—	241 024	15	—	—	—	—	—	—	
…87	74	11 302	64	—	—	11 302	64	—	—	—	—	—	—	
…63	56	2 986 997	65	—	—	2 986 997	65	—	—	—	—	—	—	
…40	49	1 112 411	60	—	—	1 083 607	—	—	—	28 804	60	—	—	
…69	78	—	—	—	—	—	—	—	—	—	—	—	—	
…95	30	1 382 586	63	—	—	4 900 055	50	3 517 468	87	—	—	—	—	
…36	32	—	—	247 751	07	262 341	88	510 092	95	—	—	—	—	
…04	55	3 261 909	25	—	—	3 261 909	25	—	—	—	—	—	—	
…46	09	—	—	164 042	45	—	—	164 042	45	—	—	—	—	
…50	11	—	—	2 224 661	47	—	—	2 224 661	47	—	—	—	—	
…79	46	—	—	2 409 778	83	—	—	2 409 778	83	—	—	—	—	
…78	29	—	—	71 906	37	—	—	71 906	37	—	—	—	—	
…23	55	—	—	2 686 144	47	—	—	2 686 144	47	—	—	—	—	
…98	—	—	—	567 098	—	—	—	567 098	—	—	—	—	—	
…00	—	—	—	100 000	—	—	—	100 000	—	—	—	—	—	
…00	—	—	—	100 000	—	—	—	100 000	—	—	—	—	—	
…00	—	—	—	25 000	—	—	—	25 000	—	—	—	—	—	
…34	31	—	—	258 401	11	—	—	258 401	11	—	—	—	—	
…59	50	—	—	349 155	43	9 284	70	40 593	—	—	—	317 847	13	
…47	98	—	—	73 369	28	—	—	—	—	—	—	73 369	28	
…52	31	158 674	—	—	—	—	—	—	—	158 674	—	—	—	
	—	110 000	—	—	—	110 000	—	—	—	—	—	—	—	
	—	14 000	—	—	—	14 000	—	—	—	—	—	—	—	
	—	—	—	—	—	—	—	—	—	—	—	—	—	
…98	24	—	—	—	—	—	—	—	—	—	—	—	—	
…24	32	—	—	—	—	—	—	—	—	—	—	—	—	
…50	—	—	—	—	—	—	—	—	—	—	—	—	—	
…00	—	—	—	—	—	—	—	—	—	—	—	—	—	
…76	76	—	—	1 597	44	—	—	205 335	25	—	—	1 597	44	
…11	45	9 278 905	92	9 278 905	92	12 880 522	77	12 880 522	77	187 478	60	392 813	85	
								Reingewinn		205 335	25			
										392 813	85			

Abschluß-Tabelle (einfachste Verhältnisse).

	1		2		3		4		5		6	
Konten	Bestand am 1. Januar		Umsatz-, Verkehrs-, Konten-Bilanz		Summen der Spalten 1 u. 2		Saldo-Bilanz (Roh-Bilanz)		Abschluß-Bilanz, Bestände am 31. Dezember		Erfolgs-Bilanz	
	Aktiva	Passiva	Soll	Haben	Soll	Haben	Soll	Haben	Aktiva	Schulden	Verlust	Gewinn
Stammeinlage	—	61 500	—	—	—	61 500	—	61 500	—	—	—	—
Kasse	15 000	—	14 400	28 435	29 400	28 435	965	—	965	—	—	—
Waren	40 000	—	49 800	54 550	89 800	54 550	35 250	—	40 500	—	—	5 250
Rimessen	13 000	—	29 650	36 266	42 650	36 266	6 384	—	6 000	—	384	—
Debitoren	6 000		43 100	31 200	49 100	31 200	17 900	—	17 500	—	400	—
	74 000											
Tratten	—	3 500	8 500	16 500	8 500	20 000	—	11 500	—	11 500	—	—
Kreditoren	—	9 000	34 000	38 500	34 000	47 500	—	13 500	—	13 500	—	—
		74 000										
Bank	—	—	56 546	32 922	56 546	32 922	23 624	—	23 624	—	—	—
Unkosten	—	—	2 435	—	2 435	—	2 435	—	—	—	2 435	58
Diskont	—	—	120	178	120	178	—	85	—	—	—	—
			238 551	238 551	312 551	312 551	86 558	86 558	88 589	25 000	3 219	5 308
							Ab Schulden..		25 000	Verlust ab ...		3 219
							Kapital		63 589	Reingewinn ..		2 089
							÷ Einlage ...		61 500			
							Reingewinn ...		2 089			

1. Abschlußtabelle einer Kreditgenossenschaft m. b. H. für 1911.

Konto	Anfangsbestände (Eingangsbilanz 1. 1. 1911)				Umsätze bis 31. Dezember 1911				Summenbilanz (Rohbilanz am 31. 12. 1911)			
	Aktiva		Passiva		Soll		Haben		Soll		Haben	
	ℳ	₰	ℳ	₰	ℳ	₰	ℳ	₰	ℳ	₰	ℳ	₰
Kassa	284 505	47	—	—	118 421 829	12	118 436 532	61	118 706 334	59	118 436 532	61
Kupons und Sorten	11 548	75	—	—	453 771	88	449 517	31	465 320	63	449 517	31
Wechsel	3 784 093	78	—	—	31 943 739	69	32 454 727	05	35 727 833	47	32 454 727	05
Effekten	1 018 536	60	—	—	1 224 151	90	980 937	60	2 242 688	50	980 937	60
Effekten-Kommission	—	—	—	—	3 793 902	32	3 793 902	32	3 793 902	32	3 793 902	32
Kontokorrent	3 438 755	71	2 883 903	56	84 753 544	30	84 665 027	09	88 192 300	01	87 548 930	65
Banken	567 795	26	581 698	—	64 907 788	86	64 877 628	79	65 475 584	12	65 459 626	79
Vorschuß	2 917 865	69	—	—	2 238 125	58	2 284 663	76	5 155 991	27	2 284 663	76
Depositen	—	—	—	—	251 656	61	321 910	71	251 656	61	321 910	71
Darlehen	—	—	2 451 593	93	1 051 784	50	774 949	84	1 051 784	50	3 226 543	77
Spareinlagen	—	—	2 549 308	31	1 060 435	16	979 718	84	1 060 435	16	3 529 027	15
Haussparkassen		—	72 831	16	41 766	43	43 397	89	41 766	43	116 229	05
Geschäftsguthaben	—	—	{ 2 538 723 143 959	78 21	158 587	01	120 520	38	158 587	01	2 803 203	37
Reserve	—	—	544 000	—	—	—	2 196	—	—	—	546 196	—
Spezialresevre	—	—	100 000	—	—	—	—	—	—	—	100 000	—
Ruhegehaltsreserve	—	—	100 000	—	—	—	—	—	—	—	100 000	—
Beamtenunterstützung	—	—	25 000	—	—	—	—	—	—	—	25 000	—
Akzept	—	—	19 256	24	133 291	60	171 866	10	133 291	60	191 122	34
Zinsen	9 054	30	35 374	20	389 772	26	660 499	08	398 826	56	695 873	98
Provisionen	—	—	—	—	3 008	03	65 616	70	3 008	03	65 616	70
Unkosten	—	—	—	—	157 059	87	8 275	08	157 059	87	8 275	08
Haus	110 000	—	—	—	—	—	—	—	110 000	—	—	—
Liegenschaften	14 000	—	—	—	—	—	—	—	14 000	—	—	—
Dividenden	—	—	92 545	14	92 545	14	—	—	92 545	14	92 545	14
Tantième	—	—	6 062	24	6 062	24	—	—	6 062	24	6 062	24
Gratifikation	—	—	8 530	—	8 530	—	—	—	8 530	—	8 530	—
Wohltätigkeits- u. Unterstützg.	—	—	900	—	900	—	—	—	9 900	—	900	—
Gewinn und Verlust	—	—	2 469	79	141	25	505	90	141	25	2 975	69
	12 156 155	56	12 156 155	56	311 092 393	75	311 092 393	75	323 248 549	31	323 248 549	31

Fortsetzung von S. 26.

Konto	Kontensalden (Saldobilanz am 31. 12.)				Schlußbilanz 1911				Erfolgsbilanz			
	Soll		Haben		Aktiva		Passiva		Verluste		Gewinne	
	ℳ	₰	ℳ	₰	ℳ	₰	ℳ	₰	ℳ	₰	ℳ	₰
Kassa	269 801	98	—	—	269 801	98						
Kupons und Sorten	15 803	32	—	—	15 803	32	—	—	—	—	—	—
Wechsel	3 273 106	42	—	—	3 273 106	42	—	—				
Effekten	1 261 750	90	—	—	1 260 953	80	—	—	797	10	—	—
Effekten-Kommission	—	—	—	—	—	—	—	—	—	—	—	—
Kontokorrent	643 369	36	—	—	3 768 705	72	3 125 336	36	—	—	—	—
Banken	16 257	33	—	—	312 144 158 785	85 91	454 673	43	—	—	—	—
Vorschuß	2 871 327	51	—	—	2 871 327	51	—	—	—	—	—	—
Depositen	—	—	70 254	10	—	—	70 254	10	—	—	—	—
Darlehen	—	—	2 174 759	27	—	—	2 174 759	27	—	—	—	—
Spareinlagen	—	—	2 468 591	99	—	—	2 468 591	99	—	—	—	—
Haussparkassen	—	—	74 462	62	—	—	74 462	62	—	—	—	—
Geschäftsguthaben	—	—	2 644 616	36	—	—	2 644 616	36	—	—	—	—
Reserve	—	—	546 196	—	—	—	546 196	—	—	—	—	—
Spezialreserve	—	—	100 000	—	—	—	100 000	—	—	—	—	—
Ruhegehaltsreserve	—	—	100 000	—	—	—	100 000	—	—	—	—	—
Beamtenunterstützung	—	—	25 000	—	—	—	25 000	—	—	—	—	—
Akzept	—	—	57 830	74	—	—	57 830	74	—	—	—	—
Zinsen	—	—	297 047	42	8 553	75	32 719	07	—	—	272 882	10
Provision	—	—	62 608	67	—	—	—	—	—	—	62 608	67
Unkosten	148 784	79	—	—	—	—	—	—	148 784	79	—	—
Haus	110 000	—	—	—	100 000	—	—	—	—	—	—	—
Liegenschaften	14 000	—	—	—	14 000	—	—	—	—	—	—	—
Dividenden	—	—	—	—	—	—	—	—	—	—	—	—
Tantieme	—	—	—	—	—	—	—	—	—	—	—	—
Gratifikation	—	—	—	—	—	—	—	—	—	—	—	—
Wohltätigkeits- u. Unterstützg.	—	—	—	—	—	—	—	—	—	—	—	—
Gewinn und Verlust	—	—	2 834	44	—	—	188 743	32	—	—	2 834	44
	8 624 201	61	8 624 201	61	12 063 183	26	12 063 183	26	149 581	89	338 325	21
									188 743	32	= Reingewinn	

Aktiva (Netto-)Bilanz für den 31. Dezember 1911 nach der Gewinnverteilung. Passiva

Aktiva		ℳ	₰
Kassenbestand		269 801	98
Kupons und Sorten		15 803	32
Giro-Guthaben bei der Reichsbank und dem Postscheckamt		158 785	91
Wechselbestand			
Bankakzepte	ℳ 1 970 844,—		
Geschäftswechsel	„ 1 302 262,42	3 273 106	42
Effekten		1 260 953	80
Kontokorrent-Debitoren		3 768 705	72
Bankenkonto-Debitoren		312 144	85
Vorschuß-Debitoren		2 871 327	51
Haus		110 000	—
Liegenschaften		14 000	—
Rückständige Zinsen		8 553	75
		12 063 183	26

Passiva		ℳ	₰
Geschäftsguthaben der Mitglieder		2 574 379	81
Reservefonds		565 070	—
Spezialreservefonds		100 000	—
Ruhegehaltsreservefonds		100 000	—
Beamtenunterstützungsfonds		25 000	—
Depositen		70 254	10
Darlehen			
m. 1jähr. Kündigung	ℳ 1 935 692,—		
m. ½jähr. „	„ 146 749,—		
m. ¼jähr. „	„ 15 620,—		
m. monatiger „	„ 76 698,27	2 174 759	27
Spareinlagen		2 468 591	99
Haussparkasse-Einlagen		74 462	62
Kontokorrent-Kreditoren		3 125 336	36
Bankenkonto-Kreditoren		454 673	43
Laufende Akzepte u. Kautionsbürgschaften		57 830	74
Vorauserhobene Zinsen		32 719	07
Auszuzahlende Geschäftsguth. a. Ausscheid.		128 788	49
„ Dividende für 1911		94 556	30
„ Tantieme		6 124	32
„ Gratifikationen		7 760	—
„ Gaben für wohltätige und gemeinnützige Zwecke		900	—
Gewinnvortrag auf neue Rechnung		1 976	76
		12 063 183	26

Die durchschnittliche Größe eines Wechsels beträgt:

		1911	1912
Im Bestand	M.	1442	986
„ Eingang	„	1219	967
„ Schlußbestand	„	986	974

Diese Durchschnittszahlen geben kein zutreffendes Bild. Im Schlußbestand 1911 waren 83 Bankakzepte mit M. 1 970 844 enthalten, im Durchschnitt je Stück M. 23 745; im Jahre 1912 waren es 69 Bankakzepte mit M. 1 938 500, im Durchschnitt M. 28 094. Bringt man die Bankakzepte von der Gesamtsumme in Abzug, bleiben für die diskontierten Geschäftswechsel im Durchschnitt M. 402 bzw. M. 398.

Nach den Ergebniszahlen auf Zinsenkonto sind die Einnahmen aus dem Wechseldiskont durch Ausgaben erheblich vermindert, ein Zeichen, daß in großem Umfang Rediskontierungen stattgefunden haben. Diese Vermutung wird durch den bedeutenden Sollumsatz auf Bankkonto bestätigt, wobei allerdings zu berücksichtigen ist, daß auf diesem Konto auch der Postschek- und der Giroverkehr mit der Reichsbank und der Dresdner Bank verrechnet werden.

Nach den Angaben des Geschäftsberichts verteilt sich

Der Umsatz auf Kontokorrent-Konto		1911	1912
auf Konten		1 816	1 791
Eröffnet wurde im Bilanzjahr		122	156
Mitgliedern neuer Kredit im Betrage von	ℳ	1 841 420	3 333 270
somit im Durchschnitt je Mitglied	„	15 093	21 361
Der kleinste Kredit war	„	250	340
Der größte Kredit betrug	„	200 000	200 000
Die Zahl der eröffneten bzw. bewilligten Kredite betrug insgesamt	„	402	413
in einer Gesamtsumme von	ℳ	5 914 457	6 946 960
im Durchschnitt	„	14 712	16 820
Von den Ende Dezember vorhanden gewesenen Kontokorrent-Forderungen der Genossenschaftsmitglieder waren gedeckt			
durch Effektendepot		33,9%	30,7%
„ hypothekarische Sicherheiten		40,7%	43,4%
„ persönliche Bürgschaft		25,4%	25,9%

Von den Ende Dezember vorhandenen Vorschußforderungen waren gedeckt	1911	1912
durch Effektendepot	11,6%	11,1%
„ hypothekarische Sicherheiten	38 %	33,8%
„ persönliche Bürgschaft	50,4%	56,1%

Der aktive Kontokorrentkreditverkehr und das Vorschußgeschäft zeigen somit im Jahre 1912 ein Anwachsen des Kreditbegehrs, was auch in der Steigerung der Zinseneinnahmen zum Ausdruck kommt.

Aktiva (Brutto-)Bilanz für

		ℳ	₰
Kasse		241 024	15
Kupons und Sorten		11 302	64
Guthaben bei der Reichsbank, Postschek-Konto, Giro-Konto bei der Dresdner Bank		160 110	98
Primadiskonten		1 938 500	—
Diskont-(Geschäfts-)Wechsel (auch Schecks)			
a) Wechsel mit Ausschluß von b)	ℳ 967 448,41		
b) Inkassowechsel	„ 81 049,24	1 048 497	65
Wertpapiere			
a) Anleihe des Reiches und der Bundesstaaten	„ 603 656,95		
b) Sonstige bei der Reichsbank beleihbare Wertpapiere	„ 192 210,25		
c) Sonstige börsengängige Wertpapiere	„ 260 424,60		
d) Sonstige Wertpapiere	„ 27 315,20	1 083 607	—
Guthaben			
a) bei Banken	ℳ 112 156,85		
b) bei Genossenschaften	„ 11 965,20	124 122	05
Forderungen aus Lombardierung börsengäng. Wertpapiere		328 352	50
Kontokorrent-Forderungen		4 648 338	99
(davon ℳ 1 495 758,35 durch börsengängige Wertpapiere gedeckt, ungedeckte in Höhe von ℳ —,—)			
Vorschüsse gegen Schuldscheine		2 933 556	75
(davon ungedeckte in Höhe von ℳ —,—)			
Forderungen aus geleisteten Kautionen		229 825	36
Rückständige Zinsen		9 284	70
Grundstücke			
a) Geschäftshaus	ℳ 110 000,—		
b) Sonstige Grundstücke	„ 14 000,—	124,000	—
		12 880 522	77

Auf den Vorschußkonten betrug der durchschnittliche Saldo eines Debitors

	1911	1912
Ende Dezember	ℳ 1 711	1 942
Die Zahl der neu gewährten Vorschüsse	ℳ 1 032	969
Durchschnittsbetrag eines Forderungskredites	ℳ 2 169	2 450

Der Durchschnittssaldo eines Depositenbuches war am Ende des Jahres M. 808 bzw. 837. Im ersten Jahre der Einführung des Depositenverkehrs (1911) waren die Depositengelder durchschnittlich 79 Tage angelegt; im zweiten Jahre waren von der Einzahlungssumme im Durchschnitt M. 117 148 vorhanden. Die Einzahlungen wurden demden 31. Dezember 1912. Passiva

		ℳ	₰
Geschäftsguthaben			
a) verbleibender Mitglieder	ℳ 2 558 043,08		
(Rückstände ℳ 12 000,—)			
b) ausscheidender Mitglieder	„ 128 101.39	2 686,144	47
Reservefonds		567 098	—
Spezial-Reservefonds		100 000	—
Ruhegehalts-Reservefonds		100 000	—
Beamten-Unterstützungsfonds		25 000	—
Spareinlagen (Depositen)			
a) täglich fällig	ℳ 1 020 555,65		
b) mit Kündigungsfrist von weniger als 3 Monaten	„ 1 625 172,—	2 645 727	65
Anleihen gegen Schuldscheine			
a) täglich fällig	ℳ 53 640,47		
b) mit Kündigungsfrist von weniger als 3 Monaten	„ 5 103,—		
c) mit vierteljähriger Kündigung	„ 3 500,—		
d) mit längerer Kündigung	„ 2 150 830,—	2 213 073	47
Scheckeinlagen		2 059 216	54
Kontokorrent-Schulden		1 362 388	03
Schulden			
a) bei Banken	ℳ 505 884,86		
b) bei Genossenschaften	„ 19 023,15		
c) aus später fälligen Inkassowechseln	„ 81 049,24	605 957	25
Akzepte		28 575	75
Verbindlichkeiten aus übernommenen Kautionskrediten (Avale)		229 825	36
Vorauserhobene Zinsen		40 593	—
An früher ausgeschiedene Mitglieder zu zahlende Geschäftsguthaben		11 588	—
Reingewinn		205 335	25
		12 880 522	77

Die Stückelung der neu gewährten Vorschüsse waren	1911	1912
20 — 500 ℳ	435	426
500 — 1 000 „	218	182
1 000 — 2 000 „	147	125
2 000 — 5 000 „	124	122
5 000 — 10 000 „	59	57
10 000 — 100 000 „	49	—
100 000 — 200 000 „	—	57

nach 8,3 mal umgesetzt, die Umsatzdauer betrug im Durchschnitt 44 Tage.

Auf Darlehnskonto betrug das durchschnittliche Guthaben eines Kreditors Ende Dezember M. 4599 und 4655. Nach der Kündigungszeit waren

	1912	1911
mit 1jähriger Kündigung	89 %	91,8%
„ ½jähriger „	6,9%	4,9%
„ ¼jähriger „	0,8%	0,1%
„ monatlicher „	3,3%	0,2%
auf Zinsengutschrift und nicht erhobene Geschäftsguthaben entfielen	—	3 %

Der Spareinlagenverkehr zeigt im Durchschnitt ein Guthaben von M. 906 bzw. 980 am Jahresende. Auf Haussparkassen hatten die Einleger durchschnittlich M. 118 bzw. 120 zu fordern.

Die Betriebsmittel sind:

1. Eigenes Vermögen (nach der Verteilung des Gewinnes). Geschäftsguthaben + Reserven	M	3 364 449	3 426 908
2. Fremde Gelder (Depositen, Darlehne, Spareinlagen, Kontokorrent- und Bankkreditoren)	„	8 368 076	8 897 949
Gesamte Betriebsmittel	M	11 732 525	12 324 857

Die Gesamtreserven nach Verteilung des Reingewinnes betrugen vom Geschäftsguthaben	30,7 %	31,1 %
vom Betriebskapital	6,73%	6,6%
Das eigene Vermögen beträgt vom Gesamtbetriebskapital	28,68%	27,8 %
von den fremden Geldern	40,2 %	38,51%

Was die Aufmachung, die Gliederung der Bilanzposten angeht, so bieten beide Bilanzen interessante Beispiele. Die Bilanz 1911 ist als Nettobilanz veröffentlicht, schließt mit dem Gewinnrest und ist ungesetzlich (§§ 19, 48 Genoss.-Gesetz). Die Bilanz für 1912 gliedert die Posten nach einem neuen Schema im Anschluß an jenes für die Zwischenbilanzen der Kreditbanken und ist eine Bruttobilanz, abschließend mit dem verteilungsfähigen Reingewinn. Im Text wurden die Konten des Hauptbuches nach den Ergebnissen der Inventur bzw. der monatlichen Bruttobilanz abgeschlossen, der Reingewinn in das nächste Jahr hinübergenommen und auf den Konten des Bilanzjahres 1912 bzw. 1913 die Gewinnverteilung nach den Beschlüssen der Genossenschafterversammlung vorgenommen. Würde die Generalversammlung, die über den endgültigen Inhalt der Bilanz beschließt — die ihr vorgelegte, in der Regel bereits gedruckte Bilanz hat nur den Charakter eines Vorschlags — von ihrem Änderungsrecht Gebrauch machen und einzelne Bilanzposten anders bewerten, so müßten die auf die Hauptbuchkonten vorgetragenen Bilanzposten entsprechend geändert werden, entweder durch einen neuen Zwischenabschluß mit Einsetzung der beschlossenen Bewertung oder durch Verbuchung der Unterschiede zwischen verbuchten und nunmehr beschlossenen Bilanzzahlen. Die Eintragung der Verteilungs- bzw. Berichtigungsposten müßte unter dem Tag des Generalversammlungsbeschlusses erfolgen.

Nach einem anderen Verfahren bleiben die Hauptbuchkonten nach Fertigstellung der Vorarbeiten für die Bilanz und die Bilanzvorlage offen; der formelle Abschluß — Einsetzung der Salden, Abschlußstriche, Vortrag — erfolgt nach dem Tage der Generalversammlung den Beschlüssen entsprechend und die Eintragung der Posten unter dem Datum des letzten Geschäftstages des Bilanzjahres. Um dies zu ermöglichen, müssen entweder alljährlich neue Hauptbücher angelegt oder entsprechende Zwischenräume zwischen alten und neuen Konten gelassen werden oder man wartet mit der Eintragung der Buchungsposten des neuen Bilanzjahres bis nach der Generalversammlung und trägt die Abschluß- und Bilanzposten sowie die Buchungen der neuen Monate nachträglich ein. Um die rechtlichen Bedenken gegen beide Verfahren zu beseitigen, scheint es zweckmäßig zu sein, ein Hauptbuch für die Aufnahme der laufenden Buchungen zu ergänzen durch ein Abschlußbuch, in welchem die Bilanzergebnisse entsprechend den Beschlüssen der Generalversammlung eingetragen werden.

Hauptbuch für 1911 und 1912.

Kassa-Konto.

1911:		1911:	
Bestand am 1. Jan. .	284 505,47	Ausgaben	118 436 532,61
Einnahmen	118 421 829,12	Schlußbilanz	269 801,98
	118 706 334,59		118 706 334,59
1912:			
Eingangsbilanz	269 801,98	Ausgaben	117 326 171,47
Einnahmen	117 297 393,64	Bestand am 31. 12.	241 024,15
	117 567 195,62		117 567 195,62
1913: Bestand am 1. 1.	241 024,15		

Kupons und Sorten.

1911:			
Bestand am 1. Jan.	11 548,75	Abgang	449 517,31
Zugang	453 771,88	Bestand am 31. 12.	15 803,32
	465 320,63		465 320,63
1912:			
Eingangsbilanz	15 803,32	Abgang	433 887,74
Zugang	429 387,06	Bestand am 31. 12.	11 302,64
	445 190,38		445 190,38
1913: Bestand am 1. 1...	11 302,64		

Wechsel.

1911:	Stück	Betrag		Stück	Betrag
Bestand am 1.1.	2 624	3 784 093,78	Ausgang	25 519	32 454 727,05
Eingang	26 216	31 943 739,69	Bestand 31. 12.	3 321	3 273 106,42
	28 840	35 727 833,47		28 840	35 727 833,47
1912:					
Bestand am 1.1.	3 321	3 273 106,42	Ausgang	30 728	29 763 463,56
Eingang	30 474	29 477 354,79	Bestand 31. 12.	3 067	2 986 997,65
	33 795	32 750 461,21		33 795	32 750 461,21
1913: Bestand .	3 067	2 986 997,65			

Effekten.

1911: Bestand 1. 1.....	1 018 536,60	Ausgang	980 937,60
Eingang	1 224 151,90	Schlußbestand	1 260 953,80
		Kursverlust	797,10
	2 242 688,50		2 242 688,50
1912: Bestand 1. 1. ...	1 260 953,80	Ausgang	752 540,49
Eingang	603 998,29	Schlußbestand	1 083 607,—
		Kursverlust	28 804,60
	1 864 952,09		1 864 952,09
1913: Anfangsbestand ..	1 083 607,—		

Effekten-Kommissions-Konto.

1911. Belastet	3 793 902,32	1911. Gutgeschrieben ..	3 793 902,32
1912. „	3 803 569,78	1912. „ ..	3 803 569,78

Kontokorrent-Konto.

1911: Debitoren am 1.1.	3 438 755,71	Kreditoren am 1. 1. ..	2 883 903,56
Zugang	84 753 544,30	Zugang	84 665 027,09
Bestand am 31. 12.		Bestand am 31. 12.	
Kreditoren	3 125 336,36	Debitoren	3 768 705,72
	91 317 636,37		91 317 636,37
1912: Debitoren am 1. 1.	3 768 705,72	Kreditoren am 1. 1. ..	3 125 336,36
Zugang	82 773 876,21	Zugang	82 034 658,94
Kreditoren am 31. 12. .	3 517 468,87	Debitoren am 31. 12.	4 900 055,50
	90 060 050,80		90 060 050,80
1913: Debitoren am 1. 1.	4 900 055,50	Kreditoren am 1. 1. ...	3 517 468,87

Reservefonds.

Saldo am 31. 12.	546 196,—	1911. Bestand 1. 1.	544 000,—
		Eintrittsgelder neuer Mitglieder	2 196,—
	546 196,—		546 196,—
Saldo am 31. 12.	567 098,—	1912. Saldovortrag 1. 1.	546 196,—
		Zuweisung aus dem Reingewinn	18 874,—
		Eintrittsgelder	2 028,—
			567 098,—
	567 098,—	1913. Saldovortrag 1. 1.	567 098,—
		Zuweisung	20 902,—

Spezialreservefonds.

Saldo am 31. 12.	100 000,—	1911. Bestand am 1. 1.	100 000,—
1912. Saldo am 31. 12.	100 000,—	1912. Saldovortrag	100 000,—
		1913. Saldovortrag 1. 1.	100 000,—

Konto **Ruhegehaltsreserve** in beiden Jahren unverändert 100 000 M., ebenso das Konto **Beamten-Unterstützungsreserve** mit 25 000 M. Beide Konten haben dasselbe Aussehen wie das Spezialreservekonto.

Akzepte und Avale.

Eingelöste Tratten	133 291,60	1911. Bestand am 1. 1.	19 256,24
Am 31. 12. noch laufende	57 830,74	Akzeptiert	171 866,10
	191 122,34		191 122,34
Eingelöst bzw. erloschen	82 383,20	1912. Vortrag des Saldos	57 830,74
Saldo am 31. 12.	258 401,11	Tratten und Avale	282 953,57
	340 784,31		340 784,31
		1913. Saldovortrag	258 401,11

Zinsen-(Sammel-)Konto.

Ausgaben.		Einnahmen.	
1911. Rückständige Zinsen (Bilanz-Aktiva)	9 054,30	1911. Transitorische Z. (Bilanz-Passiva)	35 374,20
Kontokorrent-Z.	97 509,44	Kontokorrent-Z.	211 489,68
Vorschuß-Z.	9 990,69	Vorschuß-Z.	158 734,59
Darlehen-Z.	89 410,44	Effekten-Z.	43 927,06
Spareinlagen	86 337,94	Hauszinsen	1 207,—
Wechseldiskont	106 523,75	Wechseldiskont	245 141,45
Ausgaben...	398 826,56	Einnahmen...	695 873,98
Bilanz, Passiva 31. 12.		**Bilanz, Aktiva 31. 12.**	
Vorschuß-Z. } voraus	11 639,65	Rückständige Vorschuß-Z.	8 553,75
Wechseldiskont } erhoben	21 079,42		
Gewinn u. Verlust, Saldo	272 882,10		
	704 427,73		704 427,73

Zinsen-(Sammel-)Konto.

Ausgaben.		Einnahmen.	
1912. Bilanzvortrag von 1911	8 553,75	1912. Bilanzvortrag am 1. 1.	32 719,07
Kontokorrent	121 326,14	Kontokorrent-Z.	252 890,54
Vorschuß	1 453,47	Vorschuß-Z.	181 453,35
Darlehen	86 098,29	Effekten-Z.	46 215,10
Spareinlagen	83 184,41	Hauszinsen	908,50
Wechseldiskont	119 798,01	Wechseldiskont	255 382,94
	420 414,07		769 569,50
Bilanz, Passiva		Bilanz, Aktiva	
Vorschußzinsen	14 538,—	Vorschuß-Z.	9 284,70
Wechseldiskont	26 055,—		
Zinsen-Überschuß	317 847,13		
	778 854,20		778 854,20
1913. Bilanzvortrag von 1912	9 284,70	1913. Bilanzvortrag von 1912	40 593,—

Provisionen.

Ausgaben	3 008,03	Effekten-, Wechsel-Provisionen, Depotgebühren usw.	24 642,40
Gewinnsaldo	62 608,67	Kontokorrent-Provisionen	40 974,30
	65 616,70		65 616,70
		1913.	
Ausgaben	2 478,70	Kontokorrent	49 798,48
Überschuß	73 369,28	Sonstige	26 049,55
	75 847,98		75 847,98

Unkosten.

1911.		1911.	
Ausgaben	157 059,87	Rückersatz	8 275,08
		Saldo (Verlust)	148 784,79
	157 059,87		157 059,87
1912.		1912.	
Ausgaben	167 826,31	Rückersatz	9 152,31
		Saldo (Verlust)	158 674,—
	167 826,31		167 826,31

Haus-Konto.

	1911	1912	1913		1911	1912
Eingangsbilanz	110 000	110 000	110 000	Ausgangsbilanz	110 000	110 000

Liegenschaften.

Eingangsbilanz	14 000	14 000	14 000	Ausgangsbilanz	14 000	14 000

Gewinn und Verlust 1911.

Unkosten-Konto	148 784,79	Gewinn und Verlust 1910 (Gewinnrest)	2 834,44
Effekten-Konto	797,10	Zinsen-Konto	272 882,10
Bilanz-Konto, Saldo	188 743,32	Provisions-Konto	62 608,67
	338 325,21		338 325,21
1912. Verteilung des Reingewinns		1912. Bilanzvortrag	188 743,32
Reserve-Konto	18 874,—		
Dividenden-Konto	153 108,24		
Tantieme-Konto	6 124,32		
Gratifikations-Konto	7 760,—		
Unterstützungs-Konto	900,—		
Gewinn und Verlust 1912	1 976,76		
	188 743,32		

Gewinn und Verlust 1912.

Verluste	379,32	Gewinn und Verlust 1911	1 976,76
Unkosten	158 674,—	Zinsen	317 847,13
Effekten	28 804,60	Provision	73 369,28
Bilanz	205 335,25		
	393 193,17		393 193,17
1913. Verteilung d. Reingewinns		1913. Vortrag	205 335,25
Reservefonds	20 902,—		
Dividenden	155 500,14		
Tantiemen	6 220,—		
Gratifikationen	8 675,—		
Unterstützung	1 000,—		
Gewinn und Verlust 1913	13 038,11		

Dividenden 1911.

1912.		1912.	
Auszahlungen	94 556,30	Gewinn und Verlust 1911	153 108,24
Gutschrift auf Geschäftsanteile	58 551,94		

Dividenden 1912.

1913.		1913.	
Auszahlungen	96 453,50	Gewinn und Verlust 1912	155 500,14
Konto der Geschäftsanteile	59 046,64		

Tantièmen.

	1912		
Auszahlung	6 124,32	Überweisung	6 124,32
	1913		
		Überweisung	6 220,—

Gratifikationen.

	1912		
Auszahlung	7 760,—	Überweisung	7 760,—
	1913		
		Überweisung	8 675,—

Unterstützungen.

	1912		
Auszahlung	900,—	Überweisung	900,—
	1913		
		Überweisung	1 000,—

II. Kapitel.

Theoretische Grundlagen.

4. Abschnitt.

Bilanztheorien.

Die Bilanzlehre ist Teil einer Wissenschaft (Einzelwirtschaftslehre, Privat- oder Betriebswirtschaftslehre), die auf Erscheinungen des Wirtschaftslebens zurückgreift; diese Erscheinungen sind stabil oder veränderlich wie die Wirtschaft selbst. Im Anfangsstadium jener Wissenschaft gab man Rezepte für Einzelfälle, im weiteren Verlauf versuchte man den Dingen eine theoretische Grundlage zu geben, sie unter einem einheitlichen Gesichtspunkt zu betrachten (Simon, Rehm, Staub, Passow u. a.), ohne auf Rezepte ganz zu verzichten. Selbst Schmalenbach gibt Anweisungen, was man tun und was man unterlassen solle. Die theoretische Problematik der Bilanzlehre dreht sich um die Kernfrage der Jahresbilanz, um die Bewertung der Bilanzposten, die zweckbestimmt ist. Über diese Zwecksetzung der Jahresbilanzen besteht, im Gegensatz zum Handels- und Steuerrecht, unter den Theoretikern Streit. Nahezu jeder deutsche Bilanzschriftsteller hat eine eigene theoretische Meinung. Hier seien nur einige skizziert, weil sie für unsere Darstellung nach der positiven oder negativen Seite erheblich erscheinen. (Eine hübsche Zusammenstellung bringt Hax, Der Gewinnbegriff in der Betriebswirtschaftslehre, 5. Ergänzungsband der Zeitschr. f. Handelsw. Forschung, Leipzig 1926, der sich mit zwölf (!) Gewinnbegriffen auseinandersetzt.)

Die bisher bekannt gewordenen Bilanztheorien sind entweder monistisch oder dualistisch. Die „Monisten“ unterstellen der Jahresbilanz einen einzigen Zweck; für die Dynamiker ist sie Mittel einer Erfolgsrechnung, für die Statiker eine Vermögenswertrechnung. Die „Dualisten“ wollen mit einer Bilanz gleichzeitig zwei Zwecke erreichen (Die organische Bilanz von Schmidt; Sewering, Die Einheitsbilanz, Leipzig 1925): die Vermögensseite ist eine Tageswertbilanz, die Kapitalseite ist dynamisch, bereinigt von den Einflüssen des Tageswertes auf den Jahreserfolg, wie wir schon in der 1. Auflage dieses Buches (1911, S. 30 f.) gezeigt haben.

Manche Theoretiker negieren die privat- und öffentlich-rechtlichen Bewertungsvorschriften, sie sind für ihre theoretischen Grundgedanken einfach nicht da. Gemeinsam ist allen Theorien eine bestimmte Zwecksetzung als Prämisse für Deduktionen.

a) Der Dynamiker Schmalenbach.

In der doppelten Buchführung ist die Einnahmen- und Ausgabenrechnung (der Kameralistik) in eine Aufwands- und Ertragsrechnung (Gewinn- und Verlustkonto) ausgebildet. Die (Jahres-)Bilanz ist ein Mittel der Erfolgsrechnung. „Bei ihr handelt es sich nicht um eine Erkenntnis des Zustandes, sondern um die Erkenntnis der Bewegung, die zwischen mehreren Augenblicken" (der Bilanzaufstellung) „stattgefunden hat". Die Bewegung, die wir (Schmalenbach) zu erfassen suchen, sind Leistungen und Aufwand. Die Jahresbilanz ist das Bindeglied zwischen Einnahme- und Ausgaberechnung und der Aufwands- und Leistungsrechnung. Die Bilanz nimmt Aufwendungen auf, die noch nicht Einnahmen und Einnahmen, die noch nicht Leistungen sind; überdies verzeichnet sie Einnahmen, die noch nicht Ausgaben waren und Ausgaben, die wiederum Einnahmen werden sollen, sowie Leistungen, die noch nicht Aufwand waren und Aufwendungen, die noch nicht Leistungen waren. Die Aktiva lassen sich als Vorleistungen oder Vorausgaben des Betriebes erklären: Ausgaben, die noch nicht als Aufwand oder Wiedereinnahme ausgelöst sind; Leistungen, die weder als Einnahmen noch als Aufwand ausgelöst sind, und Geld. Die Aktiva sind individuelle Gebrauchswerte im Rahmen der Einnahmen und Ausgaben. Die Passivseite enthält Aufwendungen, die noch nicht durch Ausgaben oder Leistungen ausgelöst sind und Einnahmen, die noch nicht Leistung oder Wiederausgabe geworden sind. Die Passiva kann man als noch zu erfüllende Nachleistungen des Betriebes auffassen. Die Bilanz als Ganzes enthält das in Zukunft zu Verrechnende.

Nach der allgemeinen dynamischen Auffassung ist die Jahresbilanz ein Mittel der Erfolgsberechnung. Welcher Gewinn soll ermittelt werden? Die aktienrechtlichen Bilanzierungsvorschriften des § 261 HGB. haben zum Ziel den (rechtlich) verteilbaren Gewinn. Dieser setzt sich zusammen aus dem Gewinnvortrag, den erzielten (realisierten) Gewinnen des Rechnungsjahres, abzüglich des Verlustvortrages und der noch nicht realisierten Wertminderungen auf Vermögensbestände (Tageswert gleich Börsen- oder Marktpreis, falls er unter den Anschaffungspreis gesunken ist). Die Praxis engt den Begriff des verteilbaren Gewinnes häufig ein; verteilbar ist der Gewinn nur, insoweit die Geschäftsinteressen durch die Auszahlung der Gewinnanteile nicht geschädigt werden. Die Rücksicht auf die wirtschaftliche Verteilungsfähigkeit unter Berücksichtigung des

Geschäftsinteresses führt zu einer Schmälerung des rechtlich verteilungsfähigen Gewinnes durch Versteckung bestimmter Gewinnbeträge (als stilles Vermögen oder stilles Kapital). Der ausgewiesene Gewinn ist geringer als der tatsächliche. Auch das Gegenteil kommt vor: der ausgewiesene Gewinn ist größer als der im Rechnungsabschnitt erzielte. Offene Rückstellungen und stille Kapitalreserven werden durch Umbuchung in die Erfolgsbilanz aufgelöst oder stille Vermögensreserven durch „Aufwertung" liquidiert.

Der privatwirtschaftliche Gewinn kann sich auch auf den Ertrag der Unternehmung beschränken, also auf den Nachweis des organischen Gewinnes, der durch den Lebenszweck der Unternehmung erreicht werden soll (die Unternehmung ist eine Veranstaltung zur Gewinnerzielung), die nichtorganischen Gewinne, z. B. Zufallsgewinne, werden unmittelbar dem Eigenkapital zugeschrieben (als offene Rücklagen zurückgestellt) oder, wie der Sanierungsgewinn, innerhalb des Rechnungsabschnittes verwendet, abgebucht und aufgerechnet. Der privatrechtliche und der privatwirtschaftliche Gewinn der Jahresbilanz werden von der Gewinnverteilung, der Rechenschaftspflicht, vom Veröffentlichungszwang, von der Finanzierungsmöglichkeit (Rentabilität ist Voraussetzung für die Finanzwürdigkeit einer Unternehmung), von steuerlichen Rücksichten und anderen außerbetrieblichen Beweggründen beeinflußt.

Die dynamische Bilanz Schmalenbachs hat einen von diesem Bilanztheoretiker bestimmten Zweck: Für ihn ist die (Jahres-)Bilanz das Mittel der Errechnung der objektiven Wirtschaftlichkeit; die Gewinnrechnung muß so gestaltet werden, daß sich aus ihr eine möglichst richtige und möglichst eindringende Vorstellung von der Wirtschaftlichkeit der Unternehmung ergibt. Dieser Schmalenbachsche Gewinnbegriff wird durch Zweckmäßigkeitserwägungen bestimmt (Bilanzlehre, S. 86, 93) wie jeder andere Bilanzgewinn auch. Schmalenbach unterläßt zu sagen, was er unter Wirtschaftlichkeit versteht. Sein theoretisches Ziel der Gewinnrechnung ist der „gemeinwirtschaftliche" Gewinn (was ist das?), die Ermittlung muß mit volkswirtschaftlichen Werten (wie werden sie gemessen?) und nicht mit volkswirtschaftlichen Preisen rechnen. Der privatwirtschaftliche Betrieb interessiert ihn nur als ein Organ der Gemeinwirtschaft. Das theoretisch richtige Ziel ist (nach Schmalenbach) unmöglich und unsicher, auch der Willkür unterworfen, weshalb der theoretisch falsche, aber infolge größerer Sicherheit brauchbarere privatwirtschaftliche Ertrag als Rechnungsziel angenommen wird. Ertrag (Gewinn) ist bei Schmalenbach der Überschuß der Leistungen über den Aufwand, gemessen an Einnahmen und Ausgaben. Leistung der Unternehmung ist alles, was die Unternehmung schafft, gemessen an Einnahmen, auch innere Leistungen der Unterbetriebe untereinander. Schmalenbach meint „Betriebsleistungen", während die Bilanzkritik nur die marktwirtschaftlichen Leistungen interessieren, die zu einem Ertrag führen. Eine Unternehmung, die beispielsweise Güter nur auf Vorrat ohne Veräußerung produziert, hätte die von Schmalenbach so stark betonte gemeinwirtschaftliche Aufgabe verfehlt. Folgt man seiner Terminologie, muß man innerbetriebliche Leistungen oder Leistungen der Werkbetriebe — ihr Ziel ist Bedarfsdeckung durch technische Leistungen unter dem Gesichtspunkt der Wirtschaftlichkeit — und Unternehmungsleistungen an dem Markt mit Ertragsabsicht unterscheiden. Sein Gewinnbegriff (a. a. O. S. 86: Gewinn hat das zu sein, was wir als Ziel unserer Rechnung haben müssen) ist von der Marktwirtschaft losgelöst, nur auf die Messung der Wirtschaftlichkeit abgestellt und ebenso einseitig wie die bilanzkritisch allein bedeutsame Betonung des organischen Gewinnes oder Ertrages. Es ist eben entscheidend, für welche Zwecke der Gewinn berechnet wird. Der Ertrag schließt den innerbetrieblichen Gewinn ein.

Eigenwillig und konstruktiv ist auch der Begriff Aufwand. Schmalenbach (a. a. O. S. 126) will darunter den Wert der Güter verstanden wissen, der vernichtet wurde oder sonst verloren geht. Aufwand ist alles, was Aufwand sein muß, um einen Gewinn als Maßstab der Wirtschaftlichkeit zu finden, also wieder nur innerbetriebliche Gesichtspunkte. Wirtschaftlichkeit des Betriebes muß aber nicht zu einem Ertrag führen, der doch von außenbetrieblichen Faktoren bedingt ist. Eine erfolgreiche Unternehmung kann eine unwirtschaftliche Betriebsführung haben. Der Aufwand ist in den Marktleistungen oder in den Betriebsleistungen ersetzbar oder nicht. Im letzten Falle wirkt er ertragschmälernd; Zweckaufwand und Zufallsaufwand, wie beispielsweise Elementarschäden.

Zum Schluß noch die Bewertungsgrundsätze der dynamischen Bilanzlehre. Schmalenbach unterscheidet in der Erfolgsrechnung — eine Bestandsbewertung lehnt er ab, Vermögensbestände nennt er Restziffern — folgende Wertkategorien (S. 170 f.): Anschaffungswert der Aufwendungen (Anschaffungskosten in unserer Terminologie), Ertragswert der Leistungen (Einnahmen aus Betriebs- und Unternehmungsleistungen, der „Leistungswert" nach Nicklisch); Zeitwerte (Tageswert der Beschaffung und der Veräußerung, Reproduktionswert nach Marshall, Wiederbeschaffungskosten nach Schmidt, Tageswert nach Mahlberg) und zwar Zeitwerte einer Wirtschaftseinheit (der Unternehmung, Wertpapiere, verkaufsbereite Waren u. ä.) und fiktive willkürliche Einzelzeitwerte wirtschaftlich gebundener Gegenstände; schließlich Ersatzwerte, meist der Zukunftswert für Ersatzgüter; innerbetriebliche Kalkulations- oder Betriebswerte.

Einheitliche Bewertungsregeln fehlen. Die Anwendung des „Realisationsprinzipes" (Erfolgsverrechnung erst nach Veräußerung) ist dort begründet, „wo die ihm innewohnenden Eigenschaften besonders großer Sicherheit, Willkürlichkeit und Darlegungsfähigkeit, sich gegenüber an sich berechtigteren, aber unsicheren Werten durchsetzen müssen" (a. a. O. S. 174). Zeitwerte, besser als Tageswerte bezeichnet, sind für Teile der Bilanzposten, für frei verfügbare, nicht im Vermögensverband der Unternehmung festgebundene Güter anwendbar, nicht geeignet für Anlagegüter. Auch das aktienrechtlich vorgeschriebene und sonst eingebürgerte ‚Niederstwertprinzip' wird von Schmalenbach als ‚Prinzip der Vorsicht' zugelassen.

Die theoretisch gut durchdachte und folgerichtig aufgebaute dynamische Bilanzlehre Schmalenbachs führt zu einer Konstruktion des Inhaltes der Bilanzen und der Gewinnrechnung (vgl. a. a. O. S. 120/21), die von der überlieferten, von der zivil- und der steuerrechtlichen Auffassung völlig abweicht. Bilanzziffern sind Restziffern, die sich aus Leistungen und Aufwandsbewertung ergeben; den Zwecken der Wirtschaftlichkeitsmessung, Vergleichbarkeit und Sicherheit der Gewinnrechnung zuliebe werden alle Verbindungen mit der Entwicklungsgeschichte der Buchführung und mit dem Wirtschaftsrecht abgebrochen; eine Theorie, die die Dinge schärfer sehen lehrt, aber für die Bilanzkritik entbehrlich ist [1]).

2. Die statische Bilanzauffassung.

Die statische Bilanz hat die Aufgabe, den Zustand des Vermögens und des Unternehmungskapitals für den Bilanzstichtag zu ermitteln. Schmalenbach (Bilanzlehre S. 82) meint: Vermögen ist ein abstrakter Begriff; Vermögen im Sinne von Reinvermögen ist der Gesamtwert der einem Eigentümer gehörenden aktiven und passiven Vermögensstücke. Vermögen ist der saldierte Wert, „Der Wert einer Unternehmung, der das Vermögen einer Unternehmung ausmacht." Diese Auffassung ist unrichtig. Der Begriff Vermögen ist zivil- und steuerrechtlich fest umrissen (vgl. Wirtschaftslehre § 7). Die statische Jahresbilanz hat nicht die Aufgabe, den ‚Wert der Unternehmung', den ‚Wert des Geschäftes' festzustellen, sondern die Lage des Vermögens und der Schulden für den Stichtag. Es ist richtig, daß der Wert einer Wirtschaftseinheit (nach § 132 RAO.) nicht durch Addition der Werte der Einzelteile ermittelt werden kann, weil die Einrichtungen und Vorrichtungen durch ihre Zweckbestimmung verbunden sind. Der Grundsatz der Bewertungseinheit muß zur Bewertung der Vermögensteile mit ihrem ‚Geschäftswert' führen, wie Staub bereits in der ersten Auflage seines Kommentars zum HGB. 1898 erläutert und zu § 39 ausgeführt hat, Ausführungen, die Osbahr (Die Bilanz vom Standpunkt der

---

[1]) Vgl. die kritische Würdigung bei M. Lion, Die dynamische Bilanz und die Grundlagen der Bilanzlehre, 3. Sonderheft der Z. f. Bw. 1928.

Unternehmung) wieder aufgegriffen hat, allerdings ohne anzugeben, wie nun tatsächlich die Vermögensteile bewertet werden sollen.

Der Tageswert der Vermögensmasse, ihr Zustand am Stichtag unter Zugrundelegung des Zeit- oder Tageswertes und die zahlenmäßige Schilderung der Schulden sind das Mittel der statischen Jahresbilanz; ihr rechnungsmäßiges Ziel scheint uns die Ermittlung des eigenen Kapitals zu sein, ihr Zweck ist ein kreditwirtschaftlicher: Welche Vermögensmasse zu Tageswerten stand am Stichtag als Deckungsfonds den Gläubigern des Geschäftes zur Verfügung? Wertmaß statischer Bilanzen überhaupt ist der gemeine Wert, wenn man die Fortführung des Betriebes unterstellt; der erzielbare Veräußerungswert beim Verkauf des Geschäftes, bei seiner Auflösung, bei der Exekution zugunsten eines Gläubigers.

Wir haben stets die Meinung vertreten: Die Jahresbilanz ist nicht Selbstzweck, sondern Mittel zum Zweck der Erfolgsberechnung. Wir haben uns damit für die allgemeine dynamische Bilanzauffassung entschieden, die man früher als Erfolgsermittlungsbilanz (im Gegensatz zur Vermögensermittlungsbilanz) bezeichnete. Nach unserer Auffassung ist die Jahresbilanz das statische Ergebnis des Stichtages der dynamischen Kräfte, die während eines Zeitraumes innerbetrieblich und außenbetrieblich wirksam geworden sind. Der echte Gewinn vermehrt, der Verlust vermindert die Vermögensmasse. Das Ergebnis dieser Veränderungen des Vermögens und des Eigenkapitals durch jene Kräfte und Gestaltungen für einen Stichtag festzuhalten ist zivil- und öffentlichrechtliche, aber auch die privatwirtschaftliche Aufgabe der Jahresbilanz. Schmalenbach hingegen sieht in ihr nur ein Hilfsmittel der Aufwands- und Ertragsrechnung, betrachtet sie also einseitig vom Kostenstandpunkt.

3. Die organische Bilanz.

Organische Betriebsauffassung[1]) bedeutet Übereinstimmung des wirtschaftlichen Handels mit den ewigen Gesetzen der Wirtschaft; welche Gesetze dies sind, wird nicht gesagt. Die einzige Rechnungsmethode, die allen Anforderungen vom Standpunkt dieser Betriebsauffassung entspricht, ist die Kostenrechnung mit den Werten des Umsatztages. Die Anwendung des Wiederbeschaffungspreises am Umsatztage im betrieblichen Rechnungswesen sichert die volkswirtschaftlich wichtige ‚relative' Erhaltung der Betriebe (was dann, wenn eine Wiederbeschaffung ausgeschlossen ist, z. B. ein Stauwerk gebaut wurde oder der Betrieb eingestellt oder umgestellt wird?).

---

[1]) Vgl. Schmidt, Die organische Bilanz im Rahmen der Wirtschaft; 14. Heft der betriebs- und finanzwirtschaftlichen Forschungen, 2. Auflage, Leipzig 1922. Schmidt, Bilanzlehre, Bilanzgewinn und Bilanzumwertung. Berlin 1924.

Wiederbeschaffungskosten sind in der Umsatz- und in der Vermögensrechnung anzuwenden. Der Unterschied zwischen Anschaffungskosten und Erlös von Umsatzgütern enthält neben dem Umsatzgewinn auch Wertsteigerungen der Kostengüter zwischen ihrem Beschaffungstag und dem Umsatztag, d. h. Vermögenswertveränderungen. Die Trennung der beiden Erfolgsquellen kann durch eine Kalkulation mit Wiederbeschaffungskosten und mit Anschaffungskosten sowie durch buchmäßige Spaltung auf Umsatzerfolgskonto und Vermögenswertänderungskonto (bei Geldmacher: Konjunkturkonto) erfolgen. Liegt keine laufende Kalkulation vor, muß die Trennung auf den Aufwandskonten erfolgen, ein summarisches Verfahren mit nur annähernder Richtigkeit.

In der Bilanz sind sämtliche Kostengüter zum Tageseinkaufspreis des Stichtages einzusetzen; der Wertunterschied zwischen Anschaffungskosten und Tageswert wird dem Vermögenswertveränderungskonto zugeschrieben (Rückstellung bei Wertsteigerungen, aktiver Minderwert bei Wertsenkungen). Die Summe dieser Tageswerte einschließlich der zum Tagespreis berechneten Kosten für Gründung und Inbetriebsetzung der Unternehmung (!) ergibt die Reproduktionskosten und damit den richtigen Wert der Unternehmung. Die Bilanz ist ein Mittel der Vermögensrechnung, aber auch der Erfolgsrechnung. Vermögen ist nach Schmidt die Gesamtheit der in der Unternehmung vereinigten Werte, einerlei, ob sie in ihrer realen Gestalt wechseln oder nicht, also nicht nur die Summe der Werte der Einzelgüter (berechnet zu Anschaffungskosten, Tageswerten der Beschaffung oder der Veräußerung). Der Wert des Vermögens der Wirtschaftseinheit ist gleich dem Ertrag der gesamten Vermögensmasse. Der Ertragswert wird durch Kapitalisierung des Ertrages (abzüglich Risikoprämie) mit dem normalen Zinsfuß errechnet. Der Ertragswert kann größer oder kleiner sein als der Reproduktionswert. Die organische Bilanz soll den Reproduktionskostenwert der Unternehmung darstellen. Wie die Tageswerte für die Kosten der ‚Gründung und Ingangsetzung der Unternehmung' berechnet und in die Bilanz eingestellt werden sollen, haben wir nicht feststellen können. Die Reproduktionskostenwert-Bilanz ist ein steuerliches und kreditwirtschaftliches Zerrbild der Vermögenslage, ohne Kontinuität und Kongruenz der jährlich schwankenden Rechnungsergebnisse. Wie sollen die immateriellen Werte der Organisation der Unternehmung bewertet werden? Wie sollen die Ausgaben für Gründung und Instandsetzung ermittelt werden, die in den früheren Rechnungsabschnitten als Kosten in der Jahreserfolgsrechnung untergegangen sind? Zu den bewertbaren realen Kostengütern treten bei Schmidt noch irreale. Die Wertveränderung am ruhenden Vermögen bleibt bei der Bewertung mit Anschaffungskosten bilanzmäßig unberücksichtigt. Bei Kostengütern mit gesunkenen Börsen- oder Marktpreis wird (bei Kapitalgesellschaften) die Verminderung berücksichtigt. Die Vertreter der Bewertung zu Tageswerten müssen bei Wertsteigerungen am ruhenden Vermögen (Anlage- und Umsatzgüter) passive Rückstellungen, bei Wertminderungen aktive Zusatzposten in der Bilanz und auf Sonderkonten aufweisen.

Der Umsatztag für die Trennung des ausschüttbaren Umsatzerfolges und der nicht ausschüttbaren Vermögenswertveränderungen in der Erfolgsrechnung ist der Tag des Verkaufs, d. h. des Rechnungsausganges bei verkaufsbereiten Gütern; bei erst herzustellenden Verkaufsgütern der Tag der Beendigung der Produktion. Der Ersatzwert der organischen Erfolgsrechnung ist der Ersatzkostenwert des Gesamtproduktes, nicht der Ersatzwert der Einzelkostenteile, weil beispielsweise bei einer Steigerung des Beschäftigungsgrades (Produktivitätsverschiebung) dasselbe Produkt mit einem verhältnismäßig geringerem Kostenquantum neu erzeugt werden kann. Diesen betrieblichen Konjunkturgewinn will Schmidt den Konsumenten zugute kommen lassen. Der (bereinigte) Umsatzgewinn ist Maßstab der Betriebsökonomie. Die Außeneinflüsse durch Wertverschiebungen über den Markt am ruhenden Vermögen sind rechnungsmäßig abgespalten. Organischer Gewinn ist realisierter Umsatzgewinn.

Wir stimmen mit der geistvollen Theorie Schmidts in manchem überein. Die Trennung von realisiertem Zweckertrag (organische Gewinne im Gegensatz zum Zufallsgewinn) und Konjunkturerfolg verweisen wir in die Kalkulation als Grundlage der Preispolitik oder in eine selbständige kurzfristige Erfolgsrechnung. Die Aufschüttbarkeit des Gewinnes ist nicht vom Rechnungsergebnis, sondern von der geldwirtschaftlichen Gesamtlage der Unternehmung abhängig.

* * *

Unsere Auffassung im Streit der Meinungen ist die folgende:

Jede Vermögensbilanz (im allgemeinen Sinn und im Gegensatz zur Erfolgsbilanz) ist eine Gegenüberstellung von Aktiva (= Vermögen) und Passiva (= Schulden + eigenes Kapital) für einen bestimmten Zeitpunkt und für einen bestimmten Zweck.

1. Ist die Vermögensbilanz Selbstzweck, dient sie zur Ermittlung des Tageswertes des Gesamtvermögens und seiner Teile sowie der Schulden für einen bestimmten Tag, dann sind die Vermögensgegenstände unter Berücksichtigung des Sonderzweckes der Bilanzaufstellung zum erreichbaren Veräußerungswert einzustellen. In diese Gruppe der Vermögensbilanzen gehören: Die Abschichtungsbilanz zwecks Berechnung des Auseinandersetzungs-Guthabens eines ausscheidenden Gesellschafters oder dessen Erben; die Konkursbilanz zwecks Errechnung des

erreichbaren Versilberungswertes der Vermögensgegenstände unter dem Einfluß der zwangsweisen Auflösung der Unternehmung sowie der vorhandenen und der durch den Konkurs entstehenden Schulden; die Übernahmebilanz des Verkäufers zwecks Errechnung des Übernahmepreises beim Verkauf und bei der Einbringung einer Unternehmung; die Liquidations-Eröffnungsbilanz zwecks Errechnung des Wertes der Vermögensgegenstände unter dem Einfluß der Einstellung des produktiven Zweckes der Unternehmung.

2. Ist eine Vermögensbilanz nur Mittel zum Zweck der Erfolgsberechnung für einen Zeitraum, dann haben in ihr Werturteile des Bilanzierenden und Wertziffern keinen Platz, sondern nur Kosten und Ausgaben (Kostenwerte, Ausgabenwerte): die Kosten des Erwerbes (der Anschaffung oder der Herstellung), die in der Vergangenheit bezahlt wurden. Z. B.: die Gründungsbilanz; die Übernahmebilanz des Erwerbers, die die Erwerbskosten der Vermögensgegenstände ohne Rücksicht auf ihren Veräußerungs-, Gebrauchs- oder sonstigen Wert aufnimmt.

3. Der Verfasser hat stets (z. B. „Selbstkostenberechnung", 1908, S. 138) die Auffassung vertreten, daß die handelsgesetzlich geforderte jährliche Schlußbilanz nur Mittel zum Zweck der Erfolgsberechnung sei[1]). Schon im ersten Band dieses Buches (S. 60) wurde darauf hingewiesen, daß die Buchführung an sich für „Werte" im sozialwirtschaftlichen Sinne invalent ist, sie hat es nur mit Kosten und Preisen, mit Ausgaben und Einnahmen zu tun. Man kann deshalb die schwierigen Fragen der Bewertung der Bilanzposten nicht auf die Buchführung aufbauen (wie Rehm, I. Auflage und Fischer, Die Bilanzwerte, was sie sind und was sie nicht sind, Leipzig 1905). Sie sind nur unter Berücksichtigung der besonderen Verhältnisse der Unternehmung und der besonderen Zeitumstände lösbar; die Obergrenze der Wertansätze ist im Gesetz gegeben.

Wer die Jahresschlußrechnung auf die Berechnung des verdienten oder des verteilungsfähigen Reingewinnes abstellt, für den ist die Gewinn- und Verlustrechnung das Maßgebliche, d. h. die Gegenüberstellung von Aufwand und Leistungen sowie die Ermittelung des Überschusses der Leistung der Unternehmung über den Unternehmungsaufwand. Die Ver-

---

[1]) Vgl. Bericht des Ausschusses, S. 23:

Der Ausschuß gelangt ... zu dem Standpunkte, daß die Aufstellung der Bilanz der Ermittlung des Gewinnes, nicht aber des augenblicklichen Wertes des Unternehmens diene, daher den Vermögenswert relativ durch Vergleichung der Anschaffungskosten mit den Abschreibungen, nicht aber absolut im Rahmen der gegenwärtigen Verhältnisse ermittle, daher andere Zwecke verfolge als die einer Wertschätzung ... (zitiert nach Mrozek-Arlt, Die Wertermittlung. Nachtrag. Köln 1921, S. 50).

mögensbilanz einer jungen, noch mit großen Schulden belasteten Gesellschaftsunternehmung oder einer im Aufbau und in der Entwickelung begriffenen Unternehmung wird anders aufzustellen sein wie die einer finanziell stark fundierten Unternehmung mit beträchtlichen Bankguthaben, der die Möglichkeit offensteht, jederzeit den Anleihemarkt in Anspruch zu nehmen. Die ertrags- und finanzwirtschaftlichen Gesichtspunkte haben heute eine größere Bedeutung wie in der Jugendzeit der doppelten Buchführung und der kapitalistischen Wirtschaft überhaupt, wo man im Handelsgewerbe zunächst den Verkaufgewinn am Umsatz „kalkulierte“ und eine Vermögensbilanz zwecks „Übersicht über die Lage des Vermögens“ und der Schulden als Selbstzweck aufstellte.

Bei Ermittelung eines im Berechnungsabschnitt verdienten Reingewinnes müssen die Erfolgsregulierungsposten gewissenhaft berücksichtigt werden. Abschreibungen auf das Anlagevermögen sind ein Mittel der Aufwandberechnung: Ausgaben der Vergangenheit werden nach einem bestimmten Maßstabe in Aufwand des Berechnungszeitraumes umgewandelt; Rückstellungen sind noch nicht verteilter Gewinn (neues Kapital) oder noch nicht bezahlter Aufwand (Ausgaben-Rückstellung).

Bei dieser Auffassung der Bilanz können für Vermögensgegenstände zur Anwendung kommen:

aa) Der Kostenwert der Vergangenheit: wirklich verausgabte oder berechnete Einstands-, Gestehungs-, Produktionskosten, Selbstkosten. Wertschwankungen bleiben unberücksichtigt.

bb) Ein unveränderlicher Kostenwert (Schmalenbach): Der normale, „eiserne“ Bestand an Waren oder Werkstoffen wird zu einem unveränderlichen Preis, der über- oder unternormale Bestand zum Zeitwert berechnet und dem normalen Bestandswert zugeschlagen oder von ihm abgezogen.

cc) Unter Umständen ist es wegen der Finanzgebarung und der Preispolitik (jedoch nicht als Bewertungsproblem) erforderlich, bei der Bemessung von Ausgaben-Rückstellungen stark schwankende und steigende Wiederbeschaffungs- oder Ersatzbeschaffungskosten zu berücksichtigen, z. B. bei der Bemessung von Anlageabschreibungen [1]).

5. Abschnitt.

Vergleichung und Vergleichbarkeit.

Das Tätigsein im Interesse der volkswirtschaftlichen Bedarfsdeckung — der privatwirtschaftlichen oder gemeinwirtschaftlichen ‚Werkbetriebe‘

---

[1]) Über Geldentwertung und Wertschwankungen, ihren Einfluß auf die Bilanzierung vgl. 6./7. Auflage dieses Buches, S. 407—414.

im Sinne Sombart's — sowie die Tätigkeit der Wirtschaftsbetriebe (das sind Veranstaltungen zum Zwecke der Erzielung eines Gewinnes) erfordert Aufwendungen, wir sagen Kosten, und zwar Gesamtkosten der Betriebseinheit und der Leistungseinheit. Betriebseinheit kann sein: ein Werkbetrieb, die Unternehmung oder Werkbetriebe einer Unternehmung, wie beispielsweise die Zechen einer Bergbaugesellschaft; oder die Eisengießerei und die Maschinenfabrik einer Maschinenbauanstalt; eine Unternehmung im Rahmen einer Einheit höherer Ordnung, wie Konzernfirmen, Mitglieder eines Syndikats. Die Leistungseinheit kann eine innerbetrieblich technische Einheit sein, beispielsweise die Kilowattstunde, oder eine außenbetriebliche marktwirtschaftliche Einheit (Verkaufseinheit).

Der Werkbetrieb ist von dem Gedanken der Wirtschaftlichkeit beherrscht, die Unternehmung von der Rentabilität. Wirtschaftlichkeit ist nicht gemeinwirtschaftliche Nützlichkeit, sondern Verwirklichung des organisatorischen Grundsatzes: Erreichung des Zweckes mit dem geringsten Aufwand oder den kleinsten Mitteln. Nimmt man die (inner- oder außerbetriebliche) Leistung als Konstante und die Aufwendungen als Variable, so heißt Wirtschaftlichkeit: mit dem geringsten Aufwand die gleichen oder bessere Leistungen erzielen; unterstellt man hingegen den Aufwand als betriebskonstant, so soll mit dem gleichen Aufwand eine größere Leistung erzielt werden. Ob das Höchstmaß der Wirtschaftlichkeit unter den gegebenen gesamtwirtschaftlichen oder betriebstechnischen Bedingtheiten erreicht ist, läßt sich durch eine Vergleichsrechnung feststellen, für unsere Zwecke gemessen am Geld. Wirtschaftlichere Gestaltung ist gleichbedeutend mit Ersparniserzielung je Einheit.

Wir unterscheiden: Innerbetriebliche und außenbetriebliche Vergleiche.

I. Innerbetriebliche Vergleiche dienen der Kontrolle der Betriebsgebarung und verfolgen betriebanalytische Zwecke.

1. Der Zeitvergleich erstreckt sich auf Ergebnisse und Zustände zu Beginn oder am Ende gleich langer Zeitabschnitte, z. B. Bilanz-, Kosten-, Leistungsvergleich eines Werkbetriebes, eines Teilbetriebes der Unternehmung oder der Unternehmung als Ganzes. Hier interessiert nur der Zeitvergleich der Bilanzen einer Unternehmung. Jeder Vergleich setzt Vergleichbarkeit der Zahlen voraus: Die Kontinuität des Schemas der Darstellung, d. h. hier der Bilanzen und des Inhaltes der Bilanzposten, wozu nicht nur der Buchungsinhalt, sondern auch die Wertmessung gehört. Der Zeitvergleich bleibt ein an sich roher Vergleich auch dann, wenn Aufwand und Einnahmen periodenweise richtig abgegrenzt und verteilt sind. Die monatliche Vergleichung hat die verschiedenen Zahlen der Arbeitstage bzw. der gesetzlichen und landesüblichen Feiertage, die wechselnde Lage des Oster- und Pfingstfestes zu berücksichtigen; dann die monatlichen und die Saisonschwankungen. Bei Jahresvergleichen kommen

in Betracht: das konjunkturelle Milieu und die innerbetrieblichen Strukturveränderungen; die Umschichtungen im Verhältnis zwischen Eigen- und Fremdkapital, die Veränderungen im finanziellen Aufbau, die wechselnde Verzinsung der Fremdkapitalien. In einer konjunkturlosen Wirtschaft zeigt der Zeitvergleich die Veränderungen des Innenlebens der Unternehmung deutlich, die Ausweitung und die Einengung des Geschäftsumfanges. Die konjunkturellen Schwankungen trüben dieses Bild durch die rechnungsmäßige Verkoppelung mit außenbetrieblichen Bedingtheiten.

Der Zeitvergleich kann auf verschiedene Art durchgeführt werden. Man stellt nur absolute Zahlen einer Periode den gleichen Zahlengruppen der gleichen Periode früherer Rechnungsabschnitte gegenüber; oder man ergänzt dieses Zahlenbild durch Berechnung der Plus- und Minusunterschiede der letzten Vergleichsperiode gegenüber der früheren. Entwicklungsreihen werden zweckmäßig durch Indexzahlen ausgedrückt, die Ziffern der Goldbilanz — vergleichsweise auch 1913 — gleich 100 gesetzt.

Entwicklungstendenzen zeigen sich im Schaubild deutlicher als im Zahlenbild. Die bilanzmäßigen Indizes werden durch irgendeinen brauchbaren volkswirtschaftlichen Index (des Großhandels, des Kleinhandels u. ä.), die verschiedenen Bedingungen, unter denen ein Betrieb gearbeitet hat, werden durch einen zusätzlich erläuterten Situationsbericht ergänzt.

2. Der zeitlich umgrenzte periodisch durchgeführte inner-wirtschaftliche Teilbetriebsvergleich hat die Aufgabe, die Wirtschaftlichkeit oder die Rentabilität gleichartiger Werkbetriebe einer Unternehmung zu vergleichen, z. B. für verschiedene Kohlenzechen einer Bergbaugesellschaft, die Fabriken eines Trusts, die Zweigniederlassungen, Verkaufsstellen und technischen Büros einer Unternehmung. Der Betriebs- als Wirtschaftlichkeitsvergleich läßt die verschiedenen Bedingungen und, bei Gleichartigkeit der Betriebsbedingungen, die Verschiedenheit der inneren Betriebsgebarung und Betriebs-Ökonomie deutlich erkennen, doch müssen die Schematisierung der Berechnung und der Rechnungsinhalt gleichartig sein.

3. Der Soll- und Ist-Vergleich im Sinne der Kameralistik wird auf Kosten und Leistungen, Ausgaben und Einnahmen angewendet. Die tatsächlichen Aufwendungen oder Leistungen (Einnahmen, Erträge, technische Leistungen) werden mit dem veranschlagten (im Finanzplan oder im Haushaltungsplan) oder genormten (Normalkosten) oder standardisierten Soll verglichen. Die Abweichungen des Ist vom Soll werden analysiert und für die künftige Betriebsgestaltung verwertet.

Normalkosten sind Kosten eines Güterverzehrs unter gemeingewöhnlichen Umständen. Sie werden unter der Voraussetzung normaler Verhältnisse geschätzt oder aus dem Durchschnitt mehrerer vergangener Jahre berechnet oder es werden die Zahlen des Vorjahres unter gleichzeitiger Schätzung für das folgende Jahr verwendet. Standardkosten sind voraus berechnete Aufwendungen unter der Annahme der bestmöglichen Verhältnisse des Betriebs oder einer Betriebsgruppe (branchenmäßige Standards), konjunkturlose Beschaffungsmärkte unterstellt.

In diese Gruppe der Vergleiche ist auch der Vergleich der Soll- und Ist-Abschreibungen, der Soll- und Ist-Erträge nach der Budgetmethode zu zählen.

Ein Betriebsvergleich nebeneinander geschalteter Unternehmungen des gleichen Erwerbszweiges setzt Einheitlichkeit der Buchführung voraus. Die angestrebte Schablonisierung der Buchführung durch Einführung in Vorschlag gebrachter ‚Kontenpläne' allein führt noch nicht zu einer Ausmerzung der Ungleichheit und ermöglicht noch nicht einen nationalen oder wenigstens verbandsmäßigen Betriebsvergleich. Notwendig ist die Innehaltung des vorzuschreibenden Buchungsinhaltes der gewählten Konten, seine Kontrolle und ein Kontenplan, der dem Sprachgebrauch der Praxis gerecht wird und nicht ausschließlich das Gepräge eines Theoretikers trägt.

Im Steuerrecht (§ 46 Einkommensteuergesetz) gibt es ein Hilfsmittel der Einkommenschätzung, das auch in der Bilanzkritik und beim Betriebsvergleich sinngemäß Anwendung finden kann: die Einkommensermittlung mit Hilfe von Durchschnittssätzen und durch Schätzung nach Normalzahlen. Durchschnittssätze für Kosten, Erträge, Abschreibungen je Einheit bedürfen einer Berechnung auf Grund von Unterlagen aus den Verhältnissen der zu prüfenden Unternehmung. Normalzahlen eignen sich für den Kosten- und Ertragsvergleich von Unternehmungen der gleichen Gruppe, insbesondere für solche mit Divisions-Kalkulation, z. B. Brauereien, Bergbau- und Kokereibetriebe. Auch in der Landwirtschaft rechnet man mit Normalerträgen nach Mengen und Wert je Flächeneinheit.

II. Der außenbetriebliche Totalvergleich vergleicht Ergebnisse von Wirtschaftsbetrieben. Gleichartige Betriebsziffern, z. B. Bilanzen verschiedener Unternehmungen gleichen Gewerbes, werden miteinander verglichen; ein Gruppenvergleich im Gegensatz zum Einzelvergleich nach I.; Beispiele: Die Monatsbilanzen deutscher Kreditbanken; der Bilanzvergleich der Gemeinschaftsgruppen deutscher Hypothekenbanken; der Kostenvergleich für Mitglieder eines Unternehmerverbandes.

Die Vergleichbarkeit in der einen oder in der anderen Hinsicht kann durch inner- oder außerbetriebliche Verhältnisse gestört werden, z. B. Veränderungen des Geldwertes, durch die Konjunktur der Beschaffungs- und der Absatzmärkte, Änderungen in der Ermittlungsmethode u. ä. Sofern die Vergleichung von Bilanzen in Betracht kommt, ist eine Schematisierung und eine Normalisierung ihres Inhaltes Voraussetzung für die Vergleichbarkeit, wie sie beispielsweise für die Monatsbilanzen der Kreditbanken, für Jahres- und Zwischenbilanzen von Konzern- und Kartellfirmen durchgeführt ist.

Die folgende Tafel zeigt (schematisch) die Möglichkeit der Ausschaltung von Konjunktureinflüssen beim Zeitvergleich auf Grund eines Branchen-Index, die Kaufkraft des Geldes als unverändert unterstellt. Die Spalte „berichtigte Umsatzsteigerung" (Januar berechnet: 5000. $10^2/_3$: $16^2/_3$) gibt Aufschluß über die von Konjunktureinflüssen bereinigten Marktleistungen.

Zeit	Umsätze							
	Betrag		Veränderungen gegen das Vorjahr					
	1926	1927	Absolut		Relativ		Berichtigte Werte	
				%	Index	Konjunkt.-Veränderung	%	Umsatzsteigerung
Januar	30000	35000	+ 5000	$16^2/_3$	106	6%	$10^2/_3$	+ 3200
Februar.....	21000	39000	+18000	$85^5/_7$	111	11%	$74^5/_7$	+15690
März	26000	37000	+11000	$39^2/_7$	119	19%	$20^2/_7$	+ 5680
I. Vierteljahr	77000	111000	+34000	44	112	12%	32	+24721

Der privat- und allgemeinwirtschaftliche Erkenntniswert der veröffentlichten Bilanzen und des Bilangsvergleichs leidet unter der gesteigerten Publizitätsfurcht der ‚Großen', unter der Diskontinuität der Bilanzierungsmethoden (z. B. Änderung in der Zusammensetzung und Gliederung der Bilanzposten). Eine weitgehende und ausführliche Berichterstattung, sei es in den Bilanzen, sei es im Geschäftsbericht, soll nicht durch gesetzliche oder behördliche Reglementierung erzwungen werden, obgleich die Monatsbilanzen der Kreditbanken unter dem freundschaftlichen Druck der Reichsbank und die Schematisierung der Versicherungsbilanzen durch das Reichsaufsichtsamt erfreuliche Ausnahmen sind. Eine Unternehmung, die in umfänglichem Maße den privaten oder öffentlichen Kreditmarkt beansprucht, als Schuldnerin fremde Kapitaldispositionen heranzieht und das Vertrauen der Geldgeber verlangt, sollte ihre geschäftlichen Verhältnisse von sich aus im Rahmen des Möglichen offenlegen und diesen Rahmen nicht ‚wegen der Konkurrenz' zu eng spannen. Je weiter die Konzernbildung und die Verfilzung der Aktiengesellschaften in Interessengemeinschaften gehen, das Eigenleben der einzelnen Aktiengesellschaft im Rahmen dieser Wirtschaftseinheiten höherer Ordnung eingeengt wird, je stärker das allgemeine Interesse an der Leistungssteigerung und der Wettbewerbsfähigkeit auf dem Weltmarkt wird, je mehr Auslandskapital herein- und Aktien hinausströmen: um so größer müßte die Publizität der Aktiengesellschaften werden. Die öffentliche Kritik der Handelspresse, die private der Interessenten hat manch

Gutes erreicht. Das Fragerecht des Aktionärs allein genügt nicht, wenn keine Beantwortungspflicht besteht. Die behördliche Regelung der Bilanzgliederung für Versicherungsgesellschaften und für Kreditbanken, die Anforderungen der Zulassungsstellen, die gesetzlichen Vorschriften für Hypothekenbanken sowie die intern bleibenden Statistiken der Verbände sind erfolgversprechende Anfänge, die in einer behördlichen Regelung der Berichterstattung für öffentliche und gemeinwirtschaftliche Betriebe (Gas-, Elektrizitäts-, Wasser-, Straßenbahn-Betriebe) eine Fortsetzung finden könnte.

Sammelbilanzen sind Zusammenstellungen von Einzelbilanzen der Teile einer wirtschaftlichen Einheit, z. B. die ‚Generalbilanzen' bei Unternehmungen mit mehreren selbständig bilanzierenden Unterbetrieben wie: Werkbetriebe, Zweiganstalten, Zechen. Jede örtlich dezentralisierte Erwerbstätigkeit einer Unternehmung macht die Aufstellung einer solchen ‚Einheitsbilanz' erforderlich. Wir gehen weiter und verlangen auch für einen Unternehmer als Inhaber mehrerer selbständiger Firmen eine Sammelbilanz als Gesamtübersicht über den Stand seines Gesamtvermögens und seiner Gesamtverpflichtungen, selbst wenn sie rechtlich ‚parzelliert' und auf eine Anzahl von Firmen verteilt sind. Die gleiche Forderung vertreten wir für Konzerne, das ist eine wirtschaftliche Zusammenfassung und Vereinheitlichung rechtlich selbständig bleibender Unternehmungen. Der Konzern ist eine wirtschaftliche Einheit, gleichgültig, wie er organisatorisch aufgebaut ist, ob beispielsweise Produktions- und Vertriebsgesellschaften vereint sind, ob verschiedene Produktionsstufen oder gleichartige Unternehmungen unter einer einheitlichen Leitung zusammengefaßt und durch einen einheitlichen Willen zusammengehalten werden. Bei der Zusammenfassung der einzelnen Bilanzen müssen die Schulden und die Forderungen der Konzernfirmen untereinander gesondert aufgeführt werden, sie gleichen sich ziffermäßig aus, ihre Sonderung ist bilanzkritisch notwendig, um die finanziellen Verpflichtungen der Mitglieder untereinander deutlich zu machen.

Gemeinschaftsbilanzen sind gemeinschaftliche Bilanzveröffentlichungen gleichartiger aber selbständiger Unternehmungen, d. h. jährliche Gruppenbilanzen, wie beispielsweise die Bilanzen der Gemeinschaftsgruppe deutscher Hypothekenbanken (8 Banken), der Arbeitsgemeinschaft süddeutscher Hypothekenbanken (6), der Gruppe bayerischer Hypothekenbanken (3 Banken). Die Vereinigte Industrieunternehmungen A.-G. (Viag), die Dachgesellschaft des Reichskonzerns, veröffentlicht in einem Geschäftsbericht die eigene Bilanz und die Berichte nebst Bilanzen der angeschlossenen 16 Gesellschaften (mit einem Schaubild der Beteiligungen und einer Tabelle über das Gesellschaftskapital, die Beteiligungen der Viag, Dividenden der letzten 3 Jahre), d. h. einen Sammelbericht der Dachgesellschaft und der angeschlossenen Unternehmungen, jedoch keine Sammelbilanz.

In der Nachkriegszeit stellt man häufig die letzte Friedensbilanz, meist für 1913, die Goldmarkeröffnungsbilanz und die folgenden Jahresbilanzen gegenüber. Die rein ziffermäßige Gegenüberstellung muß zu falschen Schlüssen führen. Die Vorkriegsbilanzen sind aus völlig anderen gesamtwirtschaftlichen Verhältnissen geboren, der landesübliche Zinsfuß war niedriger, die Kaufkraft des Geldes größer. Die Goldbilanzen waren im wesentlichen ein Experiment. Die Neubewertung ohne Rücksicht auf die Vergangenheit und unter Berücksichtigung der Verluste durch Krieg und Währungsverfall, die Neuordnung der deutschen Wirtschaft, die Strukturwandlungen im Export und industriellen Aufbau, die Unübersichtlichkeit der Entwicklung des Zinfußes ließen dem freien Ermessen für die Bemessung des eigenen Kapitals einen weiten Spielraum. Erst die spätere Entwicklung der Unternehmungen wird Aufschluß geben, ob insbesondere die Produktionskapazität einzelner Industriezweige die Erwirtschaftung einer Rente auf die Dauer möglich gemacht oder ob durch eine Kapitalherabsetzung die für die Marktbewertung so wichtige Rentabilität des Nominalkapitals der Aktiengesellschaften erreicht wird. Auch die Verschiedenheit der Kaufkraft des Geldes spricht beim Bilanzvergleich mit. Die ziffermäßige Nebeneinanderstellung der Bilanzzahlen bedarf einer besonderen textlichen Schilderung der Verhältnisse.

6. Abschnitt.

Bilanz- und Erfolgs-Analyse.

„Der Gewinn einer Unternehmung entsteht aus äußeren und inneren Einflüssen, aus Markt- und Betriebseinflüssen. Die Markteinflüsse sind wiederum Wirkungen von verschiedener Art“. (Schmalenbach, Bilanzlehre, S. 105). Die innerbetrieblichen Einflüsse einer Unternehmung — konjunkturlose Wirtschaft gedanklich unterstellt — sind von der inneren Betriebsgestaltung, der ‚Betriebsführung‘, (d. i. die Ausnutzung der Betriebseinrichtungen) abhängig und werden an den Ausgaben (Kosten) gemessen. Die Feststellung dieser Einflüsse wird durch eine Analyse jener Ausgaben (Kostenzerlegung) vorbereitet und erfolgt durch einen Zeitvergleich der Ausgaben für den Betrieb, durch einen Wirtschaftsvergleich der Ausgaben mit den Betriebs- und mit den Marktleistungen (beispielsweise Analyse der betrieblichen Selbstkosten der Leistungseinheit und des Verkaufserlöses; das Verhältnis zwischen Arbeits-Leistung und Arbeitskosten), in anderen Fällen durch einen Vergleich der gleichartigen Werkbetriebe einer Unternehmung oder mehrerer Unternehmungen. Gesteigerte Wirtschaftlichkeit mindert die Kosten, kann den Ertrag steigern oder die allgemeinwirtschaftliche Bedarfsdeckung durch Senkung der Preise verbilligen.

Ein brauchbares Mittel der Verwirtschaftlichung der Betriebsführung bilden branchenmäßige Werkvergleiche, die Beobachtung der Marktpreise der Mitbewerber sowie Errechnung von Standardkosten. Der Fernstehende ist außerstande, die innerbetrieblichen Einflüsse zu erkennen oder auch nur zu schätzen. Über den Versuch der Isolierung des Betriebs- und des Konjunkturgewinnes wird im V. Kapitel berichtet. Die günstige einzelwirtschaftliche Konjunktur — sie kann der volkswirtschaftlichen Konjunktur gegenläufig sein, wie die Konjunktur der Konkursverwalter, gewisser Althändler — schlägt sich im Umsatz und im Ertrag der Unternehmung nieder. Will man sie messen, müßte man einen normalen Umsatz zugrunde legen und das Mehr ertragsrechnerisch abzuspalten versuchen. Für Zeitvergleiche ist die Berücksichtigung der einzelwirtschaftlichen Konjunktur unerläßlich, wenn die Schwankungen in den Bilanzziffern kausal richtig ausgewertet werden sollen. Eine allgemein steigende Preiskonjunktur der Beschaffungsmärkte, d. i. Kostensteigerung, als Ertragseinfluß wird meist in den Geschäftsberichten zwecks Rechtfertigung eines verhältnismäßig geringeren Ertrages besonders hervorgehoben.

Saisonschwankungen sind regelmäßige innerhalb eines Wirtschaftsjahres wiederkehrende Bewegungen, branchenmäßig verschieden, statistisch erfaßbar, naturbedingt und unabänderlich. Höchst- und Tiefpunkte dieser Schwankungen werden von den Konjunkturschwankungen, d. s. zyklische Bewegungen der Volkswirtschaft, beeinflußt. In Zeiten ansteigender und Hochkonjunktur liegt der Scheitelpunkt der Schwankungskurve höher als im umgekehrten Fall. Im Warenhandel entstehen Saisonschwankungen durch Witterungseinflüsse (z. B. Kleider, Wolle, Baumwollwaren, Schuhwaren), durch Festtage (Putz, Schuhwaren, Lebensmittel, Teppiche, Haushaltungsgegenstände), in ländlichen Gegenden durch die Erntezeit. Typisch an die Jahreszeit gebundene Industrien sind beispielsweise: die Bau-, Ziegel-, Zucker-, Kali-Industrie. Vom Baumarkt sind abhängig die Umsätze in Formeisen und Baumaterialien. Der Absatz ist nicht immer ein Maßstab für den Beschäftigungsgrad der Produktionsmittel (in der Spielwaren-Industrie Verkauf zu Weihnachten, Auftragseingang etwa ab Juni, Lieferung im November). Lieferungsfristen, Liefertermine, die Fertigung auf Lager, die Finanzierung, die Vertriebsart sowie Betriebsstörungen durch Streiks bewirken ein Auseinanderfallen des Beschäftigungs- und des Absatzgrades. Die Saisonschwankungen des Warenhandels und der Industrie können zusammenhängen, fallen aber zeitlich nicht zusammen. Meist werden die Saisonschwankungen der Industrie vor jenen des Warenhandels liegen. Ebenso hängen die

Saisonschwankungen der Kreditinstitute mit den Schwankungen der Produktions- und Verteilungsgewerbe zusammen; die Kredite der Reichsbank an die Wirtschaft, der Notenumlauf, die Zinsssätze für tägliches Geld lassen diese Zusammenhänge erkennen. Die Auswertung der Einmonats-Bilanzen der Kreditbanken unter dem Gesichtspunkte der Saisonschwankungen wird es bestätigen. Als selbständig wirkende Faktoren der Saisonschwankungen der Kreditbanken treten die Abrechnungs- und Zahlungstermine auf (neben den Maßnahmen des Reparationsagenten).

Für die Saisonschwankungen sind Betriebe mit hohen festen Kosten besonders empfindlich, weil sie Betriebsaufwand und Betriebsleistungen nicht ohne weiteres gegeneinander abstimmen und angleichen können. In der Erfolgziffer der kurzfristigen Erfolgsrechnung dieser Betriebe treten die veränderten Größenverhältnisse beider Meßziffern in Erscheinung. Die kurzfristige Erfolgziffer saisonsbedingter Unternehmungen ist kein Maßstab für die Wirtschaftlichkeit und die Rentabilität des Berechnungsabschnittes.

Im Warenhandel, insbesondere im Einzelhandel, ist der Anteil der festen Kosten an den Gesamtkosten der ‚Handlung' besonders hoch (60 bis 64%); Miete, Heizung, Beleuchtung, Gehälter sind unelastisch, ihr Prozentanteil am Umsatz steigt bei sinkendem Umsatz, der Gewinn wird kleiner. Umwandlung der festen in Proportionalkosten (z. B. Provision an Stelle des Gehaltes, Ausgleichung der Spitzenleistungen durch Aushilfskräfte); Erzielung der optimalen Leistung, innerbetriebliche Arbeitsverteilung und Arbeitsverschiebungen; Zusammenfassung von Verkaufswaren mit zeitlich verschieden liegenden Saisonschwankungen, (z. B. Wolle mit Baumwolle und Seide); Betriebskombinationen im Produktionsgewerbe (z. B. Fahrräder und Schreibmaschinen); Anpassung der Preise in absatzstillen Zeiten und Sonderrabatte; Produktion auf Lager (unter Berücksichtigung der Finanzierungskosten für die Lagerhaltung) in den Zeiten der saisonalen Tiefpunkte sind Mittel, die Folgen der Saisonschwankungen für den Betrieb auszugleichen. Die Ermittlung des optimalen Lagerbestandes im Warenhandel, um die Lagerkosten niedrig zu halten, nach Mengen, Preislage, Güte sortiert (Optimum ist hier der betriebsnotwendige Mindestbestand, der Betriebsfonds); Verschiebung der Kosten und Gefahren der Lagerhaltung vom Händler auf den Produzenten und von dem reproduktiven Verbraucher auf den Erzeuger durch Auftragserteilung mit kurzen Lieferfristen: diese Beispiele veranschaulichen betriebspolitische Maßnahmen zwecks Milderung oder Ausschaltung saisonaler Schwankungen, die sich in der kurzfristigen wie auch in der jährlichen Erfolgsrechnung auswirken. Kurzfristige Zeitvergleiche und Betriebsvergleiche müssen darauf Rücksicht nehmen.

Innenbetriebliche Strukturveränderungen [die Umstellung von

Fabriken auf andere Verfahren und Erzeugnisse, die veränderte Liquiditätspolitik der Kreditbanken beispielsweise] verschieben und verändern das Zahlenbild und die Größenordnung der Bilanzposten, sie erschweren die Vergleichbarkeit der Jahresergebnisse und die Bilanzkritik.

Die Ziffern der Jahres- und der zwischenzeitlichen Bilanzen sowie die Erfolgsrechnung zeigen die statischen Ergebnisse bestimmter marktwirtschaftlicher und innenbetrieblicher dynamischer Kräfte, rechnungsmäßig beeinflußt durch die innenbetrieblichen Wertungen des Aufwandes und der Bestände. Sie resultieren einmal aus dem Eigenleben der Unternehmung, aus der Verbindung von Sachwertvermögen und Arbeitsvermögen, sowie aus der wirtschaftlichen Verwendung beider Kräfte im Interesse der Bedarfsdeckung. Die Aktivität des Unternehmers sucht durch Einwirkungen nach außen hin die Ertragsergebnisse entscheidend und zu seinen Gunsten zu beeinflussen (Beherrschung der Naturkräfte, Kampf um Kosten und Preishöhe, Gestaltung der privatrechtlichen Verträge). Dieses Gewinnstreben wird durch Einwirkungen auf die Unternehmung von außen her gehemmt oder gefördert: Wettbewerb, Konjunktur, Elementarereignisse u. a. m. Durch den Wirtschaftsbetrieb entstehen Eingänge und Ausgänge an wirtschaftlichen Gütern (Anlage-, Umsatzgüter, Dienstleistungen, Kapitaldispositionen), darunter bar- und kreditmäßige Einnahmen als Gegenleistungen der Absatzmärkte (reproduzierte Ausgaben einschließlich des Erfolges, Ersatz der Aufwendungen und realisierte Konjunkturgewinne) oder als Kapitaleinlagen. Dann treten Ausgaben (bar- und kreditmäßige) auf, die Aufwand sind, wie Löhne und Gehälter, oder in einer späteren Periode Aufwand werden (Anlagen, Vorratsbeschaffung von Umsatzgütern); wir bezeichnen sie als Vermögensausgaben im Gegensatz zu Kapitalausgaben, das sind ausgehende Leistungen für die Kapitalbeschaffung, wie Rückzahlung des Eigenkapitals, Gewinnauszahlungen, Kreditabdeckung.

Der innerbetriebliche Wertumlauf interessiert hier nicht. Wir gruppieren und kritisieren die Ergebnisse des Wirtschaftsbetriebes: die Wirtschaftlichkeit durch Vergleichung der Größenordnung von Aufwand und Leistung in sich (Methode der Isolierung) und durch Gruppenvergleich mehrerer gleichartiger Unternehmungen. Wir prüfen die absolute und die relative Rentabilität des Eigen-Kapitals und des ganzen Unternehmungskapitals, den finanziellen bzw. kreditwirtschaftlichen Stand, insbesondere die Zahlungsbereitschaft, schließlich die Ertragsquellen nach Zweck- und Zufallsertrag.

Die isolierende Methode der Bilanzkritik betrachtet das vorliegende Ergebnis als ‚Ding an sich'. Die vergleichende Methode benutzt den Zeitvergleich für die kritische Auswertung periodischer Ergebniszahlen einer

Wirtschaftseinheit (den Einzelvergleich) oder den Gruppenvergleich, das ist ein außenbetrieblicher Totalvergleich mehrerer Wirtschaftseinheiten gleicher Gattung. Für beide Methoden kommen für die Auswertung der Ergebniszahlen in Betracht: die absoluten Zahlen (Einzel- und Gruppenzahlen, Bilanzposten und Postengruppen); Verhältniszahlen (Vonhundert der Teile in der Gesamtheit; Umrechnung auf eine Einheit); Beziehungszahlen (Koeffizienten, wie Gewinn-, Kosten-, Umsatzgewinn-Koeffizient); Differenzzahlen (das Mehr und Weniger zweier aufeinanderfolgender Rechnungsabschnitte); Entwicklungszahlen = Betriebs-Indizes, wenn die zyklische Entwicklung von Bilanzposten, der einzelwirtschaftliche Rhythmus aufgezeigt werden soll.

Die Einzelwirtschaft ist mit der Volks- und der Sozialwirtschaft untrennbar verknüpft. Der Zustand der Gemeinwirtschaft wirkt auf die Einzelwirtschaft. Daraus folgt, daß ein kritischer Zeitvergleich, eine Bilanz- und eine Erfolgsanalyse gleichzeitig ein Milieuvergleich sein muß, der das Ergebnis der Unternehmung mit dem Zustand der um die Einzelwirtschaft gelagerten Gesamtwirtschaft heranzieht. Die Ergebnisse von 1925 beispielsweise können nicht ohne weiteres mit denen von 1927 verglichen werden, wenn der Zeitvergleich nicht rein schematisch bleiben soll.

Wir wollen versuchen, die Auswertung von Bilanzziffern wie folgt zu systematisieren:

I. Die isolierende Methode ist Untersuchung einer Bilanz unter innenbetrieblichen Gesichtspunkten oder unter Berücksichtigung der marktwirtschaftlichen Wirkungen auf den Betrieb und den Erfolg der Unternehmung, sowie der Marktgestaltung (Anschaffungs- und Absatzmärkte). Die innenbetriebliche Auswertung wird durch eine privatwirtschaftliche Rentabilitäts-Analyse ergänzt. Objekt dieser Methode sind eine einzige Bilanz, die einzelnen Bilanzposten, ihre Beziehungen untereinander und zu den Marktleistungen, dann Gruppen von wirtschaftlich oder rechtlich homogenen Bilanzposten (z. B. Anlage- und Umsatzvermögen; Realwerte und Geldwerte; flüssige Mittel). Hilfsmittel sind: Gruppierung und Zusammenfassung von Bilanzziffern, analytische Verhältnis- und Beziehungszahlen.

Die Unterlagen für analytische und genetische Bilanzuntersuchungen sind die Jahresbilanzen und die Erfolgsrechnungen. Eine innenbetriebliche Auswertung muß auf das Ergebnis der Konten, die Entstehung der einzelnen Posten und ihre Veränderungen zurückgreifen durch Kontenanalyse, betriebsstatistische Untersuchungen und Aufstellung einer Bewegungsbilanz.

Die Gruppierung der Bilanzziffern und ihre Zusammenfassung in einem Schema der Ergebnisrechnungen ist durch den Zweck der Unternehmung bestimmt. Es gibt kreditwirtschaftliche, innenbetriebliche, privatwirtschaftliche, volkswirtschaftliche, ertragswirtschaftliche, finanzwirtschaftliche Untersuchungen, deren Aufbau durchaus verschieden zu gestalten ist (Beispiele folgen später).

II. Die kumulierende Methode der Bilanzvergleichung.

a) Es werden Bilanzreihen für eine Unternehmung oder ihre Teile verglichen, Objekt und Hilfsmittel wie unter I. Bei dieser Reihenuntersuchung stehen im Vordergrund des Interesses die Veränderungen und die Verschiebungen in den Bilanzposten und in den Gruppen seit Beginn des Beobachtungszeitraumes und von Abschnitt zu Abschnitt; dann die Entwicklungstendenz für den Beobachtungszeitraum. Die Veränderungen von Abschnitt zu Abschnitt, in absoluten Zahlen und Vomhundert, werden in einer Veränderungsbilanz zusammengestellt; die wirtschaftskritische Auswertung der Verschiebungen innerhalb der Postengruppen und der einzelnen Posten erfolgt auf Grund der Plus- und Minus-Unterschiede.

b) Gruppenbilanzen für selbständige Unternehmungen gleicher Art (z. B. Kartell- und Verbandsfirmen).

Bei der Vergleichung des Absoluten und bei der kritischen Zusammenfassung des Gemeinsamen aus einer Mehrheit ist an das Wort Rickerts (Kulturwissenschaft und Naturwissenschaft, 6./7. Auflage, Tübingen 1926, S. 32) zu erinnern: „Kein Ding und kein Vorgang in der Welt gleicht dem anderen vollkommen, sondern ist ihm nur mehr oder weniger ähnlich, und innerhalb jedes Dinges und jedes Vorganges unterscheidet sich wiederum jeder noch so kleine Teil von jedem beliebig räumlich und zeitlich noch so nahen oder noch so fernen.“ Der Satz, daß Gleiches nur mit Gleichem verglichen werden kann, hat deshalb nur bedingte Richtigkeit. Er gilt absolut für die Bilanzreihen einer Unternehmung; das Ergebnis bilanz-analytischer Untersuchungen muß kausal kritisiert werden, warum Veränderungen eingetreten sind, Veränderungen, die in der inneren Struktur der Unternehmung wie auch durch ihre Abhängigkeit vom Markt oder der Volkswirtschaft begründet sein können. Für den Gruppenvergleich gilt der Satz nur bedingt; die analytischen Ergebnisse zeigen nur das Rationale, das Irrationale, das Nichterkennbare, das hinter den Zahlen steht, entzieht sich der Kritik des Fernstehenden. Zwei Bierbrauereien einer Stadt können zwar ziffermäßig verglichen werden, obwohl sie hinsichtlich Qualität ihrer Erzeugnisse, ihres finanziellen Aufbaues, ihrer Geschäftspolitik und Produktionsstärke ganz verschieden sind. Der Gruppenvergleich ist cum grano salis zu werten.

Die Wirklichkeit der wirtschaftlichen Erscheinungen ist von unübersehbarer Vielgestaltigkeit, jeder Betrieb und jede Unternehmung ist etwas Individuelles und Besonderes. Die Auswertung durch die vergleichende Methode muß deshalb eine generalisierende Gruppenbildung für die Bilanzposten wählen, wenn sie aus einer großen Zahl von Unternehmungen das Allgemeine und Absolute, ‚Gesetze' der Betriebswirtschaft oder der Entwicklung finden will. Ist das Ziel der Untersuchung nicht so hoch gesteckt und beschränkt sie sich auf empirische Sonderuntersuchungen, muß das Besondere und Individuelle, aber auch die zeitliche Marktgebundenheit in den Vordergrund treten, die Schematisierung ist gegliederter, die Ergebnisse sind relativ, nicht absolut und allgemein, ihre Gebundenheit an Zeitverhältnisse verleiht ihnen den Charakter von zeitbedingten Tatsachen der Vergangenheit.

Bei der Auswertung von Bilanzen unter dem Gesichtspunkt konjunktureller Schwankungen ist zu beachten: in der Vermögensbilanz sind die Umsatzgüter und unter diesen die flüssigen Werte sowie die Debitoren den Gegenwartswerten näher als die Anlagegüter. Die Konjunktur wird sich zunächst in der Bewegung dieser Güter widerspiegeln. Die Anlagegüter machen bilanzmäßig eine steigende Preiskonjunktur nicht mit, eine Hochkonjunktur wirkt auf eine Ausweitung der Produktionsanlagen, also mengenmäßig, eine rückläufige Konjunktur von verhältnismäßiger Dauer müßte eine Abschreibung auf den Zeitwert zur Folge haben, wenn die Produktionsstärke, die Beschäftigungs- und Absatzmöglichkeiten disproportional sind. Die Erfolgsziffern werden unmittelbar durch die Konjunkturschwankungen (einzelwirtschaftlich gemessen am Umsatz) berührt, sei es durch die Marktpreisveränderungen für die Unternehmungsleistungen, sei es durch die Selbstkosten dieser Leistungen unter dem Einfluß des wechselnden Beschäftigungsgrades. Dieser wird gemessen an Fertigungsmengen, an den Herstellungskosten dieser Mengen, der Zahl der Arbeitsstunden oder den an Arbeiter gezahlten Löhnen unter Ausschluß der Überstundenzuschläge im Verhältnis zu den Mengen; an der Normalleistung bei achtstündiger Arbeitszeit in der Veredelungsindustrie.

Bestimmte Verhältniszahlen sind besonders konjunkturempfindlich; so beispielsweise Umsatz und Ertrag, Umsatz und Debitorenbestände (wobei die Lage des Geldmarktes zu berücksichtigen ist), Anlagewerte und Produktionsmengen, Anlagewerte und Umsatz u. a. m. Der individuelle und der Gruppenvergleich zeigen einmal die Veränderungen der absoluten Zahlen, die mit Vorsicht für konjunkturelle Auswertungen zu prüfen sind (eine Zunahme der Anlagewerte in der Hochkonjunktur steht unter dem Einfluß der Preissteigerung der Beschaffungsmärkte beispielsweise). Zum anderen die Verschiebungen in der Kapitalbeschaffung und in der Kapitalverwendung. Eine Vergleichung der Bilanzziffern ohne Berücksichtigung der Veränderungen des Geldwertes bleibt mangelhaft. Es bleibt im einzelnen Falle zu prüfen, ob die Veränderungen des Geldwertes an der

Preisstatistik, an Großhandels-, Branchen- oder Betriebs-Indices gemessen werden sollen.

Die Konjunkturschwankungen wirken sich zahlenmäßig und zeitlich in einer kapitalintensiven und in einer lohnintensiven Industrie ganz verschieden aus. Bei der ersten überwiegt das Anlagevermögen gegenüber dem Umsatzvermögen, die festen Kapitalien (eigenes Kapital und langfristige Schulden) gegenüber den kurzfristigen, die Werkstoffkosten und die Anlageabschreibungen treten in den Selbstkosten der Leistungseinheit stärker hervor. In der lohnintensiven Industrie treten Umsatzvermögen und kurzfristige Schulden, die Arbeitskosten in den Selbstkosten stärker hervor. Die Konjunktur wirkt auf Industrien, die Verbrauchsgüter erzeugen und dem Konsum näher liegen, anders als auf Industrien der Anlagegüter, Maschinenfabriken beispielsweise, die für den reproduktiven Verbrauch arbeiten.

Über die Ursachen der Konjunktur besteht unter den Theoretikern Streit, ob sie auf der Güterseite oder auf der Geldseite zu suchen sind [1]). Die ‚monetäre' Krisentheorie nimmt an, daß die Konjunktur eine Folgeerscheinung periodisch eintretender Ausdehnung und Einschränkung des Kreditvolumens ist; daß der Aufschwung durch eine gesteigerte Investitionstätigkeit auf Grund zusätzlicher Bankkredite gekennzeichnet ist; daß die zusätzlichen Kredite nicht fortdauernd in gleichem Umfange neugeschaffen werden können und dadurch eine Stockung verursacht werde. Der Aufschwung gehe auf eine durch Vermehrung der Zahlungsmittel hervorgerufene verhältnismäßige Preissteigerung zurück, die Geldvermehrung führe zu einer verstärkten Warennachfrage, Erhöhung der Preise, dann zu der Ausdehnung des Produktionsumfanges, Vermehrung der Gütermengen, die nicht mehr abgesetzt werden können — Absatzstockung, angefüllte Läger, Arbeitslosigkeit, Einschränkung des Konsums als äußere Erscheinungsformen des Rückschlages.

Die Kreditschöpfung der Kreditbanken und das in Verbindung damit stehende gesteigerte aktive Kreditgeschäft, das Kreditgeben wird als Wesen, mindestens als eine Bedingung des Konjunkturzyklus angesehen. Solange eine Kreditbank im Rahmen der ihr anvertrauten, mit dem Güterumlauf und der Ersparnisbildung im Zusammenhang stehenden fremden Gelder (Loro-Kreditoren) Kredite gibt, spricht man nicht von einer Kreditschöpfung. Kreditschöpfung ist eine Vermehrung der Zahlungsmittel über diesen Rahmen hinaus und ohne Beziehung zum Güterumlauf. Wenn eine Bank gebundene Kaufkraft, z. B. in Effekten, teilweise und zeitweilig

---

[1]) Konjunkturforschung und Konjunkturtheorie, Schriften des Vereins für Sozialpolitik, Band 173, 2. Teil, Leipzig 1928; Mahlberg, Konjunkturbeeinflussung durch Kalkulation und Kreditpolitik, Z. f. hw. F. 1927; Hahn, Volkswirtschaftliche Theorie des Bankkredits, 1920.

durch Verpfändung freimacht, liegt keine Kreditschöpfung vor. Anders in den folgenden Fällen: die Bank gewährt einen Akzeptationskredit an einen Kunden ohne Guthaben; der Wechselumlauf wird durch reine Kreditakzepte vermehrt ohne gleichzeitig Gütermengen in Bewegung zu setzen (Konto-Korrent-Konto an Akzepten-Konto); eine Kreditbank verkauft eigene Akzepte, sie beschafft sich Zahlungsmittel durch Ausfüllung eines Vordruckes (Diskontwechsel an Akzeptenkonto); die Bank nimmt Giralgeld oder Überweisungskredit auf (Scheck- oder Giro- oder Abrechnungskonto an Nostro- oder Termin-Kreditoren) und gibt daraufhin Kredit weiter (N. N. Kredit-Konto an N. N. Scheck-Konto). Der Kreditnehmer verfügt durch Barabhebung und nimmt damit Mittel der Kreditbank in Anspruch, oder er verfügt durch Überweisung oder Verrechnungsscheck, d. h. bargeldlos. Die Kreditschöpfung ‚aus dem Nichts' und ohne Unterlage durch kreditiertes Giralgeld kann nur im Rahmen der am Markt anerkannten Kreditfähigkeit erfolgen, d. h. im Rahmen der Bereitwilligkeit anderer Banken, Überweisungskredit zur Verfügung zu stellen. Da die Kreditbanken untereinander Giralgeld kreditieren, werden die bankmäßigen Zahlungsmittel vermehrt, vielleicht kann eine ‚Kreditinflation' geschaffen werden. Die Zahlungsmittel aus der Kreditschöpfung erlöschen durch Kreditbeendigung (Rückzahlung, Einlösung der Wechsel) oder sie bleiben längere Zeit durch Prolongation oder neue Kreditaufnahme zwecks Abdeckung der älteren Kredite im Schwebezustand. Giralkredite werden teilweise abgedeckt, verlängert, durch neue ersetzt, der Abrechnungsverkehr der Reichsbank macht dies hin und her möglich. Nimmt man die Giralkredite eines Tages und läßt die Auslandskredite außer acht, so muß die Summe dieser Kreditschöpfung, soweit sie über den Abrechnungsverkehr geht, per Saldo durch ein Guthaben bei der Reichsbank gedeckt sein, weil diese Giralkredite nicht gibt.

Der einzelne Fall der Kreditschöpfung einer Bank muß sich kontenmäßig ausgleichen, d. h. ein Aktivum und ein Passivum in gleicher Höhe stehen einander gegenüber. Das Aktivum wird durch Weitergabe des Kredites in Kredit-Debitoren umgewandelt, die Buchungs- und Bilanzgleichung bleibt gewahrt. Die Bilanzen der Kreditbanken lassen den Umfang der Kreditschöpfung nur undeutlich erkennen.

Wir glauben, daß die Erkenntnis der Ursachen der Konjunkturschwankungen durch einzel- und betriebswirtschaftliche Untersuchungen gefördert werden könnte. Es gibt besonders konjunkturempfindliche Industrien. Dort muß der Absatz kritisch untersucht und geprüft werden, welche Artikel zurückgehen oder zunehmen, welche Bestellergruppen und Wirtschaftsgebiete dabei in Frage kommen, der Auslandsabsatz wird abgezweigt, d. h. durch eine weitgehende Analyse der schwankenden Absatzmengen. Wir glauben (mit Altschul), daß die verschiedene Anpassungsfähigkeit der verschiedenen Einkommensarten an die Preisveränderungen eine Hauptursache ist neben der Kreditpolitik der Noten- und Kreditbanken. Ob die Kreditgewährung der Banken mit der Preisbildung im Zusammenhang steht, muß an der Bedeutung der Zinskosten als Kostenfaktor, getrennt nach Geschäftszweigen, untersucht werden.

7. Abschnitt.

Wirtschaftspläne und Bilanzen.

In den letzten Jahren beschäftigt sich die deutsche Übersetzungs- und Zeitschriften-Literatur mit der von Nordamerika propagierten Budgetierung, insbesondere im Produktionsgewerbe. In der deutschen Wirtschaft gab es schon immer eine planmäßige Wirtschaftsführung, wenigstens für bestimmte Teile und Gelegenheiten. Vor der Gründung einer Unternehmung wurde ein Gründungsplan aufgestellt, der den Mindestumsatz u. a. errechnet; jeder Betrieb hat einen Gehälter-, einen Bau-Etat, um festzustellen, wie die Gehälterkosten unter Berücksichtigung der Alterszulagen und dergl. sich gestalten, welche Summen für Erweiterungs- und Umbauten notwendig werden. In der Industrie gab es kurzfristige Finanzpläne, einen Reklameetat, Kostenpläne für den monatlichen Kostenverbrauch der Meistereien, monatliche Voranschläge für einzelne Werke und Werkstätten. Tägliche Liquidationsübersichten sind bei den Kreditbanken längst in Übung. Neu in der ganzen Bewegung ist nur die starke literarische Behandlung des Themas und die Ausdehnung des Budgets auf alle Teile der Wirtschaftsführung.

Das Budget ist Schätzung der künftigen Wirtschaftsergebnisse auf Grund eines Wirtschaftsplanes mit Schätzungsziffern. Man will den Ablauf der Wirtschaft einer Unternehmung in der Zukunft ziffermäßig feststellen und kann dabei von der Vergangenheit ausgehen, die regelmäßigen Schwankungen in den Marktleistungen berücksichtigen, die konjunkturellen Schwankungen dagegen ausscheiden. Oder man legt den Idealzustand des Erreichbaren zugrunde, nicht das Normale, wenn das Erreichbare darüber hinausgeht. Der Sollzustand wird mit der Gestaltung der Wirklichkeit verglichen, die Abweichungen werden nach ihrer Kausalität untersucht. Der Grad der Richtigkeit solcher Schätzungen ist von der Urteilsfähigkeit der Beteiligten abhängig; die Ausführung der einzelnen Pläne ist Pflicht der Abteilungsleiter, ihre Bewegungsfreiheit ist eingeengt, ihr Betätigungsfeld eng umgrenzt. Die Budgetmethode ist ein vorzügliches Mittel der Betriebsanalyse und der Kontrolle der Betriebsgebarung.

Das Budget ist eine Zeitraumrechnung, die Budgetperioden schwanken zwischen einem Monat und einem Jahr, je nach den Bedürfnissen der Unternehmung unter Berücksichtigung der besonderen Umstände, beispielsweise: der Produktionsdauer, der Umsatzschnelligkeit, der Marktlage. Unterjährige Budgetrechnungen hängen durch die Übertragung von Über- und Unterschreitungen der einen in die folgende Periode zusammen.

Die wesentlichen Voraussetzungen für eine lückenlose, planmäßige Wirtschaft sind: Beobachtung der Vergangenheit und der allgemeinen wirtschaftlichen Lage, Kenntnis der Grenzen der Herstellungs- und der Vertriebsfähigkeit, des Mindestumsatzes zwecks Deckung aller Kosten, Einschätzung des Marktbedarfes; dann eine formularmäßige Vorbereitung der Schätzungen bei den Unterabteilungen. Eine notwendige Ergänzung bildet die laufende formularmäßige Berichterstattung über den tatsächlichen Verlauf im Vergleich zum geplanten, eine Zusammenfassung dieser Berichte mit einer Gegenüberstellung des Soll und Ist, endlich die kritische Auswertung dieser Unterschiede.

Ein organisch aufgebauter lückenlos durchgeführter Wirtschaftsplan ist im Produktionsbetrieb mit spezialisierter Massenfertigung und für die Lagerindustrie möglich, z. B.: Erzeugung einer Type oder einiger Typen, Normalisierung der Teile. Für die Bestellungsindustrie (die Kundenproduktion) wird der Wirtschaftsplan auf einige Teile der Wirtschaftsführung beschränkt bleiben müssen, wie es schon bisher war. Die literarischen Vorkämpfer der Budgetierung übersehen meist die anders gearteten Wirtschaftsbedingungen Nordamerikas, die dort herrschende ‚Demokratisierung' des Verbrauchs, des Geschmackes und der Erzeugung.

Der Wirtschaftsplan einer Fabrik wird auf Schätzungen der Verkaufsmöglichkeit, der Leistungsfähigkeit, der Kosten und ihre finanziellen Auswirkungen aufgebaut.

a) Das Verkaufsbudget ist Schätzung der Absatzmöglichkeiten auf Grund der Vergangenheit, der Marktentwicklung, einer Marktbeobachtung und einer Konjunkturprognose. Geschätzt werden: die Verkaufsmengen (nach Warengruppen, Verkaufsgebieten, Kunden, Verkaufsvermittler und dergleichen, einschl. der noch nicht erledigten Aufträge), die Verkaufserlöse (unter Berücksichtigung der Liefertermine und der voraussichtlichen Geldeingänge); die Reklamekosten; die Kosten der Verkaufsabteilung und des unmittelbaren Vertriebes, z. B. Reisekosten, Gehälter, Versendungskosten.

b) Produktionsbudget: Schätzung der technischen Möglichkeit der Fertigung der geplanten Verkaufsmengen unter besonderer Berücksichtigung der Frage, ob genügend Produktionsmittel vorhanden sind, ob eine Ausgleichung der Produktionsmengen durch Verlegung der Liefertermine oder Lagerung von Fertigwaren möglich ist. Die Produktionsmenge ist gleich der Summe der geschätzten Verkaufsmengen und der betriebsnotwendigen eisernen Bestände abzüglich der Vorräte. Planung der Kosten für Erweiterungsbauten, Aufstellung von Arbeitsverteilungsplänen (z. B. Terminpläne, Besetzung der Maschinen) sowie Planung der Kosten der festen Produktionsmittel überhaupt (wie: Abschreibungen, geschätzte Reparaturen und Instandsetzungsarbeiten); Aufstellung eines Materialbudget (Bedarfsmengen für die Produktion unter Abzug der Vorräte und unter Berücksichtigung der Liefertermine); endlich Veranschlagung der erforderlichen Arbeiterzahl, Art und Unterbringung im Betrieb.

c) Die Budgetierung der Kosten umfaßt die Produktion und die allgemeinen Unkosten. Die Feststellung der unmittelbaren Herstellungskosten (für Werkstoffe, Arbeit und die Produktionsbereitschaft) wird durch Anwendung von Normal- und Standardzahlen ganz wesentlich vereinfacht. Es gibt Standardmengen, Standardzeiten und Standardkosten je Leistungseinheit. Die Planungskosten für die geplanten Produktionsleistungen unterstützen die Wirtschaftsführung der Fertigungsabteilungen und die kalkulatorische Kritik der Stückrechnung. Ob man die wirklichen oder historischen Kosten auf die jeweilige Leistung umrechnet oder die Kosten der jeweiligen Ausnutzung (des Beschäftigungsgrades) der Produktionsmittel und der jeweiligen Leistung zugrunde legt, ist eine Frage der Auswertung solcher kalkulatorischen Wirtschaftspläne. Bei der Veranschlagung der allgemeinen Betriebs- und Verwaltungskosten wird jeder Kostenabteilung oder Kostenstelle ein bestimmter Betrag an Aufwendungen entsprechend der veranschlagten Leistung zugebilligt (geplanter Verbrauch, Übertrag des Mehr oder Weniger aus der vorangehenden Periode), Zu- und Abnahme gegen den vorangehenden Budgetabschnitt bestimmt, der endgültig zu verbrauchende Betrag mit den tatsächlichen Ausgaben verglichen. Jahresausgaben werden gezwölftelt. Für jede Kostenstelle der Verwaltung kann ein Ausgabenbudget aufgestellt werden, z. B.: für die Buchhalterei, die Lagerverwaltung, das Einkaufs- und Verkaufsbureau; ebenso kann für jede Kostenstelle der Produktion ein Ausgabenbudget geschätzt werden. Diese Einzelbudgets werden in einem ‚Sammelbudget für Kosten der Kostenstellen' zusammengefaßt. In einzelnen Fällen genügt die Budgetierung nach Kostenarten, z. B. für die Wohlfahrtspflege, Steuern, Kasino u. ä.

Die Lohnausgaben werden beim monatlichen Budget auf 4½ Lohnwoche umgerechnet (wegen der verschiedenen Zahl der Lohnauszahlungstage); eine Änderung der Lohnsätze muß im Interesse der Vergleichbarkeit der Schätzungsziffern eliminiert werden. Mit der Budgetierung des Materialverbrauches (mengen- und wertmäßig) steht die Budgetierung der Einkaufsabteilung im Zusammenhang (Bedarf für die Produktion + eiserne Bestände — Vorräte = Einkaufsmengen unter Berücksichtigung der Termine für die Anlieferung und Ablieferung); sie erstreckt sich auch auf Hilfsstoffe und den Bürobedarf.

d) Die Zusammenfassung aller Kostenbudgets in einem generellen Finanzplan gibt eine Übersicht über die finanziellen Wirkungen der geplanten Produktionsmengen und des geschätzten Absatzes, der dann noch einer Ergänzung durch Schätzung der Einnahmen und ihrer zeitlichen Verteilung bedarf (vgl. Finanzplan), eine schwierige Aufgabe wegen der zahlreichen Unsicherheitsfaktoren der Berechnung z. B.: ob die veranschlagten Mengen auch wirklich verkauft werden, wann voraussichtlich die Einnahmen eingehen, in welcher Form, ob bar, durch Scheck, Wechsel. Innerhalb des jährlichen Finanzplanes sind Ausgaben und Deckungsmittel auszugleichen.

e) Letzten Endes münden die Wirtschaftspläne in eine Schätzung des Erfolges, d. i. des Produktionsertrages unter Berücksichtigung der Preispolitik der Leitung, zuzüglich bestimmter Nebeneinnahmen, wie Zufallsgewinne, Zinsgewinne, abzüglich der geschätzten Verluste, z. B. an Außenständen, Entwertung; der Schlußpunkt des Wirtschaftsplanes bildet die geschätzte Bilanz. Für diese Schätzungsbilanz sind besondere Bestands- und Veränderungsbudgets zu führen; die Bewertungsgrundsätze müssen unverändert bleiben.

III. Kapitel.

Die Bewertung der Bilanzposten in den Jahresbilanzen.

8. Abschnitt.

Allgemeines.

Wenn wir im folgenden Kapitel die ‚Bewertung der Bilanzposten' behandeln, so soll dies eine sprachliche Kürzung für den tatsächlichen Vorgang sein: Inventarbewertung der Bestände. Der Jahresbilanz ist stets das Inventar vorgelagert, dort sind die Bestände mit ihrem Werte einzusetzen (§ 39 HGB.). Wer eine Bilanz durch Bewertungskunststücke auf einen bestimmen Erfolg abstimmen will, muß die Wertansätze im Inventar danach einrichten.

Über Wert, Wertung und Wertermittlung haben wir in der ‚Wirtschaftslehre' (§§ 41—47) ausführlich geschrieben. Wir beschränken uns hier auf das Notwendige. Die Bewertung der Bilanzposten trägt kalkulatorischen Charakter, sie ist ein der Buchführung an sich wesensfremdes Element. Die Buchführung wertet selbständig überhaupt nichts; sie nimmt Kosten und Erlöse in sich auf, verzeichnet Wertverschiebungen innerbetrieblicher Art und infolge der außenwirtschaftlichen Beziehungen der Unternehmung. ‚Wert' bedeutet hier nur eine Ziffernsumme auf den einzelnen Konten; ‚Buchwert' eines Bilanzpostens heißt Bezifferung jener Posten auf den Konten.

Bewertung in der Bilanz heißt dementsprechend: Bezifferung von Bilanzposten für einen bestimmten Zweck und unter bestimmten Gesichtspunkten. Bilanzwerte sind zweckbestimmte Größen; die Bezifferung der gleichen Bilanzposten, insbesondere der Vermögensseite, liefert je nach Zweck und Absicht der Bewertung und der Bilanzaufstellung verschiedene Wertziffern. Die Vergleichbarkeit der Ergebnisse periodischer Bewertung ist nur möglich, wenn die ‚Grundsätze' der Bewertung gleich bleiben. Für verschiedene Zwecke sind verschiedene Bilanzen aufzustellen; einen Bilanz-Monismus gibt es nicht.

Eine Liquidationsbilanz, eine Kreditbilanz erfordert andere Wertungen wie die Jahresbilanz oder eine Liquidations-Eröffnungsbilanz. Will man mit einer Bilanzaufstellung gleichzeitig mehrere Zwecke erreichen (wie etwa die Vertreter der dualistischen Bilanztheorie, die eine Vermögens- und eine Erfolgsermittlungsbilanz in einer Aufstellung vereinigen wollen), werden immer Korrekturen der Ergebnisse nach der einen oder der anderen Richtung notwendig sein, sei es in der Bilanz selbst (wie z. B. die ‚Neutralisierung' noch nicht realisierter Gewinne an Vermögensbeständen bei der Tageswertbilanz durch Einstellung von Aktiv- oder Passiv-Berichtigungsposten), sei es durch eine Nebenrechnung außerhalb der Bilanzaufstellung.

Die sicherste Bewertungsgrundlage bilden die historischen Kostenwerte der Anschaffung, Herstellung, Erwerbung und der Nennwert der Verbindlichkeiten. Wer diesen Boden verläßt, betritt schwankenden Grund: Bewertung mit dem Tageswert, d. i. Zeitwert der Beschaffung oder der Veräußerung für den Stichtag; oder Wiederbeschaffungs- bzw. Reproduktionskosten, mit dem unsicheren künftigen Ersatzkostenwert; oder Bewertung mit dem Geschäftswert vom Standpunkt der Unternehmung. Der historische Wert mag mit dem marktwirtschaftlichen Zeitwert am Stichtag nicht übereinstimmen, er hat aber den Vorteil der Dauerbarkeit, solange der Vermögensteil nicht aus der eigenen Wirtschaft ausgeschieden ist oder eine innerbetriebliche Strukturveränderung zu einer Änderung der Geschäftspolitik führt. ‚Tageswerte', insbesondere Börsen- und Marktpreise, sind ‚Eintagsfliegen', Zufallswerte eines Tages; ihre Anwendung ist für außerhalb der Bilanzaufstellung liegende Zwecke notwendig, beispielsweise für die Preispolitik, in der Bilanz vermehren sie die bereits vorhandenen Schätzungsfehler. Eine Maschine kostete 100 000 Mark, ihre Lebensdauer schätzen wir auf 20 Jahre (Fehlerquelle!), ihre Nutzungsdauer auf 10 Jahre (Fehlerquelle!), wir schreiben 10% ab, die Ersatzkosten sind schätzungsweise 135 000 Mark. In der Preiskalkulation wird man mit 135 000 Mark Ersatzkosten und den darauf lastenden Abschreibungen rechnen und das Mehr der Abschreibung auf die Wiederbeschaffungskosten von der Gewinnverteilung ausschließen. Die durch Veräußerung der Erzeugnisse hereingebrachten Abschreibungsbeträge kann man gesondert und flüssig anlegen oder nicht. In der periodischen Jahresbilanz wird man gut tun, mit 100 000 Mk. zu rechnen. Die Tageswerte, gleichgültig, wie wir sie nennen (Ersatzkosten, Wiederbeschaffungskosten für Anlagegüter, Tagesveräußerungspreis für Umsatzgüter) sind zum Teil relativ unveränderlich, festgelegt bis auf Widerruf und Abänderung (z. B. Listen-, Katalogpreise); die Preise der Börsen- und anderer Märkte sind schwankend, resultieren aus der örtlichen und zeitlichen Zusammenfassung von Angebot und Nachfrage, sie können manipuliert werden und haben Bedeutung für den wirklichen Kauf und Verkauf der Bedarfsdeckung, die Geldbeschaffung oder die Spekulation. Wir halten die Tageswerte wegen ihres spekulativen Charakters für die Bilanzbewertung wenig geeignet, sofern der Gesetzgeber ihre Anwendung nicht vorschreibt. Die Jahresbilanz ist nicht nur Objekt spekulativer Theorien, sondern auch Objekt der Gesetzgebung. Die Beachtung der gesetzlichen Vorschriften ist notwendig, selbst dann, wenn sie nicht in ein theoretisches System passen.

Die Bewertung des Vermögens bewegt sich zwischen den Wertgrenzen Null und dem Tageswert. Bei manchen Vermögensteilen wie Bargeld, Reichsbank- oder Postschekguthaben, und bei den Schulden gibt es keine Wertgrenzen, sondern nur einen Nennwert. Die Nominalbewertung ist auch für das Grund- und Stammkapital wie für andere Gesellschaftereinlagen notwendig, ihr Tageswert interessiert in der Bilanz nicht.

Die Schmalenbach'sche dynamische Bilanzlehre geht von der Idee der Errechnung eines Gewinnes als Maßstab der Wirtschaftlichkeit aus, die jährliche Ergebnisrechnung ist für ihn (wie für uns) die Erfolgsrechnung, die Schmalenbach in seinem Sinne manipuliert. Was an ‚Bestandsresten' übrig bleibt, kommt in die Bilanz. Nach unserer weniger radikalen Auffassung von den dynamischen Zwecken der Jahresbilanz gehen wir von den statischen Ergebnissen der dynamischen Kräfte, d. h. von den Beständen aus und wissen, daß die Tendenz ihrer Bewertung das Rechnungsergebnis beeinflußt.

Es gibt Bilanzposten, deren Wertberechnung an die vorausgehende Feststellung der Mengen gebunden ist; dazu gehören alle in der eigenen Unternehmung oder in fremden Betrieben verwahrten Vorräte im weitesten Sinne, z. B. die Kassen-, Sorten-, Waren-, Effektenbestände, die Depoteffekten bei Banken, die ‚schwebenden' Vorräte aus Lieferungsgeschäften und auf Termin gekaufte Wertpapiere. Die Feststellung der Mengen erfolgt durch eine (zeitraubende und kostspielige) Inventur, d. i. Aufnahme der Mengen (Bestands- oder Befundsaufnahme) durch Messen, Zählen usw., durch grobe Schätzung, z. B. Kohlenvorräte in Fabriken; oder man begnügt sich mit dem Ergebnis fortlaufender Zu- und Abschreibungen (Skontration) und prüft stichprobenweise diese Sollbestände durch Inventur (vgl. § 39 Absatz 3 HGB.; Aufnahme des Inventars alle zwei Jahre und zwischenzeitliche Schätzung). Bei Forderungen und Schulden ist nur die Skontration möglich, die Richtigkeit des Saldobestandes wird durch Kontenauszüge geprüft. In einigen Fällen genügt die Übernahme des Kontensaldos, z. B. Reservekapital, Hypothekenschulden, Anleiheschulden.

Die Wertermittlung durch Befundaufnahme oder Skontration ist nicht immer anwendbar. Für das Anlagevermögen und in Sonderfällen auch für Umsatzgüter (Außenstände, Wechsel) ist die Abschreibungsbewertung in aktiver oder passiver Form üblich. Abschreibung ist in diesem Zusammenhang nicht Schätzung des positiven Wertes, sondern des negativen (des Aufwandes durch Verschleiß, Veränderungen des Marktwertes durch als uneinbringlich einzusetzende Teile einer Forderung). Die Abschreibungen sind reproduzierbarer Aufwand oder ertragsschmälender Verlust (übermäßige Anlageabschreibungen, die Absetzung uneinbringlicher Forderungen, wegen nicht versicherter Vermögensbeschädigungen durch Elementarereignisse).

Ob die Bestandsmengen und Werte durch Befundsaufnahme oder durch Skontration ermittelt oder der Wert des Vermögensgegenstandes durch Abschreibungen geschätzt wird, ist von der Art dieser Gegenstände und von der Möglichkeit abhängig, den Aufwand unmittelbar zu berechnen (durch Aufzeichnung des Verbrauches, durch eine Schätzungsrechnung nach der Formel: Anfangsbestand plus Zugang minus Aufwand = Endbestand) oder den Aufwand nur mittelbar zu schätzen (nach der Formel: Anfangsbestand plus Zugang minus Endbestand = Aufwand).

Die Wertberechnung kann eine stück-, gruppenweise oder eine summarische sein. Bei der stückweisen oder Einzelbewertung werden für jede Vorratsart, jede Ware, jedes Effekt Menge und Preis berechnet; gruppenweise, nach Gattungen zusammengefaßt, werden beispielsweise bewertet: Drehbänke (X Stück mal Preis), Werkstätten-, Verwaltungsgebäude, Arbeiterwohnhäuser. Summarisch ist die Berechnung, wenn beispielsweise der Buchwert der Maschinen, Gebäude, Beteiligungen in die Bilanz übernommen wird. Bei der Wertberechnung können (oder müssen) die einzelnen Posten als ‚Ding an sich', losgelöst von wirtschaftlichen Bindungen, bewertet werden. Der Wert der Einheit ergibt sich durch Zusammenzählung der Werte der Teile. Das Verfahren ist einfach und sicher, weil nur die Mengen oder die Buchwerte maßgeblich sind.

Die Wertermittlung nach dem Grundsatz der Bewertungseinheit berücksichtigt den Wert der Teile in der wirtschaftlichen Einheit, die Gebundenheit der Vermögensgegenstände, nur um diese handelt es sich, an einen einheitlichen wirtschaftlichen Zweck. Es gibt kleinere und große wirtschaftliche Einheiten; ein Herrenanzug (Rock, Hose, Weste) bildet eine Einheit. Die Bewertung der Teile gibt, wegen der verschiedenen Abnutzung, zwar nicht den Wert des Ganzen, aber Anhaltspunkte für die Schätzung des Wertes des ganzen Anzuges. Eine Arbeits- oder Kraftmaschine hat einen Wert als Betriebsmittel einer lebenden Fabrik, einen anderen Wert in der stillgelegten; ihr Veräußerungswert ist wiederum anders. Bei der Einschmelzung oder Einbringung ergibt sich eine andere Wertschätzung (durch Taxierung nach dem Zustand).

Für die Jahresbilanz hat Staub schon in den ersten Auflagen seines Kommentars zum HGB. (z. B. 8. Aufl., 1906) geschrieben: „Mit dem Wertbegriff, den das Gesetz im Auge hat, ist der objektive Wert gemeint, den die Vermögensstücke für das Geschäft und bei dessen Fortbestehen haben. Man kann diesen Wert passend als Geschäftswert der Vermögensteile bezeichnen [1]).“ Die Reichsabgabenordnung (vom 13. 12. 1919; § 137) und das Reichsbewertungsgesetz (vom 10. 8. 1925; §§ 3, 9, 26, 31) haben die Idee der Einheitsbewertung rezipiert und weitergeführt. Während für die Abgabenordnung die Einzelwerte lediglich Rechnungsposten, daneben noch werterhöhende oder wertmindernde Umstände zu berücksichtigen waren, hat das Reichsbewertungsgesetz an die Stelle der Gesamtbewertung das Prinzip der Einzelbewertung treten lassen (Bewertung der wirtschaftlichen Einheit). Die Summe der Einzelwerte gilt nach diesem Gesetz nicht mehr als bloßer Rechnungsfaktor, sie stellt den Wert des Gesamtbetriebes dar; Zuschläge oder Abschläge auf den Gesamtwert können nicht mehr eintreten. Dem Grundsatz der Bewertungseinheit, dem Rentabilitätsgedanken der Reichsabgabenordnung soll bereits bei der Bewertung der einzelnen Gegenstände Rechnung getragen werden. Anlagevermögen, das wegen mangelnder Rentabilität des Unternehmens nicht oder nicht vollständig ausgenutzt werden kann, ist niedriger zu bewerten als der für den einzelnen Gegenstand maßgebende gemeine Wert (Stilllegungsabschlag). Der immaterielle Firmenwert (vgl. ‚Wirtschaftslehre‘, Sachregister) ist kein selbständiger Gegenstand des Vermögens, weil er, mit dem Unternehmen als Ganzem unlösbar verbunden, selbständig nicht übertragbar und nicht schätzbar ist. Wurde beim Übergang der Unternehmung mit seiner Firma dem Vorbesitzer eine besondere Vergütung für den Firmenwert oder die Firmenerwerbung bezahlt, wird ein ideelles Aktivum für den Erwerber der Unternehmung geschaffen. Ob man ein selbständiges Firmenerwerbungskonto in die Bilanz einsetzt oder, wegen der Schwierigkeiten eine steuerliche Abschreibung auf diesen Aktivposten durchzusetzen, die Kaufsumme durch Aufschlag auf die Teile des Anlagevermögens abschreibungsfähig verteilt, ist eine Frage der Geschäftstaktik.

Eine wirtschaftliche Einheit ist entweder ein Gegenstand oder ein Inbegriff von Gegenständen, die wirtschaftlich zueinander gehören: eine Kraftanlage (Kesselhaus, Dampfmaschine, Kraftverteilung), eine Fabrik, eine vertikal aufgebaute kombinierte Industrieunternehmung, jeder

---

[1]) Dem Gesichtspunkt der Gesamtbewertung ist bei der Ermittlung des gemeinen Wertes der einzelnen Gegenstände in der Weise Rechnung zu tragen, daß diese mit dem Wert angesetzt werden, den sie unter der Voraussetzung der Fortführung des Betriebes für den Betrieb haben (§ 31[1] Reichsbewertungsgesetz).

Gewerbebetrieb. Das Grundsätzliche der Bewertung jeder wirtschaftlichen Einheit für sich ist:

1. Daß der Wert dieser Einheiten nicht gleich der Summe der Werte aller ihrer Bestandteile ist. Die Einheit kann einen höheren oder einen niedrigeren Wert haben als die Summe der Einzelwerte.

2. Daß bei der Bewertung der Einheit von den Einzelwerten ausgegangen wird, weil andere Hilfsmittel nicht verfügbar sind. Die Übereinstimmung zwischen dem Wert des Ganzen und dem Wert seiner Teile wird erreicht, indem man das Ergebnis der Einzelbewertung im Verhältnis ihrer Summe zum Werte der Einheit diesen Wert durch Berichtigung angleicht, erhöht oder ermäßigt (Einzel-Berichtigung). Die bilanzmäßige Gesamtberichtigung läßt die Einzelwerte, wie sie berechnet wurden, und gleicht durch eine Gesamtabschreibung wegen Minderwertes oder durch einen Gesamtzuschlag wegen eines höheren Wertes aus.

Die Schwierigkeit der Durchführung des Grundsatzes der Einheitsbewertung liegt in der Ermittlung der Bewertung der Einheit. Es gibt aber Fälle, in denen betriebliche Veränderungen den individuellen Gesamtwert einer Unternehmung mindern, die nicht unmittelbar mit dem Buchwert der Vermögensteile zusammenhängen und an diesen nicht feststellbar sind, sondern über die Minderung des Wertes der Unternehmung auf die Vermögensgegenstände zurückwirken; beispielsweise die öffentlich-rechtliche Beschränkung in der Ausnutzung eines absatzfähigen Braukontingents; Marktverschiebungen; Herabsetzung der Beteiligungsquoten auf 100 ./. x% der Produktionskapazität.

Die für die Praxis wichtigen Fälle der Einheitsbewertung beziehen sich auf das Anlagevermögen der Produktionsbetriebe, wenn sein Wert für den Geschäftsbetrieb durch eine dauernde Überkapitalisierung, d. h. geringe Rentabilität oder Reinverlust infolge zu geringer Ausnutzungsmöglichkeiten (veränderte Märkte, Strukturwandlungen im Erwerbszweig) unter den Buchwert gesunken ist. Eine solche ‚Sanierung des Anlagevermögens‘, mitunter auch von Teilen des Umsatzvermögens wie Effekten, Außenstände, wird meist mit einer Herabsetzung des nominellen Eigenkapitals verbunden. Der Buchwert des Anlagevermögens und des Eigenkapitals wird durch Einzelabschreibung der Bestände dem Marktwert des Eigenkapitals angeglichen. Meist geht man dabei von einer erzielbaren Rente oder Dividende des Eigenkapitals aus, setzt den Betrag des Nominalkapitals herab und verwendet den ‚Sanierungsgewinn‘ zur Angleichung des Betriebswertes durch Abschreibung der Anlagen. Hier zeigt sich deutlich der Einfluß des marktwirtschaftlichen Wertes der Einheit (des Aktienkapitals), die Bedeutung des Geschäftswertes im Sinne von Staub. Auch bei Investement Trusts kann die Einheitsbewertung praktisch Bedeutung erlangen; wenn der Marktpreis einzelner Effektenanlagen unter ihren Anschaffungspreis gesunken ist, ist es nicht erforderlich, jedes dieser Effekten auf den Marktpreis herunterzuschreiben; es genügt daß der Gesamtmarktpreis aller Effektenanlagen ihrem Gesamtanschaffungspreis gleichkommt.

Wo die nominelle Bewertung nicht Platz greifen kann, sind Kosten und Preise maßstäbliche Bewertungsmittel. Die ursprünglichen Anschaffungs- oder Einstands- oder Gestehungskosten (der erste Kostenwert, der Ausgabenwert), die Herstellungskosten (das HGB. spricht vom Anschaffungs- und Herstellungspreis, § 261) sind unveränderliche historische Werte. Durchschnittskosten und Durchschnittspreise, innerbetriebliche und außenwirtschaftliche Verrechnungspreise sind konstruierte Maßstäbe; der Einheitspreis vereinfacht die Wertberechnung für Vermögensbestände mit verschiedener Preissortierung. Die Wertermittlung mit Hilfe des Tageswertes (Beschaffungszeitwert, Veräußerungszeitwert, Wiederbeschaffungskosten) und mit Ersatzkostenwerten macht eine Einzelbewertung notwendig; je größer die Teile der Ganzheit sind, umsomehr zeigen sich die Schwierigkeiten der praktischen Anwendung einer theoretisch als richtig erkannten Lösung des Problems. Die Anwendung des Tageswertes auf Vermögensgegenstände zeigt Bewertungsunterschiede gegenüber den Anschaffungs- und Herstellungskosten. Die Mehr- und Minderwerte werden zweckmäßig in der Bilanz getrennt aufgeführt, der Mehrwert (a) als zusätzlicher Aktivposten oder als passiver Ausgleichsposten; der Minderwert (b) als Abzug vom Einzelwert oder als Abschreibung wegen Kurswertveränderung.

Beispiele:

a) Effekten-Anschaffungskosten	100 M.
+ Kursreserve wegen Marktpreisänderung	25 „
	125 M.

Als passiver Ausgleichsposten:

Effekten.... 125 Kursreserve, Marktspreis-Ausgleichskonto 25

b) Für den Fall einer Wertminderung:

Effekten	100
÷ Abschreibung wegen Minderung des Marktpreises	10
	90

Reichsmarkschulden werden mit ihrem Nennwert eingesetzt. Durch das Aufwertungsgesetz (vom 16. Juli 1925; §§ 80, 81) ist ein Aufwertungs-Ausgleichskonto eingeführt worden. Hat eine Aktiengesellschaft, eine G. m. b. H., eine eingetragene Genossenschaft usw., einen der Aufwertung unterliegenden Anspruch als Passivum in die Bilanz eingestellt und ergibt sich auf Grund der Vorschriften des Aufwertungsgesetzes eine höhere Aufwertung als nach Maßgabe der früher geltenden Vorschriften der 3. Steuernotverordnung, so ist die Unternehmung berechtigt, den Unterschied zwischen dem bisherigen und dem höheren Aufwertungsbetrag als Aktivum einzusetzen und diesen Aktivposten nach den Grundsätzen kaufmännischer Geschäftsgebarung zu tilgen, d. h. abzuschreiben. Das Aufwertungs-Ausgleichungskonto ist gesamtwirtschaftlich betrachtet ein Schmälerungsposten der Inflationsgewinne, einzelwirtschaftlich ein ertragsschmälernder Verlustverteilungsposten und nicht reproduzierbarer Aufwand, der später Ausgabe wird, ähnlich dem Disagio-Ausgleichskonto bei der Aufnahme einer Anleihe mit einem unter 100 liegenden Auszahlungskurs. ‚Tilgung' heißt hier allmähliches Verschwinden dieses Postens durch Abbuchung zu Lasten des Jahresgewinnes (nicht steuerabzugsfähig).

Von den steuerrechtlichen Wertungen müssen erwähnt werden: Der Einheitswert für Steuern, die nach dem Merkmal des Wertes einzelner Vermögensarten erhoben werden; der Steuerkurswert und die Pauschalwertung. Der Einheitswert nach § 1 des Reichsbewertungsgesetzes ist ein nach den steuerlichen Vorschriften einheitlich festgestellter Wert für bestimmte Vermögensarten und für das steuerliche Gesamtvermögen, ein Wert, der für die Reichsvermögens-, sowie für bestimmte Länder- und Gemeindesteuern maßgeblich ist. Die wirtschaftlichen Bedingungen des Betriebsortes und die industriellen Verhältnisse des Betriebes, dem diese Gegenstände dienen, werden bei der Feststellung des Einheitswertes berücksichtigt. Die Steuerkurswerte (nach § 142 R.A.O.: §§ 40 ff. Reichsbewertungsgesetz) sind amtlich festgesetzte und für Steuerzwecke maßgebliche Werte für Wertpapiere, Kuxe, Anteile und Genuß-Scheine. Für bestimmte Unternehmungsformen (§ 26, Absatz 2 Nr. 1 Reichsbewertungsgesetz), für deren Anteile Steuerkurswerte festgesetzt worden sind, tritt an die Stelle der Wertermittlung der tatsächlich vorhandenen Vermögenswerte, d. h. anstelle der Einzelbewertung, eine Pauschalbewertung dergestalt, daß der Nennwert des Grund- oder Stammkapitals mit dem Steuerkurs vervielfacht als Gesamt- oder Einheitswert des gewerblichen Betriebes anzusehen ist (§ 33 Reichsbewertungsgesetz). Die Empfindlichkeit der Börsenpreise, der starke Einfluß der Spekulation in der Nachkriegszeit auf den Börsenmärkten machen diesen Ersatzwert für die Einzelbewertung untauglich.

9. Abschnitt.

Der Wert des Eigenkapitals.

Der Bilanzwert des Eigenkapitals resultiert aus dem Unterschied der Wertsummen des Vermögens und der Schulden[1]). Bei einer *Kapitalermittlungsbilanz* (S. 3, 23) mit veränderlichem Eigenkapital, beispielsweise bei der Einzelfirma und den Personalgesellschaften, besteht das Ergebnis der Bilanzaufstellung in der Darstellung dieses Wertunterschiedes; bei einer *Erfolgsermittlungsbilanz* (Bilanz mit unveränderlichen Kapitaleinlagen) ist das Zahlenergebnis die Ermittlung des Neukapitals, einschließlich des unverteilt gebliebenen Gewinnrestes bzw. abzüglich des ungedeckt gebliebenen Reinverlustes des vorangehenden Rechnungsabschnittes. Der Grundsatz der Unveränderlichkeit der Kapitaleinlage (z. B. nach § 261 HGB.) führt zu einer bilanzmäßigen Teilung der Leistungen des Unternehmers durch Einlagen und der Leistungen der Unternehmung durch den Periodenerfolg, bei den Gewinn-Auszahlungsunternehmungen zu einer Dreiteilung: Einlagekapital, zusätzliches Eigenkapital (Zwangsreserve, freiwillige Rücklage, Gewinnvortrag) und Erfolg des Rechnungsabschnittes, d. i. Jahresgewinn oder Monatsgewinn.

Den formellen Unterschied zwischen einer Bilanz mit *veränderlichen* und mit *unveränderlichen* Einlagen zeigt das Zahlenschema (Zeitvergleich):

	Summe der Aktiva	Summe der Verbindlichkeiten	Bilanz mit veränderl. Kapital		mit unveränderter Einlage	
			Endkapital	Jahreserfolg	Kapital	Jahreserfolg
1.	100	40	60		60	
2.	130	65	65	+ 5	60	+ 5
3.	140	85	55	÷ 10	60	÷ 5
4.	210	152	58	+ 3	60	— 2

Beachtlich ist die Verschiedenheit der Erfolgsergebnisse in beiden Darstellungen. Im dritten Jahr beträgt der Jahresverlust 10, in der Aktienbilanz rechnungsmäßig nur 5; im 4. Jahr ist der Reingewinn 3, in der Aktienbilanz erscheint ein Jahresverlust von 2. Bei der Einstellung der unveränderten Einlagen wird ein Jahresgewinn zunächst zur rechnungsmäßigen Auffüllung der tatsächlich minderwertig gewordenen Einlage benutzt (im 3. Jahr + 10 — 5; im 4. Jahr minus 5 ungedeckter Vorjahresverlust und plus 3 Jahresgewinn).

Bei Kapitalgesellschaften mit unveränderter Einlage kann der *Bilanzkurs* des Grundkapitals nach der Formel berechnet werden: (Aktiva

[1]) Über den Begriff Kapital, über Kapitalbildung vgl. ‚Wirtschaftslehre'.

minus Verbindlichkeiten) : $\frac{\text{Grundkapital}}{100}$. Der Bilanzkurs ist eine brauchbare Vergleichsziffer, sowohl für den Zeit- wie auch für den Gruppenvergleich. Seine Vergleichung mit dem Marktwert des Grundkapitals am Stichtag läßt den Unterschied zwischen der Bewertung der Unternehmung durch die Börse und der Bilanzbewertung der Gesellschaftsorgane erkennen. Der Börsenkurswert des Grundkapitals ist durch börsenmarktwirtschaftliche Momente bedingt; doch ist der Marktwert der Geschäftsanteile kein untrüglicher Maßstab für den Wert der Unternehmung, ebenso wenig wie der Steuerkurswert der Anteile den gemeinen Wert des gewerblichen Betriebes darzustellen vermag.

Der innere Wert des Eigenkapitals ist der Unterschied des zu Tageswerten berechneten Vermögens abzüglich der Schulden und zuzüglich des marktwirtschaftlich bedeutsamen ideellen Wertes der Unternehmung. Durch Vergleichung des bilanzmäßig dargestellten Eigenkapitals mit seinem Tageswert lassen sich die ‚stillen' Reservekapitalien ungefähr berechnen. Die zusätzlichen immateriellen Werte können nur auf dem Umweg über die Berechnung des Ertragswertes der Unternehmung abzüglich des Reproduktionskostenwertes des Eigenkapitals geschätzt werden (vgl. ‚Wirtschaftslehre'). Wenn am Markt oder in Markberichten davon gesprochen wird, daß die Börsenkurse nicht dem inneren Wert der Anteile entsprechen, so meint man damit die stillen Reserven und die Ertragsaussichten der Unternehmung.

Die Reservekapitalien (Reservekonten und Reservefonds vgl. IV. Kapitel) werden mit ihrem Nominalwert in die Bilanz eingestellt, einschließlich der Zuweisungen aus dem Jahresgewinn, abzüglich der ‚verwendeten' Beträge. Ob sie einen wirtschaftlichen Wert und betriebliche Bedeutung besitzen, ist von der ‚Lage des Vermögens', d. h. von der Bewertung des Vermögens abhängig. Gründungsreserven im Falle einer Bargründung (Einzahlung mit Aufgeld) sind reales Kapital wie die durch besondere und gebundene Vermögensteile belegten Reservefonds. Die ‚Zuweisung' an den Reservefonds ist ein Buchungsvorgang (Gewinnverteilungskonto oder, während des Jahres, ein bestimmtes Erfolgskonto an Reservekonto) und eine nur rechnungsmäßige Abscheidung von ausschüttbaren Gewinnteilen, die der Auszahlung entzogen werden sollen. Bei richtiger Bewertung des Vermögens sind diese Reservekonten realiter vorhanden und durch das Gesamtvermögen (abzüglich Schulden) gedeckt; im anderen Fall sind es nur ‚papierne' Konten ohne Leben.

Die Erhaltung des Nominalwertes des Grundkapitals bzw. der Einlagen ist eine privatwirtschaftliche Pflicht der Leitung der Unternehmung. Der Realwert ist von innerbetrieblichen und Außeneinflüssen abhängig, die sich im Werte des Vermögens niederschlagen. Die Angleichung des nominalen an den realen Wert des Eigenkapitals erfolgt automatisch durch die Bilanz-Ausgleichungsziffer, d. h. das Kapitalkonto bzw. die Kapitalkonten bei der Einzelfirma und den Personalgesellschaften, durch die Unterbilanz und ihre Beseitigung im Wege der Herabsetzung des nominellen Kapitals.

10. Abschnitt.

Die Bewertung der Schulden.

In die Geschäftsbilanz gehören alle Verpflichtungen, die in wirtschaftlichem Zusammenhang mit dem Geschäftsbetrieb stehen. Privatschulden gehören auch dann nicht in die Geschäftsbilanz, wenn Teile des Geschäftsvermögens damit belastet sind; beispielsweise der Geschäftsherr hat zwecks Beschaffung der Aussteuer sein Geschäftsgrundstück hypothekarisch belastet. Diese Privathypothek kann in der Textspalte der Bilanz notizweise vermerkt werden. Man könnte die Hypothek auch wirksam mit dem Namen des Geschäftsherrn in die Geldspalte einsetzen und als Ausgleichungsposten die Forderung an den Geschäftsherrn aus der hypothekarischen Belastung aktivieren. Die hypothekarische Sicherstellung der Kapitalbeteiligungen der Gesellschafter muß bilanzmäßig sichtbar sein.

Über die Wertansätze der Verbindlichkeiten, das sind Ansprüche Dritter auf Erfüllung aus dem Geschäftsvermögen, besteht zwischen dynamischer und statischer Auffassung der Bilanz kein Streit. Beide Theorien unterstellen die Nominalbewertung bei unverändertem Geldwert für bedingte und für unbedingte Verpflichtungen. Und doch gibt es auch hier Wertungsprobleme. Schulden in ausländischer Währung haben einen Tageswert am Stichtag (Tageskurs, genauer: Tagesgeldkurs der Nominalwährung), der gegenüber dem Buchwert Unterschiede aufweist, Marktpreisdifferenzen, die ausgeschaltet werden können, wenn bei der Entstehung der Auslandsschuld die Buchung mit dem Paritätskurs erfolgt und der Unterschied zum Marktwert im Kursdifferenz- oder Konjunkturkonto ausgewiesen wird.

Fällige Schulden und verzinsliche Verbindlichkeiten sind mit dem Wert einzusetzen, der ihnen am Bilanzstichtage zukommt, also einschließlich der vertraglichen und der Verzugszinsen. Noch nicht fällige unverzinsliche Schulden sollten, wenn man genau rechnet, abzüglich eines Zwischenzinses angesetzt werden. Doch wird diese Wertberichtigung wie bei den noch nicht fälligen Außenständen unterlassen.

Der Wert der Anleiheschulden am Stichtag ist nicht ihr Nennwert, sondern ihr Barwert, der mit Hilfe der Zinseszinsrechnung zu ermitteln ist, wie man den Barwert der Verpflichtungen aus Lebensversicherungsverträgen und Pensionansprüchen versicherungs-mathematisch berechnet. Nominelle Bewertung von Anleihe- und Hypothekenschulden schließt eine stille Reserve in sich, nämlich den Unterschied zwischen Bar- oder Tageswert und dem Nennwert. Wechselschulden sind nominell unverzinsliche Schulden; sie erreichen den Wert von 100% erst am Verfalltage, sie sollten diskontiert werden wie der Wechselinhaber sie mit Diskontabzug in die Bilanz einstellt.

Echte Schulden sind auch die eingeforderten aber noch nicht erfüllten Zahlungen, wie Zubußen, das Nachschußkapital bei einer G. m. b. H., die Restzahlung auf noch nicht voll bezahlten Kapitalbeteiligungen, z. B. Aktien und andere Geschäftsanteile im Konsortialgeschäft. Sie gehören mit ihrem Nennwert in die Bilanz wie die Verpflichtungen aus schwebenden Geschäften, beispielsweise noch nicht angeforderte fehlende Einzahlungen, Verpflichtungen aus Terminkäufen und die sogenannten Eventual- oder Notschulden (vgl. Kreditbilanzen). Der Bilanzwert zeitlich begrenzter Rentenschulden (Zeitrenten) entspricht ihrem kapitalisierten Betrag. Der Wert der auf Lebenszeit des Bezugsberechtigten beschränkten Leibrente ist nach versicherungsmathematischen Grundsätzen zu berechnen (vgl. § 145 Reichsabgabenordnung).

Es gibt bedingte Verpflichtungen, deren Nennwert feststeht, wie Giroverbindlichkeiten, Depotakzepte, Bürgschaften, daneben noch vertragliche Verpflichtungen, deren Wert nur nach Erfahrungssätzen geschätzt werden kann. Es sind meist Aufwendungen, die einen realisierten Ertrag nachträglich schmälern, beispielsweise zeitlich begrenzte Garantieverpflichtungen aus Lieferungs- und Kaufverträgen, oder die stoßweise den Aufwand erhöhen, beispielsweise Bergschäden und Haftpflicht. Die Schätzung solcher Verbindlichkeiten, die wirtschaftlich einer Kostenrücklage ähnlich sind, gründet sich nur auf Betriebserfahrungen. Die Vorwegnahme solcher Aufwendungen, die später Ausgaben werden, ist betrieblich und kalkulatorisch notwendig. Auf der Passivseite stehen auch noch andere Posten, die als Schätzung von am Stichtag bereits erkennbaren Verlustmöglichkeiten anzusehen sind, z. B. drohende Verluste aus schwebenden Prozessen, aus Bürgschaftsverpflichtungen; aus schwebenden Kaufgeschäften, wenn bereits vertragliche Rechte und Verpflichtungen begründet sind und der Wert der Verpflichtung größer ist als der Wert der Gegenforderung; der Wertunterschied wird als Passivposten eingesetzt oder man aktiviert den Anspruch und setzt die Verbindlichkeiten ein. Auch bestimmte Wertberichtigungsposten tragen den Charakter der Schätzung von drohenden Verlusten, beispielsweise, wenn die Vorräte zu Anschaffungskosten bewertet und der Unterschied gegenüber einem geringeren Tageswert als Kursausgleichungskonto, Warendelkrederekonto eingesetzt wird. Andere Wertberichtigungsposten sind

Wertausdruck bereits eingetretener Verluste, so beispielsweise die passive Abschreibung der uneinbringlichen und zweifelhaft gewordenen Forderungen und Wechsel, auch die passive Anlageabschreibung.

Die Bilanz- und die Buchungsfähigkeit von Verbindlichkeiten sind von der rechtlichen Entstehung von Schuldverhältnissen abhängig. In den meisten Fällen entsteht ein Schuldverhältnis durch eine Willenserklärung, ein Rechtsgeschäft (z. B. durch Vertrag), bei dem der künftige Schuldner mitwirkt; durch ein einseitiges Rechtsgeschäft des künftigen Schuldners, z. B. bei der Schuldverschreibung auf den Inhaber, bei der Begebung eines Wechsels oder Schecks; durch öffentlich rechtliche Gesetzesvorschrift, wie Steuerschulden, Haftpflicht, Aufwertung. Die Entscheidung, ob ein bilanzfähiges Schuldverhältnis, die Verpflichtung zu einer Leistung entstanden ist, wird nur in Ausnahmefällen schwierig sein, wenn komplizierte Rechtsverhältnisse in Frage kommen. Ihre Beobachtung erfordert Rechtshilfe. Bestrittene und prozessierte Forderungen werden nach dem Stande der Verhältnisse vorsichtigerweise mit Schätzungsziffern wirksam in die Bilanz eingesetzt oder in der Textspalte vermerkt oder auf beiden Seiten der Bilanz in Ansatz gebracht.

Die Schulden stehen meist in einem wirtschaftlichen Zusammenhang mit dem Besitz an Sachgütern und Rechten, den festzustellen die Aufgabe der kritischen Auswertung, insbesondere der Beurteilung der Kapitalquellen und der Kapitalverwendung ist. Restkaufgelder beispielsweise stehen im Zusammenhang mit der Erwerbung von Anlagegütern oder der Unternehmung; Hypotheken sind Darlehnsschulden, ihre Verwendung ist, wie bei Geldbeschaffungsschulden im allgemeinen, nicht ohne weiteres feststellbar; Warenschulden und Warenakzepte stehen im unmittelbaren Zusammenhang mit den Vorräten und den Kaufpreisforderungen, übrigens auch mit dem Umsatz. Wir wollen mit diesen Beispielen nur darauf hinweisen, daß mit der Feststellung der Entstehungsursache der Verbindlichkeiten auch ihr wirtschaftlicher Zusammenhang mit Vermögen und Einnahmen, insbesondere kreditwirtschaftlich, geprüft werden soll. Andere Verbindlichkeiten beruhen auf privatrechtlichen, öffentlichrechten und gesetzlichen Gründen, ohne wirtschaftlichen Zusammenhang mit dem Vermögensbesitz, so beispielsweise: Pensionsansprüche, testamentarisch bestimmte Renten, öffentliche Lasten (d. i. Minderung des Vermögens ohne geldwerte Gegenleistung wie Industriebelastung, Grundschulden für die Rentenbank).

Mit dem Ausdruck „Genuß-Schein" ist ein feststehender Begriff nicht verbunden. Es kann sich um Genußaktien oder um Genußobligationen handeln; mit Genußaktien sind Gesellschaftsrechte verbunden (Stimmrecht). Manchmal werden an Stelle amortisierter Aktien Genuß-Scheine ausgegeben. Andere wiederum gewähren bestimmten Aktionären

Sondervorteile, beispielsweise bei der Umgründung und der Abfindung des Vorbesitzers von Sacheinlagen, im Falle der Sanierung an die zuzahlenden Aktionäre. Im allgemeinen enthält ein Genuß-Schein die Zusicherung bestimmter Anteile am Reingewinn und am Liquidationserlös. Die auf Grund des § 43 des Aufwertungsgesetzes an Stelle früherer Industrieanleihen ausgegebenen Genuß-Scheine beruhen auf Gläubigeransprüchen und sind echte Schulden. Genuß-Scheine von Kapitalgesellschaften, die mit ihrem Nennwert zuzüglich eines Aufgeldes eingelöst und bis zu ihrer Fälligkeit mit von der Höhe des Jahresgewinnes abhängigen Zinsbeträgen verzinst werden, sind echte Schulden.

Gewinnrücklagen unter den Kreditoren, solche zu Lasten eines Fabrikation- oder Warenkontos, Übertrag von Zinsen und anderen Gewinnen auf Kreditorenkonto, Aufwertungsschulden über den gesetzlich festgelegten Betrag, die Weiterführung von Hypothekenschulden mit ihrem vollen Nennwert ohne Rücksicht auf die Teiltilgung[1]), die Einstellung einer Abnahmeverpflichtung ohne Aktivierung des Leistungsanspruches, die Verrechnung einer Gesellschaftereinlage unter den Kreditoren und ähnliche Buchungsoperationen verschleiern den wahren Stand der Unternehmung und sind in der Steuerbilanz als Gewinnzuschläge anzuführen.

Echte Schulden, unbedingte und bedingte, sind rechtliche Ansprüche Dritter; unechte Schulden sind: fingierte Schulden; die oben angeführten stillen Gewinnrücklagen und passiven Schiebungsposten; Rückstellungen auf Pensionskonto ohne rechtlichen Anspruch der Angestellten.

11. Abschnitt.

Die Bewertung des Vermögens.

A. Allgemeines.

Der Begriff des bilanzfähigen Vermögens ist enger als der wirtschaftliche Begriff (Sachwert- und Arbeitsvermögen). Das bilanzmäßige Vermögen umfaßt Geld und andere Sachen, sowie Rechte, die einen bestimmten oder bestimmbaren Geldwert haben. Buchungs- und bilanzfähig sind nur Vermögensteile, die durch Kauf, Schenkung, Erbgang, Leistung oder Vorleistungen entstanden sind. Gemietete, gepachtete Vermögensgegenstände gehören nicht in die Bilanz des Mieters oder

[1]) Im Markt unter dem Einlösungskurs zurückgekaufte Anleihestücke sind mit ihrem Nennwert von der Anleiheschuld abzuschreiben und nicht mit ihren Anschaffungskosten zu aktivieren, wenn der Rückkauf an die Stelle der Tilgung treten soll; anders, wenn Hypothekenbanken ihre eigenen Pfandbriefe zwecks Kursregulierung oder als Kapitalanlage am offenen Markt kaufen.

Pächters. Der ‚Geschäftswert' ist in der kaufmännischen Handelsbilanz nur bei entgeltlicher Erwerbung bilanzfähig.

Die Vermögensseite der Bilanz wiederum ist umfassender als der bilanzmäßige Vermögensbegriff, weil die Ermittlung eines wirtschaftlich richtigen Erfolges des Rechnungsabschnittes die Einstellung bestimmter Erfolgsberichtigungs- bzw. Erfolgsergänzungsposten notwendig macht, die ein Aktivum des Geschäftes, nicht aber Vermögen sind, z. B. die Vorauszahlungen von Arbeitslöhnen, Gehälter, Versicherung und andere Ausgaben, auf die ein rechtlicher Anspruch noch nicht entstanden ist; verfrühte Ausgaben, rückständige und verspätete Einnahmen müssen unter wirtschaftlichen Gesichtspunkten dem Erfolg des Bilanzjahres zugerechnet werden. Dann erscheinen auf der Vermögensseite Verlust-Verteilungsposten, wie das Aufwertungs-Ausgleichskonto, das Disagiokonto, dann Wertberichtigungsposten des Nominalkapitals (der Verlustvortrag).

Wir müssen demnach unterscheiden: Vermögen im Sinne der Bilanz des HGB.; die Vermögenseite der Bilanz, Vermögen im wirtschaftlichen Sinne [1]) (Sachwerte, Aktivvermögen, immaterielle Werte). Betriebsvermögen = Rohvermögen nach § 28 des Bewertungsgesetzes ist ein engerer Begriff „im Sinne dieses Gesetzes".

Die Vermögensseite der Gründungsbilanz umfaßt nur Sachwertvermögen, kein Arbeitsvermögen und keine Erfolgsregulierungsposten. In der Goldmarkeröffnungsbilanz durfte ein Kapitalentwertungskonto eingesetzt werden, d. h. ein Verlust-Verteilungsposten. Die Wertansätze in beiden Bilanzarten sind nach oben durch den Tageswert = gemeiner Wert begrenzt.

Die ‚Wertung' des Vermögens in der Jahresbilanz ist durch die Zwecksetzung dieser Aufstellung und die Art der Vermögensbestände bedingt. Für einen Barzahlungsbetrieb ohne Anlagevermögen gibt es kein Bewertungsproblem; die Bücher haben Ausgaben und Einnahmen aufgezeichnet, aus ihrem Saldo resultieren der Zahlungsmittelbestand und der Erfolg. Besitzt ein Betrieb Zahlungsmittel und Außenstände, beispielsweise bei Geldverleihern, wird nur die Einbringlichkeit der Forderungen beurteilt, um den ‚Stand des Vermögens' und die ‚Lage des Geschäftes' zahlenmäßig richtig darzustellen. Der Erfolg ist der Unterschied zwischen den Zweckausgaben (einschließlich der Forderungsverluste) und den Gewinneinnahmen.

Der Streit unter den Bilanztheoretikern, der durch Denkschriften und das Einkommensteuergesetz längst zugunsten der Dynamik entschieden ist, geht im Grunde um die gleiche Frage, die die Erklärer des HGB. bei der Auslegung des § 40 bewegt: Gemeiner Wert (§ 40 HGB., § 138 RAO.) oder Anschaffungs- bzw. Herstellungskosten. Die Betriebs-

[1]) Über Begriff und Arten des Vermögens vgl. „Wirtschaftslehre".

wirtschafter nennen den Gemeinwert ‚Tageswert‘, genauer: Beschaffungs zeitwert, Veräußerungszeitwert, Wiederbeschaffungskosten. Der gemein gewöhnliche Tageswert ist ein Gegenwartswert, marktwirtschaftlich bedingt, der historische Anschaffungs- oder Herstellungswert ist eine feste Größe, die den marktwirtschaftlichen Einflüssen entzogen ist. Die Bewertung von Veräußerungsgegenständen zum gegenwärtigen Veräußerungspreis führt zu noch nicht realisierten Gewinnen und Verlusten an Beständen, d. h. zu Konjunkturerfolgen des Stichtages, auch zu buchmäßigen Scheingewinnen und Scheinverlusten, wenn der wirkliche Veräußerungserlös größer oder geringer ist als der in Ansatz gebrachte Tageswert der Bestände. Die Bewertung zu Anschaffungskosten der Vergangenheit verschiebt die Erfolgsberechnung der Veräußerung in die Periode der Realisierung. Nach der kaufmännischen Auffassung (und der aktienrechtlichen nach § 261) ist jede Wertminderung der Vorräte (des ruhenden Vermögens) Verlust, eine Wertsteigerung hingegen erst dann Gewinn, wenn sie realisiert ist. Noch nicht verwirklichte Konjunkturverluste auf Vermögensbestände müssen wirksam werden, weil auch nach kaufmännischer Anschauung der Tageswert die Höchstgrenze des Wertansatzes ist. Die Wertsteigerungen am ruhenden Vermögen, oder wie wir sagen, die noch nicht realisierten Konjunkturgewinne an Beständen bleiben unwirksam.

Der gemeine Wert deckt sich im allgemeinen mit dem Veräußerungspreis, der unter gemeingewöhnlichen Verhältnissen zu erzielen ist, d. h. mit dem gemeinen Marktpreis. Berücksichtigt man den Umstand, daß ein Vermögensgegenstand dem Betrieb der Unternehmung dient, kommt man zu einem gemeingewöhnlichen Betriebswert, für dessen Berechnung die Anschaffungskosten eine sichere Grundlage liefern.

Die Anschaffungskosten umfassen den Kaufpreis nach der Rechnung des Lieferers und alle Nebenkosten, die mit der Beschaffung verbunden sind, z. B. Transportkosten, Vermittlungsgebühren für die Anschaffung der Ware und der Deckungsmittel, Abgaben und Steuern im wirtschaftlichen Zusammenhang mit der Anschaffung. Das kaufmännische Kalkulationswesen ist theoretisch so gut durchgebildet, daß Zweifel über das, was zum Einkaufs-Selbstkostenpreis (Einstandspreis) gehört, nur selten entstehen. Allerdings darf man die Kalkulationsformel des Preistreibereigesetzes nicht zur Anwendung bringen wollen (wonach der Gestehungspreis wie folgt zusammengesetzt ist: Einkaufspreis, besondere Bezugskosten, Anteil an den allgemeinen Geschäftskosten, Kapitalverzinsung, Risikoprämien, Unternehmerlohn). Instandsetzungskosten, das sind Aufwendungen, die den Vermögensgegenstand in den Zustand der Betriebsfähigkeit setzen, erhöhen den Anschaffungspreis. Die Instandhaltungskosten, das sind Aufwendungen zwecks Erhaltung des bisherigen Zustandes, belasten den Ertrag. Werden Instandsetzung- und Instandhaltungskosten dem Anschaffungspreis zugeschlagen, weil eine Trennung beider nicht durchführbar ist, so aktiviert man Verlust-Ausgaben wie Vermögenserwerbskosten und verteilt sie durch Abschreibung auf einen bestimmten Zeitraum. Die Entscheidung, ob die Aktivierung des Erhaltungs- und des Herstellungsaufwandes oder die Buchung als Ertragskosten vorzuziehen ist, liegt bei dem Buchführenden nach den Grundsätzen ordnungsmäßiger Buchführung.

Die zeitliche Abgrenzung der Herstellungskosten gegen die Anschaffungs- und die Selbstkosten sowie die Bestimmung ihres materiellen Inhaltes ist Aufgabe der Nachrechnung (Kalkulation der Erzeugungskosten oder der Fabrik-Selbstkosten, der Selbstkosten eines Fertigproduktes). Das Eigeninteresse der Unternehmung und die gute methodologische Durchbildung der Selbstkostenermittlung lassen in der Praxis meist das Richtige finden, wenn man die Anschaffungskosten und nicht die Wiederbeschaffungskosten, noch weniger die hypothetischen Ersatzkosten in Ansatz bringt. Es folgt ein Beispiel der Kostenanalyse eines Fertigproduktes:

Werkstoffe, Einstandskosten	1000	
Zuschlag für Materialunkosten (Verschnitt, Abfall, Abbrand o. ä.) 5%	50	1 050
Arbeitskosten, das sind Fertigungslöhne	3000	
+ 300% Betriebskosten für die Produktionsbereitschaft	9000	12 000
Herstellungs- oder Betriebsselbstkosten (§ 261 HGB.)		13 050
+ 20% Zuschlag für Vertriebs- und Verwaltungskosten		2 610
Selbstkosten		15 660
+ 25% Zuschlag für Gewinn und Risiken		3 915
Nettoveräußerungspreis		19 575
Zuschlag für besondere Verkaufskosten (wie Fracht, Ausfuhrzölle)		—
+ 10% Rabatt an Wiederverkäufer		2 242
+ 3% Skonto		605
Bruttoverkaufspreis		22 422

Für die Bilanzbewertung scheiden der Selbstkostenpreis und der Bruttoveräußerungspreis aus. Der Selbstkostenpreis, weil er Teile der allgemeinen Verwaltungs- und Handlungsunkosten enthält, die nach § 261, Ziffer 4 für Aktiengesellschaften nicht aktiviert werden dürfen. Betrieblich betrachtet würde man bei einer Bewertung mit Selbstkosten einen Teil der allgemeinen Unkosten (Werbungskosten im Sinne des Einkommensteuergesetzes, das sind Kosten, die den Ertrag in seiner Ganzheit oder einzelne Ertragsquellen belasten, zum Unterschied von Vermögenskosten, die für die Erwerbung, Vermehrung, Verbesserung oder Einrichtung der Ertragsquelle verausgabt werden) in die nächste Bilanzperiode hinüberschieben und den Ertrag des Berechnungsabschnittes durch Bilanzierungskunststücke erhöhen. Der Bruttoveräußerungspreis (Listenzeitpreis für Wiederverkäufer) enthält Sonderaufschläge, die im Verkaufserlös rückvergütet werden.

Das Rechnungsschema zeigt die unterschiedliche Zusammensetzung der verschiedenen Werte. Für den Wertansatz kommen in Frage: Die Herstellungskosten (nicht die Wiederbeschaffungskosten) oder der Nettoverkaufspreis am Stichtag, falls er niedriger ist.

Die Wiederherstellungskosten umfassen die gleichen Kostenteile wie der historische Herstellungspreis, doch werden die Kostenelemente mit dem Tageswert des Stichtages eingesetzt, insbesondere Werkstoffe und Hilfsstoffe, Arbeitslöhne, ohne Rücksicht auf den zeitigen Beschäftigungsgrad der Produktionsmittel; der Unterschied zwischen den wirklichen oder betrieblichen Herstellungskosten und den marktwirtschaftlicher Herstellungskosten ist Konjunkturgewinn oder Konjunkturverlust am ruhenden Vermögen. Das gleiche gilt für den Unterschied des Listen- oder Katalogpreises und dem Veräußerungszeitwert.

Der Grundsatz der Kontinuität und der Vergeichbarkeit verbietet einen beliebigen Wechsel in den Bewertungsgrundsätzen, solange die Unternehmung unter den bisherigen rechtlichen und wirtschaftlichen Verhältnissen weitergeführt wird. Die Änderung der Rechtsform, innerbetriebliche Strukturveränderungen infolge außenwirtschaftlicher Marktwandlungen und andere Sonderfälle können einen solchen Wechsel der Grundsätze begründet erscheinen lassen.

B. Das Anlagevermögen.

Anlagevermögen sind jene Teile des Gesamtvermögens, die dem Umsatz und der Veräußerung nach ihrer Zweckbestimmung dauernd entzogen sind. Es wird dauernd im Betrieb und für die Ertragserzielung verwendet. Mit der Änderung ihrer Zweckbestimmung scheiden sie aus dem Anlagevermögen, meist auch aus dem Betrieb aus, z. B. Abstoßung einer Kapitalbeteiligung, Veräußerung eines Patentes. Zum Anlagevermögen rechnen wir: Unbewegliche und bewegliche Produktionsmittel (Grundstücke, Gebäude aller Art, maschinelle Einrichtungen, Apparate, Werkzeuge, Geräte, Auto, Fuhrpark u. dgl.) innerhalb und außerhalb der Betriebsstätten; die dauernden Kapitalbeteiligungen an anderen Unternehmungen, wie die Kapitaleinlage als Kommanditist und der Dauerbesitz an Aktien; die ‚eisernen' Bestände an Werk- und Hilfsstoffen, an Fertigwaren, das sind betriebsnotwendige Mindestmengen, die zur Aufrechthaltung des Betriebes vorrätig gehalten werden müssen, in ihrer substantiellen Zusammensetzung stets wechseln, aber nach Umfang und Zweckbestimmung stets gleichbleiben, wie der Mindestwasserstand in einem in Betrieb gesetzten Dampfkessel. Die Urheberrechte erlöschen oder laufen nach einer Reihe von Jahren ab, finden in jedem Jahr zu einem Teile ihrer Anschaffungskosten Verwendung zur Ertragserzielung.

Für die Bewertung des Anlagevermögens im allgemeinen können in Betracht kommen: die historischen Anschaffungs- oder Herstellungskosten; die Wiederbeschaffungskosten des Stichtages; der Realisierungs- oder Schmelzwert bei der Auflösung und Veräußerung des ganzen Betriebs; der Veräußerungszeitwert für den einzelnen Anlagegegenstand; der Schrottwert bei der Veräußerung als Altmaterial.

Für die Bilanzbewertung der ‚Anlagen und sonstigen Gegenstände, die nicht zur Veräußerung, vielmehr dauernd zum Geschäftsbetrieb bestimmt sind', sind zwei Möglichkeiten gegeben: 1. Schätzung ihres wirklichen Wertes im Rahmen des Geschäftsbetriebes, 2. die Abschreibungsbewertung vom historischen Anschaffungs- bzw. Herstellungswert oder von den Wiederbeschaffungskosten des Stichtages. Der wirkliche Geschäftswert geht über die Anschaffungs- oder Herstellungskosten nicht hinaus, der wirtschaftliche Wert interessiert den Kritiker, soweit er schätzbar ist, nicht aber die Bilanzaufstellung. Der Gebrauchswert (einer Maschine beispielsweise) ist nicht erfaßbar, die Zurechnung eines Ertrages durch Besitz von Anlagen ist nicht möglich. Der wirtschaftliche Wert einer Kapitalbeteiligung wird durch den unmittelbaren Nutzen (Gewinnanteil), jener eines Patentes durch die unmittelbare Nutzung (Lizenzgebühren) und den rechnerisch nicht erfaßbaren mittelbaren Nutzen im Produktionsprozeß bestimmt.

Die Abschreibungen sind stets ein Streitobjekt zwischen dem Steuerpflichtigen und der Veranlagungsbehörde. Im Steuerrecht werden Absetzungen und Abschreibungen unterschieden: 1. Die (gewöhnliche und die besonders zu begründende außergewöhnliche) Absetzung für Abnutzung ist Verteilung der Aufwendungen für Anschaffung oder Herstellung von Beständen des Anlagevermögens auf die mutmaßliche Gesamtdauer ihrer Verwendung oder Ausnutzung. Diese Auffassung der Abschreibungen läßt keine Abnutzung von einem höheren Gegenwartswert (Wiederbeschaffungskosten) als Mittel der Kapitalansammlung für künftige Ersatzbeschaffung eines gleichwerten Vermögensgegenstandes zu (§ 16 Einkommensteuergesetz). Der natürliche Verschleiß durch bestimmungsmäßigen Gebrauch ist entscheidend. 2. Die Absetzung für Substanzverluste bei Förderunternehmungen, wie Bergbau, Steinbrüche; Teile der Substanz werden als ‚Ware' für den Betrieb (Kohle in Kokereien, Kalkstein in Zementfabriken) oder für den Verkauf gewonnen (Verkaufskohle). Die Berechnungsformel für diese Substanzverluste ist: Abschreibung = v . $\frac{m}{s}$; v . ist = Vermögenssteuerwert, m = geförderte Jahresmenge, s = Substanzmenge zu Beginn des Berechnungsabschnittes.

Die Absetzungen für Abnutzung und Substanzverluste berücksichtigen nur die technische Abnutzung. Die Wertminderungen durch konjunkturelle Verhältnisse, veränderte Produktionstechnik, Erfindungen u. ä. sind nur durch Einsetzung des niedrigen gemeinen Wertes möglich. Die Gesamtnutzungsdauer ist entweder die geschätzte Lebensdauer oder die kürzere Nutzungsdauer, während Kaufleute häufig die Abschreibungsdauer noch kürzer bemessen. 3. Abschreibungen für Wertminderungen, wenn der gemeine Wert geringer ist als der bisher eingesetzte (§§ 19, 20 Einkommensteuer). Gründe für solche Abschreibungen sind z. B.: Konjunkturumschwung, neue Erfindungen, Überteuerung. Die Nutzungsdauer der Anlagen kann durch Mietverträge beeinflußt werden. Die auf einem gemieteten Grundstück errichteten Gebäude müssen mit Ablauf der Frist abgerissen werden oder sie gehen unentgeltlich in das Eigentum des Vermieters über; die Nutzungsdauer der Anlagen entspricht der Dauer des Mietvertrages. Die Gebäude auf dem Mietsgrundstück können auch gegen Entgelt überlassen und die Abschreibungssätze vertraglich vereinbart werden. Der Mietvertrag kann auf unbestimmte Zeit geschlossen sein, Kündigung des Vermieters ist möglich; das Risiko der Kündigungsmöglichkeit wirkt bei bereits länger laufenden Verträgen stärker nach der Richtung einer Wertminderung. Die steuerliche Abschreibung ist auf die im Gesetz genannten Fälle beschränkt, die kaufmännische Abschreibung erstreckt sich auf alle bilanzfähigen und in der Bilanz aufgeführten Aktivposten.

Die Nachholung früher unterlassener, aber zulässiger Abschreibungen ist auch steuerrechtlich erlaubt. Abschreibungen, zweckmäßig als passive Wertberichtigungsposten dargestellt, sind auch in den folgenden Fällen zulässig: auf Betriebsanlagen, die innerhalb einer bestimmten Zeit beseitigt werden müssen, beispielsweise, weil sie auf gemieteten oder gepachteten Grundstücken errichtet sind; als Anlage-Unterhaltungskonto für gepachtete Fabriken, wenn der Pächter zur Erhaltung der gepachteten Produktionsmittel verpflichtet ist.

Die Abschreibung erfolgt auf den einzelnen Gegenstand (Einzelabschreibung), für die Bilanzkritik die beste Form; durch Kollektivabschreibungen entweder summarisch auf den Gesamtwert (z. B. das Passivdelcrederekonto nach erfolgter Ausscheidung der uneinbringlichen und der zweifelhaften Forderungen) oder als ‚summierte Einzelabschreibungen' auf Anlagevermögen mit gleichen Abschreibungssätzen. Die Gesamtabschreibung (Unternehmungs- oder objektlose Abschreibung) wegen Minderwertes der Vermögensgegenstände im Rahmen der Unternehmung als wirtschaftliche Einheit ist nicht mehr zulässig, weil der Minderwert bei der Bewertung der einzelnen Vermögensgüter zu berücksichtigen ist (§ 31 Bewertungsgesetz). Die Gesamtabschreibung hält einer bilanzkritischen Würdigung nicht stand, es fehlen Anhaltspunkte für die Beurteilung ihrer Angemessenheit.

Die Totalabschreibung eines Vermögenswertes auf 1 Mark Erinnerungsposten führt zu einer jährlich um die Absetzungsbeträge abnehmenden (steuerpflichtigen) stillen Anlagereserve in dem Unterschied zwischen dem wirklichen Wert und einer Mark. Die steuerlich zulässigen jährlichen Absetzungen wegen Abnutzung können durch Berichtigung des Wertansatzes in der Steuerbilanz dargestellt werden. Die Umwandlung der stillen in eine offene Rücklage und die Absetzung der jährlichen Abschreibungen bleiben steuerfrei, wenn die stille Reserve seinerzeit versteuert wurde, doch ist die Umwandlung unzweckmäßig. Man könnte auch den Betrag der stillen Reserve unter irgendeiner harmlosen Benennung aktivieren, die jährlichen Abschreibungen auf die Passivseite einsetzen und gleichzeitig von dem Aktivposten abziehen.

Die Abschreibungsdauer der gewerblichen Urheberrechte ist kürzer als die gesetzliche Schutzfrist von 18 Jahren; sie beträgt etwa 5—6 Jahre. Die jährlichen Abschreibungen auf das schon früher erwähnte Aufwertungs-Ausgleichungskonto sind nicht abzugsfähig.

Zu den Herstellungskosten eines Neubaues bei Abbruch eines alten gehören die Abbruchskosten, die Neubaukosten und der Kaufpreis des alten Gebäudes. Aktivierung von Neubaukosten nach dem Voranschlag und Abbuchung des Mehrwertes der tatsächlichen Baukosten ist in jedem Fall eine Gewinnverschleierung. Ob der Mehrwert als stilles Vermögen anzusprechen ist, ist von der Nutzung des Neubaues für die Unternehmung abhängig. Die Errichtung eines Fabrikneubaues in eigener Regie und mit eigenen Baumaterialbeständen wird in der kaufmännischen Bilanz mit dem Übernahmepreis (einschließlich Arbeitskosten, Grunderwerbssteuern, Wertzuwachssteuer, Vermittlungsgebühren) aktiviert. Steuerlich ist der gemeine Anschaffungswert anzusetzen. Eine Gewinnschmälerung entsteht durch Abbuchung der Errichtungskosten auf Unkosten- oder Fabrikationskonto.

Die Abschreibung als Mittel der Bilanzbewertung ist, buchmäßig gesehen, stets eine im Erlös reproduzierbare oder den Ertrag schmälernde, nicht reproduzierbare Minderung der Vermögensseite. Abgeschrieben werden Anlage- und Umsatzgüter, der ideelle oder Firmenwert, falls er aktiviert wurde, überdies aktivierte Verlustausgleichungsposten, wie Disagio, Aufwertungs-Ausgleichungskonto, das Kapital-Aufwertungskonto der Goldbilanz. Die Verminderung von Passivposten ist Kapitalherabsetzung, Schuldentilgung, Schuldennachlaß, Verwendung eines Reservekapitals oder Deckung einer Unterbilanz aus dem Reingewinn. Die Abschreibung auf der Vermögensseite kann wirtschaftlich sein: Aufwand durch Verbrauch (Abnutzung, Substanzminderung oder Ausbeute, Brauchbarkeitsminderung für den Betrieb); Aufwand durch marktwirtschaftliche Entwertung (Preisfall, Erfindung billigerer oder wirtschaftlicher Produktionsverfahren, dauernder Rückgang der Absatzmöglichkeiten). Die Abschreibung auf Waren- und Zinsforderungen sind entgangener Gewinn und Vermögenssubstanzverlust. Der Mehrbetrag des Zahlungseinganges über den abgeschriebenen Forderungsbetrag ist eine nachträgliche Schätzungsberichtigung, ein buchmäßiger Gewinn (Scheingewinn). Die Abschreibungsquoten werden mitunter abschnittsweise in wechselnder Höhe angesetzt (Absetzung nach Maßgabe des Reingewinns, mit Wiederbeschaffungskosten, nach der Fördermenge oder der technischen Beanspruchung).

Die Abschreibungen auf Anlagegüter werden hier nur insoweit behandelt, als es für die bilanzkritische Betrachtung notwendig ist.

Abschreibungs-Bewertung der Anlagen ist eine Form der Bewertung, die wirtschaftlich angemessene (im Erlös ersetzbare Selbstkostenabschreibung im Gegensatz zur übermäßigen, den Ertrag schmälernden Abschreibung) ist ein Mittel der Aufwandsberechnung. Durch sie werden feste Kosten in laufende Betriebsunkosten verwandelt, Anschaffungs- oder Herstellungs- oder Wiederbeschaffungskosten als geschätzter Aufwand verteilt.

Maßstäbe für die Schätzung des Aufwandes sind: Die Lebensdauer (bei Kraftanlagen, Gebäuden); die Nutzungsdauer durch bestimmungsgemäßen Gebrauch im Betrieb, berechnet nach der voraussichtlichen Nutzungszeit (z. B. bei automatischen Werkzeugmaschinen etwa 5 Jahre, bei Anlagen auf gemieteten Grundstücken), nach der Förderungsmenge in bergbaulichen und ähnlichen Betrieben, nach der betriebstechnischen Beanspruchungsmöglichkeit (z. B. für Glühöfen x Chargen); eine selbstbestimmte Abschreibungszeit, die kürzer ist als Lebens- und Nutzungsdauer. Die Abschreibungsquoten werden bei unveränderten Abschreibungssätzen in abschnittweiser wechselnder Höhe eingesetzt, beispielsweise nach der Fördermenge oder Beanspruchung; Abschreibung mit Wiederbeschaffungskosten und nach der Höhe des Jahresergebnisses. Die Anschaffungsausgaben werden auf die gewählte Abschreibungszeit gleichmäßig verteilt (z. B. x % von den Anschaffungskosten) ohne Rücksicht auf die verschieden große, meist nicht abschätzbare Abnutzung (z. B. bei Heimfallunternehmungen, Einrichtungen auf gemieteten Grundstücken, die mit Ablauf des Vertrages abgerissen oder kostenlos abgetragen werden müssen). Die Abschreibungsquoten werden mitunter abschnittweise in wechselnder Höhe angesetzt (Absetzung nach Maßgabe des Reingewinns, mit Wiederbeschaffungskosten, nach der Fördermenge oder der technischen Beanspruchung). Die Abschreibungsquoten können fallend sein (x % vom jeweiligen Kontensaldo). Wer mit der bequemen Saldowertabschreibung in der gleichen Zeit denselben Abschreibungserfolg erzielen will, wie bei der Abschreibung von den historischen Anschaffungskosten, kommt mit der ungefähren Verdoppelung der Abschreibungssätze dieser letzten Methode zum Ziel.

Die bilanzmäßig als ‚Zugänge' auf den Anlagekonten bezeichneten Beträge können Neubauzugänge, Umbauten, Erweiterungsbauten sein; oder es handelt sich um eine Hinaufsetzung übermäßig abgeschriebener Anlagewerte auf den Zeitwert, d. h. um die Liquidierung stillen Anlagevermögens; schließlich um einen Zuschlag außerordentlicher und größerer Instandhaltungs- bzw. Instandsetzungskosten, die durch die Hinzurechrechnung auf die Anlagekonten mit den üblichen Abschreibungssätzen verteilt werden. Man könnte an Stelle der Zuschreibung der Ausgaben und Verteilung als Aufwand den Weg der jährlichen Rückstellung angemessener Beträge für die ‚Erneuerung' wählen (Erneuerungskonto als Passivum), die späteren Ausgaben als Voraufwand zu Lasten des Gewinn- und Verlustkontos und des Reingewinnes verrechnen. Das erste Verfahren hat den Vorzug, daß die schwierige, wenn auch steuerlich wichtige Unterscheidung zwischen Erneuerung, Erhaltung und Erweiterung fortfällt. Das dritte Verfahren, Erneuerungskosten als Unkosten dem Ausgabenjahr zur Last zu schreiben, belastet die einzelnen Bilanzjahre ungleichmäßig mit diesen Ausgaben.

Außerordentliche Abschreibungen können als Folge wirtschaftlicher Unglücksfälle (Elementarschäden) oder als Berichtigung früherer Schätzungsfehler (nachholende Abschreibung) notwendig werden. ‚Außenwertabschreibungen' (Schmalenbach, Bilanzlehre, S. 180) sind Abschreibungen, die den Buchwert mit einem niedrigen Wiederbeschaffungswert oder mit einem niedrigeren Gesamtwert der Anlagen in Übereinstimmung bringen sollen, beispielsweise im Fall einer Kapitalherabsetzung und Verwendung des Sanierungsgewinnes zu Anlageabschreibungen (Sanierungsabschreibungen).

Der Abschreibung in der Bilanz und in der Kalkulation können verschiedene Werte zugrunde gelegt werden: die Anschaffungskosten, wobei die Abschreibungssätze gleichbleibend oder abfallend sind, wenn sie vom jeweiligen Buchwert berechnet werden; der steuerliche Einheitswert kommt bei Neugründungen von Unternehmungen mit Sacheinlagen in Frage; der zeitliche Wiederbeschaffungspreis mit gleichbleibenden Abschreibungssätzen und jährlich veränderlichen Abschreibungsbeträgen; der Reproduktionswert der Gesamtanlagewerte für im Rahmen der Unternehmung gebundene Vermögensteile, bei Großbetrieben ein schwierig zu schätzender Wert; der Zustandszeitwert, das sind Wiederbeschaffungskosten abzüglich jener Beträge, die nötig wären, um die vorhandenen Anlagen auf den Neuwert zu bringen, auch ein unzuverlässiger Schätzungswert. Die wegen dauernden Beschäftigungsmangels überflüssig gewordenen Anlagen werden in der Bilanz auf den zeitlichen Veräußerungswert heruntergeschrieben und die Periodenabschreibung auf diesen Wert berechnet.

Jeder der Abschreibung zugrunde zu legende Wert hat Vor- und Nachteile. Wählt man anstatt des Anschaffungs- oder Einheitswertes einen anderen Maßstab — nicht für die Bilanzbewertung —, kann bei längerer Abschreibungsdauer eine passive Abschreibung in der Bilanz notwendig werden; beispielsweise ist eine Maschine bis auf 5000.— Mk. Restwert abgeschrieben, die Abschreibung nach Wiederbeschaffungskosten erfordert 7500 Mk., die als Passivum in die Bilanz kommen: ‚Werkerhaltungskonto‘, ‚Maschinenerneuerungskonto‘. Sie wirken wie eine Kostenrücklage durch Berechnung des Aufwandes mit Zukunftswerten.

Über die Wirkungen von Anlageabschreibungen bestehen Unklarheiten.

1. Es wird nicht abgeschrieben; die Instandhaltungskosten werden dem Jahresgewinn angelastet. Die Ersatzkosten müssen durch Kapitalaufnahme finanziert werden, beispielsweise durch Anforderung der Mittel für die Ersatzbeschaffung bei den gesetzgebenden Körperschaften. Rechnungsmäßig ist das Jahresergebnis wegen Nichtberücksichtigung von Aufwandsteilen zu hoch.

2. Er wird nicht abgeschrieben, die künftige Ersatzbeschaffung jedoch wird durch Rückstellungen aus dem auszuzahlenden (bei öffentlich-rechtlichen Betrieben aus dem abzuführenden) Reingewinn in gleichbleibender oder wechselnder Höhe sichergestellt. Die Rückstellungen werden in Effekten, als Bankguthaben oder sonstwie ‚angelegt‘.

3. Es wird in der Bilanz nichts abgeschrieben, aber Abnutzungsquoten werden in den Veräußerungspreis der Verkaufsgüter einkalkuliert. Der Jahreserfolg der Bilanz ist zu hoch, die Abschreibungsbeträge stecken im Verkaufserlös, ihre Rückstellung wie unter 2. ist notwendig.

4. Die regelmäßigen notwendigen Abschreibungen werden in der Bilanz und in der Gewinn- und Verlustrechnung berechnet, überdies in den Verkaufspreis einkalkuliert.

a) Es ist nichts verkauft, die Vorräte werden mit ihren Herstellungskosten bewertet, die die Abschreibungen auf die Produktionsmittel als Bestandteil der Herstellungskosten einschließen. Die Abschreibungen vermindern den Bilanzwert der Anlagen, erscheinen jedoch wieder in den Vorratswerten, eine Umschichtung von Wertteilen des Anlagevermögens in das Umsatzvermögen, ein ‚neutraler' Aufwand, der den Jahresertrag nicht berührt. Die Abschreibungen auf Verwaltungsgebäude und Vertriebseinrichtungen, die zwar Bestandteile der Selbstkosten, nicht aber der Herstellungskosten sind, schmälern den Ertrag, sie werden in einer späteren Periode des Verkaufes hereingeholt, eine Aktivierung ist verboten (§ 261_4 HGB.). Ein Beispiel: In den Herstellungskosten der Vorräte von 3 Mill. Mk. stecken 0,2 Mill. Abschreibungen als Aufwand infolge der Produktion; ein Umsatz wurde nicht getätigt, ein organischer Gewinn nicht erzielt. Die Verlustseite der Erfolgsrechnung enthält neben Handlungsunkosten für die Verwaltung und die Betriebsbereitschaft Abschreibungen für den Vertriebs- und Verwaltungsapparat.

b) Es ist die ganze Produktion des Rechnungsabschnittes verkauft, im Markterlös werden die Abschreibungen mitvergütet, sie stecken in den Betriebseinnahmen, die wieder im Betrieb verwendet werden.

c) Der Regelfall ist, daß Umsätze getätigt werden und Vorräte da sind. Die in der Vorratsbewertung steckenden Abschreibungsbeträge werden als reproduzierbarer Aufwand in den nächsten Rechnungsabschnitt hinübergeschoben. Der rechnungsmäßige Abschreibungsaufwand als Bestandteil der Herstellungskosten der Vorräte wird in seiner Wirkung auf den Ertrag neutralisiert, eine Art transitorischer Verrechnung dieses Aufwandes.

5. Die Bilanzabschreibungen sind übermäßig hoch, der Reingewinn wird geschmälert, die Abschreibungsbeträge sind zum Teil im Leistungswert nicht reproduzierbar, eine durch Umsatzgewinn bereits vorhandene Vermögensvermehrung wird rechnungsmäßig abgeschrieben, ein rechnungsmäßiger Aufwand eingestellt, der es wirtschaftlich nicht ist. Diese übermäßigen Abschreibungen schlagen sich nicht in aktiven Werten nieder [1]).

Die Absetzungen wegen Abnutzung und die Abschreibungen wegen anderer wirtschaftlicher Tatsachen sind eine Frage der Bewertung und der Bilanzpolitik, Abschreibungen in der Kalkulation hängen mit der Preis- und Finanzierungspolitik zusammen. Bilanz- und Kalkulationsabschreibungen dienen verschiedenen Zwecken, ihre Maßstäbe müssen verschieden sein.

---

[1]) Die beste Zusammenfassung der Abschreibungsfragen gibt jetzt H. Großmann, Die Abschreibung vom Standpunkt der Unternehmung, insbesondere ihre Bedeutung als Kostenfaktor, Berlin 1925. E. Schmalenbach, Dynamische Bilanzlehre S. 138 f. W. Mahlberg, Der Tageswert in der Bilanz, Leipzig 1925. M. Lion, Abschreibungen vom Zeitwert (Heft 19 der Vorträge des Verbandes deutscher Bücherrevisoren), Leipzig 1928.

C. Die Bewertung des Umsatzvermögens.

1. Forderungen.

Der wirtschaftliche Charakter und die rechtlichen Grundlagen der Buchforderungen sind verschieden. Für die Bilanzkritik wäre es notwendig, diese Verschiedenheit in der Benennung zum Ausdruck zu bringen. Warenforderungen (Außenstände, Debitoren) aus Kaufverträgen, die vorletzte Stufe der Umwandlung in Zahlungsmittel, enthalten den Umsatzerfolg, der erst mit der Zahlung durch den Schuldner realisiert ist, während die Buchführung auf dem Waren- oder Umsatzerlöskonto diesen Erfolg buchmäßig als realisiert verrechnet. Der Rechnungsausgang wird dem Kostenersatz gleichgesetzt, die Forderungen werden nur nach ihrer Einbringlichkeit gewertet. Es ist nicht handelsüblich, die Einbringlichkeit des Nutzens gesondert zu werten. Grundstücksgesellschaften machen für die am Bilanzstichtag verkauften aber noch nicht aufgelassenen Grundstücke eine „Rückstellung" in Höhe des noch nicht realisierten Verkaufsnutzens. Forderungen an Konzernfirmen und Tochtergesellschaften entstehen durch Kauf- und Kreditverträge. Für ihre wirtschaftliche Bedeutung kommen die vertraglichen Bindungen der Bilanzfirma in Betracht. Forderungen an Kreditinstitute (Bankguthaben, Guthaben bei der Reichsbank und anderen Noten- und Kreditbanken) entstehen durch Kreditbeendigung (Zahlungen der Abnehmer, Erlös aus Einzugswechseln beispielsweise), durch den Verkaufserlös aus der Veräußerung flüssiger Mittel wie Wechsel und Effekten.

Anzahlungen auf künftige Werklieferungen von Maschinen, Bauten, Umbauten sind nicht Geld- (Gegenleistungs-) sondern Leistungs- oder Vorleistungsansprüche, die den Betrieb weiterhin finanziell belasten. Hypothekenforderungen werden von Kreditbanken meist unter den Debitoren mit aufgeführt. Forderungen aus Konsortialgeschäften unterliegen der Nominalbewertung, sofern der wirkliche Wert durch dauernde Verluste nicht geringer ist. Die Erträgnisse aus solchen Geschäften gehen über ein Sonderkonto in die Gewinn- und Verlustrechnung (nicht auf Debitorenkonto). Kreditbanken belasten den aus einem Kreditvertrag resultierenden Höchstbetrag dem Kunden, erkennen ihn hingegen auf einem Passivkonto, dem die Verfügungen des Kunden zur Last geschrieben werden. Der Saldo dieses Passivkontos zeigt die Höhe der „Kreditdepositen", d. h. der noch nicht erschöpften Kreditbeträge als vertragliche Verpflichtung. Über die wirtschaftliche Gruppierung der Bankdebitoren vgl. den Abschnitt über Bankbilanzen.

Forderungen haben einen Nennwert und einen Eingangswert (gemeiner Wert im Sinne der Steuergesetze). Verlorene Forderungen, deren Uneinbringlichkeit am Bilanzstichtag durch erfolglose Pfändung oder

Konkurs des Schuldner feststeht, sind erlös- und gewinnschmälernd und abzubuchen („abzuschreiben“ nach § 40 HGB.). Der Verlust umfaßt die verlorenen Anschaffungskosten der Leistung und den entgangenen Gewinn, die Verlustbuchung berichtigt den Vermögensbestand und die früher erfolgten Gewinnberechnungen auf Waren-, Fabrikations- oder Zinsenkonto. Die Prüfung der einzelnen Forderungen auf ihre Einbringlichkeit erfolgt auf Grund der Konten, nicht nach den Saldolisten. Im Inventarverzeichnis der Außenstände werden sie „sortiert“: vollwertige, verlorene, minderwertige. Auf die als vollwertig anzusehenden Kaufpreisforderungen im Waren- und im Fabrikationsgeschäft wird ein Pauschalabzug für Skonto, Retouren und Preisdifferenzen notwendig sein (4% nach der Entscheidung des R. Fi. H. 4. 11. 1927, zitiert in „Steuer und Wirtschaft“ 1927, Rspr. Nr. 687), auch die Umsatzsteuer ist abzurechnen.

Für die Sortierung der zweifelhaften und uneinbringlichen Forderungen geben Anhaltspunkte: die bisherige Zahlungsweise, wie sie auf den Personenkonten erkennbar ist; ob eine Pfändung Erfolg hatte oder nicht, ob der Kunde den Offenbarungseid geleistet hat; bei eingeklagten Forderungen (Klagesumme und Klagekosten bestehend aus: Anwalts- und Gerichtskosten, Vollstreckungs- und allgemeine Kosten) werden die gleichen Verhältnisse für die Beurteilung der Einbringlichkeit maßstäblich sein. Eine gute Unterstützung für die Bewertung der Debitoren bietet eine Statistik der erledigten Prozesse unter Angabe ihres Ablaufes. Gerade die Bewertung der Kundendebitoren (nach Schmalenbach: Leistungen, noch nicht Einnahmen; geschätzt werden die Einnahmen, nicht aber die Leistungen) läßt dem subjektiven Ermessen des Bilanzierenden einen, auch von der Steuerverwaltung anerkannten weiten Spielraum besonders in wirtschaftlich unsicheren Zeiten. Selbst unter den als sicher angenommenen Forderungen werden solche sein, die vermutlich Verlust bringen, obgleich am Stichtag bestimmte Einzelheiten über Gefährdung oder Ausfälle noch nicht bekannt geworden sind. Deshalb wird neben der Abschreibung auf die als zweifelhaft erkannten Forderungen noch die Bildung eines Wertberichtigungspostens (passives Delkrederekonto) zugelassen. Ob die Forderungen am Stichtag als minderwertig im Vergleich zum Nennwert zu betrachten sind, ist vom subjektiven Standpunkt des ordentlichen, die Gesamtverhältnisse verständig erwägenden vorsichtigen Kaufmanns aus zu beurteilen, so daß nicht von ausschlaggebender Bedeutung die objektive Tatsache sein kann, daß noch bis ziemlich lange Zeit nach dem Bilanzstichtag Verluste nicht eingetreten sind (Entsch. des Reichs-Finanzhofes, Band 7, S. 131 f.). Die Einstellung einer Forderung als minderwertig, obgleich sie noch vor der Aufstellung der Bilanz eingegangen ist, würde die Grenze steuerlich zulässiger Abschreibungen überschreiten.

Die bilanzmäßige Behandlung der minderwertigen Forderungen ist in der Praxis verschieden: Einsetzung mit dem wahrscheinlichen Wert; Einstellung mit dem Nennwert und Wertberichtigung auf der Passivseite, summarisch oder für die einzelnen Forderungen; Einsetzung mit dem Nennwert und summarischer Abzug des geschätzten Minderwertes („summierte Einzelabschreibung"). Es kann also vorkommen, daß neben dem Konto Dubioso noch ein Delkredere -Konto aufgeführt ist; neben der individuellen Abschreibung setzen Kreditbanken noch einen Erfahrungssatz auf die Gesamtforderungen ab. Auf die besonders und genügend gedeckten Forderungen wird in der Regel keine Absetzung notwendig sein, kreditversicherte, uneinbringlich oder zweifelhaft gewordene Forderungen können nur insoweit abgeschrieben werden, als es dem Betrag des Eigenrisikos entspricht; an die Stelle der Buchforderungen tritt die Schadenersatzpflicht der Versicherungsgesellschaft.

Unzulässig erscheint die bilanzmäßige Aufrechnung von Debitoren und Kreditoren. Eine Stundungsforderung im Verkaufs- und Speditionsgeschäft entsteht mit dem Tage der Versendung der Rechnung. Die Außenstände nicht zu buchen und erst bei Eingang der Beträge die Kasseneinnahmen dem Waren- oder Speditionskonto gutzuschreiben, entspricht nicht den Grundsätzen ordnungsmäßiger Buchführung. Stille Gewinnreserven werden mitunter durch Abzug von den Debitoren verrechnet, u. E. ein unzulässiges Verfahren. Gewinnausschüttungen, Schenkungen, fingierte Verwandtschaftsforderungen, Privatentnahmen der Gesellschafter dürfen nicht unter den Debitoren aktiviert werden (um sie im Wege der Abschreibungen als ertragschmälernde Posten zu behandeln!).

2. Die Wechselbestände.

Die wirtschaftliche Entstehungsursache eines Wechsels ist für seine Bewertung bedeutsam. Im Waren- und Fabrikgeschäft treten Kunden- oder Warenwechsel an die Stelle der Kaufpreisforderung, ihr Aussteller ist Verkäufer, sie sind wie Außenstände auf die Einbringlichkeit zu schätzen auch dann, wenn der Käufer akzeptiert hat. Ähnlich sind die Wechselziehungen auf Grund eines Bank- oder Darlehnsguthabens, auch die noch nicht begebenen Kreditakzepte auf eine Bank auf Grund eines Akzeptationskredites zu werten, besonders vorsichtig sind Gefälligkeitswechsel zu schätzen. Remboursweehsel sind Ziehungen auf eine Bank für Rechnung des Käufers; sind sie akzeptiert, dürfte einer Einstellung mit ihrem Nennwert nichts im Wege stehen.

Eine andere Gruppe bilden die Rimessenwechsel, die durch Wechselumlauf und als Zahlungsmittel in das Eigentum des Bilanzierenden gelangt sind. Der Wechselforderung stehen Giroverbindlichkeiten als Eventualschulden gegenüber. In einer Kreditbilanz sollen diese Wechsel von der ersten Gruppe getrennt werden. Die Kaufpreisforderung ist bei den Rimessenwechseln und bei den Warenwechseln noch nicht untergegangen. Ob man die durch solche Wechsel kontenmäßig geminderten Buchforderungen von den Außenständen trennt (z. B. Buchforderungen durch Akzepte und Rimessen gedeckt) oder innerhalb der Wechselbestände absplittert, ist für die wirtschaftliche Bewertung gleichgültig.

Eine dritte Gruppe bilden die Bestände von Wechseln als Kapitalanlage vorläufig überflüssiger Zahlungsmittel; da sie meist Bankgiro tragen, überdies Aussteller und Vorbesitzer wechselmäßig haften, werden Abschreibungen wegen zweifelhaften Eingangs selten sein. Kreditversicherte Wechsel sind wie Buchforderungen dieser Art zu werten.

Depot- oder Sicherungswechsel sind Gewährleistungsgüter zwecks Sicherung anderer, anerkannter Ansprüche und gehören nicht in die Bilanz. Bei Konzernwechseln ist das Verhältnis zwischen den Konzernfirmen wertentscheidend, ebenso bei Wechseln auf Tochterunternehmungen. Verwertungswechsel auf Zweiganstalten sind 100%-wertig, wenn das Stammhaus zahlungsfähig ist.

Grundsätzlich sind Wechselbestände nach ihrer Einbringlichkeit zu schätzen, uneinbringliche und zweifelhafte dann abzuschreiben, wenn für die Kaufpreisforderung keine Deckungen vorhanden sind. Die Verlustquote beim Zwangsausgleich ist endgültig; die Konkursquote ist meist auch Schlußergebnis der Forderung, der Zahlungsanspruch im Falle der Besserung der wirtschaftlichen Lage des Gemeinschuldners ist eine, nicht besonders zu wertende hypothetische Forderung. Die vollwertigen Kaufpreiswechsel sollen diskontiert werden, die Wechsel aus der Kapitalanlage müssen es, weil erst der Diskont vom Ankaufstage bis zum Stichtag verdient ist, während der Rest eine Einnahme des nächsten Rechnungsabschnittes ist (Transitorischer Posten). Zumeist unterbleibt die Abrechnung eines Zwischenzinses auf Wechsel wie bei Kaufpreisforderungen, beide sind befristete unverzinsliche Forderungen.

Die Wechselbestände der Kreditbanken resultieren zu einem Hauptteil aus einer Kreditgewährung, z. B. Diskontwechsel, Wechsel zur Gutschrift, Depotakzepte, Deckungstratten bei der Beleihung von Buchforderungen, eigne Ziehungen, noch nicht fällige eigene Akzepte, die im Wechselumlauf als Rimessen an die Bank kommen, endlich Vorschuß- und Lombardwechsel. Einen geringeren Mengenanteil haben die Wechselbestände aus der Geschäftsbesorgung, z. B. Einzugswechsel. Der Bestand an Anlagewechseln, meist Prima-Bankdiskonten, ist von der eigenen Liquidität und dem Umfang des Kreditgeschäftes abhängig.

3. Die Effektenbestände.

Der Dauerbesitz an effektenkapitalistischen Beteiligungen ist wie Anlagevermögen zu bewerten. Der wirtschaftliche Wert für die Unternehmung ist durch die Absicht bestimmt, die mit dem Erwerb verbunden wurde. Ein Paket Herrschaftsaktien, ein Mehrheitspaket, der Besitz der qualifizierten Mehrheit, der Aktienbesitz zwecks beabsichtigter Einschmelzung, Konzernaktien und dergleichen haben einen Marktpreis; ihr Börsen- und ihr Anschaffungspreis sind nur unvollkommene Bewertungsmittel, die „Imponderabilien" des Besitzes sind in Geld nicht ausdrückbare immaterielle Werte, die dauernd oder erst später sich auswirken. Die Effektenbeteiligung an einer, von der Unternehmung immer wieder finanziell zu unterstützenden oder zu stützenden Konzernfirma oder Tochtergesellschaft, an „Prestige"-Betrieben, die meist Zuschußbetriebe sind, wird leicht minderwertig. Die Zusammenfassung mehrerer Betriebe verschiedener Produktionsstufen, die Zusammenfassung von Liefer- und Abnehmerfirmen, kurz die „Betriebskombination" wird als Mittel der Risikoverteilung, der Verminderung der Beschaffungskosten oder des Dauerabsatzes im Ertrag sich auswirken, ohne bilanzwertmäßig erfaßbar zu sein. Stimmrechtsaktien werden ohne Rücksicht auf die Macht, die sie darstellen, mit Anschaffungs- oder Börsenpreisen angesetzt. Die Risikoverteilung durch Effektenbesitz und Effektenbeteiligung, die Erfolgsaussichten der in der Bilanz nicht erkennbar gemachten Beteiligung der Kreditbanken am Grundstücksgeschäft durch Tochtergesellschaften, die Gewinnverschiebung einer Fabrik-A.-G. auf eine Werkhandels-Gesellschaft können nicht gewertet werden.

Der Aktienbesitz ist keine homogene Größe, seine Beurteilung muß auf den wirtschaftlichen Zweck des Besitzes und der besitzenden Unternehmung Rücksicht nehmen. Aktienbesitz eines Konzerns, einer Holding- oder einer Finanzierungsgesellschaft, Interessen-Aktien und Kapitalanlagebesitz in spekulativer Absicht, als Geldmittelreserve sind wirtschaftlich verschieden zu werten, wenn auch ihre Bilanzbewertung eine einheitliche ist. Die Erwerbung von Aktien erfolgt durch Kauf, Aktienaustausch (bei Interessengemeinschaften, bei der Konzernbildung in Neben- und Unterordnung der zusammengefaßten Betriebe), durch Überlassung von Aktien anstatt Barzahlung durch Abnehmerfirmen; durch Beteiligung oder Alleingründung einer Unternehmung, durch ein Übernahmegeschäft, beispielsweise bei Holdinggesellschaften; durch Kapitalerhöhung und Rücklage eines Teiles der Aktien als Verwertungsaktien für „kommende Dinge"; durch Beteiligung an Gemeinschaftsgeschäften, wie die Konsortialeffekten einer Vertriebsgemeinschaft oder eines Stützungskonsortiums; schließlich als Abgeltung des Kaufpreises bei der Übernahme und der Einschmelzung einer Unternehmung. Die verschiedenen Arten der Erwerbung haben auf den Anschaffungspreis und die Bilanzbewertung Einfluß.

Für börsengängige Marktpapiere mit einem amtlich notierten Kurs ist der Börsenkurs maßstäblich. Bei börsengängigen Papieren ohne amtliche Notierung und einem Markt im Freiverkehr ist der Börsenpreis nur bei entsprechend großem Markt heranzuziehen. Bei kleineren Märkten mit geringer Aufnahmefähigkeit für das Papier und verhältnismäßig geringen marktgängigen Mengen gegenüber dem Dauerbesitz der Groß-Aktionäre ist die „Manipulierung" des Kurses durch Interessenten, also auch durch den Bilanzierenden leicht. Reine Geld- und reine Briefkurse des Stichtages (Kurse ohne Umsatz), Kurse mit geringen Umsätzen (etwas bz), sind mit Vorsicht als Wertmaßstäbe heranzuziehen. Der vertraglich gebundene Effektenbesitz z. B., mit Veräußerungsverbot auf bestimmte Zeit, das Vorkaufsrecht einer Gesellschaft, mindert den Wert um etwa 6—8%. Ob die Wertpapiere in eigener Verwahrung oder im Depot bei einer Bank oder einem Sammeldepot ruhen, ob sie durch Geldkredite oder Stundungskredite gebunden sind (aktive Pfandeffekten) hat keinen Einfluß auf die Bewertung. Über die Bewertung des Effektenbesitzes im Steuerrecht vgl. Reichsbewertungsgesetz §§ 27, 31, 40—43. Die Bewertung für das Einkommensteuergesetz folgt dem Prinzip des Niederstwertes (§ 19 Eink. St. Ges.).

In den Prospektbilanzen, manchmal auch im Geschäftsbericht der leitenden Konzernfirma oder einer Unternehmung überhaupt, werden die eigenen Aktienkapitalbeteiligungen und das Gesamtkapital, mitunter auch die Dividenden mitgeteilt, Angaben, die für die kritische Auswertung bedeutungsvoll sind.

Eine Analyse der Wertpapierbestände einer Kreditbank zeigt ihre Vielgestaltigkeit und die Verschiedenheit der Wertansätze in der Bilanz:

I. Bilanzfähige eigene Bestände: Vorräte an marktgängigen Werten; als Kapitalanlage und als Spekulationsbesitz; Beteiligungseffekten; eigene Emissionspapiere; nicht emissionsreife oder infolge der Kursregulierungen in den Besitz der Bank gelangte Wertpapiere oder Kontrollbesitz; als Pfand hinterlegte Wertpapiere und Reporteffekten.

II. Fremde Wertpapiere, nicht bilanzfähig: Verwahrungseffekten mit Verwaltungsauftrag (Angaben des Nennwertes in den Geschäftsberichten sind Vertrauenswerbung); Pfanddepots aller Art, die bei der Bewertung der Buchforderungen zu berücksichtigen sind; Konsortialbestände; Auftragspapiere (Einkaufs- oder Verkaufseffekten der Kundschaft, Einzugspapiere, Verkaufsdepots der Bodenkreditinstitute; Aktien zwecks Ausübung des Stimm- und des Bezugsrechts; Effekten aus dem Zahlstellengeschäft); Kautionseffekten bestimmter Angestellter.

4. Warenbestände.

Handelswaren sind zur Weiterveräußerung in wesentlich unveränderter Gestalt bestimmt. Es konkurrieren Anschaffungskosten (Einkaufsselbstkosten, Einstandspreise), Wiederbeschaffungskosten und Veräußerungszeitwert als Höchstgrenze der Bewertung. Der „eiserne Bestand“ ist ein theoretischer Begriff und eine betriebliche Tatsache, seine formelmäßige Berechnung ist möglich, im Wirtschaftsleben wird sie durch Erfahrung ersetzt. In der Inflationszeit spielte die Frage der Bewertung dieser eisernen Bestände nach den Grundsätzen der Bewertung von Anlagevermögen eine Rolle, in wirtschaftsfriedlichen Zeiten hat diese Frage eine geringe Bedeutung. Man begnügt sich mit entsprechend niedriger Bewertung, d. h. mit einer stillen Warenpreisreserve. Die Steuergesetze anerkennen eine Sonderstellung des eisernen Bestandes nicht.

In Produktionsbetrieben gliedern sich die Bestände in solche für den reproduktiven Selbstverbrauch (betriebsnotwendige Werk- und Hilfsstoffe aller Art), die bei ihrem Verbrauch Bestandteil der Herstellungskosten werden (Ausgabe noch nicht Aufwand), und in Bestände an Verkaufswaren (Fertig-, Vor-, Zwischen- und Nebenprodukte). In der ersten Gruppe konkurrieren Beschaffungskosten, im Falle der Selbsterzeugung die Herstellungskosten; innenbetriebliche Verrechnungspreise insbesondere in kombinierten Betrieben; Anschaffungs- oder Herstellungszeitwert des Stichtages; die künftigen Ersatzkosten scheiden für die Bilanzbewertung aus. Wir sind der Meinung, daß Wertveränderungen an den Beständen nach dem Grundsatz der Niederstbewertung zu behandeln sind. Wertsteigerungen werden in der Zeit der Realisierung nachverrechnet, Wertminderungen am Stichtag vorberechnet. Die Vorwegnahme noch nicht realisierter Wertsteigerungen am ruhenden Vermögen durch Bewertung mit den Tageswerten halten wir für grundsätzlich unrichtig.

In der Jahresbilanz werden zunächst Vorräte, bezahlte oder kreditierte, auf eigenem Lager, in Verwahrung eines Lagerhauses befindliche aufgenommen; die Bestandsmengen werden durch Inventur, Skontration, Bestandsaufnahme des Verwahrers oder sonstwie festgestellt. Die verschiedenen rechtlichen Formen der „Übergabe der Sache“ in das Eigentum des Käufers (in Natur; symbolische Übergabe; Vereinbarung zwischen Besitzer der Ware und Käufer; Abtretung des Anspruches auf Herausgabe durch Übergabe der Verfügungspapiere wie Ladeschein, Lagerschein, Konnossement) haben keinen entscheidenden Einfluß auf die Aufnahme in die Bilanz. Bei einigen Wirtschaftsformen des Kaufes können Bewertungszweifel entstehen. Der Spezifikationskauf nach § 375 HGB. ist ein unbedingter Kauf unter Festsetzung der Menge und des Grundpreises der Lieferung mit einem Wahlrecht des Käufers hinsichtlich Bestimmung der Dimensionen, Sorten und Qualitäten. Für Käufer und Verkäufer empfiehlt es sich, die am Stichtag noch nicht spezifizierten Kaufgeschäfte gesondert auszuweisen (als Zu- und Abgang an Vorräten, als Zugang an Außenstände bzw. an Warenschulden). Fest abgeschlossene

Kaufgeschäfte in rollender oder schwimmender Ware, auf Verladung innerhalb einer bestimmten Zeit (das ist ein Preissicherungskauf für Werkstoffe), Lieferungsgeschäfte (Lieferung gegen vorgängige Kündigung, auf Abruf, Sukzessiv-Lieferung) müssen in der Bilanz berücksichtigt werden, weil eine rechtliche Bindung zur Abnahme der Ware besteht. Verkäufe „auf Probe" werden in Nebenaufzeichnungen bis zur Entscheidung des Käufers kontrolliert, in der Bilanz des rechtlich gebundenen Verkäufers werden sie als schwebende Vorräte gesondert aufgeführt. Das Vorkaufsrecht im Grundstücks- und Warenhandel (Optionsgeschäft, Noch-Geschäft) bleibt bilanzmäßig unberücksichtigt. Prämiengeschäfte mit Rücktrittsrecht: Barprämien werden aktiviert, Reugeldgeschäfte je nach Lage des Marktpreises am Stichtag als Verlust- oder als Übernahmegeschäft verrechnet, im letzten Falle aktiviert mit einem passiven Gegenposten.

Verkäufe unter Vorbehalt des Eigentums (im Maschinenhandel und im Abzahlungsgeschäft) sind bis zur Vollzahlung als Kreditgeschäfte und nicht als Vorräte zu bewerten. Man kann die ganze Verkaufssumme aktivieren, die bisherigen Teilzahlungen als Abzahlungskonto unter den Kreditoren einstellen und nach der Restzahlung den kontenmäßigen Ausgleich schaffen. Bei einem Lieferungskauf hat der Verkäufer die Güter erst zu beschaffen; am Stichtag noch unerledigte Geschäfte sind wie schwebende Verbindlichkeiten zu berücksichtigen.

Die kritische Würdigung der Vorräte als Risikoträger (Entwertung durch Preisrückgang, Geschmack- und Modewechsel, Überholung durch die Mitbewerber, Schwund, rückläufige Preisbewegung) setzt genaue Kenntnis des Geschäftszweiges sowie der Einkaufs- und der Verkaufs-Konjunktur voraus. Bei Fabrikationsvorräten sind die Auftragsbestände, die Jahresumsätze, Saisonschwankungen und die Umsatzschnelligkeit zu berücksichtigen, überdies, ob der Betrieb auf Lager, in Einzel-, Massen- oder Serienfertigung produziert, wie lang die Transportfrist für überseeische Werkstoffbezüge bemessen ist und andere Umstände, die dem Außenstehenden unbekannt bleiben.

D. Bilanztechnik der Abschreibungen.

I. Zur Feststellung des Bilanzwertes eines Vermögensteiles stehen zwei Wege offen. Entweder man schätzt positiv den Wert, der in die B. einzustellen ist, durch Inventarisierung, oder negativ den Minderwert, der gegenüber dem früheren Bilanzwert oder dem Buchwert entstanden ist oder entstehen wird: Abschreibungsbewertung [1]). Der Minder-

[1]) Ein allgemeiner Grundsatz, wonach der Wert der Betriebs- und Veräußerungsgegenstände nur durch Inventarisierung, Anlagevermögen nur durch Abschreibungsbewertung ermittelt wird, besteht nicht.

wert wird gewöhnlich in Prozenten geschätzt. Der negative Wert, der Wertverlust, kann in der B. auf der **Aktivseite** als Minderungsposten oder auf der **Passivseite** als Berichtigungsposten zum Ausdruck kommen:

Aktiva			Passiva	
1. Form:				
1. Jahr: Vermögensobjekt .	100			
÷ Abschreibung	10	90		
2. Jahr: Buchwert	90			
÷ Abschreibung	10	80		
2. Form:				
1. Jahr: Vermögensobjekt		100	Abschreibung	10
2. ,, ,, ...		100	,, ...	20
3. ,, ,, ...		100	,, ...	30

Die Einstellung der Abschreibungen (Band I, S. 222) auf die Passivseite läßt die Vermögensobjekte, abgesehen von Zu- und Abgang, unvermindert mit ihrem ursprünglichen bzw. Nennwert auf der Aktivseite erscheinen, während die Wertberichtigung des vorsätzlich zu hoch bewerteten Aktivvermögens als rechnungsmäßiges Passivum erscheint. Die Abschreibungsposten oder -konten auf der Passivseite sind lediglich Rechnungsposten, die in der Bilanztheorie als **Bewertungsposten** (Simon), als **Wertminderungsposten** (Rehm), als **Korrektivposten** (Staub) oder als **unechte Reserven** bezeichnet werden. Die Praxis nennt[1]) diese Abschreibungsposten Amortisationskonto, Delkrederekonto, Abschreibungs-, Erneuerungskonto, der Gesetzgeber, der diese Bewertungsform für Anlagevermögen ausdrücklich zuläßt (§ 261 Ziff. 3), **Erneuerungsfonds**. Die Bilanzpraxis schreibt Anlage- und Umsatzvermögen, z. B. auch Forderungen in dieser Form ab. Die erste Form der Bewertung läßt weder den ursprünglichen Anschaffungs- oder Herstellungswert noch die bisherigen Abschreibungsbeträge erkennen, ist auch im Sinne der Theorie unzulässig, weil auf einem Konto durch Einstellung des Subtrahendus auf die entgegengesetzte Seite subtrahiert wird.

Reserven und Abschreibungskonten, echte und unechte Reserven unterscheiden sich grundsätzlich: Reserven, Reservefonds, Reservekapitalien sind eigenes Kapital, erhöhen es und den Bilanzwert der Kapital-Anteile. Abschreibungskonten sind keine Reserven, keine Gewinnrücklagen. Reserven werden zu-, Amortisationen abgeschrieben. Sie müssen in der Gewinn- und Verlustrechnung mit dem Betrag der Jahresabschrei-

---

[1]) Unklar sind Bezeichnungen wie **Amortisationsfonds**, **Reserve für zweifelhafte Forderungen**, weil sie zu einer Verwechslung mit echten Gewinnrücklagen Anlaß geben.

bung erscheinen, es sei denn, daß die Abschreibungen gegen Gewinne aufgerechnet werden.

Die Abschreibungskonten bieten wegen ihrer unklaren Bezeichnung der Bilanzkritik außerordentliche Schwierigkeiten, es ist recht häufig schwer, zu unterscheiden, ob ein Berichtigungsposten oder eine Gewinnrücklage vorliegt. Satzungen, Geschäftsberichte des Entstehungsjahres, Aufsichtsratsprotokolle und die Gewinn- und Verlustrechnung [1]) geben Anhaltspunkte. Mitunter werden neben den notwendigen Abschreibungen auch aus dem Reingewinn Abschreibungsreserven dotiert oder es wird übermäßig abgeschrieben, dann werden stille Reserven geschaffen (Abschreibungsreserven), deren Berechnung dem Fernstehenden unmöglich ist. Andere Unternehmungen lassen die Aktiva ohne Abschreibungen und dotieren das Erneuerungskonto aus dem Reingewinn: eine nachträgliche Berichtigung des Wertansatzes in der Bilanz, die gegen die gesetzlichen Bestimmungen verstößt. In manchen Fällen, beispielsweise häufig beim Erneuerungsfonds, sind Abschreibungskonto und Gewinnrücklage in einem Bilanzposten vereinigt. Notwendige Abschreibungen für Abnutzung und Entwertung werden mit der Gewinnrücklage zur Deckung zukünftiger Entwertungsverluste oder Verlustausgaben vermengt.

Im Interesse der Bilanzklarheit ist eine zweifelsfreie Benennung der Abschreibungskonten erwünscht. Das Delkredere-Konto, ein Abschreibungskonto für Forderungen, ist zu unterscheiden vom Delkredere-Reservefonds, d. i. eine Gewinnrücklage für in Zukunft etwa entstehende Verluste; das Amortisationskonto ist zu unterscheiden vom Amortisations-Reservefonds, das Abschreibungskonto von dem echten Erneuerungsfond [2]). Auch soll eine Zusammenziehung mit echten Reserven vermieden werden.

Schematisches Beispiel: Eine Aktienunternehmung verdient im ersten Jahr 130 bar, im zweiten 160 bar, die Reserven sind aufgefüllt. Das Anlagevermögen, nach zwei Jahren wertlos, bleibt im ersten Fall ohne

---

[1]) Abschreibungskonten sollen auf der Verlustseite der Ertragsbilanz, Reservekonten in der Gewinnverteilung erscheinen.

[2]) Durch Ausführungsanweisung (von 1898) zu § 11 des Kleinbahngesetzes war in Preußen ein Erneuerungsfonds gesetzlich vorgeschrieben, der zur Bestreitung der Kosten der regelmäßig wiederkehrenden Erneuerung des Oberbaues und der Betriebsmittel diente.

Der echte Erneuerungsfonds ist mitunter an der Art der Bilanzierung seiner Verwendung zu erkennen, z. B.:

Rücklage für Erneuerungen	185 000 *M*	
Zuweisung 31. XII. 1928	360 000 „	
	545 000 *M*	
ab Verwendung 1929: Ersatzbauten für Sophienhütte	364 000 „	181 000 *M*

Abschreibung, im zweiten wird es mit 50% abgeschrieben. Der Gewinn wird vollständig ausgeschüttet.

In beiden Fällen wird ein Gesamtgewinn von 170 verteilt, doch sind die Auszahlungsbeträge der einzelnen Jahre verschieden. Vom verdienten Gewinn werden im 2. Falle durch Abschreibungen 120 verbraucht. Die Abschreibung bewirkt ein Zurückhalten liquider Mittel (80 zu 140), wirkt also hier wie eine echte Reserve.

I. Fall, ohne Abschreibung:

1. Jahr

Anlagen	120	Kapital	200
Bar	210	Gewinn	130

2. Jahr

Anlagen	—	Kapital	200
Bar (210÷130 + 160)	240	Gewinn	40

II. Fall, mit Abschreibung:

1. Jahr

Anlagen ..	120		Kapital	200
÷	60	60	Gewinn	70
Bar		210		

2. Jahr

Anlagen ...	60		Kapital	200
÷	60	—	Gewinn	100
Bar (210÷70 + 160) ..		300		

Die folgende Tabelle vergleicht die Ergebnisse.

	Flüssige Mittel nach Auszahlung des Gewinnes ohne Abschreibung	Flüssige Mittel nach Auszahlung des Gewinnes mit Abschreibung	Verdienter Jahresgewinn	Bilanzmäßig nachgewiesener Gewinn I. Fall	Bilanzmäßig nachgewiesener Gewinn II. Fall
1. Jahr	80	140	130	130	70
2. Jahr	200	200	160	40	100
			290	170	170

Vom verdienten Gewinn werden durch Abschreibung in jedem Jahr 60 zurückgehalten, um daraus die in Zukunft eintretenden Kapitalverluste auf die Dauer der Benutzung zu verteilen: eine Antizipation des zukünftigen Verlustes. Das Reinvermögen der Unternehmung bleibt unverändert. Die Abschreibungen bei Kapitalgesellschaften vermindern den verteilungsfähigen Gewinn, lassen aber die Einlage unverändert; eine Gewinnrücklage vermehrt das Eigenkapital. Gewinnrückstellungen gehen zu Lasten des verteilungsfähigen Reingewinns, Abschreibungskonten zu Lasten des Rohgewinns. Gewinnrücklagen sind in der Gewinnverteilung, Abschreibungskonten in der Gewinn- und Verlustrechnung ersichtlich zu machen.

Nimmt man den Tagesanschaffungspreis der Anlagen, ist es zweckmäßiger, die Passivform der Abschreibung zu wählen, wenn die Wiederbeschaffungskosten höher sind als die historischen Anschaffungskosten. Die Abschreibung umfaßt dann die Absetzung von den ursprünglichen Anschaffungskosten wegen Abnutzung und eine zusätzliche Ersatzkostenrücklage mit Rücksicht auf die Finanzierung der Ersatzbeschaffung. Die passive Form ist auch dann zu wählen, wenn der Buchwert der Anlage niedriger ist als der Zeitwert, beispielsweise weil in der Steuereröffnungsbilanz die Wertansätze zu niedrig waren und nicht mehr erhöht werden können.

Hinsichtlich der Dauer der Rückstellung ist ein Unterschied zu machen zwischen Über-Abschreibungen auf Anlagevermögen und auf Umsatzvermögen. Übermäßige Abschreibungen auf Anlagen sind dauernde Rückstellungen, d. h. dauernd bis zur etwaigen Versilberung des Vermögensobjekts, wo bei einem Verkauf oder einer Einbringung dieses Objekts in eine andere Unternehmung über den Buchwert hinaus unter Umständen ein Teil der Rückstellungen wieder frei wird (vgl. Ertragsrechnung), oder dauernd bis zum Hinaufschreiben des Buchwertes, wenn eine stille Abschreibungsreserve durch Hinaufsetzen des Buchwertes gegenüber der letzten B. aufgelöst werden soll. Eine außerordentliche, übermäßige Abschreibung kann auch durch die in späterer Zeit unterlassenen notwendigen Abschreibungen aufgezehrt werden. Übermäßige Abschreibungen auf Umsatzgüter werden durch Veräußerung zu einem den abgeschriebenen Buchwert übersteigenden Betrag frei, erhöhen den Jahresgewinn, den sie im Abschreibungsjahr verkürzt haben. Solche „Abschreibungsgewinne“ bilden dann einen Rückersatz temporärer Gewinnrückstellungen durch zu hohe Abschreibungen.

II. Die buchtechnische Behandlung der Abschreibungen [1]) wurde Band I, S. 222f. erörtert. In bilanztechnischer Hinsicht gibt es: 1. offene oder sichtbare und geheime oder unsichtbare Abschreibungen; 2. regelmäßige, notwendige und übermäßige, gleichmäßige oder ungleichmäßige

---

[1]) Literatur: Leitner, Selbstkostenberechnung industrieller Betriebe. 8. Aufl., 1923, S. 226 ff.; Schiff, Die Wertminderungen an Betriebsanlagen, Berlin 1909; derselbe, Abschreibungen (Recht und Wirtschaft, 1921); Dicksee, Depreciation, Reserves and Reserve-Founds, 2 ed. London 1907; Lemaire, Des amortissements et des réserves dans les sociétés industrielles. Liège, l'auteur, I. Bd. 1907; Passow, Bilanzen, S. 137 ff.; Fischer, Bilanzwerte I. S. 55 ff.; Fäs, Die Berücksichtigung der Wertminderungen des stehenden Kapitals in den Jahresbilanzen der Erwerbswirtschaften. Tübingen 1913 (Zeitschrift f. d. ges. Staatswissenschaft, Ergänzungsheft); Paul, Die grundsätzlichen Unterschiede und die bilanzmäßige Behandlung des Erneuerungsfonds, Ersatzfonds, Reservefonds, Tilgungsfonds und Heimfallfonds. Berlin 1915; Haas, Die Rückstellungen bei Elektrizitätswerken und Straßenbahnen. Berlin 1916. Schmalenbach, Grundlagen dynamischer Bilanzlehre, S. 138 ff. Kreuknit, Depreciatie en Reserve fondsen, Rotterdam 1897 (Maandblad voor het Boekhonden).

Abschreibungen; 3. außerordentliche notwendige und außerordentliche freiwillige. Die übermäßig hohen Abschreibungen sind im allgemeinen steuerpflichtige Reserven. Die Bilanzabschreibungen sind nicht identisch mit den Selbstkostenabschreibungen, die einen Bestandteil der Erzeugungs- oder der Selbstkosten bilden (vgl. „Selbstkostenberechnung").

Die Abschreibungen als Kapitalverluste auf Bestände wirken bilanztechnisch wie Verlustausgaben. Wenn von zweifelhaften Forderungen angemessene Beträge „abgeschrieben" werden, so bedeutet diese Abschreibung Absetzung vom Nennwert infolge Minderwertes, noch nicht realisierten, aber voraussichtlichen Verlust, der durch Abschreibungsbewertung antizipiert wird. Bei zu hohen Abschreibungen können nachträglich Bewertungs- oder Abschreibungsgewinne durch Mehreingang entstehen. Wenn hingegen im Falle des Konkurses eines Schuldners der Ausfall verbucht wird, so ist dieser Betrag Verlust und soll in der Ertragsbilanz nicht als „Abschreibung" bezeichnet werden.

Häufig werden die Abschreibungen in der Gewinn- und Verlustrechnung überhaupt nicht angegeben, sondern verschleiert, um der Verwaltung der Unternehmung in der Abschreibungspolitik freie Hand zu lassen. Die „üblichen Abschreibungen wurden berücksichtigt", „die Forderungen sind vorsichtig bewertet", es „wurde angemessen abgeschrieben", der Gewinn ergibt sich „nach den vom Aufsichtsrat festgestellten Abschreibungen", das sind ein paar Ausdrücke, die die fehlende zahlenmäßige Darstellung der Abschreibungsverluste in Geschäftsberichten der Aktienvereine ersetzen sollen.

Eine Aktiengesellschaft z. B. trägt einen großen Gewinnrest aus dem Vorjahre vor. Im nächsten Geschäftsbericht erscheint dieser Gewinnvortrag nicht in der vorjährigen Höhe, sondern regelmäßig werden größere Beträge zu „Extra"abschreibungen verbraucht. Vermutlich sind es notwendige ordentliche Abschreibungen, die auf das nächste Jahr übertragen werden.

Außerordentliche, offene Abschreibungen werden dem Jahresreingewinn entnommen (Gewinnverteilungsvorschlag) oder schon in der Gewinn- und Verlustrechnung dem Jahresgewinn zur Last geschrieben. Die geheimen (internen, verschleierten) Abschreibungen können vom Betriebsgewinn, von bestimmten anderen Gewinnen oder von einer Reserve abgebucht, den Handlungsunkosten oder einem andern Verlustposten zugeschlagen werden, so daß sie in keinem Fall bilanzmäßig unmittelbar in Erscheinung treten. Notwendige Verlustabschreibungen, d. s. Abbuchungen erlittener Verluste, können hinausgeschoben werden, sei es durch Einsetzung des Vermögensobjekts mit dem vollen, anstatt mit dem verminderten Wert, sei es durch Einstellung des Verlustbetrages als Aktivum unter die Debitoren oder durch Werterhöhung anderer Aktiva und Abschreibung des Verlustes in einem der folgenden Bilanzjahre.

Die Abschreibungen werden individuell oder kollektiv berechnet. Beispielsweise werden die Abschreibungsbeträge bzw. -prozente für die einzelnen Maschinen und einzelnen Forderungen und in verschiedener Höhe oder für das gesamte in Maschinen bzw. Forderungen investierte Kapital in einem einheitlichen Abschreibungsprozentsatz bestimmt. Das letzte Verfahren scheint mehr in Übung zu sein. Die technische oder natürliche Abschreibung auf Anlagevermögen, die nur die technischen Momente der Abnutzung, Brauchbarkeitsminderung, die wirkliche Erschöpfung der Bodenschätze usw. berücksichtigt, ist im allgemeinen geringer als die wirtschaftliche oder kaufmännische Abschreibung, die durch die Dividendenpolitik, Konjunktur, Sinken des Anschaffungspreises, d. h. des Sachwertes des Anlagevermögens und andere wirtschaftliche, für die einzelne Unternehmung nur individuell bestimmbare Momente beeinflußt wird.

Jede über das notwendige Maß hinausgehende Abschreibung ist, wie jede Abschreibung, formell Vermögensminderung bzw. Minderung des Reingewinns, materiell hingegen eine Gewinnrücklage. Den ordentlichen, regelmäßigen, alljährlichen Abschreibungen stehen außerordentliche, unregelmäßige, häufig einmalige Abschreibungen gegenüber[1]). Beide können notwendige Wertminderungen oder übermäßige Abschreibungen darstellen. So kann eine außerordentliche Abschreibung notwendig werden als Nachholung ungenügender Abschreibungen infolge der Überbewertung bei Gründungen, bei größerer Inanspruchnahme der Maschinen, durch Erfindung neuer Maschinen anderer Konstruktion, wenn teure Umbauten zwar den Buchwert, nicht aber den wirtschaftlichen Wert der Anlage erhöhen, wenn zu außerordentlich hohen Preisen zugebaut wurde u. dgl.

Übermäßige Abschreibungen auf Anlagevermögen und solche auf das Umsatzvermögen wirken verschieden. a) Die Überabschreibungen auf Anlagevermögen binden bei Gewinnverteilungsgesellschaften dauernd flüssige Mittel; ihre Liquidierung erfolgt durch nachträgliche Höherbewertung, durch ein „Hinaufschreiben“ des betreffenden Vermögenswertes, deren Zulässigkeit vielfach bestritten wird, ein Hinaufschreiben des Bilanzwertes, der nicht über den gegenwärtigen Wert hinausgehen darf. Diese Höherbewertung wird in der Bilanz als „Zugang“ eingestellt. Andere Möglichkeiten der Liquidierung sind die Veräußerung des Vermögensobjektes oder die Einbringung in eine Tochtergesellschaft. Die Überab-

[1]) Sie sollen als solche erkennbar gemacht werden (Extra-Abschreibung, Sanierungs-Abschreibung o. ä.).

schreibung auf Anlagevermögen erfolgt in der Form der „Abschreibung" (sichtbar in der Gewinn- und Verlustrechnung oder dort unsichtbar), oder durch Buchung der Neuanschaffungen als Betriebskosten. Die Abschreibungsreserve wird durch einmalige Abschreibung geschaffen.

b) Die Überabschreibung auf Umsatzvermögen wird im Jahre der Verwertung des Gegenstandes wieder verfügbar und vermehrt den jährlichen Gewinn. Soll sie auf ihrem ursprünglichen Betrag dauernd belassen werden, ist die wiederholte jährliche Abschreibung erforderlich; z. B. auf Waren- oder Effekten- oder Debitorenbestände werden 50 000 M. übermäßig abgeschrieben. Durch die Veräußerung der Bestände und Eingang der Außenstände im folgenden Bilanzjahr wird die stille Reserve des vorhergehenden Jahres liquidiert, dem Reingewinn zugeführt. Sollen nun auch in den folgenden Jahren je 50 000 M. zurückgestellt werden, müßte alljährlich dieser Betrag vom Bilanzwert der Bestände abgeschrieben werden. Der aus der Liquidierung stiller Abschreibungsreserven auf Umsatzvermögen sich ergebende Gewinn kann zur Verstärkung des jährlichen Reingewinnes dienen, in die Ertragsbilanz fließen, oder als offene bzw. als stille Reserve behandelt werden. So überwies die Diskontogesellschaft 1909 einen Gewinn von 1,88 Mill. der Reserve, „die aus der Realisierung von solchen Aktiven stammten, die bei der Fusion der Diskonto- mit der Norddeutschen Bank in Hamburg eine Minderbewertung erfuhren".

Abschreibungen stellen entweder den berechneten oder angenommenen Minderwert eines Bilanzpostens oder tatsächliche, bereits erlittene Verluste dar. Verluste könnte man auch als Spezialreserve in die Bilanz einstellen, anstatt sie abzuschreiben. So hat 1898 die Kommerz- und Diskonto-Bank für Verluste bei der Aussiger Zuckerraffinerie eine Spezialreserve in Höhe von 2 Mill. M. gebildet, die in der nächsten Bilanz verschwunden war. In diesem Falle blieb festzustellen, ob Verluste in dieser Höhe bereits vorhanden waren oder drohten.

Abschreibungen auf Anlagevermögen sind Antizipation des Verlustes durch Wertuntergang des Anlageobjekts. Sie verteilen den Verlust auf die Dauer der Benutzbarkeit, in der Regel auf einen kürzeren Zeitraum. Nach anderer Anschauung verteilen Abschreibungen die Anschaffungs- bzw. Erwerbskosten für das Anlageobjekt auf eine Reihe von Jahren, begrenzt durch die Lebensdauer. Danach handelt es sich um eine Verteilungsbuchung der Ausgaben und um die allmähliche Umwandlung festen Kapitals in Betriebskosten.

Wenn ein vollständig abgeschriebener Vermögensgegenstand durch Brand vernichtet wird, entsteht durch die Brandschadenvergütung ein buchmäßiger Scheingewinn, der bis zur Ersatzanschaffung bei Gewinnverteilungsgesellschaften als Rückstellung zu behandeln ist; z. B. es betrug die Entschädigungssumme 2,162 Mill. M., darunter M. 42 000 für Büro-einrichtung, die vollständig abgeschrieben war. Die folgende B. war richtig. Die Ausgabenreserve wurde durch Neuanschaffung (50 645) verbraucht und der überschießende Teil wieder abgeschrieben.

Feuerversicherungs-Konto	ℳ 2 162 000	Büro-Einrichtung	ℳ 42 000

Abschreibungen und Zugänge dürfen nicht aufgerechnet werden. Eine Generalversammlung beschließt außerordentliche Abschreibungen auf Maschinen, Inventar usf. Ordnungsmäßig war zu bilanzieren.

Maschinenkonto.............	29 000	Bilanziert wurde hingegen ...	29 000
Zugang ...	11 000	Zugang ...	8 000
	40 000		37 000
Außerordentliche Abschreibg.	3 000	÷ 10% ordentliche Abschreibungen	......
	37 000		
10% ordentliche Abschreibg.	......		

Die Neuanschaffungen wurden sofort um den Betrag der außerordentlichen Abschreibung vermindert. Das ist unzulässig. Eine zwingende Vorschrift, solche Einzelheiten zu geben, besteht nicht; wenn man sie gibt, müssen sie richtig sein. Abschreibungen und Wertzugänge an Vermögensteilen sind bilanzmäßig nicht aufrechenbar, ebensowenig wie Aktiva und Schulden. Wenn der Zugang, wie oben angegeben, 11 000 beträgt, dann darf nicht eine Differenzgröße, hier 8000 sub titulo Zugang eingestellt werden, ein Vorgang, der geeignet ist, die Höhe der Neuanschaffungen zu verschleiern.

Im folgenden Beispiel will der Vorstand durch ein recht ungeschicktes Verfahren den Aktionären zeigen, wie groß das in eigenen Grundstücken investierte Kapital ist.

Grundstücke		88 900
÷ Hypothek		14 500
		74 400
Zugang		3 500
		77 900
Hypothek	233 025	
Abgelöst	24 400	
	208 625	
Aufgenommen	38 500	247 125
		325 025
÷ 1% Abschreibung ...		3 250
		321 775

Die offenen Abschreibungsverluste werden a) aus den Betriebseinnahmen (Gewinn- und Verlustkonto an Abschreibungen) oder b) gelegentlich aus einer Spezialreserve (Spezialreserve an Abschreibungen [1])), d. h. aus Reingewinnteilen früherer Jahre gedeckt. c) Unzulässig erscheint das Verfahren, die notwendigen, ordentlichen Abschreibungen in der B. zu unterlassen, sie aber aus dem „Reingewinn" zu decken, d. h. in den Gewinnverteilungsvorschlag aufzunehmen: ein Verstoß gegen § 261^3 HGB.

Die Ausgaben für das Anlagevermögen können sein: 1. Instandhaltungsausgaben, die als Betriebsunkosten den Jahresertrag mindern. 2. Werterhöhende Verbesserungen (z. B. Instandsetzung), welche die Brauchbarkeit erhöhen und die Lebensdauer verlängern, die theoretisch betrachtet als Vermögenszugang in der B. zu verrechnen sind, häufig aber gleichfalls als Unkosten abgebucht oder zwar als Zugang dargestellt, aber vollständig abgeschrieben werden. 3. Neuanschaffungen, die das investierte Kapital vermehren und als Zugänge dem Anlagekonto zuzuschreiben sind. 4. Ersatzanschaffungen für teilweise oder vollständig abgeschriebene Vermögensgegenstände. Der Erlös des Altmaterials über den Buchwert hinaus wird zweckmäßig als Minderung der Anschaffungskosten der Ersatzanlagen, nicht als Gewinn verrechnet. Wenn hingegen eine Maschine, die bis auf 20 000 abgeschrieben ist, für 5000 verkauft werden muß und die neue Maschine 45 000 kostet, ist der Unterschied von 15 000, d. i. der Mindererlös über den Buchwert, als Verlust abzubuchen, sei es als Wertkorrektur früherer Abschreibungen, sei es als durch die Umstände bedingte außerordentliche Abschreibung.

Eine Kritik der Abschreibungen fordert besondere Sachkenntnis. Zu beachten ist, ob vom Buchwert oder vom Anschaffungswert abgeschrieben wird; wie die Instandhaltungskosten verrechnet werden, wie die Zugänge abgeschrieben werden, ob sie ohne Abschreibung bleiben, ob der volle Jahressatz oder ob der Jahressatz pro rata temporis angerechnet wurde. Häufig werden die Zugänge mit fast 100%, gewöhnlich bis auf 1 M. abgeschrieben. Zu berücksichtigen ist, daß Zugänge an Anlagevermögen mitunter als Betriebskosten, zu Lasten einer Spezialreserve oder einer Gewinnquelle verbucht werden. Auch wird die Werthinaufsetzung als Liquidierung einer stillen Abschreibungsreserve häufig als „Zugang" des betreffenden Vermögensteils verrechnet. Bedeutende stille Reserven ermöglichen geringere Abschreibungen. Neben den Abschreibungen werden auch die vorhandenen Rückstellungen für zukünftige Wertverluste mit zu berücksichtigen sein.

Empfehlenswert ist die Umrechnung der Anlageabschreibungen auf die Verkaufseinheit; z. B. Berechnung der Abschreibung für die Tonne

---

[1]) In der Bilanz:

Maschinen	100		Abschreibungsreserve	35	
÷ Abschreibungen	10	90	entnommen	10	25

Förderung, ein Hektoliter Produktion bzw. Absatz, die Berechnung des prozentualen Anteils der Abschreibungen am Buchwert des gesamten Anlagevermögens, der Anteile der Verlustabschreibung an Forderungen, Verhältnis zum Umsatz, zum Umsatzgewinn und zum Bestand an Forderungen. Im Verlaufe der Erörterungen in diesem Abschnitt wurde auf mancherlei Bilanzkünste und Bilanzsünden hingewiesen, die hinsichtlich der Abschreibungen in Betracht kommen können.

Die Abschreibung durch Einstellung eines Berichtigungspostens auf der Passivseite läßt den ursprünglichen Wert des abzuschreibenden Vermögensteiles erkennen (S. 102). Den gleichen Zweck erreicht man durch folgende Aufstellung:

Maschinen-Konto: Buchpreis vom 1. November 1924		152 732
Zugänge 1924—28	1 863 195	
Zugang 1929	143 284	2 006 479
		2 159 211
Abschreibungen 1924—1928	1 015 551	
Abschreibung für 1929	135 066	1 150 617
Buchwert am 30. Juni 1929		1 008 594

Ähnlich ist folgende Aufstellung:

Aktiva.		ℳ	₰	ℳ	₰
Grundstücke, Gebäude und Maschinen:					
Buchwert am 1. Januar 1924		2 289 701	25		
Zugänge		1 613 679	93		
		3 903 381	18		
Abgänge		4 428	31		
		3 898 952	87	3 262 914	83
Abschreibungen		636 038	04		
Ursprünglicher Buchwert	5 195 414,98				
Zugang 1924—1928	8 147 463,74				
	13 342 878,72				
Abschreibungen und Abgang 1924—1928	10 079 963,89				
	3 262 914,83				

Die nachstehende Form läßt mittelbar die historischen Anschaffungskosten erkennen:

Gebäude	ℳ 476 994
5% Abschreibung von 779 645 ℳ ..	„ 38 982
	ℳ 438 012

Andere, die Vorteile der aktiven und der passiven Methode vereinigende Abschreibungsbewertungen sind z. B.: Aktivseite: Gesamtanschaffungskosten des Anlagevermögens, Gesamtabschreibungen, Bestand. In der

Ertragsbilanz werden die Einzelabschreibungen für das Bilanzjahr angeführt. Oder: Die Aktivseite zeigt folgende Spalten: Gesamtanschaffungswert, Gesamtabschreibungen, Bestand am 31. Dezember 1929. Zugang 1930, Abschreibungen 1930, Bestand am 31. Dezember 1930, in beiden Aufstellungen werden die Bestandteile des Anlagekapitals im einzelnen angegeben.

Gelegentlich werden auch Passivposten „abgeschrieben"; so beispielsweise, wenn Aktionäre Aktien kostenlos zur Verfügung stellen oder Kreditoren — in der Regel „Finanzkreditoren", also Geldgeber — von ihren Forderungen Teilbeträge nachlassen, um eine Unterbilanz zu decken. Solche anorganische Gewinne sind deutlich erkennbar zu machen, z. B.:

Kreditoren	ℳ 673 000
÷ Überweisung zur Tilgung des Bilanzverlustes	„ 333 000
	ℳ 240 000

Wenig empfehlenswert ist es, die bisher amortisierten Beträge einer Hypothekenschuld unter die Aktiva („Hypotheken-Amortisationskonto", „Tilgungskonto") zu stellen und die Schuld unverändert zu lassen:

Hypotheken-Tilgung	ℳ 204 946	Hypotheken	ℳ 767 000

Die für die Beschaffung einer Hypothek gezahlte Provision gehört in die Ertragsbilanz; eine transitorische Verteilung solcher Ertragskosten auf mehrere Jahre halten wir für unzulässig.

III. Abschreibungen auf Forderungen. Zweifelhafte Forderungen sind nach ihrem wahrscheinlichen Werte anzusetzen, uneinbringliche Forderungen abzuschreiben (§ 40 HGB. 3. Abs.).

1. Die zweifelhaften Forderungen (richtiger als Forderungen bezeichnet, deren Eingang zweifelhaft geworden ist) werden häufig mit ihrem Nennwert vom Debitoren- auf ein Sammelkonto dubioser Schuldner, Conto dubioso oder auf ein aktives Delkredere-Konto, übertragen. Der voraussichtliche Verlust wird über Gewinn- und Verlustkonto abgebucht.

Die Abschreibungsverluste können auch dem Waren- bzw. dem Fabrikationskonto als Minderung des Verkaufsgewinnes oder dem Handlungsunkosten-Konto als Kosten des Kreditgebens zur Last geschrieben werden.

Die angegebenen Buchungsmethoden und jene über Delkredere-Konto bringen den geschätzten Abschreibungsverlust auf dem Gewinn- und Verlustkonto, Warenkonto usw. des Abschreibungsjahres zum Ausdruck, verkürzen den berechneten Reingewinn dieses Jahres. Ist der wirkliche Verlust größer als der geschätzte, trägt das folgende Bilanzjahr den Unterschied; ist er kleiner, erscheint das Weniger gegenüber dem geschätzten Verlust als Bewertungsgewinn im folgenden Bilanzjahr. Bei Gewinnverteilungsgesellschaften erhöht dieser Bewertungsgewinn, quasi als Ausschüttung einer Verlustreserve, den verteilungsfähigen Reingewinn.

2. Unrichtig ist es, die Abschreibung in der B. zu unterlassen, die Abschreibungsbeträge hingegen dem „Reingewinn“ als scheinbare Rückstellung zu entnehmen (bei Kapitalgesellschaften). Die Forderungen sind dann in der B. zu hoch bewertet, die Rückstellung eines Teils des Reingewinns ist nur eine fingierte und erweckt den Eindruck besonders vorsichtiger Bilanzierung. Notwendige Abschreibungsverluste gehören in die B. und in die Gewinn- und Verlustrechnung des Abschreibungsjahres. Die Bewertung zweifelhafter Forderungen mit dem vollen Nennwert und Wertberichtigung im nächsten Bilanzjahre verstoßen gegen die allgemeinen Bewertungsvorschriften, obgleich diese Methode die wirklichen Verluste im nächsten Bilanzjahr auf Delkredere-Konto oder Conto dubioso in *einer* Ziffer erscheinen läßt.

3. Neben der individuellen Abschreibung der Einzelforderung schreiben vorsichtige Kaufleute überdies noch kollektiv ab, entweder auf den Gesamtbestand der Forderungen oder vom Umsatz. Beide Abschreibungsbeträge werden auf einem *passiven Delkredere-Konto* verrechnet. Soweit dieses Konto den geschätzten Minderwert der Forderungen aufnimmt, ist es ein Wertberichtigungs- oder Ergänzungsposten zum Debitoren-Konto. Der Mehrbetrag ist eine Rückstellung für zukünftige Verluste an Forderungen. Theoretisch richtig wäre es, die individuellen Abschreibungsverluste dem Waren-, Fabrikations- oder Handlungsunkosten-Konto oder dem Gewinn- und Verlustkonto zu belasten, die kollektiven Abschreibungen hingegen einem *Delkredere-Reservekonto*, so daß Abschreibungskonto und Gewinnrückstellungen bilanzmäßig getrennt werden. Theoretisch wird das Delkredere-Konto als Wertberichtigungs-Konto vom Delkredere-*Reserve*konto getrennt (Debitoren-Reserve), in der Bilanzpraxis hingegen gehen beide durcheinander und nebeneinander. Die Abschreibungen auf Delkredere-Konto gehen zu Lasten des Jahresgewinns und erscheinen gewöhnlich in der Gewinn- und Verlustrechnung. Die Rückstellungen auf Delkredere-*Reserve*konto für zukünftige Ausfälle an Forderungen mindern den verteilungsfähigen Reingewinn und sollen bei Kapitalgesellschaften im Gewinnverteilungsvorschlag enthalten sein. Die Dotierung wird allerdings sehr häufig schon vor der Gewinn- und Verlustverteilung zu Lasten des Gewinn- und Verlustkontos verbucht und läßt dann den bilanzmäßigen Reingewinn niedriger erscheinen. Die Überweisung auf Delkredere-Reservefonds eines Einzelkaufmanns mindert den bilanzmäßigen Reingewinn, der Kapitalzuwachs erscheint buchmäßig geteilt: der Reingewinn abzüglich Überweisung wird dem Kapitalkonto oder dem Privatkonto des Unternehmers zugeschrieben, die Überweisung an die Delkredere-Reserve hingegen als Sonderposten verrechnet.

1. Beispiel: Einbringliche Forderungen 180, zweifelhafte 10, davon 60% Abschreibung auf Delkredere-Konto, uneinbringliche Forderungen 4; die zweifelhaften Forderungen gehen im nächsten Bilanzjahr mit 30% ihres Nennwertes ein.

Bilanz.

Forderungen		Delkredere-Konto	
Einbringliche	180	60% Abschreibung auf 10	6
Zweifelhafte	10		
Uneinbringliche	4 —		

Delkredere-Konto.

1. Bilanz, Passiva (Geschätzter Verlust)	6	3. Gewinn und Verlust (oder Waren, Unkosten)	10
2. Debitoren-Konto (Verlust)	4		
5. Debitoren-Konto (Übertrag des Verlustes) [1]	7	4. Bilanzvortrag	6

2. Beispiel: a) Von den Forderungen werden die uneinbringlichen gänzlich, die dubiosen individuell abgeschrieben und der Abschreibungsbetrag dem Warenkonto belastet. Daneben werden 5% vom jeweiligen Debitorenbestand kollektiv abgeschrieben und einem Delkredere-Reservefonds überwiesen.

Der Forderungsbestand ist	200, 5%	Abschreibung	= 10
	160, 5%	„	= 8
	240, 5%	„	= 12

In der zweiten B. werden aus der vorjährigen Rückstellung 2 frei und zur Gewinnerhöhung wieder verwendet. Im dritten Bilanzjahr ist die frühere Gewinnrückstellung um 4 zu gering, sie müssen aus den Jahresgewinnen zurückgestellt werden, um eine dem Anschwellen der Buchforderungen entsprechende höhere Reserve zu haben. Die Reserve ist in diesen Fällen eine dauernde Rückstellung in wechselnder Höhe.

Bilanz

	1929: Delkredere-Reserve	10
	1930: „ „	8
	1931: „ „	12

Gewinn und Verlust

1929: Delkredere:	10	1930: Delkredere	2
1931: „	4		

[1] Bei Eingang der Forderungen ist zu buchen:
Kasse an Debitoren 3
Delkredere an Debitoren 7

Delkredere-Reserve.

1. Bilanz, Passiva, Rückstellung 1929	10	2. Gewinn und Verlust	10
2. Bilanz 1930: Rückstellung	8	Bilanzvortrag	10
Gewinn u. Verlust: Ausschüttung	2		
3. Bilanz 1931: Rückstellung	12	Bilanzvortrag	8
		Gewinn und Verlust	4
		Bilanzvortrag	12

In der Bilanz einer Maschinenfabrik erscheint das Delkredere-Konto (echte Reserve oder Bewertungskonto?) wie folgt:

Delkredere-Konto.

Bestand am 1. Januar 1925	115 000,—	
Eingang auf abgeschriebene Forderungen	4 071,—	
	119 071,—	
Entnahmen	48 195,53	
	70 875,47	
+ Zuweisung	64 124,53	135 000

b) Nach einem anderen Verfahren wird die Rückstellung des Jahres vollständig aufgelöst, hingegen dem Gewinn des laufenden Jahres 5% des ganzen Forderungsbestandes entnommen.

Delkredere-Reserve.

1. Bilanz für 1929: Rückstellung	10	Gewinn und Verlust	10
2. Gewinn und Verlust 1930 (Auflösung der Reserve 1929)	10	Bilanzvortrag	10
Bilanz 1930: Rückstellung	8	Gewinn und Verlust 1930	8

usf.

c) Eine weitere Abänderung der zuerst angeführten Buchungsmethode (2 a) besteht darin, die wirklichen Verluste auf uneinbringliche und die Abschreibungsverluste auf unsichere Forderungen der Delkredere-Reserve zur Last zu schreiben und nicht dem Warenkonto. Der Verlust des Beispiels 2 a) war im zweiten Jahr 3,5 und im dritten Jahr 2.

Bilanz.

	Delkredere-Reserve 1929:	10	
	Delkredere-Reserve 1930:	10	
	Davon verbraucht	3,5	6,5
	Delkredere-Reserve 1931:	6,5	
	Davon verbraucht	2	4,5

Die Rücklage wird allmählich aufgezehrt. Der wirkliche Verlust an Forderungen bleibt in der Erfolgsbilanz unwirksam; die Verwendung der Delkredere-Reserve verstärkt den Jahresgewinn. Soll die Reserve trotz der Verluste jährlich 5% der Forderungen am Schlusse des Bilanzjahres betragen, muß der Rest jährlich zu Lasten der Betriebseinnahmen verbucht werden.

Delkredere-Reserve.

2. Debitoren: Verluste	3,50	1. Bilanzvortrag	10
Bilanz 1930. Rückstellung	8	Gewinn und Verlust	1,50
3. Debitoren-Konto	2	4. Vortrag	8
Bilanz 1931: Rücklage	12	Gewinn und Verlust	4

usf.

E. Die handelsrechtliche Bewertung der Bilanzposten.

Richtige Bewertung der Bilanzposten ist die fundamentale Forderung, die an eine brauchbare B. gestellt werden muß. Von ihr sind abhängig die Höhe des Reingewinns, die Tantiemen, das steuerbare Einkommen, die Bewertung der Aktien und Anteile der Gesellschaft, die Kreditgewährung an die Unternehmung und vieles andere.

Die Werte dürfen nicht willkürliche, künstliche oder fingierte sein. Ob der vergangene (z. B. der ursprüngliche Anschaffungswert), der gegenwärtige (z. B. Veräußerungswert) oder ein zukünftiger Wert (z. B. Zeitwert eines Wechsels oder einer Buchforderung, Ersatzbeschaffungskosten der Anlagen) eingesetzt werden soll, ist im einzelnen Fall zu untersuchen. Das HGB. gibt an drei Stellen maßgebende Vorschriften über die Höhe des Wertansatzes:

§ 40: Bei der Aufstellung des Inventars und der B. sind sämtliche Vermögensgegenstände und Schulden nach dem Werte anzusetzen, der ihnen in dem Zeitpunkte beizulegen ist, für welchen die Aufstellung stattfindet. Zweifelhafte Forderungen sind nach ihrem wahrscheinlichen Werte anzusetzen, uneinbringliche Forderungen abzuschreiben.

§ 261 (Aktienrecht) [1]: Für die Aufstellung der B. kommen die Vorschriften des § 40 mit folgenden Maßgaben zur Anwendung:

---

[1]) Die gesetzlichen Grundlagen des Bilanzrechts der Aktiengesellschaften haben sich kurz wie folgt entwickelt: 1. Das preußische Landrecht von 1794 erwähnt die Bilanz in §§ 642 ff. II, 8. 2. Dann erließ man 1838 ein Gesetz über die Eisenbahngesellschaften und regelte das Recht der Aktiengesellschaften durch ein Gesetz vom 9. November 1843. Dieses erste preußische Aktiengesetz enthält eine Reihe fundamentaler Bestimmungen, die in die deutsche Aktiengesetzgebung übergegangen sind. 3. Dem Gesetz von 1843 folgte der „Entwurf eines Handelsgesetzbuches für die preußischen Staaten" von 1857, der den Nürnberger Beratungen für das spätere allgemeine deutsche Handelsgesetz als Grundlage

1. Wertpapiere und Waren, die einen Börsen- oder Marktpreis haben, dürfen höchstens zu dem Börsen- oder Marktpreise des Zeitpunktes, für welchen die B. aufgestellt wird, sofern dieser Preis jedoch den Anschaffungs- oder Herstellungspreis übersteigt, höchstens zu dem letzteren angesetzt werden;

2. andere Vermögensgegenstände sind höchstens zu dem Anschaffungs- oder Herstellungspreis anzusetzen;

3. Anlagen und sonstige Gegenstände, die nicht zur Weiterveräußerung, vielmehr dauernd zum Geschäftsbetrieb der Gesellschaft bestimmt sind, dürfen ohne Rücksicht auf einen geringeren Wert[1]) zu dem Anschaffungs- oder Herstellungspreis angesetzt werden, wenn ein der Abnutzung gleichkommender Betrag in Abzug gebracht oder ein ihr entsprechender Erneuerungsfonds in Ansatz gebracht wird.

Nach § 299 (bei Liquidationsbilanzen) bleiben die Vorschriften der §§ 261, 262 außer Anwendung[2]).

Der § 40 gilt für alle Kaufleute, auch für Kapitalgesellschaften, sofern § 261 diese Bestimmungen für Aktiengesellschaften und Kommanditaktiengesellschaften nicht ändert. Seine Bestimmungen sollen dem Kaufmann ein schätzbarer Wegweiser in bezug auf die Bewertung sein. Sie sind öffentlich-rechtlicher Natur, dem Kaufmann und den Gesellschaften, die diesen Bestimmungen unterworfen sind, im Interesse der Gläubiger auferlegt. Die B. des Kaufmanns nach § 40 soll einen Überblick über die Vermögensverhältnisse gewähren, ihm zeigen, daß ein zur Deckung der Schulden ausreichender Fonds an Vermögen vorhanden ist. Deshalb verlangt der Gesetzgeber im Sinne des § 40 eine Vermögensbilanz, keinen Nachweis des Erfolges in der B. Ein unmittelbarer Zwang zur Erfüllung

---

diente. 4. Das Allgemeine Deutsche Handelsgesetzbuch von 1861; dieses verändert 5. durch die verfehlte Aktiennovelle vom 11. Juni 1870. 6. Die Novelle von 1884. [Vgl. dazu die Begründung zum 1. Entwurf, S. 50/60, zum 2. Entwurf S. 53/55.] Endlich 7. das Aktienrecht im Handelsgesetzbuch von 1897. Vgl. die Ausführungen von M. Lion, Geschichtliche Betrachtungen zur Bilanztheorie bis zum Allg. deutschen Handelsgesetzbuch (Vierteljahresschrift für Steuer- u. Finanzrecht, 1928, 3. Heft).

Vor 1884 war keine Veröffentlichung eines Gewinn- und Verlustkontos gesetzlich vorgeschrieben; es bestanden keine gesetzlichen Vorschriften über die Bewertung in Aktienbilanzen, welche, wie § 261, das „Frisieren“ der Bilanzen (window dressing) verhindern sollen.

Als Beispiel der Bilanzierungsgrundsätze dieser Zeit vgl. Jahresbericht der Diskontogesellschaft von 1857. Die Darmstädter Bank konstruierte für 1859 unter anderem folgenden Gewinn: Gewinn aus dem Rückkauf eigener Aktien (Unterschied zwischen Nennwert und Kurswert) M. 1,36 Mill. (1860 sogar M. 4,3 Mill. Gewinn).

[1]) Der einzige Fall, wo gesetzlich innerhalb bestimmter Grenzen eine Überbewertung erlaubt ist; vgl. auch § 42 Ziff. 1 G. m. b. H.

[2]) Für die Frage, ob die Hälfte des Grundkapitals verloren (§ 240 Abs. 1) oder eine Überschuldung vorhanden ist (§ 240 Abs. 2), kommt es auf den wirklichen Wert der betr. Vermögensgegenstände zur Zeit der Bilanzaufstellung an (Denkschrift, 1897, S. 151, 152), vgl. Zwischenbilanzen.

der Bewertungsvorschriften liegt nicht vor. Im Falle des Konkurses wird die Nichtbefolgung mit Strafe bedroht, wenn die Interessen der Gläubiger verletzt sind.

Die Bewertung nach § 40 sei eine zwingende Vorschrift. Die Kaufleute müssen die Vermögensgegenstände zum Tageswert ansetzen, d. h. sie müssen beispielsweise Veräußerungsgegenstände mit dem Verkaufswert des Bilanztages bewerten. Andere Juristen meinen, daß dieser Bewertungsvorschrift nur die Bedeutung einer Maximalvorschrift zukomme: höchstens zum Tageswert dürfen die Vermögensteile angesetzt werden, um sich und die Gläubiger über die wahre Vermögenslage nicht zu täuschen. Eine Minderbewertung sei statthaft, soweit nicht Privatrechte Dritter in Frage kommen (z. B. Gewinnanteile). Diese Streitfrage und die Theorie der Bewertung sind in der Literatur so ausführlich behandelt worden, daß sich ein Eingehen auf die verschiedenen Ansichten erübrigt. Einkaufswert, gemeiner Wert, allgemeiner Verkehrswert, Markt- oder Börsenpreis, objektiver Tauschwert, Realisierungswert, individueller Gebrauchs- und Verkehrswert, Geschäftswert, Buchwert, Selbstkosten, Tageswert, Wiederbeschaffungskosten, diese Schlagworte geben die wichtigsten Etappen der Bewertungslehre.

Unser Standpunkt in der Bewertungsfrage ist der folgende: 1. Die ordentliche Jahresschlußbilanz ist Mittel zum Zweck der wirtschaftlich richtigen Erfolgsberechnung, ist eine Erfolgsermittlungs-Bilanz. Jeder Kaufmann soll die aktienrechtlichen Sondervorschriften für die Wertansätze in der Bilanz zur Anwendung bringen. 2. Eine Vermögensermittlungs-Bilanz im Sinne des § 40 HGB. — Einsetzung der Tageswerte — ist nach § 240 HGB. notwendig, wenn der Fortbestand der Unternehmung gewährleistet ist. 3. Eine Vermögensermittlungs-Bilanz mit Einsetzung der erzielbaren Versilberungswerte ist im Falle des Konkurses und der Liquidation, d. h. Auflösung und Untergang einer Unternehmung aufzustellen. 4. Auch in anderen Fällen (z. B. Auseinandersetzungsbilanz mit Erben und ausscheidenden Gesellschaftern, Fusion, Sanierung usw.) entscheidet der Zweck der Bilanzaufstellung über die Bewertungsgrundsätze. 5. Im allgemeinen bildet der Tageswert nach § 40 die Höchstgrenze der Bewertung der Aktiva.

Zur Ermittlung des Wertes hat der Kaufmann alle ihm zur Zeit der Bilanzziehung zur Verfügung stehenden Erkenntnisquellen heranzuziehen. Weder höhere Vergangenheits- noch höhere Zukunftswerte dürfen Berücksichtigung finden.

Ob der Bilanzwert mit dem Buchwert, d. h. in den kaufmännischen Büchern verzeichneten Wert identisch ist oder ob er geschätzt, taxiert [1]),

---

[1]) Die Taxierung maschineller Anlagen ist notwendig als Unterlage finanzieller Transaktionen, z. B. bei Fusionen, bei Umwandlungs- und Übernahme-

werden muß, ist nicht einheitlich zu beantworten, ebensowenig die Frage, ob der Wert der Aufwendungen für den Erwerb eines Gutes (Erwerbs- und Anschaffungspreis), ob der wirkliche selbstbezahlte oder der augenblickliche Anschaffungspreis, ob der Veräußerungs-, der Markt- oder der Herstellungspreis (Produktionswert), ob ein Ertragswert, z. B. bei Gebäuden, maßgebend sein soll. Die Buchführung selbst bewertet nicht. Sie schafft keine Werte, weil sie solche, insbesondere Selbstkosten- oder Anschaffungswerte, als gegebene Tatsachen übernimmt und zahlenmäßig zum Ausdruck bringt. Der Wert der Vermögensgegenstände und Schulden wächst nicht aus der Buchführung selbsttätig heraus, sondern wird vom Bücherführenden hineingetragen. Die Bücher und Konten geben Aufschluß über den Aufwand und den Erlös, über Ausgaben und Einnahmen. Der Bilanz- oder Inventurwert wird in vielen Fällen mit diesem Aufwand, d. h. mit dem Erwerbspreis oder den Selbstkosten identisch sein. In anderen Fällen ist er höher oder niedriger.

Für jeden Vermögensteil sind für die Aufnahme in die Geschäftsbücher zunächst die Ausgaben für den Erwerb, die Anschaffungs- oder Herstellungskosten maßgebend, ohne Rücksicht auf den wirklichen Wert. Erst nachdem der Gegenstand in das Eigentum des Unternehmers übergegangen ist, ist für die weitere Bilanzaufstellung die Unterscheidung zwischen Anlage- und Umsatzvermögen, zwischen Erfolgsermittlungs- und Vermögensbilanz bedeutungsvoll. Gegenstände des Umsatzvermögens können einen Markt- oder Börsenpreis haben oder nur einen Veräußerungswert. Der Gesetzgeber verlangt Bewertung zum Veräußerungswert, zum Tageswert. Kaufleute setzen gewöhnlich den Anschaffungswert unter Berücksichtigung etwaiger Entwertung ein, weil sie mit Recht glauben, daß nichtrealisierte Gewinne auch nicht steuerpflichtig sein können. Auch die Ausführungsanweisung des preußischen Finanzministers (25. VI. 1906) gab ihnen recht: „Für die Bewertung der Vermögensstücke und Forderungen bei der Inventur . . . ist die Vorschrift im § 40 HGB., der kaufmännische Gebrauch und innerhalb der durch denselben gezogenen Grenzen das Ermessen des Steuerpflichtigen selbst bestimmend. Die von demselben in dieser Hinsicht bei seiner Buchführung angenommenen Grundsätze bleiben daher auch für die Berechnung des steuerpflichtigen Einkommens maßgebend . . .".

---

gründungen, Liquidationen, dann bei der Auseinandersetzung zwischen persönlich haftenden Gesellschaftern im Falle des Konkurses, für Versicherungszwecke (Schadensfestsetzung); vgl. darüber Moral, Die Taxation maschineller Anlagen. Berlin 1909/11, und Prange, Die Theorie des Versicherungswertes in der Feuerversicherung, insbesondere Teil II erstes, zweites und drittes Buch. Jena 1902 und 1907. Aereboe, Die Taxation von Landgütern und Grundstücken, Berlin 1912.

Nach § 261 Ziff. 1 konkurrieren bei Wertpapieren und Waren mit einem Börsen- oder Marktpreis am Bilanztage diese Werte mit dem historischen Anschaffungs- bzw. Herstellungspreis; der niedrigere Wert ist einzusetzen. Für andere Vermögensgegenstände ohne Börsen- oder Marktpreis (§ 261 Ziff. 2) bildet der Anschaffungs- oder Herstellungspreis die Höchstgrenze. Dazu führt eine Entscheidung des Reichsgerichts (IV. Strafsenat, 4. XII. 1903) aus:

„§ 261 Ziffer 2 bezieht sich auf alle Vermögensgegenstände mit Ausnahme von Wertpapieren und Waren, die einen Börsen- oder Marktpreis haben, nicht bloß auf Gegenstände, die zur Veräußerung bestimmt sind, aber keinen Börsen- oder Marktpreis haben. Auch für die Grundstücke und sonstigen stabilen Werte gilt also der Satz, daß sie in keinem Falle über den Betrag des Anschaffungs- oder Herstellungspreises hinaus bewertet werden dürfen. Reparaturen können eine Erhöhung dieses Preises rechtfertigen, sofern es sich bei ihnen um bauliche Einrichtungen handelt, durch welche eine wesentliche Umgestaltung und damit zugleich eine Werterhöhung bewirkt wird; die in Ziffer 3 verlangte Abschreibung ist nur dann notwendig, wenn die Gebäude ohne Rücksicht auf einen geringeren Wert zu den Anschaffungs- oder Herstellungskosten angesetzt waren. Wird der wirkliche Wert eingesetzt, so ist eine Abschreibung nicht notwendig.“ (Jur. Wochenschrift von 1904 Nr. 29—31, S. 246.) [1]

Der Augenblickswert des Anlagevermögens kann nur durch alljährliche Schätzung ermittelt werden, der Gebrauchs- oder Nutzungswert für das Unternehmen läßt sich überhaupt nicht oder nur durch komplizierte Berechnungen ermitteln. Deshalb erlaubt der Gesetzgeber Bewertung zum Anschaffungspreis und Schätzung der Verluste durch Abnutzung usw. Nichtrealisierte Wertsteigerungen dürfen nicht berücksichtigt werden, unserer Meinung nach auch nicht von Unternehmern, deren Bilanzbewertung nicht durch § 261 beschränkt ist.

Die Buchführung hat es entweder mit Verkehrswerten oder mit Schätzungswerten zu tun. Verkehrswerte, z. B. Ertragswert, Anschaffungs- und Verkaufspreis, Wert der Forderungen, ergeben sich aus dem Verkehr mit Dritten, sind die Folge äußerer Wirtschaftsvorgänge, die das Subjektive im Werturteil ausschalten. Bei den Schätzungswerten tritt das Subjektive in der Beurteilung hervor; sie dienen der Bewertung innerer Wirtschaftsvorgänge, beispielsweise bei Bemessungen der Abschreibungen, der innerbetrieblichen Wertverschiebungen als Folge der Güterproduktion. Jedes gegen Entgelt erworbene Vermögensobjekt wird zunächst mit einem Verkehrswert in die Wirtschaftsführung übernommen.

Eine absichtlich zu hohe Bewertung des Vermögens vermehrt, eine solche der Schulden vermindert den rechnungsmäßigen Wert des gegen-

[1] Fischer, I. S. 48 ff. Darnach können Aktienvereine Grundstücke entweder nach § 261 Ziff. 2 (Veräußerungsgrundstücke) oder nach § 261 Ziff. 3 (Anlagen) bewerten.

wärtigen Vermögens und bei Gewinnverteilungsgesellschaften den verteilungsfähigen Reingewinn. Die zu hohe Bewertung eines Veräußerungsgegenstandes im besonderen antizipiert den zukünftigen Veräußerungsgewinn und darüber hinaus einen Betrag, wenn der Bilanzwert über diesen Veräußerungswert hinausgeht. Die Minderbewertung eines Veräußerungsobjekts erhöht den Erfolg eines zukünftigen Rechnungs-, d. h. des Veräußerungsjahres. Daraus folgt, daß der wirkliche Erlös die frühere unrichtige Bewertung in einem dem beabsichtigten Erfolge entgegengesetzten Sinne beeinflussen kann. Jede Mehrbelastung der Aktivseite einer B. vermehrt das Eigenkapital bzw. den Reingewinn, vermindert den Bilanzverlust. Eine Minderbewertung schmälert den Reingewinn. Die Werterhöhung der Schulden vermindert das eigene Kapital bzw. den Reingewinn.

Bewertet werden in der B. Vermögensbestandteile und Schulden; das Reinvermögen wird nicht bewertet, sondern berechnet. Der Wertunterschied zwischen Vermögen und Schulden ist das eigene Kapital, dessen Saldocharakter wiederholt betont wurde (S. 8, 77). Diese Wertdifferenz ändert sich während eines Betriebsjahres ununterbrochen. Ihre Feststellung wird von Zeit zu Zeit versucht werden müssen. Das Inventarium hat den Hauptzweck, die Werte der Vermögensteile festzustellen. Die Inventur- bzw. Bilanzwerte sind häufig nur Wahrscheinlichkeits-, Hoffnungs- und Näherungswerte. Selbst bei genauester Schätzung und Bewertung sind sie nur annähernd mit größerer oder geringerer Wahrscheinlichkeit richtig, weil stets Vermögenswerte vorhanden sind, deren wirklicher Wert erst durch Veräußerung bestimmt werden kann. Je weniger Vermögensgegenstände mit schwankenden Werten vorhanden sind, desto größer ist die Wahrscheinlichkeit, ein richtiges Bilanzergebnis zu erhalten. Die Gebrauchsgegenstände werden mit ihrem Anschaffungswert unter Berücksichtigung der Wertminderungen eingesetzt. Damit kommt ihre Bedeutung für den Betrieb, ihr „Geschäftswert", ihr „Wirtschaftswert" zahlenmäßig nicht zum Ausdruck. Kurz, die Jahresschlußbilanzen operieren teilweise mit Näherungswerten und sie können es, weil sie im Interesse des Gläubigers festzustellen haben, ob ein entsprechender Deckungsfonds vorhanden ist, andrerseits im Interesse des Unternehmers den Erfolg der Geschäfts- und Wirtschaftsführung nachweisen sollen. Absolut richtig bewertet werden können in der Regel nur die Schulden. Die Aktiva und das Kapital in seinen Einzelteilen entsprechen ungefähr ihrem in der B. angegebenen Wert.

Ereignisse des folgenden Jahres haben auf die Bewertung in der Bilanz des abgelaufenen Jahres keinen Einfluß. Die B. soll ein Bild der Vermögenslage am Schluß des Geschäftsjahres gewähren. Stellt sich durch Ereignisse des folgenden Jahres bis zur Fertigstellung oder der Vorlage der B. heraus, daß Wertansätze in der B. unrichtig waren, wie z. B. Kursrückgänge der Wertpapiere, Verlust einer Forderung seit dem Bilanztage, dann kann z. B. die Generalversammlung die Bewertung richtigstellen, die Dividenden entsprechend verringern oder einen entsprechenden Betrag des Reingewinns zur Deckung des in der nächsten B. zu verrechnenden Verlustes zurückstellen.

Nach dem deutschen Aktienrecht hat die Feststellung der Bilanz durch die Generalversammlung zu erfolgen. Es kann vorkommen, daß die in der Generalversammlung entscheidende Mehrheit die Bilanzwerte falsch schätzt, indem sie sie zu hoch oder zu niedrig bewertet. Nun enthält der § 261 HGB. gewisse Vorschriften zwingender Natur über die Aufstellung von Bilanzen und es ist möglich, daß die von der Generalversammlung geschaffene Schätzung der Bilanzwerte die Normen des § 261 materiell verletzt. Unterliegt eine materiell falsche Bilanzwertung der Anfechtung und macht es hierbei einen Unterschied, ob die Werte zu hoch oder ob sie zu niedrig geschätzt sind? Hierüber hat das Reichsgericht Grundsätze (Entsch. des RG. 72/33. Urteil II 71/708 vom 15. Oktober 1909) formuliert, die besagen:

„Allerdings enthalte § 261 Nr. 3 HGB. zwingendes Recht. Aber über die Höhe der Abschreibung entscheide doch in jedem Fall die Generalversammlung, indem sie gemäß § 260 HGB. eine Abschätzung nach dem Ermessen der Mehrheit vornehme. Ein Vergreifen bei dieser Schätzung sei somit keine Verletzung der Zwangsvorschrift des § 261 Nr. 3 HGB., sondern eine in Anerkennung dieser Grundsätze vorgenommene, nur tatsächlich zu hohe Bewertung der Anlagen. Genehmige die Generalversammlung eine Bilanz mit den geringen Abschreibungen, so verfahre sie wirtschaftlich unrichtig, sie verletze aber kein Gesetz, wenn sie das Verhältnis der Abnutzung zum Anschaffungs- oder Herstellungspreis unrichtig beurteile. Der Aktionär könne also nicht damit gehört werden, daß die Bewertung materiell unrichtig sei; das würde das Schätzungsrecht der Mehrheit aufheben. Was das Reichsgericht früher bei zu hohen Abschreibungen angenommen habe (daß die Anfechtung nur zulässig sei, wenn Arglist nachzuweisen oder die Bilanz als eine willkürliche, nach kaufmännischen Grundsätzen offenbar irrtümliche erscheine), müsse auch bei zu niedrigen Abschreibungen Geltung haben."

Der Gesetzgeber verlangt nach § 40 Einstellung von Tageswerten für Veräußerungsgegenstände, d. h. nicht des wirklichen zukünftigen Veräußerungswertes, der durch Verkauf erst bestimmt wird, sondern des am Bilanztage geltenden Veräußerungswertes. Man exemplifiziert gewöhnlich nur auf Waren und Wertpapiere und denkt dabei an zur Veräußerung bestimmte [1]).

Die Sondervorschriften des § 261 finden keine Anwendung auf Liquidationsbilanzen und auf Zwischen- oder Jahresbilanzen im Sinne des § 240

[1]) Berggewerkschaften können ihre Bilanzaufstellung nach § 40 wie andere kaufmännische Unternehmungen machen, auch wenn sie nicht in das Handelsregister eingetragen sind.

HGB. Der Entwurf 1896 enthielt die ausdrückliche Bestimmung, daß für die Feststellung, ob der Verlust die Hälfte des Grundkapitals erreicht oder ob eine Überschuldung vorliegt, die für die Aufnahme der Jahresbilanz geltenden Vorschriften nicht maßgebend sein sollen [1]).

Nach § 40 wünscht der Gesetzgeber im Interesse der Gläubiger eine Vermögensbilanz, die die Lage des Vermögens und der Schulden wahr und vollständig darstellt. Die Erfolgsermittlung ist Privatsache. Für Gewinnverteilungsgesellschaften ist die Gewinnermittlung, d. h. die Berechnung des verteilungsfähigen Höchstbetrages der primäre gesetzliche Zweck der B. Wer eine wahre Vermögensbilanz aufstellt, hat den Jahresreingewinn falsch berechnet, wenn dieser auch nichtrealisierten rein buchmäßigen Bewertungsgewinn enthält. Der Jahresverlust wird durch solche Gewinne rechnungsmäßig kleiner. Soll der Jahreserfolg nach kaufmännischer Anschauung richtig berechnet sein, nur wirklich verdiente Gewinne enthalten, dann muß die B. als Vermögensbilanz falsch sein, da ein Veräußerungsgegenstand höchstens mit dem Anschaffungswert eingesetzt und der Wertzuwachs des Anlagevermögens nicht berücksichtigt werden kann. Dieses Dilemma zwischen Vermögens- und Erfolgsermittlungsbilanz ließe sich beseitigen, wenn man die Vermögensteile nach § 40 bewertet, auf der Passivseite hingegen einen Berichtigungsposten in Höhe des nichtrealisierten Gewinnes auf Veräußerungsgegenstände und Anlagevermögen einstellt [2]). Bedenklich wäre die Verallgemeinerung einer solchen Bilanzierungsmethode immerhin, selbst wenn die Wertkorrekturen deutlich als solche in der B. bezeichnet würden, bedenklich wegen der Gefahr fiktiver Reserven und der Verschleierung bereits erlittener Verluste.

§ 261, Ziff. 4 HGB.: Die Kosten der Errichtung und Verwaltung dürfen nicht als Aktiva in die B. eingesetzt werden. Die laufenden Ausgaben für Verwaltung müssen als Jahresverlust abgebucht werden. Die einmaligen Ausgaben für Errichtung, Gründung und Einrichtung dürfen nicht auf mehrere Jahre verteilt werden, nicht als transitorisches Aktivum erscheinen, wie es manche ausländische Gesetze erlauben. Die erheblichen Gründungskosten werden regelmäßig von den Gründern übernommen.

Der Reichsbank, die dem Aktienrecht nicht unterstellt ist, ist es ge-

---

[1]) Passow, Bilanzen, S. 259.

[2]) Vgl. „Erfolgsbilanzen"; Auffassung der „Dualisten", der Vertreter der „Einheitsbilanz". Amerikanische Eisenbahngesellschaften schreiben auf der Passivseite: Noch nicht realisiertes Einkommen aus Werten im Besitz der Gesellschaft. Dementsprechend könnte man rein buchmäßige Bewertungsverluste als Wertergänzungsposten unter den Aktiven aufführen, z. B. in Höhe des Unterschiedes zwischen Anschaffungswert und Börsenkurs der Wertpapiere als „Kursverlust auf Effektenbestände", ein nach deutschem Aktienrecht unzulässiges Verfahren.

stattet, die Herstellungskosten der Banknoten, nicht auch andere Kosten der Organisation und Verwaltung, auf mehrere Jahre zu verteilen. Nach dem Versicherungsrecht darf die Aufsichtsbehörde den Gegenseitigkeitsvereinen unter gewissen Einschränkungen erlauben, die Kosten der Errichtung, z. B. der Vorverhandlungen, der Finanzierung, Drucksachen, Gerichtskosten und die im ersten Geschäftsjahre entstehenden Kosten der Einrichtung als Aktivum in die B. einzusetzen und allmählich abzuschreiben (transitorische Behandlung einer Verlustausgabe). Bauzinsen[1]) (§ 215, Ziff. 2) werden dem Anlagekonto zugeschrieben und nicht dem Gewinn- und Verlustkonto belastet. Auch die Pfandbriefanfertigungs- und Unterbringungskosten müssen von Hypothekenbanken mit ihrem vollen Betrage dem Jahr zur Last gebucht werden, in dem sie entstanden sind (§ 25 des Hypothekenbankgesetzes).

Die Tendenz der gesetzlichen Bewertungsregeln ist nicht einheitlich. Bei der Einzelfirma, bei Personalgesellschaften und Berggewerkschaften ist der gesetzliche Höchstwert stets der Tageswert des Stichtages (§ 40 HGB), die Tendenz der Vermögensübersicht ist vorherrschend. („die Lage des Vermögens", genaue Aufzeichnung, Einzelbewertung, §§ 38, 39 HGB.). Die Jahresbilanz ist die einzige gesetzlich geforderte Jahresergebnisrechnung, eine Vermögensbestandsübersicht, die Erfolgsermittlung geschieht auf „Grund der Bilanz" (§§ 120, 166, 167 HGB., ähnlich § 721 BGB. für bürgerlich-rechtliche Gesellschaften).

Kapitalgesellschaften (Aktien- und Kommandit-Aktien-Gesellschaften) sollen den (rechtlich) verteilungsfähigen Reingewinn ausweisen. Grundsätzlich sollen noch nicht realisierte Markt- und Konjunkturgewinne am ruhenden Vermögen unberücksichtigt bleiben, die noch nicht realisierten Entwertungsverluste müssen Berücksichtigung finden, weil der Tageswert immer Höchstwertgrenze ist. Im § 261 HGB. herrscht das Prinzip der Niederstbewertung (wie auch im Einkommensteuergesetz), es konkurrieren Börsen- oder Marktpreise mit den Anschaffungs- oder Herstellungspreisen, der niedrigere ist einzusetzen. Nur bei den dauernd dem Geschäftsbetrieb gewidmeten Gegenständen kann ohne Rücksicht auf einen geringeren Tageswert der Anschaffungswert abzüglich Abnutzung eingesetzt werden, der einzige Fall, wo das Gesetz eine Überbewertung über den Tageswert gestattet. Die Bewertungsregeln des § 261 HGB. unterscheiden zwei Gruppen von Vermögensteilen (die Schulden sind nach § 40 HGB zu behandeln). Gruppe 1: Veräußerungsgegenstände im allgemeinen und Gegenstände mit einem Börsen- oder Marktpreis im besonderen; Gruppe 2: Anlage- und sonstige Gebrauchsgegen-

[1]) Fischer, I. S. 7 ff. Zeitschr. f. Handelswissenschaft und Handelspraxis, 3. Jahrg., S. 163 ff., 213 ff. (Ein Beitrag zur Lehre von den Bauzinsen.)

stände (gemeiner Wert oder Abschreibungsbewertung). Für die Gesellschaft m. b. H. gelten die gleichen Regeln mit Ausnahme der Waren und Wertpapiere, für die die Einsetzung eines noch nicht realisierten Markt- und Konjunkturgewinnes durch Bewertung zum höheren Tagespreis statthaft ist.

A. Anlagevermögen: Zum Anschaffungspreis gehören neben dem Kaufpreis die Erwerbskosten wie Gebühren, Provisionen, Gerichtskosten. Die für einen Neubau von Häusern aufgewendeten Hypothekenzinsen und die Zinsen des eigenen Kapitals, soweit sie auf die Zeit der Herstellungsarbeit entfallen, dürfen dem Herstellungspreis zugerechnet werden. Zinsen auf den Wert unbebauter Grundstücke werden innerhalb der Werttaxe häufig von Baugenossenschaften zugeschlagen [1]). Der Zinsenaufschlag auf den Selbstkostenwert bedeutet Antizipation eines Teiles des Verkaufsgewinnes.

Strittig ist der Fall, wenn ein Hypothekengläubiger Anlagevermögen im Wege der Zwangsversteigerung erwirbt; ist der niedrigere Steigerungswert oder der Betrag der Hypothek als Anschaffungspreis anzusehen? Z. B. ein Grundstück mit 60 000 M. hypothekarischer Belastung wird für 45 000 ersteigert. Nimmt man, wie wir meinen, richtig 45 000 als Anschaffungspreis des Grundstückes, so entsteht ein Ausfall an der hypothekarisch gesicherten Forderung. (Buchung: 2 Konten an Hypotheken, Immobilien 45 000, Gew. u. Verlust 15 000.) Nach Auffassung anderer gehört der Ausfall zu den Opfern, welche die Gesellschaft bringen mußte, um das Grundstück zu erwerben. Sie nehmen als Erwerbspreis den Betrag der Hypothekenforderung an und vermeiden dadurch, daß bilanzmäßig die Beleihung eines schlechten Grundstückes und der damit verbundene Verlust ausgewiesen wird. Erwirbt ein Nicht-Hypothekengläubiger das Grundstück, ist der Erwerbspreis zweifellos 45 000 M. nebst Kosten. Die Meinungen sind also nur hinsichtlich des Ausfalles bei der Zwangsversteigerung geteilt, ob dieser als Verlust oder als Erwerbsaufwand zu verrechnen ist.

Mit besonderen Schwierigkeiten haben Bauunternehmer zu rechnen. Die Abrechnung zwischen Unternehmer und Bauherrn über fertige und halbfertige Bauten vollzieht sich nicht unmittelbar nach ihrer Vollendung, sondern verschiebt sich um längere Zeit, insbesondere bei Baufirmen, die für die Großindustrie, Gemeinden oder den Staat Bauten mit mehrjähriger Bauzeit übernommen haben. Die Bewertung dieser Objekte, die Verrechnung des auf den bisherigen Arbeiten ruhenden Nutzens unterliegt

---

[1]) Vgl. Mitteilungen über den 50. Genossenschaftstag. Berlin 1910. Seite 349. Auch: Störungen im deutschen Wirtschaftsleben (Schriften des Vereins für Sozialpolitik) Bd. 7, S. 256, 277, 335; Bd. 6, S. 337 Bilanzierungsmethoden der Immobiliengesellschaften).

mehr oder weniger der Willkür und der Gewissenhaftigkeit des Bilanzierenden, da der wirkliche Gewinn erst nach der Garantiedauer festgestellt werden kann.

B. Umsatzvermögen: Handelswaren mit einem Marktpreis sind mit dem Markt- oder Börsenpreis oder mit dem wirklichen Anschaffungspreis zu bewerten. Waren ohne Marktpreis sind höchstens mit dem Veräußerungswert oder mit dem Anschaffungswert einzusetzen. Wertminderungen durch Lagerung, Schwund, Veränderungen in der Konjunktur, Veralterung u. ä. sind zu berücksichtigen.

Selbsterzeugte Waren können zum Verkaufswert eingestellt werden. Eine Gerichtsentscheidung (Seufferts Archiv Bd. 69, Heft 4, S. 160) führt dazu aus: Vom Lagerverkaufswert der Waren, die den Abnehmern noch nicht übergeben wurden, sondern noch auf dem Grundstücke der Produzenten lagern, wären in Abzug zu bringen: die noch bis zur Ablieferung aufzuwendenden Kosten, insbesondere Arbeitslöhne und Beförderungskosten, ferner ein angemessener, etwa nach den Erfahrungen aus dem Vorjahre zu bemessender Abzug für die Verluste, die sich aus Beanstandungen der Ware durch die Käufer und dgl. etwa zu ergeben pflegen.

Bei verkauften, noch nicht abgelieferten Waren tritt an die Stelle der Ware das Forderungsrecht. Entscheidend ist die Zahlungsfähigkeit des Käufers, auch wenn die Besitzübertragung noch nicht stattgefunden hat. Auf Abruf verkaufte Lieferungswaren und auf Bestellung hergestellte Waren sind wie unverkaufte Waren zu bewerten, der Verkaufsgewinn ist noch nicht realisiert. Kommissionswaren sind nicht Eigentum des Beauftragten; unverkauft bei einem Kommissionär lagernde Waren, Waren auf fremdem Lager und Waren der Verkaufsstellen sind wie Lagerbestände auf eigenem Lager zu bewerten. Der Erlös der bisher verkauften Kommissionswaren stellt eine Forderung des Auftraggebers dar.

Für den Privatverbrauch an Erzeugnissen und Waren des eigenen Betriebes ist der Geldwert maßgebend, den die entzogenen Waren in dem Zeitpunkt ihres Ausscheidens für das Geschäft hatten.

Rohstoffe und anderes Fabrikationsmaterial, die zur Weiterveräußerung bestimmt sind, wird man zum wirklichen vergangenen Anschaffungspreis bewerten und nicht mit dem derzeitigen höheren Anschaffungspreis einsetzen. Der Wertunterschied kann zu einem Gewinn führen, wenn der Veräußerungspreis der aus den billiger angeschafften Rohstoffen erzeugten Fabrikate entsprechend der Preissteigerung des Rohmaterials erhöht werden kann, ein Gewinn, der folgerichtig nur im Jahre seiner Liquidierung verrechnet werden soll. Die Bewertung des Rohstofflagers zum höheren Tageswert würde einen Teil dieses Gewinnes vorwegnehmen. In der Bestellungs-Industrie werden Selbstkosten- und Lieferungspreis auf Grund der derzeitigen Rohstoffpreise bestimmt. Würde man die Rohstoffe, die der Produzent im Verhältnis des vorhandenen Auftragsbestandes für die künftige Fabrikation angeschafft hat, zum zeitigen höheren Anschaffungspreis bewerten, könnte man in diesem Falle den buchmäßigen Gewinn durch die Sicherheit seiner Realisierung rechtfertigen.

Fällig werdende und verfallene, verzinsliche und unverzinsliche Kaufpreis- und Darlehnsforderungen[1]) sind nach § 40 Abs. 2 zu bewerten. Nur klagbare Forderungen bilden ein Bilanzaktivum. Im Warenhandel werden unverzinsliche Forderungen gewöhnlich nicht diskontiert, obgleich es offensichtlich unrichtig ist. Neben der individuellen Abschreibung der einzelnen Forderungen wird häufig eine Kollektivabschreibung auf die Gesamtforderungen in Ansatz gebracht. Buchschulden und Buchforderungen in ausländischer Währung werden zu einem festen Buchkurs umgerechnet, ohne Rücksicht auf den Tageskurs, oder die Wertdifferenz zwischen Buch- und Tageskurs wird berücksichtigt, oder sie werden zum Tageskurs für den Bilanztag umgerechnet.

Auch Wechselforderungen, die von Kunden zahlungshalber gegeben wurden (Kundenwechsel), werden mit dem Nennwert eingestellt, Bankwechsel unter Abzug des Zwischenzinses. Im Bankgeschäft werden Wechsel stets diskontiert, wodurch der Zinsgewinn auf vorhandene Diskontwechsel zwischen zwei Bilanzjahren pro rata temporis geteilt wird; z. B. ein Wechsel, fällig am 28. Febr., gekauft am 30. November, wird am 31. Dez. mit 58 Tagen diskontiert, d. h. der Wechseldiskontgewinn für 58 Tage wird dem folgenden Bilanzjahre gutgeschrieben. Der Diskontwert am Kauftage ist der Anschaffungswert des Wechsels. Gewöhnlich diskontiert man zum Reichsbank- oder Privatdiskontsatz des Abschlußtages.

Aktive Pfandeffekten, vom Unternehmer zwecks Sicherstellung einer fällig werdenden Schuld verpfändet, werden wie eigene Wertpapiere bewertet. Passive Pfandeffekten, vom Unternehmer als Sicherheit empfangen, unterliegen keiner bilanzmäßigen Bewertung, da sie, wie Pfandvermögen überhaupt, nicht in die Bilanz gehören; doch hat die Bewertung der durch das Pfand gesicherten Forderung darauf Rücksicht zu nehmen.

Schenkungen in Bargeld, beispielsweise an eine notleidende Gesellschaft zwecks Tilgung einer Unterbilanz oder Deckung eines Verlustes aus Unterschlagungen, sind bei Aktiengesellschaften nicht verteilungsfähiger Gewinn und nicht der Zwangsreserve zuzuführen, aber in die B. einzustellen. Die Deckung des Verlustes ist im Geschäftsbericht oder in der Gewinnrechnung ersichtlich zu machen. Geschenkte Gegenstände, z. B. Grundstücke, sind mit ihrem Schätzungswert unter den Aktiven

[1]) Über den Begriff der Debitoren und Kreditoren im Sinne der Buchführung und des Rechts vgl. Fischer, II. S. 143 ff.

anzuführen und mit dem gleichen Betrag unter den Passiven, um eine Verteilung zu verhindern [1]). Zuschüsse des Staates oder der Gemeinden zum Eisenbahnbau vermindern die Herstellungskosten, wenn sie als verlorner Zuschuß gegeben werden, oder bilden eine Schuld, falls sie rückzahlbar sind. Vielfach werden die erstgenannten Zuschüsse auf beiden Seiten der B. aufgeführt.

Immaterielle Güter und Rechte, wie Patente, Urheber-, Firmen-, Verlagsrechte, Erfindungen, Fabrikationsgeheimnisse, Rechte auf Warenzeichen, Konzessionen, Berggerechtsame, kurz ideelle Aktiva, können nur dann ein Bilanzaktivum bilden, wenn für die Erwerbung besondere Aufwendungen gemacht wurden [2]). „Arbeitseinlagen" (im Gegensatz zu Kapitaleinlagen der Gesellschafter nach § 706 BGB.) sind nicht buchungs- oder bilanzfähig. Da selbst angemeldete Patente höchstens mit den Versuchs- und Patenterwerbungskosten bewertet werden dürfen, werden häufig Tochtergesellschaften zwecks Übernahme des Patentes gegründet, deren Anteile ausschließlich im Besitz des Erfinders bleiben und in dessen B. unter Effektenbeständen bzw. Beteiligungen angeführt werden.

Einzahlungsverpflichtungen auf nicht vollbezahlte Aktien, Beteiligungen und andere Vermögenseinlagen geben einige englische B. vor der Geldspalte an (z. B.: Schwebende Verbindlichkeiten für nicht eingeforderte Einzahlungen auf Aktien und Investierungen). Nach deutschem Handelsbrauch werden Nachschüsse erst bei ihrer Fälligkeit verbucht und erhöhen erst dann den Bilanzwert der Beteiligungen. Bilanzwert der Kapitalbeteiligungen (Kommanditkapital) ist der Erwerbspreis, d. s. die bisherigen Einzahlungen unter Berücksichtigung eines etwaigen Minderwerts durch Verlust.

Versicherungspolicen über Sach- oder Vermögensversicherungen, z. B. Feuer-, Kautions-, Kreditversicherung und einige Arten der Personalversicherungen (Haftpflicht, Unfall) bilden Kapitalersatzreserven, die einen Vermögensschaden ersetzen sollen. Die vertragsmäßigen Aufwendungen für den Erwerb solcher Ersatzreserven sind Betriebskosten des Jahres der Aufwendungen oder, falls Vorauszahlungen erfolgen, Kosten der Versicherungsjahre, die den einzelnen Jahren anteilsmäßig belastet werden. Keinesfalls ist der Wert solcher Versicherungs-

---

[1]) Passow, Bilanzen, S. 250. „Ausgleichsfonds für unentgeltlich erworbenen Grundbesitz".

[2]) Über den „Geschäftswert" einer Unternehmung vgl. die Monographie von Dicksee, Goodwill. 3rd edition. London 1906 (Gee & Co.); Wirtschaftslehre, § 47. Bei dem Übergang der Dortmunder Union auf die Deutsch-Luxemburgische Bergwerk- und Hütten-Aktiengesellschaft wurden $2^1/_4$ Mill. M. angenommener ideeller Wert der Beteiligungen am Kohlensyndikat, am Stahlwerksverband und den sonstigen Verbänden sowie $^3/_4$ Mill. M. angenommener ideeller Wert der Kundschaft in die Bilanz eingestellt.

policen bilanzfähig. Anders Lebensversicherungspolicen, deren Vermögenswert durch den Rückkaufswert der Police bestimmt wird. Doch ist es nicht üblich, ihren Wert als besonderes Bilanzaktivum einzustellen. Die Beleihung oder der Verkauf einer Police wird bilanzmäßige Wirkungen äußern, da in dem einen Fall ein Pfanddarlehn, im andern ein Vermögenszuwachs zu verrechnen ist. Eine durch Policenverpfändung gesicherte Forderung ist mit ihrem vollen Nennwert einzusetzen.

Rechte und Pflichten aus zweiseitigen Geschäften, die erst in Zukunft von beiden Seiten erfüllt werden, bleiben in der Regel in der Bilanz unberücksichtigt, ebenso wie Rechte aus Verträgen, für deren Erwerb keine Aufwendungen gemacht wurden. Z. B.: Frachtverträge, die noch von keiner Seite erfüllt sind. Der Absender ist verpflichtet, Fracht zu bezahlen und ist berechtigt, Güter zu befördern. Ebenso Kauf-, Miet-, Dienst- und Werkverträge. Solange Rechte und Pflichten sich ziffermäßig ausgleichen, wird gegen die Nichtaufnahme in die Bilanz nichts einzuwenden sein. Sind Rechte und Pflichten hingegen ungleichwertig, ist insbesondere infolge eines ungünstigen Verlaufes ein Verlust zu erwarten, hat der Kaufmann die Verpflichtung, die Vermögensminderung aus schwebenden Geschäften in der Bilanz zum Ausdruck zu bringen.

Das Vermögen der Ehefrau des Kaufmanns ist ein Bilanzpassivum, wenn vom Sondergut oder vom eingebrachten Gut der Ehefrau in das Geschäft eingelegt worden ist. Es ist ein Rückerstattungsanspruch. Der Anteil der Ehefrau am Gesamtgut (bei Gütergemeinschaft, Fahrnis- und Errungenschaftsgemeinschaft) bildet bis zur Auseinandersetzung keine rechtliche Forderung, weshalb dieser Auseinandersetzungsanspruch der Ehefrau nicht in die B. aufgenommen werden kann. Betreibt die Ehefrau ein Handelsgeschäft, so ist ihr eingebrachtes Gut oder ihr Vorbehaltsgut bilanzpflichtig, nicht aber das Gesamtgut.

Die Bilanz des Einzelkaufmanns gibt selten eine vollständige Übersicht über das Gesamtvermögen. Die Beteiligung als stiller Gesellschafter, als Kommanditist an einer anderen Unternehmung ist kein Handelsgeschäft im Sinne des HGB., die Einstellung des Beteiligungsbetrages in die kaufmännische Bilanz ist gesetzlich nicht erforderlich, aber zweckmäßig. Betreibt der Kaufmann mehrere selbständige Unternehmungen, so muß er für jedes Geschäft eine Bilanz, jedoch keine Gesamtbilanz aufstellen. Hinsichtlich des Privatvermögens hat das Reichsgericht (II. Strafsenat, 10. Januar 1908) [1]) entschieden, daß der Kaufmann verpflichtet ist, sein ganzes Vermögen in die Bilanz einzubeziehen, daß er aber in seinen Handelsbüchern keine Aufzeichnungen über Bestand oder Veränderungen des Privatvermögens zu machen habe, daß es vielmehr

[1]) R. G. in Strafsachen 41, 41.

genügt, wenn er die Geschäftsbilanz ohne Rücksicht auf das Privatvermögen feststellt; nur muß er in der Bilanz oder im Geheimbuch einen Zusatz bezüglich des Privatvermögens machen und auf diese Weise das Gesamtvermögen feststellen. Er braucht das Privatvermögen in diesem Zusatze nicht in seinen Einzelheiten darzustellen; es genügt vielmehr, wenn er es in nach wirtschaftlichen Grundsätzen geordnete Gruppen bringt mit gewissenhafter Bewertung.

IV. Kapitel.

Das Kapital im Besonderen.

12. Abschnitt.

Kapital und Kapitalseite.

A. Wir verstehen unter Kapital (Unternehmerkapital) die eigenen Mittel einer Unternehmung, den Wertunterschied zwischen Vermögen und Schulden, oder, sofern Schulden nicht vorhanden sind, die Summe aller Vermögensteile [1]). Kapital in diesem Sinne sind Leistungen der Unternehmers, d. h. es entsteht durch Einlagen des Eigentümers des Betriebes (Gründungskapital, Kapitalerhöhungen), und durch Leistungen der Unternehmung, d. h. durch die in der Erfolgsbilanz nachgewiesene Kapitalreproduktion.

Das Grund- oder Anfangskapital ist, bilanztechnisch betrachtet, entweder veränderlich, wird durch den Reingewinn vermehrt, durch den Reinverlust vermindert, oder es ist unveränderlich; dann müssen Reingewinn und Reinverlust eines Rechnungsjahres bzw. Kapital erhöhende Restgewinne als Sonderposten in der Bilanz erscheinen: das Zuwachskapital rechts, die Unterbilanz links. Das Kapitalkonto der Aktienvereine und der G. m. b. H. zeigt infolge gesetzlicher Vorschriften, bis zur Kapitalvermehrung durch Ausgabe neuer Aktien bzw. Anteile oder bis zur Kapitalminderung im Wege der Sanierung und der Kapitalrückzahlung, eine unveränderliche Größe. Das Kapitalkonto des Einzelunternehmers und die Kapitalkonten der persönlich haftenden Gesellschafter können, wie das Aktienkapital, alljährlich das auf diesen Konten nachgewiesene Schlußkapital unverändert oder mit seinem jeweiligen Betrage aufweisen. (Vgl. S. 4, 23 f.)

Das Nominalkapital ist entweder ganz eingezahlt oder nur teilweise. Im letzten Falle sind die Einzahlungsverbindlichkeiten der Verpflichteten als Aktivum der Unternehmung zu bilanzieren.

---

[1]) Über die Kapitalkonten, über die Kapitalbildung und den Kapitalverbrauch vgl. Bd. I, Sachregister. Wirtschaftslehre, §§ 10 ff.

Bei Kapitalgesellschaften wird das Kapital — abgesehen von der Erhöhung des Teilhaberkapitals (Aktien, Anteile) — durch Zuschreiben unverbrauchter Gewinne, durch eine in der Gewinn- und Verlustrechnung ersichtlich gemachte oder stillschweigende Dotierung einer Reserve erhöht. Eine Kapitalminderung erfolgt durch Sanierung, durch Auflösung einer Rücklage, beispielsweise durch Überweisung eines solchen Kapitalteiles in die Gewinn- und Verlustrechnung, durch bestimmungsmäßige Verwendung einer Sonderrücklage oder durch Verwendung eines Teils des Gewinnvortrags aus dem Vorjahr, endlich durch einen Bilanzverlust.

Bei Gesellschaftsunternehmungen sind die einzelnen Teile des auf Kapitalkonto verbuchten Kapitals gleichberechtigt oder nicht, z. B. bei der Ausgabe von Vorzugsaktien, bei der Kommanditgesellschaft. Das den Gläubigern haftpflichtige Kapital ist in der Bilanz vollständig ersichtlich oder nur teilweise angeführt, z. B. bei der offenen und bei der Kommanditgesellschaft, wo die haftpflichtigen Ergänzungskapitalien, d. i. das Privatkapital der persönlich haftenden Gesellschafter, wegen fehlender gesetzlicher Vorschriften bilanzmäßig nicht erfaßt wird. Auch Einzelunternehmer beschränken sich häufig auf die bilanzmäßige Darstellung des verantwortlichen Geschäftskapitals und vernachlässigen trotz der gesetzlichen zwingenden Vorschrift jene des Privatkapitals.

Unter Zusatz-, Zuwachs- oder Ergänzungskapital, gewöhnlich als Reservefonds, Reservekapital bezeichnet, versteht man im allgemeinen den Betrag des eigenen Kapitals, der über das Grundkapital oder die Stammeinlage oder das Geschäftsguthaben hinaus aus unverteilten Gewinnen (bei Gewinnverteilungsgesellschaften) oder unverbrauchten Gewinnen (bei der Einzelunternehmung) angesammelt wurde. Gewinnrücklagen können von jeder Unternehmung gebildet werden. Zu den Kapitalreserven im weiteren Sinne sind aber neben diesen Gewinnrücklagen auch die vorhin erwähnten haftpflichtigen Ergänzungskapitalien der persönlich mit ihrem ganzen Vermögen haftenden Unternehmer und die fehlende Einzahlung auf Anteile zu rechnen.

Nachschußkapitalien bestehen bei Unternehmungen mit Nachschuß- bzw. Verlustdeckungspflicht, also bei der G. m. b. H., sofern sie als Unternehmung mit beschränkter oder unbeschränkter Nachschußpflicht errichtet wurde, bei der Reederei und der Gewerkschaft, bei der eingetragenen Genossenschaft und bei den Versicherungsvereinen auf Gegenseitigkeit.

Die Beteiligung an einer Unternehmung erfolgt durch Übernahme eines Anteils am haftpflichtigen Kapital, durch Erwerb von Aktien, Anteilen, Kommanditeinlagen. Der Beteiligte haftet mit dem Betrage der übernommenen Anteile für die Verbindlichkeiten der Unternehmung, ohne selbst das Geschäft zu betreiben, ohne „Kaufmann" im Sinne des HGB. zu sein. Auch beim Eintritt als persönlich haftender Gesellschafter kann die aktive Teilnahme an der Geschäftsführung ausgeschlossen sein, so beispielsweise bei der offenen Handelsgesellschaft durch Ausschluß der Vertretungsbefugnis.

Neben diesen Formen finanzieller Beteiligung als haftpflichtiger Unternehmer ist eine solche als Gläubiger der Unternehmung möglich, und zwar als stiller Gesellschafter gegen Anteile am Gewinn und Verlust, oder als Darlehnsgläubiger gegen entsprechend höhere Verzinsung bzw. Anteil am Gewinn. In ökonomischer Hinsicht ist jeder Gläubiger am Unternehmen des Kreditnehmers risikobeteiligt. Er hat im Falle des Konkurses das Anrecht auf Befriedigung aus der Vermögensmasse, er trägt das Risiko der Unternehmung mit, eine Verlustgefahr, die im Konkurs des Kreditnehmers wirksam wird. Der einfache Waren- oder Geldgläubiger ist somit in diesem ungünstigsten Fall am Verluste in der Höhe des Unterschiedes zwischen Anspruch und Konkursquote voll beteiligt, am Gewinn der Unternehmung jedoch nur mit einem im voraus vereinbarten Zins.

Für die Kritik der eigenen Mittel von besonderer Wichtigkeit ist folgendes: Die Entstehung, Zusammensetzung und Verwendung des eigenen Kapitals; das Verhältnis zwischen den eigenen Mitteln und dem Leihkapital (Schulden); das Verhältnis zwischen Grund- und Zusatzkapital, die Größe des haftpflichtigen Unternehmerkapitals mit Berücksichtigung etwaiger Nachschußverpflichtungen; endlich das Verhältnis zwischen eigenen Mitteln und dem Erträgnis der Unternehmung, die Rentabilität des Kapitals. Das Eigenkapital ist Betriebsfonds, Garantiekapital den Gläubigern gegenüber und primärer Träger des Kapitalrisikos der Unternehmung. Im Einzelfall sind noch andere durch die Eigenart der Unternehmung bedingte Beziehungen des Kapitals zu anderen Bilanzposten zu berücksichtigen.

Die Jahresbilanzen der Aktiengesellschaft stehen unter der Herrschaft gewisser gesetzlicher Normativbestimmungen: bestimmte Formvorschriften hinsichtlich der Darstellung des Eigenkapitals (§ 261 [5]); Grundsatz der Unveränderlichkeit des Grundkapitals (§ 261 [5]); der Zurückhaltung von Reingewinnteilen (§ 262 [1]), der Auszahlungsfähigkeit des Bilanzgewinnes (§ 213), endlich das Niederstwert-Prinzip nach § 261 [1, 2]. Die Formvorschriften zwingen Aktiengesellschaften, das eigene Kapital in der Jahresbilanz vierteilig auszuweisen: Grundkapital, gesetzliche und freiwillige Reservekapitalien, Bilanzgewinn oder Unterbilanz.

Das Kapital der Aktienvereine im besonderen läßt sich wie folgt gruppieren:

I. **Offenes**, bilanzmäßig sichtbares Kapital:
a) gebundenes, unverteilbares Kapital:
1. Aktienkapital (gleichberechtigte Aktien; Stamm- und Vorrechtsaktien; voll oder nur teilweise eingezahlt);
2. gesetzliche Reserve, § 262;
b) freies, verteilbares Kapital:
3. freiwillige Reserven;
4. bilanzmäßiger Reingewinn; die Unterbilanz als Kapitalminderungsposten.

II. Bilanzmäßig **nicht** oder nicht unmittelbar **sichtbares** (geheimes) Kapital:
a) gesetzlich vorgeschriebene,
b) freiwillige „stille Reserven".

Das Aktienkapital ist während der Dauer des Bestandes der Unternehmung von der Verteilung an die Aktionäre ausgeschlossen. Die Rückzahlung des Kapitals bei Aktienvereinen, die schon zur Zeit ihrer Gründung als „Liquidationsgesellschaften" gedacht sind, z. B. Terraingesellschaften, oder aus einem anderen Grunde liquidieren, und der Rückkauf von Aktien als Sanierungsmaßregel bzw. die satzungsmäßig vorgenommene Amortisation des Aktienkapitals kann nicht als „Verteilung" in dem hier gebrauchten Sinne angesehen werden. Verteilbar ist jener Teil des Kapitals, der als Bilanz-Gewinn ausgewiesen wird. Wenn eine Aktiengesellschaft die gesetzliche Reserve zur Abschreibung einer Unterbilanz verwendet, verteilt sie mittelbar diese Reserve, jedoch ohne Auszahlung; ebenso wenn das Kapital erhöht wird, die Aktionäre aber von der Einzahlung auf die neuen Aktien befreit werden (Gratisaktien), indem die vorhandenen reichlichen Reserven vom Reserve- auf Aktienkapitalkonto umgebucht werden.

Gewinnrücklage ist jeder Betrag des festgestellten Reingewinnes, welcher nicht verteilt oder anderweitig verwendet, sondern für die Zwecke der Gesellschaft zurückbehalten wird[1]. Der Reingewinn einer Unternehmung wird entweder teilweise verbraucht, antizipiert, wie bei der Einzelfirma und den Personalgesellschaften (Privatentnahmen), oder verteilt und ausgezahlt oder zurückbehalten, „reserviert". Unter den Reservekapitalien sind solche, die **frei verfügbar** sind, z. B. Dispositionsfonds, Gewinnvortrag, Sonderrücklage, und solche, die an einen bestimmten Zweck **gebunden** sind, wie die gesetzliche Zwangsreserve, die Neubaureserve und bestimmte Wohlfahrtsfonds. (Das Wehrbeitragsgesetz von 1913 (§ 11) erklärte inländische Aktienvereine bei-

[1]) Entsch. des RG. 20. 3. 1905, in der Zeitschr. f. Aktienwesen 1905, S. 229.

tragspflichtig „mit den in der Bilanz des letzten Betriebsjahres aufgeführten wirklichen Reservekontenbeträgen, zuzüglich etwaiger Gewinnvorträge ohne Anrechnung der Fonds für Wohlfahrtszwecke".)

Die Reserven sind sichtbar oder unsichtbar. Die Benennung eines Bilanzpostens als „Reserve" oder als „Reservefonds" läßt noch nicht mit Sicherheit erkennen, ob eine echte Gewinnrücklage (echte Reserve) oder ein Abschreibungs-, ein Wertberichtigungsposten (z. B. Erneuerungsfonds im Sinne des § 261 Ziff. 3 HGB.) oder eine echte Schuld vorliegt, z. B. Schadenreserve der Versicherungsgesellschaften, Lohnreserve der Produktionsgesellschaften. Manche Reserven sind als gemischte Reserven anzusprechen. Sie vereinigen Verlustabschreibung und Gewinnrücklage, z. B. wenn auf Delkrederefonds Abschreibungen der zweifelhaften und uneinbringlichen Forderungen über das notwendige Maß hinausgehen, oder wenn auf Erneuerungsfonds notwendige und übermäßige Abschreibungen auf Anlagevermögen vermengt werden. Andererseits muß ein Bilanzposten nicht ausdrücklich als Reserve bezeichnet sein und ist doch eine Gewinnrücklage, wie z. B. der Gewinnvortrag, der mindestens für ein Jahr zurückgestellte Gewinnrest, der in die Bilanz eingestellt werden sollte, nicht, wie es stets geschieht, in die Erfolgsbilanz.

Die Reservekapitalien sind demnach:

1. Gesetzliche und zwar allgemeine oder nur für bestimmte Unternehmungen besonders vorgeschriebene Reservefonds (§ 262 HGB., § 26 Hyp.-Bk.-Ges., § 37 Bankges., § 7 Gen.-Ges.) oder freiwillige Rücklagen als allgemeiner Sicherheitsfonds oder als Rücklage für bestimmte Zwecke.
2. Nach der Dauer ihrer Rückstellung vorübergehende oder dauernde Rücklagen.
3. In der Bilanz sichtbare Reservekonten oder nicht sichtbare (geheime, versteckte, stille) Reserven. (Bilanztechnische Analogien: offene und nicht sichtbare Verbindlichkeiten; geheime, stille Verluste.)
4. Hinsichtlich ihrer Verfügbarkeit: frei verfügbare und durch ihren Verwendungszweck gebundene Reservekonten. (Analogon: Freies und durch Kreditsicherungen gebundenes Vermögen.)
5. Flüssige (liquide, realisierbare) und nicht flüssige, in Anlagevermögen festgelegte Reservekapitalien. Das wirkliche Vorhandensein der Reservekapitalien ist von der richtigen Bewertung der Aktiva abhängig; sinkt der wirkliche Wert des Vermögens unter den Buchwert, stehen die Reservekapitalien „auf dem Papier", wie zahlreiche Zusammenbrüche von Aktienvereinen lehren.
6. Besonders angelegte (gedeckte) Reservefonds und nicht besonders gedeckte Reserve-Konten. (Analogie: durch besondere

Sicherheiten gedeckte und nicht speziell gedeckte — bilanzmäßig ungedeckte — Debitoren und Kreditoren.)

7. Echte Reservekapitalien (ihrer Entstehung nach Kapital- und Gewinn-Reservekonten) und gemischte, d. h. eine Vermischung mit unechten Reserven, und zwar
   a) mit Bewertungs- oder Abschreibungskonten (wie der Erneuerungsfonds als Mischung von notwendigen und übermäßig großen Abschreibungen auf Anlagevermögen) oder
   b) mit echten Schulden wie der Garantiefonds.

Keine Gewinnrücklagen im Sinne des Gesetzes, d. h. unechte Reservekonten sind:

a) der Erneuerungsfonds des § 261,3 HGB., ein Wertberichtigungsposten für das Anlagevermögen;
b) die Lohnreserve, eine echte Schuld; Arbeitslöhne, die in die Bilanz eingestellt werden müssen, weil Lohnauszahlung, Lohnberechnungsabschnitt und Bilanztag nicht übereinstimmen;
c) die Prämienreserve der Lebensversicherungs-Gesellschaften, eine Bewertung zukünftiger Verpflichtungen auf versicherungs-mathematischer Grundlage;
d) die Schadenreserve, eine Ausscheidung jener Beträge, die für die am Schlusse des Jahres bereits eingetretenen, aber noch nicht erledigten Schäden zurückzustellen sind.

Einer besonderen Prüfung wegen ihres bilanzmäßigen Charakters bedürfen der Pensionsfonds (Gewinnrücklage oder Verbindlichkeit infolge der Anstellungsverträge oder beides) und der Erneuerungsfonds bzw. Amortisationsfonds (siehe 7).

Eine die tatsächlichen Verhältnisse klar kennzeichnende, mit dem Sprachgebrauch und der gesetzlichen Terminologie allerdings nicht völlig übereinstimmende Einteilung wäre die folgende:

a) Reservekapitalien oder Reservekonten für offenes, nicht besonders angelegtes Zusatzkapital.
b) Reservefonds für offene, besonders angelegte Ergänzungskapitalien.
c) Reserven für die geheimen, „hinter der Front" stehenden Reservekapitalien [1]).

---

[1]) Manche Praktiker (und Theoretiker) machen einen Unterschied zwischen Reservekapitalien und Rückstellungen; sie wollen unter Reservekapitalien solche von verhältnismäßiger Dauer verstehen, wie die Zwangsreserve, während Rückstellungen ihrer Meinung nach vorübergehende Zusatzkapitalien sind (z. B. Gewinnvortrag, Ausgabenreserve u. a.). Wir halten diese Unterscheidung nicht für zutreffend. Auch der Gesetzgeber spricht (infolge eines redaktionellen Versehens) einmal vom Reservefonds (§§ 261^5, 262, 329 HGB.), dann

Die Reservekonten der Aktiengesellschaften sind auf gesetzliche oder statutarische Bestimmungen oder auf Generalversammlungsbeschluß zurückzuführen. Ihre Speisung (Dotierung, „Überweisung") erfolgt entweder während des Bilanzjahres oder erst in der Gewinnverteilung, und zwar offen und sichtbar in der Bilanz oder in der Gewinn- und Verlustrechnung oder im Gewinnverteilungsvorschlag; oder im geheimen, unsichtbar für die Bilanzleser. Die Reservekonten werden entweder aus dem Reingewinn im allgemeinen oder aus bestimmten Gewinnquellen gespeist, z. B. Rückstellung von Effektenkurs- und Grundstücksveräußerungsgewinnen, das Emissionsagio bei der Begebung von Pfandbriefen, die Provisionsreserven der Hypothekenbanken.

Über die Verwendung der Reservekapitalien werden im Geschäftsbericht oder in der Bilanz oder in der Gewinn- und Verlustrechnung Angaben gemacht (ausnahmsweise im Gewinnverteilungsvorschlag); endlich geht man über die Verwendung einer Reserve auch stillschweigend hinweg.

Eine offene Reserve kann ihrer Bestimmung nach Verwendung finden, oder in eine andere offene Reserve oder in eine stille Reserve umgewandelt werden, sie kann sichtbar oder verschleiert dem verteilungsfähigen Reingewinn zugeführt („Ausschüttung" einer Reserve), schließlich kann aus einer stillen Reserve eine offene werden.

Der Begriff: Unternehmerkapital ist ein privatwirtschaftlich-rechtlicher; das Unternehmungskapital ist die Gesamtheit aller einer Unternehmung am Bilanzstichtag zur Verfügung stehenden Kapitalien, die dem Erwerbe dienen: eigene Mittel und Schulden. Man kann unterscheiden: a) feste Kapitalien, über die die Unternehmung dauernd oder verhältnismäßig lange Zeit verfügen kann. Hierher gehören die eigenen Mittel (mit Ausschluß des Bilanzgewinnes) und die festen Schulden; b) veränderliche Kapitalien mit verhältnismäßig kurzer Verfügbarkeit, wie die laufenden Kredite und der Gewinnvortrag. Für die Beurteilung des finanziellen Aufbaues einer Unternehmung ist die Frage nach der Dauer der Verwendbarkeit der Kapitalien in der Unternehmung von größter Bedeutung.

Rückstellungen für Verlustgefahren an bestimmten Vermögensteilen und jenen, die auf der ganzen Unternehmung lasten (Risikorücklagen) in der Jahresbilanz sind steuerpflichtig, auch wenn sie wirtschaftlich als Vorverteilung später tatsächlich eingetretener Verluste oder als Minderwert der Unternehmung berechtigt sind. Beispielsweise: Explosionsgefahr in chemischen Fabriken, Dampfmühlen, Pulverfabriken. Die Einlagen in einen Selbstversicherungsfonds (in Höhe der Prämiensätze der Ver-

---

wiederum von Rücklagen (§§ 237, 245), ohne damit eine grundsätzliche Unterscheidung kennzeichnen zu wollen. Zu den Rücklagen gehört auch die Rückstellung in den gesetzlichen Reservefonds.

sicherungsgesellschaften bei unterlassener Versicherung oder in Höhe des Außenrisikos des Versicherten bei bestimmten Versicherungsarten) sind eine steuerpflichtige Rückstellung aus dem Jahresgewinn, während die Beiträge an die Versicherungskasse eines Industrie-Konzerns oder eine branchenmäßig organisierte Versicherung auf Gegenseitigkeit abzugsfähige Kosten sind. Die Rückstellung für Bergschäden, solche für das Rückzahlungsaufgeld für getilgte Obligationen, für ziffernmäßig noch nicht feststellbare Schäden aus widerrufenen Bestellungen eines Kunden sind Vorverteilung eines Aufwandes, zum Teil echte Schuldposten.

Bei der steuerlichen Beurteilung von Bilanzposten, die als Reservefonds bezeichnet sind, ist die wirtschaftliche Bedeutung zu prüfen, ob sie passive Wertminderungen oder echte Schulden oder eine Vermehrung des Eigenkapitals darstellen; bei unechten Reservekonten ist zu prüfen, ob sie nicht gleichzeitig Rückstellungsbeträge enthalten (gemischte Reservekonten durch Ansetzung übermäßiger Beträge, so beispielsweise beim Garantiefonds aus Lieferungsverpflichtungen, beim Erneuerungsfonds durch Abschreibung von dem höheren Wiederbeschaffungspreis). Die Wohlfahrtsfonds mit einer rechtsverbindlichen Verpflichtung der Unternehmung sind echte Schulden, Rückstellungen ohne Rechtsanspruch sind steuerpflichtige Rücklagen.

B. Die Kapitalseite der Jahresbilanz zeigt den Stand des Unternehmungskapitals für den Bilanzstichtag (nicht aber das Gesamtkapital, das während des Bilanzjahres in der Unternehmung tätig war) und die berechneten Früchte des in der Unternehmung wirksam gewesenen Erwerbskapitals. Durch Vergleichung mit dem Stand zu Beginn des Rechnungsabschnittes ist ersichtlich, ob die Unternehmerarbeit imstande war, die Wertziffer des anfänglichen Unternehmungskapitals zu erhalten, das anfängliche eigene Kapital zu vermehren. Die Jahresbilanz ist eine Rechnung der Unternehmung und nicht des Eigentümers des Unternehmerkapitals. Sie ist hinsichtlich der Vermögensseite eine zweckbestimmte Vermögensermittlungsbilanz (mit Tageswerten nach § 40 oder unter Berücksichtigung anderer Bewertungsgrundsätze, d. h. unter statischem oder dynamischem Einfluß), dort ist das statische Ergebnis der Verwertung des Unternehmungskapitals in Anlage- und Umsatzgütern sichtbar. Es ist jedoch nur selten feststellbar, aus welchen Quellen jene Güter beschafft wurden, ob aus eigenem Kapital oder durch Schulden. Es ist ein Manko der Bilanzrechnung — die nebenbei bemerkt nicht der Darstellung der Finanzgebarung dient —, daß sie über die Verwertung des Unternehmungskapitals, insbesondere des Geldleihkapitals, in der Unternehmung nur unvollkommen Aufschluß gibt. Es sind beispielsweise Warenschulden vorhanden; die Bilanz verzeichnet nur die Tatsache, daß

Verbindlichkeiten in dieser Höhe zu erfüllen sind. Ob die vorhandenen Warenläger aus diesem Stundungskredit stammen, ob sie bereits verkauft und Außenstände an ihre Stelle getreten sind, ob die auf Kredit beschafften Läger wertmäßig sich verändert haben, ist nicht feststellbar.

Die Kapitalseite der Jahresbilanzen für sich betrachtet ist eine statische Kapitalermittlungsbilanz in dem Sinne, daß sie im Ergebnis zeigt, ob der anfängliche Kapitalbestand erhalten geblieben ist, inwieweit eine Ausweitung des Unternehmungskapitals durch Erfolge und durch neues Gläubigerkapital stattgefunden hat. Bildung von „Neukapital" ist Vergrößerung des Kapitalwertes der Vermögensmasse, sei es durch Gewinne (Neukapital im engeren Sinne), sei es durch Zunahme der Schulden. Auf der Kapitalseite stehen zinspflichtige Gläubigerkapitalien (mit festen Kosten, wie Hypotheken und Anleihen, oder mit veränderlichen Kosten, wie Bankschulden), gewinnbeteiligte Schulden, wie Gewinnobligationen und bestimmte Finanzierungskredite und eigenes Kapital durcheinander. Das eigene Kapital der Unternehmung, auf Kapitalkonten verrechnet, wird durch Schulden an die Unternehmer (Darlehn, Gewinngutschrift) und durch Überlassung von Kapitaldispositionen betriebsfremder Wirtschaftseinheiten ergänzt (Darlehnskredite = Leihkapital; Stundungskredite). Dazu kommen gewisse Zahlungsrückstände ohne Kreditcharakter, beispielsweise Lohnschulden.

Die Kapitalseite läßt auch die Kreditfähigkeit der Unternehmung, ihre auf Vermögensbesitz und erfolgreiche Arbeit gestützte nicht bilanzfähige Vermögenskraft, Gläubigerkapital heranzuziehen, nicht erkennen. Die Schuldkapitalien entspringen entweder einer im Markt anerkannten Kreditwürdigkeit, d. h. einem Urteil der Gläubiger, oder es sind „Notkredite", die im Interesse der Erhaltung der Unternehmung und wegen der Ermöglichung der Rückzahlung und Rettung früherer Kredite hingegeben wurden und nicht Ausdruck einer größeren Kreditwürdigkeit sind. Die Kreditfähigkeit einer Unternehmung kann größer sein als die Schulden in der Bilanz erkennen lassen. Es kann eine „Kreditreserve" in dem Mehr der Kreditfähigkeit vorhanden sein, die unter Umständen auf Grund der Bilanz schätzbar ist (vgl. Kreditbilanzen). Das Maximum des einer Unternehmung gewährten Kreditkapitals ist für den Gläubiger die Sicherheit der Rückzahlung des Kapitals nebst Kosten; die Unterlagen oder die Kreditversicherung sind für ihn entscheidend. Über die optimale Grenze des Fremdkapitals für Unternehmungen läßt sich nur Allgemeines aussagen; ob sie überschritten ist, ob Kreditüberspannung vorliegt, müssen die Tatsachen zeigen. Die wirtschaftliche Obergrenze des Gläubigerkapitals wird durch die Kosten des Kreditkapitals, die Sicherheit der Unternehmung und der Rückzahlung bestimmt, also letzten Endes durch die marktbedingte Rentabilität der Unternehmung, die Marktfähigkeit der Unternehmungsleistungen bedingt. Jedes Fremdkapital, dessen Kosten größer sind als der Ertrag, hat seinen Zweck verfehlt. Es muß einer statistischen Gruppenuntersuchung vorbehalten bleiben, festzustellen, wie das Verhältnis zwischen Eigen- und Fremdkapital, das Verhältnis zwischen Anlagevermögen und festen Kapitalien, zwischen Umsatzvermögen und kurzfristigen Verbindlichkeiten, zwischen Anlage- und Umsatzvermögen einerseits und Eigen- und Fremdkapital andererseits in den einzelnen Branchen tatsächlich ist. Der Ablauf der Unternehmungen wird dann zeigen, wo für bestimmte Unternehmungsgruppen ein bestimmtes Verhältnis gesund oder ungesund ist. Rezeptsammlungen lassen sich nicht geben.

Bisher haben wir den Ausdruck Reserven nur für das zusätzliche Kapital bei Gesellschaften mit unveränderlichem Einlagekapital verwendet. Der allgemeine Begriff „Reserven“ bedeutet etwas, worauf man im Notfalle zurückgreifen kann. In diesem Sinne gibt es Kreditreserven (d. i. noch nicht erschöpfter aber zugesagter Kredit oder die noch nicht erschöpfte Kreditfähigkeit der Unternehmung); Geldreserven (vgl. Sachregister); Liquiditätsreserven, das ist die Summe der leicht in Zahlungsmittel umzuformenden Vermögensteile über den Betrag der sofort fälligen und kurzfristigen Verbindlichkeiten; andere Vermögensreserven (Reservegüter), die noch nicht den Betriebszwecken zugeführt sind, z. B. zeitweilig unbeschäftigte Erwerbsmittel, wie die Kapitalanlagen in Wertpapieren; Gewinnreserven an verkaufsbereiten Vorräten mit steigenden Marktpreisen, realisierbare Wertsteigerungen am „ruhenden“ Vermögen.

13. Abschnitt.

Die offenen Reservekapitalien der Aktiengesellschaften.

(Übersicht S. 141.)

Der Nennbetrag des Grundkapitals ist, abgesehen von einer Kapitalherabsetzung oder -erhöhung, unverändert unter die Passiva aufzunehmen (§ 261 Ziff. 5). Daraus folgt, daß auch jede Kapitalansammlung über den Betrag der unveränderlichen Einlage hinaus als Sonderposten in der B. erscheinen muß. Da Aktiengesellschaften regelmäßig eigenes Kapital über den Betrag ihres Grundkapitals ansammeln, zu bestimmten Zwecken und zu künftiger Verwendung zurückhalten (zurückstellen, reservieren), Gewinnanteile von der Verteilung ausschließen und ansammeln müssen, so nennt man diese Teile des Reinvermögens der Aktiengesellschaften Reservekonten, Ergänzungs- oder Reservekapitalien, Reservefonds, Zusatzkapital, Rücklagen. Ein Reservefonds ist somit der Teil des Eigenkapitals der Gesellschaft, der nicht Grundkapital ist.

Übersicht.

	Entstehung	Zweck der künftigen Verwendung [2])	Benennung in der Bilanz (beispielsweise)
I. Gesetzliche Zwangs-Reserve § 262 HGB. (Allgemeine R.) [1])	a) Kapital-R. (§ 262 Ziff. 2, 3); Emissionsagio, Zuzahlungen; b) Gewinnrücklagen, § 262 Ziff. 1.	Deckung einer Unterbilanz	Gesetzliche, ordentliche, Zwangs-Reserve, Reservefonds I, A, Bilanz-R., Kapital-Ergänzungsfonds.
II. Freiwillige Reserven, §§ 214, 213 HGB. (Sonderrücklagen)	Gewinnrücklagen.	a) Allgemeiner Zweck, aus der Benennung nicht ersichtlich; Verwendungszweck absichtlich nicht scharf abgegrenzt, Verfügung durch Aufsichtsrat oder Generalversammlung	Außerordentliche, statutarische, freiwillige Reserve, Reservefonds II, B, Extra-R. Dispositionsfonds.
		b) Deckung bestimmter Kapitalverluste	(Effekten-) Kursverlust-R., Delkrederefonds, Abschreibungsfonds.
		c) Deckung bestimmter Verlustausgaben	Prozeß-R., Agio-R., Garantiefonds, Wohlfahrtsfonds, Haftpflicht-R., Versicherungsfonds usw.
		d) Vermehrung, Zurückhaltung oder Bereitstellung liquider Mittel für bestimmte zukünftige Ausgaben oder andere Zwecke.	(echter) Erneuerungsfonds, Neubau-R., Erweiterungsf., Dividendenergänzungsfonds, Obligationentilgungsfonds.
III. Aktienamortisations-R. § 227 HGB.	Bilanzmäßig notwendig bei der Tilgung von Aktien aus dem Reingewinn: Aktien kapital-Ergänzungsfonds.		

[1]) Neben der für Aktiengesellschaften (Genossenschaften und die Reichsbank) vorgeschriebenen allgemeinen Zwangsreserve sind für bestimmte Unternehmungen noch besondere Zwangs-Reserven anzusammeln, z. B. für Versicherungsbetriebe, für Hypothekenbanken (Pfandbrief-Emissionsagio-R.).

[2]) Manche Reserven dienen statutarisch gleichzeitig mehreren Zwecken; z. B. kann der Dispositionsfonds zur Deckung von Verlusten und außerordentlichen Ausgaben sowie zu Abschreibungen Verwendung finden. Der Erneuerungsfonds kann teilweise Gewinnrücklage, zum Teil Berichtigungs-Konto sein (Amortisations- und Erneuerungsfonds).

Die offenen Reserve-Konten trennt man nach der S. 142 Übersicht in Kapital- und Gewinnreserven. Sämtliche echte Reserven sind eigenes Kapital der Gesellschaft, das weder zinspflichtig noch dividendenberechtigt ist. Sie dienen der Sicherung des Erträgnisses und des Grundkapitals, der Stärkung der eigenen verantwortlichen Mittel gegenüber den fremden Kapitalien, der Fürsorge für künftige Ergänzungen und Erweiterungen der Anlagen, zur Deckung außerordentlicher Verluste, Erweiterung der Kreditbasis. Darin liegt ihre wirtschaftliche Bedeutung [1]).

A. Der gesetzliche Reservefonds, Zwangs-Reservefonds nach § 262 HGB.

Die Aktiengesellschaften [2]) sind verpflichtet, vom jährlichen Reingewinn (nicht vom Bilanzreingewinn) mindestens $\frac{1}{20} = 5\%$ zurückzuhalten, bis der Reservefonds $\frac{1}{10}$ oder den im Gesellschaftsvertrag bestimmten höheren Teil des gezeichneten (nicht des eingezahlten) Grundkapitals erreicht (Gewinnrücklage durch ordentliche jährliche Dotierung). Staub (Kommentar II S. 412) will den Bilanzgewinn der Rechnung zugrunde legen; die Praxis jedoch zieht regelmäßig den Gewinnvortrag aus dem Vorjahre ab, berechnet ihn also „vom jährlichen Reingewinn" (auch § 262 spricht „vom jährlichen Reingewinn", hingegen § 261 Z. 6 von dem aus der Vergleichung der Aktiva und Passiva sich ergebenden Gewinn). Diese zwangsweise Kapitalansammlung über das Nominalkapital, diese Selbstbesteuerung des jährlichen Reingewinns wird durch Verlustjahre unterbrochen, ebenso durch die gesetzmäßige Verwendung des Reservefonds, ohne daß das Versäumte durch verstärkte Dotierung nachzuholen ist [3]).

Der Betrag, der bei der Errichtung der Gesellschaft (Gründungsreserven) oder bei der Erhöhung des Grundkapitals durch Ausgabe der Aktien für einen höheren als den Nennbetrag (Aufgeld = Agio) über diesen Betrag und über den Betrag der durch Ausgabe der Aktien entstehenden Kosten hinaus erzielt wird, ist der gesetzlichen Reserve zuzuführen (Kapitalreserve, Agioreserve, außerordentliche fallweise Dotierung), auch dann, wenn die Zwangsreserve den gesetzlichen oder statutarischen Höchst-

---

[1]) Vgl. Steinitzer, Ökonomische Theorie der Aktiengesellschaften. Leipzig 1908. Petrazycki, Aktienwesen und Spekulation. Berlin 1906.

[2]) und die Kommandit-Aktiengesellschaften; auch die eingetragenen Genossenschaften sind verpflichtet, einen Reservefonds zu bilden (§ 7 Genossenschaftsgesetz).

[3]) Z. B.:
1. Jahr Reingewinn 200, Auszahlungsbetrag 190, Res.-Dot. 10.
2. „ Bilanzverlust 20, Auszahlungsbetrag —, Res.-Dot. —
3. „ Reingewinn 48, Auszahlungsbetrag 45,6, Res.-Dot. 2,4.

betrag bereits erreicht oder überschritten hat. Diese Vorschrift ist natürlich, weil andernfalls als Dividende das wieder zurückgezahlt werden würde, was die Aktionäre zur Kapitalvermehrung beigetragen haben [1]). Wie die Aufzahlungen, sind auch die Zuzahlungen der Aktionäre (bei der Umwandlung in Vorzugsaktien ohne Erhöhung des Grundkapitals) oder Zuzahlungen der Gründer im Interesse der Gesellschaft zu behandeln, die ohne Erhöhung des Grundkapitals gegen Gewährung von Vorzugsrechten für die Aktien geleistet werden, falls nicht eine andere Verwendung, beispielsweise außerordentliche Abschreibung, Deckung außerordentlicher Verluste, beschlossen wird. Doch kann die Generalversammlung beschließen, daß solche Zuzahlungen sofort zur Deckung außerordentlicher Verluste oder zu außerordentlichen Abschreibungen verwendet werden sollen; dann sind sie nicht der Reserve zuzuführen.

Bei der Gründung von Versicherungsaktiengesellschaften hat sich die Gepflogenheit herausgebildet, einen sogenannten Organisationsfonds zu schaffen und diesen durch vertragsmäßige à fonds-perdu-Zahlungen der Aktionäre aufzubringen. Dadurch sollen Mittel bereitgestellt werden, die zur Errichtung und zum Aufbau des Geschäftes in den ersten Jahren notwendigen Aufwendungen zu decken. Solche Beiträge sind Sonderleistungen der Aktionäre und nicht Aufgeld im Sinne des § 262 Ziff. 2, demnach auch nicht dem gesetzlichen Reservefonds zuzuführen. (Vgl. Gutachten des Reichs-Aufsichtsamtes für Privatversicherung, zitiert im Berliner Tageblatt vom 22. Dezember 1911.)

Agio- und Zuzahlungsreserven sind außerordentliche Kapitalvermehrungen, Einzahlungen über den Betrag des Grundkapitals hinaus und nicht Gewinn. Ihre Einstellung in die B. schließt Beträge von der Verteilung an die Aktionäre aus, Beträge, die ihrer Natur nach nicht verteilt werden können. Die Emissionskosten neuer Aktien werden vom Emissionsagio in Abzug gebracht, bei der Ausgabe zum Nennwert unter den laufenden Unkosten verrechnet.

Die gesetzliche Reserve dient ausschließlich zur Deckung eines aus der Bilanz sich ergebenden Verlustes, einer Unterbilanz, nicht zur Deckung (Abbuchung) außerordentlicher Verluste (z. B. Unterschlagungs-, Kursverluste), die im Laufe des Jahres eingetreten sind [2]), ohne daß sie am Schluß des Jahres als Unterbilanz erscheinen. Eine solche gesetzwidrige Verwendung der Zwangsreserven, die durch Vergleichung der Bilanzen zweier aufeinanderfolgender Jahre festzustellen ist, wäre Benutzung zur Dividendenzahlung. Sie ist aber zulässig, wenn die Satzungen eine Spei-

[1]) Wie Agiobeträge dem Reservefonds entzogen wurden, vgl. Dalberg in der Leipziger Zeitschr. f. Handelsrecht, 1913, Nr. 12.

[2]) Vgl. Motive zur Aktiennovelle 1884, S. 266.

sung der gesetzlichen Reserve über den gesetzlichen Betrag hinaus vorsehen und wenn dieser Betrag bereits überschritten ist [1]).

Wenn beispielsweise die Satzungen eines Aktienvereins eine gesetzliche Reserve bis 15% des Grundkapitals vorschreiben, tatsächlich bereits 18% angesammelt wurden, so kann eine Generalversammlung nicht ohne weiteres beschließen, 5 oder 8% einem Spezial-Reservefonds zuzuführen, d. h. eine gebundene in eine beliebig verfügbare Rücklage umzuwandeln, oder durch Satzungsänderung beschließen, daß die gesetzliche Reserve nunmehr nur 10% betragen solle, wenn von den 18% der Rücklage beispielsweise infolge Begebung junger Aktien über 100% etwa 12% aus Emissionsagio stammen. Die Agio-Reserve darf unter keinen Umständen anders verwendet werden als zur Deckung eines Bilanzverlustes, selbst dann nicht, wenn die gesetzliche Reserve 10% des Grundkapitals überschreitet. Jede andere Verwendung ist gesetzlich unzulässig. Im Zahlenbeispiel könnten höchstens 6% der gesetzlichen Rücklage einem Spezial-Reservefonds zugeführt werden.

Die „Verwendung" der Reserve zur Deckung einer Unterbilanz [2]) besteht in einer Aufrechnung bzw. Abbuchung des Bilanzverlustes gegen die Reserve; ist kein Reservefonds vorhanden, muß der Bilanzverlust vorgetragen werden und ein späterer Reingewinn zunächst zur Tilgung der Unterbilanz Verwendung finden. Die Aufrechnung gegen die gesetzliche Reserve ermöglicht die Verteilung eines späteren Reingewinns, da von diesem nur $^1/_{20}$ zurückzustellen ist. Wenn die gesetzliche oder satzungsgemäß bestimmte Grenze erreicht, der Reservefonds aber durch Verluste unter diese Grenze herabgesunken ist, tritt die Verpflichtung des Gewinnabzuges ($^1/_{20}$ des jährlichen Reingewinnes) wieder ein.

Bilanz am 31. 12. 1929

Aktiva	36	Schulden	15
Verlust	1	Grundkapital	20
		Reserve	2

Bilanz nach Verwendung der Reserve

Aktiva	36	Schulden	15
		Grundkapital	20
		Reserve	1

Die „Abschreibung" von der Zwangsreserve bringt zum Ausdruck, daß ein Teil der Kapitalvermehrung, also des Zusatzkapitals, verbraucht ist. Aktiva und Schulden bleiben unberührt, der Bilanzwert einer Aktie unverändert (hier 105%). Der Einzelunternehmer würde den Verlust vom Kapital-Konto abschreiben.

---

[1]) Passow, Bilanzen, S. 277 und die dort zitierte Entscheidung (Reichsgericht, Bd. 28, S. 45).

[2]) Falls freiwillige Reservekonten vorhanden sind, können auch sie, allein oder mit dem Zwangs-Reservefonds, zur Deckung herangezogen werden.

B. Freiwillige Gewinnrücklagen.

Grundsätzlich ist der Reingewinn der B. verteilbar. Infolge gesetzlicher (§ 262) oder satzungsgemäßer (§ 213) Vorschriften kann der bilanzmäßige Reingewinn teilweise zurückgehalten werden; die Generalversammlung kann beschließen, den ganzen Reingewinn unverteilt vorzutragen. Der Zweck der Gewinnrücklage ist nebensächlich. Er ergibt sich aus den Bestimmungen der Satzungen oder dem seiner Errichtung zugrunde liegenden Beschluß. Reserven im allgemeinen sind Sicherheits- und Vorsichtsfonds. Jedenfalls bedeutet jede Gewinnrücklage eine dauernde oder vorübergehende Vermehrung des Kapitals der Unternehmung über den Betrag des Grundkapitals hinaus. Ein verteilungsfähiger Betrag wird in eigenes Kapital verwandelt. Es können bestimmte Gewinne, z. B. Effektenkursgewinne, Gewinne durch Pfandbriefverkauf (Agio), oder es kann ein bestimmter Teil des Reingewinns zurückgestellt werden. „Zurückstellen" ist ein rein buchtechnischer Vorgang; die Gewinnrücklage wird vom Reingewinnkonto abgeschrieben und dem betreffenden Reservekonto zugeschrieben.

Durch einfachen Generalversammlungsbeschluß kann ein Reservefonds nicht geschaffen werden. An den durch Satzungen festgelegten Verteilungsmodus ist die Generalversammlung gebunden [1]). Doch kann der Gesellschaftsvertrag bestimmen, daß die Generalversammlung nach freiem Ermessen über die Verwendung des Reingewinns bestimmt oder befugt ist, einen Teil von der Verteilung auszuschließen. Häufig kann nur der Aufsichtsrat über die Bildung besonderer Rücklagen beschließen, in andern Fällen nur die Generalversammlung auf Antrag des Aufsichtsrats [2]).

Eine freiwillige Rücklage kann während des Bilanzjahres gespeist oder verwendet werden, so daß Zuweisung und Abbuchung in der Schlußbilanz nicht unmittelbar, aber durch Vergleichung der B. mittelbar ersichtlich sind. Speisung und Verwendung können, richtig, in der Vermögens- und in der Ertragsbilanz bzw. in der Gewinnverteilung deutlich zum Ausdruck kommen.

Ist die Speisung einer freiwilligen Reserve in der Bilanzvorlage bereits vollzogen, vermehrt sie die Bestandszahl des Vorjahres und erscheint mit dem Betrage der Zuweisung in der Gewinn- und Verlustrechnung des Dotierungsjahres (an Spezialreserve, Zuweisung M. . . .). Das Ergebnis dieser Rechnung ist dadurch verschleiert und widerspricht dem §261 Ziff. 6 HGB. Die Bilanzen zeigen nicht den Reingewinn, sondern einen geringeren, fälschlich als Reingewinn bezeichneten Restbetrag.

Richtig ist die Speisung aus dem bilanzmäßig berechneten Rein-

---

1) Entsch. des Reichsgerichts Bd. 40, S. 35.
2) Anderer Meinung Passow, Bilanzen, S. 285.

gewinn und Berücksichtigung im Verteilungsvorschlag, so daß der Überweisungsbetrag erst in der folgenden Jahresbilanz erscheint, in der Gewinn- und Verlustrechnung überhaupt nicht, weil es nicht üblich ist, die Gewinnverteilung auch auf diesem Konto des Verteilungsjahres zu veröffentlichen. Gelegentlich kommt auch eine geheime Dotierung einer offenen Reserve vor; z. B. eine Gesellschaft erzielt aus dem Verkauf eines von ihr geheim gehaltenen Fabrikationsverfahrens eine Einnahme von 100 000, die sie dem Spezialreservefonds unmittelbar zuführt (Konto für Lizenzgebühren an Spezialreserve), die Speisung ist nur durch Bilanzvergleichung zu ermitteln.

Bestand am 30. Juni 1929	345 000
Zuweisung aus dem Reingewinn 1929	200 000
Sollbestand am 30. Juni 1930	545 000
Tatsächlicher Bestand	645 000
„Stille“ Zuweisung	100 000

Die Verwendung einer Reserve kann in den Bilanzen oder im Geschäftsbericht ersichtlich gemacht werden, z. B.:

Bilanz, Passiva

Reservefonds	486 750	
÷ Verwendung	173 000	313 750.

Oder:

Aktiva		Passiva		
		Reserve-Konto		
		Bestand	1 716 751	
Gewinn- u. Verlust-Konto:		÷ Verlust	1 616 751	
Verlust	1 616 751			100 000
÷ Reservefonds-Konto:				
Deck. a. d. Reserve	1 616 751			

Oder:

Maschinen-Konto	28 375	
÷ Abschreibung aus der Spezialreserve	8 375	20 000

Oder: „Wir schlagen vor, aus dem angegebenen Reingewinn

von		ℳ 744 955,16
4% des Aktienkapitals von ℳ 16 918 800 als Dividende an die Aktionäre zu verteilen =		„ 676 752,00
es bleiben		ℳ 68 203,16
Hiervon 8% für den Aufsichtsrat	ℳ 5456,25	
und 7% für die Beamten	„ 4774,22	„ 10 230,47
Da die verbleibenden		ℳ 57 972,69
nicht hinreichen zur Verteilung des an der statutarischen Mindestdividende von 5% fehlenden 1% =		„ 169 188,00
so sind dem Dividenden-Ergänzungsfonds		ℳ 111 215,31

zu entnehmen“.

Die Verwendung [1]) freiwilliger Rückstellungen äußert verschiedene Wirkungen, je nach der Art der Reserve und der Verbuchung ihrer Verwendung:

a) Verlustreserven. Angenommen, eine Bank hätte auf Effektenkonto einen Verlust von 3000. Ist keine Reserve vorhanden, so mindert dieser Kapitalverlust das Jahreserträgnis und erscheint im Debet der Erfolgsbilanz (an Effektenkonto, Kursverlust). Ist eine Rücklage vorhanden, mindert dieser Verlust das Reinvermögen und wird vom Reservenkonto, also einem Teil des Reinvermögens, und nicht vom Gewinn abgeschrieben. Im ersten Falle steht den Aktionären eine geringere Verteilungssumme zur Verfügung, im zweiten werden frühere Gewinne zur Deckung herangezogen, der Verlust bleibt auf das Erträgnis des laufenden Jahres unwirksam. Eine Verminderung der Aktiva vermindert auch den Reingewinn. Ist nun ein Reservekapital auf der Passivseite vorhanden und vermindert man gleichzeitig das Reservekonto um denselben Betrag, so bleibt der Reingewinn unberührt.

Bilanz

Effekten	500 000	Spezialreserve	26 000
÷ Kursverlust	3 000	÷ Entnahme	3 000
	497 000		23 000

Ob die Verwendung der Verlustreserve, d. h. die Deckung eines Verlustes aus einer Gewinnrücklage in der B. ersichtlich gemacht wird, hängt von der Art der Verbuchung ab.

1. Man kann den Verlust unmittelbar abbuchen (Kursverlust-Reserve an Effektenkonto), dann tritt er in der Erfolgsbilanz nicht in Erscheinung. Man läßt den Verlust verschwinden, verstärkt mittelbar den Reingewinn. In der Vermögensbilanz soll man die Verwendung durch Absetzung des verwendeten Betrags von der Reserve, deutlicher noch auch durch Absetzung von dem betreffenden Aktivposten klarstellen (siehe oben).

2. Verlust und Deckung aus der Verlustreserve können auch in der Gewinnrechnung wie folgt erkenntlich gemacht werden:

Verluste		Gewinne	
Kursverlust auf Effekten (An Effekten-Konto)	3000	Deckung aus d. Reservefonds (Per Spezialreserve-Konto)	3000

3. Eine dritte Möglichkeit ist die, den Verlust als Minderungsposten des Reingewinns wie üblich in der Erfolgsbilanz zu buchen (Gewinn- und Verlust an Effektenkonto), im Gewinnverteilungsvorschlag den Bilanzreingewinn durch Entnahme des Kursverlustes aus der Rücklage um

[1]) Darüber vgl. Simon, Bilanzen, S. 259 ff.

diesen Betrag zu erhöhen und dann erst abzubuchen (Kursverlustreserve an Gewinnverteilungs-konto).

Die Verwendung kann in der Bilanzvorlage bereits berücksichtigt sein oder sie wird erst im Bilanzjahr der Beschlußfassung wirksam, je nach dem Verfügungsrecht über die Rücklage. Steht dieses nur der Generalversammlung zu, soll die Verwendung einer Rücklage im Verteilungsvorschlag bzw. im Geschäftsbericht vorgeschlagen, aber erst im folgenden Bilanzjahr verbucht werden. Doch scheint in diesem Falle auch das erste Verfahren gerechtfertigt, wenn die Bilanzvorlage die Verwendung bereits berücksichtigt, sie klar und ohne Verschleierung darstellt, auch der Geschäftsbericht auf die Verwendung hinweist. Wir meinen, daß über die Verwendung einer von der Generalversammlung auf Grund statutarischer Rechte zur Verfügung des Aufsichtsrats geschaffenen Gewinnrücklage der Generalversammlung zu *berichten* ist. Behält sich die Generalversammlung die Verfügungsgewalt über eine Rücklage vor, hat sie über die Verwendung zu *beschließen* [1]).

b) *Reserven zur Deckung bestimmter Verlustausgaben.* Dienen die angesammelten Gewinnrücklagen zur Deckung bestimmter Ausgabenverluste (z. B. Unterstützungen), so können die ausgezahlten Beträge unmittelbar vom Reservekonto abgeschrieben werden (Unterstützungsfonds an Kasse, oder: Ausgabenkonto an Kasse, Reservekonto an Ausgabenkonto). Es ist unnötig, die Ausgaben zunächst über die Gewinnrechnung zu führen und dann die Deckung zu buchen oder zu beschließen. Zweck solcher Reserven ist, die Ausgabenverluste nicht aus dem Ertrag des laufenden Jahres, sondern aus den Überschüssen der Vorjahre zu bestreiten. Die Verwendung einer Gewinnrücklage für solche Zwecke läßt sich durch Vergleichung der Bilanzzahlen feststellen.

c) Eine eigenartige Wirkung zeigt die Verwendung einer *Ausgabenreserve*, wenn durch die Ausgaben Vermögensobjekte erworben werden, z. B.: Ein Neubau kostet $^1/_2$ Mill.

I. Keine Spezial-Reserve vorhanden:

Anlagen	30	Grundkapital + Reserve I	36
Liqu. Mittel	9	Reingewinn	3

Nach Erweiterung und nach Auszahlung des Gewinnes:

Anlagen	30½	Grundkapital + Reserve I	36
Liqu. Mittel	5½		

II. Es ist eine Neubau-Reserve vorhanden; die Ausgaben werden unmittelbar vom Reservekonto (an Kasse) abgeschrieben.

[1]) Vgl. auch „Mitteilungen über den 50. Genossenschaftstag, Berlin 1910, S. 353 ff.

Anlagen	30	Grundkapital + Reserve I	35
Flüssige Mittel	9	Neubau-Reserve	1
		Reingewinn	3

Nach dem Neubau und der Dividendenzahlung:

Anlagen	30	Grundkapital + Reserve I	35
Flüssige Mittel	5½	Neubau-Reserve	½

Diese in der Bilanzpraxis beliebte Methode (II) gibt die Vermögenslage unrichtig an, schafft durch Umwandlung einer offenen eine stille Reserve in der Höhe der Ausgaben. Die Vermehrung des Anlagevermögens ist nicht dargestellt. Berichtigt man diese Fehler durch Verbuchung des Zuganges auf dem betreffenden Anlagekonto, dann bleibt die Neubaureserve ihrem Betrage nach unverändert; die Gewinnrücklage ist dann eine dauernde Zurückstellung. Bucht man die Neubaukosten von der Reserve ab, so wird der Betrag zur Verfügung (Ausschüttung oder anderen Verwendung) der Gesellschaft frei. Man kann demnach den Vermögenszugang auf Anlagekonto buchen und die Reserve unberührt lassen, oder man trennt einen gleich hohen Betrag von der Ausgabenreserve ab, führt ihn einer anderen Reserve zu oder bringt ihn durch Verbuchung auf Gewinn- und Verlustkonto zur Ausschüttung. Endlich könnte man den Zugang sichtbar auf Anlagekonto zuschreiben, ihn mit ungefähr 100% abschreiben und die Abschreibung aus der Ausgabenreserve decken.

Fischer, Bilanzwerte II S. 366, 405, bezeichnet Verlust- und Ausgabenreserven als „qualifizierte", „bedingte" Gewinnreserven; es müssen bestimmte Minderungen des Reinvermögens stattgefunden haben, wenn solche Reserven zur Gewinnverteilung herangezogen werden sollen (gebundene Reserven). Es ist aber vorgekommen, daß der Zweck einer Reserve geändert wird, daß Umbuchungen auf andere freie Reserven stattfinden, daß qualifizierte Reserven anderen Zwecken dienen usw. Freiwillige Gewinnrückstellungen dienen in letzter Linie mittelbar der Dividendenergänzung, der Zurückhaltung flüssiger Mittel, der Erhöhung der Zahlungsbereitschaft der aktiven Vermögensmasse [1]). Auch die gesetzliche Reserve kann Ursache einer späteren Gewinnverteilung werden: Wenn die Unterbilanz aus der Zwangsreserve „gedeckt" wird, kann der Gewinn des folgenden Jahres zur Verteilung kommen (Fischer, II S. 409). Demnach ist keine Reserve der Gewinnverteilung unwiderruflich entzogen.

[1]) Der Neubau- oder Erweiterungsfonds ermöglicht die Erweiterung bzw. Erneuerung der Anlagen ohne Aufbringung neuer Mittel und sichert dem Unternehmen Barmittel, wenn der Vermögenszuwachs zur Beschaffung flüssiger Werte Verwendung gefunden hat.

Der Tilgungsfonds ist ein Ersatzfonds, richtiger als Erhaltungskonto für flüssige Mittel bezeichnet, um jenen Betrag von der Gewinnauszahlung auszuschließen, der infolge der Tilgung (= Rückzahlung) fremder Gelder aus den eigenen Mitteln mit diesem Betrage die eigene Vermögensmacht schwächen würde; zweckmäßig ist seine spezielle Deckung.

Reserven sind auch bei Einzelkaufleuten und bei der offenen Handelsgesellschaft zu finden. Beim Einzelkaufmann sind Reserven weiter nichts als Teile des Kapitalkontos, eine überflüssige Trennung des Schlußkapitals in zwei Posten. Reserven, besonders die Verlustreserven der offenen Handelgesellschaft, sind es äußerlich auch; wirtschaftlich bedeutet die Zurückstellung eines Teilgewinnes eine Selbstbesteuerung des verteilbaren Reingewinns zwecks Tragung eines voraussichtlichen Verlustes auf gemeinsame Rechnung ohne Inanspruchnahme des Kontos der Gesellschafter. Die Verluste des abgelaufenen Bilanzjahres werden gegen Gewinne aus früheren Jahren aufgerechnet und dadurch auf das Erfolgsergebnis des abgelaufenen Bilanzjahres unwirksam.

Das Bedürfnis nach Rückstellungen ist individuell verschieden nach Geschäftszweig, Konjunktur, Zeitverhältnissen u. a. m. Wirtschaftlich entscheidend ist die Größe der Gefahr, die der Ertragswirtschaft der Unternehmung in Zukunft droht; Rückstellungen sind Gewinn- und Verlustausgleichsposten mehrerer Bilanzjahre.

Die Kritik der Reservekapitalien hat zu berücksichtigen: die Zeit, innerhalb der die Ansammlung erfolgt ist, und die Zusammensetzung der gesetzlichen Reserve, ob diese durch Aufgeld oder durch Gewinnrücklagen entstanden ist. Die Agioreserve ist eine Kapitalvermehrung aus den Taschen der Aktionäre, Gewinnrücklagen sind Teile des von der Unternehmung produzierten Kapitals. Zweckmäßig wäre eine gesetzlich vorgeschriebene Trennung der Quellen der Zwangsreserve [1]) [2]).

Der sogenannte Pensionsfonds [3]) kann sein 1. eine Rücklage wegen beabsichtigter Gründung eines solchen (steuerpflichtige Rücklage), oder 2. eine Schuld der Gesellschaft auf Grund eingegangener Verpflichtungen zur Pensionszahlung. Die Pensionskasse kann ein selbständiges Rechtssubjekt sein; die Überweisungen der Gesellschaft sind steuerfrei, ob sie auf Grund einer Verpflichtung oder freiwillig erfolgen. Das Vermögen der Kasse gehört nicht in die Bilanz. Gehört das Vermögen der Pensionskasse

---

[1]) So bilanzierte der Wiener Bankverein: Reservefonds aus Kapitalvermehrungen 1899, 1905 und 1906 Kr. 16,104 Mill.; Reservefonds I usw.

[2]) Wegen einer Verschleierung der Verwendung vgl. S. 146. Bei einer Bilanzvergleichung ist der Sollbestand (Bestand + Zuweisung aus dem Reingewinn des Vorjahres) dem Istbestand in der vorliegenden Schlußbilanz gegenüberzustellen.

[3]) Götze, Die Rechtsverhältnisse der Fabrikpensions- und Unterstützungskassen. Berlin 1910.

der Gesellschaft, ist sie also kein selbständiges Rechtssubjekt, besteht aber eine Verpflichtung gegenüber den Angestellten, dann sind Zuwendungen steuerfrei. Besteht aber keine Verpflichtung zur Pensionszahlung, sind die Überweisungen steuerpflichtig. Gezahlte Pensionen rechnen als Betriebsausgaben, die, wenn sie einem Fonds entnommen wurden, bei der Besteuerung abgezogen werden können.

Der *Gewinnvortrag* als Gewinnrest zur Vermeidung unbequemer Bruchteile der Dividenden ist ein Reservekonto, eine Gewinnrücklage, die den Überschuß des nächsten Jahres vermehrt. Er ist eine Art Dispositionsfonds, über den die nächste Generalversammlung verfügt, kann aber auch eine dauernde Gewinnrücklage mit annähernd konstanter oder alljährlich zunehmender Höhe des Betrages sein. In anderen Fällen stellt er einen Dividendenergänzungsfonds in alljährlich schwankender Höhe dar.

C. Die *Verminderung des Aktienkapitals* kann, abgesehen von hier nicht interessierenden Fällen, erfolgen durch Herabsetzung des Grundkapitals als *Sanierungsmaßregel*, um einen Bilanzverlust aus der Welt zu schaffen; durch *Rückkauf* von Aktien, insbesondere wenn sie unter Hundert notieren; durch *Auszahlung* im Falle der Liquidation einer Gesellschaft, durch *Rückzahlung* des Grundkapitals, wenn beispielsweise Teile des Kapitals überflüssig geworden sind. Auf diese Formen kommen die Bestimmungen der §§ 288—291 HGB. zur Anwendung. Abgesehen von der Herabsetzung des Grundkapitals durch Zusammenlegung oder Abstempelung bedingt jede andere Minderung des Grundkapitals auch eine Veränderung der Vermögensmasse.

Die *Einziehung* oder Amortisation *von Aktien* durch Auslosung, Kündigung (im Gesellschaftsvertrage vorgesehen bei Heimfallunternehmungen [Zwangsamortisation] oder durch Ankauf von Aktien [freiwillige Amortisation]) nach den Bestimmungen des § 227 HGB. (die Einziehung als Sanierungsmaßregel unterliegt den Bestimmungen für die Herabsetzung des Grundkapitals) darf nur aus dem nach der jährlichen B. verfügbaren Gewinn erfolgen. Nehmen wie ein Beispiel:

Bar 22	Grundkapital	16	Nach der Einziehung:		
	Reserve	1,6	Bar 20	Kapital	14
	Schulden	0,4		Tilgungsfonds	2
	Reingewinn	4		Reserve	1,6
				Schulden	0,4
				Reingewinn	2

Vom Reingewinn sollen 2 Millionen Mark zur Einziehung von Aktien verwendet werden. Der Reingewinn kann verteilt werden, zur Auszahlung kommen, kann zur Erhöhung des eigenen Kapitals durch Rückstellung, *aber niemals zur Schuldentilgung* oder *zur Verminderung des Aktienkapitals verwendet werden.* Das Reinvermögen kann durch

Verlust vermindert, durch Gewinn nur erhöht werden. Schuldentilgung und Aktieneinziehung aus dem Reingewinn verkürzen die Gewinnanteile der Unternehmer und müssen zur Bildung von Reservekapitalien, d. h. zur Vermehrung des eigenen Kapitals führen. Nun sagt die Denkschrift zum HGB. S. 148: „Erfolgt die Amortisation aus dem Jahresgewinn, so ist in der folgenden B. entweder das unveränderte Grundkapital [1]) oder neben dem verminderten Grundkapital ein dem Nennbetrag der eingezogenen Aktien entsprechender besonderer Posten unter die Passiva aufzunehmen," ein Aktienkapitalergänzungsposten (Aktienamortisationsfonds, Aktientilgungsfonds) als Ersatz des Grundkapitals wie folgt:

Passiva.			
Aktien-Kapital-Konto:			
Buchbestand am 1. Jan. 1919	4 546 400		
Amortisiert 1919	62 400	4 484 000	
Amortisations-Konto:			
Buchstand 1. Jan. 1919	453 600		
Amortisiert 1919	62 400	516 000	5 000 000
Aktien-Einlösungs-Konto			800

Dieser bilanzmäßig notwendige Posten bewirkt, daß ein der Aktientilgung entsprechender Betrag von der Verteilung als Gewinn ausgeschlossen wird. Für das Bilanzjahr, dessen Gewinne zur Tilgung herangezogen wurden, werden die liquiden Mittel durch Auszahlung der Aktienbeträge vermindert; gleichzeitig wird durch Rückstellung aus dem Jahresgewinn ein gleich hoher Betrag als Ersatz für die geleistete Rückzahlung festgehalten. Die Aktieneinziehung geht zu Lasten des auszahlungsfähigen Reingewinns, das ursprüngliche Kapital bleibt trotz der Heimzahlung erhalten. Die zur Kapitalbildung aus Überschüssen verwendeten Beträge sind übrigens auch steuerpflichtig.

In einem Falle verbuchte eine Aktiengesellschaft die jährliche Schuldentilgung mit 25 000 M. (Kapitaltilgung 5200, Kapitalzinsen 19 800) unter „Unkosten". Soweit die Zinsen in Betracht kommen, liegt eine Bilanzverschleierung vor; auch ein Darlehn von 500 000 war unter den Kreditoren verrechnet. Die Tilgungsquote als Unkostenbuchung bewirkt Ansammlung einer „stummen" Reserve, da man die Darlehnsschuld in der B. unverändert ließ. Eine offene Reserve wäre vorhanden gewesen, wenn die Darlehnsschuld als solche mit dem verminderten Betrag und ein Til-

[1]) Man kann auch bilanzieren: Grundkapital .... | 16 Mill.
davon amortisiert 2 Mill.

gungsfonds im ersten Tilgungsjahre mit 5200 M. als Gewinnminderungsposten in die B. eingestellt worden wäre.

Eine elektrische Straßenbahn (Heimfallunternehmung) verrechnete die Tilgung von Obligationen einmal in der Gewinn- und Verlustrechnung (an Obligationenkonto), dann auch auf dem Bahnanlagekonto als Abzug für „planmäßige Tilgungsquoten auf das Obligationenkapital", d. h. sie schuf einen Reservefonds in Höhe der Tilgung.

Die Anlegung der Reservekapitalien.

Eine Einzelunternehmung beginnt den Betrieb mit einer Einlage von 100. Das erste Bilanzjahr zeigt ein Eigenkapital von 120.

Aktiva	200	Schulden		80
		Einlage	100	
		Gewinn	20	
		Kapital		120
				200

Die B. des Einzelkaufmanns trennt Anfangskapital und Kapitalzuwachs gewöhnlich nicht. Das schließliche Reinvermögen ist ein Subtraktionsergebnis, dessen Reellität von der richtigen Bewertung der Aktiva und der Vollständigkeit der Schulden abhängig ist. Weder das Kapital noch der Gewinn sind als Vermögenskomplexe selbständig vorhanden.

Den Vermögenszuwachs kann der Einzelunternehmer zur Stärkung der Betriebsmittel im Geschäft belassen oder dem Geschäft entziehen und seinem Privatvermögen überweisen, wodurch die ursprüngliche Kapitaleinlage unverändert bleibt. Endlich kann der Unternehmer sich die Verpflichtung auferlegen, den Vermögenszuwachs in Effekten „anzulegen", diese im Geschäft zu belassen, aber nicht anzugreifen. Sind genügende flüssige Mittel in der Höhe des Vermögenszuwachses nicht vorhanden, müßte der Geschäftsherr andere Aktiva veräußern, um seinen Entschluß durchführen zu können. Er würde in diesem Fall seine Zahlungsbereitschaft vermindern, hätte aber das Prinzip gerettet. Die angeschafften Wertpapiere bilden einen wirklichen „Fonds", eine selbständig vorhandene Vermögensmasse, die zur Verfügung des Unternehmers bleibt.

Der Vermögenszuwachs, der Rein- oder Restgewinn, ist nur selten in barem Geld vorhanden, sondern steckt in den einzelnen Vermögensteilen; wo, läßt sich zahlenmäßig genau nicht bestimmen. Die Vergleichung der B. zweier aufeinanderfolgender Jahre gibt einige Anhaltspunkte.

Es ist eine oft erhobene und ebenso häufig bekämpfte Forderung, die gesetzlichen Reserven der Aktiengesellschaften gesondert anzulegen, d. h. festzulegen in mündelsicheren Wertpapieren, in Grundstücken, und einen

„eisernen Fonds“ zu schaffen, der, der freien Verfügung des Vorstandes entzogen, katastrophale Zusammenbrüche der Aktiengesellschaften für die Außenstehenden weniger empfindlich werden läßt.

Das HGB. enthält keinerlei Bestimmungen über die Anlegung, definiert den Begriff „Reservefonds“ nicht und formuliert nur den Zweck der Zwangsreserven in § 262 Abs. 1. Jeder Reservefonds [1]) ist unter die Passiva aufzunehmen (§ 261 Ziff. 5), eine für Nicht-Kaufleute unverständliche Bestimmung; ein „Fonds“ muß naturgemäß mit seinem Bestand auf die Aktivseite zu stehen kommen.

Der Reservefonds ist ein Teil des Eigenkapitals der Aktiengesellschaften und erscheint wie dieses auf der Passivseite. Die Einstellung des Reservefonds verhindert die Verteilung eines gleich hohen Betrages an die Aktionäre. Grundkapital und Reserven haben Saldocharakter. Dies vorausgesetzt, ist jeder Reservefonds „gedeckt“. Ein Vermögenszuwachs ist in den Aktivbeständen vorhanden, dient zur Vergrößerung und Vermehrung von Anlage- und Umsatzgütern, die gesamte Vermögensmasse hat zugenommen bzw. die Schulden haben abgenommen. Die „Anlegung“ des aus der werbenden Tätigkeit der Unternehmung resultierenden, von der Verteilung an die Aktionäre aus wirtschaftlichen Gründen ausgeschlossenen Vermögenszuwachses in besonderen Aktivwerten hat die Bedeutung, daß die Aktivmasse eine ganz bestimmte Zusammensetzung zeigen soll. Unter den Aktiven sollen Wertpapiere oder Grundstücke in der Höhe vorhanden sein, die dem bisherigen Vermögenszuwachs ungefähr entspricht. Dieser Vermögensteil ist der freien Verfügung des Vorstandes entzogen, von der Verwendung im Geschäftsbetriebe ausgeschlossen, ist festgelegt und kann erst, ganz oder teilweise, liquidiert werden, wenn ein Bilanzverlust nachgewiesen ist.

Eine Unternehmung wird in eine Aktiengesellschaft mit einem Grundkapital von 10 Millionen Mark umgewandelt; die Aktien werden mit 110% begeben. Die Aufzahlung soll zur Beschaffung von Betriebsmitteln dienen, gleichzeitig soll der Zwangsreservefonds aufgefüllt sein.

Sacheinlagen	10	Grundkapital	10
Effekten des Reservefonds	1	Reserve I	1

Wird die Anlegung im früher erörterten Sinne verlangt, so müßte diese Unternehmung entweder ein größeres Grundkapital ausgeben oder zwecks Beschaffung von Betriebsmitteln Schulden machen. Die 11 Millionen sind nach dem Willen des Gesetzgebers unverteilbares Eigenkapital. Gewinn wird erst erzielt, wenn über diesen Betrag hinaus Aktiva erworben wurden, oder, falls Schulden gemacht wurden, wenn und insoweit der

---

[1]) Im Allgemeinen Deutschen Handelsgesetzbuch (Art. 217) als „Reservekapital“ bezeichnet.

Unterschied zwischen Aktiva und Schulden den Betrag von 11 Mill. übersteigt. Die Bilanz des nächsten Jahres:

Anlagen	10¼	Grundkapital	10
Effekten des Reservefonds	1	Reservefonds	1
Flüssige Mittel	¼	Reingewinn	½

Die Effekten des Reservefonds sind gebunden, richtiger gesprochen, sollen gebunden sein, und werden frei, wenn die B. mit einem Verlust abschließt. Trotz der Liquidität müßte die Dividendenzahlung mit Bankgeld erfolgen. Die Generalversammlung beschließt die Zurückstellung des ganzen Gewinnes. Durch „Anlegung des Vermögenszuwachses" würde die Unternehmung gezwungen sein, Effekten für den Reservefonds im Kreditwege zu beschaffen. Die Kursverluste auf diese Effekten vermindern entweder die Reserven oder den Jahresgewinn. Die Verwaltung könnte „faule" Werte an den gesetzlichen Reservefonds abschieben. Wenn solche Kursverluste der Reserve entnommen werden, ist diese in gewinnbringenden Jahren wieder aufzufüllen und dann erst Gewinn zu verteilen? Was soll mit den Zinsen dieser Wertpapiere geschehen? Vermehren sie automatisch den Reservefonds oder gehören sie den Aktionären? [1])

Man hat auch die Aussonderung der Effekten des Reservekapitals aus der Bilanz und die Anlegung einer besonderen Rechnung gefordert. Der Reservefonds bildet keine selbständige Vermögensmasse und gehört in die B.

Ein besonders gedeckter, in Wertpapieren angelegter Reservefonds unterscheidet sich von einem nicht besonders gedeckten, nur „rechnungsmäßigen" Reservekonto dadurch, daß im Falle einer Verwendung des Reservefonds die als Eigentum oder Anlage des Reservefonds bezeichneten Aktiva realisiert werden müssen, während bei dem nicht besonders gedeckten Reservekonto es der Verwaltung überlassen bleibt, welche Aktiva sie flüssig maschen will. Der angelegte Reservefonds bindet ein bestimmtes Aktivum, wenn sich die Verwaltungsorgane diese Selbstbeschränkung auferlegen oder die Vermögensgegenstände des Reservefonds gesondert verwaltet werden. Die Realisierbarkeit eines nicht besonders angelegten Reservekontos ist häufig schwieriger, die Reellität ist die gleiche wie die eines gedeckten, sofern die Aktiva richtig bewertet und die Schulden vollständig in der B. aufgezählt sind.

In einzelnen Fällen ist für bestimmte freiwillige Ausgabenreserven das Vorhandensein leicht greifbarer Mittel wünschenswert. Wenn die Rücklage für bestimmte Zwecke leicht realisierbar sein soll, ist die An-

[1]) Vgl. Simon, Bilanzen, S. 281; Passow, desgl. S. 281.

legung vorteilhaft. So werden beispielsweise Aufwandswirtschaften für zukünftige Ausgaben liquide Mittel ansammeln, indem sie für die Beträge der Rücklagen Wertpapiere anschaffen. Pensionsfonds und Arbeiterunterstützungsfonds, kurz, alle Wohlfahrtsfonds der Industrieunternehmungen und die echten Erneuerungsfonds werden zweckmäßig angelegt. Ähnlich liegen die Verhältnisse, wenn ein der Abschreibung entsprechender Betrag „angelegt" wird. Dieser Fall ist dem Raucher zu vergleichen, der eine Kiste Zigarren kauft, bei der Entnahme einer Zigarre deren Kaufpreis hineinlegt und mit dem Verbrauch des letzten Stückes den vollen Anschaffungspreis der Zigarren vorfindet. Kleinbahnen und Privatanschlußbahnen mußten $^1/_4$ des Bestandes des Erneuerungsfonds und des Spezialreservefonds in preußischen Staats- oder Reichsanleihen anlegen (Reichsanzeiger vom 23. Sept. 1910)[1]).

Im allgemeinen bestehen im Deutschen Reich keine gesetzlichen Vorschriften, welche die Zusammensetzung des Aktivvermögens oder das prozentuale Verhältnis der einzelnen Bestandteile zum Gesamtvermögen bestimmend beeinflussen. Doch sind für eine Reihe von Instituten sozialen Charakters beschränkende bzw. zwingende Anordnungen getroffen worden. So hatte Preußen im Verwaltungswege auf die Anlegung eines Teils der Vermögensbestände der Klein- und Privatbahnunternehmungen, der kommunalen Pfandbriefämter und der öffentlichen Lebensversicherungsanstalten in Reichs- und Staatspapieren hingewirkt. In die Reichsversicherungsordnung vom 19. Juli 1911 wurde zwangläufig die Anlage von 25% des Vermögens der Anstalten in Reichs- und Staatspapieren für die Berufsgenossenschaften der Gewerbe und der landwirtschaftlichen Unfallversicherung sowie für die Landesversicherungs-Anstalten vorgeschrieben. Für die sächsischen Sparkassen hatte das sächsische Ministerium vom 2. August 1906 25% Anlage in Inhaberpapieren, für Bayern haben die Grundbestimmungen für die öffentlichen Sparkassen vom 1. Juli 1911 eine 25 proz. Anlage des Gesamtvermögens der Sparkassen in gesetzlichen Zahlungsmitteln oder in leichtflüssiger Weise verfügt und insbesondere bestimmt, daß Sparkassen, deren Anlagen in Hypotheken 50% des Gesamtvermögens nicht übersteigen dürfen, mindestens 20%, die übrigen, besonders die überwiegend ländlichen Sparkassen mindestens 15% des Gesamtvermögens in Inhaberpapieren des Reichs oder der Bundesstaaten anzulegen haben. Eine entsprechende Vorschrift findet sich auch im Reichsgesetz betreffend die Versicherung der Privatangestellten vom 20. Dezember 1911, und zwar auch für die zugelassenen Er-

[1]) Vgl. Reisch-Kreibig, Bilanz und Steuer, II. Bd. S. 251 ff. (österr. Sparkassen). Das deutsche Versicherungsgesetz und das österr. Versicherungs-Regulativ enthalten Bestimmungen über die Anlegung der Prämien-Reserven.

satzkassen. Für die preußischen öffentlichen Feuerversicherungsanstalten war eine solche Bestimmung bereits durch Landesgesetz vom 25. Juli 1910 getroffen [1]).

14. Abschnitt.

Stille Reserven.

Der Ausdruck „Stille Reserven" ist ein ungenauer Sammelbegriff. Wir müssen wie folgt unterscheiden:

I. Stille Vermögensreserven auf der Aktivseite, entstanden durch Unterbewertung.

a) gesetzlich notwendige, b) freiwillige, im Anlage- und im Umsatzvermögen, ihrem Werte nach abnehmend oder schwankend.

II. Stille Kapitalreserven auf der Passivseite, stille Reserven im engeren bilanzrechtlichen Sinne, entstanden durch bilanzmäßige Überbewertung der Schulden.

Stilles Vermögen kann schon bei der Gründung mit Sacheinlagen durch Einsetzung geringerer Mengen der Vorräte (niedrige Schätzungen), durch Fortlassung von Vorräten oder ihre niedrigere Bewertung geschaffen werden, beispielsweise wenn der Einbringungspreis der Anlagen niedriger als der gemeine Zeitwert ist oder wenn vollwertige, vielleicht garantierte Außenstände und Forderungen unter ihrem Nennwert eingesetzt werden, oder wenn auf die ordnungsmäßig ermittelten Bestände eine Gesamtabschreibung vorgenommen wird. Diese stillen Gründungsreserven erhöhen im späteren Verlauf des Betriebes rechnungsmäßig den Erfolg, entweder unmittelbar durch Veräußerung der Vorräte und durch Eingang der Forderungen, oder mittelbar durch eine niedrigere ordentliche Anlageabschreibung. Für bestehende Unternehmungen gibt es einen Katalog von Rezepten für die Schaffung solcher Reserven.

Das stille Anlagevermögen (entstanden durch Abbuchung von Neuanschaffungen über ein Unkostenkonto, Nichtaufnahme in das Inventar, übermäßig große Abschreibungen) nimmt infolge Nutzung im Betrieb allmählich an Wert ab, sofern zwischenzeitlich nicht eine Preissteigerung eingetreten ist, die einen gewissen Ausgleich für die Abnutzung schafft. Die übermäßige Abschreibung kann auch auf der Passivseite als Wertberichtigung untergebracht werden, beispielsweise: Anschaffung einer Maschine für 100, das passive Abschreibungskonto mit 100 eingesetzt oder es verschwindet unter den Kreditoren. Man könnte die Anschaf-

[1]) Das Rücklagengesetz (24. Dezbr. 1915) hatte die Bildung einer Sonderrücklage für die Kriegsgewinnsteuer vorgeschrieben (§§ 6—8); vgl. Norden-Friedländer, Kriegssteuergesetz, Berlin 1916.

fungskosten vom Maschinenkonto auf ein „Konto stillen Vermögens" übertragen und den Saldo dieses Kontos in der Jahresbilanz unter den Debitoren verschwinden lassen.

Das Anlagevermögen kann unterbewertet, kraft gesetzlicher Erlaubnis aber auch überbewertet sein (§ 261 [3], Abschreibungsbewertung ohne Rücksicht auf den niedrigeren gemeinen Wert). Bei Beteiligungseinlagen darf der Rentabilitätswert in der Jahresbilanz keine Berücksichtigung finden (Beispiel S. 162). Übermäßige Abschreibungen auf rentable Kapitalbeteiligungen bilden stilles Vermögen, dessen Veräußerungswert mit der Höhe der Rente schwankt.

Das Umsatzvermögen und seine Konten können in verschiedener Hinsicht zur Verschleierung von Gewinnen herhalten. Stille Umsatzgüterwerte entstehen durch absichtliche Verringerung oder Fortlassung der Vorratsmengen im Inventar (Mengen-Reserve); durch Bewertung unter dem Tages- oder Anschaffungs- oder Herstellungswert bis auf 1 Mk. für die ganzen Bestände, durch übermäßige Absetzung von Außenständen, durch Abzug von Gewinnkreditoren von den Außenständen. Der Tageswert solch stillen Umsatzvermögens ist veränderlich und schwankend mit den Marktpreisen der Verkaufsgüter; noch nicht realisierte aber sicher realisierbare Preissteigerungen der Bestände sind für die Kreditbilanzen von Bedeutung. Die Unterlassung bestimmter Buchungen wirkt gewinnschmälernd, beispielsweise die unterlassene Gutschrift von Bankzinsen und Beteiligungsgewinnen, die Unterlassung der Stückzinsenberechnung auf Effektenbestände. Bei Bilanzprüfungen empfiehlt es sich, die dem Bilanzstichtag folgenden Monate auf Nachtragsbuchungen zu untersuchen, die von Rechtswegen in das Vorjahr gehören. Gewinnverschleierungen entstehen auch durch Abbuchung von realisierten Veräußerungsgewinnen auf Kreditorenkonto, Abschreibungen auf Vorräte unter den Anschaffungskosten (z. B. Waren an Effekten), schließlich durch Aufrechnung mit Verlusten.

Die Schaffung stiller Reserven am Umsatzvermögen fälscht die Erfolgsziffer im Jahre ihrer Legung und in der Folgezeit, wenn sie durch Veräußerung der Bestände „aufgelöst" oder am Jahresende wiederholt werden. Der Bilanzwert der Warenvorräte betrug beispielsweise 2 Mill. M., ihr Anschaffungspreis 2,3 Mill., die stille Reserve 0,3 Mill. Die Veräußerung erfolgt zu 2,8 Mill. M., der „Kontengewinn" ist 0,8 Mill., der wirkliche Veräußerungsgewinn 0,5 Mill. Im zweiten Jahre ist der Bilanzwert 1,6 Mill., die Anschaffungskosten waren 1,8 Mill. bei steigenden Preisen. Es wurden von der stillen Reserve (0,3—0,2 =) 0,1 Mill. verbraucht, der Kontengewinn im zweiten Jahre läßt dies nicht erkennen. Für Kontrollzwecke ist es deshalb vorteilhaft, stille Vermögensreserven dieser Art auf einem Sonderkonto zu registrieren, beispielsweise im 1. Jahr: Waren

2,3 Mill., Warenrücklage 0,3 Mill. Im 2. Jahre: Waren 1,8 Mill., Warenrücklage 0,2 Mill.

Stille Kapitalreserven sind Teile des eigenen Kapitals, die in der Bilanz unter den Verbindlichkeiten verschwinden. Eine solche Überbewertung von Schulden erfolgt beispielsweise durch Bewertung von Aufwertungsschulden über den gesetzlich notwendigen Betrag, durch die Einstellung der vollen Hypothekenschuld trotz teilweiser Tilgung oder die Einsetzung realisierter Gewinne unter den Kreditoren oder die Einsetzung fingierter Schulden. Auch die Abrechnung von Veräußerungsgewinnen von den Debitoren, ihre Umbuchung auf ein Bestandskonto — dort als Abschreibung wertmindernd — kommt vor (z. B. Warenerlös an Maschinen).

Weder die dynamische noch die statische Bilanztheorie kennt die stillen Unter- und Überbewertungsreserven. Die Steuergesetze lassen nur die handelsrechtlich notwendigen steuerfrei, die übrigen werden steuerlich erfaßt. In der Bilanzpraxis wären stille Reserven überflüssig, wenn die Gewinnverteilungsvorschriften des HGB. derart abgeändert würden, daß bei einem Konflikt zwischen Geschäfts- und Aktionärinteresse Vorstand und Aufsichtsrat entscheiden. Es ist durchaus möglich, den „wahren" Gewinn bilanzmäßig nachzuweisen und trotzdem nur soviel auszuschütten, wie es der Fortbestand der Unternehmung zuläßt. Solange die Vorschriften der §§ 213 und 215 HGB. (und das Betriebsbilanzgesetz) bleiben, wird man mit der Praxis der unwahren Bilanzen zu rechnen haben (vgl. M. Lion, Wahre Bilanzen! Heft 3 der Gesellschaftsrechtlichen Abhandlungen, Berlin 1927).

Die stillen, versteckten, geheimen, verschleierten, inneren Reserven [1]) sind jene Teile des Eigenkapitals (Reinvermögens) einer Erwerbswirtschaft, die in der Schlußbilanz zahlenmäßig nicht in Erscheinung treten. Dieses Geheimkapital bildet mit dem offenen das Gesamtkapital der Unternehmung. Simon, Bilanzen S. 229, definiert sie als Beträge, welche bilanzmäßig noch nicht als Gewinne zur Erscheinung kommen, wenn solche auch tatsächlich voraussichtlich erwachsen. Während die freiwilligen, offenen Reserven aus dem bilanzmäßig nachgewiesenen Reingewinn entstanden sind, die Ausschüttung dieser Gewinnteile unterblieben ist, sollen die stummen Reserven die Bildung dieses Reingewinns in bestimmter Richtung und Höhe verhindern.

Bei Industriegesellschaften stecken die Vermögensreserven zumeist

---

[1]) Frankfurter Ztg. vom 30. Mai 1917. Rosendorff, Die stillen Reserven der Aktiengesellschaften. Berlin 1917. Ehrenberg, Bilanz u. stille Reserven; in Jherings Jahrbüchern Bd. 52, S. 215 f. Flechtheim und Hausmann im Bank-Archiv 1917. Bernstein in Holdheims Monatsschrift (1917).

in den Anlagewerten (Anlage- oder Abschreibungsreserven) und im Buchwert der Beteiligungen, bei Bank-Aktiengesellschaften in den Beteiligungen und Effektenbeständen (Kursreserven). Die gesetzlichen Bewertungsvorschriften (§ 261 HGB. Ziff. 1, 2) zwingen Kapitalgesellschaften zur Bildung von stillem Vermögen, sofern der Anschaffungs- oder Herstellungswert der dort bezeichneten Vermögensteile niedriger als deren Veräußerungs-, Börsen- oder Marktpreis ist (noch nicht realisierte Gewinne, stille Zwangsreserven, gesetzliche stille Reserven). Die freiwilligen stillen Reserven werden durch statutarische Bestimmung, durch Beschluß der Verwaltungsorgane oder der Generalversammlung (Genehmigung der Bilanz) geschaffen. Die gesetzlichen stillen Kursreserven verhindern die Verteilung eines noch nicht realisierten Gewinnes und sind steuerfrei. Die freiwilligen geheimen Reserven verheimlichen bilanzmäßig bereits verdienten Gewinn, vermindern bei ihrer Entstehung den bilanzmäßigen Reingewinn, so daß der zahlenmäßig ausgewiesene Reingewinn kleiner als der tatsächlich verdiente ist. Solche Gewinnrücklagen sind steuerpflichtig, d. h. ihr Betrag ist dem bilanzmäßig nachgewiesenen Einkommen zuzuschlagen. Gleichzeitig wird die Vermögenslage unrichtig angegeben. Als Vermögensbilanz ist infolge gesetzlicher Bewertungsvorschriften fast jede Aktienbilanz falsch, da sie nur einen Teil des Gesamtvermögens zahlenmäßig zum Ausdruck bringt.

Geheime Reserven entstehen:

1. Durch Unterbewertung von Vermögensteilen (stilles Vermögen). Die Vermögensteile werden unmittelbar geringer bewertet, es wird in der B. ein geringerer Wert eingestellt als das wirkliche oder gesetzliche Wertmaximum. Oder Vermögensteile verschwinden vollständig in der B., beispielsweise wenn Anschaffungskosten über Unkostenkonto abgebucht werden, anstatt sie dem Bestandskonto zu belasten. Oder es wird Anlagevermögen übermäßig hoch abgeschrieben (Überabschreibungen), Verluste werden übermäßig hoch bewertet. Beispielsweise wird der Zugang an Maschinen mit 100% abgeschrieben, der Verlust an Forderungen übermäßig hoch angesetzt; oder Forderungen werden mit ihrem wahrscheinlichen Eingangswert eingesetzt, überdies wird eine generelle Abschreibungsquote in Ansatz gebracht; werterhöhende Reparaturen werden als Betriebskosten und damit als Jahresverlust verbucht. Bereits verdiente Gewinne bleiben bei Aktienvereinen unverteilt, teils wegen der gesetzlichen Zwangsreserven (§ 262), teils wegen freiwilliger offenkundiger Entschlüsse oder infolge geheimer Maßnahmen. Bewertungsgewinne (§ 261) werden nicht ausgewiesen. Auch kommt es vor, daß man bestimmte Gewinne zu Abschreibungen verwendet und beide in der Gewinnrechnung wegläßt. So verwandte ein Großunternehmen der Elektrizitätsbranche die sehr bedeutenden Gewinne aus Effekten- und Finanzierungsgeschäften

für Abschreibungen [1]). Es hielt diese Gewinne, aber auch die Abschreibungen geheim. Übermäßig hohe Abschreibungen können bilanzmäßig ersichtlich sein, z. B. wenn der Zugang auf einem Anlagekonto bis auf 1 M. abgeschrieben wird [2]). Dann ist diese Reserve im Jahre ihrer Entstehung sichtbar, in der Folgezeit verschwindet sie für das Auge des Kritikers, vermindert sich alljährlich um den Betrag der notwendigen Abschreibungen auf den abgebuchten Zugang. Überabschreibungen sind auch durch verschleierte Dotierung einer offenen Reserve möglich, z. B. durch hohe Dotierung eines Amortisationskontos, einer Delkredere-reserve. Ob die Speisung der Reserven in der Bilanz oder im Gewinnverteilungsvorschlag erfolgt, ist hinsichtlich ihrer Wirkung gleichgültig. Es werden für den Sachkundigen stille Vermögens-Reserven geschaffen, obgleich sie zahlenmäßig, aber verschleiert in der Bilanz erscheinen. Wieviel von einer solchen Zuweisung auf Wertminderung und Verlustabschreibung entfällt und wieviel darüber hinausgeht, ist in der Regel nicht bestimmbar.

2. Durch Überbewertung der Passiva. Schulden werden höher bewertet; bereits verdiente Gewinne werden bilanzmäßig unsichtbar zurückgestellt. Solche „unverrechnete“ Gewinne, z. B. Konsortialgewinne, verschwinden in der B. unter den Kreditoren [3]); es sind die stillen Reserven im engeren Sinne.

„Eine andere Art, für solche stille Reserven vorzusorgen, besteht darin, daß erzielte Gewinne einstweilen unverrechnet bleiben. Eine Bank, die in einem besonders günstigen Jahre zahlreiche Konsortialgeschäfte erfolgreich abgewickelt hat, wird in der Regel geneigt sein, einen Teil der daraus erzielten Gewinne zu reservieren, sei es in Form von Abschreibungen auf andere Konsortialengagements oder indem sie irgendwo versteckt werden. Diese Vorsorge ermöglicht natürlich, in schlechteren Jahren die auf solche Weise zurückgehaltenen Gewinne hervorzuholen und zur Auf-

---

[1]) Für 1910 waren die Effektengewinne der Allgemeinen Elektrizitätsgesellschaft einschließlich des aus dem Vorjahre übertragenen Gewinnes 9,123 Mill. wovon 5 Mill. auf das nächste Jahr übertragen wurden und 4,123 Mill. M. zur Verwendung kamen. Die Konsortialgeschäfte erbrachten 1,327 Mill., die Zinsen 1,239 Mill. M. Insgesamt standen 11,689 Mill. M. zur Verfügung, von denen 6,689 Mill. zu Abschreibungen verschiedener Art verwendet und der Rest vorgetragen wurde (Mitteilung Rathenaus in der Generalversammlung vom 20. XI. 1911).

[2]) Wenn ein Aktivum, das mit 1 M. zu Buche steht, veräußert wird, ist nicht der Unterschied zwischen dem hinter dem wirklichen Wert zurückbleibenden Buchwert von 1 M. und dem Verkaufserlös steuerpflichtig, sondern nur der Unterschied zwischen dem Erlös und dem wirklichen Wert zu Beginn des Geschäftsjahres, wie er sich nach den Bestimmungen der §§ 40[3] und 261[3] HGB. ergibt.

[3]) Vgl. Moll, op. cit. S. 242 ff.; Passow, Die wirtschaftliche Bedeutung und Organisation der Aktiengesellschaft. Jena 1907. S. 89 ff.

besserung der Erträgnisse zu verwenden. Es können dann niedrig zu Buch stehende Bestände abgestoßen und auf diese Weise eine Gewinnsteigerung erzielt werden, oder es werden die reservierten und versteckten Gewinne der Vorjahre nachträglich zur Verrechnung gebracht."

Außer diesen unverrechneten Gewinnen können stille Reserven geschaffen werden: durch Einstellung von Rücklagen unter die Kreditoren, durch die Berechnung der aus noch abzunehmenden Rohstoffen bzw. Devisen bestehenden Verpflichtungen an das Ausland zu verhältnismäßig hohen Devisenkursen, durch Einstellung bestrittener Schulden.

Für die Bilanzkritik ist zu merken: Es gibt sichtbare und unsichtbare Abschreibungen, sichtbare und geheime Gewinne, versteckte Verluste, echte Kreditoren und „Gewinnkreditoren", Verschiebungen innerhalb der einzelnen Bilanzposten, insbesondere in der Erfolgsbilanz. Es gibt „verschobene" Gewinne unter den Debitoren: hohe Gewinne und solche, die nicht in Erscheinung treten sollen, werden auf Forderungen der Konzern- und Tochtergesellschaften abgeschoben, Forderungen an diese vorübergehend für Bilanzzwecke vermindert (Gewinn-Konto an Debitoren); es ist nicht ausgeschlossen, daß durch solche Verschiebungen die Erträgnisse der Tochterfirmen aufgebessert bzw. deren Verluste vermindert werden: eine Gewinnverteilung zwischen Stammhaus und Tochterfirma, eine „innere" Konsolidierung.

L a ß t s i c h d e r W e r t d e s v e r s t e c k t e n K a p i t a l s b e r e c h n e n ?

a) Es ist bekannt, daß die X-Bank 1280 Aktien zum Durchschnittskurs von 383%, 1000 Aktien zum Kurs von 200% in die B. eingestellt hat. Die Tageskurse waren 850 bzw. 390%. Danach ergibt sich eine Agio- oder Kursreserve von 600 000 bzw. 190 000. Im ganzen werden die „latenten" Reserven dieser Bank auf 800 000 Gulden „geschätzt". Bei einem Aktienkapital von 24 Mill. beträgt der Reservefonds 4,2 Mill. = $17^1/_2$% oder 21 Gulden je Aktie. Auf eine Aktie sind 120 Gulden eingezahlt. Der „natürliche Kurs" berechnet sich wie folgt: 120 + 21 Reservefonds + 4 latente Reserven + 4 Dividende = 149 Gulden.

b) Eine Kommanditaktiengesellschaft „gründet" in Hamburg eine selbständige Bank mit einem Aktienkapital von 50 Mill. Das Gesamtkapital der Hamburger Bank bleibt im Besitz der gründenden Kommanditunternehmung. Der Bilanzwert einer Aktie ist etwa 120%, der Börsenkurs wäre bei einer Durschschnittsdividendevon $8^1/_2$% unter Annahme einer 6 prozentigen Kapitalverzinsung etwa 142%. In der B. der Kommanditaktiengesellschaft ist die Beteiligung mit dem Anschaffungswert von 50 Mill. eingesetzt, der innere Wert ist 60 Mill., der Kurswert etwa 71 Mill.

Eine Bohrgesellschaft bewertet ihre Beteiligung im Nennwerte von 3,419 Mill. mit 1 852 300, d. s. 54% des Nennwerts, eine Beteiligung, deren

Bilanzwert 106% ist. Eine andere Beteiligung wird mit 79% des Nominalwerts eingestellt, deren Bilanzwert 121% beträgt.

c) Einige Aktiengesellschaften machen in ihrem Geschäftsbericht Angaben über die Höhe der stillen Reserven (früher Deutsche Bank 60 Mill.), oder die Verwaltungsorgane geben gelegentliche Aufklärungen in der Generalversammlung (A. E. G. Dez. 1904: 32 Mill. M.).

d) Schmalenbach in der „Zeitschrift für Handelswissenschaftliche Forschung" (1906/07, S. 257) will den Wert der im Anlagevermögen nach Börsenschätzung steckenden Reserven wie folgt berechnen:

$$\text{Buchwert der Anlage} + \frac{\text{Aktienkapital} \times \text{Börsenkurs}}{100} - \frac{\text{Aktienkapital} \times \text{Bilanzkurs}^{1)}}{100}.$$

Danach würden sich die stillen Reserven aus dem Unterschied zwischen Bilanzkurs und Börsenkurs ergeben. Diese Berechnungsart hat problematischen Wert, da die Höhe der stillen Reserven nur ein Bestimmungsfaktor der Börsenkurse ist.

e) In dem folgenden Beispiel wird der Versuch unternommen, schätzungsweise den inneren Wert einer Unternehmung zahlenmäßig zu ermitteln, wenn die Bilanzen unter Anwendung einer jährlichen Abschreibung von 6% vom Bauwert bewertet, die übrigen Vermögensteile und Verpflichtungen zum wirklichen Wert in die Bilanz eingesetzt werden [2]).

Die Interessen der Aktiengesellschaften, die durch Stärkung der inneren Reserven an ihre Zukunft denken, stille Reserven schaffen, um bei schwankenden Erträgnissen oder einem Konjunkturrückgang besser gerüstet zu sein, und die Interessen des Einzelaktionärs, der nur kurze Zeit an dem Unternehmen beteiligt bleiben will, deshalb auf möglichst hohe Dividende und dementsprechend möglichst hohen Kurs bedacht sein muß, Verwaltungs- und Aktionär-Interesse stehen häufig im Gegensatz zueinander. Durch Bildung von stillen Reserven vor Aufstellung der Schlußbilanz wird die gleiche Wirkung erzielt, wie wenn man ein Reservekonto errichtet oder erhöht, mit dem Unterschied, daß ein Fernstehender nicht erkennen kann, daß hier Reservevermögen vorhanden ist, oder daß er sie wenigstens nicht ziffermäßig erfassen kann. Es wird dadurch eine allgemeine Vermögensvermehrung, eine Erhöhung des Gesellschaftskapitals erzielt, die von der Öffentlichkeit oder den Aktionären nicht

[1]) Der Bilanzkurs einer Aktie berechnet wie folgt:

$$\frac{(\text{Aktiva} \div \text{Schulden}) \cdot 100}{\text{Aktienkapital}}.$$

[2]) Frankfurter Ztg. 27. März 1910: Die Abschlüsse der führenden deutschen Reedereien.

	H. A. L. [1])		Lloyd		Hansa	
	1908	1909	1908	1909	1908	1909
Seesch. ohne Neubaut. 1000 R. T. br.[2])	834	863	650	678	242	256
geschätzter Bauwert .... Mill.	327,0	341,0	300,7	318,2	63,9	67,7
ℳ pro R. T. br.	392	396	463	466	264	264
Buchwert ....Mill. ℳ	191,2[3])	194,3	189,1	198,3	38,6	37,7
ℳ pro R. T. br.	229	225	291	292	159	147
bisherige Abschreibungen Mill. ℳ ...	135,8	146,7	111,6	119,9	25,3	30,0
in Proz. v. Bauw.	41,5	43,0	37,2	37,7	39,6	44,3
mittl. Alter der Flotte nach dem Wert der Schiffe berechnet in Jahren	7,67	8,29	7,70	7,75	5,58	5,92
mittl. jährl. Abschreib. in Proz. v. Bauwert der Schiffe	5,41	5,19	4,83	4,87	7,10	7,50
Wert d. Flotte bei Zugrundlegung v. durchschn. 6% vom Bauwert gegenüber d. Buchw. Diff. Mill. ℳ	·/.14,8	·/.22,8	·/.27,0	·/.27,9	+3,90	+6,00
in Proz. v. Akt-Kap.	·/.11,8	·/.18,2	·/.21,6	·/.22,3	+15,6	+24,0
hierzu Betr. d. Res. „ „ „	26,4	29,4	12,7	13,9	34,8	36,4
demnach innerer Wert gegenüb. d. Akt.-Kap. Diff. i. Proz. v. Akt.-K.	+14,6	+11,2	·/.8,9	·/.8,4	+50,4	+60,4
berechnet. inner. Wert per 31. XII. 1909 (w. ob.) in Proz. v. Akt.-K.....	—	111,2	—	91,6	—	160,4
Kurs in Berlin v. 24. III. 1910 ex Dividende 1909	—	140,4	—	108,75	—	159,75

kontrolliert werden kann. Dieser Vermögensteil steht zur freien Verfügung der Verwaltungsorgane, die ihn vermindern können, ohne daß es zur Kenntnis Fernstehender gelangt. Den Aktionären gegenüber versteckt man einen Teil des Gewinns. Die stillen Reserven spielen in der heutigen Bilanz- und Dividendenpolitik eine hervorragende Rolle (Thesaurierungspolitik), um die Begehrlichkeit der Aktionäre, der Arbeiter, der Lieferanten, nicht zu wecken, endlich um neuen Wettbewerb fernzuhalten [4]). Die Schaffung stiller Reserven ist zum Teil in der B. erkennbar gemacht, wenn sie durch übermäßige Abschreibungen entstehen; beispielsweise werden Zugänge auf Anlagekonten mit fast 100% abgeschrieben, oder die Generalversammlung bestimmt einen Teil des Reingewinns zu außerordentlichen übermäßigen Abschreibungen.

Die versteckten Reserven können zur dauernden Vermehrung des eigenen Kapitals oder zwecks späterer Realisation errichtet werden. Die Auflösung des geheimen Vermögens erfolgt bei einer Anlagereserve durch Heraufsetzung des Buchwerts (in der B. als „Zugang“ dargestellt), dessen

[1]) Hamburg-Amerika-Linie.
[2]) = Registertonne brutto.
[3]) Schätzung.
[4]) Die Kriegsgewinne mancher Aktienvereine waren derart hoch, daß sie Mühe hatten, die stillen Gewinne in der Bilanz unterzubringen.

Höhe allerdings begrenzt ist durch die gesetzlichen Bewertungsvorschriften, bei Veräußerungsgegenständen (d. h. Kursreserven) durch Verkauf zu einem den Buchwert übersteigenden Preis. Die Auflösung einer latenten Reserve bewirkt eine Erhöhung des Gewinns oder eine Verminderung des Verlusts, ohne daß es Fernstehenden möglich wäre, den Betrag des Zuschußgewinnes festzustellen.

Das Vorhandensein stiller Reserven läßt es u. a. zu, z. B. Abschreibungen zu vermindern oder den Untergang eines Vermögenswertes als „unsichtbaren" Verlust zu behandeln.

Man kann eine offene in eine stille Reserve verwandeln; z. B. wenn die Anschaffungskosten einer Maschine zu Lasten einer offenen Reserve abgebucht werden, der Wertzugang auf dem Anlagekonto nicht erscheint. Oder wenn man eine offene Gewinnrücklage unter den Kreditoren verschwinden läßt; oder wenn man übermäßige Abschreibungen aus einer Rücklage deckt, wodurch zwar der Reingewinn im Jahr dieses Bilanzkunststückes unberührt bleibt, aber eine Reserve teilweise verschwindet.

Die stille Reserve könnte in eine offene Rücklage verwandelt werden, wenn sie zur Gewinnverstärkung herangezogen, „liquidiert" und im Verteilungsvorschlag als Rücklage in Ansatz gebracht wird. Bei einer Umwandlungsgründung wurden die der Aktiengesellschaft überwiesenen Forderungen, die einen buchmäßigen Gesamtbetrag von M. 3 840 848,54 darstellten, um 445 498,63, die eingebrachten Wechsel (Gesamtwert 451 784,69) um 60 000 niedriger berechnet und in die Eröffnungsbilanz eingestellt. Später wurde diese stille Reserve von zusammen M. 505 498,63 wieder auf Debitoren-Konto übertragen. Der aus dem Eingang dieser Forderungen und Wechsel zufließende Gewinn wurde von der Generalversammlung teilweise zurückgestellt: es handelte sich also um die Auflösung bzw. Liquidierung einer stillen Reserve und ihre teilweise Umwandlung in eine offene.

V. Kapitel.

Die Erfolgsrechnungen.

15. Abschnitt.

Vom Gewinn im allgemeinen, Betriebs-, Markt-, Konjunkturgewinn.

Das bürgerliche Recht spricht vom „entgangenen Gewinn" (lucrum cessans, § 252 BGB.), von Gewinnanteilen bei Gesellschaften (§§ 721 ff. BGB.). Eine gesetzliche Begriffsbestimmung fehlt. Gewinn ist der geldliche Nutzen oder Vorteil, der nach dem gewöhnlichen Verlauf der Dinge oder nach den besonderen Umständen mit Wahrscheinlichkeit erwartet werden konnte; z. B. der gemeingewöhnliche Verkaufsgewinn an Sachen; das Bezugsrecht bei hinterlegten und unterschlagenen und widerrechtlich verkauften Aktien. Gewinn in diesem Sinne ist entgangener, in Geld meßbarer Vermögenszuwachs. „Anteil am Gewinn" heißt somit Anteil am Vermögenszuwachs aus erwerbswirtschaftlichen Geschäften, eines einzelnen oder Gelegenheitsgeschäftes oder eines Kette von Geschäften.

Nach dem Einkommen-Steuergesetz (vom 20. August 1925, §§ 6, 7, 12, 13) unterliegen der Besteuerung des Einkommens Einkünfte aus dem Gewerbebetrieb, aus sonstiger selbständiger Berufstätigkeit, aus Forst- und Landwirtschaft. Als „Einkommen" gilt der Gewinn. Gewinn ist hier der Überschuß der Einnahmen über die Ausgaben zuzüglich des Mehrwertes oder abzüglich des Minderwertes des Betriebsvermögens am Schlusse des Steuerabschnittes gegenüber dem Stand am Schluß des vorangegangenen Steuerabschnittes. Der steuerrechtliche Gewinnbegriff ist ein zweckbestimmter Sonderbegriff, für seine rechnerische Ermittlung enthält das Gesetz Sonderbegriffe der Einnahmen und der Ausgaben, der Werbungskosten (§§ 14—17). Zu den regelmäßigen Einkünften treten die Leistungsgewinne, einmalige gelegentliche Einkünfte aus bestimmten Veräußerungsgeschäften (Spekulationsgewinne) und aus Leistungen, z. B. gelegentlichen Vermittlungen.

Läßt uns das bürgerliche Recht hinsichtlich des Gewinnbegriffes völlig im Stich und gibt das Steuerrecht einen Sonderbegriff „im Sinne dieses Gesetzes“, so ist die Begriffbildung in der Betriebslehre um so üppiger [1]). Für Schmalenbach ist Gewinn nicht, was Fach-Wissenschaft, Praxis und Sprachgebrauch darunter verstehen. „Gewinn hat das zu sein, was wir als Ziel unserer Rechnung haben müssen.“ Er ist Gradmesser der Wirtschaftlichkeit der Betriebe, er muß vergleichbar sein, soweit es Periodengewinne sind. Schmalenbach nimmt an, daß der Gewinn eine Funktion der Wirtschaftlichkeit des Betriebes sei und denkt offensichtlich meist nur an Produktionsbetriebe. Auch ein unwirtschaftlicher Betrieb aber kann durch Außeneinflüsse Gewinne erzielen. Der Gewinn der Provisions-Unternehmungen (wie Makler, Agenturen, Effekten-, Einkaufs-, Verkaufs-Kommissionsgeschäfte) ist nicht durch Wirtschaftlichkeit bedingt; ebensowenig ist der Gewinn der Kreditinistitute ein Maßstab ihrer Wirtschaftlichkeit. Bei Walb (Die Erfolgsrechnung privater und öffentlicher Betriebe; Berlin 1926) ist Gewinn das rechnerisch festgelegte Mehr des Ertrages gegenüber dem Aufwand ohne Rücksicht auf Vermögensveränderungen, weil es Erträge und Aufwendungen gibt, die sich nicht in einer konkreten Vermögensänderung niederschlagen, z. B. unterlassene Reparaturen, vorausbezahlte Versicherungen, Zinsen, voraussichtliche Verluste an Debitoren. Die empfangenen (oder passiven) Leistungen und die hingegebenen (oder aktiven) Leistungen finden in den Konten der Leistungsreihe ihre Verrechnung, und im Gewinn- und Verlustkonto ihre Zusammenfassung. Den aktiven Leistungen entspricht ein Zahlungseingang, den passiven ein Zahlungsausgang. Die Konten der Zahlungsreihe gipfeln im Bilanzkonto. Der Zweckaufwand umfaßt im Produktionsprozeß verbrauchte (passive) Leistungen; der zusätzliche Aufwand setzt sich zusammen aus Zwangsaufwand (Abgaben, Steuern), dem freiwilligen (z. B. Geschenke) und dem Verlust-Aufwand (z. B. Ausfälle, Elementarschäden, Fehlmengen an Geld und Vorräten). Dementsprechend gibt es einen Zweckertrag (= aktive Betriebsleistungen) und einen zusätzlichen Ertrag (z. B. Wertsteigerungen). Umsatzerfolge sind realisierte Gewinne als Unterschied zwischen Erlös und den Wiederbeschaffungskosten (!) des Aufwandes; Wertveränderungserfolge am ruhenden Vermögen sind der Unterschied zwischen Anschaffungskosten der Aufwendungen und ihrem Beschaffungszeitwert.

Schmidt, Geldmacher, Mahlberg, Lehmann u. a. Rechnungstheoretiker geben andere Begriffsmerkmale in bewundernswerter Dialektik und Systematik, vermehren die Zahl der wissenschaftlich fundierten

[1]) Eine hübsche Zusammenstellung bei K. Hax, Der Gewinnbegriff in der Betriebswirtschaftslehre; 5. Ergänzungsband zur Z. f. Hw. F; Leipzig, 1926. Vgl. „Wirtschaftslehre“, §§ 35ff.

Gewinnbegriffe. Vom Blickpunkt der Geldwertsenkung und Inflation machen sie Front auch gegen die Wirtschaftsrechnung in wirtschaftsfriedlichen Zeiten, vermengen Preis- und Finanzpolitik mit der Erfolgsmessung [1]), entdecken gemeinwirtschaftliche Aufgaben der Unternehmungen. Für die Bilanzkritik ist mit diesen theoretisch gut durchdachten Begriffen und Reformvorschlägen wenig anzufangen; sie bringen eine Unruhe und Unübersichtlichkeit in die Wirtschaftsrechnung, wenn man sie auch praktisch für die Bilanzaufnahme verwenden wollte. Ein Verdienst haben alle diese theoretischen Untersuchungen: Sie haben bisher verborgene Probleme der Wirtschaftsführung aufgedeckt und unseren wirtschaftlichen Blick geschärft.

Nach dem heutigen Stande der theoretischen Betriebswirtschaftslehre ist der Gewinnbegriff ein Zweckbegriff, dessen Inhalt durch die Auffassung der Autoren solcher Begriffe bestimmt wird. Für die Zwecke unserer Erörterungen interessieren die Begriffe weniger. Wir gehen von den Tatsachen aus, vom Bilanz-, vom Stück- und vom Kalkulationsgewinn, untersuchen kritisch und analytisch Entstehung, Zusammensetzung, Verwendung und Wirkung des Bilanzgewinnes. Unsere Auffassung vom Gewinn und Ertrag haben wir in der „Wirtschaftslehre" zur Genüge dargestellt. (Wirtschaftslehre §§ 35—39).

Wir haben es hier mit einer Art der Gattung Gewinne zu tun, mit dem nach einer Methode berechneten Erfolg einer Erwerbswirtschaft. Wir setzen Gewinn gleich Erfolg, Verlust gleich Mißerfolg einer wirtschaftlichen Betätigung. Der Erfolg setzt eine Betätigung voraus, ist in der Regel beabsichtigt, er kann aber auch nur eine Begleiterscheinung sein, beispielsweise, wenn zwecks Geldbeschaffung Wertpapiere, Beteiligungen oder Grundstücke abgestoßen werden müssen und dabei ein durch die Konjunktur bedingter Veräußerungsgewinn entsteht. Die Erwerbswirtschaft betätigt sich an der Bedarfsdeckung der Volkswirtschaft, auf den Märkten für Waren, Kredit, Verkehrseinrichtungen usw.

1. Der Erfolg der Erwerbswirtschaft ist marktwirtschaftlich bedingt, resultiert aus den Leistungen an die Märkte durch Bereitstellung und Annahme von Sachgütern und Arbeitsleistungen. Diese marktwirtschaftlich bedingten Erfolge nennen wir Ertrag der Unternehmung, er entspricht dem Unterschied zwischen Erlös (Einnahmen) aus den Marktleistungen und den Aufwendungen für diese Leistungen. Ertrag ist ein außenbetrieblicher Gewinn aus der umsetzenden Tätigkeit der Erwerbswirtschaft, der Mehrwert der Gegenleistungen an die Unternehmung. Zuzahlungen, Subventionen, Schenkungen, Schuldennachlaß eines Gläubigers, Sanierungsgewinne aus der Kapitalherabsetzung sind nicht markt-

[1]) Vgl. „Einkommen u. Ertrag", S. 74 f.

wirtschaftliche Leistungen, sondern Leistungen anderer Wirtschaftseinheiten an die Unternehmung ohne Gegenleistung.

2. Konjunkturgewinn ist der Über-, der Mehrgewinn, der über den Gewinn hinausgeht, der in einer stationär gedachten Wirtschaft erzielt wird. Die Erwerbswirtschaft würde einen organischen Gewinn oder Ertrag auch erzielen, wenn keine Schwankungen der Märkte, d. h. von Angebot und Nachfrage eintreten würden. Der zusätzliche Gewinn ist die Folge einer günstigen Mengen- oder Preiskonjunktur; kommen sie von den Veränderungen auf der Geldseite (durch Geldwertsenkung) oder von der Warenseite (durch Produktionsverschiebungen), sind es Konjunkturgewinne der Erwerbswirtschaft. Solche Gewinne entstehen am ruhenden Vermögen, (das sind Wertsteigerungen des Vermögensbesitzes), oder am Umsatz (durch Preissteigerung der umgesetzten Leistungen ohne Veränderung der Kosten oder durch Anrechnung gesteigerter Anschaffungskosten, wie: Wiederbeschaffungskosten, Tageswerte und Steigerung des Umsatzerlöses). Die Preiskonjunkturgewinne am Vermögensbesitz bleiben in der Bilanz unberücksichtigt oder müssen, falls man den Tageswert der Vermögensteile einsetzt, durch Gegenposten auf den Bilanzgewinn unwirksam gemacht werden. Konjunkturgewinne am Umsatz, beispielsweise durch Anrechnung höherer Arbeits- und Werkstoffkosten beim Verkauf von Lagerwaren aus einer Zeit mit geringeren Selbstkosten, können durch Umbuchung auf ein Konjunkturerfolgs-Konto monatlich abgetrennt werden. Gewinne aus einer Mengenkonjunktur, d. i. Senkung der Selbstkosten infolge gesteigerter Produktionsmengen bei unverändertem Veräußerungspreis, können wie Preiskonjunkturgewinne am Umsatz behandelt werden.

Betriebsgewinn im weiteren Sinn ist Gewinn aus dem Betrieb, d. h. dem Tätigsein einer Unternehmung. Es werden Gewinne von Unternehmungen auch ohne Betrieb erzielt. Z. B.: eine Unternehmung hat ihren Betrieb vorläufig stillgelegt und veräußert entbehrliche Vermögensteile mit Nutzen. Oder: die Betriebseinrichtungen werden an eine „Betriebsgesellschaft“ gegen eine feste Pachtsumme oder Anteil am Betriebsgewinn dieser Gesellschaft verpachtet oder vermietet; die „Besitzgesellschaft“ erzielt Gewinn ohne eigenen Betrieb. In einem Kartell oder Syndikat erhalten stillgelegte Betriebe jährlich einen bestimmten Stillegungsgewinn aus dem gemeinsamen Topf.

In der Literatur ist mancherlei über die Trennung von Betriebs- und Konjunkturgewinn geschrieben worden. I. Der Unternehmungserfolg, d. i. der Ertrag der Industrie, ist dreiteilig: Marktgewinn einer als konjunkturlos gedachten Wirtschaft. Konjunkturgewinn infolge Schwankungen des Beschäftigungs- und Umsatzgrades; er entsteht durch betriebsfremde Kräfte. Beide Gewinnarten sind marktwirtschaftlicher Natur und realisierte Umsatzgewinne. Der Betriebsgewinn im engeren Sinne ist ein innenbetrieblicher Gewinn eines Werkbetriebes (d. i. Erzeugung eines umsatzfähigen Gutes mit den geringstmöglichen Kosten). Dieser Betriebsgewinn ist kostenbedingt — die Konjunktur als stationär unterstellt —, im Gegensatz zum Konjunkturgewinn, der marktbedingt ist (die Betriebsverhältnisse als stationär angenommen). Der Betriebsgewinn wird in Verbindung mit den marktwirtschaftlichen Gewinnen durch Umsatz realisiert.

Der (werk-)betriebliche Gewinn entsteht: a) durch größere Wirtschaftlichkeit des Betriebes (Rationalisierungsgewinn), d. h. durch geringere Aufwendungen bei gleicher Leistung oder Steigerung der Leistungen bei gleichen Aufwendungen. Der Gewinn aus gesteigerter Wirtschaftlichkeit der Erzeugung ist reiner Betriebsnutzen, er ist meßbar, wird aber weder buchmäßig noch kalkulatorisch gesondert ausgewiesen. Man begnügt sich mit der Tatsache der Ertragssteigerung. b) Durch Ersparnisse gegenüber normalen oder Standardkosten. Betriebliche Normalkosten sind durchschnittliche Kosten vergangener Erzeugungsabschnitte, Standardkosten hingegen sind analytisch berechnete Mindestkosten unter der Annahme größtmöglicher Wirtschaftlichkeit und Ausnutzung des Betriebes. Der Unterschied zwischen den Soll- und den Ist-Kosten ist ein innenbetriebliches, kostenbedingtes Mehr oder Weniger des Werkbetriebes. Bei festen Veräußerungspreisen, z. B. kartellmäßig gebundener Preisbildung, entsteht durch die größere Wirtschaftlichkeit des Betriebes eine betriebsbedingte Differentialrente gegenüber den Mitbewerbern. Das Mehr oder Weniger wird durch Vergleichung mit den Sollkosten, wegen der betriebsanalytischen Kritik des Betriebes, festgehalten (Kostenvergleich). c) Durch den Unterschied zwischen kalkulierten und wirklichen Gemeinschaftskosten. In der Kalkulation der Selbstkosten liegt eine „Unkostenreserve“, eine Überdeckung der Gemeinschaftskosten, woraus ein innenbetrieblicher Unkostengewinn entsteht. Im anderen Falle entsteht eine Unterdeckung der Unkosten, ein Betriebsunkosten-Verlust. Dieser Betriebserfolg kann kontenmäßig festgehalten werden wie folgt:

Aufwand — Fabrikations- oder Betriebskonto — Produktion

Aufwand		Produktion	
an Werkkosten	1000	an Lager, Werkstoff	1000
„ Arbeitskosten	350	„ Arbeitskosten	350
„ verausgabte Gemeinschafts-Kosten	280	„ angerechneten Gemeinschaftskosten	310
Summe:	1630	Summe:	1660
Betriebsgewinn	30		

In den Fällen a) bis c) wird unterstellt, daß die Konjunktur der Beschaffungsmärkte, d. h. die Herstellungskosten, unverändert geblieben sind; andernfalls kämen noch Konjunkturerfolge in Frage.

d) In Unternehmungen mit mehreren Werkbetrieben (in kombinierten Betrieben) entsteht ein innenbetrieblicher Zwischengewinn durch Verrechnung von Leistungen der Werkbetriebe untereinander mit innenbetrieblichen „Verrechnungspreisen", die über die wirklichen Selbstkosten hinausgehen oder einen nominellen Gewinnzuschlag enthalten, um Wirtschaftlichkeit und Rentabilität der Betriebskombination feststellen zu können. Bei verkaufsfähigen Produkten wird dieser Gewinn erst durch Veräußerung realisiert, bei nichtverkaufsfähigen Zwischenprodukten bleiben solche Gewinne nur innenbetrieblich wirksam, ohne den Ertrag der Unternehmung zu erhöhen. Im inneren Verrechnungsdienst sind sie wirksam wie unter c).

Im Verkehr einer Unternehmung mit Konzernwerken und den Verkaufsstellen eines Syndikats, bei Nebenleistungs-Gesellschaften (z. B. Rübenlieferung der Aktionäre einer Zuckerfabrik, Ablieferung von Nebenprodukten wie: Teer, Ammoniak an eine Verwertungsgemeinschaft) entsteht gleichfalls ein zwischenbetrieblicher Gewinn. Die gelieferten Mengen werden mit einem unveränderten Verrechnungspreis abgerechnet, der Marktgewinn der Verkaufsgemeinschaft wird später verteilt. Gedanklich läßt sich unterstellen, daß Verkaufspreise, Umsatz und Produktionsmengen während eines Rechnungsjahres stabil bleiben. Der Gewinn auf Grund der Verrechnungspreise ist für den Betrieb realisierter Betriebsgewinn, der durch Kostensparung gesteigert werden kann. Wenn eine Unternehmung mehrere Werkbetriebe gleicher Art mit unmittelbarem Verkauf oder mit einem Zentralverkauf umfaßt (z. B. mehrere Schächte eines Bergbauunternehmens), die Werkbetriebe rechnungsmäßig und kalkulatorisch getrennt bleiben, kann „Betriebsgewinn" auch den Anteil der Werkbetriebe am Gesamtgewinn bedeuten. Endlich kann der Ausdruck „Betriebsgewinn" zum Unterschied von außenbetrieblichem Gewinn (aus der Effektenanlage, aus Beteiligungen) gebraucht werden.

Marktgewinne einer konjunkturlosen Wirtschaft und Konjunkturgewinne in der von uns vertretenen engeren Auffassung entstehen für die Unternehmung als Glied einer Marktwirtschaft. Der Ertrag einer Unternehmung (als Summe der zweckbestimmten organischen Gewinne) ist eine Funktion der betrieblichen Wirtschaftlichkeit, d. h. der Ausnutzung des Aufwandes, der Schnelligkeit des Kapitalumschlages und der Konjunktur. Die Erschließung der Ertragsquellen wird subjektiv durch die Unternehmerarbeit beeinflußt, die Ertragsgestaltung hingegen ist abhängig von objektiven Faktoren, die wir unter dem Begriff „Marktgebundenheit" zusammenfassen.

Die Konjunkturschwankungen wirken auf die Dynamik der Aufwendungen und der Marktleistungen. Die Mengenkonjunktur äußert sich im wechselnden Beschäftigungsgrad der Produktionsmittel und in einer wechselnden Absatzmenge (Beschäftigungsgrad des Absatzes). „Absatz“ ist hier Intensitätsmesser des Umsatzes. Eine durch Streik stillgelegte Unternehmung kann eine gute Absatzkonjunktur haben. Bei Absatzstockung kann der Beschäftigungsgrad der Produktionsmittel normal bleiben. Es erscheint uns deshalb notwendig, nicht vom „Beschäftigungsgrad“ schlechthin zu sprechen, sondern Beschäftigungsgrad und Absatzgrad zu trennen. Eine Preiskonjunktur wirkt sich über die Preise der Beschaffungsmärkte auch auf die Kosten der Leistungen aus, insofern eine gebundene Preisbildung, beispielsweise durch Tarifverträge, diese Auswirkung nicht verzögert.

Die Veränderungen des Beschäftigungsgrades der Produktionsmittel wirken, wegen der festen Kosten (z. B. Hypotheken- und Anleihezinsen), steigernd oder mindernd auf die Kosten der Leistungseinheit (die wir als „Stückkosten“ bezeichnen). Die Herstellungskosten der Einheit schwanken (unveränderte Preise der Anschaffungsmärkte angenommen), wenn der Beschäftigungsgrad über- oder unternormal ist. Bei einer übernormalen Beschäftigung bis zum wirtschaftlichen Optimum (das betriebstechnische Maximum der Ausnutzung der Produktionsmittel liegt meist höher) entsteht ein Konjunkturgewinn, wenn die Veräußerungspreise unverändert bleiben. Dieser Gewinn kann statistisch, außerhalb der Kontenführung, erfaßt werden; man kann ihn aber auch als Kontengewinn durch Einschiebung eines Zwischenkontos und durch Verrechnung mit Normalkosten darstellen. Es sind beispielsweise die Stückkosten bei normaler Beschäftigung von 1000 Stück monatlich = 200 Mark; es wurden 1200 Stück erzeugt, die Stückkosten sind $166^2/_3$; die kontenmäßige Verrechnung dieses Konjunkturgewinnes könnte wie folgt gestaltet werden:

Lagerkonto an Betriebsaufwand: 1200 × 200 ℳ = 240 000 = Verrechnungspreis.

Betriebsaufwandskonto an Konjunkturerfolgskonto $33^1/_3$ × 1200 = 40 000.

Konjunkturverluste durch unternormale Fertigungsmengen wären zu buchen:

Konjunkturerfolg an Verkaufskonto.

Bei steigenden Produktionskosten und Kalkulation des Verkaufspreises der Lagerbestände mit Wiederbeschaffungskosten entstehen Konjunkturgewinne an Werkstoff- und Arbeitskosten gegenüber den Herstellungskosten. Der Unterschied zwischen den im Verkaufserlös realisierten Ersatzkosten und den Herstellungskosten kann dem Konjunkturerfolgskonto gutgeschrieben werden (zu Lasten des Verkaufskontos). Der Konjunktur-Verlust bei steigenden Herstellungskosten und unverändertem Verkaufspreis geht zu Lasten des Konjunkturerfolgskontos.

Steigende oder fallende einzelwirtschaftliche Mengenkonjunktur des Absatzes bei unveränderten Verkaufspreisen führt wegen besserer oder schlechterer Ausnutzung des Verkaufsapparates und wegen der Vertriebs- und Verwaltungskosten zu einem Konjunkturerfolg, dessen Messung allerdings mit Schwierigkeiten verbunden sein wird. Konjunkturgewinne infolge sinkender Preise der Beschaffungsmärkte bei unveränderten Verkaufspreisen und steigende Preiskonjunktur der Absatzmärkte bei unveränderten Herstellungskosten könnte man, wie alle Konjunkturerfolge, auch kontenmäßig aussondern.

Die Auflösung des Erfolges in Betriebs- und Konjunkturerfolg ist ein Problem der Betriebs- und Marktbeobachtung, kein Bewertungsproblem. Auf das Jahresergebnis wirken nur kurzwellige konjunkturelle Einflüsse und die Saisonschwankungen. Langwellige (zyklisch wiederkehrende) Konjunkturen müssen mit ihrem Maximum und Minimum bei einem Zeitvergleich einer Unternehmung Berücksichtigung finden.

II. Für den Warenhandel ist eine Trennung von Betriebs- und Konjunkturgewinnen noch schwieriger. Betriebsgewinne sind hier Vorteile durch Wirtschaftlichkeit, Geschicklichkeit, innenbetriebliche Ersparnisse, Ausnutzung des Lieferanten-Skontos, der eigenen Barzahlungsfähigkeit, Geschicklichkeit beim Einkauf, Wirksamkeit der Verkaufsorgane, der Einkaufsorganisation. Reine Betriebsgewinne sind beispielsweise die Provisionseinnahmen der Vermittler für Dienstleistungen; der Handelsgewinn einer konjunkturlos gedachten Wirtschaft; Konjunkturgewinne am ruhenden Vermögen wie in der Industrie. Anorganisch sind Effektenspekulations-Gewinne. Der Umsatzerfolg eines Warenhandelsgeschäftes ist eine Mischung von Betriebs- und Konjunkturerfolg. Unterstellt man, daß es branchenmäßig bestimmte normale Handelsgewinne gibt, so würde jeder übernormale Gewinn auch ein Konjunkturgewinn sein.

Hax (a. a. O. Seite 16) versucht Betriebs- und Konjunkturgewinne wie folgt zu trennen:

	Anschaffungskosten	Tageswert der Wiederbeschaffung	Erlös	Kontenerfolg (3÷1.)	Differenz 3. ÷ 2	
					Konjunkt.-Erfolg	Betriebserfolg
	1	2	3	4	5	6
1. Verk.	20 000	15 000	18 000	÷ 2 000	÷ 5 000	+ 3 000
2. „	10 000	9 000	8 000	÷ 2 000	÷ 1 000	÷ 1 000
3. „	10 000	12 000	11 000	+ 1 000	+ 2 000	÷ 1 000
4. „	30 000	35 000	40 000	+ 10 000	+ 5 000	+ 5 000
	70 000	71 000	77 000	+ 7 000	+ 1 000	+ 6 000
Endbestand	30 000	35 000	—	—	+ 5 000	—
Anfangs „	100 000	?	—	—	—	—
					= 12 000	

Die vorstehende Berechnung ist in mehrfacher Hinsicht mangelhaft. Einmal fehlt der Tageswert der Anfangsbestände; der Tageswert des Schlußbestandes enthält einen noch nicht realisierten Wertzuwachs am ruhenden Vermögen. Der erste Verkauf liefert 18 000 Mark Einnahmen, die Ausgaben waren 20 000 Mark, der „Betriebsgewinn" ist 3 000 Mark, der Konjunkturverlust 5 000 Mark. Nach dem üblichen durch keine Wiederbeschaffungstheorie zerstörten Verstand des Wirtschaftsmenschen bringt der erste Verkauf infolge sinkender Preise einen Verlust von 2000 Mark; das ist Konjunkturverlust. Der Konjunkturverlust in der Tabelle hingegen berechnet sich wie folgt: 20 000 ./. 15 000 = ./. 5 000 Mark = 25% der Anschaffungskosten. Für den Erlös kann der Händler nunmehr $\frac{20}{18}$ der Verkaufsmenge, d. h. $^1/_9$ mehr wieder einkaufen. Wäre der Erlös nur 15 000, ist der Konjunkturverlust 5 000; ein Betriebsgewinn wäre nicht vorhanden. Aber der Erlös reichte aus, die gleiche Menge wieder zu kaufen, die Substanz des Vermögens ist mengenmäßig unverändert geblieben, obgleich das Einkommen um 5 000 Mark geschmälert ist; Schulden für den Wiedereinkauf und die Forderungen aus dem Verkauf mit je 15 000 Mark gleichen sich aus. Der Fehler der doktrinären Rechnung von Hax ist, daß die Wiederbeschaffung der verkauften Mengen nicht durchgeführt ist; man verkauft im Beispiel nur die Vorräte. Wozu dann die Ersatzkostenberechnung? Beim dritten Verkauf nutzt der Verkäufer die Preiskonjunktur nicht aus, vermehrt seinen Vermögenswert um 1000 Mark = 10% der Anschaffungskosten, er kann für den Erlös aber nur $^{10}/_{12}$ der verkauften Mengen wieder einkaufen, er schmälert seine Vermögenssubstanz mengenmäßig um $^1/_6$. Nach der Tabelle aber hat der Verkäufer hier einen Konjunkturgewinn von 2000 Mark und einen Betriebsverlust von 1000 Mark = 10% der Anschaffungskosten, während die Mengenverluste am Vermögen $16^2/_3$% betragen. Wie wird es, wenn der Händler sich umstellt und die Ersatzbeschaffung unterläßt (wie Hax)? Welchen Sinn haben die Wiederbeschaffungskosten in diesem Fall? Die vorstehend gezeigte Trennung von Konjunktur- und Betriebserfolg behandelt fälschlich das Problem als ein Bewertungsproblem, während es ein solches der Betriebs- und Marktanalyse ist. Das Ergebnis der Tabelle und aller Verkäufe ist ein kontenmäßiger Gewinn von 7 000, der nach der Methode der Tabelle zerlegt wird in einen Konjunkturerfolg von + 1 000 und in einen Betriebserfolg von + 6000. Cui bono?

Schmalenbach (Bilanzlehre, S. 274 ff.) spricht von der Trennung von Betriebs- und Außeneinflüssen; zu diesen rechnet er Konjunktureinflüsse, Saisonschwankungen, Modeeinflüsse und Strukturwandlungen. Die Analyse dieser Einflüsse auf die Wirtschaftlichkeit möchten wir nicht in die bilanzmäßige Erfolgsberechnung verlegen, sondern in die Betriebsstatistik und, bei Fabrikbetrieben, in die selbständige kalkulatorische Erfolgsberechnung. Wenn die Buchführung und ihre Ergebnisrechnungen, die Bilanz und die Gewinn- und Verlustrechnung, mit all zu vielen Nebenaufgaben belastet sind, werden beide unübersichtlich, die Zahl der Zwischenkonten wird übermäßig vermehrt, die steuerliche Auswertung der Ergebnisse erschwert.

„Das Preisgefälle“ ist der Unterschied zwischen den marktwirtschaftlichen Einnahmen und den marktwirtschaftlichen Selbstkosten, wenn man Ersatzkosten rechnet, oder den betrieblichen Selbstkosten, wenn man mit Anschaffungskosten rechnet. Der Unterschied zwischen marktwirtschaftlichen und betrieblichen Selbstkosten der Leistungseinheit in der Kalkulation ist auch ein Konjunkturgewinn (z. B. ein Materialpreisgewinn), der kalkulatorisch erfaßt werden kann; will man ihn auch kontenmäßig festhalten, müssen monatlich etwa die Summen der kalkulierten Unterschiede vom Erlös- auf ein Konjunkturerfolgskonto retrograd übertragen werden. Der Ertrag wäre dann in Normalgewinn und Übergewinn gespalten.

Die Abspaltung des Gewinnes eines Werkbetriebes (der Erzeugungsstätten) von dem Marktgewinn der Unternehmung setzt die Anwendung fester Verrechnungspreise für den Aufwand und die Betriebsleistungen an den Verkauf voraus, d. h. die Einführung eines mehr oder weniger willkürlich gewählten „Betriebswertes“, der den Marktverhältnissen abschnittsweise angepaßt werden kann, wodurch die Vergleichbarkeit der Ergebnisse gestört wird. Verrechnungspreise für das in die Fertigung gegebene Material, feste Lohnkosten und Unkosten für die Aufwandseite der Betriebsrechnung, ebenso Verrechnungspreise für den Betriebswert der Betriebsleistungen an die Verkaufsabteilung mit der Zwischenschaltung eines Lagerkontos (Lagerkonto an Betriebskonto, Übernahme der fertigen Produkte zu Verrechnungspreisen; Verkaufskonto an Lagerkonto, abgerechnet zu Verrechnungspreisen für die verkauften Mengen). Will man auch den Konjunkturgewinn abspalten, könnte man die Verrechnungspreise zwischen Lager und Verkauf den betrieblichen Selbstkosten anpassen, zuzüglich des üblichen Gewinnzuschlages, und wiederum ein Zwischenkonto einschieben: Lagerkonto an Verkaufskonto, Verrechnungspreis zuzüglich kalkuliertem Gewinnaufschlag; Erlöskonto an Verkaufskonto, die gleichen Verrechnungspreise. Im Haben des Erlöskontos würde der ganze Verkaufserlös stehen, im Soll die Erlösschmälerungen (Sonderaufwendungen infolge Veränderung der Marktlage wie Preisnachlässe, Preisabzüge).

Wählt man feste Verrechnungspreise für den Aufwand und die Betriebsleistungen, bleibt das Preisgefälle für den Betrieb das gleiche. Die zusätzlichen über die Verrechnungspreise des Aufwandes hinausgehenden Herstellungskosten oder die niedrigeren Kosten (das ist der Unterschied zwischen marktwirtschaftlichen und innenbetrieblichen Verrechnungskosten) sind Außenerfolg und müssen über ein entsprechend benanntes Konto (Außenerfolgskonto nach Schmalenbach) belastet oder gutgeschrieben werden. Die Aufwandsrechnung wird eine in Geldwerte eingekleidete Mengenverrechnung. Die wirklichen Selbstkosten, die tatsächlichen Aufwendungen sind auf zwei Konten verteilt: auf Betriebs- und Außenerfolgskonto. Wie der Betriebsgewinn in unserer Auffassung isoliert werden kann, wurde oben gezeigt.

Kalkulationsschema

Soll-Mengenverbrauch je Verkaufseinheit, zu Verrechnungspreisen 1	Wirklich verbrauchte Mengen, Verrechnungspreise 2	Betriebliche Selbstkosten 3	Marktwirtschaftliche Selbstkosten (Ersatzkosten des Umsatztages) 4
120 kg		117 kg	117 kg
zu 1 ℳ = 120,—	117 kg = 117,—	zu 1,2 = 140,4	zu 1,35 = 158,—
80 Lohnstunden			
zu 1,20 = 96	82 St. = 98,4	82 St. = 98,4	98,40
200% Zuschlag = 192	200% = 196,8	230% = 226,4	226,4
408	412,2	465,2	483,8
		Stückgewinn 46,8	46,2
		512,—	530,—

Das vorstehende Kalkulationsschema zeigt in der Vergleichung der ersten und der zweiten Spalte den Betriebsgewinn durch Minderaufwand, den Betriebsverlust durch Mehraufwand; in den Spalten 3 und 4 den Konjunkturerfolg im Preisgefälle. Der Unterschied der Spalten 3 und 2 liefert den Gewinn aus Betriebsleistungen an den Verkauf. Marktwirtschaftlich sind der Stückgewinn und der Unkostengewinn (230% anstatt 200%). Den innenbetrieblichen Verlusten sind zuzurechnen z. B.: Materialschwund, Verkrümmelung, Diebstahl, kostenlose Ersatzlieferung aus Verträgen mit Garantieverpflichtung, Nachlieferung wegen Qualitätsmangel, übermäßiger Werkstoffverbrauch, nicht erfaßte Fehlarbeiten. Außenbetriebliche Verluste sind: Verlust an Debitoren, Erlösschmälerungen aller Art, wie Preisnachlässe; Saisonverluste durch Unverkäuflichkeit der Ladenhüter.

3. Die Summe der Konten-Gewinne gibt den Jahresgewinn der Gewinn- und Verlustrechnung, die Konten-Gewinne abzüglich Konten-Verluste den Bilanz-Gewinn oder Bilanz-Verlust. Der Konten-Gewinn ist begrifflich der Haben-Saldo eines reinen Erfolgskontos oder eines gemischten Kontos nach Einsetzung des Bestandes. Da es „Bestände“ auf

allen Konten gibt, — auch auf den reinen Erfolgskonten durch transitorische oder antizipierende Verrechnung verfrühter oder verspäteter Einnahmen und Ausgaben, die sogenannten Erfolgsregulierungsposten — so gibt es gemischte Erfolgs- und gemischte Bestandskonten. Auf beiden Kontengruppen erscheinen Gewinne oder Verluste.

Auf den Konten werden realisierte und noch nicht verwirklichte Gewinne ungetrennt ausgewiesen, sofern man die noch nicht realisierten Bewertungsgewinne am ruhenden Vermögen kalkulatorisch durch Gegenbuchungen nicht vorher abschichtet. Durch die Kalkulation des Bestandswertes kann der Kontengewinn willkürlich ermäßigt oder erhöht werden oder ganz verschwinden. Wenn man einen Wechsel mit 600 Mark Diskontabzug und einer Laufzeit von 30 Tagen diskontiert, ist der Tagesgewinn 20 Mark. Der Gesamtgewinn ist erst am Fälligkeitstage erreicht. Gebucht wird aber am Diskontierungstage der volle Zinsabzug auf Diskont-Konto als Gewinn. Fällt der Abschnitt der Erfolgsberechnung vor den Verfalltag des Wechsels, muß wiederum durch eine Kalkulation der Kontengewinn für den Zeitpunkt der Erfolgsberechnung durch Abzug der Zinsen bis zum Fälligkeitstage berichtigt werden. Wenn ein Anlage-Konto mit einer Mark Eingangswert aufgewertet wird, um das stille Anlagevermögen bilanzmäßig zu realisieren, beispielsweise durch Bewertung mit 20 000 Mark, so ist der Kontengewinn 19 999 Mark. Bei dem Eingang von als uneinbringlich geschätzten und abgeschriebenen Forderungen ist es ebenso. In beiden Fällen werden doch nur Kalkulationsfehler früherer Berechnungsabschnitte berichtigt. Im letzten Fall ist die Unzuverlässigkeit der Kontenwinnes besonders deutlich; Waren mit einem Selbstkostenwert von 800 Mark wurden für 1000 Mark verkauft. Der Umsatzgewinn auf dem Warenkonto war 200 Mark, er gilt als realisiert; der Verlust durch Abschreibung ist 1000 Mark, der Zahlungseingang der Forderung beträgt beispielsweise 400 Mark, wiederum ein Kontengewinn, obgleich der Verlust 800 Mark beträgt, ohne den entgangenen Gewinn. Der Sanierungsgewinn durch Herabsetzung des Aktienkapitals ist ein Kontengewinn ohne Veränderung des Vermögens und der Schulden; der „Gewinn“ wird zur Deckung einer Unterbilanz verwendet, d. h. eine Kapitalbeteiligung wird teilweise in „Gewinn“ verwandelt und dieser „Gewinn“ zur Deckung einer effektiven und wertmäßigen Substanzminderung des Vermögens verwendet. Das Anfangskapital wird gespalten, ein Teil kommt in die Gewinnrechnung, der andere bleibt in der Bestandsrechnung. Auch bei einem Schuldennachlaß werden Teilbeträge der Schulden in Gewinne bzw. Kapitalzuwachs verwandelt.

Vom Gewinnvortrag abgesehen nimmt die Gewinnrechnung Kontengewinne aus laufenden und aus früheren Berechnungsabschnitten ungetrennt in sich auf. Die „Auflösung“ einer stillen Reserve am Umsatzvermögen durch Höherbewertung bis zum Anschaffungs- bzw. bis zum geringeren Tageswert, die Umwandlung einer stillen Kapitalreserve durch Übertragung eines irgendwo versteckt gewesenen Reservekontos auf ein Erfolgs- oder Bestandskonto, die richtige Bewertung einer zu hoch eingesetzt gewesenen Verbindlichkeit, kurz, jede Auflösung einer stillen Reserve vermehrt den Kontengewinn und damit den Jahresgewinn, sofern nicht eine Aufrechnung gegen Jahresverluste erfolgt [1]).

4. Durch eine attributive Ergänzung des Grundwortes „Gewinn" entstehen Gewinnarten, die erschöpfend nicht aufgezählt werden können, die aber die rechtliche und wirtschaftliche Natur der Erfolge genauer umschreiben: Veräußerungs-, Spekulations-, Umsatz- und Gelegenheitsgewinne; verteilungsfähige Gewinne im Sinne der Vorschriften des § 261 HGB.; auszahlungsfähiger, realisierter und noch nicht realisierter Gewinn; Betriebs-, Markt- und Konjunktur-Gewinn; echte, unechte und Scheingewinne. Die Art der Ermittlung des Erfolges wird durch folgende Benennung gekennzeichnet: Bilanz-Gewinn, statistischer Gewinn, Gruppen- und Stückgewinn. Nach der Zeit unterscheidet man Jahresgewinne, kurzfristige Gewinnermittlung (unterjährige Gewinnberechnung).

Wir unterscheiden organische ordentliche (Zweck-)Erfolge und unorganische außerordentliche Zufallserfolge. Osbahr (Die Bilanz vom Standpunkt der Unternehmung, 2. Auflage, Berlin 1919, S. 136) spricht von geschäftswesentlichen Betriebsergebnissen, die mit dem Unternehmungszweck zusammenhängen, von geschäftsunwesentlichen Veränderungen des Eigenkapitals und zwar ordentliche (wie Zinsen für Kreditkapitalien, Erträge aus Miete, Pacht) und außerordentliche, z. B. Elementarschäden, Verluste durch Unterschlagung, Lotteriegewinn. Besser wäre es, den Betriebsgewinn als zweckbestimmten Ertrag von Unternehmungsgewinn zu sondern. Für Banken sind beispielsweise die Zinsen geschäftswesentlich, für Fabriken die Lizenzgebühren.

Der Gewinn eines erledigten Geschäftes, etwa einer Spekulation, eines Verkaufes, ist Total-Gewinn dieser Operationen. Im Rahmen des Gewinnes einer Rechnungsperiode unterscheiden wir: Einzelgewinne oder Stückgewinne; die Summe der Gewinne gleichartiger Geschäfte sind Gruppengewinne; Jahresgewinn, Monats- und Tagesgewinn sind zeitlich bestimmte Teilgewinne (Periodengewinne nach Schmalenbach). Je kürzer die Abschnittsrechnungen werden, um so mehr häufen sich die Schwierigkeiten der Ermittlung des richtigen Gewinnes und der zeitlichen Abgrenzung der Periodengewinne. Schon in der Jahresgewinnerrechnung

[1]) Über das Wesen der echten und der Scheingewinne (währungswirtschaftlicher Art infolge kurzwelliger Veränderungen des Geldwertes; verrechnungstechnische Scheingewinne durch Bewertung der Wertsteigerungen der Vermögensbestände) vgl. Wirtschaftslehre § 35.

müssen verfrühte und verspätete Einnahmen und Ausgaben zwischen beiden Bilanzjahren verteilt werden, die Vorausgaben und die Nacheinnahmen aktiviert, die Voreinnahmen und die Nachausgaben auf die Passivseite eingestellt werden.

16. Abschnitt.

Die Erfolgsberechnung.

Die Lebensaufgabe eines Wirtschaftsbetriebes, d. h. einer Unternehmung, ist die Gewinnerzielung. Durch wirtschaftliche Ausnutzung des Vermögens in Verbindung mit Arbeit wird ein Vermögenszuwachs erstrebt, der irgendwie in der Unternehmung (als Neukapital) oder durch den Unternehmer Verwendung finden soll (Verteilung und Ausschüttung). Das statische Ergebnis der dynamischen Kräfte, die in der Unternehmung wirksam geworden sind, der Zustand des Vermögens und der Verbindlichkeiten kann für jeden Tag (Tagesbilanz), für kürzere odere längere Zeitabschnitte berechnet werden. Bei der Aufstellung der Jahresbilanz tritt an die Stelle der Berechnung der Bestände die Aufnahme der Bestände (Befundsaufnahme).

I. Die Erfolgsberechnung, d. i. die rechnerische Ermittlung des Vermögenszuwachses oder der Vermögensminderung, des Reingewinnes oder Reinverlustes, kann sich allein auf Bilanzen stützen. Dann verzichtet man auf den Nachweis der Teilerfolge und begnügt sich mit der Berechnung einer einzigen summarischen Erfolgsziffer; die Jahresbilanzen allein bilden die Grundlage der Berechnung.

a) Man vergleicht die Ziffer des Eigenkapitals, bei Kapitalgesellschaften vorerst unter Zusammenzählung aller Kapitalteile (wie Grundkapital, offene Reservekapitalien, Gewinn- bzw. Verlustvortrag) am Ende des Berechnungsabschnittes (= K') mit der zu Beginn desselben Abschnittes errechneten Kapitalziffer (= K^0). Die Veränderungen der Kapitaleinlagen durch Kapitalherabsetzung oder -erhöhung und durch den Kapitalverbrauch sind als Korrekturziffern zu berücksichtigen. Die Richtigkeit der so errechneten Erfolgsziffer wird durch Veränderungen in den stillen Vermögensreserven und in den stillen Kapitalreserven gestört. Bei dieser Methode der Berechnung hat die Bewertung der Vermögens- und Schuldbestände einen maßgeblichen Einfluß auf das Ergebnis, d. h., die Erfolgsziffer der Bilanz ist von den Wertansätzen abhängig und in eine ursächliche Verbindung mit ihr gebracht.

Das Eigenkapital ist der Unterschied zwischen Vermögen und Schulden; es resultiert aus einer Bestandsaufnahme nach Mengen- und Wertziffern. Welchen Wert man einstellt (Anschaffungswert, Tages- oder Ersatzwert) ist zunächst gleichgültig, nur muß man sich für eine Bewertung entscheiden und sie beibehalten, weil sonst Störungen in der Vergleichbarkeit der Ergebnisse eintreten. Schmalenbach (Bilanzlehre, S. 105) meint, daß die Bestände in der Bilanz „aus einer Erfolgsrechnung resultieren", „Verrechnungsreste" darstellen, eine Auffassung, die nur in seinem System begründet, außerhalb dieses Systems falsch ist. Die Werte der Vermögensbestände resultieren aus einer Kalkulation, deren Einfluß auf die Ergebnisberechnung Schmalenbach übersieht.

b) Eine Erweiterung der Berechnung unter a) ist möglich, wenn man die Bilanzen am Ende und am Anfang des Berechnungsabschnittes in den Einzelheiten miteinander vergleicht, die Zunahme und die Abnahme der Wertziffern der Vermögens- und der Schuldteile im einzelnen (bei Kapitalgesellschaften auch der Kapitalteile) errechnet. Der Unterschied der Differenzen der Aktiva und der Passiva entspricht der Erfolgsziffer, die auf Grund der Endbilanz errechnet wurde (vgl. Band I, 15, Abschnitt IV). Methodologisch ist diese Berechnungsart so unvollkommen wie jene unter a). Aber der bilanzkritischen Auswertung leistet dieses Verfahren gute Dienste.

Bei Steuerpflichtigen, die Handelsbücher nach den Vorschriften des HGB. und nach den Grundsätzen ordnungsmäßiger Buchführung führen, ist der steuerpflichtige Gewinn der Überschuß des Betriebsvermögens am Ende des Steuerabschnittes über das Betriebsvermögen, das am Schlusse des vorangegangenen Steuerabschnittes der Veranlagung zugrunde gelegen hat. Bei der Ermittlung dieses Gewinnes ist eine Reihe von Vorschriften des Einkommensteuergesetzes zu berücksichtigen; insbesondere sind die Bewertungsvorschriften dieses Gesetzes zu beachten (§ 13 Einkommensteuergesetz). Auch hier wird der Einfluß der Bewertung der Bestände auf das Ergebnis betont.

c) Von einem Vermögensvergleich geht auch die Ermittlung des steuerpflichtigen Gewinnes nach § 12 des Einkommensteuergesetzes aus. Die dort (für die Landwirtschaft und für das Handwerk) gesetzlich geregelte Gewinnermittlung besteht aus zwei Elementen: Einmal der Überschuß der Einnahmen über die Ausgaben; dann der Mehrwert bzw. der Minderwert der Erzeugnisse, Waren und Vorräte des Betriebes und des Anlagekapitals am Schlusse des Steuerabschnittes gegenüber dem Stand am Schlusse des vorangegangenen Steuerabschnittes. Je nach dem, ob die Vermögenswerte am Schlusse oder am Anfang größer sind, ist der Unterschied den Einnahmen oder den Ausgaben hinzuzusetzen. Die Grundlage dieser Gewinnberechnung ist eine Berechnung der Einnahmen und Ausgaben, wie der Gesetzgeber sie definiert (§§ 14—18, 21 Einkommensteuergesetz; ein Berechnungsschema vgl. „Einkommen und Ertrag", S. 25).

Die Erfolgsberechnung durch Gegenüberstellung von Betriebseinnahmen und Betriebsausgaben ist auch in bestimmten kaufmännischen Unternehmungen möglich. Im Vermittlungsgewerbe (Makler, Agenten, Vertreter) werden die Einnahmen aus der Vermittlungstätigkeit aufgezeichnet und periodisch mit den Ausgaben verglichen. Ergibt sich aus dieser Ermittlung am Schlusse des Rechnungsabschnittes ein Bestand an gewerblich benutzten „Betriebsvermögen", so ist der Periodenerfolg unter Berücksichtigung des Mehr- oder Minderwertes dieser Bestände zu errechnen.

Die bisher angeführten Methoden der Erfolgsberechnung gehen von einem Kapital- oder Vermögensvergleich aus, die zuletzt erwähnte in Verbindung mit einer Gegenüberstellung von Einnahmen und Ausgaben (früher als Betriebseinnahmen und Betriebsausgaben bezeichnet, vgl. § 33 Einkommensteuergesetz von 1921). Die Bewertung, insbesondere der Vermögensbestände, ist bei allen Methoden ein konstitutives Element der Berechnung, die nur zu einer Ziffer des Gesamterfolges führt (bei der Methode a) und b), Bilanzgewinn oder Bilanzverlust), ohne Aufschluß über Entstehung und Teilerfolge. Der auf der Grundlage einer Bilanz ermittelte Gesamterfolg wird als „Bilanzgewinn" bzw. als „Bilanzverlust" bezeichnet, gleichgültig, ob er in der Bilanz selbst erscheint (wenn die Kapitaleinlagen unverändert auf der Kapitalseite stehen bleiben) oder dort nicht erscheint (wenn der Erfolg auf Kapitalkonto zugeschrieben oder abgeschrieben wird). Die Berechnung des bilanzmäßigen Erfolges kann unter dem Einfluß bestimmter Tendenzen stehen, die sich praktisch über eine höhere oder niedrigere Bewertung (meist innerhalb der gesetzlichen Bewertungsgrenzen) in der größeren oder niedrigeren Erfolgsziffer niederschlagen. Ausdrücke wie: realisierter, verteilungs- und auszahlungsfähiger, manipulierter, stiller Gewinn, verschleierter Verlust, kennzeichnen jene Tendenzen bei der Bilanzaufstellung.

II. Der Berechnung des Bilanzgewinnes als Gesamterfolg steht ein anderes Extrem gegenüber: Die Berechnung eines Jahres-(Brutto-)Erfolges durch Summation der einzelnen Gewinne und Abzug der einzelnen Verluste. Wir wollen die einzelnen Gewinne als Stückgewinne bezeichnen. Z. B. ein Gelegenheits- oder ein gewerbsmäßiger Spieler oder Spekulant oder Händler berechnet für jedes Geschäft den Unterschied zwischen Aufwand und Erlös, zwischen Einnahmen und Ausgaben, addiert die aufgezeichneten Teilgewinne und -Verluste. Das Grundsätzliche dieser Erfolgsberechnung liegt in ihrer Verselbständigung und in ihrer Unabhängigkeit von den buchhalterischen Aufzeichnungen, die die Aufstellung einer Jahresbilanz zum Ziel haben.

Die periodische Erfolgsberechnung auf Grund einer Stückgewinnrechnung ist besonders gut in der Veredlungsindustrie ausgebildet, z. B. in der Metallverarbeitung; sie setzt eine Organisation des Rechnungswesens voraus, die die Errechnung einigermaßen richtiger Stückkosten ermöglicht. Die Einnahmen der umgesetzten Erzeugnisse abzüglich ihrer Aufwendungen geben den Stückgewinn bzw. -Verlust. Die abschnittweise Zusammenstellung der kalkulierten Stückgewinne liefert einen Periodenerfolg, der noch durch Berücksichtigung der nachträglichen Kostenschmälerungen (Ermäßigung der Kartellpreise mit rückwirkender Kraft, Steuerrückvergütungen o. ä.) oder der nachträglichen Kostensteigerungen (Löhne, Gehaltserhöhungen mit rückwirkender Kraft) zu berichtigen ist. Auch etwaige anorganische Kosten, außerplanmäßige Aufwendungen wie: Unterschlagungen, Verluste durch Irrtum, Verderben, und bestimmte Erlösschmälerungen (Rabatte, Skonto, Preisnachlaß, Frachtvergütung u. ä.) sind zu berücksichtigen.

Die Schwierigkeit der selbständigen Erfolgsberechnung (in der Industrie) durch Zusammenzählen der Stückgewinne liegt in der Berechnung des Stückaufwandes; wie diese Schwierigkeiten überwunden werden können, ist eine methodologische Frage der Selbstkostenberechnung, die uns hier nicht beschäftigen soll. (Nebenbei sei erwähnt, daß bei der Divisions-Methode diese Schwierigkeiten geringer sind als bei der Zuschlagsmethode, bei deren Anwendung der Unterschied zwischen berechneten Zuschlagskosten und den tatsächlichen Kosten, d. h. die Differenz zwischen gedeckten bzw. überdeckten Kosten in der periodischen Erfolgsrechnung zu veranschlagen ist.) Für das Verfahren selbst ist es gleichgültig, ob man mit Anschaffungs- oder Wiederherstellungskosten rechnet. Die Schwankungen der Selbstkosten durch Veränderungen des Beschäftigungsgrades (Produktions-Intensität) und des Absatzgrades werden in der Divisions-Methode selbständig ausgeschaltet; bei der Zuschlagsmethode wirken sie sich im Unterschied zwischen kalkulierten und tatsächlichen Kosten aus.

Wenn ein Wirtschaftsbetrieb die Erfolgsberechnung nach verschiedenen Methoden durchführt, etwa nach I und II, unterliegen ihre Ergebnisse dem „Gesetz der Unstimmigkeit", d. h., sie führen zu verschiedenen Ergebnissen. Es ist dann die Aufgabe der Leitung, Methoden und Ergebnisse analytisch und genetisch zu prüfen und einer Methode die größere Glaubwürdigkeit zuzuerkennen.

III. Die Erfolgsberechnung der einfachen Buchhaltung stützt sich auf die Bilanz nach Methode I. Sie verzichtet meist auf eine Auseinanderrechnung der Leistungen und der Aufwendungen, obgleich auch bei diesem System der Aufzeichnung der Bestandsveränderungen eine Gewinn- und Verlustrechnung theoretisch möglich, praktisch aber schwierig durchführbar ist. Ob die Erfolgsziffer dieser Berechnung mit jener übereinstimmt, die auf Grund des Vermögenvergleichs gewonnen wurde, ist eine Frage der Gestaltung beider Berechnungen. Ergebnis der einfachen Buchführung sind die Jahresbilanz und die Ermittlung des Endkapitals, die bilanzmäßige Erfolgsziffer ist ein Nebenprodukt.

Die doppelte Buchführung ist eine Mischung von Bestand- und Erfolgsbuchführung, ihre Ergebnisrechnung ist das Gewinn- und Verlustkonto. Das Bilanzkonto ist hier Nebenprodukt. (Über die historisch-genetische Entwicklung des Gewinn- und Verlustkontos vgl. G. Wieske, Organisations-Gesetze der Buchhaltung in Theorie und Praxis, Berlin 1924. In der ersten Zeit der Verwendung der doppelten Buchführung wurde wegen der geringen Anzahl von Posten und des unentwickelten Wirtschaftsverkehrs der Gewinn oder Verlust auf den Sachkonten „kalkuliert" und der Gewinn vom Kontensaldo abgezogen.)

Die theoretische Streitfrage wegen der Einordnung des Gewinn- und Verlustkontos in das Kontensystem, ob sie eine Hilfs- und Nebenrechnung des Kapitalkonto bzw. der Kapitalseite der Bilanz, oder eine Ergänzungsrechnung zur Vermögensseite ist (vgl. Wirtschaftslehre § 29), ob diese Rechnung ein Ausgleich-, Zwischen- oder ein Sammelkonto für Gewinne und Verluste ist, soll für unsere Darstellung gleichgültig sein. Das Bilanzkonto (nicht die Bilanz) ist ein (entbehrlicher) Formalismus der Doppik; das Gewinn- und Verlustkonto (mit allen Einzelheiten, oder, wie in der deutschen Sammel-Buchführung, in einigen Posten zusammengefaßt) ist das wesentliche Ergebnis. Über ihre organischen Mängel ist das Nötige gesagt worden.

Der formelle buchhalterische Erfolg wird einmal in der Bilanz aus der Bestandsrechnung und einmal aus der Gewinn- und Verlustrechnung ermittelt; beide Rechnungen müssen zu den gleichen Erfolgsziffern führen. Ihrem Wesen nach ergänzen sich die beiden Rechnungen: Der Reingewinn ist Vermögenszuwachs und Neukapital; der Reinverlust Vermögens- und Kapitalminderung. In der Bilanz (der Kapitalgesellschaften insbesondere) kann, entgegen den gesetzlichen Vorschriften (§ 261 Ziffer 6 HGB.), der Reingewinn bereits verteilt sein. Dann muß die Summe der Teile mit dem Reingewinn der Erfolgsrechnung übereinstimmen, ebenso, wenn die Gewinn- und Verlustrechnung einen Bruttogewinn ausweist, die Bilanz hingegen den Nettogewinn. Auch in der Verfahrensweise sind die beiden vorerwähnten Rechnungen durch die Bewertung, insbesondere der Umsatz- und der Gebrauchsgüter, organisch verbunden. Der Wertansatz in der Bilanz wirkt sich auf die Gewinn- und Verlustrechnung aus. Bewertung ist eine Art Kalkulation; jede Buchführung bedarf dieser „Kalkulation" (worauf mit Recht Wieske hinweist), um den Bestandswert vom Erfolg in den Kontensalden zu trennen. Dabei kann man verschiedene Werte einsetzen. Die Erfolgsberechnung liegt teilweise außerhalb des Buchführungssystems, die Gewinnrechnung jedoch innerhalb des Systems der doppelten Buchführung; Rechnung (oder Konto) und Berechnung sind eben wesensverschieden.

Die Gewinn- und Verlustrechnung der doppelten Buchführung ist ein Produkt der Kontenbildung, diese wiederum ist eine der privaten Zweckmäßigkeit der Unternehmung und ihres Betriebes dienende Einrichtung. Die inhaltliche Gestaltung der Gewinn- und Verlustrechnung ist von der Kontenbildung abhängig. Nach der Methode II erfolgt die Berechnung des Erfolges posten- oder stückweise; in der Gewinn- oder Verlustrechnung gruppenweise. Die „interne" Gewinnrechnung schließt sich dem Kontensystem an, kann aber durch Aufnahme von Einzelheiten leicht erweitert werden. Sie bildet die Grundlage für eine analytische Kritik der Geschäftsführung und ihrer Ergebnisse. Soweit eine Verpflichtung zur Veröffentlichung der Gewinnrechnung besteht, ist die Möglichkeit gegeben, im „Selbst- oder Geschäftsinteresse" die interne Aufstellung zu manipulieren, ihre Ergebnisse zusammenzufassen, untereinander aufzurechnen, Verluste und Gewinne anders zu verteilen, bis eine für die Veröffentlichung reife Rechnung entstanden ist. Für den Kreditgeber und für die Steuerverwaltung sind solche Auszüge aus der internen Rechnung unbrauchbar. Eine Schematisierung der Gewinnrechnung nach Erwerbsgruppen und innerhalb dieser nach der Größe des Fremd- oder des Eigenkapitals ist möglich, bei gewissen Kartellformen und Interessengemeinschaften auch üblich. Auch in Darlehnsverträgen mit ausländischen Kapitalgebern ist häufig eine Schematisierung der Erfolgsrechnung vorgeschrieben.

Nach dem Inhalt der Gewinn- und Verlustrechnung können unterschieden werden[1]: einteilige, generelle und zweiteilige. Die einteilige Gewinnrechnung ist die übliche; sie kann Einnahmen (Verkaufserlöse) und Ausgaben, persönliche und sachliche Kosten neben Verlusten und Abschreibungen enthalten, und ist in diesem Falle für die kritische Auswertung besonders geeignet. Ob man eine solche Rechnung eine „Betriebsbilanz", eine „Betriebsrechnung", eine „Brutto-Gewinn- und Verlustrechnung" (nach Schmalenbach) nennt, ist nebensächlich. Charakteristisch für sie ist, daß die Erlöse und alle Aufwendungen ohne Aufrechnung sichtbar sind und damit ein wesentlicher Mangel der üblichen Gestaltung dieser Rechnung beseitigt wird.

In der einteiligen Gewinnrechnung können Aufwand und Erlös, Betriebseinnahmen und Betriebsausgaben, Gewinne und Verluste in verschiedener Intensität aufgerechnet sein; die Rechnung nimmt nur oder zumeist kompensierte Größen in sich auf (Netto-Gewinn- und Verlustrechnung). Ein Beispiel:

---

[1]) Vgl. die ausführliche Arbeit von P. Loenertz, Die Formen der Gewinn- und Verlustrechnung, 9. Ergänzungsband, Leipzig 1926.

	Ausgaben	Einnahmen	Soll-Saldo	Haben-Saldo
Wechselzinsen	900	1 300	—	400
Lombardzinsen ...	50	530	—	480
Reportzinsen	25	—	25	—
Kontokorr.-Zinsen .	300	4 000	—	3 700
	1 275	5 830	25	4 580
Hauptsaldo	4 555	—	4555	

Die Gewinnrechnung kann aufnehmen: nur den Zinsensaldo mit 4 555 Mark oder die Salden der einzelnen Zinsenkonten. Eine Brutto-Gewinnrechnung würde die Summe der Zinsenausgaben und der Zinseneinnahmen der einzelnen Konten oder nur die Summen der Zinsen überhaupt aufnehmen können (1275 u. 5830).

Eine „Betriebsrechnung" der Zinsen würde wie folgt aussehen:

Ausgaben	Bruttogewinn- und	Verlust-Rechnung	Einnahmen
Wechselzinsen	900	Wechselzinsen	1 300
Lombardzinsen	50	Lombardzinsen	530
Reportzinsen	25	Kontokorrent	4 000
Kontokorrent	300		

Die „Erfolgsrechnung" ohne Kompensation (Nettogewinn-Rechnung mit Teilaufrechnung) würde wie folgt aussehen:

Verlustsaldo			Gewinnsaldo
Reportzinsen	25	Wechselzinsen	400
		Lombardzinsen	480
		Kontokorrent	3 700

Die **vollständig** kompensierte Erfolgsrechnung, d. h. eine Nettogewinnrechnung mit vollständiger Aufrechnung, würde auf ihrer Habenseite nur den Zinsensaldo von 4550.— Mark ausweisen.

An Stelle einer eingehenden Darstellung der Einnahmen und Ausgaben in der Erfolgsrechnung kann eine solche im **Geschäftsbericht** gegeben werden, wie das folgende Beispiel einer (gut organisierten) Genossenschaftsbank zeigt. Es ist nicht erforderlich, die Bilanzen mit Einzelheiten vollzupfropfen, sie und der Geschäftsbericht bilden für Analyse und Kritik eine Einheit; wichtig ist nur, daß überhaupt Einzelheiten bekanntgemacht werden.

Soll a) Gewinn- und Verlust-Konto am 31. Dezember 1927. Haben

Soll			Haben	
Unkosten:			Gewinnvortr. v. 1926 ...	33454.44
a) Steuern u. Verwaltungskosten	259743.97		Überschuß an Zinsen....	1114742.07
Geschäftsunkosten	1595710.66	1855454.63	Übersch. an Provision...	1248282.91
Reingewinn:			Effekten-Kursgewinne ...	179635.65
Vortr. a. 1926	33454.44		Eingang auf früher abgeschriebene Forderung..	1201.25
Gewinn a. 1927	688407.25	721861.69		
		2577316.32		2577316.32

b) Erläuterungen zum Provisions-Konto.

Provisions-Einnahmen:

Wechsel-Proteste, Rückschecks ...	ℳ	33 371,80
Spesen, Auszahlungen, Effekten, Devisen ...	„	120 812,39
Schrankfachmiete ...	„	2 373,40
Depotgebühren ...	„	22 243,85
Darlehen-Provision ...	„	1 264,78
Verschiedenes, Domizile, Interventionen ...	„	6 444,78
Dokumente ...	„	20 817,80
Kupons und Sorten ...	„	29 238,86
Effekten-Kommission ...	„	613 224,92
Konto-Korrent-Provision ...	„	420 359,17
Provisions-Einnahmen ...	ℳ	1 270 151,75
„ -Ausgaben ...	„	21 868,84
Provisions-Überschuß ...	ℳ	1 248 282,91

c) Analyse des Zinsen-Kontos.

Einnahmen:

Vortrag vom Jahre 1926: vorauserhobene, für 1927 in Betracht kommende Zinsen ...			ℳ	181 934,73
Kontokorrent- und Bankenzinsen ...			„	776 114,80
Vorschußzinsen ...			„	157 775,90
Effektenzinsen ...			„	192,856,32
Wechselzinsen ...			„	286 998,48
Schatzanweisungszinsen ...			„	948 708,15
Zinsen-Einnahmen			ℳ	2 544 388,38
abzügl. „ Ausgaben			„	1 114 060,71
Zinsen-Saldo			ℳ	1 430 327,67
hiervon sind abzurechnen:				
Vortrag auf das Jahr 1928:				
vorauserhobene Vorschußzinsen ...	ℳ	18 985,98		
„ Depotschatzanweisungszinsen ..	„	181 430,50		
„ Wechsel- und langfristige Schatzanweisungszinsen ...	„	120 103,25		
	ℳ	320 519,73		
abzügl. rückständ. Vorschußzinsen ...	„	4 934,13	„	315 585,60
Zinsen-Überschuß			ℳ	1 114 742,07

Ausgaben:

Vortrag vom Jahre 1926: Rückständige Zinsen	ℳ	1 011,55
Kontokorrent- und Bankenzinsen	„	722 513,87
Vorschußzinsen	„	1 792,35
Darlehenszinsen	„	117 498,24
Spareinlagezinsen	„	262 320,64
Haussparkassenzinsen	„	3 090,71
Wechselzinsen	„	5 833,35
	ℳ	1 114 060,71

Die Betriebsrechnung eines Fabrikbetriebes hat auf der Einnahmenseite die Summe der Erlöse aus dem Verkauf, getrennt nach Betriebsabteilungen oder Erzeugnissen; auf der Ausgabenseite die Kosten und die Erlösschmälerungen, falls diese nicht von den Einnahmen bereits abgezogen sind. In die Erfolgsrechnung kommt nur der Unterschied zwischen Aufwand und Erlös oder man stellt als „Gewinn" einen Rohgewinn ein, der noch Kostensplitter enthält und stellt die restlichen Kosten auf die Verlustseite, z. B. Handlungskosten, Steuern, Abschreibungen[1]).

IV. Die Gewinnrechnung der doppelten Buchführung setzt eine Bestandsbewertung für einen Stichtag voraus. Sie liefert das Erfolgsergebnis für einen bestimmten Zeitraum, meist jährlich, mitunter auch unterjährig. In diesem System wird die Erfolgsberechnung mit der Aufstellung einer Bilanz und mit einem formellen Bücherabschluß verknüpft. Beide sind jedoch nicht Bedingung und Voraussetzung. Nur die Kalkulation im früher erwähnten Sinne ist unerläßlich; die Berechnung kann außerhalb eines Bücherabschlusses durchgeführt werden.

Bei der Kontenbildung und bei der Aufstellung des Kontenplanes kann versucht werden, durch Kontenspaltung einen fortlaufenden kurzfristigen Erfolgsnachweis in das Kontensystem hineinzuarbeiten. Auch hier ist die Kalkulation unerläßlich (vgl. Band I, 12. Abschnitt, Auflösung der Umsatz-Erfolgs-Konten), beispielsweise: die Spaltung des Warenkontos (eines Bestands-Erfolgs-Kontos) in ein Wareneinkaufs- und ein Warenverkaufs-Konto; das letztgenannte Konto auch als Umsatz- oder Erlöskonto bezeichnet. Die Brücke zwischen beiden Konten bildet der kalkulierte Einstandswert der umgesetzten bzw. zurückgelieferten Waren. Die Kontenspaltung kann noch weiter gehen (vgl. Schmalenbach, Kontenrahmen). Die Spaltung der Aufwands- und Leistungskonten in Produktionsbetrieben kann nach folgendem Schemarahmen durchgeführt werden[2]): Werkstoffkonto, Konto der Arbeitskosten, Betriebs-Aufwands-Konto oder Fabrikationskonto, Lager- oder Produkten-

[1]) Wegen der möglichen Zwischenformen vgl. Loenertz S. 25 ff.; auch das Studium der Geschäftsberichte ist empfehlenswert.

[2]) Ein anderes Beispiel, „Wirtschaftslehre", S. 352.

konto, Verkaufskonto. Bei dieser Kontenspaltung ist eine verrechnungstechnische bzw. kalkulatorische Brücke notwendig zwischen dem Werkstoff- und dem Betriebsaufwandskonto, zwischen diesem Konto und dem Lagerkonto, endlich zwischen dem Lager- und dem Erlös-Konto. Die kalkulatorische Verbindung jener Konten kann auf einer summarischen, beispielsweise monatlichen oder auf einer Stückkostenberechnung aufgebaut sein. Die Kostenberechnung liegt außerhalb der Buchführung, die Gewinnberechnung außerhalb des Systems der Buchführung; der Erfolgsnachweis wird von einer selbständigen Kalkulation abhängig gemacht.

17. Abschnitt.

Kritik der Erfolgsbilanz der doppelten Buchführung.

(Gewinn- und Verlust-Konto [1]).)

Die Ermittlung des Wirtschaftserfolges für ein Bilanzjahr ist für den Einzelkaufmann handelsrechtlich nicht vorgeschrieben — steuerrechtlich ergibt sich die Notwendigkeit von selbst; hingegen ist sie für jeden Gesellschaftsbetrieb wegen der Feststellung der Anteile am Erfolg und am Kapital der Unternehmung notwendig. Die Terminologie des Gesetzgebers hinsichtlich der Bezeichnung des Reingewinnes wechselt. Auch sind die Grundlagen seiner Berechnung verschieden. Rechnungsabschluß und Gewinnverteilung bei der Gesellschaft des bürgerlichen Rechts (§ 721 BGB.) erfolgen im Zweifel am Schluß jedes Geschäftsjahres, sonst nach Auflösung der Gesellschaft. Bei der offenen Handelsgesellschaft und der Kommanditgesellschaft wird „auf Grund der Bilanz“, nicht auf Grund eines Gewinn- und Verlustkontos, der Gewinn oder Verlust eines Jahres ermittelt (§§ 102, 121, 167 HGB.); vom Jahresgewinn gebührt dem Gesellschafter ein Anteil. Gemeint ist in beiden Fällen der Jahresreingewinn oder der Jahresreinverlust. Für den stillen Gesellschafter wird der Gewinn oder Verlust berechnet (§ 337 HGB.), zweifellos auch auf Grund der Bilanz (§ 338). Die Aktionäre haben Anspruch auf den Reingewinn (§ 213 HGB.). Der Gewinn oder Verlust muß am Schluß der B. besonders angegeben werden (§ 261_6). Aus dem jährlichen Reingewinn ist ein Reservefonds zu bilden (§ 262_1). Die Gesellschafter einer G. m. b. H. haben Anspruch auf den aus der jährlichen Bilanz sich ergebenden Reingewinn (§§ 29, 46). Für Aktien- und Kommanditaktiengesellschaften, auch für die G. m. b. H., ist eine Gewinn- und Verlustrechnung gesetzlich vorgeschrieben (§§ 260, 325 HGB.; § 41 G. m. b. H.). Eingetragene

[1]) Müller, Die kaufmännische Erfolgs-Berechnung. Berlin 1914. Loenertz, Die Formen der Gewinn- u. Verlustrechnung; 9. Ergänzungsband, Leipzig 1926.

Schema

Verluste

1 a. Verlustvortrag.

2. Verlustausgaben, Kosten[1]: Ausgaben zur Sicherung, Erhaltung und Erzielung eines Reinertrages.

3. Kapitalverluste durch ordentliche und außerordentliche Wertminderungen der Anlage- und der Umsatzgüter (Abschreibungen infolge bestimmungsgemäßer Verwendung zur Ertragserzielung, Verluste durch Vorgänge außerhalb des Betriebes, wie Konjunktur, Wertveränderungen der Bestände, Wertvernichtung).

Zu den außerordentlichen oder Zufallsverlusten zählen Verluste durch Unterschlagung, Buchfälschung, Unglücksfälle aller Art.

4. Reingewinn.

Gewinne

1. Gewinnvortrag.

2. Ordentliche organische Geschäftsgewinne[1], d. h. die durch die wirtschaftliche Tätigkeit erarbeiteten Gewinne (Differenz zwischen Aufwand und Erlös, Betriebseinnahmen und -ausgaben), getrennt nach Betriebszweigen (Haupt- und Nebenbetriebe) und Gewinnquellen (z. B. Zinsen, Provisionen, Kursgewinne usw., Unternehmungen für eigene, für gemeinschaftliche Rechnung, Gewinne aus Beteiligungen).

3. Außerordentliche und Zufallsgewinne, z. B. Gewinne aus abgeschriebenen Forderungen, verfallenen Dividenden und Zinsscheinen, Auslosungsgewinne, Buchgewinne durch Sanierung, Fusionen, Rückkauf eigener Aktien unter pari, Gewinne aus Grundstücksverkäufen, Zuschüsse (z.B. der Elektrizitätswerke an Straßenbahnen, des Staates für übernommene Garantien), Subventionen, kostenlos überlassene Aktien behufs Abschreibung vom Kapital u. Deckung von Verlusten usw.

4 a. Reinverlust, Unterbilanz.

Genossenschaften stellen eine Bilanz und eine den Gewinn oder Verlust des Jahres zusammenstellende Berechnung (Jahresrechnung) auf (§ 48 Abs. 2 Genossenschaftsgesetz).

Die Gewinn- und Verlustrechnung ist eine Rechnung der Leistungen und des Kapitalverbrauchs der Unternehmung, der Erwerbswirtschaft, während Leistungen und Kapitalverbrauch des Unternehmers auf einer Sonderrechnung dargestellt werden (Privatkonto).

Die Bilanzkritik gruppiert den Inhalt der Ertragsbilanz im allgemeinen wie oben. Die Scheidung der organischen Gewinne, deren Erzielung Zweck der Unternehmung ist, von den anorganischen, sowie die Spezialisierung der ordentlichen Gewinne nach den Gewinnquellen ist für eine sachgemäße Bilanzkritik von der größten Bedeutung. Für die ökonomische Wertung der Unternehmung kann es nicht gleichgültig sein, ob eine Kohlensäurefabrik beispielsweise ihre 20 prozentige

[1]) Unkostenkonten enthalten Anteile am Aufwand, Gewinnkonten Anteile am Rohgewinn: Aufwand- und Leistungskonten der Unternehmung.

Dividende vornehmlich aus dem Fabrikationsgewinn oder zum größten Teil aus dem Verkauf von Grundstücken erzielt; wenn eine Zuckerraffinerie in einem für die Presse bestimmten Auszug aus dem Geschäftsbericht von einem „Gewinn" des Jahres 1911 in Höhe von 12 000 M. spricht, obgleich der Betriebsverlust des Jahres nahezu 330 000 M. beträgt, der durch Verkaufsgewinn auf Anteile und Aktien und unter Einrechnung des Gewinnvortrages ausgeglichen erscheint, so ist dies eine Irreführung der Öffentlichkeit. Eine andere Zuckerfabrik verteilte für 1911 trotz eines Bilanzverlustes von 1½ Mill. infolge Generalversammlungsbeschlusses 4%, die aus der Spezialreserve entnommen wurden. Die Frage nach der wichtigsten Dividendenquelle einer Aktiengesellschaft läßt sich zahlenmäßig genau am besten ermitteln, wenn man den zur Auszahlung der Dividende erforderlichen Geldbetrag mit der Höhe des Bruttogewinns bzw. der einzelnen Quellen vergleicht.

Eine Zementfabrik erzielte einen Bilanzgewinn von ...	M.	214 606
abzüglich Gewinnvortrag aus dem Vorjahr	„	107 858
Bei einem Jahresreingewinn von nur	M.	106 748

verteilte sie 150 000 M. Dividende, so daß mehr Dividenden bezahlt als verdient wurden. Der Gewinnvortrag für das nächste Jahr wurde geringer bemessen, d. h. die Dividende stammt zum Teil aus dem Reingewinn des Vorjahres (150 000 ÷ 107 858).

Eine Baumwollspinnerei erzielte einen Überschuß von .	M.	27 060
und entnahm aus dem Spezialreservefonds	„	160 000
	M.	187 060

verwendete von diesem Betrag M. 108 492 zu Abschreibungen und M. 64 000 zur Dividendenzahlung.

Ein drittes Beispiel: Die Bilanzen einer Fabrik zeigen die folgenden Zahlen.:

	1927	1928	± Unterschied
Aktienkapital	100 000	100 000	—
Fabrikationsüberschuß	296 183	141 877	÷ 154 300 rund
Dividende	12 %	8 %	÷ 4 %
Zur Auszahlung erforderlich	120 000	80 000	÷ 40 000
Reservefonds II (Bilanz)	100 000	25 000	÷ 75 000
Tantiemen	37 144	17 792	÷ 19 500 rund
Gewinnvortrag (Bilanz)	39 038	14 085	÷ 25 000 rund

Der Fabrikationsüberschuß ist um fast 155 000 M. zurückgegangen; um trotzdem eine Dividendenzahlung zu ermöglichen, werden den Reserven 100 000 M. entnommen, d. h. die eigenen Mittel verringert, Rücklagen der früheren Jahre ausgeschüttet.

In allen drei Fällen wurden Gewinnrücklagen der früheren Jahre zur Ausschüttung von Dividenden verwendet. Diese Beispiele zeigen, wie wichtig es ist, den Dividendenauszahlungsbetrag mit dem Brutto- bzw. Jahresreingewinn, die Gewinnvorträge und die Reserven der einzelnen Bilanzjahre miteinander zu vergleichen.

Der innere Zusammenhang der Erfolgsbilanz mit der Vermögensbilanz ergibt sich aus folgendem[1]):

1. Die Richtigkeit und die Ergebnisse der Erfolgsbilanz sind teilweise abhängig von der Bewertung der Vermögensbestände in der Schlußbilanz.

2. Gewinn wird erzielt durch Umsatzvermögen, ausnahmsweise durch Veränderungen des Anlagevermögens, z. B. bei realisierten Wertsteigerungen des Anlagevermögens. Der Erfolg des Umsatzvermögens wird durch Verbrauch an Umsatzkapital (Verlustausgaben) und Kapitalverluste am Anlagevermögen belastet.

3. Die Erfolgsbilanz ist eine Ergänzungsrechnung zur Vermögensaufstellung. Die Verluste ergänzen die Wertabgänge des Vermögens, die Gewinne ergänzen das eigene Kapital. Man könnte eine B. auch in folgender Form aufstellen:

Debet		Kredit	
1. Aktiva	125	2. Schulden	30
5. Wertergänzung durch Hinzufügung der Verluste	10	3. Eigenes Kapital (Grundkapital, Reserven)	70
		4. Ergänzung des Eigenkapitals durch Gewinne	35
	135		135

4. Realisierter Veräußerungsgewinn entsteht durch den Unterschied zwischen Aufwand und Erlös. Neben diesen Gewinnen können auch nicht wirkliche, aber buchmäßige Veräußerungsgewinne vorkommen. Wenn eine Maschine im Anschaffungswerte von 30 000 M. bis auf 10 000 M. abgeschrieben und für 13 000 verkauft wird, zeigen das betreffende Konto und die Erfolgsbilanz einen „Gewinn“ von 3000 gegenüber dem Buchwert.

Der Eingang bereits abgeschriebener oder zu hoch abgeschriebener Forderungen bewirkt ein Freiwerden früher gemachter Rückstellungen; ebenso der Erlös aus der Veräußerung von Anlagevermögen über den zu hoch abgeschriebenen Buchwert hinaus.

Der Verlustsaldo eines Kontos, z. B. des Effektenkontos, trennt nicht die Verluste infolge der Veräußerung von Effekten und die Abschreibungs- (= Konjunktur-)verluste infolge der Kursrückgänge auf Effektenbestände. Die Bewertung von Veräußerungsgegenständen zum Herstellungs- bzw.

[1]) Wirtschaftslehre, §§ 35/36.

Anschaffungspreis bei höheren Veräußerungspreisen bewirkt eine Art Rückstellung des an die Bestände gebundenen, aber noch nicht realisierten Gewinnes, die wirkliche Veräußerung zu den höheren Preisen bewirkt ein Freiwerden dieser Rückstellungen.

5. Über „unverrechnete" Gewinne vgl. stille Reserven.

6. Aufwendungen erhöhen den Wert der Aktiva als Bestandteil der Anschaffungs- oder Herstellungskosten (Vermögenskosten) oder vermindern den Gewinn als Unkosten (Ertragskosten); man hat es demnach in der Hand, die Vermögens- oder die Erfolgsbilanz nach der einen oder der andern Richtung durch die Art der Verbuchung zu beeinflussen.

Der bilanzmäßige Reingewinn wird bei Einzelfirmen und Personalgesellschaften zunächst gegen die Privatentnahmen aufgerechnet, der Rest wird in das nächste Bilanzjahr vorgetragen. Bei Kapitalgesellschaften kann der Reingewinn wie folgt behandelt werden:

a) Der Bilanzgewinn wird „vorgetragen" und bleibt zukünftiger Verwendung vorbehalten.

b) Der Bilanzgewinn wird gegen einen Verlustvortrag aufgerechnet oder zu außerordentlichen Abschreibungen verwendet.

c) Der Reingewinn wird teilweise ausgezahlt (Dividenden, Tantiemen, Gratifikationen u. a.), der Rest als Gewinnvortrag in das nächste Bilanzjahr übertragen. Der Auszahlungsbetrag wird durch Beschluß der verfügungsberechtigten Gesellschaftsorgane (Generalversammlung) in Gesellschaftsschulden umgewandelt, deren noch nicht getilgter Rest in der folgenden Bilanz als rückständige Verbindlichkeit zu verrechnen ist.

d) Ein Teil des Reingewinns wird regelmäßig, gesetzlich oder freiwillig, von der Verteilung ausgeschlossen, reserviert: eine Gewinnrücklage als offene Reserve (Gewinnvortrag).

e) Gelegentlich werden aus dem Reingewinn übermäßige Abschreibungen (Sonderabschreibungen) vorgenommen, die als geheime Reserven in der folgenden Bilanz verschwinden oder notwendige Abschreibungen infolge unrechtmäßiger Überbewertung der Aktiva darstellen (Nachholung unterlassener oder zu geringer Abschreibungen).

f) Zu der üblichen ordentlichen treten in Ausnahmefällen außerordentliche Verwendungen des Reingewinns. Bei Unternehmungen mit noch nicht voll bezahlten Kapitalanteilen bzw. Geschäftsguthaben werden Teile des Reingewinns gegen Resteinzahlungen (nicht voll bezahlte Aktien, Anteile der G. m. b. H., Geschäftsanteile der Genossenschaftsmitglieder) aufgerechnet (Gewinnverteilungs-Konto an Resteinzahlungs-Konto), eine Liberierung von der Einzahlungspflicht. Terraingesellschaften bilden aus dem Reingewinn häufig einen Aktienrückzahlungsfonds für den Rückkauf eines Teiles der Aktien zwecks Tilgung.

g) Die Kriegsgewinne der Industrie[1]) wurden, abgesehen von Dividendenerhöhungen und starker Aufspeicherung von Gewinnen durch Erhöhung der Reserven mit Einschluß des Gewinnvortrages, durch außerordentliche Gewinnausschüttungen den Aktionären zugewendet: zunächst durch Gewährung eines Bonus in Bargeld aus dem Jahresreingewinn oder durch Ausschüttung einer Spezialreserve; durch Kapitalerhöhung ohne Ausnutzung des hohen Kursaufgeldes (Begebung zu 100%), ein Geschenk an die Aktionäre in der Form eines wertvollen Bezugsrechtes; Kapitalerhöhung und volle oder teilweise Einzahlung der neuen Aktien aus dem Jahresreingewinn oder den vorhandenen und nunmehr aufgelösten Reservekapitalien; in der Form höherer kostenloser Kapitalbeteiligung der Aktionäre im Wege einer Kapitalerhöhung durch Gewährung der Dividenden in jungen Aktien (Dividenden-Aktien), ähnlich den Ausbeute-Obligationen einiger Gewerkschaften; Auszahlung rückständiger Dividenden und Genußscheine bei sanierten Unternehmungen; Zusammenlegung von Vorrechts- und Stammaktien unter Gewährung einer Abfindungsprämie an die bevorrechtigten Aktionäre[2]).

h) Mitunter beschließt eine Generalversammlung, „Betriebsüberschüsse zur Beschaffung von Anlagekapitalien" zu verwenden, ohne sich über die Wirkungen dieses Beschlusses klar zu sein. Betriebsüberschüsse als Teile des Reingewinnes einer Unternehmung können weder zur Beschaffung von Anlagekapital noch zur Schuldentilgung Verwendung finden. Beschließt die Verwaltung einer Unternehmung trotzdem, den Überschuß im angegebenen Sinne zu verwenden, so schafft sie eine dauernde Reserve. Betriebsüberschüsse vermehren die flüssigen Mittel, die ihrerseits zur Beschaffung von Produktionsmitteln oder zur Zahlung von Schulden verwendet werden können. Die Verwendung von Betriebseinnahmen (nicht Betriebsüberschüsse, wie die Praxis sich häufig ausdrückt) zur Anlageerweiterung bewirkt eine Verschiebung zwischen Anlage- und Umsatzvermögen, eine Änderung in der Zusammensetzung des Vermögens. Z. B.:

[1]) Vgl. Hofmann, Kriegsgewinnverschleierung bei Aktiengesellschaften. Berlin 1920 (Heft 7 der Betriebs- und finanzwirtschaftl. Forschungen, herausg. von F. Schmidt).

[2]) Beispiele: Kronprinz, Aktiengesellschaft Ohligs: Dividende 15 % für 1916, Kapitalverdoppelung um 5,6 Mill.; davon wurden 40 % = 2,24 Mill. aus dem Jahresreingewinn angerechnet bzw. den Aktionären, die das Bezugsrecht nicht ausüben wollten, eine Barzahlung von je 400 M. gewährt. Weitere Einzahlungen auf die jungen Aktien sollten ebenfalls zunächst aus dem 15 % übersteigenden Jahresgewinn der Kriegszeit geleistet werden.

Verein für Chemische Industrie Mainz: Dividende 25 %, Bonus 5 %, Kapitalerhöhung um 900 000 M. zum Nennwert, Einzahlung 20 %, der Rest aus dem Spezialreservefonds mit 720 000 M. gedeckt. Steuerkurs Ende 1916 325 %; Barabfindung an Aktionäre, die das Bezugsrecht nicht ausüben, 300 M.; Anbietungsverhältnis 4:1, theoretischer Wert des Bezugsrechts auf Grund des Steuerkurses 45 %.

	1. Fall	2. Fall	3. Fall		1. Fall	2. Fall	3. Fall
Anlagevermög.	3 Mill.	2,7	3,2	Kapital ...	3 Mill.	3	3
Liquide Mittel	0,5 „	0,5	—	Reingewinn	0,5 „	0,2	0,2

Die erste Bilanz schließt mit einem Reingewinn von einer halben Million, im zweiten Falle werden 0,3 stille Anlagereserven geschaffen, im dritten Falle überdies die Betriebseinnahmen zu Erweiterungsbauten verwendet. Hätte die Generalversammlung beschlossen, den Betriebsüberschuß zur Erweiterung der Anlagen zu verwenden, träte an die Stelle eines verteilungsfähigen Reingewinns eine offene Reserve.

Wie wird ein bilanzmäßiger Verlust behandelt?

1. Er wird vom eigenen Kapital des Unternehmers abgeschrieben (Kapitalkonto Soll bei der Einzelunternehmung, Konto der Geschäftsguthaben bei der Genossenschaft), bei Personalgesellschaften zunächst verteilt und dann von den Kapitalanteilen der Gesellschafter abgeschrieben. Aktienvereine rechnen vom Jahresreinverlust zunächst den Gewinnvortrag aus dem Vorjahr ab.

2. Er wird vorgetragen, wenn die eigenen Mittel bzw. die Kapitalbeteiligungen ihrer ursprünglichen Höhe nach unverändert bleiben sollen, z. B. bei Aktiengesellschaften, gelegentlich auch bei Kommandit- und offenen Handelsgesellschaften.

Debet	Verlust- und Gewinn-Berechnung: Kredit
1. Verlustsaldo aus dem Vorjahre ...	1. Gewinnsaldo aus dem Vorjahre ...
2. Verteilung des Reingewinns aus dem Vorjahre	2. Deckung des Verlusts aus dem Vorjahre ....
a) Einlage in den Reservefonds	a) Abschreibung aus dem Reservefonds ....
b) Einlage in die Betriebsrücklagen...	b) Abschreibung aus der Betriebsrücklage ....
c) Einlage in den Erneuerungsfonds..	c) Zuschuß der Genossen:
d) an die Genossen:	aa) durch Abschreibung an den Geschäftsguthaben ....
aa) Kapitaldividende ..% Zinsen auf ℳ Geschäftsguthaben..................	bb) durch Zahlung bzw. Belastung von ℳ.. pro Genosse ......
bb) Milchdividende auf ..kg eingelieferte Milch pro kg... ₰	cc) durch Aufschlag auf ..kg eingelieferte Milch pro kg ... ₰
cc) Kopfdividende .... an ... Genossen ℳ ... pro Genosse	d) Vortrag auf neue Rechnung...... (siehe Debet 4) ....
e) Sonstige Verwendung	3. folgen Überschüsse, Zinsen usw. ...
f) Vortrag auf neue Rechnung......	4. Nicht verteilter Gewinn aus dem Vorjahre ....
3. folgen Kosten, Zinsen, Abschreibungen des laufenden Jahres	5. Verlustsaldo ....
4. Nicht gedeckter Verlust aus dem Vorjahr (Kredit 2 d)	
5. Reingewinnsaldo	

3. Er wird aus einem **Reservefonds gedeckt**, z. B. der gesetzlichen Reserve „entnommen" (vgl. „Reserven", 13. Abschnitt).

4. Der Bilanzverlust, die Unterbilanz, wird von einem durch **außerordentliche Maßnahmen** (z. B. Sanierung, Zuzahlung, Schuldenerlaß, Schenkung von Aktien) erzielten Buchgewinn abgerechnet, „gedeckt".

5. Endlich gibt es Fälle, in denen von den Unternehmern des Betriebes eine **Einzahlung des Verlustanteils** gefordert wird, z. B. Gewerkschaften, Genossenschaften.

Das vorstehende Schema gibt Einblick in die Gewinn- und Verlustverteilung einer Molkereigenossenschaft.

Der Reingewinn oder Reinverlust ist der Ausgleichsposten der Erfolgsbilanz, wie er in der B. der Kapitalgesellschaften ein Ausgleichsposten der Abschlußbilanz ist. Beide haben also den gleichen Charakter wie das „Kapitalkonto", das als „Gegengewichtskonto" der doppelten Buchführung das Bilanzkonto (der Einzelunternehmung) ausgleicht. Angenommen, ein Unternehmen mache nur Bargeschäfte; dann ist mindestens der Reingewinn in Bargeld vorhanden. Etwaige Abschreibungen auf das Anlagevermögen vermindern den „berechneten" Reingewinn, nicht den wirklich verdienten, z. B.:

1. Jahr		2. Jahr				
Anlagen	100	Anlagen	100			
Waren	90	÷Abschreib.	10	90		
Bargeld	60	Waren		—		
Kapital	250	Bargeld		173	Kapital	263
					Einlage	250
					Reingewinn	13

Die Waren wurden im 2. Jahr für 115 gegen Bargeld verkauft; Unkosten 2. Der verdiente Gewinn ist 23, der durch Abschreibungen zahlenmäßig auf 13 verringert wird.

Die Gewinne der Ertragsberechnung sollen schon realisiert, d. h. verdient sein, nicht nur bei Kapitalgesellschaften. Es ist allgemeiner Grundsatz ordentlicher und vorsichtiger Kaufleute, in ihren Ertragsberechnungen fiktive, d. h. rein buchmäßige, rechnungsmäßige oder, wie wir sie nennen wollen, **Bewertungsgewinne auszuschließen** durch Bewertung höchstens zum Anschaffungs- oder Herstellungspreis, oder **auszuscheiden**, indem man solche Scheingewinne in den B. besonders ersichtlich macht. So werden beispielsweise solche Bewertungsgewinne an Effekten bei den österreichischen Versicherungsgesellschaften einem „Konto für Kursdifferenzen" auf der Passivseite der B. zugeschrieben und so der Verteilung an die Aktionäre entzogen. Ebenso könnte man die Wirkungen der Bewertung von Veräußerungsgegenständen zum Verkaufspreis auf die Ertragsrechnung durch Errichtung eines Wertberichtigungskontos in der B. beseitigen (vgl. S. 47). Endlich kann man sich hinsichtlich der Bewertungsverluste dem Verfahren der nachfolgenden Gewinn- und Verlustrechnung anschließen, die sich auf die kameralistische Buchführung stützt.

Auszug aus dem Gewinn- und Verlustkonto einer Sparkasse.

Bezeichnung	I. Effektiv				II. Durch Kursänderungen			
	Einnahme		Ausgabe		Einnahme		Ausgabe	
	ℳ	₰	ℳ	₰	ℳ	₰	ℳ	₰
Mehreinnahmen an Zinsen	706 464	93	—	—	—	—	—	—
Mehreinnahmen an Provision.....	8 794	86	—	—	—	—	—	—
Effektiver Gewinn an Effekten durch Veräußerung	13 585	80	—	—	—	—	—	—
desgl. an Effekten des Reservefonds durch Auslosung	102	50	—	—	—	—	—	—
Verlust an Effekten durch Kursänderung	—	—	—	—	—	—	34 859	85
Verlust an Effekten des Reservefonds durch desgl.	—	—	—	—	—	—	28 201	05
Überweisung aus d. Spezialreservefonds	—	—	—	—	63 060	90	—	—
Beitrag z. d. Verwaltungskosten .	—	—	180 984	49	—	—	—	—
Überweis. an d. Reservefonds ...	—	—	276 012	54	—	—	—	—
Überschüsse aus 1930	—	—	271 951	06	—	—	—	—
Summe	728 948	09	728 948	09	63 060	90	63 060	90

Der Verlust ist zum Teil wirkliche Vermögensminderung, Ausgabeverlust, zum Teil rein buchmäßiger Bewertungsverlust, wie Abschreibungen und Kursverluste auf Bestände.

Die Unterscheidung zwischen verdientem Gewinn und noch nicht verdientem Bewertungsgewinn bedarf einer Erweiterung. Wer Waren oder Fabrikate auf Zeit verkauft und am Bilanztage seine Kaufpreisforderungen mit ihrem Nennwert in die B. einsetzt, dessen Bilanzgewinn enthält gleichfalls noch nicht verdienten Verkaufsgewinn. Der im Verkaufspreis bzw. in der Kaufpreisforderung eingeschlossene Gewinn ist erst mit der Zahlung der Schuld verwirklicht [1]), kann und wird häufig infolge Nicht-

[1]) Nach den Statuten der Leipziger Immobiliengesellschaft ist der Vorstand berechtigt, wenn die Gesellschaft ein Grundstück mit Gewinn verkauft und der Kaufpreis nicht in voller Höhe bar bezahlt ist, den Kaufpreis ganz oder teilweise bei der Festsetzung des Jahresgewinnes außer Ansatz zu lassen und den Gewinn erst dann einzustellen, wenn er wirklich bezahlt ist (Krisenenquete des Vereins f. Sozialpolitik, Bd. 6 S. 256, 279, 337 ff.).

einhaltung des Zahlungszieles mittelbar durch buchmäßig nicht in Erscheinung tretende Zinsverluste geschmälert. Selbst wenn die rechtlich bestehende Forderung an den Kunden auch wirtschaftlich vollwertig ist, Zahlungsfähigkeit und Zahlungswillen außer Zweifel stehen, auch keine Beanstandungen wegen mangelhafter Ware zu gewärtigen sind, so ist im Prinzip doch ein noch nicht erworbener Gewinn verrechnet, obgleich ein um den Verkaufsgewinn höheres Aktivum der Forderung der Vermögensmasse zugewachsen ist [1]). Ähnliches gilt von Zinsforderungen, die im neuen Jahre fällig und in der Schlußbilanz als Aktivum eingestellt werden.

Der Gesetzgeber verlangt für Aktiengesellschaften die Darstellung des aus der Vergleichung der Aktiva und der Passiva sich ergebenden Gewinnes oder Verlustes, nicht des tatsächlichen, des wahren Gewinnes. Dieser kann kleiner oder größer sein als der Bilanzgewinn. Er ist kleiner, wenn bestimmte Verluste offen oder im geheimen aus Reserven gedeckt worden sind, wenn eine stille oder eine offene Reserve zur Gewinnausschüttung Verwendung fand, wenn Vermögen höher als zulässig bewertet wurde, wenn (z. B. durch unterlassene Abschreibungen) Verluste „transitorisch" als Aktivum gebucht wurden usw. Der wahre Gewinn kann größer sein, wenn Gewinnteile versteckt oder zu Abschreibungen verwendet wurden [2]), infolge niedriger Bewertung, wenn im Laufe des Bilanzjahres eine Reserve errichtet wurde usw. Bei der Feststellung des Bilanzergebnisses nach § 261 HGB. wird vorausgesetzt, daß Aktiva und Schulden den gesetzlichen Vorschriften entsprechend bewertet sind und die B. nicht gegen die Grundsätze ordnungsmäßiger Buchführung verstößt.

Die Ertragsbilanz soll eine vollständige Rechnung der Einzelgewinne und Einzelverluste sein; sie wird unvollständig, wenn Gewinne aus bestimmten Quellen oder Einzelverluste nicht über diese Generalrechnung der Kapitalveränderungen geleitet werden, beispielsweise, wenn Effekten-Spekulations- oder Finanzierungsgewinne zu geheimen Abschreibungen auf Beteiligungen und Anlagevermögen oder zur Aufrechnung von Debitorenverlusten Verwendung finden; oder wenn Debitorenverluste in das nächste Jahr „geschoben" werden, indem man bereits eingetretene Ausfälle an Forderungen in der Jahresbilanz zunächst unberücksichtigt läßt, die Forderungen als vollwertig einsetzt und die Verluste erst im nächsten Bilanzjahr verrechnet. Ähnlich können bestimmte Gewinne verschoben werden, beispielsweise durch Einstellung unter die Kreditoren (unverrechnete Gewinne). Bestimmte Verluste werden aus einer offenen oder stillen Reserve gedeckt oder sie werden unkennbar für den

---

[1]) Fischer, Bilanzwerte II. S. 247.

[2]) Z. B. verwandte ein Stahlwerk die Einnahmen aus Lizenzverkäufen für ein geheim gehaltenes Fabrikationsverfahren mit 285 000 M. zur Abschreibung auf Waren-Konto, ohne dies auf Gewinn- und Verlust-Konto zu buchen.

Fernstehenden als Aktivum eingestellt und allmählich abgebucht. So beispielsweise werden Reparaturkosten oder Disagio bei der Ausgabe von Obligationen sowie Hypothekenzinsen einem Anlagekonto zugeschrieben und im Wege der üblichen Abschreibung allmählich in den folgenden Jahren als Verlust verteilt. Außer Verschiebungen zwischen Gewinnen und Verlusten gibt es Verschiebungen innerhalb der einzelnen Gewinngruppen, beispielsweise werden Effekten-Spekulationsgewinne auf Zinsen- und Provisionskonto übertragen, weil Gewinne aus dem „laufenden" Bankkreditgeschäft in der öffentlichen Bilanzkritik naturgemäß anders gewertet werden als Gewinne aus starker Beteiligung an der Effektenspekulation. Gewinne aus vorteilhafter Abstoßung von Beteiligungseffekten, Terrains, aus dem Gründungs- und Konsortialgeschäft der Banken werden nur selten in voller Höhe in der Ertragsbilanz ausgewiesen. Sie werden zumeist verschoben.

Der bilanzmäßige Reingewinn bildet am Bilanztage stets einen Teil des eigenen Kapitals, gleichviel, ob er als Sonderposten in der Schlußbilanz erscheint oder im Saldo der B. auf dem Kapitalkonto verschwindet. Er ist anderseits bei Gesellschaften der verteilungsfähige Gesamtgewinn. Ob dieser Vermögenszuwachs flüssig ist oder in Anlagevermögen verwandelt wurde, ist für seine Verteilung und seine Auszahlung rechtlich Nebensache. Die Auszahlungsbeträge, z. B. Dividenden, Tantiemen, Gratifikationen, Überweisungen an Wohlfahrtskassen verwandeln bei Gesellschaften am Tage des Verteilungsbeschlusses einen erheblichen Teil des Reingewinnes in echte, sofort fällige Schulden der Unternehmung.

Der Verlust einer Aktiengesellschaft wird im Grunde auch „verteilt", wenn die Zwangsreserve zu seiner vollständigen Deckung verwendet wurde, weil dadurch der Anteil am Gesellschaftsreinvermögen kleiner wird und sämtliche Aktionäre zur Deckung beitragen. Auch die Herabsetzung des Grundkapitals zur Deckung einer Unterbilanz kommt einer Verteilung des Verlustes gleich.

Form und Inhalt der Ertragsbilanz sind im Aktienrecht [1]) nicht erläutert; man wird annehmen dürfen, daß sie nach den Grundsätzen ordnungsmäßiger Buchführung aufgestellt werden müssen. Diese Grundsätze stehen nicht fest. Ob die Ertragsbilanz ausführlich [2]) oder summarisch, durchsichtig oder verschleiert ist, ist in das Belieben des bilanzierenden Unternehmers gestellt. Wie in der Vermögensbilanz, so ist auch die Möglichkeit zu Verschiebungen und Änderungen in den Ergebnissen der Erfolgsbilanz gegeben. Ob der Jahresgewinn wirklich Gewinn des laufenden Jahres ist oder ob er aus Erträgnissen früherer Jahre (z. B. durch Liqui-

[1]) Vgl. jedoch § 27 und 28 Abs. 3 Hypothekenbankgesetzes.

[2]) Beispiel einer spezialisierten Ertragsbilanz (Schiffahrtsunternehmung):

dierung stiller Reserven) gespeist wird, ob seine Zusammensetzung richtig oder verändert, ob und wieviel vom Jahresverdienst versteckt, nicht verrechnet oder gegen Verluste aufgerechnet ist, ob alle Verluste des Jahres verrechnet oder ob bestimmte Verluste in das nächste Bilanzjahr hinübergeschoben sind, läßt sich ohne Nachprüfung der Unterlagen für dieGewinn- und Verlustrechnung nicht ermitteln. Auch können Verlustposten in Erscheinung treten, die sich bei genauer Prüfung als Gewinnberichtigungsposten der vorjährigen Erfolgsbilanz darstellen; z. B. der Veräußerungswert eines Gegenstandes, dessen Anschaffungspreis 80 war, wird mit 100 in die B. eingestellt, der wirkliche Verkauf liefert 95; demnach wird der Bewertungsgewinn des Vorjahres (20) durch scheinbaren Verlust auf die Bestände (5) auf sein richtiges Ergebnis (15) zurückgeführt. Abschreibungsgewinne auf zweifelhafte Forderungen berichtigen den Abschreibungsverlust auf solche Forderungen; z. B. Nennwert 100, abgeschrieben 80, demnach Bilanzwert 20; Eingang 45, Abschreibungsgewinn 25, wirklicher Verlust 55.

Debet.		ℳ	₰	ℳ	₰
Abschreibung					
auf D. „Pionier“		21 530	35		
„ D. „Arnold Luyken“		34 210	07		
„ „Emma Luyken“		37 439	17		
„ „Mara Kolb“		24 000	—	117 179	59
Unkosten				17 632	21
Zinsen				28 480	19
Steuern				12 000	—
Reingewinn	M. 191 104,44				
ab Reservefonds	„ 10 000,—			10 000	—
	M. 181 104,44				
ab Reparatur- u. Erneuerungsfonds	„ 40 000,—			40 000	—
Bleiben	M. 141 104,44				
Verteilt wie folgt:					
Tantieme laut Statut:					
an den Vorstand		3 527	61		
an den Aufsichtsrat		8 757	68		
10% Dividende auf dividendenberechtigtes Aktien-Kapital von	M. 1 250 000,—	125 000	—		
Gewinn-Vortrag		3 819	15	141 104	44
				366 396	43

Credit.	ℳ	₰
Gewinn durch D. „Pionier“	72 984	58
„ „ D. „Arnold Luyken“	72 521	95
„ „ D. „Emma Luyken“	85 883	35
„ „ D. „Elita Nossack“	18 101	68
„ „ D. „Mara Kolb“	116 904	87
	366 396	43

Die Erfolgsbilanz gibt Aufschluß: a) über den Jahresgewinn, d. i. Gesamtgewinn ohne Gewinnvortrag, richtiger Jahresbruttogewinn mit den früher erwähnten Einschränkungen der Unvollständigkeit (Bd. I, S. 100); b) über den Jahresreingewinn, d. i. Jahresbruttogewinn abzüglich der Verluste des Bilanzjahres; c) bei Kapitalgesellschaften auch über den Bilanzgewinn, d. i. der Jahresreingewinn zuzüglich Gewinnvortrag oder abzüglich des Verlustvortrages aus dem Vorjahre. Bei Kapitalgesellschaften ist der bilanzmäßige Erfolg oder Mißerfolg nicht identisch mit dem Erträgnis oder dem Verlust des Bilanzjahres. Auch sind Jahresgewinn und bilanzmäßiger Reingewinn nicht identisch [1]). Ob der Jahresreingewinn der „wahre" Gewinn ist, muß im Einzelfall entschieden werden. Häufig findet man im Gewinnverteilungsvorschlag der Aktiengesellschaften Posten, die wirtschaftlich Unkosten der Unternehmung sind, z. B. die festen Tantiemebezüge des Vorstandes, notwendige Abschreibungen.

Vielfach findet man Ausdrücke wie Bruttoüberschüsse, Betriebsüberschüsse, Reinertrag u. ä., Bezeichnungen, die besonders für

---

[1]) Unrichtig Rehm, Bilanzen, S. 643 ff.; vgl. die folgende Aufstellung:

Gewinn- und Verlust-Konto:				
Vorjähriger Verlust		ℳ 346 344,15		
Reservefonds	ℳ 45 200			
Spezialreservefonds	„ 10 000			
Gewinn durch Zusammenlegung von Aktien	„ 24 000	„ 79 200,—		
		ℳ 267 144,15		
Diesjähriger Gewinn		„ 121 397 75	145 746	40
		Bilanzsumme	3 060 881	81

Debet		ℳ	₰
Geschäfts- und Betriebs-Unkosten, Steuern, Zinsen usw.		126 224	47
Abschreibungen	ℳ 43 227,54		
Verlust auf Debitoren	„ 3 534 44	46 761	98
		172 986	45
Diesjähriger Gewinn	ℳ 121 397,75		
Verlust vom Vorjahre		267 144	15
		440 130	60

Kredit.		ℳ	₰
Gewinn aus Diversen	ℳ 2 400,—		
Geschäfts-Gewinn	„ 291 984,20	294 384	20
Verlust vom Vorjahre	„ 267 144,15		
Diesjähriger Gewinn	„ 121 397,75		
Bleibt Verlustsaldo		145 746	40
		440 130	60

Gewinnbeteiligungsverträge, Rückkaufsberechnungen von Eisenbahnen, Elektrizitätswerken usw. große Bedeutung erlangen können und wegen unklarer Formulierung der Vertragsbestimmungen häufig Gegenstand eines Prozesses werden. Der Betriebsüberschuß oder Betriebsgewinn ist ein Teil des Jahresgewinns. Der Reinertrag des Betriebes ist der Überschuß der Betriebseinnahmen über die Betriebsausgaben für Unterhaltung, Verwaltung, Betrieb, wozu man auch die natürlichen Abschreibungen für Abnutzung der Betriebsanlagen und Betriebsmittel rechnen muß. Der Betriebsüberschuß zuzüglich sonstiger Gewinneinnahmen, z. B. aus Effektenbesitz, Kapitalzinsen, Grundstückverkauf usw. geben den Jahresgewinn. Unter Bruttoüberschuß versteht man gewöhnlich den Überschuß der Betriebseinnahmen über die Betriebsausgaben ohne Berücksichtigung der Abschreibungen. Die Terminologie ist keineswegs feststehend, weshalb es sich empfiehlt, den Begriff „Betriebsüberschuß" vertraglich genau zu bestimmen [1]).

Durch eine kleine Änderung der üblichen Abschlußmethode kann das Gewinn- und Verlustkonto der Aktiengesellschaften das werden, was es sein soll: eine Analyse des Jahresgewinns oder Jahresverlusts. Läßt man den Gewinnvortrag aus dieser Rechnung fort, stellt ihn als selbständigen Bilanzposten wie jede andere Reserve ein (Gewinnvortragskonto), dann zeigt die Erfolgsbilanz in ihrem Saldo das Jahresergebnis.

Die meisten Aktiengesellschaften führen alljährlich zwei Gewinn- und Verlustkonten; das erste wird bei Beginn des Bilanzjahres eröffnet und dient dem Vortrag des noch unverteilten Reingewinns aus dem Vorjahr. Das zweite, das Geschäftsjahr abschließende Gewinn- und Verlustkonto, beginnt mit dem Gewinnvortrag, übernimmt die Gewinne und Verluste am Ende des Jahres. Zweckmäßiger erscheint die Verbuchung des unverteilten Reingewinns auf einem besonderen „Gewinnverteilungskonto" [vgl. 18. Abschnitt, VI.].

Eine sehr verständige Scheidung der Geschäftsgewinne von anderen Erfolgen zeigt das nachstehende Schema einer englischen Ertragsbilanz mit Zwischenabschluß. Auch findet man, daß das Gewinn- und Verlustkonto mit der Darstellung der Gewinnverteilung beginnt, rechts den unverteilten Reingewinn des Vorjahres, links die Gewinnverteilung darstellt, durch Zwischenabschluß den Gewinnvortrag auf die rechte Seite stellt und nunmehr Gewinne und Verluste des Jahres wie üblich aufnimmt (vgl. S. 194).

Für den Erfolgsnachweis der Aktiengesellschaften bestehen Sondervorschriften: 1. Der aus der Vergleichung sämtlicher Aktiva

[1]) Vgl. meinen Aufsatz „Gewinnbeteiligung an Erwerbsunternehmungen", Zeitschrift für Handelswissenschaft und Handelspraxis, 1915.

Löhne		Gewinn auf Waren	
Abschreibungen		÷ Verlust	
Versicherung			b
	a	Kommissionswaren	
Saldo	s	Provisionen	
Geschäftskosten:		Saldo	s
Reise, Gehälter, Kl. Spesen,		Diskont, Zinsen	
Reparaturen			
Nettogewinn			

und sämtlicher Passiva sich ergebende Gewinn oder Verlust muß am Schlusse der B. besonders angegeben werden (§ 261 Ziff. 6). 2. Der Vorstand hat .... für das verflossene Geschäftsjahr eine Bilanz, ... eine Gewinn- und Verlustrechnung .... vorzulegen (§ 260 HGB.).

Zu 1. Gegen diese Bestimmung wird vielfach verstoßen. Nach dem Wortlaut des Gesetzes ist zweifellos die Absicht des Gesetzgebers dahin gegangen, die Verwaltungsorgane zur Vorlegung einer sogenannten Bruttobilanz anzuhalten, eine B., die den verteilungsfähigen Reingewinn unverteilt in einer Ziffer ersichtlich macht. Aktienunternehmungen veröffentlichen häufig eine sogenannte Nettobilanz[1]), die mit dem Gewinnvortrag schließt, den Reingewinn also nicht ersichtlich macht, sondern sofort auf die einzelnen Konten verteilt. Dieses Verfahren entspricht nicht dem Sinne des Gesetzes (§ 265). Auch Bilanzen ohne Gewinn und ohne Verlust kommen vor.

Gewöhnlich werden die in der Generalversammlung vorzulegenden B. veröffentlicht[2]), die rechtlich nur die Bedeutung eines Vorschlages der Verwaltungsorgane an die Generalversammlung, also provisorischen Charakter hat. Für diese vorläufige B. verlangt das Gesetz die Angabe des Reingewinns am Schluß der B. Der Gewinnverteilungsvorschlag kann am Schlusse in der B. oder vor der Geldspalte angegeben werden. Einige Aktienunternehmungen veröffentlichen zwei Bilanzen, eine Bruttobilanz mit dem zu verteilenden Reingewinn und eine Nettobilanz nach Aufteilung des Reingewinns infolge der Beschlüsse der Generalversammlung. Andere Kapitalgesellschaften verteilen teilweise den Reingewinn, indem sie schon innerhalb der Bilanzaufstellung einzelne Reservekonten speisen und den Restgewinn als „Reingewinn" anführen. Auch dieses Verfahren ist gesetzlich unzulässig und führt zu einer Verschleierung des wirklichen Reingewinns.

Die Aktiva und Passiva, aus deren Vergleichung sich der Reingewinn

---

[1]) Beispiele vgl. S. 28.

[2]) Über Bilanzveröffentlichung vgl. Moll, op. cit. S. 106.

ergibt, sind dem Gesetze entsprechend zu bewerten. Daraus folgt, daß jene industriellen Betriebe gegen das Gesetz verstoßen, die das Anlagevermögen ohne Abschreibung lassen, einen Bruttogewinn nachweisen und erst in der Gewinnverteilung für Abschreibungen einen Betrag „zurückstellen“ (§ 237 HGB.).

Der Reingewinn der B. soll mit dem der Gewinn- und Verlustrechnung übereinstimmen; dagegen wird verstoßen, wenn die B. einen Bruttogewinn, die Ertragsberechnung hingegen unter Berücksichtigung der Abschreibungen einen anderen Reingewinn angibt. Unrichtig ist auch folgendes Beispiel:

Bilanz

.		.	
.		.	
.		.	
Verlust 1929:	100 665,53		
Abschreibungen	72 595,72	Gewinnvortrag 1928: ...	75 229,37
	173 261,25		

Gewinn- und Verlustkonto

Spesen	459 050,39	Gewinnvortrag	75 229,37
Abschreibungen	72 595,72	.	
	531 646,11	.	
		.	
		Verlust 1929:	98 031,88
			531 646,11

Eine andere Aufstellung aus der Praxis ist die folgende:

Passiva:

Bruttogewinn........	448 003,05	
÷ Abschreibungen ..	158 868,30	
Reingewinn		289 134,75

Gewinn- und Verlustkonto

Einzelverluste	1 060 157,54	Gewinnvortrag	26 188,08
Bruttogewinn	448 003,05	Waren-Konto	1 481 972,51
	1 508 160,59		1 508 160,59

Diese Bilanz entspricht dem Gesetze, da dieses über den Inhalt der Ertragsbilanz keine Bestimmungen enthält und nicht vorschreibt, ob dort der Bruttogewinn oder Reingewinn ersichtlich zu machen ist.

Beispiel der Ertrags(Quartals-)rechnung einer Minengesellschaft:

50 Stempel. 25 300 verpochte Tonnen.

Kosten und Wert pro Tonne sind auf Basis des verpochten Erzquantums berechnet

Betriebsausgaben.	Kosten			Kosten pro verpochte Tonne		
	£			£		
Abbau, Förderung und Wasserhaltung (auf Basis des abgebauten Quantums = 10 *s* 1,890 *d.* pro Tonne)	18 111	7	9		14	2,460
Sortierung und Zerkleinerung	2 057	10	8		1	7,365
Verpochung	2 546	6	2		1	11,965
Ausgaben im Cyanidwerk (auf Basis des behandelten Quantums = 2*s.* 6,067 *d.* pr. T.)	2 273	15	7		1	9,400
Allgemeine Unkosten	2 214	19	6		1	8,847
	27 203	19	8	1.	1.	4,087
Abschreibung auf Grubenaufschließung	3 825	0	0		3	0,000
	31 028	19	8	1.	4.	4,037
Saldo, Betriebsgewinn für das Quartal	1 979	3	9		1	6,628
	33 008	3	5	1.	5.	10,665
Dienst der Obligationsanleihe	721	4	0			
Zinsen der Vorschüsse	472	13	11			
Saldo, Gewinn für das Quartal	953	13	10			
	2 147	11	9			

Betriebseinnahmen.	Wert			Wert pro verpochte Tonne		
	£			£		
Verpochte 25 500 Tonnen (50 Stempel arbeiteten 87,985 Tage) ergaben 4729,771 ozs. Feingold	20 042	8	1		15	8,604
Im Cyanidwerk behandelte 18 150 Tonnen ergaben 3059,768 ozs. Feingold	12 965	15	4		10	2,061
	33 008	3	5	1.	5.	10,665
Saldo wie oben	1 979	3	9			
Pachtgelder	168	8	0			
	2 147	11	9			

In dem obigen Ausweis ist die Gewinnsteuer nicht berücksichtigt.

Ausgaben und Einnahmen, einschließlich der Ausgaben über Kapitalkonto.

	£		
Betriebskosten (wie oben)	31 028	19	8
Dienst der Obligationsanleihe (wie oben)	721	4	0
Zinsen auf Vorschüsse (wie oben)	472	13	11
Gruppenaufschließung	5 271	16	8
Hauptschacht	2 431	15	9
Maschinen und Anlagen	63	9	3
	39 989	19	3
Abzüglich Amortisation auf Grubenaufschließungskonto	3 825	0	0
	36 164	19	3

	£		
Einnahmen aus dem Pochwerk	20 042	8	1
„ aus dem Cyanidwerk	12 965	15	4
„ an Pachtgeldern	168	8	0
	33 176	11	5
Saldo	2 988	7	10
	36 164	19	3

Schema der Betriebsrechnung einer Transportanstalt.

I. **Eisenbahn-Betriebseinnahmen:**		
Fracht, Passagiere, Post, sonstige Beförderungen und Betriebseinnahmen	129 865	Mill.
Betriebsausgaben:		
Instandhaltung von Bahnen und Bauten, von Ausrüstungsmaterialien, Ausgaben für den Betrieb, für Beförderung, für Verschiedenes	87 753	„
Einnahmeüberschuß aus dem Eisenbahnbetrieb	42 112	„
Abzüglich Steuer für Eisenbahn	6 371	„
Betriebsüberschuß oder **Betriebseinkommen**	35 741	„
II. Einnahmen, **die nicht aus dem Betriebe erzielt** wurden: Pacht, Miete, Dividenden und Zinsen auf Wertpapierbesitz und Beteiligungen, verschiedene Einnahmen	17 792	„
Bruttoeinnahmen	53 533	„
III. Abzüge:		
Pachtausgaben für Betriebsmittel, Steuern, Zinsen auf Anleihe und andere Schulden, Verwaltungskosten	32 910	„
Nettoeinnahmen	20 623	„

Die Aufrechnung eines Verlustvortrages gegen den diesjährigen Reingewinn ist in der B. ersichtlich zu machen [1]).

Zu 2. Die Erfolgsbilanz ermittelt die Gewinne, die Verluste und den Unterschied zwischen beiden. Der Gesetzgeber verlangt eine Gewinn- und Verlustrechnung, keine Betriebsrechnung, d. h. keine Übersicht über Betriebseinnahmen und Betriebsausgaben. Reingewinn ist nicht identisch mit Betriebsgewinn. Privateisenbahngesellschaften veröffentlichen eine Betriebsrechnung, deren Überschuß auf Gewinn- und Verlustkonto übertragen wird. Deutsche Brauerei-Aktiengesellschaften hingegen vermengen häufig die Reingewinnberechnung mit der Einnahmen- und Ausgabenrechnung. Der Erlös für Bier ist kein Gewinn und die Ausgaben für Materialien, Löhne usw. sind keine Verluste. Die Betriebsrechnung ist eine Hilfsrechnung zum Gewinn- und Verlustkonto, eine Analyse des Betriebsüberschusses, also nur eines Teiles des Jahresgewinns.

Die Gewinn- und Verlustrechnung enthält: Gewinnvortrag, Nettoeinnahmen und Abschreibungen, Reingewinn, etwaige Rückstellungen.

1. Die Betriebsrechnung ist eine Gegenüberstellung von Einnahmen und Ausgaben einer Unternehmung während eines Zeitraumes.

2. Die Erfolgsrechnung (Ertragsbilanz, das Gewinn- und Verlust-Konto) ist eine Gegenüberstellung von Gewinnen und Verlusten während eines Zeitraumes.

3. Die Vermögensbilanz ist eine Gegenüberstellung von Aktiva und Passiva für einen bestimmten Zeitpunkt.

Eine vollständige Jahresrechnung einer Unternehmung ist dreiteilig: Eine Übersicht über sämtliche Einnahmen und Ausgaben innerhalb des Jahres im Anschluß an die in der Buchführung und durch den Kontenplan eingeführte Teilung; die Gewinn- und Verlustrechnung als Sammelrechnung der Überschüsse (Überschußrechnung); schließlich die Bilanz über den Stand des Vermögens und der Schulden. Unsere schon mit Rücksicht auf das Betriebsbilanzgesetz notwendige Betonung, daß der Gesetzgeber die Veröffentlichung einer Gewinn- und Verlustrechnung und nicht eine Betriebsrechnung verlangt, ist erfolgt, weil in Zivilprozessen das Verlangen gestellt wurde, nicht eine kompensierte Bruttorechnung zu veröffentlichen, wogegen auf die jahrzehnte alte Übung ordnungsmäßiger Buchführung hinzuweisen ist.

---

[1]) Wenn zwei Bilanzen mit Verlust abschließen, sind die Ergebnisse beider Jahre auseinanderzuhalten:

Aktiva	Verlustvortrag	35 718,—	
	Verlust für 1929 ..	213 175,15	
	Unterbilanz		248 893,15

Exkurs zum 17. Abschnitt.

Die Rentabilität.

Die Rentabilität[1]) des **eigenen Kapitals** (Unternehmerkapital) ist das Verhältnis des jährlichen Reinertrages zu den eigenen Mitteln. Es ist bei der **Einzelfirma** einfach zu berechnen:

Kapitaleinlage bei Beginn des Geschäftsjahres	100
„ am Schluß „ „	109
Kapitalzuwachs	9
+ Entnahmen	2
Reingewinn des Jahres	11

Die zahlenmäßige Rentabilität des Kapitals ist 11%. Gewöhnlich zerlegt man rechnungsmäßig den Jahresertrag in Kapitalzins und Unternehmergewinn, rechnet also beispielsweise 7% Kapitalzins auf die eigenen Mittel, hier auf 100 M. Erst der über das arbeitslose Einkommen des Kapitalbesitzes hinausgehende Teil des Ertrages ist Vergütung für Unternehmerarbeit und Kapitalrisiko. Eine Unternehmung ist erst dann als rentabel anzusehen, wenn der Jahresertrag die verkehrsübliche Verzinsung einer Kapitalanlage übersteigt. Gewerbetreibende zerlegen den Jahresertrag häufig in drei Teile, unbewußt der Lehre vom Unternehmereinkommen folgend: Kapitalzins, Unternehmerlohn für Arbeitsleistung (Meisterlohn) und Unternehmergewinn als Vergütung für Kapitalverwendung und -risiko.

In ähnlicher Weise berechnen die persönlich haftenden und tätigen Mitglieder einer offenen Handelsgesellschaft die Rentabilität. Das einem geschäftsführenden Gesellschafter zugebilligte Gehalt ist nicht als Bestandteil der Kapitalrente dieses Gesellschafters anzusehen.

Wesentlich komplizierter sind die Rentabilitätsberechnungen bei **Aktiengesellschaften**[2]): a) Das Verhältnis zwischen Dividende und dividendenberechtigtem Kapital hat für die Aktionäre Interesse. Für diese ist die Rentabilität des Erwerbspreises der Aktien, die **effektive Verzinsung** bzw. die Kursrentabilität wertvoller; z. B. der Anschaffungskurs einer Aktie war 458%, mit Rücksicht auf die Nebenkosten 458¾%, Dividende 12%, Rentabilität $5\frac{5}{10}$%. Die Kapitalrente für den Aktionär muß etwaige verlorene Zuzahlungen (bei Sanierungen oder bei der Gründung), den Wert bzw. den Erlös des Bezugsrechts und etwaiger sonstiger Leistungen der Aktionäre mitberücksichtigen.

---

[1]) „Wirtschaftslehre", Sachregister.

[2]) Vgl. **Moll**, Die Rentabilität der Aktiengesellschaften, Jena 1908 **Lomnitz**, Die systematische Bearbeitung der Veröffentlichungen von Aktiengesellschaften, Leipzig 1908.

b) Bilanzkritisch und volkswirtschaftlich wichtiger sind die Verhältniszahlen vom Standpunkt der Unternehmung. Hier interessiert zunächst die Rentabilität der eigenen Mittel. α) Das Verhältnis zwischen Jahresüberschuß und dem dividendenberechtigten eingezahlten Aktienkapital gibt den Gewinn, den das Grundkapital ohne Rücksicht auf die Verwendung des Ertrags abwirft. Kapitalerhöhungen oder Kapitalminderungen durch Rückzahlungen im Laufe des Bilanzjahres müssen dergestalt berücksichtigt werden, daß die neuen bzw. die nach dem Rückkauf verbleibenden Aktien nur mit demjenigen Bruchteile ihres Kapitals als dividendenberechtigt gelten, die dem Bruchteile des Bilanzjahres entsprechen, für den sie dividendenberechtigt sind.

β) Der jährliche Reingewinn muß auch mit den gesamten eigenen Mitteln der Unternehmung verglichen werden. Aktienkapital, Reserven und Gewinnvortrag aus dem Vorjahr bilden das Unternehmerkapital, das „verantwortliche Unternehmungskapital", das „freiwerbende Kapital", wie diese eigenen Mittel von den verschiedenen Statistikern bezeichnet wurden. Bei dieser Berechnung ist der Stand bei Beginn des Berechnungsjahres, bei Gewinnverteilungsgesellschaften unter Berücksichtigung der Gewinnverteilung zugrunde zu legen. Die Kapitalproduktion muß mit diesem Anfangsbestand des Kapitals in Beziehung gesetzt werden.

Die eigenen Mittel einer Aktiengesellschaft lassen sich durch Subtraktion der Schulden von den Aktiven, unter Berücksichtigung eines etwa vorhandenen passiven Abschreibungskontos, mittelbar, oder durch Addition der Einzelteile der eigenen Mittel unmittelbar berechnen. Die richtige Berechnung setzt allerdings Kenntnis von dem Wesen der als Reservefonds bezeichneten Passivposten voraus. Hierbei ist an die Ausführungen über „gemischte", „zweifelhafte" und „unechte" Reserven zu erinnern. Ob die für Wohlfahrtszwecke errichteten Reservekapitalien dem eigenen Kapital zuzurechnen sind, läßt sich nur fallweise bestimmen. Unterstützungskassen und die auf freiwilligen Leistungen des Unternehmers aus dem Reinertrag beruhenden Pensionsfonds sind zweifellos mitwerbendes Kapital, solange kein Rechtsanspruch seitens der Arbeiter und Beamten auf die aus solchen Fonds zu gewährenden Pensionen und Unterstützungen besteht. Ist der ganze Fonds nach versicherungstechnischen Grundsätzen berechnet und in Effekten angelegt, deren Zinsen dem sozialen Zwecke zugute kommen, gehört er nicht zum produktiven Kapital.

Der Bilanzwert des Unternehmerkapitals berechnet sich aus dem Unterschied zwischen Aktiva und Schulden, der in Prozenten des Aktienkapitals ausgedrückt den Bilanzkurs der Aktien (Anteile) ergibt. Der Bilanzkurs zeigt das Anwachsen des eigenen Kapitals, gibt an, ob der schuldenfreie Teil des Vermögens infolge der angesammelten Reserven die Höhe des Aktienkapitals übersteigt oder infolge von Verlusten darunter bleibt. Doch ist hier an die übermäßige Unterbewertung der Aktiva und die Überbewertung der Schulden zu erinnern, die den Bilanzkurs niedriger erscheinen lassen, als den tatsächlichen Verhältnissen entspricht.

γ) Zum arbeitenden, werbenden Gesamtkapital einer Unternehmung (Unternehmungskapital) zählen die eigenen Mittel, die festen und die kurzfristigen, laufenden Schulden (Lieferantenschulden, Bankkredite, Akzepte usw.). Faßt man den Begriff Unternehmungskapital so weit, so kann die Rentabilität dieses Kapitals nur durch Addition des Jahresreingewinns, der Anleihe-, der Hypotheken- und der Bankzinsen ermittelt werden.

Einige Statistiker berechnen nur die Rentabilität des „investierten“ Kapitals, d. i. die Summe der eigenen Mittel und der festen Schulden (Anleihe-, Hypothekenschulden und langfristige Darlehen). Die Verzinsung dieses Kapitals berechnet sich aus der angegebenen Summe, unter Abzug etwa noch nicht begebener Obligationen, und der Summe des jährlichen Reingewinns zuzüglich der Zinsenausgaben für die festen Schulden. Die preußische Statistik der Kleinbahnen rechnete Dividenden und Anleihezinsen gleich Verzinsung des Anlagekapitals.

Eine gute zusammenfassende Rentabilitätsübersicht der deutschen Aktienbrauereien veröffentlichte der Deutsche Brauerbund für 1916 [1]) (S. 210).

Unter „Aktienkapital“ wird das in der Bilanz erscheinende Grundkapital, unter „Unternehmerkapital“ das Aktienkapital zuzüglich der echten sichtbaren Reserven, und unter „werbendem Kapital“ das Aktienkapital zuzüglich der Reserven und zuzüglich der Obligationen verstanden.

Wegen der Bedeutung des Betriebskoeffizienten für die Rentabilität der Verkehrsunternehmungen und als Maßstab für die innere Ökonomie vgl. Sachregister. Betriebsausgaben und Betriebseinnahmen sind die wichtigsten Faktoren der Rentabilität. Für eine sachgemäße Kritik ist eine zweckentsprechende Gruppierung erforderlich. Da die Einzelheiten der Gewinn- und Verlustrechnung bei den Einzelunternehmungen nach ganz verschiedenen Grundsätzen festgestellt werden, ist es nicht immer leicht, zuverlässige Zahlen zu ermitteln. Das nachfolgende Schema (Industriebetrieb) soll das Gewinn- und Verlustkonto von dem Gesichtspunkt einer Rentabilitätsstatistik gruppieren:

---

[1]) Vgl. auch die Übersichten des Verein deutscher Maschinenbau-Anstalten, Charlottenburg 2.

Gebiet:	Aktienkapital		Unternehmerkap.		Werbendes Kap.	
	Insgesamt	Rente in %	Insgesamt	Rente in %	Insgesamt	Rente in %
Brausteuergemeinschaft	402 846 000	6,7	506 875 070	5,5	629 323 420	5,3
Bayern	117 933 000	7	153 315 731	7	178 515 833	5,3
Württemberg	23 070 000	2,9	28 449 530	2,4	34 815 383	2,8
Baden	39 297 000	6,2	54 404 349	4,5	61 838 375	4,5
Elsaß-Lothringen	18 140 000	5,9	22 581 819	4,8	31 616 927	4,7
Ganz Deutschland 1916	610 596 600	6,6	765 626 499	5,3	936 139 467	5,1
Ganz Deutschland 1915	613 249 720	6,15	761 124 592	4,96	927 704 884	4,87

Betriebseinnahmen (Bruttoeinnahmen)	ℳ	..
÷ Betriebsausgaben	„	..
Betriebsüberschuß	ℳ	..
÷ ordentliche und außerordentliche Abschreibungen	„	..
Bruttogewinn	ℳ	..
÷ Kosten der Finanzverwaltung	„	..
÷ Konjunktur- und Kursverluste	„	..
Jährlicher Reingewinn	ℳ	..
+ Gewinnvortrag aus dem Vorjahr	„	..
Verteilungsfähiger Bilanzgewinn	ℳ	..
Davon: Dividende an die Aktionäre	ℳ	..
Rücklagen [1]) und Dotationen	„	..
Tantiemen des Vorstandes, Aufsichtsrats, Gratifikationen	„	..

Den bilanzmäßigen Rentabilitätsberechnungen haftet ein innerer Mangel an. Die Berechnung des ausgewiesenen Jahresreingewinnes oder des Ertrages auf je 100 Mk. des anfänglichen Eigenkapitals gibt ein unrichtiges Ergebnis, wenn der ausgewiesene Jahreserfolg größer oder kleiner ist als der tatsächliche (Auflösung und Legung offener und stiller Reserven). Die Rentabilitätsschwankungen während des Rechnungsabschnittes sind bilanzmäßig nicht erkennbar, wohl aber in einer kurzfristigen Erfolgsrechnung.

Manche Theoretiker legen besonderen Wert auf die Rentabilitätsziffer des Unternehmungskapitals und setzen den Reingewinn in ein Verhältnis zur Summe der eigenen und der fremden Mittel. Diese Berechnung vermischt zwei nicht vergleichbare Rechnungsgrößen: das anfängliche Eigenkapital als Beziehungszahl ist konstant, die Schulden, insbesondere die Umsatzschulden, sind veränderlich. Man müßte, um die Rechnung einigermaßen richtig zu gestalten, den durchschnittlichen Bestand an fremden Mitteln zugrunde legen. Der Bestand an Umsatzschulden, häufig auch an Anlageschulden, ist das Er-

[1]) Will man die in einem Geschäftsjahre gemachten Rücklagen berechnen, ist hier die Differenz zwischen neuem und altem Gewinnvortrag zu berücksichtigen.

gebnis der finanziellen Führung für den Stichtag, der Reingewinn ist eine Summe von verschieden großen Einzelgewinnen während eines Zeitraumes. Für eine grobe Rechnung genügt das arithmetische Mittel der Schuldenbestände zu Beginn und am Schluß des Rechnungsabschnittes, wobei ungefähr gleiche Dichte der Schulden unterstellt wird. Wechselt die Schuldendichte, steigt sie gegen Ende des Jahres, so haben solche Rentabilitätsberechnungen wenig Sinn. Anders, wenn man die Wirtschaftlichkeit einer Unternehmung im Vergleich mit anderen feststellen will. Dann rechnet man Rohgewinn und Reingewinn des Abschnittes um auf das Unternehmungskapital am Ende dieses Abschnittes.

18. Abschnitt.
Die Gewinnverteilungsgesellschaften.

Jede Gesellschaft zum Betriebe eines Handelsgewerbes ist eine Gewinnverteilungsgesellschaft. Die Verteilung des Gewinnes (oder des Verlustes) erfolgt entsprechend den Bestimmungen des Gesellschaftsvertrages oder der Satzungen, in Ermangelung solcher Bestimmungen im Sinne des Gesetzes.

I. Über die Anteile der Gesellschafter am Gewinn und Verlust einer Gesellschaft im allgemeinen vgl. § 722 BGB.

II. Offene Handelsgesellschaft (§§ 120—122 HGB., 705—740 BGB.)[1]).

a) Vom Jahresgewinn, besser vom Jahresreingewinn, gebührt jedem Gesellschafter zunächst eine Vorzugsdividende von 4% seines Kapitalanteils, sofern vertraglich nicht ein höherer Zinssatz vereinbart ist. Reicht der Jahresreingewinn hierzu nicht aus, bestimmen sich die Anteile nach einem entsprechenden niedrigeren Satze. Es ist durch Rechnung zunächst festzustellen, ob der Jahresreingewinn zur Verzinsung der am Beginn des Geschäftsjahres vorhandenen Kapitalanteile ausreicht. Finanziell stärker beteiligte Gesellschafter nehmen vielfach einen höheren Prozentsatz als Vorzugsdividende in Anspruch. Auch kann bestimmt sein, daß ein Prozentsatz als fester Zins des Kapitals gutgeschrieben wird ohne Rücksicht auf das Geschäftsergebnis; dann erhöhen diese Gutschriften einen Jahresreinverlust. Einlagen während des Geschäftsjahres werden pro rata temporis verzinst.

b) Der Restgewinn (Jahresreingewinn abzüglich 4% Dividende nach a) und der Jahresreinverlust werden nach Köpfen unter die Gesellschafter verteilt. Die vertragsmäßige Verteilung kann andere Schlüssel anwenden, z. B. das Verhältnis der Einlagen, Prozentanteile am Gewinn,

---

[1]) Hecht, Die Verbindlichkeit der Bilanz einer offenen Handelsgesellschaft für ihre Interessenten. Diss. Hamburg 1913.

Über das Kapitalrisiko bei den Unternehmungsformen vgl. Wirtschaftslehre, § 52.

Verhältniszahlen, Fixierung eines Mindestgewinns für einzelne Gesellschafter, Vergütung eines Gehalts für den Geschäftsführer u. ä.

c) Der Höchstbetrag der (zu verzinsenden) Entnahmen jedes Gesellschafters ist gesetzlich auf 4% seines für das letzte Geschäftsjahr [1]) festgestellten Kapitalanteils festgesetzt, ohne Rücksicht, ob das laufende Geschäftsjahr mit Gewinn abschließen wird oder nicht. Ist kein Jahresgewinn erzielt oder reicht er zu einer 4 prozentigen Verzinsung der Kapitalanteile nicht aus, so wird durch die Entnahmen der bisherige Kapitalanteil des Gesellschafters vermindert. Entnahmen über den vertraglich bestimmten Höchstbetrag hinaus, Darlehen eines Gesellschafters aus der Gesellschaftskasse, Zahlung von Privatschulden durch die Gesellschaft u. dgl. bilden Forderungen der Gesellschaft an die Gesellschafter und sind dementsprechend zu verzinsen und zu verbuchen.

d) Jeder Gesellschafter ist berechtigt, die Auszahlung seines die Entnahmen (einschl. Zinsen) übersteigenden Anteils am Gewinn des letzten Jahres zu verlangen, soweit es nicht zum offenbaren Schaden der Gesellschaft gereicht. Der Gesellschafter kann demnach seine ursprüngliche Kapitaleinlage unverändert oder seine Gewinnanteile dem Kapital zuschlagen lassen. Im letzten Fall hat er keinen Rückforderungsanspruch im Konkurs der Gesellschaft.

1. Beispiel: Die Gesellschafter A, B und C bilden eine offene Handelsgesellschaft. Die Einlage des A ist 50 000, jene des B 30 000, C bringt seine Arbeitskraft ein. Gewinnverteilung: 5% auf die Kapitaleinlagen, dem C gehören 10 000 ℳ Gewinnanteil vorweg, der überschießende Teil wird im Verhältnis zu 5 : 3 : 2 verteilt. Am Verlust sind die Gesellschafter gleichmäßig beteiligt. Bis 31. Dez. 1928 hat A entnommen 8000, B 6000, C 6000 einschließlich 5% Zinsen.

a) Erfolgsermittelung.

Vermögen	220
Schulden	120
Gesellschafts-Kapital am 31. 12. 1928	100
Kapital am 1. 1. 1928	80
Kapitalzuwachs	20
+ Entnahmen der Gesellschafter	20
Jahresreingewinn	40

b) Gewinnverteilung.

Reingewinn	40
Dem C vorweg	10
	30
5% Kapitalzinsen auf 80 000	4
Restgewinn	26
Davon dem A	13
„ B	7,8
„ C	5,2

[1]) d. h. des Vorjahres; die Bilanz des abgelaufenen Jahres berechnet erst die Gewinn- und dann die Kapitalanteile: unklar Staub, Kommentar I. Bd. S. 656 Anm. 3.

c) Ermittelung der **Kapitalanteile** für das **abgelaufene** Bilanzjahr.

	A	B	C	Summe
Kapitalanteile am 1. Jan. 1928	50	30	—	80
+ 5% Zinsen	2,5	1,5	—	4
Gewinnanteil	13	7,8	10 5,2	36
	65,5	39,3	15,2	120
Durch Entnahmen verbraucht	8	6	6	20
Bleiben Kapitalanteile am 31. Dezember 1928	57,5	33,3	9,2	100

d) Schlußbilanz.

Vermögen	220	Schulden	120
		Kapital-Konto A 57,5	
		„ „ B 33,3	
		„ „ C 9,2	
		Gesellschafts-Kapital	100

e) Kapital-Konto A.

31. 12. 1928 Privat-Konto	8	1. 1. 1928 Bilanzvortrag	50
Endkapital	57,5	31. 12. Zinsen	2,5
		31. 12. Gewinnanteil	13
	65,5		65,5

NB.: Das einem Gesellschafter zukommende Gehalt ist über **Handlungsunkostenkonto** zu buchen (an N. N. Privatkonto), wodurch der Gewinnanteil dieses Gesellschafters sich entsprechend verringert; oder es geht zu Lasten der **Privatkonten** der übrigen Gesellschafter (an Privatkonto des Gehaltempfangenden), wodurch die Gehaltszahlung vollständig dem Empfänger zugute kommt.

Im gegebenen Beispiel gebühren dem C vorweg 10 000 vom Reingewinn. Anders läge der Fall, wenn der Gewinnanteil dem C mit 10 000 **garantiert** wäre und der Reingewinn diese Summe nicht erreichen würde; der Fehlbetrag ginge zu Lasten der übrigen Gesellschafter. Im nächsten Bilanzjahr sind die 5 prozentigen Zinsen des Kapitalanteils des C auf die Garantiesumme einzurechnen.

2. **Beispiel**: A ist mit 40 000, B mit 20 000 ℳ an einer offenen Handelsgesellschaft beteiligt. 5% Kapitalzinsen, Gewinn oder Verlust werden halbiert. Die Privatentnahmen des A sind 5000, des B 4000; die Kapitalanteile der Gesellschafter bleiben durch Gewinn oder Verlust **unverändert**.

a) Berechnung d. Jahreserfolges.

Vermögen	100
Schulden	60
Kapital am 31. Dez. 1928	40
Kapital am 1. Jan. 1928	60
Kapitalverminderung	20
÷ Entnahmen	9
Reinverlust	11
Verlustanteil je	5500

Kapitalverzinsung entfällt.

b) Schlußbilanz.

Aktiva	100	Schulden	60
Priv.-Kto. A	10,5	Kap.-Kto. A	40
Priv.-Kto. B	9,5	Kap.-Kto. B	20
	120		120

c) Privat-Konto A.

Entnahmen	5000	31. Dez. 1928	
Verlustanteil	5500	Bilanz	10500
	10500		

NB.: Die Passivsaldi der Gesellschafter werden in einem folgenden Gewinnjahre zunächst aufgerechnet gegen die Gewinnanteile[1]). Wäre ein Gewinn und damit eine Kapitalvermehrung über die ursprüngliche Einlage hinaus vorhanden, so würde der Kapitalzuwachs der Gesellschafter auf der Passivseite der B. (Privat-, Konto-Korrent-Konto) erscheinen müssen. Der Passivsaldo der Gesellschafter ist eine Rechnungsgröße, verhindert bis zu seiner Tilgung die Auszahlung der Anteile am Gewinn; er ist keine Schuld des Gesellschafters an das Geschäft; eine Einzahlungspflicht besteht für die Gesellschafter nicht, abgesehen von der Auseinandersetzung (§ 375 BGB.).

3. Beispiel vgl. Bd. I, S. 120 ff.

III. Kommanditgesellschaft (§§ 167—169 HGB.). Die Vorschriften des § 120 über die Berechnung des Erfolges gelten auch für den persönlich haftenden Gesellschafter (Komplementar) einer Kommanditgesellschaft.

a) Der Gewinnanteil wird dem Kapitalanteil des Kommanditisten nur so lange zugeschrieben, bis er den Betrag der bedungenen Einlage nicht erreicht hat. Die Zuschreibung des Gewinnes zum Kapital hört in diesem Falle auf, die Einlage bleibt durch Gewinn unverändert. Ist der Betrag der vereinbarten Einlage erreicht, wird der Gewinnanteil dem Kommanditisten auf einem Sonderkonto gutgeschrieben, bildet auch im Konkurs der Gesellschaft seine Buchforderung an die Gesellschaft, sofern er nicht die Auszahlung früher verlangt hat. Dieser kreditierte Gewinnanteil wird nicht wie die Kapitaleinlage verzinst, kann nicht zur Ausgleichung späterer Verluste dienen; eine Aufrechnung zwischen diesem nichterhobenen Gewinn und einem späteren debitierten Verlustanteil findet nicht statt. Ist die vertragsmäßige Einlage vollständig eingezahlt, wird sie durch Verlustanteile vermindert, durch Gewinnanteile aber nicht vermehrt. Ist sie noch nicht eingezahlt, werden die Gewinnanteile auf die Restzahlung zunächst angerechnet; der Passivsaldo des Kommanditisten wird durch Gewinnanteile vermindert. Ein über den Betrag der bedungenen Einlage hinausgehender Passivsaldo hat den Charakter einer Rechnungsgröße, verhindert die Auszahlung des Gewinnanteils an den Kommanditisten bis zu seiner vollständigen Tilgung.

---

[1]) Anderer Meinung Flechtheim in Düringer-Hachenburg, Handelsgesetzbuch IV (§§ 120 ff.).

Die Auszahlung des Gewinnes kann der Kommanditist nicht fordern, solange sein Kapitalanteil durch Verlust unter den auf die bedungene Einlage geleisteten Betrag herabgemindert werden würde.

b) Auch dem Kommanditisten gebühren 4% (oder die vertraglich höheren) Zinsen auf seinen Kapitalanteil unter Berücksichtigung der Leistungen und Entnahmen im Laufe des Jahres. Der Gewinnrest wird den Umständen angemessen verteilt, z. B. unter Berücksichtigung der persönlichen Haftpflicht und Tätigkeit des Komplementars, der Vermögenseinlage usw.

c) Der Verlustanteil wird vom Kapitalanteil des Kommanditisten abgeschrieben. Spätere Gewinne dienen zur Deckung dieser Verluste, so lange, bis die ursprüngliche Einlage wieder erreicht ist. Erst der überschießende Teil kann dem Kommanditisten ausgezahlt werden. Wird durch Verlust auch die Einlage aufgezehrt, so erhält der Kommanditist den Gewinn nicht eher ausgezahlt, als bis der so entstandene Passivsaldo ausgeglichen und außerdem seine Einlage bis zur ursprünglichen Höhe herangewachsen ist. Dieser Passivsaldo = negativer Saldo auf der Aktivseite ist gleichzeitig ein Kapitalberichtigungsposten.

Beispiel: Komplementar A mit einer Einlage von 60 000, Kommanditist B hat eingezahlt 30 000, bedungen sind 40 000. Entnahmen A 10 000. 4% Zinsen auf die Kapitalanteile, Gewinnrest verteilt wie 3 : 1.

a) Berechnung und Verteilung des Erfolges.

Vermögen	200
Fehlende Einzahlung des B	10
	210
Schulden	80
	130
Kapitaleinlagen	100
Vermögenszuwachs	30
+ Entnahmen	10
Reingewinn	40
÷ 4% Kapitalzinsen a./90 000	3,6
Restgewinn	36,4
Davon dem A	27,3
„ B	9,1

b) Kapitalverteilung.

	A	B	Zus.
Kapitaleinlagen	60	40	100
4% Zinsen auf die Einlagen	2,4	1,2	3,6
Gewinnanteile	27,3	9,1	36,4
	89,7	50,3	140
÷ Entnahmen	10	—	10
÷ Fehlende Einzahlung	—	10	10
Kapitalanteile	79,7	40,3	120

c) Schlußbilanz.

Vermögen	200	Schulden	80
		Kapital-Konto A	60
		Kapital-Konto B	40
		A. Privat-Konto	19,7
		B. Konto separato	0,3
			200

IV. Stille Gesellschaft (§§ 336—337 HGB.): Der stille Gesellschafter hat gesetzlich keinen Anspruch auf eine Kapitalverzinsung. Der vom stillen Gesellschafter nicht erhobene Gewinnanteil vermehrt nicht dessen Einlage, sofern nicht anderes bestimmt ist. Am Verlust nimmt er bis zum Betrag seiner eingezahlten oder rückständigen Einlage teil; solange seine Einlage durch Verlust vermindert ist, wird der jährliche Gewinnanteil zur Deckung des Verlusts verwendet und nicht ausgezahlt. Seine Beteiligung am Verlust der Unternehmung kann ausgeschlossen werden. Der stille Gesellschafter kann im Konkurs des Geschäftsinhabers seine Einlage, soweit sie nicht durch Verlust verbraucht ist, als Gläubiger geltend machen. Ist die Einlage rückständig, so ist der fehlende Betrag an die Masse einzuzahlen. Maßgebend für die Berechnung des Verlustanteils ist der Vermögenszustand zur Zeit der Konkurseröffnung, unter Berücksichtigung der Entwertung. (Vgl. Konkursbilanzen.)

V. Gesellschaften mit beschränkter Haftung. Die Gesellschafter haben Anspruch auf den nach den jährlichen B. sich ergebenden Reingewinn (§§ 29, 30 des Gesetzes betr. die G. m. b. H.). Die Verteilung unter die Gesellschafter unterliegt der Bestimmung der Gesellschafter, wenn der Gesellschaftsvertrag nichts anderes vorschreibt. Falls im Vertrage nichts anderes bestimmt ist, wird der Reingewinn nach dem Verhältnis der Stammeinlagen verteilt. Sonderreserven können geschaffen werden, wenn sie im Gesellschaftsvertrag angeordnet oder wenn sämtliche Gesellschafter damit einverstanden sind. Es ist zulässig, durch einstimmigen Beschluß einzelnen Geschäftsanteilen eine Vorzugsdividende zuzuwenden. Der Gewinn späterer Jahre muß zur Ergänzung des Stammkapitals aufgespeichert werden, wenn in früheren Jahren Verlust eingetreten ist [1]).

Die Veröffentlichung der B. ist nur für Gesellschaften vorgeschrieben, die Bankgeschäfte [2]) betreiben (§ 46 Abs. 4). Die Geschäftsführer haben

---

[1]) Lit.: Pfeifer, Der Reingewinn, seine Feststellung und Verwendung bei der G. m. b. H. Diss. Leipzig 1910; Beck, Buchhaltungswesen der G. m. b. H. Hannover 1909; Brandt, Geschäftsgang und Buchführungspraxis der G. m. b. H. Leipzig 1912.

[2]) Vgl. Materialien zur Frage des Depositenwesens. Berlin 1910. S. 151 ff., 163 ff.

eine B. und eine Gewinn- und Verlustrechnung für das verflossene Geschäftsjahr aufzustellen.

Für die Bewertung ist der § 42 maßgebend, dessen Bestimmungen (Ziff. 1, 2, 4 u. 5) jenen des § 261 Ziff. 3—6 entsprechen. Die maximalen Bewertungsnormen des Aktienrechts für Waren und Wertpapiere mit und ohne Börsenpreis (§ 261 Ziff. 1, 2 HGB.) fehlen. Waren, Wertpapiere, die einen Börsen- oder Marktpreis haben, dürfen zu diesem Preis bewertet werden, auch wenn er den Anschaffungs- oder Herstellungspreis übersteigt. Demnach ist die Einsetzung nichtrealisierter Gewinne statthaft. Waren und Wertpapiere können aber auch wie Anlagevermögen bewertet werden, wenn sie dauernd zum Geschäftsbetrieb der Gesellschaft bestimmt sind. Die Kosten der Organisation, d. s. die Aufwendungen zur Errichtung der Gesellschaft, wie beispielsweise Gründungskosten, müssen wie bei den Aktiengesellschaften als Jahresverlust verrechnet und können nicht auf mehrere Jahre verteilt werden. Anlagen und Betriebsgegenstände sind wie im § 261 Abs. 3 HGB. zu bewerten. Der Nennwert des Stammkapitals, die Reservekapitalien und der Erneuerungsfonds sind in die Passiva aufzunehmen; der aus der Vergleichung der Aktiva und Passiva sich ergebende Gewinn oder Verlust ist am Schluß der B. besonders anzugeben. Die Auszahlung von Bauzinsen ist ausgeschlossen (§ 30, 31). Eine gesetzliche Pflicht zur Bildung von Reservekonten besteht nicht.

Erfolgt die Gewinnverteilung im Verhältnis der Geschäftsanteile, so kommen dabei die übernommenen Einlagen, nicht die tatsächlich geleisteten Einzahlungen in Betracht. Die Gesellschaft kann den Erwerb von volleingezahlten Stammanteilen aus dem Reingewinn beschließen. Die Gewinnanteile werden den Separatkonten der Gesellschafter oder einem gemeinsamen Sonderkonto der Gesellschafter kreditiert, z. B. Dividendenkonto, Privatkonto. Im Falle einer Aufrechnung gegen fehlende Einzahlungen auf die Stammeinlage werden die Gewinnanteile dem Einzahlungskonto der Gesellschafter gutgeschrieben.

Ein Bilanzverlust kann vorgetragen oder aus einer Reserve oder durch Nachschüsse der Gesellschafter gedeckt werden.

Beispiel: Gesellschaft für Teerverwertung m. b. H., gegründet im März 1906. Bilanz für 10 Betriebsmonate S. 218. Vom Reingewinn wurden 7160 der Reserve zugeführt und 136 000 für eine 4 prozentige Dividende verwendet. Vom Reingewinn erhalten die Gesellschafter zunächst 6% der eingezahlten Anteile, der Restgewinn wird unter sie nach Maßgabe des Wertes ihrer Teerablieferungen im betreffenden Betriebsjahre verteilt. Am 15. April 1907 wurde eine 4 prozentige Anleihe im Betrage von $4^7/_{10}$ Mill., rückzahlbar zu 103% von 1912 ab, aufgenommen, hypothekarisch und durch Bürgschaft der Gesellschafter sichergestellt. Anfang Juni 1907 wurde ein Teilbetrag von 4 Mill. Mark zu 101% zur Zeichnung aufgelegt. Der Erlös der Anleihe diente anscheinend teilweise zur Abstoßung der hohen Kreditoren — die Trennung von Bank- und Warenbzw. Anlageschulden in der B. wäre zweckmäßig —, die durch den Ausbau der

Bilanz.

Aktiva.	M	Pf	M	Pf
Grundstücke			1 126 844	22
Wohn- und Verwaltungs-Gebäude	455 135	—		
Abschreibung	4 551	35	450 583	65
Fabrikanlage	5 011 400	88		
Abschreibung	256 182	—	4 755 218	88
Teerwagen	364 383	—		
Abschreibung	18 219	15	346 163	85
Utensilien und Fuhrwerk	130 668	52		
Abschreibung	13 066	85	117 601	67
Bestände				
Baumaterialien	169 386	51		
Betriebsmaterialien	5 302	25		
Brennmaterialien	5 704	06		
Fastagen	24 260	10		
Teerproduktenvorräte	633 150	95	837 803	87
Kasse			114	57
Auswärtige Beteiligungen			7 000	—
Kautionen			250	—
Debitoren			471 907	18
			8 113 487	89

Passiva.	M	Pf
Gesellschafts-Kapital	3 400 000	—
Kreditoren	4 570 327	89
Reingewinn	143 160	—
	8 113 487	89

Fabrikanlagen entstanden sind. Vom Gesellschaftskapital wurden zum Grundstückserwerb 1,13 Mill. verwendet. Die Errichtung der Fabrikanlagen erfolgte in der Hauptsache mit Kreditkapital. An liquiden Mitteln sind 114 570 vorhanden. Der Geldbedarf war also dringlich, und sicher war im Gründungsplan diese Art der Geldbeschaffung vorgesehen. Die B. scheint für die angegebene Gewinnverteilung zurechtgemacht zu sein. Die Abschreibungen sind reichlich ($43^{4}/_{10}\%$ des Fabrikationsgewinns), die Geschäftskosten des Gründungsjahres selbstverständlich hoch (37½% des Geschäftsgewinns), so daß vom Gesamtgewinn nur etwa 20½% Reingewinn übrigbleiben.

Über die Nebenleistungen [1]) der Gesellschafter bestimmt das Statut wie folgt:

Außer den Stammeinlagen haben die Gesellschafter noch die Verpflichtung übernommen, der Gesellschaft vom 1. Januar 1906 ab allen Teer und teerähnliche sowie daraus abgeleitete Erzeugnisse (Teerpech, Teerverdickungen,

[1]) Nebenleistungen aller Art, Sach-, Geld-, Arbeitsleistungen sind auch bei der G. m. b. H. zulässig (§ 3 des Gesetzes). Über solche Leistungen im Sinne des § 222 HGB. vgl. Moll, Rentabilität der Aktiengesellschaften, S. 87; Passow, Die wirtschaftliche Bedeutung und Organisation der Aktiengesellschaft. Jena 1907. S. 227 ff.

Naphthalin usw.) zu liefern, welche sie auf den in ihrem Eigentum befindlichen oder von ihnen pachtweise oder unter anderem Titel betriebenen Kokereien, Gasanstalten und ähnlichen Anlagen gewinnen und gewinnen werden. Ausgenommen von der Lieferungspflicht sind nur diejenigen Mengen an Teer und den genannten Erzeugnissen, welche von dem betreffenden Gesellschafter in seinen eigenen Betrieben verbraucht werden.

Gegenüber der Lieferpflicht der Gesellschafter hat die Gesellschaft die Pflicht ordnungsmäßiger Abnahme der ganzen Herstellung der Gesellschafter an den genannten Erzeugnissen. Der den einzelnen Gesellschaftern für die von ihnen gelieferten Erzeugnisse zu gewährende Preis und die Art der Bezahlung sollen im voraus in der Regel für jedes Kalendervierteljahr von der Gesellschafterversammlung festgestellt werden. Die Feststellung erfolgt ab Gewinnungsstelle nach Anhörung des oder der Geschäftsführer und des Aufsichtsrats; maßgebend für die Preisbemessungen im einzelnen soll sein die Beschaffenheit der Erzeugnisse. Der Preis ist unter allen Umständen so zu bemessen, daß voraussichtlich für das Gesellschaftskapital eine Verzinsung von 6% verbleibt.

VI. Die Aktiengesellschaft. Die Aktionäre [1]) haben, solange die Gesellschaft besteht, nur Anspruch auf den Reingewinn der jährlichen B., die nach § 261 aufzustellen ist, soweit dieser nicht nach dem Gesetz (§ 262) oder dem Gesellschaftsvertrag von der Verteilung ausgeschlossen ist (§§ 213, 215). Die Dividende kann nur aus dem Bilanzgewinn verteilt werden, doch kann dabei ein Dividendenergänzungsfonds, eine andere offene oder eine stille Reserve in Anspruch genommen werden, d. h. der verteilungsfähige Reingewinn kann erkennbar oder im geheimen aufgebessert sein. Die Zuschüsse eines Garanten sollen als solche erkennbar gemacht werden und müssen es, wenn bei einer Dividendengarantie die zur Erreichung der garantierten Dividende zugeschossenen Beträge der Gesellschaft als Darlehen gegeben wurden. Ob genügende flüssige Mittel vorhanden sind, den verteilungsfähigen Bilanzgewinn auszuzahlen, oder ob dies nur mit Zuhilfenahme eines Darlehns erfolgen kann, ist gleichgültig. Der Bilanzverlust wird nicht verteilt, sondern vorgetragen, aus einer Reserve gedeckt oder aus einem Sanierungsgewinn getilgt.

Für die Berechnung der Tantiemen von Vorstand und Aufsichtsrat sind die §§ 237 und 245 HGB. maßgebend, soweit das Statut nicht andere Bestimmungen enthält. Ein Anteil des Vorstandes am Jahresgewinn berechnet sich nach Abzug sämtlicher Abschreibungen und sämtlicher freiwilligen oder gesetzlichen, dauernd oder vorübergehend zurückgestellten Rücklagen, jener des Aufsichtsrats überdies nach Abzug eines für die Aktionäre bestimmten Betrages von mindestens 4% des eingezahlten Grundkapitals. Die Terminologie

[1]) Zum Einkommen des Aktionärs aus der Kapitalanlage in Aktien sind zu rechnen: Dividenden, Gewinne aus Bezugsrechten, Fusionen, unentgeltliche Überlassung von Aktien. Die Verluste durch Kapitalherabsetzung, Zuzahlungen, Konkurs, Liquidation vermindern die „Aktienrente“. Dabei bleiben Spekulationsgewinne und -verluste unberücksichtigt (Moll, op. cit. S. 163 ff.).

des Gesetzgebers entspricht nicht der kaufmännischen; der Anteil ist „von dem nach Vornahme sämtlicher Abschreibungen.... verbleibenden Reingewinne zu berechnen". Gemeint ist wohl zunächst der Jahresreingewinn. „Anteil am Jahresgewinn" würde heißen Anteil vom Gesamtjahresgewinn ohne Gewinnvortrag. Von diesem Reingewinn sind die außerordentlichen Abschreibungen abzuziehen. Ein Reingewinn ohne Berücksichtigung der notwendigen Abschreibungen würde gegen die Bewertungsgrundsätze des § 261 verstoßen. Der Gesetzgeber meint: Bestimmt sich die Vergütung des Vorstandes und Aufsichtsrats nach einem Anteil am Jahresreingewinn, so ist diese vom restlichen Reingewinn zu berechnen, nach Abzug der außerordentlichen Abschreibungen und der Rücklagen. Abschreibungen sind stets tantiemefrei.

Was als „Rücklage" anzusehen ist, war in der juristischen Literatur streitig [1]) [vgl. 2. Aufl. S. 141 f.]. Das Reichsgericht hat nunmehr über Gewinnverteilung und Tantiemeberechnung wie folgt entschieden (RG. II 224/17; II 25/17; II 175/17 vom 11. Januar 1918; vgl. Frankfurter Zeitung vom 13. und 15. Januar 1918 [2])).

1. Jede Rücklage, d. i. alles, was nicht verteilt wird, ist tantiemefrei, die Gründe der Rückstellung, ihr Name und Zweck, ob sie auf gesetzlichem Zwange, auf freiwilliger Entschließung der Generalversammlung oder auf statutarischen Vorschriften beruht, sind gleichgültig. Der Gewinnvortrag in das nächste Jahr ist eine Rücklage im Sinne der §§ 237, 245 HGB. und muß vor der Berechnung der Tantiemen vom Bilanzgewinn abgezogen werden. Im nächsten Bilanzjahr wird dieser Gewinnvortrag gewinnanteilspflichtig.

2. Tantiemefrei sind Zuwendungen zu Wohlfahrtsfonds, z. B. Arbeiterpensionskasse, Arbeiterunterstützungsfonds und sonstige Zuwendungen für gemeinnützige Zwecke.

3. Tantiemepflichtig sind Gratifikationen an Beamte, deren Gewinnanteile, Steuerrücklagen.

4. Vorstands- und Aufsichtsrats-Tantiemen sind aus dem gleichen Reingewinnbetrag zu berechnen. Bei der Berechnung des Gewinnanteiles des Aufsichtsrats kommen nur Abschreibungen, Rücklagen und die 4% gesetzliche Aktiendividende in Abzug.

---

[1]) Auf ein juristisches Kuriosum soll noch hingewiesen werden. In einem Urteil des OLG. Kiel (28. Oktober 1913 U. II. 205/13) heißt es:

„..... es ist anzunehmen, daß das Gesetz unter Rücklagen nur eigentliche Reservefonds in der verkehrsüblichen Bedeutung versteht, insbesondere wird ganz allgemein der Gewinnvortrag als erster Aktivposten (!) des neuen Geschäftsjahres gebucht, während er gemäß § 261, 5 HGB., wenn er einen Reservefonds darstellt, als Passivposten zu buchen wäre. Eine solche Buchung würde jeder kaufmännischen Anschauung widersprechen" (!).

[2]) Auch Staub, II, S. 255 f.

Die Vorstandstantieme wird häufig verschleiert, indem man sie mit der Tantieme des Aufsichtsrats in einer Summe veröffentlicht oder über Handlungsunkosten bzw. Verwaltungsunkosten verbucht. Ihrer Natur nach gehören vertraglich festgesetzte Mindesttantiemen zu den regelmäßigen Kosten einer Aktiengesellschaft, bilden Verwaltungskosten und können als solche verbucht werden, obgleich im Interesse der Bilanzklarheit die gesonderte Anführung erwünscht ist.

Wenn Verlustreserven zur Deckung eines bestimmten Verlustes herangezogen werden, oder wenn eine Ausgabenreserve nachträglich aufgelöst wird und zur Ausschüttung kommt, sind diese Beträge tantiemenpflichtig, sie gehen tantiemefrei in den Reservefonds und verlassen ihn tantiemepflichtig (Staub, Kommentar, II. Bd., S. 259, Anm. 12).

Wenn der Gewinnvortrag des abgelaufenen Bilanzjahres eine tantiemefreie Rücklage ist, so muß es möglich sein, diesen Gewinnvortrag im voraus zu berechnen.

I. Algebraische Lösung[1]).

φ = Tantieme des Vorstandes } in % des Reingewinns:
a = Tantieme des Aufsichtsrats }

d = die im voraus geschätzte Dividende auf das Aktienkapital A $\left(= \frac{Ad}{100}\right)$;

V = Gewinnvortrag, der als Ergebnis der Rechnung erscheinen soll;

G' = Gewinnrest nach Abzug aller offenen Rücklagen.

Zunächst ist die Differenz $(G' - V)$ zu berechnen:

Die Tantieme des Vorstandes ist: $(G' - V)\frac{\varphi}{100}$.

Die Tantieme des Aufsichtsrats ist: $\left(G' - V - \frac{A \cdot 4}{100}\right) \cdot \frac{a}{100}$.

Demnach:

$$G' = (G \div V)\frac{\varphi}{100} + \left(G' - V - \frac{A \cdot 4}{100}\right)\frac{a}{100} + \frac{Ad}{100} + V.$$

(Restgewinn = Gewinnverteilung.)

Die Gleichung nach $(G' - V)$ aufgelöst:

$$G' - V = \frac{A\left(d - \frac{4 \cdot a}{100}\right)}{100 - \varphi - a}.$$

Anwendung: Die bis 1918 zumeist übliche Gewinnverteilung bzw. Berechnung der Tantiemen zeigt das folgende Beispiel:

---

[1]) Andere Formeln vgl. Preische, Gewinnvortrag und Tantiemeberechnung. Berlin 1902. Vgl. auch Berliner Tageblatt vom 28. März und 29. Mai 1912; Frankfurter Zeitung vom 27. Februar 1916. Weill, Tantieme des Vorstandes und des Aufsichtsrates einer Aktiengesellschaft. Mannheim 1913.

Gewinnverteilung.

Bilanzgewinn für 1928	2 365 752,92
÷ Vortrag aus 1927	243 360,37
	2 122 392,55
÷ 5% gesetzlicher Reservefonds (= R. I)	106 119,63
Spezial-Reservefonds (= R. II)	130 000,—
	1 886 272,92
÷ 4% Dividende auf 24 Mill. Aktienkapital	960 000,—
Rest	926 272,92
÷ Tantieme des Vorstandes 8% von 1 886 272,92	150 901,83
÷ Tantieme des Aufsichtsrats 12% von 926 272,92	111 152,75
	664 218,34
+ Gewinnvortrag (siehe oben)	243 360,37
	907 578,71
÷ 3% Restdividende	720 000,—
Gewinnvortrag aus 1928	187 578,71

Buchung.

Debet — Gewinnvortrags-Konto — Kredit

Debet		Kredit	
18. März 1929:		1. Jan. 1929:	
Reservefonds-Konto	106 119,63	Bilanzvortrag	2 365 752,92
Spezial-Rfds.-Konto	130 000,—		
Dividenden-K. 1915	1 680 000,—		
Tantieme-Konto	262 054,58		
	2 178 174,21		
Gew.- u. Verl.-K. 1929	187 578,71		
	2 365 752,92		

Vom Jahresreingewinn von 2 122 392,55
erhalten die Aktionäre ... 79,1%
Vorstand und Aufsichtsrat 10,3% (= 15,6% der Dividende).
Zur Auszahlung kommen ... 89,4% des Jahresreingewinnes,
der Rest wird zurückgestellt.

Wird in diesem Beispiele nach den Entscheidungen des Reichsgerichts der Gewinnvortrag für 1929 als tantiemefreie Rücklage angesehen, so berechnet sich die Differenz nach obiger Formel wie folgt:

$$(G' - V) = \frac{24\,000\,000\left(7 - \frac{4 \cdot 12}{100}\right)}{100 - 8 - 12} = 1\,956\,000,\text{—}$$

daraus $V = 2\,129\,633{,}29 \div 1\,956\,000,\text{—} \quad = \underline{173\,633{,}29}.$

Die übliche Aufstellung wäre:

Reingewinn	2 365 752,92	(einschl. des vorjähr. Vortrags)
÷ R. I u. R. II	236 119,63	
	2 129 633,29	= G'
	173 633,29	= V (Vortrag für 1929)
	1 956 000,—	
	960 000,—	÷ 4% Dividende
	996 000,—	
	156 480,—	÷ Tv = 8% von 1 956 000,—
	119 520,—	÷ Ta = 12% von 996 000
	720 000,—	
	720 000	= 3% Restdividende.

II. Einfachere **kaufmännische** Lösung: Die Anwendung der algebraischen Formel erfordert schwierige Korrekturen, wenn tantiemepflichtige Zuweisungen z. B. an Wohlfahrtskassen in Betracht kommen. Bequemer ist die Berechnung nach folgendem Schema:

Reingewinn	2 365 752,92	
÷ Reserve I u. II .	236 119,63	
	2 129 633,29	
÷ Gewinnvortrag ...	?	
	a	
÷ Tantiemen		*) $\left.\begin{cases} Tv = 8\% \\ Ta = 12\% \end{cases}\right\}$ = 20% vom Rest a
	b	
	↑	Korrektur: Der mit *) bezeichnete Abzugsposten ist unrichtig; Ta ist zu hoch berechnet, da die Aufsichtsratstantieme vom Gewinn abzüglich 4% Dividende zu ermitteln ist. Es wird zuviel abgezogen um 12% von 960 000 (= 4% auf 24 Mill.) = 115 260.
+ Korrektur-Zuschlag ..	115 200,—	
Restgewinn	1 680 000,—	(= 7% Dividende oder, falls tantiemepflichtige Zuweisungen stattfinden, einschließlich dieser Beträge).

Die Ausrechnung in der Richtung des Pfeiles (von unten nach oben) gibt für b = 1 564 800, für a = 1 956 000, für den mit *) bezeichneten Posten 391 200 (1 568 800 mal $^{20}/_{80}$, d. h. im Hundert!).

VII. Genossenschaften vgl. 30. Abschnitt.

19. Abschnitt.

Erfolgsregulierungsposten.

(Erfolgsverteilungsposten, Ergänzungs- und Vortragsposten, unechte Debitoren und Kreditoren, rechnungsmäßige Aktiva und Passiva).

Bei den Erfolgsregulierungsposten handelt es sich um die zeitliche Abgrenzung des Erfolges zweier aufeinanderfolgender Bilanzjahre. Jede Erfolgsbilanz soll den Erfolg darstellen, der wirtschaftlich dem Rechnungsabschnitt zukommt. Stimmt der rechnerisch ermittelte Erfolg damit nicht überein, muß durch entsprechende Erfolgsregulierung in der B. der zahlenmäßige Erfolg mit dem wirtschaftlichen in Übereinstimmung gebracht werden. Leitender Gesichtspunkt ist: jede Vermehrung der Bilanzaktiva erhöht, jede Vermehrung der Bilanzpassiva vermindert das eigene Kapital, bei Kapitalgesellschaften den Reingewinn. Daraus folgt hinsichtlich der Wirkung dieser Berichtigungsposten: transitorische und antizipierende Passiva wirken wie Gewinnrückstellungen (Reingewinn vermindernd), solche Aktiva wie Gewinnergänzungen desjenigen Jahres, in dessen B. sie erscheinen. Ähnliche Wirkungen werden durch die Verschleierung von Verlusten erzielt, die in das folgende Bilanzjahr hinübergeschoben werden (transitorische Aktiva, als „Debitoren" oder ähnlich versteckt verrechnet), durch die Geheimhaltung von Gewinnen (transitorische Passiva, Kreditoren) oder durch die Verteilung von Patent-, Versuchs-, Firmenerwerbungs-, Anlagekosten auf mehrere Bilanzjahre, endlich durch Bewertung der Vermögens-Bestände zum Veräußerungswert.

Im wesentlichen sind Erfolgsberichtigungsposten verfrühte oder verspätete Gewinneinnahmen und Verlustausgaben, die wirtschaftlich nicht dem Bilanzjahre der Einnahme bzw. Ausgabe zuzurechnen sind.

I. Transitorische Posten sind verfrühte Gewinneinnahmen und Verlustausgaben im abgelaufenen Bilanzjahr für Rechnung des nächsten. Sie werden als Schulden und Forderungen des alten Bilanzjahres in das neue übertragen, hinübergeschoben.

a) Als Bilanzaktiva des abgelaufenen Bilanzjahres werden verfrühte Verlustausgaben zu Lasten des neuen Jahres verbucht. Beispielsweise vom Unternehmer im voraus bezahlte Prämien für Versicherung, Steuern, Zinsen, Miete, Gehälter; das Disagio bei der Emission von Wertpapieren usw.

b) Als Bilanzpassiva werden verfrühte Gewinneinnahmen zugunsten des neuen Bilanzjahres verbucht, z. B. im voraus empfangene Mieten, Versicherungsprämien (Prämienüberträge der Versicherungsgesellschaften), Zinsen (Hypothekenzinsen, Bd. I S. 203), der Rückdiskont auf Wechselbestände (Bd. I S. 205), die Provisionsvorträge der Hypothekenbanken (Bd. I S. 231), Überfahrtsgelder der Schiffahrtsgesellschaften, im voraus empfangene Abonnements u. ä.

II. Antizipationen: Verspätete Gewinneinnahmen und Verlustausgaben im neuen Bilanzjahre für Rechnung des abgelaufenen, die als Schulden und Forderungen des neuen Jahres in der B. des alten vorweggenommen werden.

a) Als Bilanzaktiva (positive Erfolgsberichtigungen) werden Gewinneinnahmen im neuen Bilanzjahre verrechnet, z. B. am 2. Januar fällig werdende Hypothekenzinsen (Bd. I S. 230, 234), im nachhinein zu zahlende Miete und Pachtzinsen, Geldzinsen [1]), die Effektenzinsen auf Effektenbestände (vgl. Beispiel S. 227).

b) Als Bilanzpassiva (negative Erfolgsberichtigungen) werden Verlustausgaben im neuen Jahre zu Lasten des vorhergehenden verrechnet, z. B. noch zu zahlende Kosten (Bd. I S. 245), Courtage, Gratifikationen; im alten Jahre angemeldete, erst im neuen zu regelnde Schäden bei Versicherungsgesellschaften (Schadenreserven usw.). Größere Bedeutung haben antizipierende Passivreserven für Aktiengesellschaften, die eine künftige Ausgabe durch Rückstellung auf mehrere Jahre verteilen.

Buchungstechnisch können diese Regulierungsposten verschieden behandelt werden.

1. Der betreffende Posten wird klar und einfach als a) Einzelposten mit dem betreffenden Konto selbst verrechnet, z. B. Versicherungsprämien-, Provisions-, [2]) Unkostenkonto u. ä.

b) Umständlicher ist die Einschiebung eines Zwischenkontos, z. B. Konto transitorischer Zinsen, Konto noch zu gewährender Zinsen, Konto vorausbezahlter Versicherungsprämien, Zinsenvortragskonto usw.

2. Verschiedene ungleichartige Vortragsposten werden als Sammelposten in der B. zusammengezogen, z. B.:

c) Konto neuer Rechnungen (Aktiva):

noch laufende Zinsen	ℳ
vorrätige Briefmarken	„
vorausbezahlte Miete	„
vorausbezahlte Versicherung	„

Konto neuer Rechnungen (Passiva):

Rückdiskont der Wechsel	ℳ
Rückstellungen für Inkassospesen	„
noch zu bezahlende Courtage	„
noch zu bezahlende Gratifikationen	„

d) An eine Bilanzverschleierung erinnert die Eröffnung eines Kontos transitorischer Aktiva und Passiva, eines Interims- oder Vortragskonto, das in der B. summarisch die sämtlichen Verrechnungsposten aufnimmt, auf beiden Seiten der B. ohne Spezifikation erscheint („Transitorische Konten"), in manchen Fällen sogar nur den Zahlenunterschied dieser Aktiv- und Passivposten darstellt. „Das transitorische Konto, eine Er-

[1]) Vgl. Adler, Rückstellungs- und Ergänzungszinsen, Bank-Archiv, VI. Bd. S. 88 ff.

[2]) Ein Beispiel für Zinsen S. 186.

findung verkrachter Banken, wurde ursprünglich kreiert, um faule Fische zu maskieren“ [1]).

3. Praktiker lassen häufig die Konten zunächst offen und buchen die in den ersten Wochen des neuen Bilanzjahres eingehenden Beträge in den alten Büchern und auf den alten Konten; sie vermeiden dadurch die Bildung von Vortragsposten. Jedenfalls hat die Bilanzkritik allen Grund, die Berechtigung transitorischer Buchungen in einer B. genauer zu prüfen, um das Hinüberschmuggeln von Verlusten, nicht aufklärbarer Bilanz- und Buchungsdifferenzen oder die Einsetzung fingierter Posten aufzudecken.

Die Bemerkung Passows [2]), daß Rechte und Verpflichtungen aus Miet- und Versicherungsverträgen usw. genau so gut Aktiva oder Schulden wie z. B. Geldforderungen und Geldschulden seien, keinerlei „antizipatorischen“ Charakter haben, ist soweit richtig, in ihrer Allgemeinheit aber nicht erschöpfend. Zweifellos sind unter den Erfolgsregulierungsposten rechtlich echte Schulden, rückständige Leistungen, die nur deshalb in der B. eine Sonderstellung einnehmen, weil man solche Leistungen erst am Fälligkeitstage bucht, nicht als Schuld, sondern als Gewinn oder Verlust oder Kostenbestandteil (Bd. I S. 217), z. B. Anteilszinsen, Miete. Vorleistungen, denen die Gegenleistung im nächsten Bilanzjahre folgt, wie Überfahrtsgelder, Abonnements, sind ebenfalls hierher zu rechnen. Dann gibt es aber auch Verrechnungsposten, bei denen auch der gewiegte Jurist keine echten Verbindlichkeiten konstruieren kann, z. B. beim Provisionsvortrag der Hypothekenbanken, Disagiovortrag, Rückdiskont auf Wechselbestände, die nur die Erfolgsberichtigung zweier Bilanzjahre, die zeitliche Abgrenzung von Gewinneinnahmen und Verlustausgaben zum Zwecke haben.

„Eine für 10 Jahre vorausbezahlte Miete bleibt Einnahme für jedes dieser 10 Jahre. Für die Annahme eines Einkommens .... ist entscheidend, für welchen Zeitraum dem Steuerpflichtigen die Einnahmen zustehen“ [3]). Die an den Unternehmer im voraus bezahlten als Passivum gebuchten Zinsen (verfrühte Einnahmen) dürfen bei der Ermittlung des Ertrages nicht berücksichtigt werden, da sie Einnahmen des folgenden Jahres darstellen. Danach rechtfertigt sich auch vom steuertechnischen Standpunkt die Einsetzung der Erfolgsregulierungsposten. (§ 11 Einkommen-Steuer-Gesetz).

Zur Veranschaulichung antizipierender Posten (Fall II a) sei folgendes Beispiel gewählt: Auf den Effektenbestand von 120 000 Nominalwert sind die halbjährlichen Zinsen am 1. März mit 2400 fällig.

---

[1]) Scherber, Bilanzen, Wien 1885, S. 97.

[2]) Bilanzen, S. 77.

[3]) Entsch. des Oberverwaltungsgerichts 30. April 1897, Bd. VI S. 24.

a) Bilanz, Aktiva:

Effektenzinsen bis 31. 12. M....1600

b) Effektenzinsen-Konto

31. 12.			
2. Gewinn u. Verlust.........	1600	1. Bilanz 31. Dezbr.	M 1600
3. Bilanzvortrag 1. Jan.	1600	4. Kasse 1. März	M 2400
(Gewinnanteil 800)			

c) Buchung durch Zwischen-Konto (S. 225 b)

Übertrag: 1. Konto transitorischer Zinsen an Effektenzinsen;
Abschluß: { 2. Ausgangsbilanz an Konto transit. Zinsen; 3. Konto transit. Zinsen an Gewinn u. Verlust;
Vortrag: 4. Konto transit. Zinsen an Eingangsbilanz;
Auflösung: 5. Effektenzinsen an Konto transit. Zinsen.

Ein anderes Beispiel: Versicherungsprämien werden mit 84 392 M. bezahlt, davon sind 41 873 M. im voraus bezahlt, also als Gewinnergänzungsposten vorzutragen (Fall I a). Am einfachsten ist das nachstehende Verfahren:

Versicherungs-Konto

1. Ausgaben	84 392	2. Bilanz: Vortrag	41 873
		3. Gewinn u. Verlust........	42 519
4. Vortrag	41 873		

Eine Maschinenfabrik buchte wie folgt:

Versicherungs-Konto

1. Ausgaben	84 392	2. Gewinn u. Verlust.........	84 392
3. Gewinn u. Verlust........	41 873	4. Bilanz....................	41 873
5. Vortrag	41 873		

Gewinn- und Verlust-Konto

Versicherungen	84 392	Vorausbezahlte Versicherung .	41 873

Verlustausgaben werden dem Jahr der Verausgabung als Verlust zugeschrieben oder auf mehrere künftige Jahre verteilt, indem sie teilweise als transitorisches Aktivum, als „Bestand“ verrechnet werden. Zukünftige Ausgaben können schon im voraus verteilt werden, sei es durch Ansammlung einer Rücklage aus dem Reingewinn früherer Jahre und Abbuchung in den Jahren der Ausgabe, sei es durch Einstellung eines antizipierenden Bilanzpostens (Passiva) pro rata parte der Einzeljahre, so daß im Jahre der Verausgabung die Verlustausgabe dem Antizipationsposten zur Last geschrieben und der Verlust auf das Erfolgsergebnis des Jahres unwirksam bleibt.

Demgemäß können Gewinneinnahmen in toto als Jahresgewinn, d. h. als Gewinn des Einnahmejahres durch Einstellung in die Gewinn- und Verlustrechnung oder als Gewinn eines späteren Jahres durch Buchung als Schuldenbestand (stille Reserve, transitorischer Gewinn) behufs späterer Ausschüttung, d. i. Abbuchung auf Gewinn- und Verlust-Konto, verrechnet werden. Endlich kann eine Gewinneinnahme auf mehrere Jahre verteilt werden, auf spätere Jahre durch transitorische Buchung (Bilanzpassiva pro rata parte), im voraus auf künftige Jahre durch einen Gewinnergänzungsposten (Bilanzaktiva).

Ausführungen und Beispiele dieses Abschnittes zeigen, daß bilanzmäßige Erfolgsregulierungen (Erfolgsverteilungsposten) stets einen beabsichtigten Eingriff in die Erfolgsrechnung bedeuten. Es sind notwendige Eingriffe, um den wirtschaftlich und steuerlich richtigen Periodenerfolg bilanzmäßig zu errechnen (transitorische und antizipierende Posten); es können aber auch bilanzpolitische Erwägungen sein, die zu dieser zeitlichen Verschiebung des Erfolges oder des Mißerfolges, zu einer innenbetrieblich veränderten Verteilung nach Erfolgsquellen oder zu einer Kollektivverschiebung innerhalb einer Wirtschaftsgemeinschaft führen. Die zeitliche Verschiebung des Erfolges wird erreicht: durch die Politik der stillen Rücklagen (Verschiebung der Erfolge); durch die Hinüberschiebung von Verlusten und Verlustausgaben in das nächste Rechnungsjahr (beispielsweise höhere Bewertung; Zuschreibung von Hypothekenzinsen, Disagio, Instandsetzungsaufwand auf einem Vermögenskonto; Aktivisierung des Disagio als Sonderposten). Durch innenbetriebliche Verschiebungen innerhalb der Erfolgsquellen (so beispielsweise durch Umschichtung zwischen organischen und Zufallsgewinnen, zwischen Fabrikations- und Finanzierungsgewinnen) wird eine andere Gruppierung der Erfolgszahlen in der Erfolgsberechnung erreicht, innerhalb der Firmen eines Konzerns werden Erfolgsausgleichungen vorgenommen. Der Gesamterfolg von Organ-Unternehmungen [1]) wird gespalten in Fabrikationsnutzen der Erzeugungsbetriebe und Verkaufsnutzen der Vertriebsgesellschaft. Rückständige Rechnungen, noch nicht regulierte Versicherungsschäden,

[1]) d. s. rechtlich selbständige Unternehmungen in einer wirtschaftlichen Einheit, z. B. Produktions- mit angegliederter Vertriebsgesellschaft.

die rechnungsmäßigen Lohnschulden u. ä. sind echte Schulden, deren Einsetzung in die Bilanz mit Erfolgsregulierung nichts zu tun hat, aber auf den Jahreserfolg wirken.

Es gibt in den Bilanzen Erfolgsberichtigungs- und Wertberichtigungsposten, in beiden Fällen auf der Aktiv- und auf der Passivseite. Aktive Erfolgsregulierungen sind beispielsweise nachträgliche Einnahmen, Vorauszahlung von Verlustausgaben, Disagio-, Aufwertungs-Ausgleichskonto. Aktive Wertberichtigungsposten sind beispielsweise: die Unterbilanz, das Kapitalentwertungskonto der Goldmarkeröffnungsbilanz, Hypothekentilgungskonto. Passive Erfolgsberichtigungen ergeben sich durch nachträgliche Verlustausgaben, Vorauszahlung auf Gewinneinnahmen. Ein passives Wertberichtigungskonto ist der Erneuerungsfonds nach § 261 [3] HGB., das Delkrederekonto für nicht abgeschriebene Forderungen.

Auch der Ausdruck „Rückstellung" ist seiner wirtschaftlichen Natur nach nicht eindeutig. Es können Gewinnschmälerungen durch rechnungsmäßige Rückstellung von Teilen des Reingewinnes oder aus bestimmten Gewinnquellen sein (offene Reserven, stille Kapitalreserven, Unterbewertung des Vermögens), sie wirken auf die Erfolgsziffer der Bilanz. Neben diesen Rechnungsoperationen können auch bestimmte Betriebseinnahmen oder bestimmte Vermögensteile für bestimmte Zwecke zurückgelegt oder ausgesondert werden, wie etwa der Erfolg aus Grundstücksverkäufen einer Fabrik (durch Buchung des Erlöses auf Bankkonto-Separato), d. i. wirtschaftlich eine innenbetriebliche Aufspeicherung von Vermögenskraft. Die Kostenrücklage infolge der Kalkulation der Anlageabschreibungen mit den höheren Wiederbeschaffungskosten hat finanzwirtschaftliche Bedeutung, eine Rückstellung aus bestimmten Mehreinnahmen durch Anrechnung eines höheren Aufwandes als des buchmäßigen.

20. Abschnitt.

Agio und Disagio der Industrieanleihen.

An der Verrechnung des Aufgeldes und des Abschlages bei der Ausgabe und der Einlösung von Anleihen lassen sich die bilanzmäßigen Wirkungen der Erfolgs-Verrechnungsmethoden anschaulich darstellen.

a) Für die Behandlung des Agio und Disagio bei der Emission von Pfandbriefen der Hypothekenbanken und deren Rückkauf bestehen gesetzliche Vorschriften (vgl. 29. Abschnitt, auch Bd. I S. 231 ff.).

b) Hier soll die Bilanz- und Buchhaltungstechnik bei Industrieanleihen erörtert werden [1]). Zu unterscheiden sind Disagio und Agio bei

[1]) Buchungsbeispiele bei Steiner, Kapital und Bilanzen der A.-G. (Dres-

der Ausgabe, und Rückzahlungsagio (Aufgeld) bei der Tilgung der Obligationen mit einem Betrag über den Nennwert.

Beispiel: Eine Anleihe von 6,108 Mill. zu 6% verzinslich wird mit $83^{1}/_{3}\%$ begeben. Eine Schiffahrtsgesellschaft bilanzierte wie folgt:

Bilanzpassiva: 6,108 Mill. zu $83^{1}/_{3}\%$ = M. 5 090 000. Der Disagioverlust [1]) wird in diesem Falle alljährlich mit $16^{2}/_{3}\%$ des Nennwerts der ausgelosten Anleihen dem Gewinn- und Verlust-Konto belastet [2]). Diese Bilanzierungsmethode ist unrichtig; der Einlösungswert der Schuld ist der Nennwert, der in der B. falsch dargestellt ist.

Das Disagio bei der Ausgabe (Ausgabekurs $83^{1}/_{3}\%$) ist, wirtschaftlich betrachtet, der Unterschied zwischen dem nominellen Zinsfuß der Anleiheschuld und dem Marktpreis des Geldes zur Zeit der Ausgabe. Durch das Ausgabe-Disagio wird der effektive Zins der Anleihe höher und in Einklang gebracht mit der zur Zeit der Begebung für eine gleichwertige Kapitalanlage verlangten Verzinsung. Soll der Zinssatz der Anleihe mit diesem Marktzinssatz übereinstimmen, müßte der nominelle Zinssatz der Obligationen höher sein, was zu unbequemen, praktisch unbrauchbaren Bruchteilen führen müßte. Demnach ist das Disagio ein Zinsfußregulator, der zu Lasten des Zinsenkontos zu verrechnen und auch den folgenden Jahren bis zur vollständigen Tilgung anteilsmäßig zur Last zu schreiben ist. Dem Augenblicksverlust durch Mindererlös bei der Ausgabe steht eine entsprechende geringere nominelle Verzinsung auf die Dauer der Anleihe gegenüber. Der natürliche Weg der Verrechnung des Disagio wäre also der, den vollen Nennwert der Anleiheschuld in die B. einzustellen, das Anleihezinsenkonto aber nicht mit dem nominellen Zinssatz der Anleihe, sondern mit dem effektiven Zinsfuß der Darlehnsschuld zu belasten [3]).

α) Der Disagioverlust wird in der Bilanzpraxis verschieden verbucht und verteilt.

1. Der erste Weg ist oben angegeben worden.

2. Der Disagioverlust wird als Wertergänzungsposten mit der Bezeichnung „Disagio“ unter die Aktiva eingestellt (rechnungsmäßiges Aktivum, Verlustverteilung) und allmählich zu Lasten des Gewinn- und

---

den 1905), S. 56—80; Weinberger, Agio und Disagio der Pfandbriefe in der Bilanz der deutschen Hypothekenbanken (Münchener volksw. Studien, 121. Stück), Stuttgart 1913.

[1]) Er erhöht sich durch die Kosten der Emission.

[2]) Obligationen-Konto ... $83^{1}/_{3}\%$ } an Obligationen-Einlösungskonto
Disagio-Konto .... $16^{2}/_{3}\%$ } 100

[3]) Unter den Begriff „Zinsen“ fallen alle Vorteile, die sich der Gläubiger für Hingabe der dargeliehenen Gelder ausmacht. (Obligationen-Agio.) Entsch. des Oberverwaltungsgerichts in Staatssteuersachen, Bd. III, S. 34, 38.

Verlustkontos abgeschrieben [1]); oder es wird alljährlich aus dem Reingewinn ein entsprechender Betrag zurückgestellt und der Disagioverlustvortrag um den gleichen Betrag vermindert [2]). Mitunter wird im Emissionsjahre zwecks Verminderung des Verlustvortrages ein Teilbetrag des Disagioverlusts einer Spezialreserve entnommen [3]). Die Einstellung der Anleiheschuld mit dem vollen Nennwert ist rechnerisch unrichtig. Man müßte den Schuldbetrag diskontieren, dann würde dem Disagioverlust ein buchmäßiger Bewertungsgewinn an Diskontzinsen gegenüberstehen, der alljährlich kleiner wird.

3. Bei geringen Verlustbeträgen und in guten Jahren werden Disagioverluste häufig vollständig dem Emissionsjahre belastet (Disagio an Gewinn und Verlust).

4. Wenn aus dem Erlös der Anleihe Anlagevermögen beschafft wurde, wird der Disagioverlust als Bestandteil der Erwerbskosten dem Anlagekonto zugeschrieben (Anlagekonto an Disagio) und mit dem Anlagewert allmählich abgeschrieben. Die Verluste werden als Geldbeschaffungskosten zwecks Erwerbes der Anlage angesehen und verbucht (dagegen Simon, Bilanzen, S. 380, 443).

Die Abschreibungsdauer des Disagioverlusts wird verschieden bemessen. Man schreibt willkürliche, nach der Größe des Jahresgewinnes schwankende Beträge ab und beteiligt die einzelnen Jahre mit verschieden hohen Quoten, oder man verteilt auf die Dauer der Anleihe ohne Rücksicht auf die Tilgungszeit, d. h. die Abschreibung beginnt sofort, ohne Rücksicht auf die aufgeschobene Tilgungszeit; oder man trägt das Disagio in voller Höhe als Aktivum bis zum Beginn des Rückzahlungstermins vor und tilgt es nur während der Rückzahlungsdauer der Anleihe und dann im Verhältnis der ausgelosten Obligationen.

β) Das Aufgeld bei der Rückzahlung der Obligationen (Rückzahlungskurs, Rückzahlungsagio) erhöht den Bilanzwert der Anleiheschulden. Wenn beispielsweise eine 3½prozentige Anleihe von 1 Mill., in Obligationen zu 100 M., rückzahlbar mit einem Aufgeld von 12% aufgenommen wird, so ist der Wert der Schuld 1,12 Mill., jene einer Obligation 112 M. Angenommen die Schuld wäre in 5 Jahren zu tilgen; der Tilgungsplan gestaltet sich wie folgt:

---

1) Bilanz

Disagio .... (Verlustvortrag)	1,018 Mill.	Obligationen............	6,108 Mill.

2) Gewinnverteilungs-Konto an Disagio-Konto.

3) Spezialreserve-Konto an Disagio.

Tilgungsplan

Jahr	Kapital-rest	3½% Zinsen	Zahl der Obligation	Tilgung Nenn-wert	Aufgeld 12%	Jährliche Gesamt-leistungen
1	1 000 000	35 000	1864	186 400	22 368	243 768
2	813 600	28 476	1930	193 000	23 160	244 636
3	620 600	21 721	1998	199 800	23 976	245 497
4	420 800	14 728	2068	206 800	24 816	246 344
5	214 000	7 490	2140	214 000	25 680	247 170
		107 415	10000	1 000 000	120 000	1 227 415

Man kann das Rückzahlungsagio mit dem in der Tabelle angegebenen Betrag alljährlich dem Gewinn- und Verlustkonto, d. h. dem Jahresgewinn, zur Last schreiben [1]) oder man bildet während der Zeit der aufgeschobenen Tilgung allmählich eine Agioreserve in der Höhe des Gesamtbetrages des Aufgeldes und schreibt davon während der Tilgungsdauer die erforderlichen Agiobeträge ab. Endlich kann man das gesamte Aufgeld (oben 120 000) dem Reingewinn des Ausgabejahres entnehmen (Agio-Reserve, Agio-Tilgungsfonds). Die Einstellung der Anleihe mit 1 Mill. bzw. dem jeweiligen Kapitalrest in die B. bringt den Rückzahlungswert der Schuld bilanzmäßig nicht zum Ausdruck. Doch läßt sich das Verfahren damit rechtfertigen, daß der gegenwärtige Wert richtig nur durch Diskontierung des Anleihebetrages sich berechnen läßt, daß man also den diskontierten Barwert der Anleihe einzusetzen und, um bei Aktiengesellschaften die Ausschüttung des Diskontgewinns zu verhüten, den Diskontbetrag als Wertergänzungsposten auf der Passivseite erscheinen lassen müßte, also die gleiche Wirkung erzielt wie durch Bewertung mit dem Nennwert. Das Aufgeld kann wiederum als Zinsergänzung aufgefaßt werden, die die Verzinsung in den einzelnen Jahren erhöht. Die Lasten einer Geldschuld werden aber regelmäßig erst am Fälligkeitstag verrechnet.

Bei der aufgeschobenen Tilgung kann das Aufgeld auf die Dauer der Unkündbarkeit verteilt, als Agioreserve zurückgestellt werden; z. B. die Tilgung wäre in obigem Beispiel auf 10 Jahre hinausgeschoben; hier wird angenommen, daß die Agiorückstellung alljährlich 12 000 M. betrage. Im 11. Jahre wäre dann zu buchen:

1. Anleihe .... 186 400 } an Anleihe-Auszahlung
   Agio-Reserve .... 22 368 } 208 768

[1]) Anleihe-Konto .. 186 400 } an Anleihe-Einlösung 208 768
Agio-Konto .... 22 368 }
Gewinn- und Verlust an Agio 22 368.

2. Anleihe-Zinsen [1]) an Kasse 34 400
„ „ Bilanz ... 600
Gewinn- u. Verlust an Anleihe-Zinsen 35 000

3. Anleihe-Auszahlungskonto an Kasse (z. B) 100 000
an Banken 70 000
an Bilanz 16 400
186 400

4. Bilanz: Passiva:

Anleihe	1 000 000	
davon ausgelost	186 400	813 600
Noch nicht eingelöste Obligationen		16 400
„ „ „ Zinsscheine		600
(Oblig.-Zinsen bis 31. 12., fällig am ... [1])		
Agio-Reserve	120 000	
davon entnommen	22 368	97 632

Angenommen, das Aufgeld würde in den Jahren der Tilgung dem Jahresgewinn belastet werden, eine Agioreserve wäre nicht vorhanden; demgemäß entfällt sie auch in der Jahresbilanz.

Verluste	Gewinn- und Verlust-Konto	
Anleihe-Zinsen	35 000	
Agio-Konto	22 568	

Eine genauere Berechnung der Verlustanteile der einzelnen Jahre gibt das folgende Beispiel. Der Emissionskurs der Anleihe S. 231 sei 89½%. Disagioverlust (15 000), Rückzahlungsagio (120 000) und die Emissionskosten (3105) mit zus. 138 105 erhöhen die Gesamtzinsen (107 415) auf 245 520, d. s. auf ein Gesamtkapital von 3,069 Mill. effektiv 8% Zinsen.

Da das Aufgeld durch den Tilgungsplan verteilt ist, bleibt noch der Disagioverlust zu verteilen.

Die nominellen (3,5%) Zinsen von 107 415 werden erhöht
um 18 105 = 0,59%
Gesamtzinsen 125 520 = 4,09%
von 3,069 Mill. Kapital.

[1]) Waren die halbjährlichen Zinsen am 1. Oktober und 1. April fällig, müßten am 31. Dezember für Anteilzinsen (3 Monate) 8750 M. zurückgestellt werden. Wegen der Errichtung eines Zwischenkontos für die fälligen Zinsscheine (Anleihe-Zinsen an Zinsschein-Konto 35 000 usw.) vgl. Bd. I S. 182.

Die Verteilung gestaltet sich wie folgt:

Jahr	Disagio 0,59% v. Kapitalrest	12% Agio	Zinsen 3½%	Jährlicher Gesamt-aufwand	In Proz. des Kapitalrestes
1	5900	22 368	3500 0	63 268	6,33
2	4800	23 160	28 476	56 436	6,93
3	3661	23 976	21 721	49 358	7,96
4	2482	24 816	14 728	42 026	10
5	1262	25 680	7 490	34 432	16
	18105	120 000	107 415	245 520	

VI. Kapitel.

Kritik der Jahresbilanzen.

21. Abschnitt.

Die Unvollständigkeit der Bilanz.

Gibt eine den gesetzlichen Vorschriften entsprechend aufgestellte B. ein vollständiges Bild? Schon Bd. I, S. 169 ff. wurde angedeutet, daß die Buchführungstechnik in ihrer üblichen Anwendung die rechtlichen Verhältnisse nicht klar und nicht vollständig zum Ausdruck bringt.

1. Die bilanzmäßige Vermögenslage der Aktienvereine muß infolge der für sie geltenden Bewertungsregeln unvollständig bleiben. Die B. der Einzelkaufleute und der Personalgesellschaften soll eine Vermögensbilanz sein, jene der Aktiengesellschaften eine Erfolgsermittlungsbilanz. Daraus folgt,

2. daß auch das Reinvermögen, das eigene Kapital der genannten Kapitalgesellschaften nicht vollständig in der B. in Erscheinung tritt.

3. Nicht ersichtlich sind andere für die Beurteilung der ökonomischen Verhältnisse notwendige oder wünschenswerte Angaben, z. B. nicht der Umsatz, der den Bilanzzahlen zugrunde liegt. Häufig wird in den Geschäftsberichten Aufschluß über den Umsatz im ganzen oder über den Umsatz einzelner Konten gegeben. Nicht ersichtlich ist das Risiko[1]), das der Unternehmung und ihren Geschäften anhängt, obwohl es möglich ist, beispielsweise Verluste aus Lieferungsverträgen bei sinkenden Preisen zu berücksichtigen (durch Errichtung eines Waren-Delkredere-Kontos, eines Kontos der Verluste auf Lieferungswaren). Das Risiko des einzelnen Gesellschafters oder Genossen am Gesamtunternehmen kommt in dem Geschäftsguthaben bzw. in der Kapitaleinlage nur teilweise zum Ausdruck. Das über die Einlage bzw. das Geschäftsguthaben hinausgehende Risiko der beschränkten oder unbeschränkten Haftpflicht oder Nachschußpflicht ist vor Eintreten der Zahlungsverpflichtung nicht bilanzfähig. Das Risiko

---

[1]) Vgl. meine „Unternehmungsrisiken", Berlin 1915 (Heft 3 der „Einzelwirtschaftlichen Abhandlungen"); meinen Artikel: Risikoprämie und Preissteigerungsverordnung, im Plutus, Juli 1921.

aus weitergegebenen Wechseln soll in den Giroverbindlichkeiten dargestellt werden, das Risiko aus übernommenen Bürgschaften durch Aufnahme der Bürgschaftsschulden bzw. der Garantieverbindlichkeiten in die B.

Auch nicht alle Formen des in Anspruch genommenen Kredits kommen in der B. einwandfrei zur Darstellung. Beispielsweise wird selten der Effektenpfandkredit in der B. richtig dargestellt, d. h. bilanzmäßig zum Ausdruck gebracht, daß wertvolle Bestandteile der flüssigen Mittel verpfändet sind. Die einfache Benennung der Dahrlehnsschuld als „Effektenlombarddarlehn" würde genügen. Auch der Wechseldiskontkredit [1]), die Sicherungshypothek [2]) erscheint nicht in der B. Der auf ein Börsentermingeschäft geleistete „Einschuß" ist eine Forderung an die spekulationsvermittelnde Bank. Die Prämienzahlungen auf eine als Kreditsicherung dienende Lebensversicherungspolice werden als Unkosten verrechnet; weder die Verpflichtung zur Prämienzahlung noch die Verpfändung der Forderung aus der Police wird ersichtlich gemacht.

Nicht zu ersehen sind: Die noch unerledigten Aufträge einer gewerblichen Unternehmung, die häufig eine Erklärung des hohen Materialbestandes geben könnten; doch findet man mehrfach in den Geschäftsberichten der Industriegesellschaften entsprechende Angaben. Auch nicht die vom Unternehmer gemachten Bestellungen, aus denen Verpflichtungen übernommen wurden; auch die etwaigen Nachschußverbind-

---

[1]) Dies ist wichtig für die Beurteilung jener Unternehmungen, die sich dauernd durch Diskontierung fremde Kapitalien als Betriebsmittel beschaffen.

[2]) Ein Hinweis vor der Bilanzspalte („als Sicherungshypothek . . ℳ eingetragen") wäre eine ausreichende Vervollständigung der Bilanz. Eine Bergwerksgesellschaft bilanzierte wie folgt:

Restkaufgelder für Kohlenfelder; durch Sicherungshypothek		
gedeckt	843 000	
nicht hypothekarisch eingetragen	164 000	1 007 000

Richtig ist es, eine hypothekarisch gesicherte Anleihe als solche deutlich zu bezeichnen, z. B. Hypothekaranleihe, im anderen Fall: Obligationen, nicht hypothekarisch gesichert. Ein Beispiel:

Prioritäts-Anleihen-Kto., I. Hyp. 8%				
			2 720 000	
II. Hypothek 8½%				
			400 000	
Anleihe auf Neudeck 8½%		ℳ 1 500 000		
bis 31. Dez. 1928 getilgt	ℳ 300 000 „			
in 1929 getilgt	„ 30 000 „	330 000	1 170 000	4 290 000
8% nicht hypothekarisch eingetragene Anleihe von 1926				3 150 000
8½% Prioritäts-Anl. auf d. Fabrik in Eisenach				852 000
Hypothekarische Anleihe auf die Fabrik in Hamburg				287 750
Amortisations-Hypothek in K.				50 833
Zinsen-Konto der Prioritäts- u. anderen Anleihen, Vortrag				102 974

lichkeiten aus Beteiligungen an anderen Unternehmungen oder Geschäften, die *fehlende Einzahlung*[1]) auf den Besitz von nicht voll gezahlten Aktien oder Anteilen wird in der Regel bilanzmäßig nicht verrechnet. Die B. der Personalgesellschaften zeigt nur das Gesellschaftsvermögen, nicht auch das für die Verbindlichkeiten des Geschäfts ebenfalls haftpflichtige Privatvermögen der persönlich haftenden Gesellschafter.

4. Gewisse *immaterielle Güter* und wirtschaftliche Verhältnisse, die den Verkaufswert des Unternehmens als Ganzes sowie die wirtschaftlichen und finanziellen Verhältnisse der Unternehmung beeinflussen, wie *Firmenrecht, Fabrikationsgeheimnisse, Patente* usw. können nur dann ein bilanzmäßiges Aktivum bilden, wenn für ihren Erwerb Kosten aufgewendet wurden. *Reklamekosten* werden als Ausgabenverluste des Ausgabejahres abgebucht, obgleich ihre Erfolge, die Sicherung eines kaufkräftigen Abnehmerkreises, auch in den späteren Jahren wirksam sind.

5. Am wichtigsten ist, daß *nicht alle Verbindlichkeiten* in die B. aufgenommen werden. Verbindlichkeiten aus Kauf-, Lieferungs-, Darlehnsverträgen bleiben, von Ausnahmefällen abgesehen, so lange unberücksichtigt, bis der Vertrag erfüllt oder eine Vorleistung erfolgt ist. Ebensowenig werden Ansprüche und Verpflichtungen aus Leistungsverträgen (Dienst-, Mietverträge) gebucht. Gehälter, Miete, Löhne, Provisionen und ähnliche Vergütungen für Leistungen erscheinen als Schulden nur dann, wenn sie rückständig sind, als Bilanzaktivum im Falle der Vorauszahlung. Häufig bleiben die Verbindlichkeiten aus übernommenen *Haftpflichtverträgen* für verkaufte Waren unberücksichtigt. Richtig ist die Einstellung eines Schätzungswerts als Passivum (Garantiefonds).

Regreßverbindlichkeiten aus indossierten Wechseln (Giroverbindlichkeiten) müssen von den deutschen Notenbanken in der B. angegeben werden; auch Kreditgenossenschaften führen sie an, häufig vor oder unter dem „Strich“. Englische Banken schreiben auf der Aktivseite: Forderungen, auf der Passivseite: Indossament, allerdings nur für ausländische Wechsel. Solange der Regreßpflicht ein gleichwertiges Regreßrecht

---

[1]) Das folgende Schema gibt eine Übersicht über die Bilanzierungsmöglichkeiten für fehlende Einzahlungen [Kapital 4, Beteiligung 3, Einzahlung 2]:

Aktiva		*Passiva*	
1. Beteiligung	2		
2. „	2	Noch nicht eingefordert (*vor* der Geldspalte)	1
3. Beteiligung	3		
÷ noch nicht eingezahlt	1		
	2		
4. Beteiligung (Kapital 4)	3	Noch nicht eingezahlt	1

gegenübersteht, und der Eingang der Regreßforderung sicher ist, wird das Bilanzergebnis nicht berührt. Drohende Regreßverluste müssen von Aktiengesellschaften nach §§ 40 und 261 HGB. in der Bilanz Berücksichtigung finden [1]).

Die Bilanzkritik fordert Angaben über die „bedingten", die Eventualverpflichtungen (Garantie-, Bürgschafts-, Giroverbindlichkeiten) nicht nur wegen der absoluten Höhe solch möglicher Verpflichtungen, sondern wegen der drohenden Verluste. Die Angabe der bedingten Verbindlichkeiten allein würde allerdings für die Beurteilung der etwaigen Verluste nicht genügen, man müßte auch die Qualität der Eventualschuldner kennen.

Fischer (Bilanzwerte II, S. 147) meint gelegentlich der Kritik der dort zitierten Entscheidung [2]): „.... es ist ganz undenkbar, daß nach den Grundsätzen der Buchführungstechnik ein dem Geschäftsvermögen tatsächlich noch nicht zugewachsener Gewinn bilanzmäßig angeführt werden könnte; nur wenn der hier streitige Posten (der Termingeschäftsabschluß) zur Zeit der Bilanzaufnahme in den Büchern enthalten gewesen wäre, hätte er auch in die B., den Bücherabschluß, hineingelangen können. Seine Aufnahme in die Bücher ist dann wiederum deshalb ausgeschlossen, weil am 31. Dezember noch von keiner Seite etwas geleistet worden war."

Die Anschauung ist irrig. Die rechnerische Vorausnahme eines zur Zeit der Bilanzaufnahme noch nicht realisierten Gewinnes oder des wahrscheinlich eintretenden Verlusts ist möglich. Das Zeitgeschäft hätte in Büchern notiert werden müssen. Wenn die Buchführung Zeitgeschäfte nicht immer vermerkt, so liegt dies nur an der unvollkommenen Anwendung ihrer Technik; man kann sehr wohl Zeitgeschäfte am Tage ihres Abschlusses auch kontenmäßig im System der doppelten Buchführung verrechnen (Bd. I, S. 306, 310). Übrigens: auch bestehende noch nicht fällige Schulden, d. h. in den Büchern noch nicht verzeichnete Schulden, werden in die B. eingestellt, kommen erst durch diese in die Buchführung, so z. B. Schuldzinsen für Anleihen, die im nächsten Bilanzjahr fällig werden, Mietzinsanteile und andere antizipierende Posten. Es sind periodisch wiederkehrende Schulden, die gegen den Verfalltag zunehmen, mit ihrer Einlösung getilgt werden sollen und ihrem Werte nach auf Null sinken, von da ab täglich an Wert zunehmen bis zu ihrer Einlösung.

Die Unvollständigkeit der doppelten Buchführung in rechtlicher Beziehung kann teilweise beseitigt werden, entweder durch Ergänzung

[1]) Über die Bedeutung der Giroverbindlichkeiten für Genossenschaften vgl. die Mitteilungen über die Genossenschaftstage (etwa vom 40. ab).

[2]) R. G. 24. Bd. S. 72. Es handelt sich um die Bilanzierung eines Zeitgeschäfts in einer Auseinandersetzungsbilanz, das voraussichtlich verlustbringend endet.

des Inventars bzw. der B. oder durch Einschiebung von Zwischenkonten[1]). Die Anwendung solcher Konten verfolgt verschiedene Zwecke. Man kann Zwischenkonten für innenbetriebliche Verrechnungen und solche für äußere Wirtschaftsvorgänge unterscheiden.

I. Zwischenkonten für innere Verrechnungen (beispielsweise):

1. Interimskonto, entweder zwecks vorläufiger Buchung bei noch nicht feststehender Kontierung oder als Sammelkonto für Ausgaben bzw. Einnahmen, die erst später übertragen werden, sei es nach vollständiger Ausgabe oder Einnahme, sei es nach Fertigstellung einer Verteilungsrechnung, z. B. Neubau-Konto (im Soll Einzelposten für die Baurechnung, Honorare, Zeichnungen usw., im Haben Übertrag auf das Anlagekonto), Maschineninterims-Konto für ähnliche Zwecke, Warenspesen-Konto (Aufteilung der Ausgaben nach erfolgter Unkostenberechnung vgl. Bd. I, S. 248).

2. Zwischenkonten für innere Kontrollen oder den Erfolgsnachweis; beispielsweise: Konto der Abschreibungen und Konto der verrechneten (kalkulierten) Abschreibungen zur Kontrolle der zu verteilenden und der wirklich verteilten Abschreibungsverluste; Fabrikations-Konto als Aufwandsstatistik, Fabrikate-Konto als Kontrolle der Lagerbestände, Warenverkaufs-Konto zum Nachweis des Gewinnes (Bd. I, S. 272).

3. Zwischenkonten für Abschlußzwecke, z. B. Konto transitorischer Aktiva und Passiva, das nach Wiedereröffnung der Konten aufgelöst wird; das Bilanzdifferenzen-Konto für unaufgeklärte Abschlußdifferenzen, Gewinnvortrags- oder Gewinnverteilungs-Konto bei Kapitalgesellschaften.

II. Zwischenkonten für äußere Wirtschaftsvorgänge (beispielsweise):

1. Konto zur Darstellung der Solleinzahlung auf Grund eines Beschlusses bzw. Sollauszahlung und der wirklichen Einnahmen und Ausgaben im System der doppelten Buchführung, die eine unmittelbare und kontenmäßige Kontrolle ermöglichen sollen; z. B. Pfandbriefkapital-Konto und Pfandbriefauszahlungs-Konto (Bd. I, S. 232), Pfandbriefzinsen-Konto und Coupon-Konto (Pfandbriefeinlösungs-Konto Bd. I, S. 182). Beide Konten werden zum Zwecke der Gegenüberstellung der ausgelosten und der eingelösten Pfandbriefe bzw. der fälligen und der bezahlten Pfandbriefzinsen errichtet. Ein ähnliches Konto ist das Konto der Aktionäre (Kapitaleinzahlungs-Konto an Aktienkapital-Konto), wenn die Kapitalerhöhung schon auf Grund des Beschlusses verbucht

[1]) Vgl. Leitner, Zwischenkonten, in der Zeitschr. f. Handelswissenschaft und Handelspraxis, 1913, S. 66 f.; Band I, Sachregister.

werden soll. In gleicher Weise kann man beschlossene Zubußen bei Gewerkschaften, beschlossene Nachschüsse bei G. m. b. H. verbuchen. Ähnliche Funktionen hat das Beteiligungs-Konto der Syndikatsmitglieder (Bd. I, S. 331, österreichische Methode).

2. Konten zur Darstellung von Eventualverbindlichkeiten; so z. B. Avaldebitoren an Avalakzepte oder Avalkreditoren-Konto; Bürgschaftsdebitoren-Konto an Bürgschaftsschulden (Bd. I, S. 181); Regreßdebitoren an Regreßschulden (Giroverbindlichkeiten) oder Vormänner-Konto an Nachmänner-Konto (Bd. I, S. 178).

Zur Darstellung der Giroverbindlichkeiten hat man auch folgendes Verfahren vorgeschlagen. Ein Wechsel von 6000 M. wird mit 56 M. Diskontverlust diskontiert.

Folgende Konten

An	Konto diskontierter Wechsel		
	Bank-Konto	5944	
	Wechseldiskont-Konto	56	6000.

Nach der Einlösung ist die Umbuchung notwendig: Konto diskontierter Wechsel an Wechselkonto 6000 M.

3. Zwischenkonton zur Klarstellung rechtlicher Verhältnisse:

a) Durch Ausstellung einer Tratte auf den Abnehmer wird buchmäßig die Forderung getilgt, rechtlich bleibt sie bis zur Einlösung des Wechsels bestehen. Man könnte diese Umwandlungswechsel bilanzmäßig darstellen, etwa in folgender Form:

Debitoren	20 000	
davon trassiert	8 000	12 000
Wechselbestand		23 000.

Den Freunden theoretischer Komplikationen sei folgende Buchungsweise vorgeschlagen (vgl. auch Bd. I, S. 177): Wechsel an trassierte Debitoren 8000; bei Begebung des Wechsels die übliche Buchung (z. B. Bank an Wechsel), nach Einlösung des Wechsels Umbuchung: Konto trassierter Debitoren an Debitoren-Konto.

Bilanz.

Debitoren	20 000	Konto trassierter Debitoren.....	8000
Wechsel....................	15 000		

b) Beim Inkassowechselverkehr schiebt man häufig ein Inkasso-Konto als Zwischenkonto ein, wenn die Gutschrift auf dem gewöhnlichen Kontokorrent-Konto erst nach Eingang der Wechsel erfolgen soll (vgl. Bd. I, S. 209).

c) Über die Personen-Konten zur Darstellung der Rechts- und Rechnungsverhältnisse vgl. Bd. I, S. 236 ff. Die Zession von Forderungen könnte man buchen: X.-Bank Zessionskonto an Konto zedierter Debitoren bei der Zession der Forderung; dann Bank-Konto an Debitoren-Konto und Konto zedierter Debitoren an Bank-Zessions-Konto nach erledigter Zahlung der Debitoren.

Diese Beispiele mögen als Illustrationsprobe genügen. Wenn es sich darum handelt, in der Schlußbilanz für einzelne Bilanzposten eine rechtlich oder wirtschaftlich genauere und vollständigere Darstellung zu geben, so genügt die einfache Ergänzung des Inventars bzw. der Bilanz vor oder in der Geldspalte, vor oder unter dem Bilanzstrich. Wünscht man eine fortlaufende Aufzeichnung über solche Verhältnisse, dann ist die Führung eines die kontenmäßige Verrechnung ergänzenden Nebenbuches praktisch, einfacher und empfehlenswerter. Daß man auch im Kontensystem eine fortlaufende Verrechnung einfügen kann, zeigen die angeführten Beispiele.

22. Abschnitt.

Bilanzdelikte.

Die Bilanz ist ein Geschäftsbericht in Zahlen, ein Bericht, der mit Willen und Wissen des Berichterstatters gefärbt, geschönt, frisiert sein kann, wichtige wirtschaftliche Verhältnisse verdecken, verheimlichen, verschleiern, die Vermögensverhältnisse falsch darstellen kann oder fälscht. An vielen Stellen dieses Buches wurde auf die Möglichkeit hingewiesen, durch interne Verschiebungen in den Zahlenergebnissen, durch Buchungskünste mancherlei anders, d. h. unklar oder unrichtig darzustellen. Buchführung und Bilanz sind eben Werkzeuge in den Händen dessen, der sie gebraucht, dem Willen des Rechnungsführers unterworfen.

Mehrfach finden sich in den veröffentlichten Bilanzen mit Absicht unklare Benennungen einzelner Bilanzposten, die unverständlich, mehrdeutig, ungebräuchlich sind, ihre Bedeutung und Natur zweifelhaft lassen. Beispielsweise Interims-Konto, Abwicklungs- und Operations-Konto, Verrechnungs-Konto, Konto transitorischer Posten u. ä. Effekten im Sinne des Börsenverkehrs und Wechsel werden als „Wertpapiere" subsumiert. In juristischer Hinsicht richtig, bilanztechnisch falsch, eine Verschleierung. Ein Schönheitsfehler ist es, wenn bilanziert wird:

Grundstücke	120		oder Debitoren	60	
÷ Hypothek	80	40	÷ Kreditoren	40	20,

weil Aktiva und Schulden nicht auf dieselbe Seite gehören. Unklar ist eine Bilanz, in der Bank- (Finanz-) und Warenschulden unter dem Sammelposten „Kreditoren" verrechnet werden oder wenn eine Bierbrauerei Bier- und Darlehnsdebitoren gemeinsam als „Debitoren" verbucht. Eine Bilanzverschleierung wären die folgenden Bilanzierungen: Aktiva: Grundstücke ÷ Hypothek 40; Debitoren ÷ Kreditoren 20; wenn die Hypothekenschulden unter den Kreditoren verschwinden. Unwahr und falsch wäre die Bilanz, wenn es hieße: Grundstücke 40, Debitoren 20. Gefälscht ist eine Bilanz, wenn beispielsweise der Wert des Grundstücks willkürlich erhöht wird. Die (strafbare) Bilanzfälschung setzt also die mala fides voraus, während eine Bilanz falsch sein kann infolge Unkenntnis des Bilanzierenden oder infolge nicht beabsichtigter Falschbuchung. Ob eine Verschleierung oder eine Bilanzfälschung im Sinne des § 314 HGB. strafbar ist, kann u. E. nur nach Lage des Einzelfalles beurteilt werden, wobei die Begleitungsumstände, Absicht, Zweck und die Folgen der Verschleierung bzw. Fälschung mitbestimmenden Einfluß haben. Es gibt zweifellos strafbare und straflose Bilanzverschleierungen und Bilanzfälschungen: der Vorstand eines Aktienvereins fälscht die Bilanz, ob er stille Reserven schafft oder ob er fingierte Aktiven einstellt.

Auch die Unterscheidung zwischen Bilanzfälschung und Bilanzverschleierung des zitierten Paragraphen ist nicht leicht. Die Grenze zwischen beiden läßt sich etwa durch folgende Formulierung finden: Eine Bilanzverschleierung läßt das Ergebnis der Aktien-Bilanz, den Reingewinn unverändert, während eine Bilanzfälschung den Reingewinn verändert, d. h. erhöht. Eine wissentlich unwahre Darstellung des Standes der Verhältnisse der Gesellschaft liegt in jeder Bilanzfälschung, kann aber auch durch eine Bilanzverschleierung bewirkt werden. Eine Aktiengesellschaft unterläßt die notwendigen Abschreibungen in der Bilanz, berücksichtigt sie aber in der Gewinnverteilung („Rücklage für Abschreibungen"), eine offenkundige Berichtigung eines falschen Wertansatzes. Die Bilanz ist unwahr, die Abschreibungen werden verschleiert. Ein Verlust wird verschleiert durch Einzahlung der Aufsichtsratmitglieder oder durch Entnahme aus einem Reservefonds, ohne daß der Verlust und seine Deckung irgendwie und irgendwo (Bericht, Bilanz) zum Ausdruck gebracht wird. Eine Industriegesellschaft [1]) verpfändet Warenforderungen an eine Bank gegen Bardarlehen; weder Bankschulden noch Forderungen erschienen in der Bilanz, weil beide kompensiert wurden, eine Verschleierung, die den Stand der Verhältnisse unwahr darstellt.

Der häufigste Fall einer strafbaren, d. h. wissentlichen Bilanzfälschung ist die Überwertung von aktiven Vermögensteilen, beispielsweise der Lager-

[1]) Die Bilanz einer Wollwaren-Aktiengesellschaft zeigt (ungetrennt) Lieferanten- und Bankschulden mit 784 000 ℳ (davon nach dem Bericht der Direktion 60 000 Bankschulden), Außenstände 358 132 ℳ, die im Verhältnis zum Umsatz zu gering erscheinen mußten; auf Anfrage wurde erklärt, daß die Waren-Forderungen in Wirklichkeit um etwa 1¼ Mill. höher seien, auch die Bankschulden seien größer, man habe den größten Teil der Außenstände an eine Bank verpfändet, in der Bilanz diese Forderungen und dementsprechend das Darlehen des Bankiers weggelassen.

bestände, Hinzusetzen fingierter Posten (Forderungen), Aufnahme von non valeurs mit deren Erwerbspreis, uneinbringlicher Forderungen mit deren Nennwert, fauler Außenstände ohne Abschreibungen, verfallener Patente mit einem Geldwert u. ä. Eine Aktiengesellschaft verteilte die Unterbilanz von 65 012 M. auf Aktiv-Konten durch Erhöhung der Werte. In einem anderen Falle wurden um den Betrag der Unterbilanz und zur Schaffung eines Überschusses die Debitoren entsprechend erhöht, die Schulden ermäßigt und diese Falschbuchungen im neuen Jahr zurückgebucht. Zur Erhöhung waren das Privat-Konto des Direktors und die Namen einiger dem Direktor nahestehender Personen benutzt worden. Die Rückbuchung erfolgte nicht in einem Betrag, sondern auf eine Reihe kleinerer Posten verteilt.

Eine Züricher Seidenspinnerei verbuchte Effektenspekulationen unter Waren und verteilte die Börsenverluste auf Chappe-, Warenlager-, Wechsel- und Tratten-Konto. Eine preußische Hypothekenbank verheimlichte das Kontokorrent-Geschäft, indem sie Debitoren und Kreditoren willkürlich verringert in die Bilanz einstellte (1897 um 28 Mill., 1899 Kreditoren 3,37 Mill. anstatt 26,79 Mill.), die Debitoren als Hypothekenanlagen verbuchte, andere Außenstände von den Kreditoren in Abzug brachte; Effekten waren auf Debitoren-Konto gebucht, bereits zedierte Hypothekenforderungen unter den Beständen angeführt usw. [1]).

Sogenannte „Schiebungen" dienen gleichfalls der Bilanzfälschung; so erwarb beispielsweise ein Unternehmen von einer Fabrik Patente für 200 000 M., gründete eine Patentverwertungs-Gesellschaft m. b. H. und brachte dieselben Patente mit wesentlich höheren Werten ein. Auf diese Weise wurde der Bilanzverlust von 157 000 in einem Reingewinn von 23 000 verwandelt und die Verteilung einer 5% Dividende ermöglicht. Eine bedeutende Rolle spielt bei solchen Schiebungen die Selbstbelastung des Kontos eines Direktionsmitgliedes oder des Aufsichtsrates. Reichen die Falschbuchungen nicht aus, gründet man eine Reihe von Gesellschaften, auf die ein mitunter höchst verwickeltes System von Um- und Rückbuchungen konstruiert wird, Gründungen, die auch die Finanzgebarung verschleiern sollen.

Eine Aktiengesellschaft verwandelte Ende 1895 eine Bankschuld von 541 095 mit Hilfe der Aktienemission und durch vorzeitige Buchung der Vollzahlung in ein Bankguthaben von 499 709. Ein Jahr später wurden Bankschulden im Betrage von 1 088 290 M. zu 1 157 249 M. Bankguthaben, indem man 2 Mill. M. Obligationen als bereits realisiert verbuchte, deren Begebung erst April 1897 geschah. Die Übereinstimmung der Bücher mit der Bilanz wurde erzielt, indem man die Positionen der Schlußbilanz ein-

---

[1]) Störungen im deutschen Wirtschaftsleben. Leipzig 1903, S. 28, 39, 67.

fach in die Hauptbuch-Konten als Saldovortrag übertrug und dann die neue Bilanz auf Grund der Bücher aufstellte.

Ein besonderer Fall einer falschen Bilanz verdient noch Erwähnung. Eine offene Handelsgesellschaft wurde in eine Aktiengesellschaft „umgegründet". Die Übernahme erfolgte auf Grund der Inventarisierung der Vorbesitzer. Die (verspätete) Nachprüfung des Verkehrswertes der Sacheinlagen ergab, daß eine große Anzahl der als eingebracht berechneten Maschinen überhaupt nicht eingebracht, eine Reihe älterer und alter Maschinen zu einem den Neuwert 30—70% übersteigenden Preis inferiert, daß Einrichtungsgegenstände und Gerätschaften vielfach doppelt und dreifach berechnet und daß die eingebrachten Warenvorräte teilweise zu höheren Preisen übergeben worden waren, als sie zur Zeit der Gründung brutto ohne Abzug von Skonto, Provision und Fracht verkauft werden konnten. Warenschulden, die von der Aktiengesellschaft nicht übernommen waren, bezahlte der in den Vorstand eingetretene Vorbesitzer kurz nach der Gründung mit dem Gelde der Aktiengesellschaft. Die Gründungsbilanz war falsch trotz des guten Glaubens des Vorstandes.

In einem anderen Fall stand das Maschinen-Konto in der Schlußbilanz mit 117 000 M. zu Buch, am 1. Januar des folgenden Bilanzjahres wurde es mit 236 000 belastet, so daß in der Silvesternacht eine Werterhöhung um 119 000 M. stattgefunden haben muß.

Im Zusammenbruch der Niederdeutschen Bank, Dortmund, wurde eine Reihe von Bilanzfälschungen aufgedeckt. 1907 verkaufte der Direktor 600 000 M. Aktien zu 25% an seine Bank. Der Einkaufspreis wurde mit 120% verbucht (731 000 M.); hiervon wurden einem Geheim-Konto 150 000 und der Rest mit 581 000 einem Delkredere-Fonds gutgeschrieben, einer Art Dispositions-Fonds ohne Rechenschaftspflicht für den Direktor, ein Fonds, der auch die Ausgaben zu tragen hatte, die dem Handlungsunkosten-Konto zugeschrieben werden sollten. In der Bilanz waren bereits getilgte Forderungen als weiter bestehend verbucht. Zu den „Geschäften im eigenen Klüngel" zählte der Bericht des Konkursverwalters die Übernahme von 800 000 M. neuer Brauerei-Aktien zu 115% durch ein Konsortium, gebildet aus Herren der Bankverwaltung. Eine neugegründete Bank diente als Organ für Schiebungen, indem sie für 1,3 Mill. fingierte und uneinbringliche Forderungen übernehmen mußte, die die Niederdeutsche Bank aus ihren Büchern entfernen wollte.

23. Abschnitt.

Die Kreditbilanz.

Unter einer Kreditbilanz verstehen wir die Darstellung der Lage des Vermögens und der Schulden unter kreditwirtschaftlichen Gesichtspunkten der Kreditwürdigkeit und der Sicherheit fremder Kapitalansprüche. Ihre Aufgabe muß es sein, die Statik der Kreditwirtschaft einer Unternehmung klar zum Ausdruck zu bringen; sie ist ein Mittel kreditwirtschaftlicher Kritik auf Seiten der Kapitalgeber und derer, die es werden wollen, also ein Mittel der laufenden und der vorbeugenden Kreditkontrolle. Für den Kreditnehmer ist sie ein Hilfsmittel der finanziellen Führung; für solche muß sie kurzfristig und periodisch sein. Für den Gläubiger ist eine monatliche Übersicht, für Kreditverhandlungen ist ein zwischenzeitlicher Status der gegebenen Lage erforderlich, ergänzt durch eine Bewegungsbilanz für die kreditwirtschaftlich wichtigen Bilanzposten und, wegen der Beurteilung der Rentabilität, durch die Vorlage früherer Jahresbilanzen.

Das Mittel, jene Aufgaben zu erfüllen, ist eine kreditwirtschaftliche Gliederung der Vermögens- und der Kapitalseite nach Deckung und Liquidität. Wird die Schematisierung der Bilanzposten unter beiden Gesichtspunkten zu unübersichtlich, wird ein Gesichtspunkt die Gliederung bestimmen und durch erläuternde Nebenaufzeichnungen oder durch eine zweite Übersicht ergänzt.

a) Die Gesamtverbindlichkeiten werden nach nicht speziellen und nach besonders gedeckten Schulden unter Angabe ihrer Deckung aufgeteilt. Die Art der Deckung kann durch eine klare Benennung der Verbindlichkeiten zum Ausdruck kommen, z. B. Effekten-, Waren-, Lombarddarlehen; Hypothekendarlehen und zwar gegliedert in erststellige und nachstellige sowie Restkaufgelder, Grundschulden; Anleiheschulden durch Sicherungshypotheken gedeckt; Aufwertungshypotheken; Darlehen gegen Lebensversicherung und Bürgschaft; durch Sicherungsübereignung gedeckte Bankschulden.

Die Unterteilung der Verbindlichkeiten in Darlehnsschulden (Hypotheken-, Bankschulden), Stundungsschulden (Waren-Rechnungen, Fracht-, Zoll-, Steuerkreditschulden), rückständige Zahlungen (z. B. für Gewinnanteile, Steuern, Zinsen); Vorauszahlungen der Abnehmer; Kautionsschulden; anteilige Schulden wie Lohnschulden, anteilige Zinsen, Miete; Wechselschulden (Waren- und Kreditakzepte, Konzern-, Finanz- und Gefälligkeitsakzepte) umschreiben den wirtschaftlichen Charakter der Verbindlichkeiten und lassen Vermutungen hinsichtlich der Deckung offen. In manchen Fällen ist die übliche Benennung der Schulden für den Sachkenner ausreichend, z. B. Pfandbriefschulden der Boden-Kreditinstitute, Nostroverbindlichkeiten, Einlagen, Kreditoren der Kreditbanken. Schadenreserve (noch nicht regulierte Schäden) der Versicherungsgesellschaften; Deckungsfonds der Versicherten; Restkaufgeld.

Die Verbindlichkeiten müssen vollständig aufgeführt sein, die unbedingten und die bedingten oder Eventualschulden umfassen. Giroverpflichtungen aus begebenen Wechseln (bankgirierten Warenwechseln, Bankgiros für eingeschobene Bürgschaft), die mögliche Einlösungsverpflichtung für Aussteller („eigene Ziehungen"), als Remittent eines an die Order des bilanzierenden gezogenen Solawechsels („weiter begebene Sola-Wechsel der Kundschaft an die Order der Bank"), Bürgschaftsverpflichtungen in den verschiedenen Formen (Mitunterschrift auf einem Wechsel, Bürgschaftsindossement; Bürgschaftsübernahme als selbständiges Geschäft der Kreditbanken), Ausfall- und Spitzengarantie im Hypothekenverkehr; Verpflichtungen aus Depotakzepten im Bankkreditverkehr; dann die vertragliche Einlösungspflicht des Stammhauses für Wechsel und Anleihen der Tochter- und Konzernfirmen dürfen in der Bilanz nicht fehlen. Eine am Bilanzstichtag bereits ausgeschriebene aber noch nicht eingezahlte Zubuße auf Kuxe und auf Anteile der G. m. b. H. mit Nachschußpflicht, die fehlende Einzahlung auf Gesellschaftskapitalanteile und Konsortialbeteiligungen gehören in die Kreditbilanz sowohl beim Schuldner wie bei dem künftigen Zahlungsempfänger (dort aktiviert). Für Garantieverpflichtungen aus Lieferungsverträgen (wie kostenlose Ersatzlieferung, Reparaturen, Instandhaltung der verkauften Gegenstände innerhalb einer vertraglichen Zeit) sind geschätzte Beträge als Rückstellungen einzusetzen (Kostenrücklage). Lieferungs- oder Übernahmeverpflichtungen aus Termingeschäften der Effekten- und Warenbörsen, die Zahlungsverbindlichkeiten aus gekauften aber noch auf dem Transport befindlichen Waren gehören in die Kreditbilanz, wenn die Transportgefahr auf die bilanzierende Unternehmung bereits übergegangen ist; ebenso schwebende Verpflichtungen aus Prozessen.

Die Verpflichtungen einer Kreditbank sind unvollständig aufgezeichnet, wenn auf Grund einer Kreditzusage an einen Kunden der noch nicht verfügte aber jeder Zeit verfügbare Kreditrestbetrag nicht unter den Passiven erscheint. Die englische Methode, die zugesagten Kredite aktiv und passiv zu buchen (unter den Außenständen voller Kreditbetrag, unter den Kreditoren der verfügbare Rest als sogenannte „Kreditdepositen") ist nachahmenswert; ob über die Kreditbeträge vom Kunden oder für Rechnung des Kunden bei einem Dritten verfügt wird, ist gleichgültig (in den Monatsbilanzen der Kreditbanken der Posten: seitens der Kundschaft bei Dritten benutzte Kredite).

b) Auf der Vermögensseite einer Kreditbilanz sind die als Kreditsicherheit nicht geeigneten barliquiden Mittel auszuscheiden: Kassenbestände, Guthaben bei den Notenbanken, Kreditbanken und auf Postscheckkonto. Das frei verfügbare, durch keine Passivkredite gebundene Vermögen umfaßt die für den eigenen Betrieb verwertbaren Mittel und die an andere Unternehmungen hingegebenen aktiven Kapitaldispositionen (wie Beteiligungen, Effekten-, Darlehns- und Warenkredite). Die hingegebenen Kredite werden wie die empfangenen in gedeckte und nicht speziell gedeckte zu scheiden sein. Speziell gedeckte aktive Kredite sind beispielsweise: Lombard- und Reportgelder, gedeckte Debitoren der Kreditbanken; kreditversicherte Forderungen der Verkäufer, die ihrerseits wiederum als Kreditbeschaffungsmittel Verwendung finden können; schließlich Hypotheken- und Restkaufforderungen.

Die kreditwirtschaftlich gebundenen Vermögensteile sind der freien Verfügbarkeit ihres Eigentümers entzogen, ihre Bindung ist durch Abdeckung der Verbindlichkeiten zu lösen. Es sind meistens marktgängige, qualitativ wertvolle Vermögensteile; den Gläubiger interessiert das Verhältnis zwischen Markt- bzw. Bilanzwert und der Kreditsumme, d. h. die „Kredit-Belastungsquote", die im Einzelfall errechnet werden kann, z. B. Grundstücke und Gebäude 100, Hypothekenschulden 60, Belastung 60%. Der „Deckungswert", das ist der Nennwert des Pfandes, mit dem der Kreditgeber das Pfand einschätzt und hereinnimmt, ist ein innenbetrieblicher Vorgang und entzieht sich der bilanzkritischen Beurteilung.

Bei der Prüfung einer Kreditbilanz wird eine „Sortierung" der Vermögensmasse nach kreditwirtschaftlich frei verfügbaren und gebundenen Vermögensteilen notwendig sein. Die Kreditwürdigkeit ist, abgesehen von gewissen Imponderabilien wie Geschäftspolitik, Rentabilität und Vertrauen, von dem Größenverhältnis zwischen beiden Vermögensgruppen, von der Belastungsquote der Vermögensteile für Kreditsicherung, von der Eignung des Vermögens als Kreditunterlage abhängig gemacht (Markt- und Wertsicherheit) [1]).

Im Zusammenhang mit der beabsichtigten Kredithergabe wird die wirtschaftliche Lage der Unternehmung geprüft, so beispielsweise: Umsätze, die Beteiligungsquoten an einer Verkaufsgemeinschaft, die Belegschaft, die Methode der Preiskalkulation, die Konzernverhältnisse, die Marktlage und die Marktentwicklung für die Leistungen der Unternehmung, die Tragbarkeit der Kreditkosten, die Vermögenslage und die Rückzahlungsmöglichkeit.

Die Prüfung der „Lage des Vermögens", d. h. der Art der bisherigen Kapitalverwendung, setzt eine Kontrolle der Wertansätze voraus, die unter Umständen zu einer Umwertung der Aktiva führt (kreditwirtschaftliche Wertung). Man prüft den Buchwert der Anlagen sowie ihren wirtschaftlichen Wert im Rahmen der Absatzmöglichkeiten und des Beschäftigungsgrades (Wertherabsetzung bei dauernd geringerer Ausnutzungsmöglichkeit) und im Verhältnis zu neuzeitlichen produktions-

[1]) Vgl. meine Aufsätze „Neuere Formen der Kreditsicherung", Heft 21; „Sicherheit und Sicherung im Kreditverkehr", Heft 9 der Bankwissenschaft, 4. Jahrgang 1927 und 1928.

technischen Verfahren; dann die Angemessenheit der Abschreibungen. Die Einheitswerte der Steuerverwaltung, private oder gerichtliche Taxen können zur kreditwirtschaftlichen Schätzung herangezogen werden. Der kreditwirtschaftliche Wert von Patenten wird nach ihren bisherigen Erträgen und unter Berücksichtigung des Zeitablaufes des Monopolschutzes sowie etwa vorhandener Konkurrenzpatente zu schätzen sein. Kapitalbeteiligungen stehen in der Jahresbilanz mit dem Nennwert der Einzahlungen zu Buche, ihr wirtschaftlicher Wert ist durch die Tatsache bedingt, ob sie einen Ertrag abwerfen, ob sie ertragslos geblieben sind, ob durch die Beteiligung weitergehende finanzielle Verpflichtungen, beispielsweise den Tochter- und Konzernfirmen gegenüber übernommen wurden, ob die Beteiligungsfirma etwa als Geldquelle in Betracht kommt (wie z. B.: Lebensversicherungsgesellschaften innerhalb eines Industriekonzerns; die Beteiligungen der Kreditbanken an Grundstücksgesellschaften; der Schuhwarengroßhändler als Geldgeber der Schuhfabriken). Mit der Kapitalbeteiligung können bestimmte Nebenverpflichtungen oder Nebenleistungen verbunden sein, die auf die Unternehmung günstig oder ungünstig einwirken, z. B. Abnahmeverpflichtungen für bestimmte Mengen von Vorprodukten, die Ausgleichung von Warenbezügen durch Gegengeschäfte und ähnliches, die für die wirtschaftliche Wertung Bedeutung besitzen und in der Bilanzbewertung nicht zum Ausdruck kommen können, weil diese anderen Zwecken dient.

Unter den Wertpapieren sind marktgängige und nicht notierte, solche mit größeren und kleinen Verwertungsmärkten; Verwertungsaktien aus einer früheren Kapitalerhöhung (Bilanzbewertung mit dem Markt- oder Nennwert, wirtschaftlich geschätzt nach ihrer Verwertungsmöglichkeit); noch nicht begebene eigene Obligationen (bewertet nach der Aufnahmefähigkeit des Kapitalmarktes mit Rücksicht auf die vorhandenen Mengen); Stückaktien, Aktienpakete und Mehrheitspakete, bei deren Schätzung die Chancen der privatwirtschaftlichen Ausnutzung der Mehrheitsrechte eine Rolle spielen kann. Der Zweck des Aktienbesitzes in der kredituntersuchenden Unternehmung ist wirtschaftlich bedeutsam. Er kann eine Liquiditätsreserve, eine dauernde Kapitalanlage oder eine Anlage spekulativen Charakters, ein „Herrschaftsbesitz" oder die Anlegung eines Reservekapitals sein, z. B. für eine bestimmte Ausgabenreserve wie die Erneuerungs-, Erweiterungs-, Neubaurücklage. In Betracht kommen auch Fusionspläne, der zukünftige Ankauf der Konkurrenzwerke u. a. m.

Die Wechselbestände können sein: Kundenwechsel, deren Wert von der Zahlungsfähigkeit des Akzeptanten abhängig ist; Diskontwechsel als Kreditunterlage (Vorschußwechsel bei Kreditgenossenschaften), ihr Wert wird durch die Zahlungsfähigkeit der Wechselverbundenen bestimmt;

Wechsel aus einer kurzfristigen Kapitalanlage (die Prima-Diskonten in den Bilanzen der Kreditgenossenschaften); eigene Akzepte, die als Kreditunterlage ausschalten; endlich Konzernwechsel, d. s. Aktivwechsel auf Konzernfirmen. Ihr Wert ist von der Zahlungsfähigkeit der finanziellen Konzernzentrale abhängig. Die kreditwirtschaftliche Prüfung der Wechselbestände muß auf die wirtschaftliche Entstehung des Wechselbesitzes zurückgreifen.

Die Lagervorräte im allgemeinen und als angebotene Pfandsicherung (sie müssen marktgängig sein; marktschwierige und nicht marktgängige Vor- und Fertigprodukte und Waren scheiden aus) sind unabhängig von Listen-, Katalog-, Konkurrenz- und Börsenpreisen nach ihrer Verwertbarkeit und ihrer Marktgängigkeit zu schätzen. Bei Fabrikaten ist neben der Prüfung der Selbstkostenberechnung jene der Verkaufs- und der Konkurrenzpreise ein wertvolles Hilfsmittel. Auch das Verhältnis zwischen Auftragsbestand und Werkstoffvorräten, zwischen Lagerbestand und Fertigprodukten, Absatzgrad und Vorräten an Vorprodukten, die Relation zwischen Beschäftigungsgrad, Produktionsfähigkeit der Produktionsmittel und der Vorräte (unter Berücksichtigung der Entwicklung der Weltmarktpreise) ist Gegenstand der Prüfung.

Die Außenstände, gedeckte und nicht besonders gedeckte, verpfändete und nicht verpfändete, sind zunächst nach ihrem wirtschaftlichen Charakter zu gliedern; in Produktionsunternehmungen beispielsweise: Kaufpreisforderungen aus Verkaufsgeschäften, Bankguthaben, Forderungen an Konzern- und Tochterfirmen, Verrechnungsposten mit den Zweiganstalten u. ä.; bei Kreditbanken: Kontokorrentforderungen, Effekten-Debitoren (gedeckt durch die eingekauften Effekten), Akzept-Debitoren (als Gegenposten für hingegebene Bankakzepte); langfristige Industrie-Debitoren. Für die Bewertung der Debitoren (nach Zahlungsweise, Pfandunterlagen, Versicherung) müssen die Kontenbücher und Konten-Karten die erforderlichen Unterlagen liefern. Für einzelne Geschäftszweige gibt es maßstäbliche traditionelle Verhältnisse zwischen Umsatz und Warenforderungen.

Die Auswertung der kritischen Bewertung, Prüfung der Vermögensbestände und der angebotenen Pfandsicherheiten im besonderen, die Entscheidung, ob der Bilanzwert oder der wirtschaftliche Wert den Kreditverhandlungen zugrunde gelegt wird, welche Abstriche gemacht werden (Deckungswert der Unterlagen, Belastungsquote) sowie andere Überlegungen kreditpolitischer Art sind hier nicht mehr zu behandeln; aber ihre Auswirkungen sollen in der Kreditbilanz klar gelegt werden.

Die Sicherheit fremder Gelder ist durch den Marktwert der Vermögensmasse des Schuldners, durch die wirtschaftliche Verwendung der Kreditbeträge und die terminsichere Rückzahlung bedingt. Die Erfüllung des Gegenleistungsanspruches, d. i. die Rückzahlung, setzt die notwendigen Zahlungsmittel voraus; diese stammen aus ordentlichen und außerordentlichen Finanzeinnahmen. Die ordentlichen Finanzeinnahmen sind Zahlungsmittelzugänge aus Leistungen der Werk- und Wirtschaftsbetriebe gegen Barzahlung und, bei Leistungen mit aufgeschobener Zahlung, Zugänge aus der Beendigung des Kreditverhältnisses. Umsatzleistungen mit Nutzen, d. i. Ersatz der Aufwendungen einschließlich Gewinn, steigern diese Zahlungsmittelzugänge aus dem ordentlichen Geschäftsbetrieb. Außerordentliche Finanzeinnahmen sind Zahlungsmitteleingänge durch Kapitalerhöhung und durch Aufnahme von Geldkrediten.

Hilfsmittel der Prüfung der Zahlungsmöglichkeit sind Liquiditätsberechnungen und ein Finanzstatus.

A. Die Berechnung der Liquidität (der Zahlungsbereitschaft) auf Grund einer Bilanz wird immer an den ziffermäßig dargestellte Tatsache und an äußerlichen Gruppierungsversuchen hängen bleiben, weil die Bilanzen nur Quantitätszahlen geben und nur in Ausnahmefällen Liquiditätsbilanzen sind, die die Ziffern, wenigstens grob, unter dem Gesichtspunkt der Liquidität gruppieren, wie beispielsweise die monatlichen Zwischenbilanzen der Kreditbanken. Der Flüssigkeitsgrad jener Vermögensteile, die außer den Zahlungsmittelbeständen als zusätzliche, marktwirtschaftlich verwertbare Kaufkraft für unsere Zwecke in Frage kommen, ist in der Jahresbilanz nicht erkennbar; so beispielsweise nicht: die Güte des Wechselvorrates, die Zusammensetzung des Effektenbebestandes, die Einbringlichkeit der Außenstände und ihre Gebundenheit durch Fälligkeitstermine, Kreditverträge und andere vertragliche Bindungen, (wie Forderungen an Konzern- und Tochterfirmen sowie an Zweiganstalten). Dem Bilanzkritiker fehlt die Möglichkeit, die innere Liquidität zu prüfen, er muß sich mit der äußeren, rechnungsmäßigen begnügen, stößt dabei auf eine Menge Zweifelfragen hinsichtlich der Zurechnung bestimmter Vermögensteile zu den sofort verwertbaren Mitteln, solche, die nur langsamer realisierbar und solche, die nicht liquidierbar sind. Seine „Flüssigkeitsskala“, nach der er die Zahlungsbereitschaft berechnet, muß anfechtbar bleiben. Schwierigkeiten ergeben sich bei der Gruppierung der Verbindlichkeiten nach ihrer Fälligkeit (fällige, bald fälligwerdende, langfristige ohne bestimmten Fälligkeitstermin, langfristige mit planmäßigen Teilzahlungen bei Tilgungsanleihen, als langfristig geltende Hypothekenschulden, die demnächst rückzahlungsfällig werden); hinzu kommt das Risiko betriebsunerwünschter vorzeitiger Kündigung durch den Gläubiger, beispielsweise bei Krediteinschränkungen durch Banken.

Wir haben auf die Schwierigkeiten der Sortierung hingewiesen, um aufmerksam zu machen, daß jede äußerliche Liquiditätsrechnung nur mit

Vorsicht hinzunehmen ist. Nun die bilanzkritische Gruppierung, die individuell gestaltet wird. Wir unterscheiden auf der Passivseite:

I. Feste Kapitalien: a) eigenes Kapital, b) langfristige Schulden, wie Hypotheken, Anleihen, langfristige Darlehen.

II. Umsatzschulden: fällige und kurzfristige.

Das Eigenkapital (Grund- und Stammkapital, Gesellschafter-Kapital, die gesetzlichen und die freiwilligen Rücklagen) kann als feststehendes Kapital gelten. Guthaben ausscheidender Gesellschafter sind abzuscheiden. Ebenso ist der wirtschaftliche Zweck der Reservekapitalien zu berücksichtigen, bei Ausgabedeckungsreserven (Hochofenerneuerungsfonds beispielsweise) die Möglichkeit ihrer baldigen Verwendung in Erwägung zu ziehen; für die äußeren Liquiditätsberechnungen wird eine Zusammenfassung der Teile des Eigenkapitals mit Ausschluß des verteilbaren Reingewinnes genügen. Die langfristigen Bilanzschulden werden als Einheit berechnet, die rechnungsmäßigen Korrekturposten (Aufwand, noch nicht Ausgabe) als sofort fällige eingesetzt.

Zumeist gruppiert man die Passiva wie folgt:

Eigenkapital, langfristige Schulden, kurzfristige Schulden, Reingewinn (vgl. das Bilanzschema, Seite 11). Grundsätzlich muß eine Liquiditätsberechnung die Vermögensteile nach ihrem Flüssigkeitsgrad, die Schulden nach ihrer Dringlichkeit ordnen. Die weitergehende Schematisierung der Bilanzposten ist für jede Erwerbsgruppe verschieden, für Kreditbanken anders wie für Waren- und Fabrikbetriebe.

Die Aktivseite gliedern wir unter dem Gesichtspunkt der Liquidität wie folgt:

I. Nicht realisierbares Anlagevermögen, wie: Grundstücke, Gebäude, Maschinen, Werkzeuge; nur unter besonderen Umständen verwertbares Anlagevermögen, wie dauernde Beteiligungen, Patente.

II. Barzahlungsmittel, wie: Staatsgeld und Rechnungsgeld (Guthaben bei Banken im Inland und Ausland, Postscheckguthaben).

III. realisierbare: a) Sofort verwertbare, z. B. diskontierbare Wechsel, börsengängige Werte wie Effekten, Sorten, Welthandelsartikel; b) langsamer realisierbare wie Vorräte, Forderungen, nicht börsengängige Effekten. Die Gruppen II und III werden in Liquiditätsberechnungen der Finanzpresse gewöhnlich unter der Bezeichnung flüssige Mittel „erster und zweiter Ordnung" zusammengefaßt [1]).

Im folgenden Beispiel wurde Vorschuß auf Bestellungen des Reichs gefordert und es war zu untersuchen, ob die Gelder genügend sichergestellt waren (Holzindustrie).

---

[1]) Ausführlicheres über Zahlungsbereitschaft vgl. „Wirtschaftslehre", § 18.

Bilanz für 1. Juli 1917.

	M		M
Grundstücke	110 083	Stammkapital	250 000
Gebäude, Maschinen	457 742	Reserven	17 441
Inventar, Werkzeuge	37 448	Bankschulden	371 470
Rohstoffe, in Arbeit befindlich	142 728	Darlehn [1]	39 948
Fertig bezogene Waren	14 526	Hypotheken { II. 250 000, I. 68 000 }	318 000
Selbsterzeugte Waren	198 975	Kreditoren	42 781
Forderungen	96 837	Akzepte	13 560
Beteiligungen	4 746	Rückständige Schulden	1 590
Flüssige Mittel	9 175	Reingewinn	17 470
	1 072 260		1 072 260

Gewinn- und Verlustrechnung.

	M		M
Materialverbrauch	126 219	Erlös erzeugter Waren	448 753
Produktive Löhne	108 294	Gewinn an fertig bezogenen Waren	7 247
Unkostenlöhne	30 054		
Betriebsunkosten	83 219		
Abschreibungen	28 533		
Vertriebskosten [2]	62 211		
Selbstkosten	438 530		
Reingewinn	17 470		
	456 000		456 000

a) Kritik der finanziellen Verhältnisse:

1. Finanzschulden:	Bank	371 470	
	Feste Hypotheken	318 000	689 470 = 87,7 %
2. Warenschulden:	Kreditoren	42 781	
	Akzepte	13 560	56 341 = 7,1 %
3. Rückständige Schulden:	Zinsen	39 948	
	Anderes	1 590	41 538 = 5,2 %
			100 %

I. Fremde Mittel	787 349 = 74,7 %
II. Eigene Mittel (Stammkapital, Reserven)	267 441 = 25,3 %
Gesamtes Unternehmungskapital	1 054 790 = 100 %

III. Erträgnis: Reingewinn 17 470, umgerechnet auf das eigene Kapital bei Beginn des Jahres (267 441) = 6½% Verzinsung, demnach recht gering.

Bei einem Umsatz von 449 000 ist ein unverhältnismäßig hoher Bankkredit von 371 000 vorhanden, der infolge falscher Selbstkostenberechnung

[1]) Wegen mangelnder Barmittel wurden die 5 % Zinsen auf das Stammkapital den Gesellschaftern gutgeschrieben.

[2]) Einschließlich 13 035 M Hypothekenzinsen, 15 229 M Bankzinsen.

und dementsprechender Kalkulation zu niedriger Verkaufspreise im folgenden Jahr etwa verdoppelt werden mußte. Bei einem Debitoren-Zinssatz von mindestens 7½% und einer Zinsenausgabe von 15 230 M. errechnet sich ein Durchschnittsbanksaldo (roh) von 200 000 M. gegen einen Schlußbestand von 371 000. Die Bankschulden sind demnach gegen Ende des Jahres stark angewachsen.

b) Kreditwirtschaftliche Kritik:

Vom Gesamtvermögen von .... 1 072 260 scheiden als durch Kreditkapital gebunden, soweit dies in der Bilanzvorlage ersichtlich ist, aus:

Grundstücke und Gebäude	567 825	(belastet mit 56%)
Freier Vermögensrest....................	504 435	
Als Kreditunterlagen nicht verwertbar sind:		
Flüssige Mittel	9 175	
Inventar, Werkzeuge, Beteiligungen	42 200	
Für neue Kredite verfügbar	453 060,	sofern durch Bankkredite (Zession von Buchforderungen und Sicherungsübereignung des Lagers) Beträge nicht bereits gebunden sind.

c) Zahlungsbereitschaft: Die dringlichen Schulden werden durch flüssige Mittel nicht gedeckt, der Reingewinn ist wiederum nicht liquide; den Betriebsschulden (Bank, Kreditoren, Akzepte) von zusammen 427 800 steht flüssiges Vermögen (Forderungen und flüssige Mittel) von nur 106 000 M. gegenüber; die Lagerbestände sind unveräußerlich (Waren für Heeresbedarf). Im Hinblick auf die wenig günstige Lage hätte diese G. m. b. H. sich besser mit Nachschußpflicht oder mit einem größeren Stammkapital, etwa ½ Mill., gründen müssen.

B. Die formularmäßige und schematisierte Liquiditätsberechnung ist ein brauchbares Mittel der vergleichenden Bilanzanalyse, d. h. eines Zeitvergleiches für eine Unternehmung und für einen Gruppenvergleich. Die Aufstellung eines Finanzstatus setzt intimere Kenntnisse der Betriebsverhältnisse, insbesondere der Verwertbarkeit der Umsatzgüter voraus. Sie kann sich auf eine Berechnung der inneren Liquidität beschränken, d. h. auf eine Gegenüberstellung der flüssigen Mittel und der kurzfristigen Verbindlichkeiten nach vorgängiger Ausscheidung der nicht sofort realisierbaren Vermögensteile, wie nicht realisierbare Effekten, Vorräte, langfristige Debitoren. Der kurzfristige und laufende Finanzstatus ist eine Schätzung der Zahlungsverpflichtungen und der Zahlungseingänge eines Zeitabschnittes mit dem Zweck, die Größe der verfügbaren oder der zusätzlich zu beschaffenden Zahlungsmittel festzustellen. Das Ziel ist somit die Darstellung der Geldbewegung und des Kapitalbedarfs. Beispiele veranschaulichen [1]): 1. Beispiel: Finanzieller Wochenbericht (Bewe-

[1]) Andere Beispiele bei Meltzer, Deutscher Revisoren-Spiegel, Berlin 1927, S. 149. Adler, die Prüfung der Kreditwürdigkeit, im Grundriß der Betriebswirtschaftslehre, Band 10, S. 341 f.

gungsbilanz der Finanzkonten); ein Finanzstatus und die Berechnung des Geldbedarfes für die folgende Woche.

a) Bewegungsbilanz der Finanzkonten:

	Kasse Postscheck	Bankguthaben	Wechsel	Debitoren	Kreditoren	Akzepte	Giro auf begebenen Wechsel
Bestand 21. 5	4 800	38 900	27 300	654 300	493 200	78 500	37 800
Zugang bis 26. 5. .	16 700	28 200	9 400	33 400	12 300	23 300	—
	21 500	67 100	36 700	687 700	505 500	101 800	37 800
Abgang bis 26. 5. .	12 000	31 200	24 800	22 500	14 300	14 700	8 900
Bestand 26. 5.	9 500	35 900	11 900	665 200	491 200	87 100	28 900
	davon überfällig			75 300	davon fällig		
	Fällig bis 26. 5.			27 200	19 000	23 000	25./5.— 2./6.
	Konzernforderungen			215 200	25 000	18 900	3./9.— 9./.6
					45 000	7 800	10./6.—16./6.
					14 000	12 200	17./6.—23./6.
					388 200	25 200	später

b) Finanzstatus für 26. 5.

Flüssige Mittel			Kurzfällige Schulden		
Sofort greifbar: Kasse		9 500	Kreditoren	491 200	
Banken		35 900	÷ langfristig	120 000	371 200
Realisierbar: Wechsel		11 900	Bankschulden		—
(I. Ordnung)		57 300	÷ langfristig		—
Debitoren:	665 200		Akzepte		87 100
÷ überfällig	75 300		Giroverbindlichkeiten		—
÷ langfr. Konzern-Forderungen	105 000			28 900	
(II. Ordnung)		484 900			458 300
Zusammen		542 200	Überdeckung		83 900
Lagerbestände . . . . (Reserve)	367 000				

c) Geldbedarf für die Woche 26. 5.—2. 6.

Fällige Kreditoren		19 000	Deckungsmittel:		
„ Akzepte		23 000	Bar		45 400
Arbeitslöhne		9 000	Debitoren:	27 200	
Laufende Kosten		2 400	÷ 10%	2 700	24 500
Regelmäßige Ausgaben		53 400			69 900
Sonstige: Regreßansprüche	3000		Geldreserven:		
Anleihezinsen . . .	—		Diskontfähige Wechsel		11 900
Hypothekenzinsen	—		Durch Akzepte hinausschiebbare Kreditoren		9 000
Steuern	—		Konzernforderungen		110 200
Ausgaben für Anlagen	—				
(Um-, Neubau, Instandhaltung) . . .	—				

2. **Beispiel**, Schema.

Finanzstatus Ende .... 19...

	Bestand am	......
Einnahmen:		
1. Barzahlungen der Kundschaft	....	....
2. „ der Kundschaft in Wechseln	....	....
3. Anzahlungen der Kundschaft in bar ...	....	....
4. „ der Kundschaft in Wechseln ..	....	....
5. Zahlungen von der Zentrale	....	....
6. Aus Akkreditiven	....	....
	Zusammen RM.	....
Ausgaben:		
1. Laufende Ausgaben (Löhne, Gehälter usw.)	....	....
2. an die Zentrale	....	....
	Bestand	....
Spezifikation des Bestandes:		
Bargeld	....	....
Wechsel............................	....	....
Bankguthaben:		
bei der Diskonto	....	....
„ der Danatbank	....	....
„ Mendelsohn & Cie	....	....
„ Reichsbank	....	....
Postscheckguthaben	....	....
Prolongierte Wechsel	....	....
Zum Protest gegangene Wechsel	....	....
Bankschulden	....	....

Der Kapitalgeber analysiert neben der Vermögensbilanz auch die Gewinnrechnung, indem er diese Ergänzungsrechnung zum Bilanzgewinn in eine **Rentabilitätsbilanz** umformt. Die organischen Gewinne werden von den anorganischen Zufallsgewinnen getrennt, die organischen nach Ertragsquellen gruppiert. Die Gewinnposten sind auf ihre **zeitliche** Herkunft zu untersuchen. Der Abschnittsgewinn (mit Ausschluß der noch nicht realisierbarten) kann durch Auslösung offener und stiller Kapitalreserven alimentiert, durch Legung solcher Rücklagen geschmälert sein. Änderung der Bewertungsgrundsätze, Scheinbuchungen, die Verwertung von Rücklagen zur Deckung von Verlusten, die Aufrechnung organischer Verluste mit Zufallsgewinnen u. ä. Gewinn- und Verlustverschiebungen trüben das Bild. Die Rentabilitätsbilanz hat die Aufgabe, den richtigen Erfolg des Abschnittes zu ermitteln, nicht unter betriebswirtschaftlichem, sondern unter dem Gesichtspunkte der Regelmäßigkeit, Dauerbarkeit und der künftigen Entwicklung. Diese **kreditwirtschaftliche** Erfolgsanalyse ist unvollständig, wenn sie nicht gleichzeitig Aufschluß über die Verwendung des Reingewinnes gibt.

Die Beurteilung der Kreditwürdigkeit, die sich ausschließlich auf die Prüfung der Sachwerte stützt und den „Kreditwert" des Sachvermögens unter dem Gesichtspunkt der „Deckungsfähigkeit" und des voraussichtlichen Veräußerungserlöses im Notfalle prüft, ist einseitig auch dann, wenn man die Bilanz mit ihren historischen Wertansätzen oder mit künftigen Werten kritisch würdigt. Für den künftigen Kreditgeber ist die Kontrolle der Verwendung hinzugebender Geldkredite, die Prüfung der Ertragsaussichten, die Wirtschaftlichkeit der Organisation wichtig; er prüft, welche Faktoren ertragfördernd und ertraghemmend wirken, ob die Erfahrungen der Rationalisierung verwertet oder verwertbar sind. Bei einer solchen ertragswirtschaftlichen Kritik sind die historischen Werte der Bilanz fast bedeutungslos. Ein beispielsweise mit 100 000.— RM. bewertetes Fabrikgrundstück kann bei schlechtem Standort und ungünstiger Frachtlage, bei einer schlechten Organisation und Leitung einen Minuswert darstellen.

24. Abschnitt.

Liquiditätsrechnungen.

Das Wesen der Liquidität [1] (der Zahlungsbereitschaft) besteht darin, daß zur Deckung der täglichen oder binnen kurzem fällig werdenden Verbindlichkeiten entweder bereite Mittel vorhanden sind oder in entsprechend kurzer Zeit flüssig gemacht werden können (50. Genossenschaftstag, Berlin 1910, S. 236).

Die eigenen Mittel der Unternehmung ergeben sich aus dem Unterschied zwischen Aktiva und Schulden. Sie bilden keinen frei verfügbaren selbständigen Vermögenskomplex, sondern haben Saldocharakter. Die Summe der frei verfügbaren flüssigen Mittel kann größer oder kleiner als das Eigenkapital sein. Die Betriebsmittel sind nicht dem Eigenkapital gleich zu achten. Sie bilden einen Teil der Gesamtaktiva, von denen vor allem die dauernden oder noch längere Zeit dem Umsatz entzogenen Vermögensgegenstände auszuscheiden sind, wie dauernde Beteiligungen, immobiles Vermögen, verpfändete Vermögensteile u. ä.

---

[1]) Lit.: Hansen, Das Problem der Liquidität im deutschen Kreditbankwesen. Stuttgart 1910 (mit reicher Literaturangabe); Prinzhorn, Über die finanzielle Führung kaufm. Geschäfte. Berlin 1902; Materialien zur Frage des Depositenwesens. Verhandlungen der Gesamtkommission zu Punkt VI des Fragebogens (Sachregister s. v. „Liquidität") Berlin 1910; Bosenick, Neudeutsche gemischte Bankwirtschaft, I. Bd., München 1912 (S. 137 ff.); meine „Kontrolle". Frankfurt a. M. 1923 (Finanzverwaltung). Wirtschaftslehre, § 18.

Man hat zu unterscheiden:

1. Die **bilanzmäßige Zahlungsbereitschaft**, wie sie sich auf Grund der Jahresbilanz oder der Zwischenbilanzen unter bestimmter Gruppierung der Aktiva und der Schulden rein zahlenmäßig, man kann sagen, schematisch ergibt, die Bilanzzahlen als **Quantitätszahlen** aufgefaßt. Von den sofort greifbaren flüssigen Mitteln werden die sofort fälligen und kurzfristigen Schulden in Abzug gebracht. Der Zahlenunterschied gibt an, ob und inwieweit die greifbaren Mittel zur Deckung der erwähnten Schulden ausreichen.

2. Die tatsächliche, die **innere** Liquidität, wie sie sich darstellt, wenn die **Qualität** der Bilanzzahlen in Berücksichtigung gezogen wird. Diese Berechnung ist ungleich schwieriger, aber auch wertvoller als jene unter 1. Sie ist schwieriger, weil die Jahresbilanzen nicht unter dem Gesichtspunkt der Zahlungsbereitschaft aufgestellt werden. Sie lassen in dieser Hinsicht die nötige Klarheit vermissen. Die Aktivseite muß **freies** und **gebundenes** Vermögen (S. 253) trennen, die Deckung der Debitoren, die Laufzeit der befristeten Forderungen, wie Wechsel- und Buchforderungen, angeben. Die Schulden sollen nach ihrer Laufzeit in **sofort** und **kurzfällige** sowie **feste** Schulden unterteilt werden, die Debitoren (entsprechend der Stückelung der Hypothekendarlehen der Hypothekenbanken) nach geographischen Gebieten, nach der Höhe der Einzelkredite, Gruppierung der Buchkredite nach Geschäftszweigen usw.

Die Liquiditätsberechnung auf Grund einer Bilanz darf nicht die Aktivseite allein betrachten. Ein Teil der flüssigen Mittel bleibt stets durch die Deckungsdringlichkeit der Schulden gebunden. Die Depositengelder der Banken beispielsweise sind nicht in ihrer vollen Höhe frei verfügbar, ein Teil der Barmittel muß stets zins- und ertraglos zur Wiederauszahlung an die Depositengläubiger bereitgehalten werden, ebenso für andere sofort fällige Verbindlichkeiten, wie Dividenden und Zinsscheine, tägliches Geld der Börse. Die Häufigkeit und Regelmäßigkeit des Geldbedarfs für die Schuldentilgung und Bestreitung der laufenden Ausgaben der Unternehmung sollen bei Beurteilung der Angemessenheit flüssiger Mittel berücksichtigt werden.

Der Gliederung der flüssigen Mittel nach dem Grade ihrer Verfügbarkeit muß eine Ordnung der Schulden nach dem Grade ihrer Deckungsdringlichkeit parallel gehen. Der Flüssigkeitsgrad ist nicht einfach zu ermitteln. Gewöhnlich werden Buchforderungen im allgemeinen in eine niedrigere Klasse verwiesen, und doch ist die größere oder geringere Nähe des Verfalltages der Forderung, die Einbringlichkeit, die verzögerte Zahlungsweise in einzelnen Geschäftszweigen mit zu berücksichtigen. Auch die Möglichkeit einer vorzeitigen Einziehung der Forderungen unter Zinsennachlaß ist zu erwägen. In-

und ausländisches Bargeld, Reichsbankgiroguthaben, mit Ausschluß des eisernen Bestandes, fällige Zins- und Dividendenscheine gelten als liquide Mittel erster Ordnung. Fundierte Schulden, d. h. durch Pfand gesicherte Schulden, binden flüssige Mittel. Wer Effekten verpfändet und mit einem Darlehn von 80% oder 90% des Kurswerts belastet, der verliert die freie Verfügung auch über den nicht zur Schuldendeckung bestimmten Teil (10%, 20%) dieser Wertpapiere, hat sogar mit der Möglichkeit des Nachschusses, Deckung oder der Teilrückzahlung zu rechnen, wenn der Kurswert der verpfändeten Wertpapiere unter einen vertraglich bestimmten Kurs sinkt. Wer eine Sicherungshypothek für einen Bankkredit bestellt, schließt das Pfandobjekt als Geldbeschaffungsmittel aus, was eine Vermehrung der frei verfügbaren Mittel hindert. Jede Sicherung eines empfangenen Kredits durch Verpfändung beweglichen oder unbeweglichen Vermögens ist mit der Ausscheidung dieses Gegenstandes oder Rechts (Buchforderungen) aus der Summe der frei verfügbaren Geldbeschaffungsmittel gleichbedeutend.

Die Berechnung der greifbaren Mittel einer Unternehmung hat die Möglichkeit in Erwägung zu ziehen, auf Grund vorhandener freier Mittel niedrigerer Ordnung oder auf Grund unbelasteten immobilen Vermögens Geld durch Aufnahme fundierter oder nichtfundierter Schulden zu beschaffen. Auch mit der Möglichkeit der Beschaffung eigenen Kapitals durch Ausgabe neuer Aktien, vielleicht mit einem erheblichen Aufgeld, Einforderung von Nachschüssen u. ä. ist zu rechnen; dann damit, daß Gewinnverteilungsgesellschaften die an sich verhältnismäßig geringen liquiden Mittel durch Ausschluß der Verteilung, durch Ansammlung offener oder stiller Reserven binden können. Endlich ist die Umsatzschnelligkeit der weniger flüssigen Vermögensbestandteile, wie z. B. der Kaufpreisforderungen, d. h. die Dauer der vorübergehenden Immobilisierung des Betriebskapitals in solchen Beständen, das automatische Nachströmen flüssiger Mittel durch Zahlung der Warenschuldner des Betriebes zu berücksichtigen.

Der Bestand an flüssigen Mitteln ist naturgemäß zu den verschiedenen Zeiten des Geschäftsjahres verschieden groß und ist Schwankungen unterworfen. Bedarf und Bestand an solchen Betriebsmitteln brauchen sich nicht die Wage zu halten, wenn der Unternehmer in der Lage ist, aus den Geldreserven den den Bestand übersteigenden Bedarf zu decken, ohne in Zahlungsschwierigkeit zu geraten. Für die Frage der Liquiditätsberechnung scheint uns entscheidend zu sein, diese Geldreserven richtig einschätzen zu können. Eine Reserve steht nach herkömmlicher Anschauung hinter der Front, nicht vor der Front, wie Schmalenbach[1]) treffend bemerkt. Kennt man diese Reserven nicht

[1]) Bankarchiv 1904, S. 72.

oder kann man sie nicht mit genügender Sicherheit einschätzen, so haben Liquiditätsberechnungen kaum mehr Wert als den einer rechnerischen Spielerei. Steht beispielsweise ein Bankkredit in Höhe von 400 000 M. zur Verfügung und sind davon nur 280 000 M. verbraucht, so bilden 120 000 M. die in der Jahresschlußbilanz nicht in Erscheinung tretenden Bankgeldreserven dieses Betriebes.

Die Unterscheidung zwischen Deckungsmöglichkeit und Deckungsdringlichkeit der Schulden und der Barausgaben ist von größter Wichtigkeit. So wird die Dauer des empfangenen und des gegebenen Kredits im Warenhandel mit zu berücksichtigen sein. Ein Mißverhältnis zwischen beiden kann vorteilhaft oder nachteilig werden, je nachdem die Kreditfristen für die gegebenen Kredite kleiner oder größer sind als jene des empfangenen Warenkredits. Wo das Mißverhältnis zuungunsten des Unternehmers geht, muß der Geldkredit lückenfüllend einspringen, soweit die eigenen Mittel nicht genügen.

Die Verwendung flüssiger Mittel, die im Wege des Schuldenmachens in den Besitz des Unternehmers gelangt sind, sollen sich nach der rechtlichen Grundlage und der Dauer der Schuld richten. Kurzfristige Gelddarlehen sollen nicht zur Beschaffung von Anlagevermögen verwendet werden. Es wäre z. B. geschäftspolitisch unklug, Anlagekapital mit Hilfe kurzfristiger Wechsel zu beschaffen. Die Rückzahlungsfrist steht hier nicht in Übereinstimmung mit der Rückzahlungsmöglichkeit aus dem Ertrag des Kreditkapitals. Die Vermehrung des Anlagevermögens wird erst langsam den Ertrag steigern, weshalb nur ein langfristiges Kreditkapital für die Beschaffung in Frage kommen kann, ein Kreditkapital, das nur den Ertrag der Unternehmung belastet und dessen Rückzahlungstermin nicht Gefahr in sich birgt, dem Betriebe vorzeitig liquide Mittel im Übermaße zu entziehen. Soweit im Wege des Kredits nicht Barmittel, sondern andere Betriebsmittel erworben werden, z. B. Waren, Rohstoffe usw., ergibt sich die Verwendung solcher Kreditkapitalien von selbst.

Wie jede Kritik der Bilanzzahlen muß auch das Verhältnis der flüssigen Mittel zu den nicht flüssigen *relativ* betrachtet werden. Ein großer Lagerbestand an Waren oder Rohstoffen kann durch höheren Absatz oder größeren Auftragsbestand, durch gute Konjunktur, günstigen Einkaufspreis und manches andere bedingt sein. Es ist aber auch möglich, daß Anschaffung und Veräußerung der Lagerbestände nicht im richtigen Verhältnis zueinander stehen, daß der Unternehmer auf seinen Vorräten „sitzen" geblieben, eine Absatzstockung eingetreten ist, daß sich die Bedarfsdringlichkeit des Marktes etwas über die normale Jahreszeit hinaus verschoben hat. Bestellungen wurden rückgängig gemacht, beispielsweise bei rückläufigen Preisen, es können Waren auf Abruf verkauft worden sein, die noch nicht bezogen wurden, oder der Bilanztag fällt in die Hochsaison des

Verkaufes und bedingt dadurch entsprechend große Lagerbestände usf. Hier wie überall darf nicht das rechnungsmäßige Ergebnis der Bilanzbetrachtung allein das Urteil bestimmen, es müssen auch die wirtschaftlichen Verhältnisse der Unternehmung, des Erwerbszweiges, der ganzen Volkswirtschaft mitberücksichtigt werden.

Versuchen wir, die Bilanz einer Kreditaktienbank, für die die Zahlungsbereitschaft im volkswirtschaftlichen Interesse besonders wichtig erscheint, unter dem Gesichtspunkt der Liquidität zu gruppieren. Ordnen wir zunächst die Schulden nach ihrer Fälligkeit:

P. 1. Sofort fällig sind: Scheckguthaben, „tägliches" Geld im Börsenverkehr, Depositengelder mit täglicher Kündigung, der größere Teil des Reingewinns einer Aktiengesellschaft. Scheckguthaben als Grundlage des Zahlungsverkehrs werden vor großen Zahlungsterminen in erhöhtem Maße abgehoben, Depositengelder bleiben erfahrungsgemäß kürzere oder längere Zeit bei der Bank. Die Auszahlungsbeträge des Reingewinns werden durch Beschluß der Generalversammlung sofort fällig, scheiden aber für die Beurteilung der Liquidität aus, weil zwischen Bilanz- und Auszahlungstag ein erheblicher Zeitraum liegt. Überhaupt ist zu bemerken, daß alle Liquiditätsberechnungen auf Grund der Bilanzveröffentlichungen post festum kommen und schon dadurch erheblich an Wert verlieren.

P. 2. Forderungen der Kunden mit kurzer Kündigungsfrist:

a) Depositengelder mit vereinbarter Fälligkeits- oder Kündigungsfrist (Termin- und Kündigungsdepositen). Sie müssen im Geschäftsbericht oder in der Jahresbilanz nach Kündigungsfristen unterteilt sein, wenn man ihren Einfluß auf die Liquidität der Mittel beurteilen will.

b) Akzeptverbindlichkeiten: Tratten gegen Guthaben oder Unterlagen, z. B. Rembourswechsel im Warenhandel; Tratten ohne Guthaben auf Grund eines Blankokredits; eigene Akzepte als Geldbeschaffungsmittel (Verkauf eigener Akzepte); Avalverbindlichkeiten. Unter den Tratten sind die Kreditakzepte, die in normalen Fällen mit den Mitteln des Ausstellers eingelöst werden, eingerechnet. Den Avalverbindlichkeiten stehen in der Regel gleichwertige Avalforderungen gegenüber. In normalen Zeiten können Kreditakzepte und Avalverpflichtungen bei der Liquiditätsberechnung ausscheiden, in anormalen ist wichtig zu wissen, ob der Kreditvertrag jederzeit kündbar und ob für die Akzepte genügende Deckung vorhanden ist.

c) Kontokorrentkreditoren, in der Regel ohne bestimmte Verfallzeit. Die Bilanz müßte auch hier zwischen gedeckten und nichtgedeckten Schulden unterscheiden, weil wertvolle liquide Mittel häufig durch Verpfändung der Verfügungsgewalt des Eigentümers entzogen werden.

d) Ordnungsmäßig sind die Giroverbindlichkeiten aus indossierten Wechsel aufzuführen, ohne sie bei der Liquiditätsberechnung zu berücksichtigen.

P. 3. Langfristige Schulden (Hypotheken, feste Darlehen).

P. 4. Unkündbare Anleiheschulden.

Wir analysieren in ähnlicher Weise die wichtigsten Aktivbestände und ordnen sie nach ihrer Greifbarkeit [1]):

A. 1. Sofort greifbare Mittel:

a) Bargeld, fällige Zins- und Dividendenscheine, Sorten.

b) Reichsbankguthaben, mit Ausschluß des eisernen Bestandes, für Berliner Banken Guthaben beim Kassenverein.

Der Kassenbestand kann vorübergehend hoch sein, für die Zwecke der B. künstlich erzeugt durch Diskontierung großer Wechselmengen bei der Reichsbank, so daß der größeren Flüssigkeit auch größere Wechselgiroverbindlichkeiten gegenüberstehen; denn die Annahme eines Wechsels von der Reichsbank bedeutet noch nicht eine Garantie für seinen tatsächlichen Eingang. Thorwart meint, die Ansprüche an die Banken seien gegen Ende des Jahres so bedeutend, daß sie darauf verzichten müssen, eine Liquidität zu heucheln, die sie nicht besitzen [2]).

c) Bankguthaben auf Konto nostro. Daß auch Nostro-Bankguthaben nicht immer sicher und greifbar sind, lehren die zahlreichen Bankbrüche der letzten Jahrzehnte. Unter Bankguthaben werden vielfach Forderungen verbucht, die auf den Ausleihungen größerer an kleinere Banken beruhen, die richtiger als Debitoren von Banken und Bankiers bezeichnet werden. Das Bankguthaben ist durchaus nicht immer als leicht greifbar anzusehen.

d) Unter den Wechselbeständen, mit Ausscheidung der Inkassowechsel, sind bankfähige in- und ausländische Wechsel, mit Giro versehen, ohne weiteres anzubringen. Von diesen Beträgen müßte ein erfahrungsmäßig bestimmbarer Verlust an Wechseln abgesetzt werden. Die Größe dieser Verluste läßt sich aus den Berichten der Reichsbank annähernd schätzen (Verhältnis zwischen diskontierten und zurückgegebenen Wechseln). In Krisenzeiten können auch die besten Wechsel zahlungsunsicher werden, aber auch in normalen Zeiten läßt sich der Wechselbestand künstlich erhöhen durch Umwandlung von Buchforderungen in Wechselforderungen, wenn ein zu hoher Debitorenbestand verringert oder Kontokorrentforderungen bei Kunden liquidiert werden sollen (Kontenwechsel); oder der Bankkunde gibt seine eigenen Akzepte zur Diskontierung, um seine Bankschuld zu vermindern.

Den Wechselbeständen werden auch kurzfristige Schatzanweisungen zugerechnet. Im Wechselbestand eingeschlossen sind die Re-

---

[1]) Vgl. die Bilanzschemata von Loeb in den Schriften des Vereins für Sozialpolitik, Bd. 110, 317 ff.; Weber, Depositenbanken und Spekulationsbanken. Leipzig 1902, S. 278 ff.

[2]) Bankarchiv 1904, Nr. 4.

diskontierungen kleiner Banken bei den Großbanken, eigene Akzepte, Ziehungen der Banken auf ihre Kunden.

Die nichtbankfähigen Wechsel, z. B. solche mit überlanger Laufzeit, sind auszuscheiden, ebenso die nichtbankfähigen Sicherheitswechsel für Vorschüsse. Die Trennung zwischen bankfähigen und nichtbankfähigen Wechselbeständen ist einem Fernstehenden nicht möglich. Eine vorsichtige Schätzung der Zahlungsbereitschaft wird deshalb auf die Wechselbestände einen Abschlag anrechnen und überdies die Laufzeit der Wechsel berücksichtigen.

e) Eigene Effekten [1]) in folgender Rangordnung:

α) Börsengängige Werte: Mündelsichere; andere Anlagepapiere; Dividendenpapiere. In der Regel haben die inländischen den Vorzug vor den ausländischen Papieren.

β) Nichtbörsengängige Werte scheiden aus, ebenso

γ) die zum dauernden Besitz bestimmten Aktien (Beteiligungseffekten).

Der Realisationswert der Effekten ist sehr ungleichartig und schwer zu beurteilen. Einzelne Geschäftsberichte geben über die Zusammensetzung dieser wichtigen Bilanzziffer Aufschluß, sogar über die Mengen der Einzelbestände und deren Bilanzkurse, eine Spezifikation, welche die Beurteilung des Zinsenerträgnisses, der Verteilung des Risikos und der Sicherheit der Kapitalanlage ermöglicht, einen Einblick in die Emissionstätigkeit der Bank, die Art der Kapitalanlage, die Verbindung mit der Industrie gestattet. Die Effekten des Reservefonds, der Pensions- und Wohlfahrtsreserven werden nur bedingungsweise zu den flüssigen Mitteln zu zählen sein. Viele Bankkritiker scheiden die Effektenbestände von den leicht greifbaren Mitteln ganz aus, andere zählen sie ganz oder teilweise dazu.

δ) Konsortialeffektenbestände (Gemeinschaftseigentum).

A. 2. Kurzfristige Anlagen: a) auf einen Monat ausgeliehen sind Reportgelder gegen Hereinnahme von Wertpapieren, eine Art gedeckter Debitoren. Das Pfand ist veräußerlich, wenn die Zahlungsunfähigkeit des Darlehnsnehmers eintritt. Als Pfand können auch geringwertige, schwer realisierbare Werte dienen, vielleicht solche, die von der Bank selbst emittiert, der Kundschaft auf Kredit verkauft sind.

b) Auf einige Monate festgelegt sind häufig Lombarddarlehen der Banken gegen börsengängige und nichtbörsengängige Wertpapiere sowie gegen Waren.

A. 3. Debitoren, darunter auch langfristige Industriekredite. Zu unterscheiden sind:

---

[1]) Bankbetrieb und Bankgeschäfte, 7. Aufl. Frankfurt a. M., 1925, S. 577 ff.

a) Debitoren, gedeckt durch börsengängige und nichtbörsengängige Effekten, durch Hypothek, Bürgschaft, Wechsel, börsengängige Waren und andere Sicherheiten, wie Konnossemente, Lagerscheine.

b) Nicht besonders gedeckte Debitoren, z. B. Bankguthaben, Blankokredite, häufig auch Rembourskredite.

c) Avaldebitoren als Gegenposten für Avalverpflichtungen.

Die Sicherheiten gedeckter Debitoren müssen nicht immer erstklassig sein. Aus dem Verhältnis zwischen gedeckten und nichtgedeckten Debitoren einen berechtigten Schluß zu ziehen, ist nur dem möglich, der den Grad der durch die Deckung gewährten Sicherheit kennt. Blankokredite gelten im allgemeinen hinsichtlich ihrer Sicherheit und Liquidität für besser als gedeckte Kredite, da die geschäftlichen und sonstigen Verhältnisse eines Blankokredit verlangenden Kunden mit kritischerem Maßstabe gemessen werden, wie wenn der Kunde Sicherstellung anbietet.

Die Debitorensumme enthält auch die Gegenwerte der Akzeptverbindlichkeiten der Bank, soweit Tratten auf die Bank in Frage kommen. Schuldumwandlungen durch Trassierung eines Kreditgläubigers scheinen seltener zu sein. Die Bilanzkritik rechnet Debitoren nicht zu den flüssigen Mitteln, obgleich ein Teil in kurzer Zeit eingetrieben werden kann. Man müßte die befristeten Aktiva, also auch die Debitoren und Lombards, trennen nach ihrer Laufzeit bzw. der Kündbarkeit der gewährten Kredite.

Schon dieser Gruppierungsversuch [1]) zeigt, welch unerfüllbare Voraussetzungen für eine praktisch brauchbare Berechnung der Zahlungsbereitschaft gemacht werden müssen. Solche Berechnungen, in Zeitungskritiken der Bankbilanzen beispielsweise, bleiben eben stets Rechnungsoperationen, willkürliche Zusammenfassung und Zusammenstellung von Bilanzzahlen, für deren Zuverlässigkeit die wichtigsten Unterlagen fehlen: die Kenntnis der Güte und des Grades der Greifbarkeit der gewöhnlich zu den liquiden Mitteln gerechneten Aktiva. Sie stützen sich auf das Augenblicksbild eines Tages, neuerdings auch auf die Durchschnittsbilanzen der Kreditbanken. Die Methoden der Berechnung sind nicht einheitlich. Stellt man solche Berechnungen für normale Zeitläufe auf, werden sie andere Ergebnisse bringen wie Berechnungen für Zeiten der Krisen, des Krieges usw. Immerhin liefern Liquiditätsberechnungen bei gleichmäßiger Anwendung einer Methode interessante Vergleichszahlen für Unternehmungen der betreffenden Erwerbsgruppe und für die einzelnen Unternehmungen

---

[1]) Ein belgischer Kommissionsentwurf (1883) klassifizierte:

Actif immobilisé	Dettes de la société envers elle-memes (!)................
„ réalisable à long terme........	Dettes à long terme ....
„ disponible ou réalisation à court terme	„ exigibles à court terme

zit. nach Verley, Le bilan dans les sociétés anonymes. Paris 1906 (p. 111).

selbst. Sie sind auch in ihrer Unvollkommenheit ein wertvolles Hilfsmittel für die Beurteilung einer Unternehmung. Einen guten Maßstab für die Liquidität der Banken während des Berichtsjahres gibt das Studium der Wochenausweise der Reichsbank, der Zentralgeldquelle auch der Kreditbanken. Verschlechtert sich der Status der Reichsbank infolge der bedeutenden Geldansprüche, dann dürften sich die liquiden Mittel der Privatbanken keinesfalls erhöhen. Bei zunehmender Geldknappheit dürfte auch die Zahlungsbereitschaft der Banken abnehmen.

Zu den flüssigen oder disponiblen Mitteln im allgemeinen können nur die nicht durch Vertrag usw. gebundenen Vermögensobjekte gerechnet werden. Der Wertunterschied zwischen der Summe der bereiten Mittel und der Summe der Verbindlichkeiten, die Liquiditätsquote, gibt den Betrag der „Überdeckung" oder der „Zuschußdeckung" an, d. h. jenen Betrag, der zur sofortigen Deckung aller Verbindlichkeiten „aus den Debitoren" zu nehmen ist. Doch sind die Buchforderungen nur insoweit greifbar, als sie durch leicht realisierbare Werte gedeckt und die Vorschüsse nicht durch Vertrag auf eine bestimmte Zeit gebunden sind. Die disponiblen Mittel werden absolut anwachsen mit dem Anwachsen der Verbindlichkeiten, relativ hingegen ist ein Sinken im Verhältnis zu dem Anschwellen der Verbindlichkeiten zu beobachten.

Die Bedeutung der Liquidität ist für die Erwerbsgruppen naturgemäß sehr verschieden. Bei Hypothekenbanken beispielsweise spielt sie eine untergeordnete Rolle, weil sich diese Banken die notwendigen Gelder durch Pfandbrief- und Aktienausgabe beschaffen können. Auch für Straßen- und Eisenbahnen, Elektrizitäts-, Gaswerke hat die Zahlungsbereitschaft geringe Bedeutung. Ihre Ausgaben sind ziemlich genau im voraus feststellbar, in bestimmten regelmäßigen Terminen wiederkehrend, ihre Einnahmen gehen mit bestimmter Regelmäßigkeit ein. Für eine Industrieunternehmung ist eine geringere Zahlungsbereitschaft dann bedeutungslos, wenn sie kreditwirtschaftlich sehr stark ist, d. h. Geldkapital jederzeit erlangen kann oder über entsprechende Geldreserven verfügt. Ein größerer Bestand an jederzeit verfügbaren Mitteln ist für Depositen- und solche Banken zu fordern, die neben sonstigen Kreditgeschäften Depositengelder in erheblichem Umfang annehmen, also Banken, bei denen eine große Zahl von Gläubigern berechtigt ist, ihre Einlagen jederzeit zurückzufordern. Die Praxis wird auch hier das richtige Verhältnis zwischen Zahlungsbereitschaft und Deckungsdringlichkeit finden [1]).

Bisher war von der Liquidität der Bankbilanzen die Rede, die das Verhältnis zwischen Deckungsdringlichkeit und Deckungsmöglichkeit

---

[1]) Vgl. Mellerowicz, Zur Frage der volkswirtschaftlichen Liquidität der deutschen Banken. Bankwissenschaft, 1927, Heft 11/12.

betrachtet. Anders geartet ist die Frage nach den genügenden Betriebsmitteln, beispielsweise bei industriellen Unternehmungen, oder genügenden Fonds zur Ausdehnung des Geschäftsbetriebes: eine Frage der Geldbeschaffung.

Auch für die schätzungsweise Berechnung des Geldbedarfes und des finanziellen Standes auf Grund der Bilanz sei ein (älteres) Beispiel angeführt (aus der Frankfurter Zeitung vom 22. I. 1908):

Die Bilanz des Norddeutschen Lyold für Ende 1906 ergab in Bar, Bankguthaben, Ausständen, Ausrüstungen, Kassenbeständen bei Agenturen usw. ℳ 22,05 Mill., wovon als verfügbar schätzungsweise ℳ 15 Mill. angenommen seien. Dazu kommen ℳ 2,65 Mill. Anzahlungen auf die Neubauten und ℳ 18,75 Mill., die aus der Aktienmission zur Verfügung standen, so daß als Guthaben insgesamt ℳ 36,40 Mill. anzunehmen waren. Demgegenüber waren an Dividenden und Tantiemen ℳ 8,93 Mill. zu zahlen und von den ℳ 30,40 Mill. Kreditoren an Bauschulden schätzungsweise noch ℳ 25 Mill. zu decken, insgesamt also rund ℳ 34 Mill., so daß für die Neubauten nur rund ℳ 2½ Mill. verfügbar waren.

An Neubauten kommen nun für das Jahr 1907 und etwa für das laufende Quartal noch in Betracht: eine neu gelieferter Schnelldampfer mit rund ℳ 16 Mill. zwei neugelieferte Reichspostdampfer mit zus. ℳ 9 Mill. und ein Frachtdampfer mit ℳ 1,50 Mill., ferner die zwei Dampfer zus. etwa ℳ 4 Mill., ein amerikanischer Fracht- und Passagierdampfer mit ℳ 2,50 Mill., drei chinesische Küstendampfer mit mindestens ℳ 1,50 Mill., für gekaufte Aktien der Hamburg-Bremer Afrikalinie ℳ 2,50 Mill., ferner an bereits im Jahre 1907 vom Stapel gelassenen, also demnächst voll zahlbaren Dampfern: der Newyorker Riesendampfer „Prinz Friedrich Wilhelm“ mit etwa ℳ 9 Mill., die zwei Reichspostdampfer „Derflinger“ und „Lützow“ mit etwa ℳ 9 Mill. und der südamerikanische Fracht- und Passagierdampfer „Gießen“ mit ℳ 2,50 Mill., also ein Gesamtbedarf von rund ℳ 57½ Mill. Dagegen waren außer den obenerwähnten verfügbaren ℳ 2½ Mill. die in gleicher Höhe wie im Vorjahr, nämlich mit ℳ 16 Mill. angenommen Rückstellungen, also zusammen ℳ 18½ Mill., vorhanden, so daß der gegenwärtige Geldbedarf des Llyod mit etwa ℳ 29 Mill. zu berechnen ist.

Im Bau befinden sich zurzeit und sollen in 1908 fertig werden: ein Riesendampfer für etwa ℳ 15 Mill. und ein Schwesterschiff von „Prinz Friedrich Wilhelm“ für ℳ 9 Mill., so daß also der Lloyd, wenn er sich jedes neuen Auftrags enthalten kann, außer dem jetzt zu deckenden Bedarf von etwa ℳ 30 Mill., noch im laufenden Jahre 1908 aus den Rücklagen des Jahres 1908 und durch Emission weitere ℳ 25 Mill. zu decken haben dürfte.

Die liquiden Mittel bilden nicht die einzigen Geldreserven einer Unternehmung. Abgesehen von der Möglichkeit der Zuführung neuer Mittel durch a) Kapitalerhöhung in den verschiedenen Formen (Einlage, Beteiligung, Umgründung, Aktienausgabe u. dgl.), bei Kapitalgesellschaften mit chronischem Geldmangel durch entsprechende b) Sanierungsmaßregeln (Zuzahlungen, Zusammenlegung und Ausgabe neuer Aktien), oder c) durch Inanspruchnahme des eigenen Kredits (Kontrahierung neuer Schulden) gibt es noch andere stille und offene Geldreserven. Wir erwähnen bespielsweise den noch nicht erschöpften

Bankkredit — wenn die Bankschulden unter dem vereinbarten Höchstbetrag geblieben sind —, noch nicht begebene, aber jederzeit begebbare Obligationen [1]), die fehlenden Einzahlungen der Gesellschafter, die Nachschußpflicht bei Zubußegesellschaften (Gewerkschaft, G. m. b. H.), eine Rentabilitäts- oder eine Dividenden-Garantie. Endlich ist zu erwägen, daß Gewinnverteilungsgesellschaften durch Ausschluß der Gewinnverteilung, hohe Abschreibungen und Schaffung offener und stiller Reserven liquide Mittel erhalten können.

Wir bringen das vereinfachte Schema einer täglichen Liquiditätsbilanz einer Großbank:

Aktiva	Passiva
1. Kasse, Zinsscheine	1. Nostro-Kreditoren (tägl. fällig):
2. Nostro-Debitoren (Reichsbank, Postscheck, Kassenverein u. ä.)	Nostro-Konten
3. Tägliches Geld	Tägliche Gelder
4. Unverzinsliche Schatzanweisungen	2. Loro-Kreditoren (täglich fällig):
5. Privatdiskonten	Banken
6. Bankgirierte Warenwechsel	Privatkundschaft
Liquide Mittel I. Ordnung	Noch nicht verbuchte Giroüberweisungen
7. Wechsel	Guthaben der Angestellten
8. Sorten	3. Termin-Kreditoren:
9. Effekten	Banken
10. Reportgelder	Kurzfristige Gelder
Liquide Mittel II. Ordnung	Monatsgelder
11. Loro-Debitoren (Konten-Überziehungen)	Gelder über drei Monate
12. Termin-Debitoren:	Langfristige Gelder
Laufende Kredite an Banken u. Private	Konsortialbeteiligungen
Kurzfristige Kredite	
Monatsgelder	
Terminkredite (über 3 Monate)	
Langfristige Kredite	
Konsortialbeteiligungen	

Diese Liquiditätsbilanz wird durch eine Rentabilitätsübersicht ergänzt, das ist eine Darstellung der Summe der Einnahmen aus Zinsen und Provisionen mit entsprechender Unterteilung, der Summe der Ausgaben für Handlungsunkosten, Rückdiskont, Kreditorenzinsen usw.

[1]) Z. B. $4\frac{1}{2}\%$ Obligationen ...... 4 Mill.
÷ davon im Portefeuille ...... 2 „ 2 Mill.

25. Abschnitt.

Kontenkritik und Bilanzrechnungen.

Durch die kontenmäßige Zusammenfassung aller wirtschaftlichen Ereignisse wird die Gesamtwirtschaft in Einzelwirtschaften, das Ganze in seine kleinsten Teile zerlegt, dargestellt durch Konten. Somit muß die Kritik der Ergebnisse mit der kritischen Untersuchung der Konten-Ergebnisse beginnen. Dazu ist erforderlich, daß man sich über die Funktion des Kontos im gesamten Rechnungsorganismus klar ist, seinen materiellen Inhalt kennt. Die üblichen Kontenüberschriften (Soll, Debet usw.) sind nichtssagend. Die formale Richtigkeit des Kontos vorausgesetzt — Anfangsbestand = Schlußbestand des Vorjahres, richtige Übertragung der Grundbuchungen aus den Memorialen, richtige Buchung der Geschäftsfälle, d. h. Aufteilung der Zahlen auf die richtigen Konten, Verrechnung aller dem gleichen wirtschaftlichen Zwecke dienenden Geschäftsfälle auf dem gleichen Konto — beginnt die Kritik mit der rechnerischen Bearbeitung der Kontenzahlen, der sich die relative Betrachtung anschließt [1]). Zunächst erstreckt sich die Kontenkritik auf die für das betr. Unternehmen charakteristischen Konten (Beispiele Bd. I, S. 246 ff., 258 ff., 290 ff.).

Beispiele: 1. Das Tratten-Konto einer gemischten Hypothekenbank.

Der Gesamtumsatz dividert durch den Durchschnittssaldo (78,76:159,69 = 4,93); dann 365 Tage: 4,93 gibt eine durchschnittliche Laufzeit [2]) der Tratten von etwa 75 Tagen. Der Durchschnittssaldo ist kleiner als der Bilanzsaldo Ende des Jahres. Am Ende der Quartale sind die Ausschreibungen auf die Bank am kleinsten, sie, aber auch die Einlösungen, erreichen ihren höchsten Stand bei Beginn eines Quartals, so daß der Schluß berechtigt ist, anzunehmen, daß größere Beträge der Neuausschreibungen Renovationstratten sind.

2. Über das Lesen und die Gliederung von Personen-Konten vgl. Bd. I, S. 43, 170, 236 ff.

---

[1]) Vgl. auch Ehlers, Kreditgenossenschaftliche Probleme, Thünen-Archiv 1906, S. 775 ff.; Schaer, Konsumverein und Warenhaus. Archiv für Sozialwissenschaft und Sozialpolitik Bd. XXXI Heft 2.

Über die Auswertung und den wirtschaftlichen Inhalt der Buchführung vgl. Aereboe, Landwirtschaftliche Rentabilitätsfragen, Berlin 1901; Laur, Grundlagen und Methoden der Bewertung, Buchhaltung und Kalkulation in der Landwirtschaft, Berlin 1911.

„Die doppelte Buchführung bedeutet für die Betriebslehre, was die Analyse für die Chemie" (Laur a. a. O. 476; „analytische" Buchführung, S. 473).

[2]) Allgemein: $\frac{\text{Durchschnittssaldo} \times 365}{\text{Summe}}$.

Bilanzsaldo am 31. Dezember: 16 210 854.

Einlösung	Vorbemerkung		Tratten-Obligo am	
—	Bilanz 1. Jan.	13 042 358	—	
6 330 762	31. Jan.	7 298 398	31. Jan.	14 009 994
4 059 111	Febr.	5 149 925	28. Febr.	15 100 808
2 594 100	März	3 635 252	31. März	16 141 960
6 780 041	April	7 536 733	30. April	16 898 652
6 294 376	Mai	5 712 153	31. Mai	16 316 429
3 306 624	Juni	3 599 422	30. Juni	16 609 227
8 189 825	Juli	7 987 893	31. Juli	16 407 295
4 896 093	Aug.	5 186 303	31. Aug.	16 697 505
3 644 353	Sept.	3 583 728	30. Sept.	16 636 880
8 349 044	Okt.	7 418 122	31. Okt.	15 705 958
5 099 002	Nov.	4 944 028	30. Nov.	15 550 984
3 003 116	Dezbr.	3 662 986	31. Dezbr.	15 550 854
62 546 447	Umsatz	78 757 301	Durchsch.-S.	15 968 877

3. **Fabrikations-Konto** einer Metallwarenfabrik und dessen **kalkulatorische** Verarbeitung[1]):

Lagerbestände am Ende des Bilanzjahres		M 74 220,—	
Versand der Fertigwaren (abzüglich Frachten, Provisionen)		„ 591 447,91	
Produktion		M 665 667,91	= 100%
Rohmaterialien u. Fracht	M 401 368,19 (= 73,3% der Selbstkosten		= 60,3% der Produktion
Arbeitslöhne	„ 92 753,17 (= 16,9% der Selbstkosten		= 14,0% der Produktion
Betriebskosten	„ 25 753,68 (= 4,7% der Selbstkosten		= 3,9% der Produktion
Handlungsunkosten	„ 27 523,61 (= 5,1% der Selbstkosten		= 4,1% der Produktion
Selbstkosten		M 547 398,65	= 82,3% der Produktion
Fabrikationsgewinn		M 118 269,26	= 17,7% der Produktion

Arbeitslöhne und Betriebskosten verhalten sich wie 93: 26, rund 100: 30, Handlungs- und Herstellungskosten (M. 519 875,04) wie 28: 520, rund 54: 1000. Die Betriebskosten werden gedeckt durch einen Aufschlag von 30% auf den Arbeitslohn, die Handlungskosten durch 5,5% Zuschlag zum Herstellungspreis (oder 30% zum Lohn). Mit 100 M. Verkaufserlös werden Arbeitslohn (14) und Unternehmergewinn (17,7) ungefähr zu gleichen Teilen bezahlt; auf 100 M. Lohn entfallen etwa M. 127,— Unternehmergewinn. Der wichtigste Rentabilitätsfaktor dieser Unternehmung ist der Einkauf von Rohmaterialien; Arbeitslöhne und Kosten machen rund 25% der Selbstkosten, etwa 75% entfallen auf die Rohstoffe.

Als 4. Beispiel sei das **Warenkonto** einer Kriegsgesellschaft wiedergegeben, das wegen der Rückbuchungen früherer Rückstellungen unter den Kreditoren interessiert.

[1]) Fabrikations-Konto

Selbstkosten (wie oben)	547 398,65	Verkauf	591 477,91
		Lagerbestände	74 220,—

Waren-Konto

Wareneinkäufe lt. Einkaufsbüchern		232 254 931,38	Verkäufe lt. Verkaufsbüchern		316 949 166,41
Übertrag auf Unterstützungskonto (1918 gezahlte Unterstützungen)		7 198,—	Rückbuchung der Abschreibungen auf Effekten-Konto		
			in 1917	ℳ 30 000,—	
			in 1919	„ 750 000,—	780 000,—
Übertrag auf Reservefondskonto (Erhöhung des Reservefonds entsprechend der Kapitalerhöhung) ...		1 000 000,—	Übertrag zu Lasten des Effektenkontos (Gewinn an zum Nennwert in Zahlung gegebener Kriegsanleihe)		118 244,50
Übertrag auf Konto-Korrent-Konto:			Rückbuchung folgender in 1917 vorgenommener Rückstellungen durch Überträge von den Rückstellungskonten:		
Rückstellung auf Regierungskontrakte	85 000 000.—		Effekten	10 000 000,—	
Rückstellung auf zu zahlende Steuern .	4 500 000,—		Beteiligung Eisenwerke	1 400 000,—	
		89 500 000,—	Holländische Kontrakte	3 500 000,—	
Übertrag auf Gewinn- u. Verlust-Konto ..		16 180 993,50	Dubiose	4 499 716,45	19 399 716,45
			Übertrag vom Provisionskonto (Prov. auf im Auftrag des Reichs verkaufte Waren)		452 052,68
					337 699 180,04
			Warenbestand 31. Dez. 1919		1 243 942,84
		338 943 112,88			338 943 122,88

5. Beispiel: Bilanz einer Einzelunternehmung.

Konto	Umsatzbilanz		Vermögensbilanz		Ertragsbilanz	
	Soll	Haben	Aktiva	Passiva	Gewinne	Verluste
Privat	37 781,23	36,—	—	—	—	—
Kassa	84 601,92	84 445,90	156,02	—	—	—
Wechsel	9 991,67	9 986,64	—	—	—	5,03
Tapeten	58 655,48	64 938,76	26 200,—	—	32 483,28	—
Linoleum	13 074,20	12 176,01	5 405,39	—	4 507,20	—
Agentenunkosten	1 373,79	1,60	—	—	—	1 372,19
Geschäftskosten	14 578,36	14,30	—	—	—	14 564,06
Mobilien	2 566,06	28,—	1 668,—	—	—	870,06
Immobilienertrag	1 875,19	18 200,—	—	—	16 324,84	—
Kontokorrent	163 785,96	134 518,45	29 642,90	572,04	—	196,65
Akzepte	17 979,62	25 307,45	—	7 327,83	—	—
Provision	1 628,11	—	—	—	—	1 628,11
Zinsen	13,94	64,70	—	—	50,76	—
Kapital (Einlage)	—	58 187,69	—	—	—	—
			63 072,31	7 899,87	53 366,08	18 636,10
	ab Schulden		7 899,87		18 636,10	
	Gegenwärtiges Verm.		55 172,44		34 729,98	Reingew.
	Früheres Vermögen		58 187,69		16 324,84	Sp. G.
	Vermögensminderung		3 015,25		18 405,14	Geschäftsgewinn
	+ Entnahmen		37 745,23			
	Reingewinn		34 729,98			

Saldo des Privat-Kontos	37 745	
÷ Spekulationsgewinn	16 325	
bleiben Entnahmen	21 420	= 36,8% der Kapitaleinlage.
Gegen den Geschäftsgewinn von	18 405	ergibt sich
eine Kapitalverminderung von	3 015.	

Die Aktiva (63 072) betragen 114% des Endkapitals (55 172), d. h. es sind verhältnismäßig wenig fremde Mittel am Geschäft beteiligt. Die Rentabilität des Kapitals ist recht hoch (18 405: 58 188), 31,6%, die Bruttorente (Umsatzgewinn 36 900: 58 188) beträgt 63,6%.

Der bedeutende Kassenumsatz läßt darauf schließen, daß ein größerer Teil auf Barverkäufe entfällt (Detailgeschäft), wir schätzen etwa $^2/_3$ des Umsatzes. Die Trennung zwischen Bar- und Kreditverkäufen ist auf Grund der Bilanz nicht möglich, weil das Sammelsurium auf dem Kontokorrent-Konto eine Berechnung hindert; für die Kritik wäre eine Trennung von Debitoren, Kreditoren und Bankverkehr erforderlich.

Die Kundenwechsel gehen sofort an die Bank zur Gutschrift per Verfall; der Verlust von 5,03 ist gelegentlicher Diskontverlust. Vom Warenumsatz (77 115) werden 9992 M. durch Wechsel bezahlt, d. s. etwa 13% oder rund $^1/_8$ des Verkaufes.

Überflüssige Gelder gehen gleichfalls an die Bank. Auf Grund der Bücher müßte eine genauere Prüfung der Bilanzzahlen erfolgen. Bücher- und Bilanzrevision sind nicht zu trennen [1]). Die Revision wird zunächst die formelle Richtigkeit der Bilanz und der Buchführung feststellen, die Übereinstimmung der Bilanzzahlen mit den Abschlußzahlen des Hauptbuches prüfen. Dabei empfiehlt es sich, den Abschluß durch selbständige Ausarbeitung einer Abschlußtabelle nach S. 26 zu prüfen. Nachprüfung der Additionen, der Überträge von Seite zu Seite in den Grundbüchern und auf die Konten aus den Grundbüchern, und Prüfung der Seitenzahlen in den Büchern (Herausreißen der Blätter, Einfügung von Ersatzblättern!), der Verbesserungen, Rasuren ist notwendig.

Die Prüfung der sachlichen Richtigkeit wird sich auf die richtige Bewertung der Bilanzposten, die Vollständigkeit insbesondere wegen der Eventualverbindlichkeiten, die richtige Kontierung, d. h. Verbuchung auf den richtigen Konten, auf die Buchungsbelege für die einzelnen Buchungsposten (Stichproben, Verfolgung eines Postens in allen in Betracht kommenden Büchern) erstrecken. Auch die Grundlagen für das Inventar, die Bestandsbücher sind zu prüfen, um etwa fingierte Posten zu ermitteln. Jede Bilanz- und Bücherrevision muß beherrscht sein von Mißtrauen, nicht von der Überzeugung, etwas finden zu müssen, sondern von der Meinung, etwas finden zu können.

Schwieriger ist eine sachverständige wirtschaftliche Prüfung der Bilanzwerte, die kalkulatorische Revision, die der Angemessenheit der Ausgaben, der finanziellen Fundierung und allen anderen Verhältnissen nachgeht, die die Rentabilität der Unternehmung und die Sicherheit des ihr anvertrauten Kreditkapitals berühren. Für die Revision der sachlichen und formellen Richtigkeit der Rechnungsführung lassen sich allgemeine „Anweisungen" an den Revisor geben, weil sie den Rechnungsmechanismus, die Verrechnungstechnik betreffen. Die wirtschaftliche Revision wird durch ihren Zweck bestimmt. Die Prüfung der Rentabilitätsfaktoren der Unternehmung wird selbstverständlich andere Methoden einschlagen, wie wenn sie nur die Sicherheit der Gläubiger zu berücksichtigen hat. Allgemeine Richtlinien zu geben nach dem Rezept: man prüfe.., man suche.., man stelle fest.., haben ungefähr den Wert von Kochrezepten; was aus der Speise wird, hängt von der Ausführung des Rezeptes ab. Die individuelle Veranlagung des Revisors, der die besonderen Verhältnisse eines Betriebes und die relative Bedeutung einer Bilanzzahl zu würdigen verstehen muß, beeinflußt den Erfolg der Revision ganz wesentlich.

---

[1]) Vgl. die Revisionspläne von Treuhandgesellschaften in meiner „Kontrolle". Frankfurt a. M. 1923.

Wir lassen eine Bilanzrechnung für das Beispiel S. 270 folgen.

1. Verkaufserlös, Habenseite des			
Tapetenkontos	ℳ 64 938,76		
Linoleumkontos	„ 12 176,01		
Umsatz = Absatz		ℳ 77 114,77	= 100 %
2. Kosten			
a) Ausgaben:			
Agenten	ℳ 1 372,19		
Gehälter, Löhne, Zinsen, Generalia	„ 14 564,06		
Provisionen	„ 1 628,11	„ 17 564,36	= 23 %
b) Verluste:			
Abschreibungen	„ 870,06		
Verluste an Forderungen	„ 196,65	„ 1 066,71	= 1,3 %
3. Einkaufswert der verkauften Waren			
Tapetenkonto Soll (einschließlich Anfangsbestand)	ℳ 58 655,48		
Linoleum-Konto Soll (einschl. Anfangsbestand)	„ 13 074,20		
	ℳ 71 729,68		
Ab Schlußbestand	„ 31 605,39	„ 40 124,29	= 52 %
Reingewinn		ℳ 18 359,41	= 23,7 %
dazu Zinsen (50,76 — 5,03)		„ 45,73	
Bilanzgewinn		ℳ 18 405,14	

Berechnungen:

1. Die Umsätze von Tapeten und Linoleum verhalten sich etwa wie 5: 1.
2. Die Kosten betragen 24,3%, rund 25% vom Umsatz oder 46½% vom Einkaufswert.
3. Der Gewinn = 23,7% vom Erlös oder 32% der Selbstkosten (Einkauf und Kosten), d. h. mit 100 ℳ Barausgabe deckt der Käufer (24,3 + 52) = 76,3 ℳ Selbstkosten.
4. Die Umsatzdauer: Verkaufswert des durchschnittlichen Lagerbestandes 28 000 ℳ; $\frac{\text{Umsatz}}{28\,000} = 2{,}75$, d. h. der Lagerbestand wird etwa 3 mal umgeschlagen. Umschlagsdauer (365: 2,75) 133 Tage.
5. Der Betriebs-Koeffizient (17 564: 36 990 [= Umsatzgewinn]) ist etwa 50%, der Gewinn-Koeffizient (Umsatz zum Bruttogewinn, 77 115 : 36 990) etwa 48%.

6. Kalkulatorische Verarbeitung der Bilanzen einer Brauerei-Aktiengesellschaft.

a) Bilanz (s. S. 274 und 275).

b) Gewinn- und Verlust-Konto Bd. I, S. 264 ff.

Der „Umsatz“ ist 1 934 669,—; da die Debitoren nicht nach Darlehens- und Bierdebitoren getrennt sind, läßt sich nicht errechnen, ob der Prozentsatz der Ausstände im Verhältnis zum Umsatz angemessen ist.

Von dem Anlagekapital entfallen 1 937 092,88 = 41,2% der Bilanzsumme auf feste Kapitalien für die Produktion, d. s. M. 18,55 je hl (Produktion hl 104 500) [1]), und M. 455 645,54 = 9,7% auf festes Kapital für den Absatz (Wirtschaftshäuser, Niederlagen, Geräte, Transportfässer; Darlehen nicht eingerechnet, weil sie nicht zu ermitteln sind), d. s. M. 4,53 je hl Absatz (100 450 [1]) hl). Die Selbstkosten sind, wenn 10% Abschreibung und Kapitalzinsen angenommen werden, mit M. 1,855 bzw. 0,453 je hl belastet.

Die Abschreibungen (146 173,97) machen 5,77% auf das anfängliche Anlagekapital, d. i. auf den Buchwert bei Beginn des Jahres zuzüglich Zugang (in der Bilanz S. 274 nicht ersichtlich, M. 2 532 592,—). Die eigenen Mittel betragen M. 4 735 487,33 (Bilanzsumme), ab Schulden, Depot, Kautionen M. 396 731,91 = M. 4 338 755,42 einschließlich des Reingewinnes, d. s. 241% Bilanzkurs (auf 1,8 Mill. Aktienkapital). Der Reingewinn abgerechnet gibt 3 994 838,61 eigene Mittel, mit denen ein Reingewinn von 383 916,81 erzielt wurde, d. s. 9,6% dieser Mittel oder 21,3% des Aktienkapitals und M. 3,82 je hl Absatz.

Die Hypotheken betragen 14,7% der Anlagewerte (278 471,43 zu 1 898 360), genauer 9% des Wertes der Brauereianwesen, 45% der Wirtschaftshäuser. Auf 1 hl der Produktion entfallen M. 1,39 Schulden zu 5% = M. 0,0695 Zinsen (für 145 671 M. Schulden), je hl Absatz M. 1,32 Schulden (Wirtschaftshäuser) zu 5% = M. 0,066 Zinsen; beide Zinslasten werden verringert durch Zinseinnahmen auf aktive Darlehen [2]).

Im Anschluß an die Kritik einer einzelnen Jahresbilanz lassen wir das (7.) Beispiel eines kritischen Reihenvergleiches (vgl. S. 61) folgen. Da es sich in diesem Abschnitt um eine Typologie der Bilanzrechnungen handelt, stören die veralteten Zahlen nicht weiter.

Betrachten wir zunächst die Erfolgsbilanz (S. 278) und die Gewinnverteilung. Die Dividende geht alljährlich zurück und selbst die Verteilung von 6 bzw. $4^1/_2$% scheint nicht gerechtfertigt zu sein, wenn man die Abschreibungsprozente der Bilanzjahre miteinander vergleicht. Es wurden abgeschrieben:

	1903	1904
Auf Maschinen	15%	10%
Fastagen	9%	7%
Transportfässer	15%	12%
Wirtschaftsmobilien	30%	25%
Flaschen	100%	60%

[1]) Beide Zahlen willkürlich angenommen.

[2]) Wegen der Selbstkostenberechnung für dieses Beispiel vgl. Band I, S. 266 ff.

Aktiva — Bilanz einer

	M	Pf	M	Pf
Immobilien:				
a) Brauereianwesen	1 586 812	35		
b) Wirtschaftshäuser	292 562	59		
c) Bierniederlagen	46 287	44	1 925 662	38
Maschinen			98 185	06
Eis- und Kälteerzeugungsanlage			66 483	28
Fastagen				
a) Lagerfässer und Gärbottiche	96 781	76		
b) Transportfässer	27 923	11	124 704	87
Fuhrpark:				
a) Pferde	37 139	44		
b) Wagen und Geschirre	6 685	44	43 824	88
Brauereigeräte und -Mobilien			40 679	47
Wirtschaftsgeräte			58 247	42
Elektrische Kraft- und Lichtanlage			19 928	72
Eisenbahnwagen und Geleisanschluß			8 712	54
Neubau			6 309	80
Effekten			202 570	—
Kassa			45 056	78
Vorausbezahlte Versicherungen, Mieten und Steuern			19 321	14
Vorräte:				
Bier	288 471	08		
Malz	105 112	85		
Gerste	42 228	84		
Hopfen	29 895	72		
Kohlen	10 690	64		
Diverse Materialien	4 478	31	480 877	44
Kautions-Effekten			10 850	—
Debitoren:				
a) Kunden	1 360 564	95		
b) Bankier	223 508	60	1 584 073	55
			4 735 487	33

Kritik der Bilanz:

Bilanzsumme Aktiva	4 735 487,33	
vermindert um Vorauszahlungen		19 321,14
Kautionseffekten		10850,—
bleiben	4 705 316,19 = 100,—%	

Es zeigt sich hier ein typisches Beispiel für eine „Dividendenquetscherei“ [1]). Die Flaschen scheinen 1904 haltbarer geworden zu sein!

[1]) Eine Papierfabrik verteilt 5% Dividende bei einem Reingewinn von 108 993, indem sie ein „Maschinenersatzkonto“ in Höhe von 90 000 „auflöst“ und zu Abschreibungen auf Maschinenkonto verwendet, um die Amortisation

Brauerei (gekürzt). Passiva

		ℳ	₰
Aktienkapital		1 800 000	—
Reservefonds		180 000	—
Spezialreservefonds		1 250 000	—
Delkredere-Konto:			
Stand am 31. August 1913	ℳ 619 136,76		
Eingänge auf bereits abgeschriebene Forderungen	„ 120,—		
	ℳ 619 256,76		
ab für uneinbringliche Ausstände	„ 29 437,46		
	ℳ 589 819,30		
Einlage am 31. August 1914	„ 55 000,—	644 819	30
Hypotheken			
Brauereianwesen		145 671	43
Wirtschaftshäuser		132 800	—
Restkaufschilling auf neuerworbene Häuser, zahlbar 1. Mai 1915		25 000	—
Bar-Depot		20 000	—
Bar-Kautionen		62 410	48
Kautions-Effekten		10 850	—
Unterstützungsfonds		29 648	61
Gewinn			
a) Gewinnvortrag	ℳ 50 370,70		
b) Reingewinn	ℳ 383 916,81	434 287	51
		4 735 487	33

davon Anlagewerte	2 392 738,42	=	51,— %
flüssige Mittel (Effekten, Bank, Kasse)	471 135,38	=	10,— %
Vorräte	480 877,44	=	10,20 %
Forderungen	1 360 564,95	=	28,80 %
			100 %

auf diesem Konto in gleicher Höhe wie im Vorjahre halten zu können. Die Dividende wurde aus einer Reserve bezahlt, wobei gleichzeitig der Gewinnvortrag von 26 296 ℳ auf 479 ℳ sinkt. In anderen Fällen wird der Gewinnvortrag in Anspruch genommen und die Abschreibungen werden geringer bemessen.

(7.) Beispiel einer eingehenderen Bilanzrechnung.

Bilanzreihen einer Brauerei-A.-G.

Aktiva — Vermögensteil	Absolute Zahlen der Bilanz 1903	Absolute Zahlen der Bilanz 1904	Mehr (+) Weniger (—) gegen 1903	Absolute Zahlen 1905	± gegen 1904
	ℳ	ℳ	ℳ	ℳ	ℳ
Anlagevermögen:					
1. Anlagewerte	930 600,—	919 500,—	— 11 100,—	948 000,—	+ 28 500,—
(nach Abschreibungen) pro hl	19,26	18,93		19,58	
Umsatzvermögen:					
2. Wirtschaftsanwesen	392 550,—	490 000,—	+ 97 450,—	515 970,—	+ 25 970,—
3. Vorräte	192 716,11	195 529,42	+ 2 813,31	185 551,45	— 9 977,97
4. Kasse und Wechsel	21 347,26	15 769,98	— 5 577,28	31 862,59	+ 16 092,61
5. Darlehen	366 913,83	345 858,85	— 21 054,98	345 804,60	— 54,25
a) gegen Hypotheken	320 880,35	303 498,33		306 919,16	
b) „ Schuldschein	46 033,48	42 360,52		38 885,44	
6. Forderungen	235 870,06	225 695,96	— 10 174,10	214 009,82	— 11 686,14
7. Bankguthaben	—	—		37 022,77	+ 37 022,77
Rechnungsposten:					
8. Disagio	—	—		44 517,35	+ 44 517,35
	2 139 997,26	2 192 354,21	+ 52 356,95	2 322 738,58	+ 130 384,37
Bürgschaften	82 300,—	91 800,—		97 249,40	
Bilanzsumme	2 222 297,26	2 284 154,21		2 419 987,98	
Absatz in hl	48 307,93	48 546,09		48 476,29	

Passiva	Absolute Zahlen der Bilanz		± gegen 1903	Bilanz	± gegen 1904
Namen	1903	1904		1905	
I. Eigene Mittel:	ℳ	ℳ	ℳ	ℳ	ℳ
1. Grundkapital	1 000 000,—	1 000 000,—	—	1 000 000,—	—
2. Zwangsreserve	100 000,—	100 000,—	—	100 000,—	—
3. Spezialreserve	20 000,—	25 000,—	+ 5 000,—	20 000,—	— 5 000,—
4. Delkredere	3 500,—	8 500,—	+ 5 000,—	2 500,—	— 6 000,—
5. Gewinnvortrag aus dem Vorjahr	30 120,31	26 900,31	— 3 220,—	25 360,31	— 1 540,—
	1 153 620,31	1 160 400,31	+ 6 780,—	1 147 860,31	— 12 540,—
II. Langfristige Schulden:					
1. Anleiheschuld	329 000,—	323 000,—	— 6 000,—	755 500 [1])	+ 432 500,—
2. Hypotheken	68 500,—	109 000,—	+ 40 500,—	94 500,—	— 14 500,—
	397 500,—	432 000,—	+ 34 500,—	850 000,—	+ 418 000,—
pro hl	8.23	8.90		17.54	
III. Kurzfristige Schulden:					
1. Akzepte	92 029,65	105 888,26	+ 13 858,61	133 074,78	+ 27 186,52
2. Dividenden-Rückstände	400,—	140,—	— 260,—	660,—	+ 520,—
3. Anleihezinsen [2])	4 908,75	3 757,50	— 1 151,25	7 590,—	+ 3 832,50
4. Kreditoren	397 338,55	405 768,14	+ 8 429,59	80 102,71	— 276 314,65
5. Depositen, Kautionen	—	—	—	49 350,78	
	494 676,95	515 553,90	+ 20 876,95	70 778,27	— 244 775,63
IV. Übersicht:					
1. Summe der Schulden	892 176,95	947 553,90	+ 55 376,95	1 120 778,27	+ 173 224,37
2. „ „ eigenen Mittel	1 153 620,31	1 160 400,31	+ 6 780,—	1 147 860,31	— 12 540,—
3. Avale	82 300,—	91 800,—	—	97 249,40	—
4. Jahresgewinn	94 200,—	84 400,—	— 9 800,—	54 100,—	— 30 300,—
Bilanzsumme	2 222 297,26	2 284 154,21	+ 52 356,95	2 419 987,98	+ 130 384,37

[1]) Neue 4% Anleihe 750 000,— ℳ, Rückzahlung der alten.
[2]) Darunter 3690, 3622,50 und 7500 ℳ Anteilszinsen vom 1. Juli bis 30. September (Bilanztag).

Verluste — Gewinn- und Verlust-Rechnung zu den Bilanzen einer Brauerei-A.-G. — Gewinne

	1913	1904	1905		1903	1904	1905
	M	M	M		M	M	M
Materialverbrauch (Hopfen, Malz u. a.)	279 077,20	280 275,09	290 975,77	Bier und Treber	840 624,61	833 073,85	824 411,21
Betriebskosten (Kohlen, Löhne, Haustrunk, Fuhrwerk)	172 612,66	175 704,92	185 457,09	Gewinn-Vortrag	30 120,31	26 900,31	25 360,31
Gebäude- u. Maschinen-Unterhaltung	16 758,05	16 441,09	13 325,67				
Zinsen	11 282,66	13 073,05	14 591,94				
Generalia (Steuern, Reisespes., Malzsteuer, Verwaltung)	171 406,24	181 294,26	182 829,86				
Abschreibungen: auf Forderungen	3 739,36	4 770,30	2 942,82				
„ Anlagewerte und Wirtschaftsanwesen	91 548,44	77 115,14	80 188,06				
	746 424,61	748 673,85	770 311,21				
Reingewinn	94 200,—	84 400,—	54 100,—				
Vortrag	30 120,31	26 900,31	25 360,31				
	870 744,92	859 974,16	849 771,52		870 744,92	859 974,16	849 771,52

Gewinnverteilung:	1903	1904	1905
	M	M	M
Dividende	7% = 70 000,—	6% = 60 000,—	4% = 45 000,—
Tantieme	13 420,—	12 440,—	8 410,—
Gratifikationen	4 000,—	3 500,—	2 000,—
Spezialreserve	5 000,—	5 000,—	—
Delkredere Reserve	5 000,—	5 000,—	6 000,—
Abschreibungen auf Disagio	—	—	4 517,35
Vortrag (Restgewinn)	26 900,31	25 360,31	13 532,96
	124 320,31	111 300,31	79 460,31

Kritik der Ertragsbilanzen.

	Absolute Zahlen 1903	je hl Absatz	Absolute Zahlen 1904	je hl Absatz	Absolute Zahlen 1905	je hl Absatz
Bierverkauf in hl (rund)	48 310		48 550		48 480	
	M	*M*	*M*	*M*	*M*	*M*
I. Einnahmen: Verkaufserlös (Umsatz)	840 624,61	17,40	833 073,85	17,15	824 411,21	17,—
II. Ausgaben: Materialverbrauch	279 077,20	5,78	280 275,09	5,77	290 975,77	6,—
	561 547,41	11,62	552 798,76	11,38	533 435,44	11,—
Betriebs- und Unterhaltungskosten	189 370,71	3,92	192 146,01	3,96	198 782,76	4,10
Generalia	171 406,24	3,55	181 294,26	3,73	182 829,86	3,77
Bruttogewinn	200 770,46	4,15	179 358,49	3,69	151 822,82	3,13
in Prozenten des Umsatzes	23,9%		20,7%		18,4%	
III. Lasten:						
Abschreibungen	95 287,80	1,97	81 885,44	1,69	83 130,88	1,72
Zinsen	11 282,66	—,24	13 073,05	—,27	14 591,94	—,30
Reingewinn	94 200,—	1,94	84 400,—	1,73	54 100,—	1,11
Reingewinn in Prozenten vom Bruttogewinn	46,90%		43,10%		35,6 %	
„ „ „ vom Aktienkapital	9,42%		8,44%		5,41%	
„ „ „ vom Umsatz	11,20%		11,13%		6,56%	
Auf 100 *M* Umsatz kommen eigene Mittel	137,24		139,30		139,23	
„ „ „ „ „ Schulden	106,14		113,74		135,95	

Nach dem Gewinnverteilungsplan für 1905 sind der Spezialreserve 5000 M. überwiesen worden. Demnach:

Bestand 1904	5 000 M
Zuweisung	25 000 „
Sollbestand	30 000 M
Istbestand in der B.	20 000 „
Es fehlen	10 000 M,

während die Bilanzvergleichung nur ein Weniger von 5000 M. aufweist. Daraus folgt, daß man bei einer Bilanzkritik stets auch den Gewinnverteilungsvorschlag mitzuberücksichtigen hat. Nach dem Geschäftsbericht wurde der Fehlbetrag zu Abschreibungen auf Disagio benutzt.

Auch auf eine Bilanzverschleierung ist aufmerksam zumachen. Delkredere-Konto (neben Abschreibungen auf Forderungen)

war 1904	8 500 M
Zuweisung	5 000 „
Sollbestand für 1905	13 500 „
Istbestand in der Bilanz	2 500 „
Es fehlen	11 000 M,

über deren Verwendung sich der Geschäftsbericht ausschweigt.

1904 steigt der Absatz, Verkaufserlös und Verkaufsgewinne sinken, obgleich der Materialverbrauch pro Hektoliter sogar etwas kleiner war (5,78 und 5,77 je Hektoliter). Der Geschäftsbericht allerdings weist auf eine Steigerung der Hopfenpreise hin, eine Verteuerung der Rohstoffe, die durch Verbilligung auf anderer Seite wettgemacht ist. Es scheint, daß die Absatzsteigerung mit einem Preisrückgang verbunden war, denn der Verkaufserlös sinkt von 17,40 auf 17,15. Die allgemeinen Kosten steigen (Betriebsverwaltung); die Generalia enthalten Malzsteuer, Oktroi usw., so daß sich absolut sichere Schlüsse nicht ziehen lassen. Steuern und Abgaben erhöhen sich selbstverständlich mit zunehmender Produktion. Die Abschreibungen sind für 1904 vermindert, obgleich Wirtschaftsanwesen einen Zuwachs von 97 450 aufzuweisen haben. Trotz der Abschreibungsverminderung geht der Erlös von 1,94 auf 1,73 und 1,11 M. je Hektoliter zurück.

Die deutsche Brauindustrie leidet an weitgehender Kreditgewährung an die Biervertriebsstellen und deren Inhaber durch Hingabe von Bardarlehen, Beleihung und Ankauf von Einrichtungen, direkten Erwerb der Wirtschaften usw. Diese mißlichen Verhältnisse kommen in einer stetigen Steigerung der Bilanzposten: Hypothekendarlehn, Außenstände, Bierdebitoren, Wirtshäuser, Wirtschaftseinrichtungen zahlenmäßig zum Ausdruck. Die Selbstkosten sind bedeutenden Schwankungen unterworfen infolge der schwankenden Marktpreise für Hopfen und Gerste, durch die Zollbelastung und Brausteuererhöhungen, Umstände, die bei der Bilanzvergleichung zu berücksichtigen sind. Die Anti-Alkoholbewegung, verschlechterte Erwerbsverhältnisse, erhöhte Bierpreise, schlechte Sommerwitterung führen zu einer Minderung des Absatzes. Die nicht volle Ausnutzung der Betriebsanlagen andererseits verteuert natürlich auch die Herstellungskosten; Abschreibungen und feste Kosten erhöhen sich für die Verkaufs- bzw. Produktionseinheit bei geringerer Produktion. Da die Bierpreise nach deutschen Verhältnissen auf längere Zeit unveränderlich und festgelegt sind, so bilden die Absatzsteigerung in Verbindung mit vorteilhaftem Einkauf von Rohmaterialien und die Verringerung der Betriebskosten die wichtigsten Faktoren für eine Erhöhung der Rentabilität eines Betriebes.

Früher veröffentlichten alle Bierbrauereien die Hektoliterzahl der Produktion und des Verkaufs, wie beispielsweise die Hüttenwerke die Tonnenzahl der Förderung, Straßenbahnen die Zahl der beförderten Fahrgäste. Ist die Absatzmenge angegeben, so lassen sich lehrreiche und interessante Berechnungen anstellen, die auch die finanziellen Verhältnisse der Unternehmung bloßlegen.

In der zur Kritik stehenden B. (S. 276 ff.) sind die Anlagewerte einschließlich Wirtschaftsanwesen zu beachten. Die Absatzsteigerung wird vielfach durch die oben angegebene Kreditgewährung erreicht. Die Vermehrung der Wirtschaftsanwesen legt nicht nur liquide Mittel fest, sondern vermehrt auch die Kosten des Absatzes absolut und verteuert ihn relativ. Steigerung des Absatzes bedeutet nicht eine Steigerung des Gewinnes (vgl. 1904 mit 1903). Die Wirtschaftsanwesen nehmen 1904 zu durch Umbauten und Erwerb von Wirtshäusern auf dem Wege der Subhastation. Auffallend ist das außerordentlich hohe Anlagevermögen:

1903:	etwa	1,323 Mill.	bei einem Aktienkapital von einer Million und Reserven von etwas über 100 000 ℳ; der überschießende Teil wurde durch Hypotheken und Anleihen beschafft.
1904:	„	1,409 „	
1905:	„	1,464 „	

Ganz bedeutend sind die Forderungen und Darlehne. Die Forderungen sind in der Regel ohne Deckung (vgl. die hohen Abschreibungen darauf); Bardarlehne werden gegen die Verpflichtung des Bierbezuges gegeben. Diese Art der Kreditgewährung ermöglicht die Etablierung eines Wirtes, die Brauerei liefert Einrichtungen und Bargeld überdies gegen Verpfändung der Einrichtung (und des Grundstücks). Die Trennung zwischen Bier- und Darlehnsdebitoren wird in den B. bzw. Geschäftsberichten der Brauereiaktiengesellschaften häufig unterlassen. In der vorliegenden B. betrugen Forderungen und Darlehne über eine halbe Million Mark. Wenn die Mittel derart festliegen, so ist es klar, daß der Betrieb mit finanziellen Schwierigkeiten zu kämpfen hat, worauf die hohen Kreditoren und die Anleiheoperationen 1905 schließen lassen. Die liquiden Mittel, Kasse und Wechsel, sind gegenüber den kurzfristigen Schulden außerordentlich gering. Die neue Anleihe 1905 diente zur Abstoßung der Bankschulden.

Der Nennwert der Anleihe 1905 ist

	750 000	
	54 517,35	ab für Disagio und Begebungskosten
Erlös	695 482,65	= 92,73% des Nennwerts.

Die Anleihe ist mit 4% verzinslich und zu 103% rückzahlbar. Vom Disagio werden 10 000 M. aus der Spezialreserve, 4517,35 aus dem Reingewinn gedeckt, so daß 40 000 M. den folgenden Jahren zur Last fallen.

Versuchen wir die Verwendung des Anleiheerlöses zu ermitteln.

Vom Erlös von		*M* 695 483
dienen zur Rückzahlung der alten Anleihe	*M* 317 500	
für neue Anlagewerte	„ 54 500	
An Hypothekenschulden werden zurückgezahlt	„ 14 500	
Die liquiden Mittel haben sich vermehrt um	„ 16 100	
Ein Bankguthaben erscheint mit	„ 37 000	„ 439 600
es bleibt ein Restbetrag von		*M* 255 883
Dagegen Depositen und Kautionen, die zur Erhöhung der liquiden Mittel beigetragen haben		„ 49 400
		M 305 283

Die Kreditoren haben sich um 325 600 verringert. Rechnet man davon die Zunahme der Akzepte mit 27 100 ab, wenn wir annehmen, daß die Akzepte der Umwandlung von Buch- in Wechselschulden dienen, bleiben 298 500, so daß man zur Annahme berechtigt ist, daß die Bankschuld etwa 295—300 000 M. betragen haben muß.

Die Betriebsmittel (Vorräte, liquide Mittel, Darlehen, Forderungen) waren

	1903:	1904:
	816 847	782 854
davon beschafft durch Tratten	92 030	105 888
durch Bankschulden, Kreditoren	397 340	405 768
bleiben	327 477	271 198
÷ liquide Mittel	21 347	15 770
Es mußten	306 130	255 428

aus anderen Geldquellen gedeckt werden; da die eigenen Mittel (etwa 1,1 Mill.) im Anlagevermögen festliegen, mußten auch die langfristigen Schulden dazu dienen.

Vom Verkaufserlös	1903	1904	1905
von	840 600	833 070	824 400
sind Ende des Jahres ausständig	239 600	230 466	216 953
das sind in Prozent des Umsatzes	28,5%	27,7%	26,3%
Die Abschreibungen auf Forderungen ...	3 740	4 770	2 943
machen vom Umsatz.....................	0,45%	0,57%	0,36%
und vom Forderungsbestand am Ende des Jahres	1,56%	2,05%	1,36%

Man wird verstehen, daß die Unternehmung, deren B. rechnerisch zergliedert wurden, sich mit einer räumlich benachbarten Brauerei 1910 fusionierte. Die Dividende fiel 1908 auf 3⅓%, 1909 auf 0%. Die Illiquidität der B. war eine andauernde, die Hypothekenschulden stiegen auf 154 100, von der Anleihe war 1910 nichts getilgt. Die Aktien der aufnehmenden Brauerei notierten 88% (Gesellschaft A.), die Obligationen der fusionierten Brauerei 95½, deren Aktien 69½% (Gesellschaft B.). Die B.-Aktionäre sollten eine Aktie und 300 M. bar gewähren, also 995 M. geben und empfingen eine Aktie von A. = 880 M.

26. Abschnitt.

Praktische Bilanzkritik.

a) Im allgemeinen.

Wer die B. einer Unternehmung oder einer Gruppe von Unternehmungen lesen und prüfen will, muß sich zunächst über die **Genesis** einer B. im allgemeinen klar geworden sein, ihre organischen Mängel kennen, sich vor Augen halten, daß die B. als ein Geschäftsbericht in Zahlen gefärbt, verschönt, frisiert, ja gefälscht sein kann, daß interne Verschiebungen und absichtliche Verschleierungen den wirklichen Tatbestand verhüllen können. Die Bilanzen geben nur die **Ergebnisse** der Geschäftsführung an, Vermögen, Schulden und Erfolgsdifferenzzahlen, keinen Einblick und Überblick über die gesamte Wirtschaftsführung, auch dann nicht, wenn sie genau spezialisiert, wahrheitsgetreu und klar sind. Sie enthalten eben das Zahlenbild für einen Tag, was vorher war und nachkommen wird, kann nicht zur Darstellung kommen: die B. ist ein Augenblicksbild, kein Film.

Die Vermögensbilanz kann hinsichtlich der Schulden unvollständig sein; sie ist bei Kapitalgesellschaften hinsichtlich der Darstellung des Vermögenswerts infolge gesetzlicher und statutarischer Bewertungsvorschriften oder infolge der Beschlüsse anderer Verwaltungsorgane unvollständig. (Vgl. 21. Abschnitt.)

Die Richtigkeit der Bilanzzahlen, die Unterlagen für eine genauere materielle Prüfung der B. und des wichtigsten Faktors einer jeden B., der **Bewertung**, vermag der Fernstehende nicht zu beurteilen. Von der richtigen, wahrheitsgetreuen Bewertung der Einzelposten sind aber Reinvermögen, Reinverlust und Reingewinn abhängig. Wer kann prüfen, ob unter den Bilanzposten solche von zweifelhaftem Wert oder unzweifelhafte non valeurs, ob fiktive Aktiva oder Schulden eingestellt wurden? In besonderen Fällen wird ein Kritiker imstande sein, infolge seiner geschäftlichen Beziehungen, seiner engen Fühlung mit dem Unternehmen oder wegen seiner besonderen Fach- und Sachkenntnisse die zuverlässige

Bewertung einzelner Bilanzposten zu beurteilen. Die Kritik einer B. erfordert Sachkenntnisse auch hinsichtlich der besonderen wirtschaftlichen Verhältnisse der zu kritisierenden Unternehmung — wie Produktionstechnik, Absatzorganisation, finanzielle Lage, Beziehungen zu Kartellen und Banken und vieles andere — und des Erwerbszweiges, dem diese Unternehmung angehört. Auch das volkswirtschaftliche Milieu, dem die B. entstammt, ist zu berücksichtigen. Die B. einer Hochkonjunktur sind nicht vergleichbar mit solchen der rückläufigen Konjunktur, die Vorkriegsbilanzen nicht mit jenen der Nachkriegszeit. Bei Beurteilung einer Bankbilanz müssen die Verhältnisse des Geldmarktes und dementsprechend die Kursbewegungen des Effektenmarktes mit herangezogen werden. Jede Einzelunternehmung ist ein Glied der Gesamtwirtschaft des Volkes; die Bilanzkritik hat neben der privatwirtschaftlichen in erheblichem Maße auch die volkswirtschaftliche Betrachtung zu pflegen. Die Berücksichtigung der allgemein wirtschaftlichen Verhältnisse während einer Bilanzperiode wird naturgemäß verschiedene Stärkegrade aufweisen, weil sie nicht überall und nicht gleich stark auf die Einzelwirtschaft einwirken. Die Einflüsse lokaler Natur lassen sich häufig aus den Handelskammerberichten über die Lage der Industrie und des Handels im Kammerbezirk entnehmen. Auch sonst empfiehlt es sich, diese Berichte und Fachzeitschriften als Hilfsmittel heranzuziehen. Auch die Gesetzgebung und ihr das Erwerbsleben verändernder Einfluß müssen Berücksichtigung finden, so beispielsweise die Zoll- und Steuerpolitik eines Landes. Die Börsengesetznovelle von 1908 hat eine Wiederbelebung der Effektenspekulation gebracht, die naturgemäß in den Bankbilanzen der folgenden Jahre sich wiederspiegeln muß. Die Reichsfinanzreform von 1920 fand ihren zahlenmäßigen Ausdruck in der Privatwirtschaftsstatistik der davon betroffenen Unternehmungen.

Wer über die angedeuteten Fachkenntnisse nicht verfügt, wer eine B. ausschließlich vom einseitigen Rentabilitätsstandpunkt seiner Kapitalanlage prüft, wird sich nur auf allgemeine Betrachtungen einlassen und den Wert seiner Kritik nicht sehr hoch einschätzen dürfen.

Die B., Vermögens- und Erfolgsbilanz, sind Wirtschaftsrechnungen, d. h. man kann die Wirtschaftsführung einer Kritik unterziehen, die B. unter ökonomisch-rechtlichen Gesichtspunkten betrachten oder man beschränkt sich auf die Kritik der Zahlen.

α) Die Betrachtung einer Bilanz als Zahlenstatistik kann nur eine relative sein, wenn sie überhaupt ihren Zweck erfüllen soll. Die Bilanzzahlen an sich, als absolute Zahlengrößen betrachtet, sagen in der Regel sehr wenig. Eine Zahl, aus ihrem Zusammenhang herausgerissen, verliert als Maßstab für ein Urteil wesentlich an Wert. Die Bilanzzahlen müssen miteinander und untereinander in Beziehung gesetzt (Beziehungszahlen), die absoluten in Verhältniszahlen umgewandelt werden. Die so gewonnenen Verhältniszahlen sind Vergleichszahlen, die mit den Verhältniszahlen derselben Unternehmung aus früheren Jahren und denen anderer Unternehmungen der gleichen Erwerbsgruppe und derselben Wirtschaftsperiode verglichen werden können. Selbstverständlich sollen nur solche Zahlen in ein Verhältnis zueinander gebracht werden, die in einem kausalen wirtschaftlichen Zusammenhang miteinander stehen, sich gegenseitig beeinflussen und deren Verhältnis zueinander tatsächliche Erscheinungen zahlenmäßig zum Ausdruck bringt. Z. B.: In den Bilanzen der Brauereibetriebe stehen Wirtschaftsanwesen, Außenstände an Hypotheken und Darlehne sowie die (häufig nicht angegebenen) Avale in Zusammenhang: sie hängen mit der in diesem Gewerbe üblichen Absatztechnik, mit dem scharfen Wettbewerb der Brauereien untereinander zusammen und bergen unter Umständen ein bedeutendes Verlustrisiko für die Unternehmung. Darlehen werden an Pächter der Wirtschaftsanwesen hinausgegeben; auch leisten die Brauereien Bürgschaft für ihren Bierabnehmern von Dritten gewährte Hypotheken. Die Produktionsmenge bzw. der Wert des Absatzes (Umsatz) beeinflußt: den Rohgewinn, die Unkosten der Unternehmung und die Selbstkosten der Waren bzw. Fabrikate, den Reingewinn, die Größe des Anlage- und des Betriebskapitals, die Höhe der Außenstände und die Verluste an Forderungen. Die Größe des in Produktionsmitteln festgelegten Betrages wirkt durch Abschreibungen auf den Reingewinn und die Selbstkosten. Die Angabe des Umsatzes (bzw. der Gesamtleistung, z. B. bei Straßenbahnen, Elektrizitätswerken) ist für bilanzkritische und wirtschaftsstatistische Untersuchungen unentbehrlich.

Nach Lage des Einzelfalles werden verschiedene Relativzahlen zu berechnen sein. Hier ein Katalog von Beispielen:

1. Vermögensbilanz. Verhältnis zwischen Eigenkapital und den fremden Mitteln (Bilanzsumme ausschließlich Reingewinn = 100%); Verhältnis der Schulden zum Gesamtvermögen, d. i. die Belastung der Aktiva; prozentuales Verhältnis der Belastung des Anlagekapitals durch Anlageschulden, der Gesamtabschreibungen zum gesamten abschreibungsbedürftigen Anlagekapital, das Verhältnis des Anlagekapitals zum Betriebskapital, des Anlagekapitals zum Aktienkapital. Das Verhältnis des Geschäftskapitals zum Umsatz, zum Bruttogewinn und zum Reingewinn (auf 100 Geldeinheiten des Geschäftskapitals ... Einheiten, Umsatz, Bruttogewinn, Reingewinn); das Verhältnis des Umsatzes zum eigenen und zum fremden Kapital (auf 100 Geldeinheiten des Umsatzes bzw. eine Leistungseinheit [Kilowatt, Personen- oder Wagenkm., Tonne] ... Geldeinheiten eigenes Kapital und Schulden); das Verhältnis zwischen Reserven und Aktienkapital, zwischen Reserven und Anlagekapital, zwischen

liquiden Mitteln und dringlichen Schulden usw. (vgl. Liquiditätsberechnungen); Verhältnis zwischen Umsatz und Außenständen usw.

2. Erfolgsbilanz. Verhältnis zwischen Umsatz, Rein- und Brutto-Gewinn; zwischen Aktienkapital (100), Brutto- und Reingewinn, zwischen Eigenkapital (Grund- und Zusatzkapital) und Dividende (Rentabilität des werbenden Eigenkapitals)[1]); das Verhältnis des ganzen werbenden Kapitals zum Bruttogewinn. Das Verhältnis zwischen Bruttogewinn (= 100) und Reingewinn unter Ausscheidung des Gewinn- oder Verlustvortrags (Verbrauch des Geschäftsgewinnes durch Ausgaben und Verluste); das Verhältnis der Auszahlungsbeträge bei Gewinnverteilungsgesellschaften (Dividenden, Tantiemen usw.) zum Jahresreingewinn und bilanzmäßigen Reingewinn (hauptsächlichste Dividendenquelle); die Anteile der einzelnen Gewinnquellen am Gesamtverlust, also Gliederung der Erfolgsquellen usw.

Die Beispiele praktischer Bilanzkritik in diesem Buche zeigen eine Reihe anderer Verhältniszahlen.

β) Die Vergleichung mehrerer Bilanzen einer Unternehmung setzt gleichfalls eine zweckentsprechende Gruppierung und Zusammenfassung der Bilanzzahlen voraus. Bilanzen lesen ist stets ein Bilanzrechnen, ein Lesen mit rechnender Hand. Die Bilanzvergleichung mehrerer Unternehmungen wird erschwert durch Änderungen in der Bilanz- bzw. Buchungsmethode [2]), in der Benennung der Konten, durch die Ungleichartigkeit der Bilanzierungsmethoden, durch die Zuführung neuer Mittel (Aktienemission), durch eine Sanierung, durch Aufnahme anderer Unternehmungen (Verschmelzung), Umstände, die eine Beobachtung von Massenerscheinungen unmöglich machen.

Die Form der Vergleichung der Bilanzen ist verschieden.

1. Man stellt, unter zweckmäßiger Gruppierung und Zusammenfassung, die absoluten Bilanzzahlen einfach nebeneinander.

---

[1]) Eine Unternehmung besitzt 3 Mill. Aktienkapital, 1 Mill. Reserven, eine andere nur 100 000 Reserven, beide verteilen 10% Dividende, die Rentabilität des Eigenkapitals ist 7½% und 9¹/₁₁%.

[2]) Z. B.: In früheren Jahren gaben einzelne Banken neben den Zinseneinnahmen auch die Zinsenausgaben, wenigstens für den einen oder den andern Geschäftszweig an, seit 1904 nur mehr die Salden. Die Abschreibungen werden nicht mehr ersichtlich gemacht, sondern vorweggenommen. Die Tantiemen des Vorstandes, früher in der Gewinnverteilung ersichtlich gemacht, werden jetzt mit den Ausgaben und Handlungsunkosten vermengt. Bisher getrennte Bilanzposten werden zusammengeworfen, an die Stelle von Abschreibungen treten stille Reserven usw. Auch ist zweifelhaft, ob bei allen Unternehmungen unter gleich benannten Bilanzposten tatsächlich gleichartige und gleichwertige Buchungsposten zusammengefaßt werden.

2. Man berechnet die Zu- und die Abnahme in der vorliegenden Bilanz gegen die vorjährige. Z. B. Bankbilanz:

Aktiva 1914 (gegen 1913)		Passiva:		
Bar usw.	+ 4,52 Mill.	Eigene Mittel: Kapital ..	+ 20 Mill.	
Wechsel	+ 15,32 „	Reserven	+ 7,36 „	27,36
Verkaufte Effekten	+ 15,58 „	Fremde Gelder: Depos. ...	+ 9,— „	
Eigene Effekten ..	— 0,6 „	Kreditoren	+ 26,24 „	35,24
x-Bank	+ 10,— „	AndereVerbindlichkeiten:		
Debitoren	+ 57,96 „	Akzepte	+ 40,63 „	
Immobilien	+ 0,87 „	sonstige Schulden ...	+ 0,68 „	41,31
Andere Aktiva ...	+ 0,79 „	Zunahme		103,91

Zunahme	+105,64 Mill.	Aktiva
Zunahme	27,36 „	durch eigene Mittel
	78,28 Mill.	
Zunahme	76,55 „	durch Schulden
	1,73 Mill.	Reingewinn.

Die Kapitalerhöhung (20 Mill.) brachte eine kräftige Steigerung der Reserven; 10 Mill. allein werden zu dauernder Anlage (x-Bank) benutzt. Ein Viertel wurde, dem Geschäftsbericht zufolge, zum Erwerb eines Bankgeschäfts verwendet.

3. Man berechnet Indexzahlen[1]), wenn man die Entwicklung eines einzelnen Bilanzpostens isoliert betrachten will. Z. B. Umsatzstatistik:

Jahr	Absolut	Indexzahl	± Prozente jährlich
1890	6850	100 (Ausgangspkt.)	—
1891	7252	106 [2])	+ 6%
1892	11832	172 [3])	+ 63%
1893	9926	145	— 16%
usw.	usw.	usw.	usw.

Ähnliche Vergleichszahlen lassen sich berechnen für die Absatzmenge, bestimmte Gewinnziffern wie Zinsen, Provisionen der Banken u. ä.

4. Man überträgt die Zahlen in ein Schaubild (Diagramm).

γ) Die Vergleichung von B. verschiedener Unternehmungen derselben Erwerbsgruppe erfordert eine nicht immer leicht durchführbare Schematisierung und eine zweckentsprechende Gruppierung der Bilanzzahlen, d. h. eine individualisierende Einzelbeobachtung unter Berücksichtigung aller jener Faktoren, die das Bilanzergebnis vorübergehend oder dauernd beeinflußt haben. Häufig ist den Bilanzen und Geschäftsberichten eine Übersicht über die Entwicklung der Unternehmung beigegeben, die sehr wertvoll sein kann, falls die Zahlen in unveränderter Zusammensetzung nach einem die Vergleichsjahre hindurch einheitlichen Schema zusammengestellt werden.

---

[1]) Vgl. Hofmann, Indexziffern im Inland und Ausland, Karlsruhe 1921.

[2]) 7252: 6850 = x: 100; x = 106.

[3]) 11832: 6850 = x: 100; x = 172.

In vielen Bilanzen finden sich unklare Bezeichnungen der Bilanzposten und Zusammenwerfen von Konten und Zahlen, die dem Außenstehenden eine Orientierung unmöglich machen, die Bedeutung der Bilanzzahlen zweifelhaft lassen (Abschnitt 1). Beliebt ist auch das ominöse, vieldeutige und doch nichtssagende „etc.“, „Debitoren etc.“, „Kontokorrent-Verpflichtungen usw.“.

Wie sehr die ungleichartige Behandlungsweise der Buchungen und der Buchungsergebnisse die Bilanzvergleichung für Unternehmungen der gleichen Art erschwert, dafür ein Beispiel aus der Praxis der Schiffahrtsgesellschaften [1]). Über die Behandlung der Selbstversicherung geben die Statuten Aufschluß, die bestimmen, wieviel Prozente der ersparten Prämiengelder dem Versicherungsfonds, wieviel dem Jahresgewinn zugeführt werden sollen. Die erwähnten Gesellschaften „laufen das Risiko selbst“, berechnen für jedes Schiff und jede Reise die üblichen Prämiensätze, unterlassen aber die Versicherung; Schäden werden aus den ersparten Prämiengeldern gedeckt, während die Versicherungsreserve erst angegriffen wird, wenn die Prämien zur Deckung nicht ausreichen. Von diesem in der Regel geübten Verfahren weichen einzelne Unternehmungen ab, indem sie die Schäden unmittelbar auf Assekuranzfondskonto buchen, also diese Reserve sofort angreifen, ein Drittel der durch Nicht- (Selbst-) Versicherung ersparten Prämiengelder auf Reserve-Assekuranzfonds, zwei Drittel der Ersparnisse aber als Gewinn buchen. Andere Gesellschaften verrechnen den nach Deckung der Schäden verbleibenden Prämienüberschuß zur Hälfte auf Gewinn- und Verlustkonto, zur Hälfte auf Versicherungs-Reservefonds; andere führen den ganzen Überschuß der Reserve zu. Der Nordd. Lloyd überweist zunächst den ganzen Überschuß an Gewinn- und Verlustkonto und erst dann 40% an den Versicherungsfonds. Kesselerneuerung und Reparaturen, im Etat der Schiffahrtsgesellschaften ein wichtiger Posten, werden in der Regel aus den laufenden Betriebseinnahmen gedeckt, als Unkosten verbucht; auf die Reserve wird nur in Ausnahmefällen zurückgegriffen. Andere Aktienvereine hingegen greifen regelmäßig den Erneuerungsfonds an, verbuchen die regelmäßigen Ausgaben auf diesem Konto, erhöhen dadurch den Jahresgewinn und dotieren dann den Erneuerungsfonds wiederum aus dem Jahresgewinn. Solche Entnahmen aus einem Reservefonds müssen bei Ermittlung und Vergleichung des jährlichen Reingewinnes abgezogen werden.

Auf das Konto „Pedente Reisen“ werden die im abgelaufenen Jahre vereinnahmten, aber noch nicht abgerechneten Frachten und vorausbezahlten Überfahrtsgelder nach Abzug der darauf lastenden Ausgaben

---

[1]) Wegen der Kritik der Bilanzen dieser Unternehmungen vgl. die beachtenswerten sachverständigen Ausführungen in der Frankfurter Ztg. (10. u. 11. April 1907; 20., 21., 24. Mai 1908; 27. u. 28. April 1909; 27. März 1910).

oder ohne Abzug dieser Kosten verbucht, die dann häufig als Aktivum, als „Ausrüstung für laufende Reisen“ erscheinen. Gelegentlich werden auf „Pedente Reisen“ auch stille Reserven gebucht, indem Gewinne auf im Bilanzjahre beendete Reisen eingerechnet und später ausgeschüttet werden.

Auch Neubauten werden buch- und bilanztechnisch verschieden behandelt. So verrechnen einige Schiffahrtsgesellschaften die Neubauten zum vollen vertragsmäßigen Preis mit dem durch Abschreibungen verminderten Buchwert der fertigen Schiffe in einer Summe vereinigt, von der die noch ausstehenden Baugelder wieder in Abzug gebracht werden. Oder sie lassen die Neubauten in der B. erscheinen, insoweit Anzahlungen darauf gemacht sind; die auf fertiggestellte Schiffe erforderlichen Zahlungen werden gesondert ausgewiesen. In den B. der Industriegesellschaften erscheinen gewöhnlich die für Neubauten aufgewendeten Beträge gesondert auf einem Neubaukonto, Maschinen-Interimskonto usw.

Die buchtechnische Behandlung der Baugelder ist ebenfalls verschieden: 1. Die Schiffswerft, der Bauunternehmer oder Maschinenlieferant wird für die Anzahlungen[1]) auf dem persönlichen Konto belastet. Nach Ablieferung oder Abnahme wird die Bausumme bzw. der Kostenbetrag auf das Anlagekonto (Schiffs-, Maschinen-, Gebäudekonto) übertragen.

2. Einem Interimskonto Schiff in Bau, Maschinen-Interimskonto, Neubaukonto wird der bei Abschluß des Vertrages festgesetzte Bau- bzw. Kaufpreis belastet zugunsten des Personalkontos des Lieferanten. Die Teilzahlungen gehen zu Lasten dieses Personalkontos. Nach Fertigstellung Übertrag auf Anlagekonto.

Z. B. Fabrikneubauten	ℳ 762 111	
ab erst an späteren Terminen fällige Zahlungen	„ 382 660	ℳ 379 451

Zur besseren Verteilung der schwebenden Verbindlichkeiten lassen sich große Reedereien die auf Neubauten fällig gewordenen Bauraten stunden und setzen vom Buchwert der Flotte die „kontraktmäßig später zu bezahlenden Baugelder“ ab oder führen unter den Passiven als „Baukreditoren“ zu leistende Zahlungen auf gelieferte Schiffe den Gegenposten an.

3. Das Interimskonto wird unmittelbar für die Teilzahlungen belastet. Nach Fertigstellung des Baues Übertrag auf Anlagekonto, so daß das persönliche Schuld- und Rechnungsverhältnis mit dem Bauunternehmer oder Maschinenlieferanten kontenmäßig überhaupt nicht dargestellt wird.

[1]) Bei der Unterzeichnung des Vertrages, bei Legen des Kiels, beim Stapellauf, nach beendeter Probefahrt; im Maschinenbau 1/3 bei der Bestellung, 1/3 nach der Montage, 1/3 nach Übernahme der Anlage.

Diese Beispiele ungleichartiger Grundsätze für die Aufstellung der Bilanzen und die Buchungen ließen sich beliebig vermehren (vgl. auch 1. Abschnitt). Sie erschweren dem Fachmanne die kritische Vergleichung der Bilanzen mehrerer Unternehmungen und machen sie im Verein mit ungleichartiger Bezeichnung der Bilanzposten häufig dem Nichtfachmanne fast unmöglich.

Ähnliches gilt für die Beurteilung der absoluten Größe eines Bilanzpostens. So sind für die Bemessung von Abschreibungen maßgebend: Bauwert bzw. Anschaffungswert, Buchwert und Alter, die „wirtschaftliche" Lebensdauer, d. h. die Zeit, während welcher ein Betriebsgegenstand, ein Vermögensobjekt trotz der technischen Fortschritte noch verwendbar ist oder noch eine Rente abwirft, die technische Lebensdauer, die Qualität des Dienstes im Betriebe usw. Die jährliche Abschreibung wird häufig so bemessen, daß die Quote mindestens der Tilgung der Bank- oder Kreditgelder (Anleiheschulden) gleichkommt, um die verausgabten liquiden Mittel wieder verfügbar zu machen. Oder es wird unangemessen hoch abgeschrieben, eine stille Reserve geschaffen, in späteren Jahren weniger abgeschrieben, diese und andere Reserven aufgebraucht. Oder man schreibt weniger ab und schafft einen Ausgleich durch Rückstellungen, d. h. durch Schaffung eines (echten) Erneuerungsfonds u. a. m.

δ) Daß die Kritik die Aufmachung einer B., die äußere Form nicht vernachlässigen darf, wurde schon berührt. Schon in der äußeren Form tritt erkennbar zutage, ob eine Klarheit und Durchsichtigkeit der B. erwünscht ist oder nicht. Man denke beispielsweise an die verschiedenen Darstellungsformen der Abschreibungen, wie weitgehend spezialisierend, nach Anlagewerten, Zu- und Abgang getrennt unter Angabe der bisherigen Abschreibungen und jene für das abgelaufene Bilanzjahr, die einen Bilanzen und wie undurchsichtig andere B. sind, die die Abschreibungen nur in der Gewinn- und Verlustrechnung in einer Summe anführen. Oder man verfolge die etwa seit 1899 bis 1909 zunehmende Konzentration der Bilanzzahlen unserer führenden Banken!

Der Bilanzkritiker hat die Angaben des Geschäftsberichts ergänzend heranzuziehen, die allerdings auch vielfach von raffiniter Kürze sind, sowie Zeitungsnachrichten, die über das Unternehmen während des Bilanzjahres (beispielsweise über Submissionsergebnisse, große Aufträge, Betriebsstörungen, Unterschlagungen, Arbeitseinstellungen und anderes) berichten.

Nennt man Vermögen alle Erwerbsmittel einer Unternehmung als Quelle ihres Ertrages, dann ist dieses betriebswirtschaftliche Vermögen dreiteilig: Sachwertvermögen, Arbeitsvermögen, immaterielles Vermögen. Das Sachvermögen umfaßt das bilanzpflichtige Eigentum und die Besitzherrschaft (gepachtete, gemietete Vermögensteile; gemeinwirtschaftliches Eigentum in Benutzung eines Wirtschaftsbetriebes). Das

Arbeitsvermögen umfaßt die Arbeit des Unternehmers, der Leitung und Ausführung. Es ist bilanzfähig und buchführungspflichtig, insoweit Aufwendungen gemacht wurden. Das immaterielle Vermögen umfaßt alle ertragbildenden und ertragfördernden Imponderabilien der Unternehmung, wie Kundschaft, Produktionsgeheimnis, gute Organisation usw. Es ist bilanzfähig, wenn für seinen Erwerb Aufwendungen gemacht wurden.

Die ziffermäßige Höhe des betrieblichen Eigentums ist zum Teil sichtbar, zum Teil bilanzmäßig unsichtbar; wirtschaftlich ist es frei verfügbar oder gebunden (wie das Pfandvermögen, das Verwaltungsvermögen, z. B. Effekten, Grundstücke und Hypotheken eines Reservekapitals oder eines Wohlfahrtsfonds). Das bilanzpflichtige Vermögen ist zum Teil statisches Gebrauchsvermögen (Anlagevermögen, wie Produktionsmittel, Kapitalanlage in Hypotheken und Beteiligungen, Rechte, wie Konzessionen, Patente), zum Teil dynamisches Umsatz- oder Gebrauchsvermögen. Es entsteht durch Kapitaleinlagen der rechtlich als Unternehmer geltenden Beteiligten, durch Leistungen des Betriebes der Unternehmung (das ist Ertrag oder Reingewinn), durch Kreditaufnahme, das ist Stundung und fremdes Leihkapital, in Sonderfällen durch Erbschaft, Schenkung, Zuschüsse.

Eine von der Theorie anerkannte einheitliche Gliederung des Bilanzvermögens für betriebskritische Zwecke gibt es nicht. Allgemein wird unterschieden: I. Anlagevermögen: a) unbewegliches und bewegliches, unmittelbar oder nur mittelbar dem Erwerb dienende Produktionsmittel (z. B. Gebäude für Wohlfahrtszwecke); b) dauernde Kapitalanlagen rein betriebspolitischer Art, wie Beteiligungen und aktive Hypotheken; c) dauerbare Rechte, wie Patente, Konzessionen. II. Umlaufsvermögen: a) Ertragsbildner, wie Lagervorräte, die Aktivkredite im Bankverkehr, kurzfristige Kapitalanlagen in Wertpapieren; b) Forderungen aus dem Warenverkehr als Vorstufe ihrer Umwandlung in: c) Zahlungsmittel. Weitergehende Unterteilungen, wie sie beispielsweise Nicklisch (Wirtschaftliche Betriebslehre, S. 117: Umsatzträger, Regulierungsgüter, Gewährleistungs- und Reservegüter) oder Le Coutre (Bilanzkritik, S. 74: Sicherungsvermögen, Verwaltungsvermögen) vornimmt, haben nicht Aussicht, allgemein anerkannt zu werden. Man wird für die einzelnen Erwerbsgruppen der Produktion und der Verteilung (Waren-, Bankhandel, Versicherungs- und Verkehrsanstalten) zweckbestimmte Unterteilungen in der Schematisierung durchführen müssen, zum Teil für Sonderfälle nach verschiedenen Richtungen hin spezialisiert.

1. Einen lehrreichen Fall undurchsichtiger Bilanzen brachte das „Berliner Tageblatt“ (19., 25. und 28. Mai 1909) zur Kenntnis. Eine Industrie-G. m. b. H. hatte, den Anforderungen der Berliner Zulassungs-

stelle [1]) entsprechend, im Prospekte gelegentlich der Einführung einer Anleihe sehr detaillierte Bilanzen veröffentlicht. Wie undurchsichtig die Bilanz des nächsten Jahres war (Bilanz I), möge eine Vergleichung dieser Bilanz mit einer der Redaktion nachträglich eingesandten zeigen (Bilanz II).

A) Vor der Ausgabe der Obligationen.

Gewinn- und Verlustrechnung für 1907.

	ℳ ₰		ℳ ₰
Abschreibungen	2 411 457,72	Betriebsüberschüsse [2]) ..	4 771 576,41
Außerord. Abschreibungen	1 096 129,57		
Erhöhung d. Rücklagen	474 515,42		
Zuweisung z. Reservefonds	39 473,70		
5% Dividende.........	750 000,—		
	4 771 576,41		4 771 576,41

Nach der Ausgabe.

Verlust- und Gewinn-Konto 1908 (I).

	ℳ ₰		ℳ ₰
5% Zuweisung zum Reservefonds.............	46 206,33	Reingewinn	924 126,57
5% Dividende	875 000,—		
Vortrag auf neue Rechnung	2 920,24		
	924 126,57		924 126,57

[1]) Die Zulassungsstelle der Berliner Fondsbörse erließ folgende Bekanntmachung: „Es ist wahrgenommen worden, daß einzelne Gesellschaften, deren Wertpapiere zum Börsenhandel zugelassen sind, ihre Bilanzen nicht in der der Generalversammlung vorgelegten und von dieser genehmigten, sondern in einer abgekürzten Form veröffentlichen. Die diesbezügliche, der Zulassungsstelle gegenüber von den Gesellschaften übernommene Verpflichtung ist jedoch dahin zu verstehen, daß der Rechnungsabschluß und das Gewinn- und Verlustkonto so bekannt zu machen sind, wie sie der Generalversammlung vorgelegt und von ihr genehmigt worden sind. Da für die Erwerber der Wertpapiere nicht nur die Endziffern der Bilanz, sondern auch deren sonstige Einzelheiten, namentlich die Abschreibungsbeträge, von Wichtigkeit sind, muß die Zulassungsstelle darauf bestehen, daß in allen Fällen die vollständige Veröffentlichung in dem gekennzeichneten Umfange erfolgt.“

[2]) Nach Abzug sämtlicher Generalunkosten, ferner der Ausgaben für gemeinnützige Wohlfahrtszwecke mit 170 457,41 ℳ, der Kassenbeiträge mit 515 425,87 ℳ, der Steuern mit 332 759,72 ℳ, der Zinsen- und Bankprovisionen mit 605 850,18 ℳ.

Ergänzung (Bilanz II).

Gewinn- und Verlust-Konto 1908.

	ℳ ₰		ℳ ₰
Generalunkosten u. Zins.	2 717 482,40	Betriebsüberschüsse	5 824 632,10
Abschreibungen.........	2 183 023,13		
Zuweisung z. Reservefonds	46 206,33		
5% Dividende..........	875 000,—		
	5 821 711,86		
Vortrag auf neue Rechnung	2 920,24		
	5 824 632,10		

B) Bilanz (I) am 31. Dezember 1908.

	ℳ ₰		ℳ ₰
Hüttenwerk Völklingen. Koksofenanlage Altenwald, Kalksteinbrüche u. Manganerzfelder ..	16 250 251,91	Kapital-Konto.........	20 000 000,—
Gewerkschaft Röchling (Carlshütte u. Minettegruben)	7 431 256,27	Obligationen, rückzahlbar zu 103%........	15 000 000,—
Beteiligungen u. Effekten	12 083 502,62	Reservefonds u. Rücklagen	3 345 811,67
Bestände u. Debitoren .	9 446 257,58	Kreditoren einschließl. Arbeiterlöhne u. Obligationszinsen	6 862 536,47
Avalverpflichtungen 1 633 220,— ℳ		Verlust- und Gewinn-Konto, Vortrag......	2 920,24
	45 211 268,38		45 211 268,38

Ergänzung (Bilanz II).

Aktiva

Eisen- und Stahlwerk Völklingen			
Grundbesitz	ℳ	480 340,20	480 340,20
Wohnhäuser	ℳ	1 984 887,21	
abz. Abschreibung 1908	„	55 736,48	1 929 150,73
Werkanlagen	ℳ	14 915 209,69	
abz. Abschreibung 1908	„	1 985 409,69	12 929 800,—
Koksofenanlage Altenwald	ℳ	316 286,86	
abz. Abschreibung 1908	„	141 186,86	175 100,—
Kalksteinbrüche	ℳ	13 690,10	
abz. Abschreibung 1908	„	690,10	13 000,—
Anlagen im Bau			721 860,98
Manganerzgruben			1 000,—
Beteiligungen und Effekten			12 083 502,62
Bestände an Materialien, Bar, Wechseln usw.			4 892 652,45
Debitoren			4 553 605,13
Gewerkschaft Röchling, Carlshütte und Erzgruben			7 431 256,27
Avale und Kautionen	ℳ	1 633 220,—	
			45 211 268,38

Ergänzung: Passiva

Kapital-Konto	20 000 000,—
4½proz. Obligationen, rückzahlbar zu 103	15 000 000,—
Reservefonds	350 811,67
Dividendenreservefonds	2 000 000,—
Rücklagen [1])	995 000,—
Arbeitslöhne	307 278,85
Obligationenzinsen	312 268,50
Kreditoren	5 717 329,12
Hypothekenschulden	525 660,—
Verlust- und Gewinn-Konto	2 920,24
	45 211 268,38

2. Die folgende Bilanz nebst Angaben aus dem Prospekt mögen zeigen, in welchem Umfange die Bilanz ergänzende Angaben notwendig sind, wenn die Bilanzzahlen Leben und Inhalt haben sollen. Die Gesellschaft betreibt den Handel mit Eisen und Stahlerzeugnissen aller Art und Unternehmungen, die auf die Lagerung, den Absatz und die Beförderung solcher Erzeugnisse gerichtet sind.

Die Anleihe ist 4½% verzinslich und zu 103% rückzahlbar. Die Gesellschaft beschäftigt im Jahresdurchschnitt 135 Kontoristen und 250 Arbeiter. Die Grundstücke haben eine Größe von 1 ha 36 a 45 qm. Das Effekten-Konto stellt den Bestand an 4% Reichsschatzanweisungen dar, die nur mit Genehmigung der Treuhand-Aktien-Gesellschaft zur Vollendung der Neubauten verwendet werden dürfen.

Die Beteiligungen der Gesellschaft bzw. ihrer Rechtsvorgänger und Kredite an Konzernfirmen stellten sich in den letzten drei Jahren wie folgt (siehe Seite 295).

Im Prospekt werden die Beteiligungen an G. m. b. H. spezifiziert nach Stammkapital der Gesellschaft und der Beteiligung der Handelsgesellschaft, z. B.:

	Stammkap.:	Beteiligung:
Caro & Sohn, Breslau	ℳ 1 000 000	ℳ 1 000 000
Sietrich & Sohn, Thorn	„ 800 000	„ 400 000
Sächsische Eisenhandels-G. m. b. H.	„ 2 000 000	„ 19 800
	usw.	usw.

Von den stillen Beteiligungen des Jahres 1910 entfallen 3 000 000 auf die Firma C. F. Weithas Nachf. in Leipzig.

Das in den genannten drei Jahren in den Gesellschaften mit beschränkter Haftung und den anderen Firmen mit stillen Beteiligungen investierte Kapital hat sich im Durchschnitt mit 8,23%, und zwar in aufsteigender Linie und niemals unter 6%, verzinst und hat insbesondere auch zum Gesellschaftserträgnis des Jahres 1910 in befriedigender Weise beigetragen.

[1]) Zur freien Verfügung der Gesellschaftsorgane; 1907: ℳ 1 730 000.

1908

	Firmen	Kapital	Kredite
an Gesellschaften mit beschränkter Haftung		M	M
tung	18 mit	8 440 000	868 336
stille Beteiligungen an	19 mit	5 866 000	2 274 445
zusammen:		14 306 000	3 142 781

1909

	Firmen	Kapital	Kredite
an Gesellschaften mit beschränkter Haftung		—	M
tung	18 mit	8 440 000	1 330 056
stille Beteiligungen an	19 mit	5 866 000	2 367 339
zusammen:		14 306 000	3 697 395

1910

	Firmen	Kapital	Kredite
an Gesellschaften mit beschränkter		M	M
Haftung	18 [1]) mit	9 285 000	750 186
stille Beteiligungen an	20 [2]) mit	8 866 000	1 378 773
zusammen:		18 151 000	2 128 959

Gewinn- und Verlust-Konto am 31. Dezember 1910.

Debet	M	Kredit		M
Handlungsunkosten-konto [3])	860 572,87	Bruttogewinn		2 840 488,38
Dubiosenkonto	18 409,19	Hausertragskonto		
Zinsenkonto [4])	75 687,41	Sickingenstraße	42 602,13	
Abschreibungen	240 392,64	Neue Grün- u. Alte Jakobstraße	36 681,84	79 283,97
Rückstellung f. Talonsteuer	50 000,—			
Nettogewinn	1 674 710,24			
	2 919 772,35			2 919 772,35

b) Kritik der Passiva.

Für die Zwecke einer Bilanzkritik unter ökonomisch-rechtlichen

[1]) Deren Gesamtkapital: 12 735 000,— M

[2]) Deren Gesamtkapital: 18 124 367,22 M

[3]) Darunter u. a. Gehälter mit 282 173,79 M, Steuern mit 100 767,53 M, Miete mit 108 453,44 M.

[4]) Das Zinsenkonto stellte sich am 31. Dezember 1910
auf 778 247,79 M im Debet (einschl. 337 252,50 M Anleihezinsen)
und 702 560,38 „ im Kredit
75 687,41 M.

Zum Bruttobetriebsergebnis des Jahres 1910 haben die Beteiligungen mit 65,22%, die Abteilung Ravené mit 34,78% beigetragen.

Der Umsatz der Gesellschaft hat im Jahre 1910 etwa 243 802 t im Fakturenwerte von etwa 31 196 700 M betragen.

Bilanz vom

Aktiva		ℳ	₰	ℳ	₰
Grundstücke					
Sickingenstraße		1 268 421	08		
Werkstattgebäude		96 418	91		
		1 364 839	99		
Abschreibung:					
Sickingenstraße	ℳ 12 684,21				
Werkstattgebäude	ℳ 9 641,89	22 326	10	1 342 513	89 [1])
Bau-Konto					
Neue Grün- und Alte Jakobstraße		3 084 178	46		
Abschreibung		46 542	80	3 037 635	66 [2])
Inventar- und Werkstattutensilien		175 020	92		
Abschreibung		58 340	30	116 680	62
Interims-Konto					
Disagio auf s. Z. begebene Obligationen		113 183	44		
Abschreibung		113 183	44	—	—
Waren-Bestand				1 397 724	76
Kassa und Bankguthaben		3 418 598	59		
Wechsel-Bestand		140 323	21	3 558 921	80
Effekten				145 087	40
Kontokorrent					
Kredite an Konzernfirmen		2 128 959	89		
Debitoren der Abteilung Ravené		4 717 872	24		
Sonstige Debitoren		309 362	68	7 156 194	81
Beteiligungs-Konto				18 151 000	—
				34 905 758	94

Gesichtspunkten müssen die Bilanzposten zweckmäßig gruppiert werden. Die Passivseite einer Gesellschaftsbilanz, die die Art der Kapitalbeschaffung, der Finanzierung einer Unternehmung, die Kreditquellen angibt, ist die interessantere. Wir unterscheiden eigenes und fremdes Kapital [3]).

---

[1]) Grundstück ℳ 658 713,89
Gebäude .. „ 683 800,— (Feuerkassenwert)
ℳ 1 342 513,89

[2]) Grundstück ℳ 1 745 506,40
Gebäude .. „ 1 292 129,26
ℳ 3 037 635,66

[3]) Wirtschaftslehre, §§ 13 ff., Berliner, Schwierige Fälle, S. 141 sagt richtig: Die Passiva zeigen den Verteilungsplan, nach welchem bei der im Augenblicke der Bilanzziehung etwa erfolgenden Liquidation die Aktivmasse zu verteilen ist.

Die Aktiva zeigen die Produktionsmittel zum Zwecke des Erwerbes als Grundlage der in den Passiven ausgedrückten Vermögensrechte. Das Aktien-

31. Dezember 1910.

Passiva	ℳ	₰	ℳ	₰
Aktienkapital			23 000 000	—
Obligationen			7 500 000	—
Reservefond				
Bestand	156 186	10		
Agio auf s. Z. begebene ℳ 1 501 000 Aktien	131 800	22	287 986	32
Pensionsfond			40 000	—
Talonsteuerrückstellung			50 000	—
Kontokorrent, Kreditoren (Dezemberfakturen)			2 324 843	21
Dividenden				
Noch nicht abgehobene Dividende			600	—
Gewinn- und Verlust-Konto				
Vortrag von 1909	27 619	17		
Gewinn für 1910	1 674 710	24	1 702 329	41
Gewinnverteilung:				
Reservefonds 5% von ℳ 1 674 710,24	86 735	50		
4% Dividende	920 000	—		
Tantième (Aufsichtsrat) ℳ 56 369,97				
auf Handlungsunkosten gebucht „ 28 000,—	28 369	97		
Tantième (Direkt. u. Beamte)	107 275	—		
2% Superdividende	460 000	—		
Gewinnvortrag für 1911	102 948	94		
	1 702 329	41	34 905 758	94

I. Die **eigenen Kapitalien** (Reinvermögen, Gesellschaftskapital, Grund-, Stammkapital) bilden das verantwortliche, gewinnberechtigte Kapital, sind Träger des Risikos. Sie sind meist unbeschränkt verfügbar, dienen zur teilweisen Beschaffung des Vermögens, dann als Kreditbasis der Unternehmung, als Sicherheitsfonds der Gläubiger. Soweit sich das Unternehmen auf anderem Wege Betriebsmittel verschaffen kann, wie Notenbanken, Hypothekenbanken, Versicherungsanstalten, dient das eigene Kapital nur als Garantiefonds.

Die eigenen Kapitalien (12. Abschnitt) umfassen:

a) Stammkapital (Anfangskapital bei der Einzelfirma, Grundkapital, Stammeinlagen, einschließlich der späteren Kapitaleinlage), d. s. Leistungen des Unternehmers an seinen Geschäftsbetrieb.

b) Zusatzkapital, im wesentlichen Leistungen der Unternehmung durch Kapitalproduktion. Hierher sind zu zählen die Kapitalzuschreibungen (unverbrauchter Reingewinn) bei der Einzel- und der Personalunternehmung, die Gewinnrücklagen bei den Kapitalgesellschaften,

---

kapital ist zwar rechtlich keine Forderung, wirtschaftlich hingegen stellt es ein Forderungsrecht der Unternehmer dar.

darunter Agio-, Zuzahlungs-, Sanierungs- und Gründungsreserven als Leistungen der Unternehmer (der Aktionäre, der Gesellschafter).

Auf die Schwierigkeit, im Einzelfall festzustellen, ob ein als Reservefonds bezeichneter Posten einer Aktienbilanz eine Gewinnrücklage oder ein Wertberichtigungsposten für ein Aktivum ist, wurde bereits hingewiesen.

c) Der Reingewinn wird bei der Einzelunternehmung und bei Personalgesellschaften teilweise verbraucht, durch Privatentnahmen antizipiert. Bei Kapitalgesellschaften wird durch Generalversammlungsbeschluß ein erheblicher Teil des von der Unternehmung produzierten Kapitals eine echte Schuld, ein kleinerer Teil wächst den eigenen Mitteln zu, sofern nicht die Generalversammlung eine andere Verwendung des Reingewinns beschließt.

II. Die fremden Kapitalien oder Schulden, d. s. Verbindlichkeiten zu Leistungen aus dem eigenen Vermögensbestand, den Aktiven. Nach ihrer rechtlichen Klassifikation sind zu unterscheiden: Buch-, Wechsel-, Anleihe-, Hypotheken-, Bürgschaftsschulden, denen Kauf-, Darlehns-, Miet-, Dienst-, Versicherungs-, Kredit-, Werkverträge u. a. zugrunde liegen. Die fremden Mittel als Leihkapital sind rentenberechtigt, belasten den Ertrag der Unternehmung mit dem vertragsmäßig bestimmten Betrag, mittelbar oder unmittelbar.

Nach der Rückzahlungsfrist und nach wirtschaftlichen Gesichtspunkten sind zu unterscheiden:

a) Langfristige oder feste Schulden als Mittel der Geldbeschaffung, wie Anleiheschulden (Obligationen abzüglich der noch nicht begebenen), Hypothekenschulden, langfristige Darlehnsschulden. Man kann sie im allgemeinen als Geldkredite bezeichnen, also Verbindlichkeiten, die den Ertrag der Unternehmung unmittelbar durch Leistung von Zinsen belasten.

b) Kurzfristige, laufende Schulden als Mittel der Geld- und Kapitalbeschaffung, wie Buchschulden (Kreditoren für Warenlieferungen, Bank- und andere Geldkredite), Wechselschulden für Warenlieferungen, Bankkredite, Zahlungskredite. Soweit diese kurzfristigen, noch nicht fälligen Schulden Geldbeschaffungsmittel sind, vermindert ihr Zinsendienst den Reingewinn der Unternehmung unmittelbar. Soweit sie Kapitalbeschaffungsmittel sind, wie beispielsweise die Kaufpreisschulden eines Warenhändlers oder Fabrikanten, belasten ihre Zinsen (Skontozuschlag) den Anschaffungspreis der Waren.

c) Sofort fällige Schulden. Fällige, rückständige Geldleistungen, bei denen die Kreditgewährung ein sekundäres Begleitmoment ist, wie rückständige Steuern, Löhne, Rechnungen, Dividenden, Zinsen.

d) Anzahlungen der Besteller, also Vorleistungen auf zukünftige Lieferungen (Lieferungsansprüche).

Anlageschulden und Betriebsschulden, Geld- und Warenschulden, Darlehns- und Stundungskredite bezeichnen die Verwendung der im Kreditwege beschafften Kapitalien oder ihre Entstehung.

Um die fortschreitende Tilgung, beispielsweise der Anleiheschulden, ersichtlich zu machen, werden der ursprüngliche Schuldbetrag und die bisherige Amortisation wie folgt dargestellt:

Anleihe 1915	3	Mill.	
÷ amortisiert	1,2	„	1 800 000.

Die Einstellung des amortisierten Betrages auf die Aktivseite (Passiva ganzer Anleihebetrag) ist zwar nicht unstatthaft, aber ungeschickt und unlogisch.

Die Analyse der fremden Mittel zeigt, wie sehr dieser Teil der Kapitalbeschaffung von der Art und dem Umfang des Geschäftsbetriebes, dem Gegenstande der Unternehmung und noch anderen wirtschaftlichen und rechtlichen Verhältnissen abhängig ist. Bei Handelsunternehmungen überwiegen naturgemäß die Warenschulden — Buch und Wechselschulden; — die Bankschulden dienen der Zahlungsausgleichung und auch zur Beschaffung von Geld. Bei industriellen Unternehmungen treten die Anlageschulden, bei Kapitalgesellschaften die Anleiheschulden in den Vordergrund. Hypothekenbanken beschaffen sich die zum Betriebe des Hypothekengeschäfts notwendigen Mittel fast ausschließlich durch Pfandbriefe [1]).

Für Kreditbanken ist charakteristisch, daß erhebliche Teile der fremden Gelder der Bank infolge der Initiative Dritter zuströmen, die Depositen- und die Girogelder, während im allgemeinen Schulden der Initiative des Schuldners entspringen. Der Verwendungszweck der Waren- und Geldschulden ist vor ihrer oder durch ihre Kontrahierung bestimmt; die Kritik hat zu untersuchen, ob die Zunahme dieser Art fremder Leihkapitalien im Verhältnis zur Größe des Betriebes, zum Ertrag, zur Umsatzmöglichkeit steht, usw.

Für Leihkapitalien, die infolge der Initiative des Geldgebers in den Besitz des Unternehmers gelangen, muß diese erst nutzbringende Anlage und zweckentsprechende Verwendung suchen. Die Kritik wird ermitteln müssen, ob die Verwendung solcher Gelder eine sichere ist, die die Interessen der Gläubiger wahrt.

Die Rückzahlungsfrist des Leihkapitals entspricht seiner Verwendung. Man baut mit kurzfristigen Schulden [2]) beispielsweise keine Anlagen, aber man kann Betriebsschulden auf Anlagevermögen sicherstellen.

---

[1]) Vgl. die Bilanzschemata in der Wirtschaftslehre, § 52.

[2]) Bei schwankenden Erträgnissen ist eine hohe Anleiheschuld nicht erwünscht.

Je größer die Betriebsschulden, d. h. die kurzfristigen Kreditkapitalien sind, desto größer sollen die verfügbaren Mittel sein: die Liquidität muß im Verhältnis stehen zur Größe und Dringlichkeit der Betriebsschulden. Feste Schulden belasten dauernd den Ertrag, vermehren den Verlust, sind nicht ohne weiteres anpassungsfähig, bleiben auch bei abnehmender oder schwankender Rentabilität des Unternehmens oder bei verringertem Umsatz bestehen.

Ein Beispiel einer recht ungünstigen Bilanz bietet die folgende Genossenschaftsbilanz:

	Aktiva			Passiva	
Ia.	Kasse	3 067	I.	Geschäftsguthaben	78 229
	Wechsel	244 867		Reserven	19 704
	Bankguthaben	20 180	II.	Warenschulden	136 956
IIa.	Debitoren	1 337 517		Bankkredit	529 184
	Waren	546 242		Kontokorrentschuld	1 501 449
IIIa.	Mobiliar	15 406		Hypothekarschulden	108 767
	Immobilien	209 928	III.	Gewinn	2 918
		2 377 207			2 377 207

Die eigenen Mittel (I) betragen nur 4% der Aktiva, die Schulden (II) sind 23 mal so groß. Die sofort greifbaren Mittel (I a) sind rund 10% der Aktiva. Das gesamte Betriebskapital (Aktiva I a + II a) beträgt

	2 151 873,—,
die kurzfristigen Schulden machen	2 167 589,—,
der nicht gedeckte Schuldenrest ist	15 716,—.

Die sofort greifbaren Mittel decken nicht die dringendsten Verbindlichkeiten. Fremde Mittel können die Rente des eigenen Kapitals steigern oder vermindern; sie können, wie im Beispiel, auf chronischem Geldmangel beruhen oder einem dauernden Kreditbedarf entspringen, der bedingt ist durch die Größe des Umsatzes, die Erhöhung der Produktivität u. a. Die im Beispiel aufgezeigte Art der Finanzierung muß zum Vermögensverfall führen.

Die Beurteilung der Schulden hat neben den unmittelbaren Aufwendungen — durch Zinsen, Rückzahlungsagio auf Obligationen, Provisionen, Gewinnanteile — auch eine etwaige mittelbare Belastung des Betriebes zu berücksichtigen, so z. B. Abnahmeverpflichtungen gegenüber den Kreditoren, Machteinfluß des Gläubigers auf die Verwaltung der Unternehmungen (Banken im Aufsichtsrat der Industriegesellschaft!); dann die verhältnismäßige Höhe der Schulden, z. B. der Kreditoren, der Bankschulden, die es unter Umständen ratsam erscheinen läßt, das gewinnberechtigte Eigenkapital zu vermehren, um das zinspflichtige Kreditkapital abzustoßen. Wichtig ist für den Gläubiger zu wissen, inwieweit aktives Vermögen einzelnen Gläubigern verpfändet ist. Nicht alle Pfandrechte erscheinen in der Bilanz zum Ausdruck gebracht. Je mehr aktives Vermögen zur Sicherstellung, d. h. zur bevorrechtigten Befriedigung einzelner Gläubiger in Anspruch genommen wird, um so kleiner wird der Deckungsfonds der nicht bevorrechtigten und besonders gesicherten Gläubiger, deren ungedeckte Forderungen im Konkurs des Schuldners gleichwertig sind.

Die Schuldentilgung beansprucht fremde oder die eigenen Mittel. Die Heranziehung fremder Mittel zu diesem Zwecke erfolgt durch Schuldumwandlung — z. B. Aufnahme einer Anleiheschuld zur Abstoßung von Bankschulden — oder durch Schuldenübertragung, wenn Geldmittel neuer Gläubiger zur Ausgleichung alter Verbindlichkeiten Verwendung finden. Die Schuldentilgung aus eigenen Mitteln verwendet Betriebseinnahmen, liquide Mittel, die mitunter durch übermäßige Abschreibungen, stille Gewinnrücklagen und dementsprechende geringere Gewinnauszahlung künstlich zurückgehalten werden. Die Schuldentilgung überantwortet Teile des aktiven Vermögens in den Besitz des Empfangsberechtigten, wenn sie unmittelbar vom Schuldner an den Gläubiger erfolgt.

Die Schuldentilgung „aus dem Reingewinn", wie sie beispielsweise für die Amortisation von Anleiheschulden mitunter satzungsmäßig vorgesehen ist, hat den Zweck, durch Bildung eines der Tilgung entsprechenden (statutarischen) Zwangsreservefonds (Obligationen-Amortisationsfonds) flüssige Mittel als Ersatz für die geleisteten Rückzahlungen aus dem Reingewinn festzuhalten [1]). Um den zur Tilgung verwendeten Betrag wird der Reingewinn bzw. der Auszahlungsbetrag an die Aktionäre usw. gekürzt. Schuldentilgung zu Lasten der Betriebsüberschüsse (Gewinne) ist steuerpflichtig.

Das eigene Kapital ist gleichfalls Veränderungen unterworfen; es wird erhöht durch Kapitaleinlagen des Einzelkaufmanns, durch Aktienemission u. dgl., durch Änderung der Rechtsform der Unternehmung (Umwandlung in eine handelsrechtliche Gesellschaft, in eine G. m. b. H.),

---

[1]) Z. B.

Aktiva	20½	Passiva:	Schulden	14
			Obligationen	4
			Eigenes Kap.	2
			Reingewinn	½

Verwendung des Reingewinns zur Tilgung von Obligationen:

Aktiva	20	Passiva:	Schulden	14
			Obligationen	3½
			Eigenes Kap.	2
			Tilgungsfonds	½

Würde man tilgen und den Reingewinn verteilen, würden sich die Aktiva auf 19½ vermindern.

durch Aufnahme neuer Mitglieder bei Genossenschaften, endlich bei Gewinnverteilungsgesellschaften durch Rückstellung, d. h. Verminderung der Gewinnanteilsbeträge und durch Zuschreibung unverbrauchten Gewinns bei der Einzelunternehmung.

Die eigenen Mittel werden vermindert durch Abschreibung des Verlustes vom Kapitalkonto oder einer Reserve und durch Herabsetzung des Kapitals. Diese erfolgt durch Herausnahme von Kapitalien, z. B. bei der Einzelfirma, teilweise Rückzahlung des Grundkapitals bei Liquidationsgesellschaften; durch Ankauf und Amortisation von Aktienanteilen; durch Zusammenlegung von Aktien, Abstempelung. Durch Liberierung der Aktionäre von der fehlenden Einzahlung verzichtet der Aktienverein auf die Restzahlung, also auf ein Aktivum. Durch die Amortisation von Aktien aus dem Reingewinn (§ 228 BGB.) werden die eigenen Mittel nicht vermindert, da ein Ersatzkapital als notwendiger Reservefonds erscheint.

Die Bilanzkritik muß die Art der Kapitalerhöhung oder -verminderung nach ihrer rechtlichen Seite und ihren wirtschaftlichen Folgen prüfen.

Sehr zweckmäßig ist die Übertragung der Bilanzzahlen in ein Diagramm[1]). Die graphische Darstellung der Bilanzen mehrerer Jahre läßt die Wechselbeziehungen und -wirkungen der einzelnen Bilanzposten rascher und deutlicher erkennen. Die graphische Methode wird u. E. zu Unrecht sehr vernachlässigt, sie sollte sich nicht nur auf die Bilanzkritik erstrecken. Die Unternehmung tut gut, auch andere für sie besonders wertvolle Zahlenverhältnisse fortlaufend bildlich darzustellen, wie es beispielsweise in industriellen Großbetrieben, in Warenhäusern, Bankgeschäften üblich ist, wo beispielsweise Umsatz, Löhne, Materialkosten und Generalia, oder Einkauf und Verkauf der einzelnen Abteilungen und deren Kosten, oder Darlehnssummen, ihr Verhältnis zu den Kapitalanlagen und den Schulden fortlaufend graphisch dargestellt werden.

Die beste Schule für die Bilanzkritiker ist die Kritik der eigenen Bilanz. Jeder Kaufmann soll lernen, zuerst die B. seiner eigenen Unternehmung zu verstehen, soll diese zunächst kritisieren, wofür er die berufenste Persönlichkeit ist, und dann erst die Bilanzen fremder Unternehmungen.

c) Bilanzkritik im besonderen.

Für die Beurteilung einer B. und für das Bilanzlesen läßt sich keine Rezeptsammlung geben. Neben allgemeinen Gesichtspunkten sind die besonderen Verhältnisse und Umstände des Betriebes und des Betriebs-

---

[1]) Lomnitz, Die systematische Bearbeitung der Veröffentlichungen von Aktiengesellschaften, Leipzig 1908, besonders S. 42 ff., Stillich, Graphische Kurstabellen, I. Band, Brauerei-Aktien, Berlin 1911; Calmes, Die Statistik im Fabrik- und Warenhandelsbetrieb, 3. Aufl., Leipzig 1913.

jahres zu berücksichtigen. Einige allgemeine Bemerkungen für besondere Fälle seien hier noch nachgetragen.

1. Kritik des Gläubigers. Die erste Frage des Gläubigers bezieht sich auf die Sicherheit seiner Forderung: Wieviel freies, wieviel gebundenes Vermögen ist vorhanden, welche Teile des Vermögens sind als Kreditunterlage bereits verpfändet, welchen „Kreditwert" besitzen die noch vorhandenen Teile des freien Vermögens (Belastungsquote), z. B. bei Waren etwa 50—60% des Marktpreises, bei marktgängigen Wertpapieren 80—90% des Kurswertes u. ä. Läßt die Bilanz die Kreditsicherung bzw. Verpfändungen deutlich erkennen (Sicherungsübereignung von Waren und Forderungen; Lombardierung von Wertpapieren, Forderungen und Waren; Sicherungshypothek für Bankkredite)? Wie hoch sind die Kreditkapitalien überhaupt, insbesondere die Waren- und die Bankschulden, wie ist das Verhältnis zu den eigenen Mitteln? Gibt die Bilanz die bedingten Verpflichtungen (Giroverbindlichkeiten, Bürgschaften, Haftpflicht), die Einzahlungsverpflichtungen, die zukünftigen Zahlungsverbindlichkeiten infolge Bestellungen vollständig an, besteht die Gefahr der Beschränkung oder der Kündigung des Bankkredites, ist er bereits erschöpft oder besteht noch eine Spannung zwischen der Höchstsumme des Kredits und dem bisher beanspruchten Kreditbetrag? Wie sind die flüssigen Mittel der Unternehmung nach Größe, nach „innerer" Liquidität beschaffen, sind sie ausreichend, sind die Aktiva nicht überwertet, insbesondere Forderungen, Wechsel- und Anlagevermögen unter Berücksichtigung der besonderen Verhältnisse des kreditsuchenden Kaufmanns bewertet?

Wie sind die ertragswirtschaftlichen Verhältnisse, ist das Erträgnis stabil oder schwankend, ist das Unternehmungsrisiko [1]) groß, welches ist die hauptsächlichste Gewinnquelle, welche Verluste sind eingetreten, einmalige und sich wiederholende, ist der persönliche Aufwand dem Einkommen entsprechend, wie groß ist der Umsatz, besteht die Möglichkeit der Steigerung und wie ist die Sicherheit des Erträgnisses der Unternehmung gewährleistet?

Der Gläubiger wird eine Anzahl von Fragen als Gläubiger im allgemeinen und als Gläubiger der betreffenden Unternehmung im besonderen zu beantworten versuchen. Dabei ist zu unterscheiden, ob es sich um einen künftigen Kredit oder um bereits gewährte Kreditkapitalien handelt; unter Umständen wird der Gläubiger noch Geldopfer bringen müssen, um bei der kreditalimentierten Unternehmung sein Kreditgeld zu retten. Die Selbstanalyse des Kreditnehmers wird, soweit es möglich ist und der Wettbewerb sowie die wirtschaftlichen Kräfteverhältnisse zwischen beiden

---

[1]) Vgl. meine Abhandlung: Die Unternehmungsrisiken. Berlin 1915.

Kreditpartnern es zulassen, durch eigene kritische Untersuchungen ergänzt, soweit seine eigene Kenntnis bilanztechnischer Fragen es ihm ermöglicht.

Die Bilanzaufstellung eines Gläubigers unter dem Gesichtspunkt der Sicherheit seiner Forderung würde etwa folgendes Bild zeigen:

I. Anlagevermögen.

II. Umsatzvermögen.
- a) nicht gebunden:
  1. sofort greifbar,
  2. kurzfristig greifbar:

  davon Forderungen:
  - Bankguthaben, Warendebitoren: α) nicht gedeckt
  - β) gedeckte Forderungen (Art der Deckung),
  - γ) Forderungen an Tochterunternehmungen,
  - δ) Darlehnsforderungen;
- b) durch Kreditsicherung gebundenes Vermögen
  1. Kautionseffekten,
  2. Verpfändete Effekten und Waren,
  3. zedierte Forderungen,
  4. Sicherungsübereignung des Warenlagers.

III. Geldreserven (vgl. Sachregister).

I. Belastung des Anlagevermögens durch Hypotheken, Grundschulden (= % des Buchwertes von I); Sicherungshypothek f. Anleiheschulden.

II. Betriebsschulden:
1. sofort fällig,
2. kurzfristig;
   - a) nicht besonders gedeckt
     Warenschulden,
     eigene Akzepte,
     Blankokredite,
     Darlehn.
   - b) Pfandgesicherte Schulden:
     Bankschulden, Bankakzepte: Angabe der Sicherheit
     Lombarddarlehen, nach Waren, Effekten getrennt.

III. Bedingte Verpflichtungen: aus Bürgschaften; Solawechsel auf Kunden; Giroverbindlichkeiten; Nachschußverpflichtungen auf Beteiligungen: Zahlungsverpflichtungen auf Bestellungen.

2. Anders gestaltet sich die Bilanzkritik eines Aktionärs.

a) Der Blick des Spekulationsaktionärs, der Anteile der betreffenden Unternehmung erworben hat, wird fasziniert und getrübt durch die absolute Höhe der Dividende, die relative Verzinsung der für die Beschaffung der Aktien verausgabten und angelegten Gelder. Die Aktiendividende beeinflußt das Erträgnis des Aktionärs; die landesübliche Verzinsung der Anschaffungskosten unter Berücksichtigung der Dauer des Aktienbesitzes ist von der Aktiendividende in Abzug zu bringen. Erst der Rest ist Profitrate des Aktionärs unter Zurechnung etwaiger besonderer Zuwendungen wie Bezugsrechte, Bonus, Gratisaktien usw. und unter Abrechnung etwaiger

Sanierungsverluste. Die Aktiendividende beeinflußt den Börsenkurs, sie ist für den Spekulationsaktionär Mittel zum Zwecke der Erzielung eines Börsengewinns.

b) Das Interesse des Daueraktionärs ist anders geartet. Ganz abgesehen von Aktionären von Familiengründungen und Tochtergesellschaften in der Rechtsform der Aktienvereine, deren Interessen wiederum anders schattiert sind, deckt sich das Interesse des Daueraktionärs im wesentlichen mit dem Geschäftsinteresse der Unternehmung: innere Stärkung durch zweckentsprechende Bilanz- und Dividendenpolitik, Stabilisierung des Erträgnisses, wenn möglich bei allmählicher Steigerung des Ertrages, ohne ihn allzu hoch anwachsen zu lassen (wegen der Schwerfälligkeit eines im Kurs sehr hoch notierten Papiers, wegen des Anreizes zur Gründung neuer Unternehmungen u. a.).

3. Wiederum anders geartet ist die Bilanzkritik des Steuerfiskus, eines gewinnbeteiligten Dritten, der Lieferanten, der Abnehmer, der im Unternehmen beschäftigten Arbeiter und Angestellten, des Bankgläubigers einer stark mit Bankkredit belasteten oder einer sanierungsbedürftigen Unternehmung, einer Finanzzeitung, des Staatsanwalts im Strafprozeß usf. Die subjektiven Interessen des Kritikers bestimmen Ziel und Methoden der Kritik. Aber jede Bilanzkritik beginnt mit der Passivseite, den Kreditquellen, und geht dann über auf die Aktivseite, d. h die Kapitalverwendung. Stets hat der Kritiker zu beachten, daß Bilanzzahlen Quantitäts- und nicht Qualitätszahlen darstellen. Was durch Aufmachung der Bilanz, Änderungen in der Anordnung der Bilanzposten verdeckt und im Geschäftsbericht verschwiegen wird, ist nicht leicht zu ergründen. Die Bilanzzahlen müssen gruppiert und die Bilanz muß schematisiert werden.

27. Abschnitt.

Kritik der Industriebilanzen.

Der wirtschaftliche Duktus der Industrie läßt sich mit einem Satz nicht umschreiben. Zur Industrie rechnet man die Stoffgewinnung zwecks Veräußerung oder Verarbeitung (Bergbau), dann die Stoffumwandlung oder -Umformung. Die Stoffumwandlung ist eine substantielle Änderung des Werkstoffes durch chemisch-technologische Vorgänge (wichtig sind die Apparate, die Maschinen haben geringere Bedeutung; es werden meist ungelernte Arbeiter verwendet, z. B. Farben-, chemisch-pharmazeutische Industrie). Die Formveränderung erfolgt durch mechanisch-technologische Vorgänge, Arbeits- und Kraftmaschinen haben für die Technik und die Wirtschaft der Unternehmung die größte

Bedeutung, die konstruktive und geistige Arbeit im Produktionsprozeß ist ein wichtiger Rentabilitätsfaktor (Eisen-, Metallverarbeitungs-, Textil-Industrie); Anschaffung und Weiterveräußerung von beweglichen Sachen nach Bearbeitung und Verarbeitung sagt das HGB. (§ 11). Stoffumformung und -Umwandlung gehen auf Rechnung der Unternehmung, sie trägt das Risiko des Absatzes und der Konjunkturschwankungen, die sich in verschiedener Schnelligkeit auswirken, je nachdem die Industrie für den unmittelbaren Verbrauch (Nahrungsmittel, Textilien) oder Produktionsmittel für andere Industrien erzeugt (Werkzeugmaschinen). Die Übernahme der technischen Bearbeitung und Verarbeitung von Waren für andere ist Lohnwerk (Lohnbleichereien, -Färbereien, Ausrüstungsindustrie für Textilwaren).

Ein Industriebetrieb hat zwei Aufgaben zu lösen: eine produktionswirtschaftliche, das ist Erzeugung eines marktfähigen Produktes unter rationellen Gesichtspunkten; und eine marktwirtschaftliche mit dem Ziel einer möglichst nutzbringenden Verwertung des Unternehmungskapitals. Wirtschaftlichkeit der Werteerzeugung und Rentabilität des Werteumsatzes, ein rein technisches Problem unter wirtschaftlichen Gesichtspunkten und ein umsatzwirtschaftliches Problem sind vereinigt.

Die Analyse eines Fabrikbetriebes umfaßt die Betriebsanalyse, die Organisationsanalyse und die Bilanz-Analyse. Sie gehen stets von den Tatsachen aus. Für die wirtschaftliche Betriebsanalyse bilden die Betriebsrechnung, die Betriebsbuchführung und die Betriebsstatistik Unterlagen. Die (jährliche und die kurzfristige) Betriebsrechnung ist eine Gegenüberstellung von Betriebseinnahmen und Betriebsausgaben, die Kritik beurteilt die Produktions-, die Absatzfähigkeit und die Schwankungen des Beschäftigungsgrades. Die Untergliederung der Betriebsrechnung schließt sich der organisatorischen Gliederung der Unternehmung an. Grundsätzlich ist eine weitgehende Gliederung der Einnahmequellen zu fordern. Haupt- und Nebenbetriebe sind zu trennen, ebenso die Einnahmen aus den Haupt- und Nebenprodukten; z. B. Berliner Städtische Gaswerke 1927: Einnahmen:

104,437	Mill. ℳ	Einnahmen	
./. 8,401	„ „	sonstige Einnahmen aus Wertpapieren und Beteiligungen	
96,036	„ „	Betriebseinnahmen, davon entfallen	
./. 69,402	„ „	auf das Hauptprodukt	= 72,3%
26,634	„ „	auf Nebenprodukte	= 27,7%

Im Kohlenbergbau hat sich das Schwergewicht der Rentabilität von der Kohle auf die Nebenprodukte verschoben; die Konjunkturschwankungen für Teerprodukte, die Entwicklung der Kohle vom Kraftstoff zum Rohstoff für die chemische Verwertung und Veredlung der Kohle müssen in der wirtschaftlichen Betriebs-Analyse sich niederschlagen.

Die technische Betriebsanalyse unter dem Gesichtspunkt der Wirtschaftlichkeit der Erzeugung ist Aufgabe des Technikers und interessiert hier nicht. Die Organisations-Analyse untersucht vorwiegend das Zeitmoment, d. h. den Zeitverbrauch der Teil-Operationen, ihre Hilfsmittel sind Stoppuhr und Ablaufdiagramm.

I. Die Bilanz-Analyse untersucht den Vermögens- und den Kapitalaufbau, gliedert beide Seiten unter bestimmten Gesichtspunkten (z. B. Flüssigkeit, finanzielle und kreditwirtschaftliche Lage), prüft die Rentabilität und die Erfolgsrechnung. Wir haben S. 10 das Schema einer Fabrik-Aktiengesellschaft aufgestellt. Andere Bilanztheoretiker haben anders gegliedert; der besondere Zweck der Analyse ist entscheidend für die Gliederung [1]).

Typisch für Fabrikbetriebe sind die folgenden Bilanzposten: das Anlagevermögen und die Vorräte für Produktionszwecke, Vorräte verkaufsbereiter Produkte; Patente; Anzahlungen auf der Aktivseite für Erweiterungsbauten, solche auf der Passivseite als Finanzierungsmittel des Absatzes; die Beteiligungen an anderen Unternehmungen, die hier wirtschaftlich eine andere Bedeutung haben wie bei Kreditbanken (eine Zunahme der Beteiligungen deutet eine Expansionspolitik an, die übrigens auch durch Erweiterungsbauten betätigt wird). Schließlich Konzernforderungen und Konzernschulden.

Die charakteristische Industrie-Finanzierung sind fundierte Schulden durch langfristige Kapitalien, wie Anleihen [2]), hypothekarisch gesicherte langfristige Kredite. Die Zunahme der fundierten Schulden kann auf eine Umwandlung schwebender in fundierte Schulden zurückzuführen sein, oder es handelt sich um Neuaufnahme von Schulden anstatt

[1]) Andere Gliederung der Vermögens- und der Kapitalseite vgl. „Wirtschaftslehre der Unternehmung“ §§ 7—8. Das Vermögen einer Stadt beispielsweise umfaßt werbende eigene Unternehmungen, meist Überschußbetriebe, wie Elektizitäts-, Gas-, Wasserwerke, Straßenbahnen, Güter, Häfen, Schlachthöfe, Markthallen; dann Beteiligungen an anderen Unternehmungen, sowie aktive Hypotheken. Dieses werbende Vermögen wird durch den nichtwerbenden Vermögensbesitz, d. i. Anlagevermögen der Zuschußbetriebe ergänzt (z. B. Schulen, Verwaltungsgebäude, Kranken- und Armenhäuser, Fuhrpark und dgl.).

[2]) Ende 1927 nach Erhebungen des statistischen Reichsamtes:

Industrie der Grundstoffe	1 188,08 Mill.,	davon	808,87	Ausland
Bergbau und Eisen allein	700,97 „	„	518,47	„
Kalibergbau	243,61 „	„	239,82	„
Verarbeitende Industrie	636,52 „	„	355,5	„
Elektrizitätswerke	692,03 „	„	543,6	„

98% aller Schuldverschreibungen entfallen auf Kapitalgesellschaften; 63% der inländischen, 47% der ausländischen Schuldverschreibungen sind hypothekarisch gesichert.

der Kapitalerhöhung, wenn die Zinslasten geringer sind als die steuerliche und Kostenbelastung einer Kapitalerhöhung. Die „stillen“ Reserven stecken meist in den Anlagen, in Vorräten und Beteiligungen.

Die Liquiditätsberechnungen für die Industrie sind verhältnismäßig einfach; ein Beispiel:

	Mill. M.				Mill. M.
Anlagevermögen	45,21		Aktienkapital, Reserven		43,87
Beteiligungen	17,47	62,68	Hypotheken u. Hypothekaranleihen (Belastung 32,8% der Anlagen)		14,76
Bargeld, Bankguthaben.	2,32				
Wechselbestände	3,76				
Börsengängige Effekten	—		Bank- u. Rembourskredite (davon 9 Mill. mit 6 Monaten Laufzeit, 13 Mill. Rembourskredite		22,6
Vorräte	9,33	15,41			
Debitoren		26,22	Sonstige Verbindlichkeiten		21,48
			Eventual-Verbindlichkeiten	2,97	

Der finanzielle Status dieses Betriebes ist recht angespannt. Die flüssigen Mittel einschließlich der Vorräte betragen 15,41 Millionen bei 13 + 21,5 = 34,5 Millionen schwebenden Verbindlichkeiten. Die Vorräte können als liquide Mittel angesehen werden, wenn es sich um fungible, absatzfähige Marktware handelt, wie im vorliegenden Falle (Metalle); in anderen Fällen rechnen sie nicht dazu, beispielsweise Werkzeugmaschinen. Die Zahlungsbereitschaft ist vom Eingang der Forderungen abhängig. Die finanzielle Lage wird undurchsichtig, wenn nicht ersichtlich ist, in welcher Höhe dem Stammhaus Verpflichtungen aus Verbindlichkeiten der Tochterunternehmung oder aus noch nicht erfüllten Kapitalbeteiligungen erwachsen (Garantieübernahme, fehlende Einzahlungen), wenn Vorschüsse an und Darlehn von Tochtergesellschaften und Konzernfirmen nicht getrennt werden.

Wertvoll für die bilanzkritische Auswertung ist folgendes: die Gliederung des Umsatzes nach Produktionszweigen, Fabrikation und Handel; Angaben über Produktions- und Betriebsleistungen; Umsatzwert und Produktionsmenge je Arbeiter und je Arbeitstag; Angaben über den Auftragsbestand, über Arbeiter- und Angestelltenzahlen; Gliederung der Beteiligungen nach Unternehmungen, Gesamtkapital, Kapitalbesitz der bilanzierenden Unternehmung und Erträgnis daraus; Angaben über den Versicherungswert der Anlagen (z. B. in den Bilanzen schweizerischer Industrieunternehmungen) und über die Industriebelastung; Angaben über die Preisbewegung der Anschaffungs- und der Absatzmärkte, der Vor- und der Endprodukte.

Hohe Beträge auf Grundstückskonto entstehen entweder infolge hoher Anschaffungspreise (Umrechnung auf 1 Quadratrute, ha empfehlenswert) oder infolge großen Besitzes, der zu Erwerbszwecken (Bergbau usw.) dient, als Spekulationsobjekt, zwecks späterer Erweiterung des Betriebes oder notwendiger Arrondierung angeschafft wurde. Der Anteil der Immobilien an dem Gesamtvermögen ist für die einzelnen Industrien naturgemäß sehr verschieden; er betrug in der keramischen Industrie etwa $^1/_2$, im Braugewerbe etwa $^1/_3$, in der Maschinen- und Textilindustrie etwa $^1/_4$—$^1/_5$. Auf die Größe der in Produktionsmitteln festgelegten Beträge haben u. a. bestimmenden Einfluß: die Produktionsfähigkeit der Unternehmung, d. i. die maximale Produktionsmöglichkeit; die zur Anwendung gebrachten Arbeitsmethoden, die Abschreibungspolitik, die Konjunktur (hohe oder niedrige Anschaffungspreise).

Die Höhe der Warendebitoren — die „Finanzkreditoren" (Bankguthaben) und Anzahlungen auf Bestellungen sind auszuscheiden (vgl. Schema S. 11) — ist abhängig vom üblichen Zahlungsziel, von der Größe des Objekts und dem Absatz. Ein Absatz à tout prix wird die Forderungsbestände und die Ausfälle an Buchforderungen erhöhen. Hat ein Elektrizitätsunternehmen beispielsweise kurz vor der Bilanzaufstellung eine größere Anlage fertiggestellt, dann werden die Debitoren eben größer sein. Schleppende Zahlungsweise, einseitige Kreditverlängerung der Abnehmer und Anhäufung der Außenstände führen zu einer Festlegung von Betriebsmitteln und zur Vermehrung der Kreditkapitalien, wodurch eine Belastung des Ertrages mit dem Leihzins des Kapitals verbunden sein wird. Ein hoher Geldzinssatz erschwert naturgemäß die Verminderung des Debitorenkontos, bei dessen Beurteilung überdies die Art des Artikels, die Verkaufsorganisation, die Kaufkraft der Abnehmer und die allgemeine wirtschaftliche Lage mitberücksichtigt werden müssen. Unter den Debitoren werden gelegentlich auch Darlehnsforderungen an Tochtergesellschaften oder befreundete Unternehmungen verrechnet.

Große Voreinzahlungen auf Warenlieferungen (Passiva) deuten auf eine günstige finanzielle Lage der Unternehmung, eigene Voraus- und Teilzahlungen, z. B. auf Neubauten, Lieferungen (Aktiva) auf zukünftige große Verbindlichkeiten (bei Maschinenbestellungen ⅓ Anzahlung), vielfach auch auf geringen Kredit hin.

Beteiligungen (vgl. 1. Abschnitt, S. 17) an andern Unternehmungen sind nicht umsatzfähig, wenn es sich um Geldeinlagen handelt. Dem Unternehmen können durch Beteiligungen neben der Ertragssteigerung [1]) auch

[1]) Deutlich ist folgende Bilanz:
Aktiva: Maschinenfabrik G. m. b. H., bisherige Einzahlungen:
ℳ 177 471,—
Gewinn: Maschinenfabrik .... ℳ 293 578,—
d. h. das Beteiligungskapital verzinst sich mit 171% (!).

mittelbare wirtschaftliche Vorteile erwachsen, wenn z. B. das beteiligte Unternehmen Abnehmerin oder Rohstofflieferantin der eigenen Fabrik ist. Das Bankguthaben wird größer sein, wenn am 1. des folgenden Bilanzjahres beispielsweise Zinsscheine und Anleiheschulden fällig werden.

Große Lagerbestände können Träger von Zins- und Konjunkturverlusten sein; Änderungen der Mode, Veralterung, Überholung durch andere Erfindungen und neuere Konstruktionen sowie andere nicht der Gewalt der Unternehmung unterworfene wirtschaftliche Verhältnisse können zu erheblichen Verlusten führen. Große Bestände können wertlose Produkte, „Ladenhüter" mit einschließen. Bedeutende liquide Mittel sind festgelegt, doch können sie veranlaßt sein durch Bestellungen, also bedeutende Aufträge, günstige Marktpreise, die später ein Steigen wahrscheinlich machen. Große Lagerbestände können auch infolge von Absatzstockungen oder einer Überproduktion entstehen, wenn zwecks Erhaltung des Arbeiterstammes in geschäftsstiller Zeit auf Lager gearbeitet werden muß, kurz, es können mannigfache Umstände einen verhältnismäßig großen Bestand an Waren, Halbfabrikaten und Rohstoffen rechtfertigen oder doch erklären.

Die Buchschulden für Warenlieferungen stehen im Verhältnis zum Umsatz, zu den Lagerbeständen, zu der Höhe des Bankkredits und der Debitoren. Hohe Bankschulden bringen den Mangel an liquiden Mitteln zum Ausdruck. Große Anzahlungen der Abnehmer können ein Zeichen lebhaften Absatzes sein.

Neben dem Hauptbetrieb können die Nebenbetriebe für eine Unternehmung wirtschaftlich von außerordentlicher Bedeutung sein. Bei Privat-Eisenbahnen beispielsweise beruht der finanzielle Wert einer Bahn gerade auf diesen Betrieben (z. B. Bergwerke, Ländereien, landwirtschaftliche Industriebetriebe, wie Ziegeleien, Schiffahrt, Lagerhäuser), die nicht nur eine laufende Einnahmequelle bilden, sondern auch bei steigenden Grundwerten mit großem Gewinn abgestoßen werden können.

Es folgen Beispiele zur Veranschaulichung der Methodologie der Bilanzkritik (vgl. S. 311).

Die Abschreibungen betragen 5,3% des Anlagekapitals, der Jahresreingewinn nur 4,63% der Selbstkosten (110 415: 2 390 065).

Das Anlagekapital (abzüglich der Abschreibungen M. 799 395) ist 32% des Umsatzes, d. h. für je 100 M. Absatz waren 32 M. für feste Produktionsmittel aufzuwenden.

Die Bilanzsumme war	3 276 684,	davon
der Amortisationsfonds ab	437 351	(= 35,4% des Erwerbspreises
bleibt ein Vermögen von	M. 2 839 333,	d. Anlagen),

davon M. 1 223 456 Debitoren, d. h. 48,9% des Umsatzes (außerordentlich hoch!), und 43,1% des Gesamtvermögens.

1. Beispiel: Maschinenfabrik[1]).

	M. Pf.		M. Pf.
Immobilien	724 949,73	Aktien-Kapital	1 200 000,—
Einrichtung	490 620,25	Obligationen	597 000,—
Mobilien	21 176,27	Amortisation	437 351,42
Waren	438 507,91	Sparkasse der Arbeiter	24 194,07
Hilfsmittel	6 696,55	Pensions-Kasse	129 960,52
Kassa u. Wechsel	12 621,93	Delkredere-Konto	24 386,56
Effekten	305 575,83	Unerhobene Dividende	150,—
Bar-Kautionen	4 504,14	Obligations-Zinsen-K.	12 260,—
Bankguthaben	48 575,21	Gesetzl. Reserve-Konto	41 974,06
Debitoren	1 223 455,97	Spezial-Reserve-Konto	65 000,—
		Kreditoren	609 796,36
		Gewinn- u. Verlust-K.	134 610,80
	3 276 683,79		3 276 683,79

Soll — Betriebs- und Gewinn- und Verlust-Rechnung — Haben

	M. Pf.		M. Pf.
Material-Verbrauch	1 423 809,54	Vortrag von 1914/15	24 195,84
Betriebs- u. Verkaufsspesen, Löhne, Gehälter usw.	914 644,91	Fabrikations-Konto	2 500 479,84
Amortisation	51 610,43		
Gewinn	134 610,80		
	2 524 675,68		2 524 675,68

Der Umsatz war	M. 2 500 480 =	100%	
Materialverbrauch	M. 1 423 810 =	56,94%	zus. 95,57% des Umsatzes
Löhne, Kosten	„ 914 645 =	36,57%	
Abschreibungen	„ 51 610 =	2,06%	
Jahresreingewinn	M. 110 415 =	4,43%	

Die Schulden betrugen M. 1 373 361, davon entfielen auf die Kreditoren M. 609 796 (nur Warenschulden), d. h. 137% der Lagerbestände (M. 445 204). Die eigenen Mittel (ohne Jahresreingewinn), d. h. Grundkapital, Reserven und Gewinnvortrag aus dem Vorjahr beliefen sich auf M. 1 355 557. Die Schulden machen 50,3%, die eigenen Mittel 49,7% des Gesamtkapitals, die Schulden 48,4% des Vermögens (Schulden-Koeffizient). Ob irgendwelche Pfandkredite in Anspruch genommen wurden, ist nicht ersichtlich. Auf 100 M. Umsatz kommen 54,2 Eigenkapital, das

[1]) Vgl. die Aufsätze von Lewin (Bilanzlesen) und von Blum (Bemerkungen zur Aufstellung der Jahresabrechnungen in Maschinenfabriken) in „Technik und Wirtschaft“, 1911; vgl. auch „Kreditbilanzen“ und das dort verarbeitete Beispiel aus der Holzindustrie.

also etwa 2 mal umgeschlagen wird, und 54,9 M. Leihkapital, endlich 4,43 M. Reingewinn und 16,4 M. Lagerbestände (im groben Durchschnitt 409 172 M. Bestand). Mit 100 M. Eigenkapital wird ein Umsatz von 110,7 M. und ein Reingewinn von 8,14 M. erzielt. Die Aktiendividende ist 9%.

Auf 100 Einheiten des „werbenden" Kapitals (d. h. eigene Mittel und feste Schulden, wie Anleihen und Hypotheken, hier Obligationen 600 000) kommen 127,7 Umsatz und M. 6,87 Gewinn (Reingewinn und 23 880 Anleihezinsen). Auf 100 M. Umsatz kommen 78,2 M. werbendes Kapital.

2. Beispiel: Die nunmehr folgende kritische Bilanzrechnung einer Konzernunternehmung leidet an der Mangelhaftigkeit des verfügbaren Materials; insbesondere entbehrt der Fabrikationsgewinn der Zuverlässigkeit, weil, abgesehen von der Reservepolitik, die Gewinnverteilung unter den Konzernfirmen unbekannt ist (Tabelle nebenstehend).

a) Die ertragswirtschaftlichen Verhältnisse der Unternehmung sind ungewöhnlich günstig. Soweit Umsatzzahlen bekannt sind, entfallen

auf je 100 ℳ	Verkaufserlös		auf je 100 kg	Gesamtproduktion
1913	15,29	Brutto-Fabrikationsgewinn	1909	71,45 ℳ
1912	16,09	„	1908	55,12 „
1911	18,63	„	1907	59,40 „
1910	19,52	„		

Zum Vergleich seien die Gewinne der ganzen Industrie herangezogen (Frankfurter Ztg. 14. Oktober 1916). Bei 16 Aktienvereinen mit einem Grundkapital von $91^3/_4$ Mill. stieg die Durchschnittsdividende von 14,23% im Jahre 1913 auf 22,75% 1915. Nach den Aufstellungen dieser Zeitung wurden bezahlt in Millionen Mark:

	1915	1914	1913
An Dividenden	20,870	12,724	8,716
Die sichtbaren Abschreibungen betrugen	12,361	8,558	5,656
Rückstellungen aus dem Reingewinn	17,831	2,119	0,632
Reingewinn	44,980	16,787	10,598

Neben den laufenden Abschreibungen auf das Anlagekapital wurden die Kriegsbauten vorweg, d. h. unsichtbar in der Bilanz, abgeschrieben. Maschinen stehen 1915 mit 19 M., Mobilien und Utensilien mit 25 M. zu Buche bei einer Arbeiterzahl von 7737 und einer Lohnsumme von über 8 Millionen Mark!

Dem steigenden Umsatz entsprechend vermindern sich die Generalkosten, auf je 100 M. Umsatz bezogen:

1915	ℳ 1,18
1914	„ ?
1913	„ 4,56
1912	„ 4,08

(Millionen Mark)	1915	1914	
Aktienkapital	16,5 [1])	16,5	16
Sichtbare Reserven	9,636[2])	9,619	9
Eigene Mittel	26,136	26,119	25
Börsenkurse Ende des Jahres (in Prozent)	?	312	
Dividenden (in Prozent)	35	25	
Umsatz: a) in Mill. M.	ca. 150	? [3])	
b) in Mill. kg	?	?	
Maschinen stehen zu Buche mit	19 M.!	18 M.!	1,2
Mobilien, Utensilien stehen zu Buche mit	25 „ !	24 „ !	0,0
Bruttogewinn:			
1. Fabrikation, Waren, Kartell	13,119	7,7821	3,
2. Effekten, Zinsen	3,071	2,0885	2,
Zusammen	16,190	9,8706	6,
Generalkosten	1,77	1,2780	1,
Abschreibungen auf Gebäude, Grundstücke	1,016 [7])	2,5086	1,
Reingewinn des Jahres	13,037	5,7526	3,
dazu Vortrag v. Vorjahr	1,504	0,7900	0,
Bilanzreingewinn	14,541	6,5426	4,
Verwendung d. Reingewinns:			
Dividende	5,775	4,125	3,
Pensionsfonds	2,—	0,500	0,
Tantième	0,3705	0,4133	0,
Vortrag	6,3955	1,5043	0,
Wie oben	14,541	6,5426	4,
Für Arbeitslöhne wurden bezahlt (Arbeiterzahl am 31./12.)	8,3785 (7737)	2,932 (3772)	2, (
Arbeitslohn pro Mitglied der Betriebskrankenkassen	1080	782	1

[1]) Kapitalerhöhung auf 33 Mill. am 30. 10. 191 am 31. 12. 1916 310%).

[2]) Unter den „Kreditoren" (Schulden) versteck Reserve für Garantieverpflichtungen aus Lieferungen 1916 wurden 2 Mill. M. zu gemeinnützigen Zwecken

[3]) Umsatzzahlen wurden für 1914 nicht angege

[4]) 1909: 4,42 Mill. kg ohne Rücksicht auf Qua

[5]) Das Einkommen aus Effektenbesitz entsprach

[6]) Gesamtabschreibungen bis 1913 (in 23 Gesch

[7]) Die Zugänge an Gebäuden wurden sofort abge bungen „auf ausgesprochene Kriegsbauten" sind in d

.2	1911	1910	Bemerkungen
	16,5	16,5	Die Gesamtabschreibungen für 1914 und 1915 betrugen: a) In der Bilanz sichtbar 3,5242 Mill. M. b) Vorweg abgeschrieben etwa 17,7485 „ „ zus. 21,2727 Mill. M.
9	9,4796	9,44	
3	25,9796	25,94	
:3	319,9	293,5	
:0	18	18	
7	19,728	ca. 19½	
?	?	„ 5,21⁴)	
Mill.	0,8884	0,9056	
„	0,0426	0,0245	
1	3,6740	3,8072	
5	2,0926	1,7430	
6	5,7666	5,5502	
8	0,9279	0,8914	
9	1,2330	1,0715	
8	3,5372	3,3685	
9	0,5425	0,4606	
7	4,0797	3,8291	
	2,970	2,970	
	0,08	0,080	
7	0,2517	0,2366	
	0,7779	0,5425	
7	4,0796	3,8291	
	1,6525	1,6281	
6)	(1756)	(1721)	
.	941	946	

e von 16½ Mill. M. neuer Aktien zu 100% (Kurs

rechenbar: Kriegsgewinnsteuer-Reserve sowie eine
, beide aus dem Jahresgewinn vorweg abgebucht.
nissen überwiesen.

produktion; weitere Angaben fehlen.
6½% des Aktienkapitals, d. h. etwa 2,7225 Mill. M.
9508 Mill. M.
o Maschinen, Utensilien, Mobilien. Diese Abschrei-
t ersichtlich.

1911	ℳ 4,70
1910	„ 4,57

Der Kostenzuschlag für Abschreibungen und Generalkosten auf 100 M. Arbeitslohn ermäßigt sich von 118% im Jahre 1913 auf 33⅓% im Jahre 1915. Die Arbeitslöhne sind absolut gestiegen (Kriegsjahre), relativ jedoch wesentlich gesunken. Die Verkaufskalkulation, auf den Umsatz bezogen, gibt vergleichsweise folgendes Bild:

	1915	1913
Umsatz [1]) etwa	150 Mill. = 100%	25 Mill. = 100%
Arbeitslöhne	8,379 = 5,58%	2,328 = 9,31%
Generalkosten	1,77 = 1,18%	1,1398 = 4,56%
Bilanz-Abschreibungen	1,016 = 0,68%	1,6075 = 6,43%
Brutto-Fabrikationsgewinn	13,119 = 8,75%	3,8221 = 15,29%
Jahresreingewinn	13,037 = 8,69%	3,6517 = 14,61%

Die Arbeitsintensität und die Produktionsfähigkeit der Anlagen sind gewaltig gestiegen und damit die Wirtschaftlichkeit der Fabrikation.

b) Die finanzielle Verfassung der Unternehmung ist außerordentlich günstig. Das Bankguthaben betrug Ende 1912 rund 4,5 Mill., Ende Mai 1913 8 Mill., Ende 1913 3,1 Mill., Ende Mai 1914 5 Mill. Für Kriegsanleihen als dauernde Kapitalanlagen und zur Deckung der Kriegsgewinnsteuer wurden 1915 insgesamt 26½ Mill. M. gezeichnet; der Gewinnvortrag aus 1914 von 1,5 Mill. M. wurde auf 6,4 Mill. aus 1915 erhöht. Die Kapitalerhöhung um 16½ Mill. erbrachte einen ungefähr gleichen Betrag an neuen Betriebsmitteln. Die Aktien wurden zu 100% begeben. Wenn man dem Aktionär mit Rücksicht auf das Risiko der Unternehmung eine 7proz. Kapitalverzinsung zubilligt, wäre bei einer Dividende von 35% der Begebungskurs etwa 500% angemessen gewesen. Das Bezugsrecht hatte einen theoretischen Wert von 200%.

Im (3.) Beispiel S. 315 werden die Wirkungen der Rückstellungspolitik einer A.-G. gezeigt. Aus Tabelle I ist das Ansteigen des eigenen Kapitals bei unverändertem Aktienkapital in dem Ansteigen des Bilanzwertes einer Aktie von 159% auf 353,9%, das Sinken der fremden Kapitalien von 7,3% auf das vierfache der eigenen Mittel ersichtlich. Die Tabelle II veranschaulicht die Rückstellungspolitik durch das Verhältnis der jährlichen Rücklagen zum Reingewinn.

4. Beispiel: An den Bilanzen der A. E. G., Berlin (S. 316/17) zeigen wir die Entwicklung der Bilanzposten seit der Goldmarkbilanz. Über

[1]) Die Umsatzzahlen der Kriegsjahre, insbesondere 1916 und 1917, auch jene der Nachkriegszeit, täuschen insofern, als in ihnen die enorm gesteigerten Material- und Arbeitskosten enthalten sind; sie können mit den Ziffern der Friedensjahre nicht verglichen werden; man muß die Mengen der Produktion zum Vergleich heranziehen.

die Entwicklung der Bankkonten und der Kreditoren, die in der Tabelle zusammengezogen sind, gibt die folgende Zahlentafel Aufschluß:

	1925 Mill. Mark	1926 Mill. Mark	1927 Mill. Mark
Bankschulden	43.056	20.091	30.08
Bankguthaben	13.926	23.324	56.5
Anzahlungen der Kundschaft	30.266	28.745	20.93
Lieferantenschulden	12.294	11.49	17.70
Verschiedene Kreditoren	18.782	31.92	35.86

Die Zahlen für die Konzernverpflichtungen:

Bankguthaben befreundeter Gesellschaften	32.43	35.11	56.79
Guthaben bei befreundeten Gesellschaften	—	35.92	59.25

Die Anlagewerte für 1927 einschließlich Beteiligungen und Hypotheken von zusammen 136,36 Mill. M. werden durch das eingezahlte Aktienkapital von 164 Mill. M. zuzüglich Reservefonds mit 22,1 Mill. zusammen mit 186,1 Mill. M. gedeckt. Die starken „inneren" Abschreibungen auf die Anlagewerte machen sich in dieser Relation geltend. Die Bilanz für 1927 ist umgebaut, die bisherige Gliederung (Gebäude und Grundstücke der 8 Fabriken getrennt, Verwaltungsgebäude) wurde aufgehoben, es erscheint nunmehr die Summe der Grundstücks- und Gebäudewerte. Der Betrag, der in der Tabelle für 1927 berechneten Minusdifferenzen (gegen 1926) von 72,001 Mill. gibt gegen die Summe der Plus-Differenzen von 80,845 Mill. zuzüglich der Jahresabschreibungen von 1,189 den Betrag des bilanzmäßig nachgewiesenen Zuganges auf diesen Konten von 10,003 Mill. M.

II. Der Erkenntniswert der bilanzmäßigen Erfolgsanalyse ist von der Gliederung der jährlichen Erfolgsrechnung abhängig. Auf der Gewinnseite sind die Fabrikationsüberschüsse (Betriebsüberschüsse) von den Finanzeinnahmen (Zinsen und Beteiligungsgewinnen) und den sonstigen Einnahmen zu trennen (wie Pacht, Miete, Zuschüsse). Im Falle der Vereinigung von Fabrikations- und Handelsgeschäft ist auch der reine Handelsgewinn rechnungsmäßig abzuspalten. Auf der Verlustseite fallen die absoluten, fixen Kosten ins Auge (Anlageabschreibungen, Zinsen auf Hypotheken und Anleihen), die nicht sichtbaren inneren Abschreibungen zu Lasten bestimmter Gewinne wären hinzuzurechnen. Dann kommen in Frage: Abschreibungen auf Beteiligungseffekten, auf börsengängige Wertpapiere infolge Wertsenkung, aus der Kreditgewährung (Debitorenabschreibungen) und die meist gesondert aufgeführten Steuern und Soziallasten. Über das Verhältnis der festen und der veränderlichen Kosten (Werkstoff- und Arbeitskosten) zum Umsatz, über den Einfluß

3. Beispiel. Tabelle I.

Millionen Mark	1920	1919	1918	1917	1916	1915	1914	1913	1912	1911
I. Eigene Mittel: Aktienkapital, Reserven, Amortisation, Baufonds, Rücklagen ...	10,019	9,0235	8,9605	8,9573	8,948	8,338	8,3248	7,206	6,086	4,770
Bilanzwert %	353,9	300,8	298,7	298,6	298,2	277,9	277,5	240,2	202,8	159
II. Fremde Mittel: Hypotheken	33,849	34,09	33,114	32,779	33,429	33,979	34,43	28,884	30,384	30,33
Kontokorrent- und Interims-Konto	8,7	6,532	4,756	4,349	3,810	3,457	3,488	4,286	4,178	4,504
Fremde Mittel in % von I	400	451	421	415	440	460	455	460	567	730

Tabelle II.

Millionen Mark	1920	1919	1918	1917	1916	1915	1914	1913	1912	1911
1. Reingewinn, einschl. Vortrag a. d. Vorjahr	2,710	0,9945	1,0965	1,249	1,6954	1,770	2,3653	2,255	2,651	2,713
2. Abschreibungen Anlagen, Inventar ..	0,418	0,7366	0,8845	0,935	0,6771	1,363	0,988	1,0311	0,9278	1,002
Dividenden in %	10	4	4	5	5	5	5	8	8	8
3. Auszahlungsbetrag: Dividenden+Tantièm.	0,341	0,128	0,128	0,158	0,161	0,1614	0,1637	0,2586	0,2541	0,2559
4. Sichtbare Rückstellungen einschl. Gewinnvortrag ins nächste Jahr	1,9591	0,131	0,084	0,1563	0,8573	0,2453	1,2136	1,2655	1.4688	1,4557
Rückstellungen in % von 1·	72,3	13,2	7,7	12,5	50	13,9	51,3	49,5	55,4	53,7

4. Beispiel: Allgemeine Elektrizitäts-Gesellschaft, Berlin.

Aktiva	Reichsmark Eröffnungsbilanz 1. 10. 23. in 1000 Mk.	Bilanz per 30. 9. 24. in 1000 Mk.	Plus- und Minus-Differenzen in 1000 Mk.	Bilanz per 30. 9. 25. in 1000 Mk.	Plus- und Minus-Differenzen in 1000 Mk.	Bilanz per 30. 9. 26. in 1000 Mk.	Plus- und Minus-Differenzen in 1000 Mk.	Bilanz per 30. 9. 27. in 1000 Mk.	Plus- und Minus-Differenzen in 1000 Mk.
Konto der Aktionäre	—	—	—	—	—	—	—	22 500	+ 22 500
Grundstücke am 1. 10. 26.	—	—	—	—	—	—	—	22 579	+ 22 579
Gebäude am 1. 10. 26.	—	—	—	—	—	—	—	58 266	+ 58 266
Verwaltungsgebäude	2 838	3 300	+ 0,462	3 332	+ 0,032	3 265	— 0,067	—	— 3 265
Maschinenfabriken	22 078	21 956	— 0,122	21 852	— 0,104	22 211	+ 0,359	—	— 22 211
Apparatefabriken	4 335	4 280	— 0,055	4 833	+ 0,553	4 963	+ 0,130	—	— 4 963
Fabrik Treptow	—	—	—	—	—	4 771	+ 4 771	—	— 4 771
Fabriken Erzgebirge	—	—	—	—	—	1 935	+ 1 935	—	— 1 935
Turbinenfabrik	6 754	6 700	— 0,054	6 816	+ 0,116	6 792	— 24	—	— 6 792
Kabelfabrik	15 223	15 121	— 0,102	15 134	+ 0,013	14 998	— 136	—	— 14 998
Transformatorenfabrik	1 497	1 748	+ 251	2 114	+ 0,366	3 254	+ 1 140	—	— 3 254
Fabriken Hennigsdorf	8 401	8 470	+ 69	8 802	+ 0,332	9 812	+ 1 010	—	— 9 812
Hypotheken	92	112	+ 30	411	+ 0,299	530	+ 119	0,559	+ 0,029
Maschinen	14 376	14 217	— 159	19 665	+ 5 448	20 944	+ 1 279	22 769	+ 1 825
Werkzeuge	(1)	(1)		(1)		(1)		(1)	
Modelle	(1)	(1)		(1)		(1)		(1)	
Inventar	(1)	(1)		(1)		(1)		(1)	
Patente	(1)	(1)		(1)		(1)		(1)	
Warenbestände	43 404	57 522	+ 14 118	88 074	+ 30 552	91 024	+ 2 950	66 412	— 24 612
Konto-Korrent	88 678	65 463	— 23 215	95 090	+ 29 627	88 093	— 6 997	150 881	+ 62 788
Disagio aus Amerikaanleihen	—	—	—	3 600	+ 3 600	5 700	+ 2 100	4 000	— 1 700
Effekten	47 718	54 945	+ 7 227	63 619	+ 8 674	63 650	+ 31	69 414	+ 5 764
Beteiligungen	26 229	30 460	+ 4 231	32 037	+ 1 577	34 012	+ 1 975	32 189	— 1 823
Kasse	259	552	+ 293	229	— 0,323	0,191	— 38	0,295	+ 0 104
Wechsel	29	709	+ 680	348	— 0,361	10 008	+ 9 600	15 069	+ 5 061
	281 191	285 555	+ 3 644	365 956	+ 80 401	386 153	+ 20 197	464 933	+ 78 780

Passiva	Reichsmark Eröffnungsbilanz 1. 10. 23. in 1000 Mk.	Bilanz per 30. 9. 24. in 1000 Mk.	Plus- und Minus-Differenzen in 1000 Mk.	Bilanz per 30. 9. 25. in 1000 Mk.	Plus- und Minus-Differenzen in 1000 Mk.	Bilanz per 30. 9. 26. in 1000 Mk.	Plus- und Minus-Differenzen in 1000 Mk.	Bilanz per 30. 9. 27. in 1000 Mk.	Plus- und Minus-Differenzen in 1000 Mk.
Aktienkapital:									
Stammaktien	120 000	120 000	—	120 000	—	120 000	—	150 000	+ 30 000
Vorzugsaktien	17 500	17 500	—	17 202	— 0,298	17 310	+ 0,108	17 352	+ 0,042
Zertifikate à 10.— Mk.	—	—	—	0,298	+ 0,298	0,190	— 0,108	0,148	— 0,042
Vorzugsaktien B	17 500	17 500	—	18 450	+ 0,950	18 561	+ 0,111	18 606	+ 0,045
Zertifikate à 15.— Mk.	—	—	—	0,300	+ 0,300	0,189	— 0,111	0,144	— 0,045
Zertifikate à 5.— Mk.	1 250	1 250	—	—	— 1 250	—	—	—	
	156 250	156 250	—	156 250	—	156 250	—	186 250	+ 30 000
Reservefonds	16 000	16 000	—	16 120	+ 0,120	16 120	—	22 120	+ 6 000
Aufgewertete Markanleihen Serie I—VIII	—	—	—	—	—	—	—	14 346	+ 14 346
Obligationen	17 758	15 792	— 1 966	15 635	— 0.157	15 635	—	—	— 15 635
7% und 6½% Amerika-anleihe, je $ 10 000 000	—	—	—	42 000	+ 42 000	29 400	— 12 600	28 867	— 0,533
						42 000	+ 42,000	42 000	
Hypotheken	0,413	0,400	— 0,013	0,400	—	4 059	+ 3 659	4 052	— 0,007
Wohlfahrtseinrichtungen	4 000	4 000	—	4 137	+ 0,137	4 321	+ 0,184	4 500	+ 0,179
Gekündigte Markanleihe, Serie IX	—	—	—	—	—	—	—	0,415	+ 0,415
Dividendeneinlösung	—	—	—	0,150	+ 0,150	0,189	+ 0,039	0,190	+ 0,001
Obligationszinsen	—	—	—	—	—	0,155	+ 0,155	0,101	— 0,054
Genußrechte-Zinsen	—	—	—	—	—	—	—	0,013	+ 0,013
Guthaben der Sparkasse	—	—	—	—	—	—	—	18 443	+ 18,443
Konto-Korrent	87 460	85 890	— 1 570	122 901	+ 37 011	107 263	— 15 638	131 285	+ 24 022
Akzepte	0,030	—	— 0,030	—	—	—	—	—	
Reingewinn	—	7 223	+ 7 223	8 363	+ 1 140	10 761	+ 2 398	12 351	+ 1 590
	281 191	285 555	+ 3 644	365 956	+ 80 401	386 153	+ 20 197	464 933	+ 78 780

des Beschäftigungsgrades auf die Stückkosten gibt nicht die Erfolgs-, sondern die Betriebsrechnung Auskunft. Diese Rechnung ist neben der innenbetrieblichen Statistik auch die Grundlage für die Beurteilung der vermeidbaren Kosten, für Untersuchungen über die innen- und außenbetrieblichen Verlustquellen einer Unternehmung (nach dem Vorbild des Waste-Report von Hoover, 1921).

Die Rentabilitätsprüfung beschäftigt sich mit den Rentabilitätsfaktoren, d. h. mit der Frage, welche allgemeinen und privatwirtschaftlichen Elemente zur Gewinnbildung beitragen; sie stützt sich auf eine Betriebs- und eine Marktanalyse der für die Unternehmung wichtigen Beschaffungs- und Absatzmärkte. Für eine Brauerei beispielsweise sind wichtig: die Sommerwitterung, die Preisbildung für Hopfen und Gerste, die Zahl der Arbeitslosen, die steuerliche Belastung des Produktes, die Kontingentierung der Erzeugung. In anderen Fällen ist entscheidend die Entwicklung der Zinssätze, der sozialen und der steuerlichen Belastung, der Mangel an Betriebskapital usw.

Bei der wirtschaftlichen Beurteilung einer Industrieunternehmung darf ihre Stellung in einem Konzern nicht übersehen werden. Die Konzernbildung drückt der deutschen Industrie der Nachkriegszeit den Stempel auf [1]).

Vom Interessenstandpunkt des Aktionärs bildet der Jahresgewinn den Maßstab für die Beurteilung. Jahresgewinn, Jahresreingewinn und Bilanzgewinn, ordentliche und außerordentliche, organische und anorganische Gewinne und Verluste sind auseinanderzuhalten. Umsatz und Umsatzgewinn, Brutto- und Reingewinn, Betriebs-, Vertriebs- und Verwaltungskosten, Fabrikations- und Spekulationsgewinn, Marktpreis für Rohstoffe und Ertrag bilden wichtige Verhältnis- und Vergleichszahlen für die Beurteilung der Bilanzen industrieller Unternehmungen.

Der Betriebskoeffizient [2]) gibt das Verhältnis zwischen Betriebsausgaben und Roheinnahmen einer Wirtschaftsperiode. Ein Betriebskoeffizient von a Prozent bedeutet, daß die Ausgaben a Prozent der Roheinnahmen verzehren. Die Höhe dieser Verhältniszahlen wechselt und ist deshalb kurzfristig zu berechnen. Ein hoher Betriebskoeffizient kann auf schlechte Wirtschaft des Betriebes, schlechte Absatz- oder Betriebs-

---

[1]) Nach Berechnungen des statistischen Reichsamtes (Wirtschaft und Statistik, Februar 1928) für den 31. Oktober 1927 waren rund 62% des Gesamtkapitals deutscher Aktiengesellschaften konzerniert. Nach dem Anteil des konzerngebundenen Kapitals am Aktienkapital aller Gesellschaften derselben Branche waren konzerniert: 100% in der Kaliindustrie, 81% in der Elektrizitätserzeugung und -Versorgung, 81% der Großeisenindustrie, 90—95% im Kohlenbergbau, 40—50% in der Maschinenindustrie.

[2]) Tecklenburg, Der Betriebskoeffizient der Eisenbahnen und seine Abhängigkeit von der Wirtschaftskonjunktur, Berlin 1911.

organisation, zu große Unkosten und zu niedrige Verkaufspreise, geringen Absatz u. a. m. zurückzuführen sein. Er ist größer im Anfang des Unternehmens, steigt mit zunehmenden Löhnen, teuren Betriebseinrichtungen, hohen Materialpreisen u. dergl. Wünschenswert wäre die Trennung der Betriebs- von den Vertriebs- und Verwaltungskosten in der B., um ein klares Bild zu gewinnen, ob die Ausgaben für Fabrikation oder für den Verkauf höher oder geringer geworden sind. Bei Unternehmungen mit Massenfabrikation ist die Reduktion des Betriebskoeffizienten auf die Verkaufseinheit (kg, t, hl) der Produktion bzw. der Leistungseinheit des Betriebes empfehlenswert. Die industriellen Aktienbetriebe beschränken sich in der Regel auf die Gewinn- und Verlustrechnung, d. h. auf die Darstellung der Betriebsergebnisse, doch findet man auch die Vermengung von Betriebsrechnung, d. i. Angabe der Betriebseinnahmen und Betriebsausgaben, mit der Ertrágnisbilanz; Transportanstalten trennen gewöhnlich beide.

Der Gewinnkoeffizient gibt den prozentualen Anteil des Fabrikationsgewinns am Umsatz an. Er gibt interessante Vergleichszahlen, läßt sich aber selten berechnen, weil die Umsatzziffern in den Geschäftsberichten häufig fehlen.

Eine genaue Spezialisierung der Betriebsergebnisse nach Betriebsorten, Betriebszweigen, eine Trennung der Fabrikations-, Kurs-, Beteiligungs- und Finanzierungsgewinne, kurz, eine Analyse der Zusammensetzung des Erfolges liegt häufig nicht im Geschäftsinteresse des Unternehmers. Die nachstehende Gliederung ist selten anzutreffen.

Betriebsüberschüsse der Abteilungen:		
Kohlenbergbau	ℳ	911 097,02
Dortmunder Werke	„	4 980 205,77
Horster Werke	„	36 612,55
Heinrichshütte	„	292 295,30
	ℳ	6 220 210,64
ab Verlust der Abteilung Eisensteinbergbau	„	151 251,42
Brutto-Überschuß	ℳ	6 068 959,22

Häufig kann man die verlangte Spezialisierung nicht durchführen; man müßte die Kosten der Fabrikate genau berechnen können, für jede Abteilung eine besondere Buchführung haben usf.

Der Fabrikationsgewinn kann durch Liquidierung einer stillen Reserve verstärkt sein, z. B. bei niedriger Bewertung der Lagerbestände an Fertigfabrikaten. Besondere dem Kritiker nicht bekannte Umstände können zu außerordentlichen Gewinnen führen. Der Vorbesitzer einer Schraubenfabrik vergütete nachträglich auf von der Aktiengesellschaft übernommene Waren 300 000 M., die von der Gesellschaft auf Warenkonto verbucht wurden. Dadurch wurde der Bilanzverlust von 104 737 M. in einen Gewinn von 195 263 M. verwandelt. Diese nachträgliche Preisvergütung minderte den Erwerbspreis der Waren, ohne daß der Geschäftsbericht darüber Aufschluß gab.

In einem andern Falle war der Vorbesitzer vertraglich verpflichtet, 105 000 M. als Beitrag zur Erweiterung zu leisten; in der Gründungsbilanz fehlte dieser Forderungsanspruch der Gesellschaft. Die Erweiterungsbauten wurden aus diesen Beiträgen bezahlt, die Neubauten selbst als Zugang dem Anlagekonto zugeschrieben und der damit bewirkte Gewinn auf Fabrikationskonto übertragen. Wäre der Zugang nicht zugeschrieben worden, wäre eine stille Reserve in gleicher Höhe geschaffen worden.

Auch Zuschüsse auf Grund von Garantieverbindlichkeiten erhöhen den Gewinn, wenn keine Rückzahlungspflicht für die empfangende Gesellschaft besteht. Zu unterscheiden sind: a) Rentabilitätsgarantie des Vorbesitzers, wenn ein Dritter der Unternehmung gegenüber gewährleistet, daß ein bestimmter Reinertrag erzielt wird. Eine Gewinnauszahlungsgesellschaft übernimmt keine Verpflichtung, den bedungenen Zuschuß zur Gewinnauszahlung zu verwenden. b) Dividendengarantie, wenn ein Dritter der Gesellschaft oder den gewinnberechtigten Gesellschaftern (z. B. Aktionären) gegenüber vertragsmäßig die Gewähr einer bestimmten Dividende an die Empfangsberechtigten übernimmt.

Die Zuschüsse verstärken in beiden Fällen den Gewinn; im zweiten Fall bilden sie lediglich einen durchlaufenden Posten in den Bilanzen der Unternehmung.

28. Abschnitt.

Die Bilanzen der Kreditbanken.

Der Aufbau der deutschen Bankenorganisation ist in seiner Vielgestaltigkeit so verwickelt, daß er sich nur schwer einer systematischen Übersicht einfügt. Für die wirtschaftliche und bilanzkritische Beurteilung der Bankenabschlüsse ist es unerläßlich, zu wissen, welcher Gruppe der Betrieb zuzurechnen ist. Der finanzielle Aufbau, die Kapitalverwendung und die Erträgnisse werden von der Stellung einer Bank innerhalb der kreditwirtschaftlichen Organisation beeinflußt. Hier soll nur eine flüchtige Skizzierung versucht werden.

Banken im allgemeinen sind Veranstaltungen, durch die Zahlungsmittel im Wege des Kredits hereingenommen werden, um sie im aktiven Bankkreditgeschäft wieder auszuleihen. Hereinnahme und Hingabe der Zahlungsmittel können kurzfristig oder langfristig sein. Private und öffentliche Banken unterscheiden sich durch die rechtlichen Grundlagen ihres Gesamtbetriebes; privatrechtlich fundiert sind die Unternehmungsformen des HGB., G. m. b. H. und des Genossenschaftsgesetzes. Gesellschafter sind physische oder juristische Personen des Privatrechts, bei gemischtwirtschaftlichen Betrieben in beschräktem Umfange auch öffentlich-rechtliche Körperschaften. Die öffentlich-rechtlichen Banken stehen im Eigentum öffentlich-rechtlicher Zwangsgemeinschaften, beispielsweise Staats- und Landesbanken, öffentliche Sparkassen, Kommunal- und Kreisbanken. Ertragswirtschaftliche Banken sind privat-kapitalistich orientierte Veranstaltungen zur Gewinnerzielung, während bei den gemeinwirtschaftlichen Bankbetrieben die Ertragserzielung Begleiterscheinung der Erfüllung von Verpflichtungen der Allgemeinheit gegenüber ist. Auch sie sind keine Wohltätigkeitsinstitute; meist fließt der Ertrag einer öffentlich-rechtlichen Zwangsgemeinschaft zu, er wird dort etatisiert, z. B. Notenbanken, Landschaften, Stadtschaften, staatliche und städtische Hypothekeninstitute, die vorhin erwähnten öffentlichen Banken. Landwirtschaftliche und gewerbliche genossenschaftliche Bankinstitute beschränken ihre gemeinnützigen Aufgaben auf ihre Mitglieder.

Private und öffentliche Kreditbanken erstrecken ihre Tätigkeit auf alle Sparten bankmäßiger Kreditgeschäfte — Universalbanken, oder beschränken den Geschäftskreis — Spezialbanken. Die Spezialbanken beschränken ihr Arbeitsfeld auf bestimmte Erwerbsgruppen (z. B. Brauerei-, Textil-, Auto-, Wein-, Getreidebanken) oder auf bestimmte Geschäftsarten (z. B. Finanzierungs-, Vermögensverwaltungs-Banken, die Bodenkreditinstitute, die Rentenbankkreditanstalt, Golddiskontbank, Deutsche Bank für Industrie-Obligationen) oder auf bestimmte Gruppen von Unternehmungen (Konzernbanken der Industrie und der Versicherungsanstalten).

Dem langfristigen Immobiliarkredit dienen: die privaten Hypothekenbanken, gemeinwirtschaftliche Pfandbriefbanken, wie Landschaften, Stadtschaften, Industrieschaften, staatliche, städtische und genossenschaftliche Hypothekeninstitute, die Rentenbanken, die Landeskulturrentenbanken, die Landeskredit- und Provinzialhilfskassen, die öffentlichen Sparkassen und einige Landesbanken.

Die kurze Übersicht zeigt die Vielgestaltigkeit der deutschen Bankenorganisation. In dem folgenden Abschnitt behandeln wir nur die Kreditbanken im engeren Sinne. Das Kriterium der deutschen Kreditbanken sehen wir in folgendem: Hereinnahme anvertrauter Gelder in umfänglichem Maße, fremde Gelder, die unter Abzug gewisser Barreserven in den Formen kurzfristiger Bankkredite der Wirtschaft oder der Spekulation zur Verfügung gestellt werden. Die anvertrauten Gelder werden nicht besonders sichergestellt — im Gegensatz zu den hypothekarisch gesicherten Obligationen der Bodenkreditinstitute; die Sicherheit für den Einleger liegt in ihrer Verwendung durch die Bankleitung sowie in den für die aktiven Bankkredite geleisteten Sicherheiten, die jedoch nicht unmittelbar den „Kreditoren“ haften. Der Buchkredit, die kontenmäßige Gutschrift der fremden Gelder ist überwiegend. Die Liquidität ist ein Kernproblem der Verwendung fremder Gelder. Das unregelmäßige Finanzierungsgeschäft der deutschen Kreditbanken, das ist Mitwirkung bei der Gründung, Emission, Sanierung und Einschmelzung, wird aus den eigenen Mitteln bestritten, zum Teil aus langfristigen fremden Geldern. Am Grundstücksgeschäft und seiner Finanzierung beteiligen sich die Kreditbanken auf dem Umweg über die Errichtung von Tochtergesellschaften.

In den Bankbilanzen [1]) widerspiegelt sich am treffendsten und am schnellsten der Charakter einer Wirtschaftsperiode. Veränderungen in der Konjunktur, zunehmende Sparkraft des Landes, größerer Kreditbedarf des Staates und des Landes, spekulative Beteiligung des Publikums, Preissteigerungen der Produkte und dementsprechend größerer Bedarf an Kredit, Verteuerung des Geldes durch bedenkliche Kreditanspannung, alle diese Umstände finden in den Zahlen der Bankabschlüsse Ausdruck. Die Kritik der Bankbilanzen hat deshalb in besonderem Maße das volkswirtschaftliche Milieu zu berücksichtigen und alle Maßstäbe volkswirtschaftlicher Konjunkturschwankungen heranzuziehen: Die Emissionsstatistik wegen der Beurteilung des Gewinnes auf Konsortial-Konto; die Börsensteuererträgnisse wegen Beurteilung der Lebhaftigkeit des Börsenverkehrs, der Emissionstätigkeit der Banken und ihres Einflusses auf Umsatz und Provisionseinnahmen im Effektenkommissonsgeschäft. Eine Kursentwertung an der Börse vermindert die Effekten- und Konsortialgewinne, ebenso politische Wirren. Der Wechselstempelsteuerertrag zeigt die Zunahme des Kreditgeschäftes und des Kreditbegehrs. Der Zinsfuß (die Bankrate) und die Lage des allgemeinen Geldmarktes (Zinssätze der Börse) bestimmen die Erträgnisse des Kreditgeschäftes (Kontokorrent- und Wechselkredit), sind bedeutungsvoll für die Heranziehung ausländischer Gelder und der Depositengelder. Ein niedriger Geldzins veranlaßt das Publikum zum Ankauf von Effekten eher als zur Hergabe von Depositengeldern. Für die Beurteilung des Berliner Börsenverkehrs und dessen Einfluß auf die Geschäftsergebnisse der Berliner Großbanken geben die

---

[1]) Vgl. zur Technik der Bankgeschäfte Leitner, Bankbetrieb und Bankgeschäfte, 7. Aufl., Frankfurt a. M. 1925. Zur Theorie der Bankbilanzen: „Die Bank“ (Monatsschrift, Herausgeber Landsburgh. Jahrgang 1909, „Depositenausweise“); Plutus (Wochenschrift, Herausgeber G. Bernhard, besonders 1909, „Depositenausweise“); endlich die Bankenquete 1908/09 (Stenographische Berichte) Berlin 1910 (Sachregister, Zwischenbilanzen). Kalveram, Bankbilanzen, I. Leipzig 1921.

Umsätze der Bank des Berliner Kassenvereins, die man treffender als „Bank der Berliner Börse“ bezeichnen würde, gute Anhaltspunkte.

Organisation und Geschäftskreis der Bank müssen in ihren Abschlußzahlen Ausdruck finden. Die Ergebnisse der dezentralisiert betriebenen Deutschen Bank mit ihren zahlreichen Depositenkassen, ihren ausgedehnten Beziehungen zum auswärtigen Handel müssen andere sein als jene der Berliner Handelsgesellschaft, eines „Privatbankgeschäfts auf Aktien“ mit ihrem zentralisierten Geschäftsbetrieb ohne Filialen und Depositenkassen. Die B. reiner Depositenbanken, reiner Hypothekenbanken müssen in ihrer Zusammensetzung sich von denen der Effekten- oder der gemischten Hypothekenbanken unterscheiden. Jede Kreditbank will individuell beurteilt sein [1]).

Die seit 1909 erfolgende Veröffentlichung von Zwischenbilanzen hat zu einer größeren Übereinstimmung der B. unserer großen Banken geführt. Auf Depositen-Konto verbuchte eine Bank früher nur bei den Depositenkassen eingezahltes Geld auf feste Termine, die täglich fälligen Guthaben aber unter den Kreditoren; jetzt werden alle, auch die täglich fälligen Gelder, bei den Depositenkassen auf diesem Konto verbucht. Die Scheidung zwischen Depositen und Kreditoren war nicht einheitlich, trotz des Schemas für die Zweimonatbilanzen. Beide wurden vielfach nach formellen, rein äußerlichen und willkürlichen Gesichtspunkten getrennt, die dem sachlichen Unterschied keine Rechnung trugen. Nicht auf den Namen, sondern auf das Wesen der Gelder kommt es bei der Beurteilung der Liquiditätsfrage und der Verwendungsart an.

Auch in anderer Hinsicht sind die Buchungsmethoden sehr verschieden. Die Tantiemen des Vorstandes werden als Handlungsunkosten oder im Gewinnverteilungsvorschlag verrechnet. Eine Bank gibt den Reingewinn nach Abschreibungen und Zuweisung zum Pensionsfonds an, andere Banken schreiben auf Kontokorrent-Konto ab, ohne die Abschreibungsbeträge zu nennen. „Für entsprechende Bewertung der Bestände und Forderungen ist gesorgt.“ Eine Berliner Bank veröffentlicht seit mehreren Jahren den Gewinn auf Konsortialeffekten-Konto nur nach „vorheriger entsprechender Bewertung der Bestände und Forderungen“, d. h. vom Gewinn dieses Kontos wird so viel bilanzmäßig ausgewiesen, wie für die beabsichtigte Gewinnverteilung notwendig ist; über Rücklagen und Abschreibungen kein Wort.

Für keine Erwerbsgruppe hat der Satz, daß die Kapitalverwendung der Kapitalbeschaffung entsprechen müsse, größere Bedeutung als für Kreditbanken. Die Formen der aktiven Kreditgeschäfte müssen hinsichtlich ihrer Fälligkeit mit der Verfallzeit der passiven Darlehne über-

[1]) Hecht, Die Mannheimer Banken 1870—1900. Leipzig 1902, S. 23.

einstimmen. Für eine einwandfreie fruchtbringende Bilanzkritik ist wenigstens für die Jahresbilanz ganz allgemein eine Schichtung der Aktiva und der Schulden nach ihrer Laufzeit und eine Analyse der Deckung empfangener und gewährter Geldkredite zu verlangen.

Man fordert die Angabe der wichtigsten Eventualverbindlichkeiten in den B., besonders die Giroverbindlichkeiten aus weiter diskontierten Wechseln und den restlichen Konsortialeinzahlungen. Besonderen Wert hat die Angabe der Giroverbindlichkeiten für Kreditgenossenschaften mit ihrem jährlich wechselnden eingezahlten Eigenkapital, für Provinzbanken, die in größerem Maße Wechseldiskontkredit beanspruchen als die Großbanken an Börsenplätzen, die im Notfalle noch andere Mittel leichter Geldbeschaffung zur Verfügung haben. Die Angaben, auch wenn sie obligatorisch wären, schützen nicht vor leichtsinniger Diskontierung. Man müßte die Giroverbindlichkeiten aus dem kommissionsweisen Ankauf von Wechseln (auch im Arbitrageverkehr) trennen von solchen aus Inkassowechseln und aus der Rediskontierung von Wechseln als Geldbeschaffungsmittel, diese wiederum spezifizieren nach der Fälligkeit, und die Verbindlichkeiten aus in- und ausländischen Wechseln scheiden. Auch die Qualität der Vormänner wäre zu berücksichtigen. Die Höhe der Rediskontierung läßt sich auch auf Grund des Wechselzinsen- und des Wechsel-Kontos und nach dem Verhältnis zwischen Wechselumsatz und -bestand am Jahresende beurteilen.

Das Konsortial-Konto verrechnet lediglich die bis zum Tage der Bilanzaufstellung eingezahlten Beträge und zeigt, welcher Teil des Vermögens bisher in solchen Geschäften festgelegt ist. Die etwaigen Verpflichtungen zu weiteren Einzahlungen, die eine wesentliche Erhöhung des Risikos bedeuten, kommen bilanzmäßig nicht zur Darstellung.

Für die Wechselbestände wurde die Trennung zwischen inländischen und ausländischen Wechseln, die Gruppierung nach der Laufzeit, die Angabe, inwieweit Kredite enthalten sind, und die Deckung hierfür, die Trennung zwischen eigenen Akzepten, eigenen Tratten auf Bankkunden und Diskontwechseln von Kunden verlangt. Viele Geschäftsberichte geben auch die Stückanzahl der eingegangenen Wechsel an. Die Berechnung der Durchschnittsbeträge zeigt außerordentliche Verschiedenheit der durchschnittlichen Größe eines Wechsels, wie es bei der Verschiedenheit des Kundenkreises und des Geschäftsbetriebes nicht anders sein kann. Auszuscheiden wären Wechsel, die als Vorschuß- oder Bürgschaftswechsel sich charakterisieren, zur größeren Sicherheit der kreditgebenden Bank ausgestellt und nicht zu den liquiden Mitteln gezählt werden können. Die Scheidung wäre besonders wertvoll bei Kreditgenossenschaften und kleineren Provinzialbanken.

Eigene und Konsortialeffekten werden wegen ihrer rechtlichen und wirtschaftlichen Unterschiede getrennt. Unter den eigenen Effektenbeständen sind bei Emissionsbanken stets größere Posten der von ihnen emittierten Effekten, ein Bestand, der sich bei steigenden Kursen und lebhaftem Börsenverkehr vermindern wird. Eine Gliederung beider Effektenbestände läßt erkennen, aus welcher Gruppe in der Hauptsache Effekten abgestoßen wurden, wie sich die Bestände in den einzelnen Gruppen verschieben, ob und welche Industriewerte besonders dominieren, ob das Risiko entsprechend verteilt ist und den Regeln vorsichtiger Kapitalanlage genügt. Bei weichenden Börsenkursen steigen in der Regel die Verluste auf Effektenbestände. Einige Banken spezialisieren die Konsortialbestände; wenige Banken geben die Zusammensetzung des Effekten-Kontos unter Angabe des Kurswertes der einzelnen Gruppen an, italienische Banken [1]) führen überdies auch den Kurswert der ihnen zur Aufbewahrung übergebenen Effekten an.

Die **Debitorenbestände** umfassen u. a. auch **Effektendebitoren**, d. h. eigene Gelder der Bank, Schuldbeträge für Effektenspekulationen der Kunden und Effektenübernahme, **Akzeptdebitoren**, d. h. Gegenposten für Akzeptverbindlichkeiten der Bank, entstanden durch Trassierungen der Kunden und andere **Geldkredite** an Handel und Industrie. Die Außenstände sollen in in- und ausländische Forderungen nach ihrer Laufzeit, nach der Art der Deckung [2]) gegliedert werden (vgl. 2. Abschnitt, S. 29 ff.).

---

[1]) Die Banco Commerciale Italiana in Mailand gliedert die Effektendepositen auf der Aktiv- und der Passivseite wie folgt: Effekten als Garantie hinterlegt, Effekten als dienstliche Kaution dahinterlegt, Effekten zur Verwahrung.

[2]) Eine Depositenbank machte in ihrem Geschäftsbericht folgende Angaben: Die in Kontokorrent B Ende 1912 bewilligten Kredite betrugen:

1. an 556 Kontoinhaber gegen Wertpapiere .... (der höchste ℳ 213 000,—, der geringste 150)	ℳ 6 858 900,—
2. an 75 Kontoinhaber gegen Bürgschaftsurkunden . (der höchste ℳ 100 000,—, der geringste 1500)	„ 1 557 500,—
3. an 25 Kontoinhaber gegen Realurkunden .... (der höchste ℳ 100 000,—, der geringste 3000)	„ 535 000,—
	ℳ 8 951 400

Von diesen Krediten waren Ende 1912 ℳ 4 832 458,69 in Anspruch genommen.

Die unter 1. aufgeführten Effektenkredite waren sichergestellt durch Hinterlegung börsengängiger Wertpapiere:

a) Kurswert	ℳ 2 733 915,—,	Beleihungswert zu	90%	ℳ 2 460 524,—
b) „	„ 6 305 729,—,	„ „	75%	„ 4 729 297,—
c) „	„ 166 467,—,	„ „	66⅔%	„ 110 978,—
d) „	„ 1 096 777,—,	„ „	50%	„ 548 389,—
zusammen	ℳ 10 302 888,—,	und Beleihungswert von		ℳ 7 849 188,—

Von den **Bankguthaben** werden jene bei den Zentralgeldinstituten (Reichsbank, Privatnotenbanken, Zentralkasse, Verbandskasse) getrennt von denen bei anderen Banken, die häufiger weniger flüssig sind.

Manche Geschäftsbetriebe geben die Kontenzahl an (S. 29 f.), durch die die Berechnung des Durchschnittssaldos und, falls die Umsätze angeführt sind, die Berechnung des Durchschnittsumschlages auf einem Konto ermöglicht wird, was für die Beurteilung des Geschäftsbetriebes wertvoll ist. Die Geschäfte, die der Entstehung des Debitorenpostens zugrunde liegen, ob Betriebs- oder spekulative Kredite zur Verfügung gestellt wurden, läßt sich in der B. unmittelbar nicht ersehen. Die Qualität der Kunden bemißt sich an den Ausfällen, die jedoch in vielen B. nicht ersichtlich gemacht sind. Sie werden ebenso verhüllt wie die Erträgnisse aus dem immobilen Besitz, obgleich die Mieteinnahmen einzelner Banken nicht gering sein dürften.

Die außerordentlich interessante Kapitalverteilung zwischen Filial- und Zentralbank und die örtliche Verteilung des Gewinnes sind zwar in den Büchern der Bank dargestellt, selten aber aus den B. herauszulesen. So klar wie die russische B. (vgl. S. 356 ff.) ist kaum eine deutsche Aktienbilanz. Früher, etwa bis 1902, gab die Deutsche Bank das Betriebskapital der Filialen als Sonderposten unter den Debitoren an. Man konnte auch den Anteil der Filialen an den gedeckten und ungedeckten Debitoren berechnen usf. Der Gewinn der Zweiganstalten kann als Sonderposten ausgewiesen oder auf die einzelnen Ertragskonten verteilt, d. h. verhüllt werden (vgl. 1. Abschnitt).

Die Verluste aus der Unternehmertätigkeit der Banken (Beteiligungs-, Gründungsgeschäft) lassen sich vermindern durch größere Zahl der Mitglieder und durch größere Abgaben von Unterbeteiligungen, die bilanzmäßig allerdings nicht in Erscheinung treten.

Reportgelder an Banken und Bankiers müssen hinsichtlich ihrer Liquidität anders beurteilt werden wie solche, die bei dem spekulierenden Publikum ausstehen. Reports sind Debitorenposten, die ein in der Regel auf einen Monat gewährtes Darlehn gegen Unterlage börsenmäßiger Effekten darstellen. Sie entstehen durch Prolongation von Börsenspekulationen. Während die Kassenspekulation eines Kunden dessen Guthaben bei der Bank vermindert, wird im Ultimoverkehr der Kunde nicht für das Engagement belastet, sondern das Geschäft im Wege des Reports abgewickelt. Die Guthaben und das Debitoren-Konto bleiben unverändert. Eine Belebung des Ultimoverkehrs findet ihren Ausdruck

Es betrug im Jahre	1912	1911
1. der Gesamtumsatz	ℳ 61 721 238,—	ℳ 54 983 940,—
2. der Durchschnittsstand d. Debitoren	„ 4 969 755,—	„ 5 405 973,—
3. der berechnete Durchschnittszinsfuß	4,14%	4,66%

auf dem Reportkonto, eine Verminderung des Kassenverkehrs vermindert den Debitorenbestand.

Bei Lombarddarlehen ist der Rückzahlungstermin bei der Erteilung des Darlehns nicht bestimmt, bei Reportdarlehen hingegen von vornherein festgesetzt. Reporteffekten werden mit dem vollen Wert beliehen, Lombardeffekten nur mit einem Teil des Kurswertes. Der „Einschuß" dient zur Sicherheit, weshalb manche Banken solche Darlehne bilanzmäßig unter den gedeckten Debitoren verrechnen.

Auf der Passivseite der B. ist das Verhältnis zwischen Eigenkapital (Aktienkapital und Reserven) und den fremden Geldern (Depositen und Kreditoren), zwischen eigenen Mitteln und den Gesamtverbindlichkeiten interessant. Die Agioreserven der Banken sind stets sehr erheblich, weshalb gerade bei diesen Unternehmungen eine Trennung der gesetzlichen Reserve in Agioreserve und Gewinnrücklagen wünschenswert wäre.

Unter den Kreditoren sind Einlagen von Nicht-Banken, fremde Gelder im engeren Sinne; dann Verbindlichkeiten, die sich darauf gründen, daß Banken bei anderen Banken Guthaben unterhalten (auch ausländische Banken bei inländischen), oder daß sie selbst Bankkredit in Anspruch nehmen, wie Provinzialbanken bei den Großbanken; oder es sind Kassenreserven inländischer Banken. Man fordert die Trennung der Kreditoren nach Art der Deckung, nach ihrer Fälligkeit wie bei den Debitoren, die Scheidung der Guthaben der Banken von den übrigen Kontokorrentkreditoren, die Trennung der ausländischen von den inländischen Bankforderungen und manches andere. Dabei ist zu berücksichtigen, daß die geschäftlichen Beziehungen der Großbanken mit den kleineren Banken in verschiedenen Formen des Bankkredits auftreten, daß auch auf der Aktivseite der kreditgebenden Bank unter den Wechselbeständen Lombardforderungen, Kontokorrentkredite, und unter den Akzeptkrediten Forderungen der Großbanken gegen kleine Banken auftreten, daß die Lombard- und Kontokorrentschulden unter den Kreditoren erscheinen.

Eine Bank gruppiert ihre Kreditoren, ähnlich wie die Hypothekenbanken die Darlehne, nach der Höhe der Forderungen, was eine Beurteilung der rationellen Verteilung des Risikos ermöglicht. An der übermäßigen Kreditgewährung in großen Einzelposten und an kreditunwürdige Firmen, besonders Baukredite, sind zahlreiche Bankgeschäfte zugrunde gegangen (Bonn, Danzig, Solingen, Mainz, Dortmund).

Die Zusammensetzung der Kreditoren ist, selbst wenn gleiche Buchungsmethoden angewendet würden, verschieden bei Groß- und kleinen Banken, sie ist bei Provinzialbanken anders wie bei den Berliner Banken usf. Der Ursprung der fremden Gelder ist wichtig, weil dieser Umstand die Dauer der Verwendbarkeit und damit die Art der Verwendung durch die Bank beeinflußt.

Die Depositengelder sind bei den einzelnen Banken ihrer Herkunft und ihrem Wesen nach durchaus ungleich. Bei Kreditgenossenschaften und kleineren Instituten sind es zum Teil Spargelder von Beamten, kleinen Kaufleuten, Bauern und anderen Berufen des Mittelstandes, die auf längere Zeit hinterlegt werden (Spareinlagen, Scheckeinlagen, Einlagen auf Bankscheine, Sparbücher). Bei größeren Banken sind es in der Hauptsache Betriebsreserven der Gewerbetreibenden, nur vorübergehend verfügbare, zur Anlage in Wertpapieren oder Hypotheken bestimmte Gelder größerer geschäftskundiger Kapitalisten.

Gefordert wird eine Gliederung der Depositengelder nach ihrer Laufzeit bzw. Kündigungsfrist, weil dies für die Liquidität von größter Bedeutung ist. Einige Banken geben auch die Zahl der Konten und den durchschnittlichen Saldo bzw. Umschlag an.

Bürgschaften für Terrain- und Hypothekengarantien, für Zoll-, Fracht- und Steuerkredite, für Lieferungskautionen usw. werden in der Bilanzspalte oder vor der Linie angeführt.

Besonderes Interesse beanspruchen die Akzeptverbindlichkeiten. Es sind zum Teil eigene Akzepte, die als Mittel der Kapitalbeschaffung an der Börse oder außerhalb verkauft werden, zum Teil Akzepte infolge eines Akzeptationskredits, den besonders die industrielle Kundschaft („Saisonkredite") verlangt, weil er billiger ist als der Bargeldkredit. Zum anderen Teile sind es Tratten der Kontokorrentkunden, endlich auch Remboursakzepte im internationalen und überseeischen Warenverkehr. In normalen Zeiten stellt der Bankier durch den Akzeptationskredit seinen Kredit zur Geldbeschaffung zur Verfügung, er verdient mit fremdem Geld die Provision für das Leihen der Unterschrift, ohne eigene Mittel zu verwenden, die für andere Bankgeschäfte frei verfügbar bleiben und für deren Unterbringung der Bankier zu sorgen hat.

Die Gliederung der Erfolgsbilanz ist bei den einzelnen Banken durchaus verschieden. Vorherrschend ist die Tendenz, die Gewinne möglichst zusammenzufassen; sie verhindert rechnerische Ermittlungen und wirtschaftliche Erwägungen. So werden Erträgnisse aus Anlagen in Reports und Lombards teils auf Effekten-Konto mit verbucht, teils auf Zinsen-Konto übertragen, Gewinne aus Konsortialgeschäften mit jenen aus Effekten- und Reportgeschäften zusammengeworfen, auch wenn Konsortialbeteiligungen und Effektenbestände in der B. getrennt sind. Kursgewinne an Devisen und Sorten, die vereinnahmten Wechselzinsen werden als Überschüsse des Wechsel-Kontos verbucht. Eine andere Bank verrechnet, richtig, den Diskontertrag der Platz- und anderen Pariwechsel getrennt vom Nettoertrag aus dem Kurswechselverkehr und ermittelt den Ertrag aus dem Devisenverkehr erst nach Abzug der auf Zinsen-Konto übertragenen Devisenzinsen. In ähnlicher Weise werden in der russischen Bankbilanz (S. 356) Kursgewinne und Zinseneinnahmen auf fremde Wechsel (Cambien) und Effekten gesondert.

Die Erträgnisse des „regulären" Bankgeschäfts sind Provisionen und Zinsen, wobei zu bemerken ist, daß diese Erträgniskonten aus allen Arten von Bankgeschäften gespeist werden. Das Provisions-Konto nimmt Gebühren aus allen Vermittlungsgeschäften der Banken auf, insbesondere aus dem Effektenkommissions-, dem Kredit- und Garantiegeschäft. Die Erträgnisse des laufenden Geschäftes sollen die wichtigste Dividendenquelle der Kreditbanken bilden und in Prozente des Aktien- bzw. des eigenen Kapitals umgerechnet werden.

Die Zinseneinnahmen sind abhängig von der Entwicklung des Geldmarktes, des Reichsbank-, Privatdiskonts, des Reportzinses sowie der Spannung zwischen Debet- und Kreditzinsen. Mit einer Erhöhung des Geldzinssatzes, der Zunahme der Kreditgeschäfte und der damit bewirkten größeren Ausnutzung des eigenen Kapitals wachsen die Zinseneinnahmen, steigern sich aber auch die von der Bank zu zahlenden passiven Zinsen. Ein Sinken der Geldleihsätze muß nicht ohne weiteres den Gewinn der Kreditbanken (relativ) schmälern, da den geringeren Zinseneinnahmen auch geringere Zinsenausgaben gegenüberstehen. Anders bei den Notenbanken, die im wesentlichen Lombard- und Diskontdarlehen geben und denen bei rückläufigem Leihwert des Geldes der Ausgleich durch geringere Zinsenausgaben fehlt.

Zinseneinnahmen und -ausgaben wenigstens sollten die Kreditbanken trennen, wenn man schon im Interesse des Geschäfts eine so weitgehende Spezialisierung nicht verlangen will, wie sie in der russischen Bilanz gezeigt wird (S. 356). Manche Banken machen im Geschäftsbericht genauere Angaben.

Trotz der Dürftigkeit der Ertragsbilanz lassen sich interessante Verhältniszahlen berechnen, die, nach einheitlicher Methode ermittelt, wertvolle Vergleichszahlen für einen Gruppenvergleich geben.

a) Zunächst gliedern wir die Gewinnquellen, scheiden den Gewinnvortrag aus dem Vorjahr aus und berechnen die Prozentanteile der Einzelgewinne am Gesamtgewinn.

b) Der prozentuale Anteil des Jahresreingewinns am Jahresbruttogewinn bringt den Kostenanteil zum Ausdruck, dessen Höhe bei steigenden Umsätzen, nach Errichtung neuer Depositenkassen, ebenfalls steigt.

c) Die Auszahlungsbeträge für Dividenden und Tantiemen usw. werden prozentualiter vom Jahresreingewinn berechnet; der Rest des (Bilanz-) Reingewinnes entfällt auf die Vermehrung des eigenen Kapitals (Reserven, Gewinnvortrag). Die Anteile der Auszahlungsbeträge schwanken bei den Banken je nach ihrer Reserve ansammelnden Verteilungspolitik und nach der Höhe der Tantiemen.

d) Wir berechnen den Kurswert des Aktienkapitals und die Rentabilität der Kapitalanlage (Dividendenprozente vom Kurswert) ohne Rücksicht auf andere Einnahmen des Aktionärs, wie z. B. Bezugsrechte.

Die Stabilität der Rente wird erreicht durch Verteilung des Risikos, Mannigfaltigkeit der Geschäfte, weite Verzweigung des Geschäftskreises, örtliche und zeitliche Verteilung, hohe Reserven, die der Kapitalproduktion dienen, ohne gewinnberechtigt zu sein, Pflege des regulären Bankgeschäfts, Heranziehung von Depositengeldern [1]).

Wir lassen das Hauptbuch und die (Vorkriegs-) Bilanz einer reinen Depositenbank folgen.

a) Hauptbuch:

Kassa- u. Reichsbankgiro-Konto

Eingang		Ausgang
E.-Bilanz [2])	1 983 292,66	1 988 284 230,56
	1 990 375 263,13	

Banknoten-Konto [3])

Einlösung	Gulden	ℳ	Umlauf	Gulden	ℳ
		28 000,—	E.-Bilanz	74 860,—	= 128 331,47
	10,—	= 17,14			163 200,—

Markwechsel-Konto.

Eingang		Ausgang
E.-Bilanz	22 586 524,71	139 359 001,92
	141 359 969,32	

Wechselzinsen-Konto

Ausgaben		Einnahmen
123 765,—	E.-Bilanz	132 608,30
		873 940,04

Giro- und Inkasso-Konto

Verfügung		Guthaben
1 732 139 680,36	E.-Bilanz	2 839 402,77
		1 733 101 237,72

[1]) 100 Mill. Depositengelder geben bei einem 1% Zinsenunterschied zwischen Depositen- und Einnahmezinsen 1 Mill. Überschuß, d. h. bei einem Aktienkapital von 100 Mill. eine einprozentige Dividendenergänzung (brutto).

[2]) Eingangsbilanz, d. h. Bestände aus dem Vorjahre.

[3]) Die Bank fusionierte eine andere mit dem Rechte der Notenausgabe.

Giro-Gebühren-Konto

			Einnahmen
			34 410,—

Unkosten-Konto

Ausgaben			Ersatz
	668 411,92		159 043,10

Steuern-Konto

Ausgaben			
	123 411,29		

Depositenzinsen-Konto

Ausgaben			
	299 026,28		

Lombardzinsen-Konto

			Einnahmen
			632 537,58

Depositen-Konto

Rückzahlungen			Einlagen
	118 093 194,71	E.-Bilanz	19 515 597,37
			120 701 060,70

Lombard-Konto

Darlehen			Rückzahlungen
E.-Bilanz	16 229 739,28		151 680 009,30
	153 143 257,75		

Effekten-Konto

Eingang			Ausgang
E.-Bilanz	7 005 516,86		12 632 600,36
	10 731 925,32		

Provisions-Konto

Ausgaben			Einnahmen
			1 081 311,79

Immobilien-Erträgnis-Konto

Ausgaben			Einnahmen
	10 495,—		18 386,04

Kontokorrent-Konto

Soll			Haben
E.-Bilanz	201 000,—	E.-Bilanz	650 142,16
	67 591 580,79		67 291 086,92

Einlösung	Dividenden-Konto 1904/1908		Schuld
	2 040,—	E.-Bilanz	5 078,—
Verfallen	1 085,83	E.-Bilanz	1 955,—

Eingang	Immobilien-Konto		
E.-Bilanz	600 000,—		

	Aktien-Kapital-Konto		Kapital
		E.-Bilanz	18 000 000,—

Debet		Gewinn- und
Allgemeine Verwaltungskosten		ℳ 509 368,82
Staats- und Gemeindesteuern		„ 123 411,29
Zinsen auf Bar-Guthaben		„ 299 026,28
		ℳ 931 806,39
Reingewinn des Jahres 1905	ℳ 1 765 664,53	
Gewinn-Vortrag aus 1904	„ 1 210 940,42	2 976 604,95
Beantragte Verwendung		
Dividende 8½%	ℳ 1 530 000,—	
dem Pensionsfonds	„ 40 000,—	
der Beamten-Wohlfahrtskasse	„ 10 000,—	
Tantiemen des Aufsichtsrats und des Vorstandes	„ 184 197,93	
Vortrag für 1906	„ 1 212 407,62	
	ℳ 2 976 604,95	
		3 908 411,34

Aktiva			Bilanz einer
1. Kassenbestand	ℳ 1 056 536,80		
Guthab. b. d. Reichsbank	„ 3 017 788,43	4 074 325,23	(= 7,78%)
2. Wechselbestände	ℳ 24 587 492,11		
Abzüglich Rückzinsen	„ 181 919,59	24 405 572,52	(= 46,64%)
3. Vorschüsse gegen Unterpfänder		17 692 987,73	(= 33,80%)
4. Guthaben der Korrespondenten		216 929,83	(= 0,42%)
5. Eigene Effekten einschließlich lauf. Zinsen		5 344 212,75	(= 10,21%)
6. Bank-Immobilien und Mobilien		600 000,—	(= 1,15%)
		52 334 028,06	(= 100%)

Reservefonds-Konto I — Kapital

	E.-Bilanz	4 500 000,—

Reservefonds-Konto II — Kapital

	E.-Bilanz	300 000,—

Gewinnvortrags-Konto — Kapital

	1 210 940,42

Verlust-Konto — Credit

Zinsen aus Wechseln	ℳ	700 863,75	= 49,4%
Zinsen aus Vorschüssen gegen Unterpfänder	„	632 537,58	
Erträgnis der eigenen Effekten	„	239 370,93	= 8,9%
Gebühren aus dem Giroverkehr	„	34 410,—	= 40%
Depot- und Umsatz-Provisionen	„	1 081 311,79	
Mieterträgnisse	„	7 891,04	= 1,7%
Verfallene Dividendenscheine	„	1 085,83	
Jahresgewinn	ℳ	2 697 470,92	= 100%
Hierzu Vortrag aus 1904	„	1 210 940,42	
	ℳ	3 908 411,34	

Depositenbank — Passiva

1. Grundkapital			ℳ	18 000 000,—
2. Gesetzlicher Reservefonds	ℳ	4 500 000,—		
3. Außerordentlicher Reservefonds	„	300 000,—	„	4 800 000,—
4. Frühere Bankscheine			„	263 514,33
5. Guthaben der Deponenten			„	22 123 463,36
6. Guthaben auf Giro-Rechnungen			„	3 800 960,13
7. Guthaben von Korrespondenten			„	365 578,12
8. Unerhobene Dividende			„	3 907,17
9. Reingewinn aus 1905	ℳ	1 765 664,53		
Gewinn-Vortrag aus 1904	„	1 210 940,42	„	2 976 604,95
			ℳ	52 334 028,06

Bemerkungen: Vom Jahresgewinn entfallen 89,4% auf Provisionen und Zinsen, die nicht aus anderen Gewinnquellen gespeist sind. Kosten und Steuern machen 26,4% vom Jahresgewinn (2,69 Mill. ∸ 0,299 Mill. Depositenzinsen). Vom Jahresreingewinn erhalten die Aktionäre 86,7% als Dividende, 10,4% werden für Tantiemen verbraucht. Vom Bilanzgewinn kommen nur 58,3% zur Auszahlung, 41,7% werden zurückgestellt. Der Jahresgewinn beträgt 11,23% der eigenen Mittel, der Jahresreingewinn 9,8% des Aktienkapitals.

Das eigene Kapital (Grundkapital, Reserven, Vortrag) beträgt 24,012 Mill., das Zusatzkapital allein 33,4% des Grundkapitals. Die Bilanzsumme (52,33 Mill.) durch die eigenen Mittel dividiert gibt 2,2, d. h. die fremden Mittel betragen das 2,2fache des Eigenkapitals. Die Gliederung der Aktiva ist in der Bilanz ersichtlich gemacht. Die Liquidität ist vortrefflich, Effekten- und Gründungsgeschäfte fehlen, der Kontokorrentkredit wird nicht gepflegt. Das Kontokorrent-Konto dient als Gegenkonto verschiedener Geschäftsvorgänge.

Der Kassenumsatz ist bedeutend, bedingt durch Depositen-, Lombard-, Inkasso- und Wechselverkehr; der tägliche Umschlag (Einnahmen + Ausgaben durch 300) beträgt durchschnittlich 13,26 Mill.

Es wurden für 141,36 Mill. Wechsel diskontiert, der Umsatzgewinn (0,873) = 6,2‰. Der Wechselbestand ist groß, ein Zeichen, daß wenig Wechsel rediskontiert wurden und demgemäß das Wechselobligo gering ist. Auch eine andere Berechnung bestätigt diese Vermutung: Von den Wechselzinseneinnahmen (1,006) wurden durch Ausgaben 0,123 Mill., d. h. 12,3% verloren.

Von den Unkosten wurden 23,8% abgewälzt, d. h. wieder ersetzt, also verhältnismäßig viel. Rechnet man auf Lombardkonto das arithmetische Mittel aus dem Anfangs- und Schlußbestande $\frac{(16{,}23 + 17{,}693)}{2} = 16{,}96$ Mill. als durchschnittlichen Bestand (grob gerechnet), dividiert diese Zahl in die Darlehnssumme (153,14 Mill.), so ergibt dies einen Umschlag von 9,03, d. h. der durchschnittliche Bestand wurde etwa 9 mal umgeschlagen, auf 365 Tage umgerechnet, gibt eine durchschnittliche Darlehnsdauer von 40 Tagen.

Auf Depositenkonto wurden täglich durchschnittlich (300 Arbeitstage)

	402 336 ℳ	vereinnahmt,
	393 644 „	verausgabt,
so daß durchschnittlich	8 692 ℳ	neue Gelder zur freien Verfügung standen.

Das Bruttoerträgnis der Immobilien ist 30,6%, der Reinertrag 17½%.

Die hier angegebenen Verhältniszahlen lassen den Rhythmus noch nicht erkennen, man muß sie für ein paar Jahre hintereinander berechnen und zum Vergleich auch die genau ebenso berechneten Zahlen anderer Banken heranziehen.

Die Monatsbilanzen.

Seit 1. Januar 1909 bis zum Ausbruch des Weltkrieges veröffentlichten die Berliner Großbanken — mit Ausnahme der Berliner Handelsgesellschaft — Zwischenbilanzen in zweimonatlichen Zwischenräumen; ihnen hatten sich die bedeutenderen Provinzbanken angeschlossen. Diese

Zweimonatsbilanzen wurden vom 1. Januar 1912 ab nach einem neuen ausführlicheren Schema aufgestellt, ein Schema, das den Forderungen teilweise gerecht wurde, die in der Bankenquete und in der Presse gestellt [1]) wurden. Es sollte dem freien Ermessen jeder Bank überlassen bleiben, bei ihren Veröffentlichungen noch über den Inhalt dieses Schemas hinauszugehen. Eine Schematisierung des Gewinn- und Verlust-Kontos wurde nicht verlangt.

Mit Recht schrieb die Frankfurter Zeitung (1. April 1909) beim erstmaligen Erscheinen der Zweimonatbilanzen:

Zum ersten Male lernt man also den Status der Großbanken nicht nur im Sonntagsgewande des Jahresabschlusses kennen, kunstvoll frisiert und hergerichtet, sondern man ist in der Lage, die Banken bei der Arbeit zu verfolgen, allerdings ohne daß man deshalb zu der Illusion berechtigt wäre, sie nun wirklich ohne Puder und Schminke im Werktagskleide zu sehen. — Die bekannten Toilettekünste sind zwar um so schwieriger anzuwenden, je häufiger man sie braucht, aber unmöglich sind sie nicht; auch in den Zweimonatsbilanzen behalten die Zahlen die Fähigkeit, viel zu verschweigen und wenig zu verkünden.

Auch das Schema von 1912 zeigte Mängel, wie jede Schematisierung und Uniformierung. Innere Mängel, weil eine einheitliche Definition, eine scharfe und einheitliche Abgrenzung einzelner Bilanzposten fehlte, die Buchungsmethoden waren verschieden. Eine Durchleuchtung des deutschen Geld- und Kreditmarktes, die gerade in der Nachkriegszeit besonders notwendig geworden ist, war unmöglich. Mit der Zunahme des bargeldlosen Zahlungsverkehrs und der Kreditschöpfung der Kreditbanken ist der Einfluß dieser Kreditinstitute auf den Geld- und Kreditmarkt gewachsen, wie der Einfluß des Finanzkapitalismus überhaupt. Die kurzfristige Auslandsverschuldung zwingt zu einer stärkeren Zusammenarbeit von Reichsbank und Privatbanken, die Reichsbank drang auf eine größere Kassenliquidität.

Nach dem nunmehr folgenden Schema werden Zwischenbilanzen monatlich mit Ausnahme der Monate Dezember und Januar (wegen der Abschlußarbeiten der Banken) veröffentlicht, die Bilanzen müssen am 21. Tag des dem Stichtag folgenden Monates im Besitz der Reichsbank sein. Wir stellen das alte Schema dem neuen gegenüber (Beträge in 1000 RM., Fälligkeitsfristen vom Stichtag der Bilanz aus gerechnet):

---

[1]) Vgl. Plutus 1911, S. 163 ff.

Neues Schema.

Aktiva.

1. Nicht eingezahltes Aktien- bzw. Betriebskapital ....
2. Kasse, fremde Geldsorten und fällige Zins- und Dividendenscheine.......
3. Guthaben bei Noten- und Abrechnungs- (Clearing-) Banken ....
   davon entfallen auf deutsche Notenbanken allein..................
4. Schecks, Wechsel und unverzinsliche Schatzanweisungen
   a) Schecks und Wechsel (mit Ausschluß von b—e) ....
   b) unverzinsliche Schatzanweisungen und Schatzwechsel des Reichs und der Länder ....
      davon bei der Reichsbank rediskontabel ....
   c) eigene Akzepte ....
   d) eigene Ziehungen ....
   e) Solawechsel der Kunden an die Order der Bank ....
5. Nostroguthaben bei Banken und Bankfirmen mit Fälligkeit bis zu drei Monaten..
   davon innerhalb sieben Tagen fällig................................
6. Reports und Lombards gegen börsengängige Wertpapiere ....
   davon entfallen auf Reports allein ....
7. Vorschüsse auf verfrachtete oder eingelagerte Waren ....
   a) Rembourskredite
      1. sichergestellt durch Fracht- oder Lagerscheine ....
      2. sichergestellt durch sonstige Sicherheiten ....
      3. ohne dingliche Sicherstellung ....
   b) sonstige kurzfristige Kredite gegen Verpfändung bestimmt bezeichneter marktgängiger Waren ....
8. Eigene Wertpapiere
   a) Anleihen und verzinsliche Schatzanweisungen des Reichs und der Länder
   b) sonstige bei der Reichsbank und anderen Zentralnotenbanken beleihbare Wertpapiere..
   c) sonstige börsengängige Wertpapiere ....
   d) sonstige Wertpapiere ....
9. Konsortialbeteiligungen ....
10. Dauernde Beteiligungen bei anderen Banken und Bankfirmen ....
11. Debitoren in laufender Rechnung ....
    davon entfallen auf Kredite an Banken, Bankfirmen, Sparkassen und sonstige Kreditinstitute ....
    Von der Gesamtsumme (Pos. 11) sind gedeckt:
    a) durch börsengängige Wertpapiere ....
    b) durch sonstige Sicherheiten ....
12. Langfristige Ausleihungen gegen hypothekarische Sicherung oder gegen Kommunaldeckung ....
13. Bankgebäude ....
14. Sonstige Immobilien ....
15. Sonstige Aktiva ....
    Summe der Aktiva (übereinstimmend mit der Summe der Passiva) ......
    Außerdem: Aval- und Bürgschaftsdebitoren ....

Altes Schema.

Aktiva.

1. Nicht eingezahltes Aktienkapital ....
2. Kasse, fremde Geldsorten und Coupons ....
3. Guthaben bei Noten- und Abrechnungs- (Clearing-) Banken ....
4. Wechsel und unverzinsliche Schatzanweisungen .... überhaupt
   a) Wechsel (mit Ausschluß von b, c und d) und unverzinsliche Schatzanweisungen des Reichs und der Länder..................
   b) eigene Akzepte ....
   c) eigene Ziehungen ....
   d) Solawechsel der Kunden an die Order der Bank ....
5. Nostroguthaben bei Banken und Bankfirmen ....
6. Reports und Lombards gegen börsengängige Wertpapiere ....
7. Vorschüsse auf Waren und Warenverschiffungen ....
   davon am Bilanztage gedeckt:
   a) durch Waren, Fracht- und Lagerscheine ....
   b) durch andere Sicherheiten ....
8. Eigene Wertpapiere .... überhaupt
   a) Anleihen und verzinsliche Schatzanweisungen des Reichs und der Länder
   b) sonstige bei der Reichsbank und anderen Zentralnotenbanken beleihbare Wertpapiere..................
   c) sonstige börsengängige Papiere ....
   d) sonstige Wertpapiere ....
9. Konsortialbeteiligungen ....
10. Dauernde Beteiligungen bei anderen Banken und Bankfirmen ....
11. Debitoren in laufender Rechnung ....überhaupt
   a) gedeckte ....
   b) ungedeckte..................
12. Bankgebäude ....
13. Sonstige Immobilien ....
14. Sonstige Aktiva ....

Summe der Aktiva
(übereinstimmend mit der Summe der Passiva)

Außerdem:
Aval- und Bürgschaftsdebitoren ....

Nach dem vorstehenden Schema wurden erstmalig für Ende März 1928 Monatsbilanzen als Sammelbilanz veröffentlicht (von 7 Berliner Großbanken einschließlich Reichskredit A.-G., 83 Kreditbanken, 22 Landes- und Staatsbanken, 17 Girozentralen).

I. Die Passivseite (die Numerierung schließt sich dem Schema an):

1. Aktienkapital bzw. Betriebskapital mit Rücksicht auf die Girozentralen und andere öffentlich-rechtliche Banken ohne Aktienkapital.

2. Reserven, d. h. offene, gesetzliche und freiwillige; ohne Trennung, ob sie aus Aufgeld oder aus dem Reingewinn stammen.

Neues Schema.

Passiva.

1. Aktienkapital bzw. Betriebskapital ....
2. Reserven ....
3. Kreditoren
   a) seitens der Kundschaft bei Dritten benutzte Kredite ....
   b) deutsche Banken, Bankfirmen, Sparkassen und sonstige deutsche Kreditinstitute ....
   c) sonstige Kreditoren ....

   Von der Gesamtsumme der Kreditoren (mit Ausschluß von a) sind
   1. innerhalb 7 Tagen fällig ....
   2. darüber hinaus bis zu 3 Monaten fällig ....
   3. nach mehr als 3 Monaten fällig ....
4. Akzepte ....
5. Langfristige Anleihen bzw. Darlehen ....
   a) Hypothekenpfandbriefe und Kommunalobligationen im Umlauf.......
   b) Sonstige ....
6. Sonstige Passiva ....

   Summe der Passiva (übereinstimmend mit der Summe der Aktiva)......
   Außerdem: Aval- und Bürgschaftsverpflichtungen ....
   Eigene Indossamentsverbindlichkeiten ....
   a) aus weiterbegebenen Bankakzepten ....
   b) aus Solawechseln der Kunden an die Order der Bank ....
   c) aus sonstigen Rediskontierungen ....

   Von der Gesamtsumme (a + b + c) sind in spätestens 14 Tagen fällig ...
   Eigene Ziehungen überhaupt ....
   davon für Rechnung Dritter ....

3. Kreditoren (einschließlich der noch nicht eingelösten Schecks). Sie sind weniger durchsichtig gegliedert wie im alten Schema, ihre Gliederung ist vereinfacht. Die Nostroverpflichtungen sind nicht mehr erkennbar (es sind aufgenommene Lombardgelder bei der Reichsbank, der Seehandlung und anderen Geldquellen des Inlandes und des Auslandes, dann Devisenleihgelder, die die Banken zur Befriedigung der an sie gestellten Ansprüche auf eigene Initiative aufgenommen haben). „Guthaben deutscher Banken und Bankfirmen" sind Geldreserven anderer Kreditinstitute bei anderen Banken; sie sind mit den Kreditoren vereinigt. Auch die praktisch nicht leicht durchführbare Trennung von „Einlagen" (Depositen im banktechnischen Sinne, sie bleiben in der Regel im Kredit und entspringen der Initiative des Gläubigers) und „Kreditoren" ist aufgegeben (Kreditoren sind Guthaben von Handel, Industrie und Verkehr, meist Betriebsreserven der Geschäftswelt, einschließlich der börsenmäßig aufgenommenen Monats- und Termingelder, soweit sie nicht schon unter Nostroverpflichtungen verrechnet sind).

Altes Schema.

Passiva.

1. Aktienkapital ....
2. Reserven ....
3. Kreditoren .... überhaupt
   a) Nostroverpflichtungen ....
   b) seitens der Kundschaft bei Dritten benutzte Kredite ....
   c) Guthaben deutscher Banken und Bankfirmen ....
   d) Einlagen auf provisionsfreier Rechnung .... überhaupt
      1. innerhalb 7 Tagen fällig ....
      2. darüber hinaus bis zu 3 Monaten fällig ....
      3. nach 3 Monaten fällig ....
   e) sonstige Kreditoren .... überhaupt
      1. innerhalb 7 Tagen fällig ....
      2. darüber hinaus bis zu 3 Monaten fällig ....
      3. nach 3 Monaten fällig ....
4. Akzepte und Schecks .... überhaupt
   a) Akzepte ....
   b) noch nicht eingelöste Schecks ....
5. Sonstige Passiva ....

Summe der Passiva
(übereinstimmend mit der Summe der Aktiva)

Außerdem:

Aval- und Bürgschaftsverpflichtungen ....
Eigene Ziehungen .... überhaupt
davon für Rechnung Dritter ....
Weiterbegebene Solawechsel der Kunden an die Order der Bank ....

a) „Seitens der Kundschaft bei Dritten benutzte Kredite“ sind solche Kredite, die die Bank dem Kunden bei anderen Bankinstituten zur Verfügung stellt, Bankverpflichtungen ohne Vermehrung der Zahlungsmittel. Darunter befinden sich auch Akzepte befreundeter Auslandsbanken, die dem deutschen Kunden als Ersatz der nicht immer genommenen deutschen Bankakzepte gegeben werden (Gegenposten: Rembourskredite).

c) Die „sonstigen Kreditoren“ enthalten die Nostroverpflichtungen, Einlagen, die neu eingeführten Sparkonten, ohne Trennung.

4. Akzeptverbindlichkeiten aller Art, z. B. Rembours- und Kreditakzepte, Wechselabhebungen vom Kreditsaldo des Kunden, verkaufte eigene Akzepte. Die noch nicht eingelösten aber avisierten Schecks sind in der Kreditorensumme enthalten, sie interessieren weniger; es sind angekündigte Zahlungsmittelabzüge seitens der Kundschaft.

5. Langfristige Anleihen bzw. Darlehn: dieser Bilanzposten entspricht dem Posten 12 der Aktivseite und war notwendig wegen der Ein-

gliederung der öffentlichen und der Hypothekenbanken. Unter den sonstigen Anleihen werden beispielsweise die Dollar-Anleihen der Deutschen und der Commerzbank verrechnet.

6. enthält die sonst im Schema nicht unterzubringenden unbedingten Verbindlichkeiten, bei Kommandit-Aktienbanken vermutlich auch die Kapitaleinlagen der Geschäftsinhaber.

Die Gliederung der Eventualverbindlichkeiten ist besonders wertvoll; die Giroverbindlichkeiten werden getrennt nach solchen aus weiterbegebenen Bankakzepten, Solawechseln der Kunden (die Bank ist Remittent, der Aussteller gleichzeitig Akzeptant) und aus sonstigen Rediskontierungen, z. B. Weiterverkauf an die Reichsbank. Diese Gliederung ist für die Beurteilung der kreditwirtschaftlichen Bindungen wichtig. Die „eigenen Ziehungen", weitergegeben oder noch im Portefeuille befindlich (vgl. Aktiva 4. d.), sind Eventualverbindlichkeiten als Aussteller eines Wechsels im Falle des Zahlungsregresses. Die Bürgschaftsverpflichtungen enthalten Garantien für Reparationslieferungen, Zoll- und Frachtkredite, Hypothekengarantien.

Die Vereinfachung in der Gliederung der Kreditoren, insbesondere der Fortfall der Kenntlichmachung der von der Bank aufgenommenen Lombardgelder ist eine wesentliche Verschlechterung. Nicht besonders ersichtlich sind die Verpflichtungen aus Lombard- und aus Pensionswechseln.

II. Die Aktivseite.

1. Nicht eingezahltes Kapital ist ein Anspruch der Unternehmung an die Gesellschafter, mit dem Nennwert eingestellt, ohne Prüfung der Einbringlichkeit.

2. Kasse = umlaufsfähiges deutsches Staatsgeld einschließlich Gold in Barren; fällige Zins- und Dividendenscheine, nicht aber die vorzeitig abgetrennten, die eine Aufbesserung der Barliquidität vortäuschen.

3. Die Absonderung der Guthaben bei deutschen Notenbanken soll den verschiedenen Charakter der Guthaben bei Abrechnungs- und Notenbanken kennzeichnen. Unter Abrechnungs- oder Clearing-Banken sind solche Banken zu verstehen, bei denen die Ergebnisse aus der Abrechnung einer gemeinsamen Abrechnungsstelle von Bankfirmen endgültig verbucht werden. In Deutschland sind das, abgesehen von der Reichsbank, Ende 1928 nur die Bank des Berliner Kassenvereins, die Kassenvereine in Dresden, Essen, Köln, Leipzig, München, Stuttgart; die Frankfurter Bank in Frankfurt/Main, die Liquidationskasse in Hamburg und die Effektengirobank in Stuttgart. Guthaben bei ausländischen Noten- und Clearing-Banken dürfen nur insoweit aufgenommen werden, als sie von ausländischen Zweiganstalten deutscher Banken bei Noten- und

Clearing-Banken ihres Landes als Abrechnungs- oder Kassenreserven gehalten werden. Das Guthaben auf Postscheckkonto ist bei den Guthaben bei Noten- und Abrechnungsbanken mit verrechnet.

4. a) Schecks wurden schon bisher unter den Wechseln aufgeführt.

b) Die Heraushebung der bei der Reichsbank rediskontierbaren Schatzanweisungen ist wegen der richtigen Berechnung der flüssigen Mittel erster Ordnung notwendig. Unverzinsliche Schatzanweisungen der Länder sind bei der Reichsbank nicht diskontierbar. Schatzwechsel des Reiches können bis zum Betrag von 400 Mill. M. bei der Reichsbank diskontiert werden.

c) „Eigene Akzepte", die im Wechselumlauf vor ihrer Fälligkeit an die Bank gelangen oder eigene Akzepte, die noch nicht realisiert sind. Dieser Posten wird nie erheblich sein, weil es üblich ist, daß die A.-Bank, die ihrem Kunden statt Geldkredit eigene Akzepte gibt, diese gegen Akzepte der B.-Bank umtauscht. Beide Banken führen die ausgetauschten Wechsel nunmehr unter den Beständen der Nr. 4. a) auf. Zum anderen werden eigene Akzepte für den Kunden bei anderen Banken diskontiert.

d) „Eigene Ziehungen", zum Teil Kontowechsel zur Abdeckung der Debitorensalden, von der Bank selbst ausgestellt.

e) „Solawechsel", die in einigen Gegenden Deutschlands Bedeutung haben, sind ausgesondert, weil die Bank als Remittent im Falle der Nichteinlösung haftet.

5. Nostroguthaben sind nur solche Guthaben bei Banken des In- und des Auslandes (mit Ausschluß jener bei Noten- und Abrechnungsbanken), die auch bei längerfristiger Hingabe eine bei anderen Kreditinstituten jederzeit realisierbare Zahlungsmittelreserve darstellen. Die über 3 Monate fälligen sind unter den Debitoren (11.) zu verrechnen, die innerhalb 7 Tagen fälligen sind wegen der Liquiditätsberechnung besonders hervorzuheben. Zu den Nostroguthaben rechnen auch feste Darlehn an andere Banken bis 3 Monate, Forderungen, die auf Kreditgesuche dieser Banken zurückzuführen sind.

6. Report- und Lombardgelder gegen im Inland und Ausland börsengängige Wertpapiere. Um die Aufnahme von Effektenkrediten in diese Position unmöglich zu machen, ist vorgeschrieben, daß nur vollgedeckte Lombards, d. h. nur feste, nicht in laufender Rechnung gegebene Kredite aufzunehmen sind, die für eine bestimmte Zeit gegen bestimmte Effekten zu einem festen Zinssatz gewährt werden, in der Hauptsache an andere Banken und Bankfirmen. Die durch Effekten gedeckten Debitoren stehen unter 11 a. Die Reportgelder stehen im Zusammenhang mit Börsentermingeschäften (Hergabe von Geld zur Prolongation laufender Verbindlichkeiten à la hausse), Lombardgelder dienen zum Teil auch der Finanzierung des Effektengeschäftes, insbesondere der

Kassengeschäfte, aber auch für andere Geldbeschaffungszwecke, z. B. der Industrie. Die an die Privatkundschaft gewährten Reportkredite, die die Banken „in sich" abmachen und die nicht an die Börse kommen, gehören gleichfalls in diese Rubrik.

7. a) Rembourskredite sind Kredite mit dinglicher Sicherstellung des von der Bank kreditierten Betrages durch bestimmt bezeichnete Warenmengen, bzw. durch Fracht- oder Lagerschein, nicht aber gegen lettres of lien; nicht einzurechnen sind die gegen Sicherungsübereignung des Warenlagers mit wechselndem Inhalt gegebenen Kredite. Rembourskredite ohne dingliche Sicherheit sind besonders hervorzuheben; die Dokumente sind vorübergehend ausgehändigt worden, der Kredit ist am Stichtag deshalb ungedeckt; oder die Bank hat auf eine dingliche Sicherheit verzichtet.

b) Sonstige Warenvorschüsse ohne Rembourscharakter, z. B. Warenlombarddarlehn, dürfen hier nur unter der Voraussetzung verzeichnet werden, daß sie durch Verpfändung bestimmter marktgängiger Waren sichergestellt sind und nach der Art des Geschäftes die Gewähr bieten, daß sie sich in einigen Monaten automatisch abdecken. Dauerkredite gegen Warendeckung, wie die oben erwähnte Sicherungsübereignung, gehören unter die Debitoren.

8. Eingeschlossen sind die vorzeitig abgetrennten Zins- und Dividendenscheine. Bei ausländischen Zentralnotenbanken beleihbare Wertpapiere (8. b) dürfen nur insoweit aufgenommen werden, als sie von solchen Zweiganstalten deutscher Banken gehalten werden, die sich im Lande der betreffenden Zentralnotenbank befinden.

10. Dauernde Beteiligungen durch Dauerbesitz von Aktien und Kommanditeinlagen.

11. Zu den Debitoren in laufender Rechnung gehören: 1. Feste Darlehn an andere Banken und Guthaben bei anderen Banken mit einer Frist von über 3 Monaten. 2. Warenvorschüsse wie unter 7 b aufgeführt. 3. Effektendebitoren, das sind Forderungen aus Effektenankauf mit Bankgeld (Spekulationskredite). 4. Akzeptdebitoren als Gegenposten bestimmter Akzeptverbindlichkeiten. 5. Die gegen börsengängige Wertpapiere und durch sonstige Sicherheiten gedeckten Debitoren in laufender Rechnung; die nur teilweise gedeckten werden in der Höhe des Betrages zugerechnet, für den die Deckung ausreicht. 6. Die nicht besonders gedeckten Debitoren können durch Feststellung des Unterschiedes der Gesamtsumme der Debitoren und der gedeckten errechnet werden. 7. Konto-Korrent-Kredite ohne spekulativen Einschlag.

Die Debitoren sind doppelt unterteilt: einmal nach dem Charakter der Kreditnehmer (Banken, Sparkassen und andere Kreditinstitute;

sonstige Schuldner), zum anderen nach der Art der Unterlage (börsengängige Wertpapiere und andere Sicherheiten).

12. Dieser Bilanzposten ist notwendig geworden, um die öffentlichen und die Hypothekenbanken in das Schema eingliedern zu können. Unter Umständen ist anzugeben, wieviel von diesen Ausleihungen auf andere, an der Zwischenbilanzveröffentlichung beteiligte Institute entfallen (durchlaufende Posten) und inwieweit Darlehn der Rentenbankkreditanstalt enthalten sind.

Manche Wünsche der Kritik haben auch im neuen Schema keine Berücksichtigung gefunden, so beispielsweise nicht die Trennung der Forderungen, Wechselbestände und Verpflichtungen nach Mark- und Auslandswährung (die Reichsbank erhält vierteljährlich von den einzelnen Banken Angaben darüber, die jedoch nicht veröffentlicht werden). Die valutarischen Verhältnisse der Bilanzposten[1]), die damit verbundenen Kursrisiken sind nicht erkennbar, infolgedessen auch nicht die wirkliche Lage der kurzfristigen Auslandsverschuldung, der Devisenbesitz, die Devisenbeschaffungsmöglichkeiten. Nicht ersichtlich sind die Nostroguthaben bei ausländischen Banken, die Bestände an Devisen auf inländische und ausländische Verpflichtete, Mark- und Währungsdebitoren, In- und Auslandskreditoren. Auch die Art der Verwendung der Kredite ist nur teilweise erkennbar, z. B. Reportgeld, Vorschüsse auf Waren, nicht aber die Verwendung der Kredite in laufender Rechnung. Die Unterscheidung zwischen „aufgenommenen" Darlehn (Nostroverpflichtungen) und den Guthaben anderer Banken ohne Darlehnscharakter (Lorokonten), die Einlagen, die Geldreserven anderer Banken sind nicht mehr erkennbar. Ihre Trennung wäre für die Beurteilung der Gelddispositionen und der „inneren" Liquidität von Bedeutung. Die verpfändeten eigenen Wertpapiere als Unterlage für aufgenommene Gelder sind von dem pfandfreien Effektenbesitz nicht getrennt, die Bewegung der Auslandsgelder, die Kreditverteilungspolitik, welche Erwerbszweige durch die Bankkredite gespeist werden, die Gruppierung der einzelnen Kredite ist bilanzmäßig nicht feststellbar. Die Verschiebungen der Bilanzziffern innerhalb eines Monates wären dann feststellbar, wenn neben den Monatsbilanzen zwischenzeitliche Aufstellungen, etwa wöchentlich wie in England oder für die Termine der Reichsbankausweise, veröffentlicht würden.

Die Änderung des Schemas hat die Kontinuität des Bilanzvergleichs gestört und es muß mit einer neuen Vergleichsperiode begonnen werden.

Aus den Zwischenbilanzen können berechnet werden: 1. die Barliquidität, 2. die Liquiditätsreserven; 3. die liquiden Mittel erster und

---

[1]) Gelegentliche Angaben im Geschäftsbericht, z. B. der Deutschen Bank für 1927, lassen den Mangel noch fühlbarer werden.

zweiter Ordnung; 4. teilweise die Spekulationskredite (Börsenreportgeld und Börsenlombardgeld, teilweise stecken sie unter den effektengedeckten Debitoren). 5. Die Zwischenbilanzen geben Einblick in die Kapitalanlagepolitik (Bestand an Schatzanweisungen und Schatzwechseln, nicht über die Geldanlage durch Ankauf von Börsendiskonten). 6. Sie geben Anhaltspunkte für die Beurteilung des Geld- und Kreditmarktes. Die Termine für die Zwischenbilanzen fallen mit dem Ultimo zusammen, an dem erfahrungsmäßig die höchsten Ansprüche an den Geldmarkt gestellt werden, die Geldverknappung an diesen Terminen ist überdurchschnittlich und stärker als im Verlaufe der vorhergehenden Wochen. 7. Die Entwicklung des Effektenterminhandels (Reportgelder an Banken und Bankfirmen aber auch an die Privatkundschaft; im Schema allerdings ungetrennt aufgezählt); die Spekulationskredite der Privatkundschaft stecken in den Debitoren. 8. Berechenbar ist das Kreditvolumen (Debitoren, Kreditoren, Vorschüsse, Diskontwechsel, langfristige Ausleihungen) sofern in den Zwischenbilanzen nur der tatsächlich beanspruchte Kredit aufgenommen wird. Die Banken belasten die zugesagte Kreditsumme in voller Höhe, erkennen den Kunden gleichzeitig auf Scheckkonto. So wertvoll diese Darstellung für die Beurteilung künftiger Verpflichtungen aus dem Kreditvertrag ist, in den Zwischenbilanzen führt dieses Verfahren zu einer Aufblähung der Debitoren und der Kreditoren. 9. Die Veränderungen des Geschäftsumfanges widerspiegeln sich in der Bilanzsumme und, trotz der Mängel, in dem „Gesamtumsatz auf einer Seite des Hauptbuches", auf den im Geschäftsbericht in der Regel hingewiesen wird. Die Angabe der Zahl der Konten, insbesondere der Debitorenkonten, wäre erwünscht.

Die Liquidität.

Das Liquiditätsproblem der Kreditbanken[1]) ist besonders gelagert. Unter ihren Verbindlichkeiten sind solche, für die in jedem Zeitpunkt Bargeldreserven gehalten werden müssen, sie vermehren nur in geringem Umfange die für die Kreditgewährung verfügbaren Zahlungsmittel. Zu dieser Gruppe zählen die sofort fälligen und jederzeit kündbaren Kreditoren. Dann gibt es solche Verpflichtungen, für die keine Kassenreserven gehalten werden, weil der Verfügungsberechtigte in geldloser Form durch Umschreibung verfügt (Buchgeld, Schreib- oder Giralgeld genannt). Überdies ist das Kündigungsrecht bei manchen Verpflichtungen auf seiten des Gläubigers (Depositengelder), bei anderen auf seiten des Geldnehmers (Nostroverpflichtungen), bei anderen wieder beiderseitig (tägliches Börsengeld). Fremde Termin- und Kündigungsgelder sind

[1]) Vgl. 24. Abschnitt.

an eine feste Fälligkeit oder an einen Kündigungszeitraum gebunden. Hierzu kommt die Kreditschöpfung, d. h. die Gewährung von Krediten, mit denen eine Bank sofort fällige Verbindlichkeiten übernimmt, die nicht durch ihre Barreserven gedeckt sind. Die Kreditbanken schöpfen neue Kaufkraft und stellen sie der Wirtschaft zur Verfügung, weil sie imstande sind, Giralgeld zu schaffen. Giralgeldschöpfung ist die Voraussetzung für die aktive Kreditschöpfung. „Kreditvermittlung" ist nur die Übernahme sofort fälliger Verbindlichkeiten auf Grund der anvertrauten Gelder, sie ist Übertragung vorhandener Kaufkraft und nicht Schöpfung einer neuen. Giralgeldschöpfung, Hereinnahme von Krediten, ist nur möglich im Rahmen der Bereitschaft anderer Banken, in dieser Form der Bank Kredit zu gewähren.

Man wird eine Kreditbank als liquide ansprechen können, wenn sie über ausreichende Bargeldquellen verfügt und imstande ist, den Passivsaldo ihrer Abrechnungsschulden abzudecken. In der eigenen Liquidität liegt die einzelwirtschaftliche Grenze der Giralgeldschöpfung. Die Liquidität einer Kreditbank ist abhängig von der Struktur ihrer Verbindlichkeiten (Fälligkeit und Kündigungsrecht), von der Möglichkeit, Giralverbindlichkeiten abzudecken, und von den Barbeständen. Für die Größe der Barbestände ist die Größenordnung der sofort fälligen Verbindlichkeiten maßstäblich; wenn der Bank eine Umschichtung zwischen diesen und den Terminkreditoren zugunsten der letzten gelingt (oder die sofort fälligen Ansprüche durch Überlassung von Effekten aus den eigenen Beständen ausgeglichen werden, wie bei dem Verkauf von eigenen Emissionspapieren an die Depositengläubiger) wird eine Verbesserung der Liquidität eintreten. Sie kann im Notfalle auch durch Einengung der Kredithergabe (Kündigung der Kredite, Veräußerung der Unterlagen, Abdeckung der Debitorensalden) und durch Veräußerung von Vermögensteilen, wie Wechsel, Effekten, Devisen erreicht werden. Die Kassenbestände werden laufend durch neue Einlagen und Kreditbeendigung, das ist Rückzahlung, durch Aufnahme von Krediten bei anderen Banken und an der Börse ergänzt.

Wir unterscheiden die Bar- oder Kassenliquidität, flüssige Mittel I. und II. Ordnung, je nach ihrer Greifbarkeit. Bei strengen Anforderungen an die Barliquidität berechnet sich diese aus der Summe der Kasse, der fälligen Zins- und Dividendenscheine, fremden Sorten, den Guthaben bei deutschen Notenbanken und den Postscheckämtern mit Ausnahme der „eisernen" Bestände. Bei minder strengen Anforderungen können die Guthaben bei Noten- und Abrechnungsbanken vollständig eingerechnet werden. Die Guthaben bei Abrechnungsbanken nur insoweit sie kreditwirtschaftlich nicht gebunden sind. Sie wären im Schema besser unter den Nostroguthaben verrechnet worden. Auch die „Nostroguthaben bei Banken und Bankfirmen", fällig innerhalb 7 Tagen könnte man zurechnen, weil sie in der Regel unter Zinseinbußen sofort verfügbar gemacht werden können.

Zu den liquiden Mitteln I. Ordnung zählen wir, geordnet nach dem Grad ihrer Flüssigkeit: Guthaben bei Abrechnungsbanken (Aktiva 3., abzüglich Guthaben bei deutschen Notenbanken); Nostroguthaben bei Banken und Bankfirmen abzüglich der innerhalb 7 Tagen fälligen; bei der Reichsbank rediskontable unverzinsliche Schatzanweisungen (4 b); Schecks und (rediskontierbare) Wechsel (4 a). Mittel II. Ordnung sind: Reportgelder (6); Anleihen, beleihbare Wertpapiere, börsengängige Wertpapiere (3 a, b, c); Lombards (6. abzüglich Reports); Vorschüsse auf Waren (7).

In den Debitoren, Konsortialbeteiligungen und im Besitz nicht notierter Effekten stecken gewisse Beträge verhältnismäßig leichter greifbarer Gelder. Gewisse Rückschlüsse auf die innere Liquidität können aus der Höhe der Giroverbindlichkeiten aus weiter begebenen Bankakzepten und aus sonstigen Rediskontierungen gezogen werden.

In der Handelszeitung des Berliner Tageblattes wird eine privatwirtschaftliche und eine volkswirtschaftliche Liquidität unterschieden; die privatwirtschaftliche berechnet sich aus der Gegenüberstellung von Kreditoren und Akzepten gegen leichter greifbare Aktiva (2., 3., 4 a, b, 5., 6.). Die volkswirtschaftliche Liquidität berechnet sich lediglich aus der Summe der Kassenbestände, Sorten, Zins- und Dividendenscheinen, Guthaben bei Abrechnungs- und Notenbanken; sie entspricht der Barliquidität in der gewöhnlichen Auffassung. Die Frankfurter Zeitung rechnet nur die liquiden Mittel I. u. II. Ordnung, während wir die Absonderung der Barliquidität für notwendig erachten.

Die Erfolgsbilanzen.

Eine Schematisierung ist nicht erfolgt. Debitorenabschreibungen fehlen meist, interne Aufrechnungen werden gelegentlich im Geschäftsbericht erwähnt; die Commerzbank beispielsweise weist keinen Gewinn auf Wertpapiere und Konsortialbeteiligungen aus, nur für Ende 1924 und 1926 ist sie von diesem Mißbrauch abgewichen.

Die Ausgaben im Kreditbankgeschäft umfassen die Personalausgaben, die absolut und zwangläufig mit jeder Erhöhung der Tarifgehälter ansteigen; die sachlichen Ausgaben, Steuern (Körperschafts-, Lohnsummen-, Vermögens-, Gewerbe-, Grund- und Gebäude-, Hauszinssteuer, Reparationslasten), soziale Lasten aus der Zwangsversicherung und der freiwilligen Wohlfahrtspflege; dann reproduktive Ausgaben, das sind Zinsen für aufgenommene und anvertraute Gelder; durchlaufende Ausgabenposten, das sind Kostenvorlagen für die Kundschaft, wie Börsengebühren, Inkassogebühren für beauftragte Zwischenstellen. Schließlich kommen hinzu die Kapitalverluste durch Abschreibungen auf Forderungen aus dem Kreditgeschäft, aus der Kapitalanlage (Nostrobörsengeschäfte) und dem Gemeinschaftsgeschäft.

Die Einnahmen können nach den einzelnen Sparten des Bankgeschäftes gegliedert werden wie folgt: Zins- und Provisionseinnahmen aus dem Kreditgeschäft (das ist Bereitstellung von Bankgeld in jeder Form, die Vermittlung von Geldern durch Einschiebung des eigenen Kredites und des eigenen Risikos wie bei Zwischenkrediten, Auslandskrediten, Übernahme von Anleihen und Kapitalanteilen, Übernahme von Bürgschaften und Giroverbindlichkeiten); Einnahmen aus Arbeitsleistungen, wie die Kommissionsgeschäfte (Vermittlungsprovisionen im Börsengeschäft, Einziehungsprovision), aus dem bankmäßigen Verwaltungsgeschäft (Depotgebühren); endlich Einnahmen aus der kurzfristigen Kapitalanlage, aus Börsenhandelsgeschäften für eigene Rechnung und aus Kapitalbeteiligungen an anderen Banken.

In der internen Erfolgsanalyse muß die Gliederung vielgestaltig sein, beispielsweise müssen Zinseneinnahmen und Zinsenausgaben sowie die Provisionen weitgehend unterteilt werden, wenn sie für die Geschäftsleitung aufschlußreich sein soll. Die Einnahmen aus dem laufenden (regelmäßigen, täglichen) und aus dem unregelmäßigen Bankgeschäft werden intern getrennt. Die bilanzmäßige Gliederung beschränkt sich meist auf den Ausweis der Zinsen- und Provisionsüberschüsse und auf Beteiligungsgewinne.

Die Einnahmen des Einzelfalles sind kartellmäßig nach unten gebunden (durch Bedingungsgemeinschaften der Bankenvereinigungen), nach oben durch den Wettbewerb begrenzt; die persönlichen Ausgaben für Angestellte und Bankarbeiter sind tarifmäßig an eine Untergrenze für den einzelnen und für bestimmte Berufsgruppen gebunden.

Die Rentabilität des Kreditbankgewerbes ist zum Teil eine Frage der rationellen Gestaltung der Organisation und der Betriebsgröße (beide wirken auf die Personalkosten), überwiegend aber von der Gestaltung der Einnahmen abhängig. Die Mechanisierung des Bürobetriebes weist verschiedene Grade auf, die Zahl der Angestellten ist gesunken, die persönlichen Ausgaben sind trotzdem ansteigend, insbesondere bei den Riesenbanken mit dezentralisierten Betriebsstätten (Depositenkassen, Zweiganstalten). Die Steigerung der fixen Kosten läßt vermuten, daß manche Banken die optimale Größe überschritten haben (nach Berechnungen der Frankfurter Zeitung Nr. 504 von 1928 in dem Artikel: „Aufwand und Ertrag der Aktienbanken“ wurden bei Mittelbanken — Kapital über 5 Mill. M. — für Unkosten und Steuern 73,6%, bei Großbanken 82,4%, bei Großbanken ohne Filialen 63,2% des ausgewiesenen Rohgewinnes verzehrt). Die Einnahmen aus dem Börsengeschäft sind konjunkturbedingt, abhängig von der Gestaltung des Geld- und Kapitalmarktes und von dem Umfang, in dem sich das „Publikum“ an Börsengeschäften (Spekulation) und Kapitalanlage beteiligt.

Der Zinsenüberschuß aus der Summe der für fremde Gelder verausgabten und für hingegebene Kredite vereinnahmten Zinsen ist von der Zinsenspanne zwischen Debitoren- und Kreditorenzinssätzen (mit den entsprechenden Schattierungen nach der Art der Kreditgeschäfte) und der Summe der „Einlagen“ abhängig. Je stärker die Spargelder mit verhältnismäßig längerer Nutzungsdauer für die Bank bei den Kreditbanken anwachsen, um so mehr steigen die Einnahmeüberschüsse aus dem bankmäßigen Kreditgeschäft. Die Zinsspanne aus der Kreditgewährung auf Grund der Kreditschöpfung ist weniger ergiebig als die vorhin erwähnte Zinsspanne zwischen Einlagen und Debitoren, die durch Hinzurechnung verschieden benannter „Kreditprovisionen“ erhöht wird. Auch die Zinsenspanne zwischen inländischen und ausländischen Zinssätzen kommt in Frage, wenn billige kurzfristige Auslandskredite in ausreichendem Maße verfügbar sind. Die Einnahmen der privaten Kreditbanken stehen auch unter dem Druck des Wettbewerbes der steuerlich begünstigten öffentlichen Kreditinstitute, denen zum Teil die billigeren Gelder der „öffentlichen Hand“, aber auch Depositengelder (wegen der hinter ihnen stehenden Garantie öffentlich-rechtlicher Körperschaften) zur Verfügung gestellt werden.

Auch bei den Kreditbanken gibt es einen wechselnden Beschäftigungsgrad, der die (meist nicht berechenbaren) Selbstkosten der Einzelleistung sowie den Gesamtertrag beeinflußt: Einengung und Ausdehnung des aktiven Kreditgeschäftes, des Effektenemissions- und Effektenvermittlungsgeschäftes. Die steigende Konjunktur schlägt sich nieder: in den Vorschüssen auf Waren (wegen der Steigerung der Einfuhr und der Ausfuhr, aber auch infolge der Preissteigerungen), in der Zunahme der Debitoren und des Emissionsgeschäftes am inneren Markt. Die gesteigerte Kreditgewährung führt zu einer Steigerung der Kreditoren, wenn diese Kredite bei den Banken als Guthaben verfügbar bleiben.

Für bilanzanalytische Untersuchungen der Erfolgsrechnung ist eine entsprechend unterteilte Gliederung der Einnahmen und der Ausgaben erforderlich. Die Ermittlung eines „Unkostenkoeffizienten“ (Unkosten im Verhältnis zum Rohgewinn), eines „Reingewinnkoeffizienten“ (Verhältnis zwischen Rein- und Rohgewinn), die Umrechnung der Kosten je Kopf des Personals (grobe Rechnung) geben Anhaltspunkte sowohl für den Einzel- wie für den Gruppenvergleich. Der Unkostenkoeffizient gibt häufig kein zutreffendes Bild, weil viele Kreditbanken bestimmte Gewinne intern aufrechnen, häufig gegen Debitorenabschreibungen und solche auf Wertpapierbestände. Die Umrechnung der Kosten auf je

1000.— M. des Umsatzes ist als Kennziffer für die Beurteilung der Wirtschaftlichkeit geeignet, aber nicht absolut zuverlässig wegen der Verschiedenheit der Berechnungsmethoden des Umsatzes, in den meist die Umsätze der Zentrale mit den Filialen und jene der Filialen untereinander eingerechnet sind. Von der Zunahme der Steuern auf eine Zunahme der Gewinne zu schließen, ist wegen der Verschiebung der Zahlungstermine der Steuern des Bilanzjahres in das neue Geschäftsjahr und wegen der örtlich verschiedenen Höhe der Real- und der Gewerbesteuern nicht einwandfrei.

Die „Umsatzziffern von einer Seite des Hauptbuches" sind mit Vorsicht heranzuziehen. Bei Großbanken mit Depositen- und Filialbetrieben steigern sich die Umsatzziffern durch das Hin und Her zwischen Filialen und Zentrale; auch die Buchungsmethoden hinsichtlich der Termingeschäfte sind verschieden: eine Bank bucht beim Abschluß des Geschäftes auf Konto und Gegenkonto, die andere erst bei der Abwicklung des Geschäftes.

Schlüsse aus dem Bilanzvergleich als Gruppenvergleich (hier besser als Gruppenstatistik bezeichnet) sind für Kreditbanken mit besonderer Vorsicht zu ziehen, weil der organisatorische Aufbau der einzelnen Banken verschieden ist. Banken mit voller Zentralisation (wie die Berliner Handelsgesellschaft und die Reichskreditgesellschaft) stehen solchen mit einem weitverzweigten Filialsystem gegenüber (Danat-Bank, Deutsche Bank beispielsweise), andere wiederum verfügen über zahlreiche Depositenkassen und über Konzernbanken (Norddeutsche Bank, Schaafhausenscher Bankverein bei der Diskonto-Gesellschaft). Der geographische Aktionsradius ist begrenzt (Allgemeine Deutsche Kreditanstalt Leipzig und andere Provinzialbanken) oder erstreckt sich auf das ganze deutsche Wirtschaftsgebiet. Der Schwerpunkt des Geschäftes liegt bei der einen Bank im Konto-Korrent-Verkehr, bei der anderen im Inkasso- oder Börsengeschäft, das verfügbare Kapitalvolumen und die Liquidität sind verschieden. Bilanzreihen, absolute und Bilanzen mit Differenz- und Verhältniszahlen, sind aufschlußreicher. Dabei darf der Eingriff des Reichsbankpräsidenten (12. Mai 1927) nicht übersehen werden, der zu einer Beschneidung insbesondere der Börsenkredite geführt hat.

Betrachtet man die Gesamtheit der in den Zwischenbilanzen zusammengefaßten Banken als Einheit, so darf nicht übersehen werden, daß bestimmte aktive Bilanzposten einer Bankengruppe als Gegenposten auf der Passivseite einer anderen Bankengruppe erscheinen. So sind unter den Wechselbeständen Bankakzepte, die bei den Verpflichteten als Akzeptverbindlichkeiten verrechnet werden. Die Nostroguthaben bei Banken erscheinen bei den anderen als Kreditoren (3 b). Dauernde Beteiligungen enthalten Teile des Aktienkapitals anderer Banken. Kredite an andere Banken (Debitoren 11) sind bei der Kreditempfängerin Kreditoren (3 a).

Gewinn- und Verlustrechnung der Basler

Soll

	Fr.	Cts.	Fr.	Cts.
Unkosten.				
Verwaltungskosten			964 305	59
Passivzinsen.				
Banken und Giro	174 506	65		
Konto-Korrent-Kreditoren	775 914	13		
Sparkassa-Einlagen	2 802 059	64		
Anleihen und Obligationen (vide Detail)*)	5 496 605	10		
Kranken- und Unterstützungsfonds ..	6 335	20	9 255 420	72
Provisionen.				
Obligationen	9 456	50		
Banken	1 875	35	11 331	85
Verzinsung des Dotationskapitals			1 250 000	—
Reingewinn pro 1927	2 820 532	90		
Gewinnvortrag vom Vorjahre	152 198	94	2 972 731	84
			14 453 790	—

Die Steigerung der Gesamtkreditoren aller „Bilanzbanken" kann auf eine Steigerung der Einlagen aus allen Wirtschaftskreisen, auf Kreditschöpfung, Darlehn von anderen Banken und an der Börse zurückzuführen sein; also Vorsicht bei einer volkswirtschaftlichen Auswertung der Sammelbilanzen!

Bilanzbeispiele.

Die folgenden Beispiele der Bilanzen von Auslandsbanken sollen Aufbau und Gliederung im Vergleich zu den deutschen Kreditbankbilanzen aufzeigen.

---

*) Zinsen unserer Anleihen, Ser. A, B und C		1 250 000.—	
Bezahlte Zinsen u. Coupons aus Kassa-Obligationen		4 355 739.—	
(wovon steuerpflichtig........	4 339 601.60)		
Ausstehende Coupons	117 656.—		
Ratazinsen	896 728.55	1 014 384.55	
		6 620 123.55	
Abzüglich ausstehende Coupons und Ratazinsen vom Vorjahre ...		1 123 518.45	5 496 605.10
(133 793.40 989 725.05)			

Kantonalbank in Basel im Jahre 1927.

Haben

	Fr.	Cts.	Fr.	Cts.
Ertrag des Wechsel-Portefeuilles	746 423	63		
„ „ Effekten-Portefeuilles	133 994	—	880 417	63
Aktivzinsen.				
Banken	659 992	42		
Konto-Korrent-Debitoren	1 067 329	95		
Hypothekar-Darleihen und Kredit-Obligationen	10 269 118	83		
Effekten	847 857	51		
Immobilien: Bankgebäude	12 000	—		
andere Liegenschaften ..	16 159	15	12 872 457	86
Provisionen und Gebühren.				
Hypothekar-Darleihen und Kredit-Obligationen	77 876	10		
Konto-Korrente	118 930	60		
Aufbewahrungsgebühren und Tresormiete	43 855	80		
Agio auf fremde Sorten	5 585	65		
An- und Verkauf von Wertschriften .	173 992	40		
Anleihensvermittlungen, Coupons etc. .	128 475	02	548 715	57
Saldovortrag vom Vorjahre			152 198	94
			14 453 790	—

1. Basler Kantonalbank, Ende 1927. Beachtlich ist die Gliederung der Erfolgsbilanz hinsichtlich der Zinsen und Provisionen sowie der Aufbau der Bilanz unter dem Gesichtspunkt der Fälligkeit bzw. Greifbarkeit. Die „eigenen Gelder" sind zusammengefaßt. Der „Rechenschaftsbericht" enthält Einzelheiten, die einen guten Einblick in den Geschäftsbetrieb gewähren.

In der „Durchschnittsbilanz" wird der Ertrag der Geschäftssparte in Beziehung zu dem errechneten durchschnittlichen Anlagekapital gesetzt, das im Geschäftsjahr in dem betreffenden Zweige werbend oder lastentragend war.

Bilanz der Basler Kantonalbank in Basel per 31. Dezember 1927.

Aktiven	Fr.	Cts.	Fr.	Cts.
Kassa.				
Barsaldo, Nationalbank-Guthaben und Postscheckkonto			6 092 226	51
Kurzfällige Guthaben.				
Banken	11 531 727	74		
Coupons	216 378	45	11 748 106	19
Wechselforderungen.				
Wechsel auf die Schweiz	14 994 009	88		
„ „ das Ausland	2 189 730	85		
„ mit Faustpfand	2 158 700	—	19 342 440	73
Forderungen auf Zeit.				
Bürgschaftsdarleihen	1 299 170	10		
Hinterlags- „	28 119 275	22		
Hypothekar- „	192 759 160	—		
Kredit-Obligationen	6 366 002	30	228 543 607	62
Aktiven mit unbestimmter Anlagezeit.				
Effekten	14 985 218	20		
Immobilien: Bankgebäude	300 000	—		
andere Liegenschaften	504 000	—		
Mobiliar	1	—	15 789 219	20
Sonstige Aktiven.				
Ratazinsen und Zinsrestanzen auf Aktivposten			3 141 728	85
			284 657 329	10

Passiven	Fr.	Cts.	Fr.	Cts.
Kurzfällige Schulden.				
Banken	7 902 054	42		
Giro-Konten	8 868 073	47		
Konto-Korrent-Kreditoren	18 397 017	31		
Sparkassa-Einlagen	18 989 988	—	54 157 133	20
Wechsel-Schulden.				
Akzeptationen und Tratten			4 980 364	50
Schulden auf Zeit.				
Konto-Korrent-Kreditoren	11 607 916	—		
Sparkassa-Einlagen	57 299 428	56		
Obligationen	106 852 500	—	175 759 844	56
Eigene Gelder.				
Dotationskapital	25 000 000	—		
Ordentlicher Reservefonds	15 600 000	—		
Spezialreserve für eigene Liegenschaften	1 000 000	—		
Baureserve	2 650 000	—		
Delcredere-Konto	900 000	—		
Kranken- und Unterstützungsfonds	132 747	—	45 282 747	—
Sonstige Passiven.				
Rückdiskonto auf Aktivposten	100 540	15		
Rückständige Coupons von Kassa-Obligationen	117 656	—		
Ratazinsen auf übrige Passivposten	1 286 311	85		
Saldo der Gewinn- und Verlustrechnung nach Abzug der Verzinsung des Dotationskapitals	2 972 731	84	4 477 239	84
			284 657 329	10

Durchschnitts-Bilanz und Rentabilitäts-Berechnung pro 1927.

	Durchschnittliches Kapital				Ertrag			Lasten		
	Soll		Haben							
	Fr.	Cts.	Fr.	Cts.	Fr.	Cts.	%	Fr.	Cts.	%
Kassa	2 130 113	—								
Banken und Giro	14 216 186	—	9 408 710	—	661 346	31	4.65	176 382	—	1.88
Portefeuilles	15 673 874	—			746 423	63	4.76			
Bürgschafts-Darleihen	1 258 763	—			74 613	25	5.93			
Hinterlags-Darleihen	20 167 980	—			1 044 406	15	5.18			
Hinterlags-Kautionen	721 283	—								
Hypothekar-Darleihen	186 088 555	—			9 971 896	83	5.36			
Kredit-Obligationen	6 295 864	—			375 098	10	5.96			
Effekten	15 945 230	—			1 021 849	91	6.41			
Immobilien	842 102	—			28 159	15	3.34			
Akzept-Kredite	4 460 833	—			44 268	75				
Diverse Provisionen					311 910	47				
Konto-Korrent-Kreditoren			26 763 671	—				754 295	62	2.82
Kautionen-Konti			721 283	—						
Sparkasse			70 904 711	—				2 802 059	64	3.95
Akzeptationen			4 538 547	—						
Obligationen			110 032 167	—				5 506 061	60	5.—
Dotationskapital			25 000 000	—				1 250 000	—	5.—
Ordentlicher Reservefonds			15 600 000	—						
Spezialreserven			4 550 000	—						
Kranken- und Unterstützungsfonds			126 704	—				6 335	20	5.—
Diverse Konten			154 990	—						
Bruttogewinn								3 784 838	49	
	267 800 783	—	267 800 783	—	14 279 972	55	—	14 279 972	55	—
Durchschnittliches zinstragendes Kapital	260 488 524	—	246 774 510	—			5.34			4.25

2. Wir lassen eine ältere Bilanz der nicht mehr bestehenden Petersburger Internationalen Handelsbank folgen, die zeigen soll, wie weit vergleichsweise die deutschen Bankbilanzen von der erreichbaren Klarheit entfernt sind.

Debet **Gewinn- und Verlustkonto**

	St. Petersburg		Filialen		Total	
	Rubel	K	Rubel	K	Rubel	K
Unkosten-Konto:						
Gehälter u. Gratifik. an die Beamten..	742 001	49	1 638 500	72	2 380 502	21
Beiträge zur Beamten-Spar- und Unterstützungskasse	103 201	09	—	—	103 201	09
Gehälter u. Gratifik. an die Kontor- und Kassendiener u. Fahrgelder	120 064	32	469 359	27	589 423	59
Gildensteuer u. sonstige Abgaben	14 961	94	90 679	73	105 641	67
Miete, Heizung, Beleuchtung und Remonte [1])	80 123	43	369 259	27	449 382	70
Bücher, Kontor-Utensilien, Blanketts usw.	83 133	82	203 724	95	286 858	77
Publikationen.....................	25 941	78	14 615	66	40 557	44
Porto, Depeschen, Notarspesen und diverse Unkosten	118 969	08	356 761	37	475 730	45
	1 288 396	95	3 142 900	97	4 431 297	92
An die Revisions-Kommission per 1910, laut Beschluß der Generalversammlung der Aktionäre vom 26. März 1911	10 000	—	—	—	10 000	—
Reichs-Gewerbesteuer	402 149	46	167 922	72	570 072	18
Sonstige Steuern und Abgaben	7 997	75	—	—	7 997	75
An die Diskontokomitees	—	—	30 035	—	30 035	—
Amortisation der Bankgebäude	77 985	50	—	—	77 985	50
10 % Amortisation auf Einrichtungskosten der neuen Filialen	83 295	45	—	—	83 295	45
Tantiemen in den Filialen	4 007 007	11	4 444 720	66	8 451 727	77
	5 876 832	22	8 166 177	86	14 043 010	08
Gewinn....	4 007 007	11	4 444 720	66	8 451 727	77
Eingegangen auf früher abgeschriebene Forderungen	5 683	46	73 999	17	79 682	63
	4 012 690	57	4 518 719	83	8 531 410	40
Abzüglich zweifelhafter Forderung ...	704 289	—	1 533 300	64	2 237 589	64
	3 308 401	57	2 985 419	19	6 293 820	76
An die Direktoren der Bank, laut Übereinkunft					251 752	83
					6 042 067	93
Davon ab, laut § 73 der Statuten:						
5 % dem Verwaltungsrat .... R. 302 103,40						
2 % dem Aufsichtsrat .... „ 120 841,36						
15 % den Beamten .... „ 242 868,48					665 813	24
Zur Verfügung der Aktionäre...........					5 376 254	69

[1]) Darunter die dem Zinsen-Konto kreditierten Zinsen auf die Bankgebäude im Betrage von R. 93 846,44 (siehe eingenommene Zinsen).

per 31. Dezember 1911. **Kredit**

	St. Petersburg Rubel	K	Filialen Rubel	K	Total Rubel	K
Zinsen-Konto:						
Eingenommene Zinsen:						
Diskonto-Zinsen	854 464	—	5 905 258	21	6 759 722	21
„ „ auf Handelsverbindlichkeiten	—	—	72 710	72	72 710	72
„ „ auf verloste Effekten und Kupons	188	45	12 606	01	12 794	46
Zinsen auf Vorschüsse „on call" u. auf andere Rechnungen gegen Unterpfand von Wertpapieren	1 761 465	84	2 688 659	99	4 450 125	83
Zinsen auf Vorschüsse „on call" gegen Unterpfand von Waren, Wechseln und Handelsverbindlichkeiten	—	—	2 581 584	01	2 581 584	01
Zinsen auf Vorschüsse auf fest. Ter.	5 731	61	90 436	26	96 167	87
Zinsen auf Vorschüsse gegen Unterpfand von Frachtbriefen und Konnossementen	—	—	630 256	32	630 256	32
Effekten-Zinsen	1 635 029	85	366 892	57	2 001 922	42
Zinsen auf Devisen und Sorten	358	48	76 393	97	76 752	45
„ „ Rechnungen mit den Korrespondenten und Filialen	3 197 760	07	2 852 042	09	6 049 802	16
Zinsen auf laufende Rechnung in anderen Banken	6 477	58	6 237	28	12 714	86
Zinsen auf die Bankgebäude	93 848	44	—	—	} 120 474	32
Reineinnahme vom Bankgebäude in Moskau	26 625	88	—	—		
	7 581 950	20	15 283 077	43	22 865 027	63
Gezahlte Zinsen						
Zinsen auf Scheck-Konti	1 183 489	14	3 984 364	74	5 167 853	88
„ „ sofort kündbare Einlagen	129 956	65	44 681	79	174 638	44
„ „ Termin-Einlagen	600 537	21	1 327 456	20	1 927 993	41
„ „ Spezial-Rechnungen	433 963	38	140 908	36	574 871	74
„ „ Rechnungen mit den Korrespondenten	2 071 807	69	2 517 831	20	4 589 638	89
„ „ das Kapital der Beamten-Spar- u. Unterstützungs-Kasse	54 495	62	—	—	54 495	62
„ der Filiale an die Zentrale	—	—	2 205 747	89	2 205 747	89
	4 474 249	69	10 220 990	18	14 695 239	87
Rest der Zinsen	3 107 700	51	5 062 087	25	8 169 787	76
Provisions-Konto	924 233	57	2 240 675	93	3 164 909	50
Effekten-Konto	1 691 648	85	510 585	56	2 202 234	41
Devisen- und Sorten-Konto	150 612	29	352 829	12	503 441	41
Dividende pro 1900	2 637	—	—	—	2 637	—
	5 876 832	22	8 166 177	86	14 043 010	08

Aktiva **Bilanz**

	St. Petersburg		Filialen		Total	
	Rubel	K	Rubel	K	Rubel	K
Kassa	3 765 331	64	8 217 139	86	11 982 471	50
Diskontierte Wechsel	12 840 367	90	96 649 086	09	109 489 453	99
Wechsel u. Dokumente z. Inkasso	4 102 159	18	17 857 174	77	21 959 333	95
Diskontierte und verloste Effekten und Kupons	16 345	04	41 765	84	58 101	88
Diskontierte Verbindlichkeiten	—	—	1 359 647	18	1 359 647	18
Vorschüsse auf sofortige Kündigung (on call) gegen Unterpfand						
garantierter Wertpapiere	2 110 969	54	531 548	63		
ungarantierter Wertpapiere	19 947 163	36	44 397 645	07		
von Waren	—	—	31 156 659	27	112 435 487	82
von Wechseln	—	—	7 009 832	10		
von Handelsverbindlichkeiten	—	—	2 281 669	85		
Vorschüsse auf feste Termine gegen Unterpfand:						
garantierter Papiere	53 805	—	792 820	50		
ungarantierter Papiere	34 407	—	243 178	30	1 397 163	80
von Waren	—	—	272 953	—		
Vorschüsse gegen Unterpfand von Frachtbrief. u. Konnossementen	—	—	8 266 573	59	8 266 573	59
Effekten [1])						
garantierte	17 139 917	54	4 071 625	29		
ungarantierte	15 029 875	02	4 634 624	37	40 876 042	22
Beteiligungen an industriellen Syndikaten, laut Spezifikation	192 166	23	—	—	192 166	23
Devisen und Sorten	131 830	29	1 969 734	48	2 101 564	77
Korrespondenten:						
Loro-Konten:						
gegen Unterpfand gar. Wertp.	8 245 589	22	470 531	72		
„ „ ungar. Wp.	37 113 509	10	16 032 497	09		
„ „ von Waren	3 245 524	—	12 281 962	43	137 258 289	05
„ „ v. Handelsverbindlk.	16 818 644	65	30 450 326	73		
Blanko-Kredite	6 305 159	71	6 294 544	40		
Nostro-Konten	6 660 928	97	12 589 843	99	19 250 772	96
Rechnung der Zentrale mit den Filialen	64 066 085	89	8 649 049	28	72 715 135	17
Bestand an Wechselpapier	10 844	35	25 847	48	36 691	83
Einrichtungskosten d. neuen Filial.	749 659	03	—	—	749 659	03
Ausstehende Einzahlungen auf 23 Aktien d. Bank, Emission 1911	3 450	—	—	—	3 450	—
Bankgebäude in St. Petersburg u. in den Filialen	6 118 733	38	—	—	6 118 733	38
Interims-Konto	404 383	57	1 602 025	02	2 306 408	59
	225 106 849	61	323 450 297	33	548 557 146	94

[1]) Inkl. R. 24 000 000,—, die laut § 75 der Statuten für das Reservekapital in Fonds anzulegen sind.

am 31. Dezember 1911. Passiva

	St. Petersburg Rubel	K	Filialen Rubel	K	Total Rubel	K
Aktien-Kapital:						
192 000 Aktien à 250 Rbl.	48 000 000	—	—	—	48 000 000	—
Reserve-Kapital	24 000 000	—	—	—	24 000 000	—
Reserven:						
a) Spezial-Reserve	3 440 300	—	—	—		
b) Gewinnvortrag früherer Jahre zur Verfüg. d. Aktionäre	252 907	72	—	—	3 693 207	72
Amortisations-Kapital der Bankgebäude	822 094	57	—	—	822 094	57
Einlagen auf Scheck-Rechnungen	36 793 666	21	115 467 941	52		
Sofort kündbare Einlagen	2 447 420	83	755 396	—	197 535 230	11
Einlagen auf feste Termine	12 375 775	47	29 695 030	08		
Korrespondenten:						
Loro-Konten	54 920 841	09	50 242 978	09	105 163 819	18
Nostro-Konten	25 563 903	32	50 166 219	43	75 730 122	75
Rechnung der Filialen mit d. Zent.	8 165 550	80	62 643 090	90	80 808 641	70
Beamten-Spar- u. Unterstützungs-Kasse	1 071 079	81	—	—	1 071 079	81
Steuern:						
auf Spezialrechnungen	20 193	67	22 504	64		
auf Einlagezinsen	134 700	22	226 725	26	404 123	79
Auf die Bank gezogene Tratten	268 819	09	11 312 023	11	11 589 842	20
Noch nicht erhobene Dividende früherer Jahrgänge	44 938	27	—	—	44 938	27
Zinsen für das Jahr 1912	184 153	76	1 285 117	60	1 469 271	36
Interims-Konto	306 684	02	1 243 672	19	1 550 356	21
Tantiemen in den Filialen	—	—	380 598	51	380 598	41
Tantiemen des Verwaltungs- und Aufsichtsrats und der Beamten	917 566	07	—	—	917 5660	07
Zur Verfügung der Aktionäre, Gewinn für 1911	5 376 254	69	—	—	5 376 254	69
	225 106 849	61	323 450 297	33	548 557 146	94

A) Bilanz der Bank der Ostpreußischen Landschaft

Aktiva			ℳ	₰
Kasse fremde Geldsorten und Kupons			507 082	63
Wechsel und unverzinsliche Schatzanweisungen		ℳ 6 971 150,39		
davon weiterbegeben		„ 1 243 164,39	5 727 986	—
Nostroguthaben bei Banken und Bankfirmen			6 616 691	86
Eigene Wertpapiere				
a) Anleihen des Reichs und der Bundesstaaten		ℳ 1 004 321,41		
b) Sonstige bei der Reichsbank beleihbare Effekten		„ 5 661 207,09	6 665 528	50
Vorschüsse gegen börsengängige Wertpapiere			7 113 801	60
Debitoren in laufender Rechnung gegen statutenmäßige Deckung			28 077 433	83
Umschuldungskredite aus Mitteln der Deutschen Rentenbank-Kredit-Anstalt (länger befristet)			4 953 000	—
Ostpreußische Landschaft, für Golddarlehn aus Mitteln des Auslandsdarlehn, fällig am 1. April 1930			29 400 000	—
Immobilien-Konto 39 Gebäude		ℳ 2 332 400,—		
ab Normal-Abschreibung	ℳ 23 360,—			
Außerordentl. Abschreibung	„ 59 040,—	„ 82 400,—	2 250 000	—
Inventar-Konto, Tresoranlagen, Kraftwagen, Mobiliar		ℳ 245 449,36		
ab Normal-Abschreibung	ℳ 25 000,—			
Außerordentl. Abschreibung	„ 120 449,36	„ 145 449,36	100 000	—
Sonstige Aktiva			1 049 074	—
Aval-Debitoren		ℳ 513 570,10		
			92 460 598	42

B) Gewinn und Verlust-Rechnung (ohne Sparkasse) für 1927.

Debet		ℳ	₰
Verwaltungsunkosten		2 901 082	87
Zuschüsse zu Lebensversicherungsprämien der Beamten		7 941	60
Abschreibungen und Rückstellungen		79 536	40
Verwendung:			
Außerordentliche Abschreibungen auf Immobilien	ℳ 59 040,—		
Außerordentliche Abschreibungen auf Inventar	„ 120 449,36		
Pensionsfonds-Zuwendung	„ 150 000,—		
Reservefonds-Zuwendung	„ 30 728,17	360 217	53
		3 348 778	40

Kredit	ℳ	₰
Effekten und Effektenzinsen	905 360	01
Zinsen	1 258 896	—
Wechselzinsen	306 429	73
Provision	787 199	85
Grundstückserträge	90 892	81
	3 348 778	40

(ohne Sparkasse) per 31. Dezember 1927.

Passiva			ℳ	₰
Grundkapital			6 000 000	—
Reserven		ℳ 531 750,38		
+ Zuweisung aus dem Gewinn		„ 30 728,17	562 478	55
Pensionsfonds der Beamten		ℳ 642 323,62		
+ Zuweisung aus dem Gewinn		„ 150 000,—	792 323	62
Kreditoren:				
a) Nostro-Verpflichtungen		ℳ —		
b) Guthaben deutscher Banken		„ 1 363 858,—		
c) Einlagen auf provisionsfreie Rechnung:				
I. fällig innerhalb 7 Tagen	ℳ 11 992 711,78			
II. darüber hinaus bis zu 3 Monaten fällig	„ 10 092 300,09	ℳ 22 085 011,87		
d) Sonstige Kreditoren:				
I. fällig innerhalb 7 Tagen	ℳ 4 452 354,50			
II. darüber hinaus bis zu 3 Monaten fällig	„ 22 222 581,55	„ 26 674 936,05	50 123 805	92
Deutsche Rentenbank-Kreditanstalt, für länger befristete Umschuldungs-Kredite			4 953 000	—
Auslands-Darlehn (Dollar 7 000 000,—, fällig am 1. April 1930)			29 400 000	—
Sonstige Passiva			628 990	33
Aval-Kreditoren		ℳ 513 570,10		
			92 460 598	42

C) Bilanz der Sparkasse der Bank der Ostpreußischen Landschaft per 31. Dezember 1927.

Aktiva	ℳ	₰
Kassa-Konto	67 241	42
Effekten-Konto, mündelsichere Wertpapiere	4 781 985	55
Kontokorrent-Konto, Debitoren	1 013 330	80
Verrechnungs-Guthaben bei der Bank	376 437	77
Den Effekten anhaftende Zinswerte	98 988	25
Aufgewertete Anlagen der alten Mark-Sparkasse	634 000	—
Ostpr. Landschaft, für deponierten Reservefonds	58 291	14
	7 030 274	93

Passiva		ℳ	₰
Spareinlagen-Konto		6 211 509	09
Kontokorrent-Konto, Kreditoren		198	04
Aufwertungs-Verbindlichkeiten der alten Mark-Sparkasse		634 000	—
Reservefonds der Sparkasse	ℳ 58 291,14		
+ Sparkassengewinn 1927	„ 126 276,66	184 567	80
		7 030 274	93

3. Die vorstehende Bilanz der Bank der Ostpreußischen Landschaft A zeigt eine „aufgelöste" Bilanz (Nettobilanz nach Aufteilung des Gewinnes), der restliche Reingewinn wird dem Reservefonds zugeschlagen. Der Rentenbankkredit und die Dollar-Anleihe sind „Zwischenkredite". Die Bilanz der Sparkasse C ist abgetrennt, ihr eigenes Kapital wird durch den Reservefonds gebildet, dem der Reingewinn (Zinsengewinn abzüglich Verwaltungskosten) zugeschrieben wird. Die Spareinlagen sind vorzugsweise in mündelsicheren Wertpapieren angelegt, ein Teil in Konto-Korrent-Debitoren; Hypothekendarlehn fehlen. Der Unkostenkoeffizient ist 14,2%, die sonstigen bankmäßigen Geschäfte werden von der Landschaftsbank vermittelt, deren Unkostenkoeffizient 87% beträgt.

29. Abschnitt.

Die Bilanzen der Hypothekenbanken[1]).

Für die Hypothekenbanken mit gemischtem Geschäftsbetrieb ist eine bilanzmäßige Trennung des Hypothekengeschäfts von den übrigen Bankgeschäften erforderlich.

1. Es werden für die Hypotheken und für die Bankabteilung vollständig getrennte B. veröffentlicht. Die Addition der in beiden B. selbständig nachgewiesenen Gewinne gibt den Gesamtgewinn der Bank.

2. Es können ungeteilte B. veröffentlicht werden, die aber Ertrag und Bestände innerhalb des einheitlichen Bilanz- und Ertrags-Kontos trennen.

Das Hypothekenbankgesetz (13. Juli 1899) enthält die die aktienrechtlichen Bestimmungen ergänzenden Vorschriften über die Buchführung, die B. und Geschäftsberichte der Hypothekenaktienbanken im § 24 (Bilanz), §§ 25—26 (Disagio), § 27 (Gewinn- und Verlustrechnung), § 28 (Geschäftsbericht). Trotz dieser Vorschriften sind die B. der deutschen Hypothekenbanken nicht nach einem einheitlichen Schema aufgestellt.

Die Jahresbilanz einer Hypothekenbank hat insbesondere in getrennten Posten zu enthalten:

1. Den Gesamtbetrag der zur Deckung der Hypothekenpfandbriefe bestimmten Hypotheken und Wertpapiere. Die meisten Banken geben in der Hauptspalte den Gesamtbetrag der Hypotheken, in der Vorspalte oder im Text der B. die zur Deckung der Hypothekenpfandbriefe geeigneten Hypotheken.

2. Den Gesamtbetrag der rückständigen Hypothekenzinsen, wohl auch der rückständigen Darlehnsbeträge.

---

[1]) Über die Technik des Hypotheken- und Pfandbriefgeschäftes vgl. „Bankbetrieb", S. 414—465. Vgl. auch 1. Abschnitt dieses Buches (Filialen).

3. Den Gesamtbetrag der im Umlauf befindlichen Hypothekenpfandbriefe nach ihrem Nennwert und nach Zinssätzen gruppiert.

4. Die aus der Kapitalanlage und den sonstigen erlaubten Nebengeschäften herrührenden Bestände und Verbindlichkeiten, insbesondere Bestände an Geld, Wechsel, Wertpapieren unter gesonderter Angabe der eigenen Pfandbriefe und Schuldverschreibungen der Bank, Bestände an Forderungen aus Lombardgeschäften, Guthaben bei Bankhäusern, Verbindlichkeiten aus der Annahme von Depositengeldern.

5. Den Wert der Grundstücke unter gesonderter Angabe des Wertes der Bankgebäude. Nur zur Vermeidung von Verlusten an Hypotheken oder zur Beschaffung von Geschäftsräumen ist einer Hypothekenbank der Erwerb von Grundstücken gestattet. Ein großer immobiler Besitz neben dem Bankverwaltungsgebäude würde auf geringe Vorsicht bei der Beleihung schließen lassen; doch kann durch Vorschiebung von Strohmännern, wenn es erforderlich ist, ein solch hoher Betrag vermindert werden.

Der Geschäftsbericht gibt überdies an:

1. Eine Gliederung der Hypothekendarlehne nach ihrer absoluten Größe in Stufen von 100 000 oder weniger, Anzahl der Darlehne, Verteilung der Hypothekendarlehne auf landwirtschaftliche und städtische Grundstücke, auf Amortisations- und andere Hypotheken, auf Hypotheken an Bauplätzen und an unfertigen, noch nicht ertragfähigen Neubauten. Einzelne Banken ergänzen diese Angaben durch solche über Gewerbe und Stand der Darlehnsschuldner.

2. Die geographische Verteilung der Darlehne, die Aufschlüsse über das Arbeitsgebiet der Bank, über das Geldbedürfnis einzelner Landesteile gibt.

3. Die Zahl der Zwangsversteigerungen und Zwangsverwaltungen sowie die Zahl der Fälle, in welchen die Bank Grundstücke zur Verhütung von Verlusten an Hypotheken hat übernehmen müssen. Diese Angabe läßt den Grad der Vorsicht bei der Gewährung eines Darlehns erkennen. Man kann die Zahl durch Vorschiebung von Strohmännern vermindern.

4. Verluste und Gewinne beim Wiederverkauf der übernommenen Grundstücke.

5. Die rückständigen Zinsen beim Jahresschluß. Die Banken führen gewöhnlich den Prozentsatz an, der das Verhältnis zwischen rückständigen Zinsen und dem Zinsen-Soll charakterisiert. Z. B. das Zinsen-Soll wäre 3 081 282, rückständig 0,15% = M. 37 131. Interessant ist die Gliederung der Zinsenrückstände hinsichtlich ihrer örtlichen Verteilung zwischen ländlichen und städtischen Darlehnsnehmern, nach Darlehnsgruppen, ob die größeren oder mittleren Darlehne in Rückstand bleiben u. a.

6. Häufig auch den durchschnittlichen Zinsfuß der Hypothekendarlehne.

7. Das Ergebnis der freihändigen Verkäufe, d. h. das Verhältnis zwischen Kaufpreis und Darlehnssumme als Beweis für die größere oder geringere Zuverlässigkeit der Wertermittlungsgrundlagen. Z. B. Darlehnssumme 4,045 Mill., Kaufpreis 6,203 Mill., d. h. das Verhältnis zwischen Kaufpreis und Darlehn ist 0,65 zu 1 oder die Darlehnssumme betrug 65% des Verkaufserlöses, in anderen Fällen 57% u. ä. Ob die Vergleichszahlen auf die ursprünglichen Darlehnsbeträge oder auf das Restdarlehn sich beziehen, wäre im Berichte anzugeben. Dabei ist zu berücksichtigen, daß sich beim freihändigen Verkauf Einflüsse geltend machen können — Verkauf unter Verwandten, Notlage des Eigentümers, günstige Zahlungsbedingungen —, die den Verkaufswert herunterdrücken, in anderen Fällen erhöhen, daß auch die Konjunktur einen mitbestimmenden Einfluß hat. Man könnte auch die vor der Beleihung festgestellten Werte und den Veräußerungspreis vergleichen.

8. Das Ergebnis der Zwangsversteigerungen und das Verhältnis zwischen Steigerungspreis und Darlehnssumme in Prozenten. Bei Subhastationen ist zu berücksichtigen, daß meistbietende zweite oder weitere Hypothekengläubiger zwecks Ersparnis an Stempelunkosten in der Regel nur die ihnen im Rang vorausgehenden Hypotheken auszubieten pflegen, daß also die Versteigerungssummen der Meistgebote keinen Schluß auf den Verkaufswert der versteigerten Grundstücke zulassen. Mitunter vereinbaren Hypothekengläubiger über die Höhe des Meistgebots.

9. Die relative Größe der gewährten Darlehne gibt das Verhältnis zwischen Beleihungswert zum Grundstückswert, der beispielsweise durch gerichtliche Taxe ermittelt wird.

10. Über die Verwendung der aufgenommenen Summen wird selten berichtet. Es wäre interessant zu erfahren, ob die Darlehnsgelder zu Geschäftszwecken, zu Bauten, zur Ablösung bestehender Schulden oder anders verwendet wurden.

Das Deckungsverhältnis zwischen Deckungshypotheken und dem Pfandbriefumlauf berechnet sich wie folgt (beispielsweise):

I.	Deckungsmittel: Hypotheken	338,764 Mill.
	ab freie Hypotheken	3,303 „
		335,461 Mill.
	plus Staatspapiere nach § 6 des Hypothekenbankgesetzes	3,581 „
		339,042 Mill.
II.	Pfandbriefumlauf	330,029 Mill.
	ab Bestand an eigenen Emissionspapieren (Nennwert)	1,216 „
		328,813 Mill.
	zu gekündigte Pfandbriefe	0,048 „
		328,861 Mill.

Auf 100 M. Hypotheken kommen etwa 97 M. Pfandbriefe.

Die bei jeder Hypothekenbank sich wiederholende Erhöhung des Aktienkapitals findet ihre Erklärung in den gesetzlichen Bestimmungen (§ 7), wonach diese Banken Pfandbriefe nur bis zum 20 fachen Betrag des eingezahlten Grundkapitals und des ausschließlich zur Deckung einer Unterbilanz oder zur Sicherung der Pfandbriefgläubiger bestimmten Reservefonds ausgeben dürfen [1]). Bei zunehmender Ausdehnung des Pfandbriefumsatzes muß das Aktienkapital erhöht werden, um die Emissionsgrenze hinaufzusetzen und die Grundlage für ungehinderten Pfandbriefverkauf schaffen zu können. Gleichzeitig erhöht auch das Emissionsagio der neuen Aktien die Emissionsgrenze.

Einzelne B. unterscheiden Reserven, d. s. Rückstellungen von verhältnismäßiger Dauer, wie Immobilienreserve, Disagio-, außerordentliche, gesetzliche Reserven, und Vortragsposten, die alljährlich veränderlich und teilweise ausgeschüttet werden, wie Provisions-, Agioreserve für Gewinne bei der Ausgabe von Pfandbriefen, Gewinnvortrag.

Die Wertpapiere der Aktivseite sind 1. eigene Emissionspapiere und 2. andere Wertpapiere. Hypothekenbanken haben das Recht, ihre eigenen Pfandbriefe anzukaufen, und machen von diesem Recht häufig Gebrauch, um den Kurs ihrer Pfandbriefe zu „regulieren". Den Banken bleibt die Wahl, ob sie solche aus dem Verkehr gezogenen Stücke vom Umlauf auf Obligationen-Konto abschreiben wollen, so daß sie weder in der B. noch in den Halbjahrsveröffentlichungen erscheinen, oder ob sie die Verbuchung auf Effekten-Konto vorziehen und in der Jahresbilanz gesondert aufführen (§ 24 Z. 4). Im ersten Falle wird in Zeiten niedrigen Kursstandes infolge des Unterschiedes zwischen diesem und dem Nennwert buchmäßig ein erheblicher Disagiogewinn erzielt werden, an dessen Stelle im Falle des Wiederverkaufs bei gleichen Zeitverhältnissen ein ebenso erheblicher Disagioverlust tritt. Die Verbuchung der zurückgekauften eigenen Pfandbriefe auf Effekten-Konto verdient den Vorzug. Die eigenen Emissionspapiere sind wie andere Wertpapiere zu bewerten, nach § 261 HGB. höchstens zum Börsen- oder Anschaffungspreis. Die Bewertung der zurückgekauften eigenen Pfandbriefe mit dem Einlösungskurs entspricht nicht den gesetzlichen Bestimmungen.

Im übrigen ist die Weglassung solcher Pfandbriefe auf der Aktiv- und auf der Passivseite der B. nicht ungesetzlich. Einzelne Hypothekenbanken vertreten den Standpunkt, daß zurückgekaufte eigene Pfandbriefe kein selbständiges Vermögen darstellen und deshalb überhaupt nicht in die B. gehören [2]).

---

[1]) Für gemischte Hypothekenbanken das 15 fache; für beide Gruppen mit Einschluß der Rentenbankkreditdarlehen.

[2]) Industrie-Aktienvereine belieben folgende Darstellung unbegebener Obligationen:

Schema der für Hypothekenbanken typischen Bilanzposten.

Aktiva	Passiva
A. Darlehnsgeschäfte.	A. Pfandbriefgeschäft (Leihkapital zum Betrieb des Hypothekengeschäfts).
I. Darlehen:	I. Pfandbriefe:
1. Hypotheken.	1. Pfandbriefumlauf: 8%, 7% usf.
a) Treuhänder-, Register- oder Unterlags-Hypotheken, als Pfandbriefdeckung geeignet.	2. Liquidations- und Mobilisationspfandbriefe, meist 4½%.
b) Freie Hypotheken.	3. Kommunal-Obligationen.
2. Rentenbank-Hypotheken einschl. Darlehen aus Zwischenkrediten.	4. Verloste, noch nicht eingelöste.
3. Kommunal-Darlehen.	II. Pfandbriefzinsen (eigene Pfandbriefe):
II. Darlehens-Zinsen:	1. Rückständige, noch nicht präsentierte Zinsscheine.
1. Rückständige Zinsen.	2. Am 2./1. fällig werdende Zinsscheine.
2. Am 2./1. fällig werdende Zinsen (abzüglich der bereits bezahlten).	3. Anteilszinsen der am 1./2., 1./3., 1./4. usf. fällig werdenden Zinsen (Rechnungsposten).
3. Anteilszinsen, im nachhinein zahlbar am 1./2., 1./3. usf. des nächsten Bilanzjahres (Rechnungsposten).	B. Vortragsposten und Reserven.
B. Anlage der aus dem Pfandbriefgeschäft zufließenden Mittel.	III. Pfandbriefagio-Reserve nach § 26, Darlehensprovisionen (vielfach als Provisions-Reserve bezeichnet).
III. Effekten:	IV. Pfandbriefdisagio-Reserve, Immobilien-Reserve.
1. Eigene Emissionspapiere, Rückkauf von Pfandbriefen.	C. Andere Kreditoren [2]).
2. Andere Wertpapiere, im Geschäftsbericht spezifiziert nach Menge und Gattung, Zinsscheine, Diskontwechsel, Lombarddarlehen, Reichsbank- und sonstige Bankguthaben.	
IV. Sonstige Bestände:	
Debitoren [1]) (Kontokorrent), Immobilien: a) eigene Verwaltungsgebäude, b) sonstige Grundstücke.	

Aktiva		Passiva	
Obligationen (Nennwert)	568 000	Obligationen im Umlauf . ℳ	
		Obligationen im eigenen Besitz .... „	568 000

Soweit es sich um **noch nicht** in den Verkehr gebrachte Anleihestücke handelt, ist die Darstellung nicht einwandfrei; noch nicht kontrahierte Schulden gehören nicht in die Bilanz.

[1]) Darunter Guthaben bei Vertriebsstellen, bei Börsenbankiers.

[2]) Darunter vorübergehende Guthaben von Pfandbriefverkaufstellen, rückständige Provisionen, vorläufige Einzahlungen auf den Bezug von Pfandbriefen, Guthaben der Darlehnsnehmer; Rentenbank- und Reichszwischenkredite.

Die übrigen Effekten sind entweder Kapitalanlage flüssiger Mittel (verfügbare Gelder dürfen die Hypothekenbanken durch Ankauf solcher Wertpapiere anlegen, die von der Reichsbank angekauft werden dürfen, d. s. Schuldverschreibungen des Reichs, der Länder, inländischer kommunaler Körperschaften usw.) oder es sind Wertpapiere, Schuldverschreibungen des Reichs oder eines Landes, die als Ersatz fehlender Hypothekendeckung dienen sollen. Die erstgenannten Effekten sind frei verfügbar, die Deckungsergänzungseffekten werden vom Treuhänder unter Verschluß der Bank verwahrt.

In der Gewinn- und Verlustrechnung sind von Gesetzes wegen in getrennten Posten anzugeben: die verdienten Hypothekenzinsen einschließlich der rückständigen, d. h. also die fällig gewordenen, nicht die vereinnahmten Zinsen; Darlehnsprovisionen und die sonstigen Nebenleistungen der Hypothekenschuldner (z. B. außerordentliche Entschädigungen für frühzeitige Rückzahlung, Prüfungsgebühren, Konventionalstrafen), endlich die zu zahlenden Pfandbriefzinsen.

Die typischen Einnahme- und Ausgabeposten sind in der nachstehenden Kritik (S. 368) einer Ertragsrechnung ersichtlich. Außer den dort angeführten Einnahmen und Ausgaben sind noch zu erwähnen: Kursgewinne an eigenen Effekten, Mieteinnahmen; Pfandbriefumsatzkosten, z. B. die Vergütung an Wiederverkäufer, an die Zahlstellen der Zinsscheine und ausgelosten Pfandbriefe, Kosten der Einführung an die Börse, Emissions- und Umsatzstempel, sofern sie nicht aus dem Agiogewinn gedeckt sind; Pfandbriefanfertigungskosten; die sachlichen und persönlichen Kosten der Verwaltung und der Aufsicht.

Die Absatzprovision läßt sich im Durchschnitt, d. h. verteilt auf den Pfandbriefumsatz des Jahres, berechnen, falls der Betrag der gezahlten Provisionen im Gewinn- und Verlust-Konto angegeben ist. Die Zinsenerträgnisse werden naturgemäß durch die Erhöhung des Aktienkapitals beeinflußt, ferner durch die Größe der bereitzustellenden flüssigen Mittel. Werden diese kleiner gehalten, erhöhen sich die Zinsengewinne.

Die Provisionseinnahmen aus Darlehnsgeschäften, Abschluß- und Prolongationsprovisionen, werden gewöhnlich auf mehrere Jahre, vielfach auf die Dauer der Unkündbarkeit der Darlehne verteilt, so daß alljährlich eine Quote des früheren Bilanzbetrages der Provisionsreserve ausgeschüttet, andererseits aber die Jahreseinnahme teilweise zurückgestellt wird.

Eine wichtige Bilanzposition bilden Agio und Disagio der Pfandbriefe [1]). Beide sind von der wechselnden Konjunktur des Geldmarktes

[1]) Hecht in Holdheims Monatsschrift 1898, S. 251 ff. Rehm, Bilanzen S. 272 ff., vgl. auch 20. Abschnitt.

Debet		a) Gewinn- und	
Zinsen auf Hypotheken-Pfandbriefe, Kommunal- und Kleinbahnen-Obligationen, Zertifikate und inzwischen eingelöste Depotscheine		9 921 478	37
Hypotheken-Zinsen auf Bankgebäude		31 875	—
Geschäftsunkosten inkl. ℳ 147 954,90 für Steuern und ℳ 7102,— für Staatsaufsicht	ℳ 522 827,96		
abzüglich vereinnahmter Zuschüsse	„ 14 076,60	508 751	36
Ausgaben für Bankgebäude und Inventar		25 899	03
Reingewinn		2 032 936	92
	ℳ	12 520 940	68

abhängig. Das Disagio bringt die höhere Verzinsung des Anlagekapitals in Pfandbriefen über den nominellen Zinssatz der Obligationen zum Ausdruck. Das Agio oder Aufgeld bei der Ausgabe von Pfandbriefen und das Disagio (Kursnotiz unter 100 %) bei deren Rückkauf bilden einen Gewinn der Bank, Disagio bei der Ausgabe und Agio beim Rückkauf sind Verluste, wobei zu berücksichtigen ist, daß dem Agioverlust beim Rückkauf ein Agiogewinn bei der Ausgabe gegenüberstehen kann.

Agio- und Disagioverlust können aus dem Jahresgewinn gedeckt werden (Gewinn- und Verlust-Konto an Agio- oder Disagio-Konto), von einer Reserve abgeschrieben (Disagio bzw. Agio an Spezialreserve-Konto), gegen Agiogewinne aufgerechnet und endlich transitorisch verbucht, d. h. auf mehrere Jahre durch Einstellung als Bilanzaktivum verteilt werden.

Die gesetzlichen Bestimmungen (§§ 25, 26) lassen die Verteilung des Disagioverlustes bei der Begebung der Pfandbriefe unter dem Nennwert zu, erlauben innerhalb sachlich und zeitlich bestimmter Grenzen die Einstellung eines Teiles unter die Aktiven, ohne sie zu gebieten; auf der anderen Seite beschränkt das Gesetz eine Verteilung des Agiogewinnes bei der Ausgabe über den Nennwert bis auf 1 %, der Mehrerlös ist in die Passiven einzustellen. Er darf gegen einen Agioverlust bei der Ausgabe der Pfandbriefe aufgerechnet werden. Die Ausgabekosten einschließlich

Verlustrechnung (Kritik S. 368). Kredit

Gewinn-Vortrag		180 397	05
Zinsen auf Hypotheken-, Kommunal- und Kleinbahnen-Darlehne		11 441 520	92
Provisionen auf gewährte und prolongierte Hypotheken- und Kommunal-Darlehne	ℳ 369 513,76		
Jahresanteil an zurückgestellten Provisionen	„ 75 139,75	444 653	51
Kursgewinn auf Hypotheken-Pfandbriefe, Kommunal- und Kleinbahn-Obligationen abzüglich Emissions- und Begebungskosten	ℳ 355 342,38		
Jahresanteil an der Agio-Rückstellung	„ 70 172,46		
	ℳ 425 514,84		
hiervon ab das in die Passiven der Bilanz gesetzmäßig eingestellte Agio aus verkauften Emissionspapieren mit	ℳ 361 243,05	64 271	79
Verwaltungskostenbeiträge auf Hypotheken-, Kommunal- und Kleinbahn-Darlehne		45 032	75
Zinsen für Guthaben bei Bankhäusern usw. abzüglich Zinsen auf Depositen		116 212	25
Zinsen auf eigene Anlage in Staatspapieren abzügl. Kursdifferenz		102 799	85
Provisionen usw. im Effekten-Verkehr		31 511	19
Zinsgewinn an Wechseln		88 711	54
Gewinn an verlosten Effekten, Kupons und Sorten		5 829	83
		12 520 940	68

der für die Unterbringung gezahlten Provisionen sind ihrem vollen Betrage nach zu Lasten des Jahres zu verrechnen, in welchem sie entstanden sind.

Die Reservestellung des Mehrerlöses des Emissionsagiogewinnes ist gerechtfertigt; denn Pfandbriefe, die mit einem höheren Agio zur Ausgabe kommen, bedingen eine höhere Verzinsung, für die die Rückstellung eines entsprechenden Teiles des Gewinnes geboten ist.

I. Pfandbrief-Agio-Konto
1904

3. Bilanz 1904:	ℳ	1. Bilanzvortrag aus 1903	366 040,18
Agio auf Verkauf von Emissionspapieren	502 113,28 [1])	2. Kursgewinne auf Pfandbriefe, abzügl. Disagioverlust beim Verkauf und Agioverlust beim Rückkauf, Emissionskosten, Begebungskst.	185 330,20
4. Gewinn u. Verlust			
a) Jahresanteil a. Agio früherer Jahre	47 854,30		
b) Kursgewinn d. lauf. Jahres	1 402,80		
	551 370,38		551 370,38

[1]) Berechnung: Alter Vortrag ... 366 040,18
÷ Anteil für 1904 ... 47 854,30
Vortrag für 1904 ... 318 185,88
Vortrag neu (§ 26) ... 183 927,40
502 113,28

b) Kritik (Ergänzungen nach dem Geschäftsbericht).

Einnahmen:			
1. Hypotheken und Darlehen:			
a) Zinsen: Hypotheken	10 254 793,74	(= 4,205 % im Durchschn.)	
Kommunal-Darlehen	921 888,86		
Kleinbahn-Darlehen	264 838,32	11 441 520,92	(= 4,142 % i. D.)
abzüglich Zinsen auf Emissionspapiere:			
Hypotheken-Pfandbriefe	8 814 848,02		
Kommunal-Obligationen	847 967,25		
Kleinbahn-Obligationen	258 663,10	9 921 478,37	(= 3,809 % i. D.)
Überschuß der Zinsen (wichtigste Dividendenquelle [1])		1 520 042,55	= 62,5 % vom Bruttogewinn
b) Nebenleistungen der Darlehnsschuldner [2]):			
Provisionen	444 653,51		
Verwaltungskosten-Beiträge	45 032,75		
Sonstige	14 076,60	503 762,86	(= 20,7 % v.Bg.)
c) Kursgewinn (Agio, Disagio)			
Gewinn 1905	494 267,55		
÷ Verlust 1905	133 024,50		
Überschuß	361 243,05		
+ Anteil aus früheren Jahren	70 172,46		
	431 415,51		
÷ Begebungskosten	5 900,67		
÷ Rückstellung	361 243,05	64 271,79	2 088 077,20
II. Zinsen aus der Anlage flüssiger Mittel: (= 13,3 % v. Bruttogewinn):			
Staatspapiere	144 525,—		
÷ Kursverluste	41 725,15	102 799,85	
Bankguthaben		132 327,20	
Wechsel		88 711,54	323 838,59

III. Sonstige Einnahmen:		(99,1 % Bgw. =)	2 411 915,79 [3])
Kontokorrent: Zinseneinnahmen	67 234,11		
Zinsenausgaben	66 187,26	1 046,85	
Sorten, Kupons		5 829,83	
IV. Bankgeschäfte: Safes, Depots	14 985,34		
Effekten-Kommissionen	16 525,85		
	31 511,19		
÷ Depositenzinsen	17 161,80	14 349,39	21 226,07
Bruttogewinn			2 433 141,86
Ausgaben (= 23,87 % vom Bruttogewinn):			
Hypothekenzinsen (4¼ % des Kapitals) für eine Passivhypothek		31 875,—	
Geschäftskosten		522 827,96	
Gebäude, Inventar		25 899,03	580 601,99
Nettogewinn (= 76,13 % des Bruttogewinnes)			1 852 539,87
+ Vortrag			180 397,05
Bilanzgewinn			2 032 936,92 [4])

[1]) Die Dividende 7 % auf 18 Mill. Aktienkapital erfordert 1,26 Mill. Mark.

[2]) Die Nebenleistungen erhöhen die Zinsenleistungen des Schuldners. Diese eingerechnet geben einen durchschnittlichen Zinsfuß von 4,29 % der Darlehne. Die einmalige Vergütung des Darlehnsschuldners als Ersatz der Geldbeschaffungskosten verteuert naturgemäß den Zinsfuß. Rechnet man beispielsweise bei einer Darlehnsdauer von 58 Jahren und ½ % Tilgungsquote und einem Zinsfuß von 3¾ % die Nebenleistungen mit durchschnittlich 1,91 %, so ergibt dies einen effektiven Zinsfuß von 3,831 % unter Berechnung von Zinseszinsen und Verteilung auf die ganze Darlehnsdauer.

[3]) Der Gewinn aus der Zinsendifferenz beträgt 99$^{1}/_{10}$ % des Bruttogewinnes.

[4]) Der Auszahlungsbetrag ist (1,26 Mill. Dividende, 137 647,06 ℳ Tantiemen, Gratifikationen usw.) 1,397 Mill. Mark, der Rest im Betrage von 635 289,86 ℳ wächst dem eigenen Kapital zu. Der Bilanzwert der Aktie vor der Auszahlung der Gewinnanteile ist 143,98 %, die Auszahlungsbeträge machen vom Aktienkapital 7,76 %, so daß ein Bilanzwert nach der Verteilung verbleibt mit 136,22 %.

1905

3. Anteil des Jahres 1905 (auf Gewinn- und Verlustkonto übertragen) ..	70 172,46	1. Aus der Bilanz 1904 vorgetragen	502 113,28
4. Mindererlös (Disagio) bei der erstmaligen Begebung von Pfandbr. unter Nennwert.............	103 093,60	2. Erlös bei der erstmalg. Begebung von Pfandbriefen zu einem Kurs über 101%	494 267,55
5. Agio-Verlust d. Rückkauf über Nennwert...	29 930,90		
	203 196,96		
Agio-Rückstellung f. 1905 (Bilanz, Passiva)	793 183,87		
	996 380,83		996 380,83

II. Disagio-Rückstellung aus zurückgekauften eigenen Pfandbriefen

3. Bilanz 1904: Rückstellung	914 600,92	1. Vortrag aus 1903....	779 459,77
		2. Zuweisung für 1904..	135 141,15
			914 600,92
Bilanz 1905: Rückstellung	1 046 628,92	Vortrag aus 1904	914 600,92
		Zuweisung für 1905 ...	132 028, –
			1 046 628,92

III. Bilanzen 1904 und 1905.

Passiva 1904:	Agio............	502 113,28	
	Disagio	914 600,92	
Passiva 1905:	Agio............	793 183,87	
	Disagio	1 046 628,92	
Gewinne: 1904:	Kursgewinn	185 330,20	
	÷ Rückstellung..	183 927,40	1 402,80
	Jahresanteil an Agio-Rückstellung		47 854,30
	1905: Kursgewinn ...	355 342,38	
	+ Jahresanteil an der Rückstellung......	70 172,46	
		425 514,84	
	÷ Rückstellung......	361 243,05	64 271,79

Die Verbuchung bzw. Verrechnung von Agio und Disagio der Pfandbriefe zeigen die vorstehenden Beispiele, die älteren Geschäftsberichten einer Berliner Hypothekenbank entnommen sind.

30. Abschnitt.

Genossenschaftsbilanzen.

Genossenschaften sind Gesellschaften mit schwankender Mitgliederzahl und schwankendem Mitgliedervermögen.

a) Das Mitgliedervermögen richtet sich nach der Zahl der Mitglieder, es wechselt nach Eintritt und Austritt von Genossen. Es wird gebildet aus dem Geschäftsguthaben [1]) der Mitglieder, d. h. den Forderungen, die durch obligatorische oder freiwillige Einzahlungen auf die Geschäftsanteile und durch Zuschreibung von Gewinnanteilen entstehen. Das „Konto der Mitgliederguthaben" umfaßt somit die Einzahlungen und die Dividendengutschrift. Die Geschäftsanteile geben die Höhe des Betrages an, bis zu welchem die einzelnen Mitglieder mit Einlagen sich beteiligen können (Nominalbetrag). Sie können sofort oder allmählich eingezahlt werden. Die rückständigen Einzahlungen der Mitglieder können in der Bilanz vom Gesamtbetrag der Geschäftsanteile, dem „Soll"-Vermögen der Mitglieder abgezogen werden; oder in einer Vorspalte der Bilanz werden die eingezahlten von den rückständigen Beträgen getrennt und dann summiert. Endlich kann man den Nominalbetrag der Geschäftsanteile auf der Passivseite, die rückständigen Einzahlungen auf der Aktivseite verrechnen. Viele Genossenschaften trennen die Geschäftsguthaben der ausscheidenden Mitglieder von denen der verbleibenden Mitglieder.

b) Der zweite Teil der eigenen Mittel ist das Genossenschaftsvermögen, das eigentliche Stammgut der Genossenschaft [Reserven]. Der gesetzliche Reservefonds bleibt Genossenschaftsvermögen, abgesehen von seiner Verminderung durch Verlust, bis zur Auflösung der Genossenschaft. Die ausscheidenden Mitglieder haben keinen Anteil. Bei freiwilligen Reserven kann das Statut die Anteilsberechtigung der ausscheidenden Genossen vorsehen. Die Reserven werden gebildet aus Eintritts- und Strafgeldern der Mitglieder und Zuschreibungen vom Gewinn.

Geschäftsanteil und Haftsumme können ihrer Höhe nach beliebig von der Genossenschaft festgesetzt werden — es kamen Geschäftsanteile von 10 ₰ vor —, doch darf die Haftsumme nicht niedriger sein als der Geschäftsanteil des Mitgliedes. Die Haftpflicht (und Nachschußpflicht) der Genossen tritt in der Bilanz nicht in Erscheinung (vgl. jedoch

[1]) Vgl. Hildebrand, Die Geschäftsguthaben und ihre Behandlung in der Buchführung und in der Bilanz der eingetragenen Genossenschaften. (Landwirtsch. Genossenschaftsblatt 1914, Nr. 5/7.) Derselbe, Finanzierung der Genossenschaften, Berlin 1921.

§ 139 Gen.-G.)[1]), ist aber bei der Gegenüberstellung der eigenen Mittel und der fremden Gelder mit zu berücksichtigen. Wenn die Haftsumme angegeben wird, müßte man die Qualität der Mitglieder kennen, um ein richtiges Bild von ihrer Bedeutung im Einzelfall zu erhalten. Manche Haftpflichtsumme — sie ging bei einzelnen Genossenschaften für die einzelnen Mitglieder über 1 Mill. Mark hinaus! — dürfte nur „papierenen" Wert haben.

Die persönliche Haftpflicht der Mitglieder bildet neben den Geschäftsguthaben die Kreditbasis der Genossenschaft, weshalb sie häufig recht hoch bemessen wird, ohne Rücksicht darauf, ob die Mitglieder der Genossenschaft gegebenenfalls auch imstande sind, ihre Verpflichtungen zu erfüllen. Nominell bleibt die Haftsumme auch beim Wechsel in der Mitgliedschaft die gleiche, ihre Qualität muß sich naturgemäß erheblich ändern.

Das Statut bestimmt über die Grundsätze für die Aufstellung und die Prüfung der Bilanz[2]) sowie über die Bildung eines Reservefonds (obligatorisch) zur Deckung eines Bilanzverlustes, über die Art seiner Bildung, insbesondere über den Anteil des jährlichen Reingewinns an der Reservebildung.

Die Bewertungsregeln nach § 261, 1—3 HGB. gelten außer den allgemeinen Vorschriften der §§ 39/40 HGB. auch für die Erwerbsgenossenschaften[3]), ihre Anwendung soll statutarisch vorgesehen sein.

Die Genossenschaften müssen eine Eröffnungsbilanz aufstellen, die von der Generalversammlung genehmigte Jahresbilanz veröffentlichen und der Generalversammlung eine den Gewinn und Verlust des Jahres zusammenstellende Berechnung (Jahresrechnung) vorlegen. Die „Jahresrechnung" entspricht der Gewinn- und Verlustrechnung der doppelten Buchführung, wo diese geführt wird; sonst ist es eine (indirekte) Erfolgsberechnung auf Grund kaufmännischer Bücher. Der „Allgemeine Verband" hatte es sich angelegen sein lassen, trotz der Schwierigkeiten, die sich der Aufstellung einfacher, übersichtlicher, für alle Genossenschaften der gleichen Gruppe passenden Bilanzschemata entgegenstellen,

---

[1]) Gesetz, betr. die Erwerbs- und Wirtschaftsgenossenschaften, in der Fassung vom 20. Mai 1898.

[2]) Außer der Eröffnungsbilanz und der jährlichen Schlußbilanz nach § 39 HGB. (§ 33 Gen.-Ges.) kommen noch folgende außerordentliche Bilanzen in Frage: die Liquidations-Eröffnungs- und die Liquidations-Jahresbilanz § 89, die Zwischenbilanz nach §§ 99, 140, die Konkursbilanz nach § 106 Gen.-Ges. bzw. § 124 K.-O.

[3]) R. G. in Strafsachen vom 2. März 1905. Bd. 38, S. 1 ff., Bd. 43, S. 123. Sondervorschriften für die Bewertung fehlen im Genossenschaftsgesetz.

solche Musterbilanzen nach eingehender Beratung mit Männern der Praxis aufzustellen [1]).

Der nach den aktienrechtlichen Grundsätzen ermittelte und bei der Genehmigung der Bilanz sich ergebende Gewinn wird unter die Mitglieder verteilt und den einzelnen Genossen auf ihr Geschäftsguthaben so lange zugeschrieben, bis das Guthaben den statutenmäßig bestimmten Geschäftsanteil erreicht hat. Von da an wird der Gewinnanteil bar ausgezahlt, es sei denn, daß die Satzungen die Barzahlung schon vor Erreichung des Geschäftsanteils festsetzen. Auch kann statutarisch die Verteilung des Gewinns an die Mitglieder ausgeschlossen werden. Ebenso wird der Verlust, soweit der gesetzliche Reservefonds zur Deckung nicht ausreicht, unter die Genossen im Verhältnis ihrer Geschäftsguthaben oder nach einem anderen Maßstabe verteilt und vom Geschäftsguthaben abgeschrieben. Ein Passivsaldo eines Mitgliedes ist unzulässig, weil eine Abschreibung des Verlustanteils über den Betrag des Geschäftsguthabens hinaus nicht statthaft ist. Der nicht gedeckte bzw. nicht abgeschriebene Verlust bleibt unverteilt und wird in die nächste Bilanz vorgetragen. Gewinnverteilungs-Maßstäbe sind: das Geschäftsguthaben für die Kapitaldividende; die von den Mitgliedern gezahlten Zinsen und Provisionen; die Lagergelder und Verkaufsprozente (Magazingenossenschaft); der Warenbezug (Konsumvereine); die Miete (Bau-Gen.) usw.

Der Geschäftsbetrieb der Genossenschaft ist insofern in gewisser Beziehung beschränkt, als die Generalversammlung einmal die Grenzen für den aktiven und passiven Kredit der Genossenschaft festzustellen hat, d. h. sie muß den Höchstbetrag des einem einzelnen Kunden bzw. Genossen zu gewährenden Waren- oder Geldkredits feststellen, wegen des richtigen Verhältnisses zwischen fremdem Kapital und dem eigenen Vermögen und wegen der Beschränkung des Verlustes, der aus dem Vermögensverfall eines einzelnen Schuldners erwachsen kann (§ 49 Gen.-G.). Dann hat die Generalversammlung den Gesamtbetrag der Anleihen der Genossenschaft und der Spareinlagen (einschließlich laufender Rechnung und der Scheckguthaben) bei ihr festzusetzen, der nicht überschritten werden soll. Diese Beschränkung bezieht sich nicht auf Warenschulden. Die Giroverbindlichkeiten aus weiterdiskontierten Wechseln als Mittel der regelmäßigen Beschaffung von Betriebskapitalien werden bei der Festsetzung des Gesamtbetrages einzurechnen sein.

Die Auseinandersetzung des ausgeschiedenen Mitgliedes der Genossenschaft bestimmt sich nach der Vermögenslage und dem Bestand der Mitglieder zur Zeit seines Ausscheidens und erfolgt auf Grund der

[1]) Über die Revision der Bilanzen vgl. neben dem Genossenschaftsgesetz auch „Mitteilungen über den 47. Genossenschaftstag“ (Kassel) Berlin 1906. S. 299—330.

Monatsabschluß für

Umsatzbilanz	Debet		Kredit	
Geschäftsguthaben	279	54	970 159	09
Dividende	—	—	432	—
Administrationskosten der Genossen	1 483	30	110	10
Wechsel	6 494 493	11	428 694	70
Zinsen	652	68	35 936	50
Depositen	524 361	67	5 751 599	43
Administrationskosten der Bank	5 009	02	105	68
Banken-Konto	72 182	75	169 843	38
Girokonto bei der Reichsbank	307 429	96	306 429	96
Kontokorrent	377 706	10	597	60
Grundstücke	3 450	—	—	—
Mobilien	5 105	—	—	—
Reservefonds	—	—	114 318	—
Spezialreserve	—	—	53 211	18
Dubiose	—	—	36 858	18
Pensionsfonds	250	—	6 250	—
Bankgebäude	80 263	94		
	120	16	—	—
Effekten	71 059	—	—	—
Postscheckkonto	14 562	89	8 147	39
Gewinn aus 1929 zur Disposition der Generalvers.			110 320	34
	7 958 409	12	7 993 013	53
Eingang	7 993 013	53		
Ausgang	7 958 409	12		
Barbestand	34 604	41		
	Verlust		Gewinn	
Zinsen	652	68	35 936	50
Administrationskosten der Bank	5 009	02	105	68
	5 661	70	36 042	18
Bruttogewinn	30 380	48		

ordentlichen Jahresbilanz. Der Ausscheidende erhält sein Geschäftsguthaben ausgezahlt. Reicht das Vermögen, einschließlich Reservefonds, zur Deckung der Schulden nicht aus, so hat der Ausscheidende vom Fehlbetrag den ihn treffenden Anteil an die Genossenschaft einzuzahlen.

Wir lassen das Beispiel für einen Monatsabschluß einer Kreditbank (e. G. m. b. H.) folgen. Die Generalversammlung hat noch nicht getagt, deshalb zeigt die Bilanz in dem ersten Monat des neuen Geschäftsjahres den Gewinn des alten, zweckmäßig auf Gewinn-Vortrags-Konto verbucht, und des neuen Geschäftsjahres getrennt.

Diese Genossenschaft ist im wesentlichen Depositenbank, die die Depositengelder zu Wechsel-Diskontierungen der Genossen benutzt. Die eigenen Mittel sind erheblich (1 180 167 ℳ), die Liquidität angemessen, den 31. Januar 1930.

Bilanz	Aktiva		Passiva	
Geschäftsguthaben	—	—	969 879	55
Dividende	— —	—	432	—
Administrationskosten der Genossen	1 373	20	—	—
Wechsel	6 065 798	41	—	—
Depositen	—	—	5 227 237	76
Banken	—	—	97 660	63
Girokonto bei der Reichsbank	1 000	—	—	—
Kontokorrent	377 108	50	—	—
Immobilien	3 450	—	—	—
Mobilien	5 105	—	—	—
Reservefonds	—	—	114 318	—
Spezialreserve	—	—	53 211	18
Dubiose	—	—	36 858	18
Pensionsfonds	—	—	6 000	—
Bankgebäude	80 263 120	94 16	—	—
Effekten	71 059	—	—	—
Postscheckkonto	6 415	50		
Gewinn aus 1929 zur Verfügung der Generalvers.	—	—	110 320	34
Barbestand	34 604	41	—	—
Bruttogewinn	—	—	30 380	48
	6 646 298	12	6 646 298	12

falls die Depositengelder entsprechende Kündigungsfrist haben. Die Mittel zur Auszahlung des Gewinns sind bereit.

Kreditgenossenschaften.

Auf die prinzipielle Gegnerschaft zwischen den Raiffeisenschen Darlehnskassenvereinen und den Schulze-Delitzschschen Genossenschaften ist hier nur insoweit einzugehen, als ihre Unterschiede in den Bilanzen zahlenmäßig Ausdruck finden müssen. a) Die Raiffeisenschen Kassen vermengen geschäftspolitische mit ethischen und religiösen Momenten, verzichten grundsätzlich auf Bildung großen eigenen Vermögens, schließen die Gewinnverteilung aus, da die Mitglieder minimale Geschäftsanteile haben, und legen größeren Wert auf die Bildung von Reserven und Stiftungsvermögen (unverteilbare Kapitalien). Eine bedeutende Rolle spielen die Guthaben bei Banken und Vereinen, insbesondere bei Zentral-Kreditkassen (Verbandskassen), denen sie die verfügbaren Kassenbestände überlassen, und bei denen sie auch einen bestimmten Kredit genießen, den man, soweit er noch frei verfügbar ist, zu den liquiden Mitteln der Genossenschaft zählen muß. Die Zentralkassen ihrerseits finden Anschluß an Kreditinstitute höherer Ordnung, wie die Preußische Zentral-Genossenschaftskasse in Berlin. Die Gelder werden von der Genossenschaft auf längere Fristen, bis 10 Jahre, ausgeliehen. Die Darlehnskassen kennen fast keinen Wechselverkehr; die Lombarddarlehen treten zurück; naturgemäß haben hingegen die Hypothekendarlehen große Bedeutung. b) Die Schulze-Delitzschschen Genossenschaften befolgen mehr bankmäßige Grundsätze, sind Volksbanken, denen die Selbstsorge wegen der Liquidität ihrer Mittel auferlegt ist, weshalb die Hypothekendarlehen möglichst beschränkt werden sollen. Sie legen großen Wert auf die Bildung eigenen Vermögens, pflegen besonders den Wechselkreditverkehr durch Diskontierung der Geschäftswechsel ihrer Genossen, die Vorschußgewährung gegen Bürgschaft, Schuldscheine und Wechselunterschrift (Vorschußwechsel als Sicherheit, nicht rediskontierbar), gewähren Baugeldkredit und betreiben auch die übrigen Bankgeschäfte, wie die Beleihung von Wertpapieren, den Kontokorrent-Verkehr, das Effekten-Kommissionsgeschäft, die Effektenverwaltung und den Zahlungsverkehr (Scheckverkehr, Scheckvereinigung, Giroverband). Die Genossenschaften dieser Gruppe finden den Anschluß an den Geldmarkt durch Verbindung mit den Banken (Genossenschaftsabteilung der Dresdner Bank und andere Großbanken) [1]).

Ein Bilanzbeispiel nach dem älteren Schema wurde im 3. Abschnitt gezeigt. Seit August 1928 wird für statistische Zwecke das nachfolgende Schema verwendet. Die Rechnungsabschlüsse sind etwas anders gruppiert.

A Vermögen

1 Kasse, fremde Geldsorten und Zinsscheine, sowie Guthaben bei Noten- und Abrechnungsbanken und Postschekkonto ....
2 Guthaben bei den genossenschaftlichen Zentralkreditinstituten (Dresdner Bank, Preußenkasse und Zentralkassen) ....
3 Guthaben bei sonstigen Banken, Sparkassen, Kreditgenossenschaften usw.
4 Eigene Wertpapiere ....
5 Wechsel (einschl. Einzugswechsel, jedoch ohne weiterbegebene Wechsel) .
6 Vorschüsse gegen Wertpapiere ....
7 Vorschüsse gegen Waren ....
8 Vorschüsse gegen Schuldscheine, Bürgschaften usw. ....
9 Vorschüsse in laufender Rechnung ..,....................
10 Festbefristete Hypothekenforderungen und Güterzieler, ...
davon Aufwertungshypotheken: RM. ....
11 Dauernde Beteiligungen ....
12 Grundstücke und Einrichtungen ....
13 Sonstiges Vermögen (einschl. Unkosten und Verlust) ....
Summe des Vermögens:

---

[1]) Materialien zur Frage des Depositenwesens. Berlin 1910. S. 211 ff. Ehlers, Kreditgenossenschaftliche Probleme. Thünens Archiv 1906. Crüger, Vorschuß- und Kreditvereine als Volksbanken. 8. Aufl. Berlin 1915.

B Schulden

14 Geschäftsguthaben der Mitglieder ....
15 Rücklagen ....
16 Schulden bei den genossenschaftlichen Zentralkreditinstituten (Dresdner Bank, Preußenkasse und Zentralkassen) ....
17 Schulden bei sonstigen Banken ....
18 Spareinlagen [1]), Depositen und Anlehen ....
19 Davon täglich fällig .... RM ....
20 Davon innerhalb 3 Monaten fällig .... RM ....
21 Davon nach 3 Monaten fällig .... RM ....
22 Scheck- und Kontokorrenteinlagen ....
23 Sonstige Kreditoren (Akzepte, aufgenommene Sonderkredite usw.) ......
24 Sonstige Schulden (einschl. Hypothekenschulden und Gewinn)..........
25 Summe der Schulden:

C Auf jeder Seite der Bilanz

26 Avale und Bürgschaftsverpflichtungen ....
27 Giroverbindlichkeiten ....
28 Verpflichtungen aus Effekten-Termingeschäften ....

Die Preußische Zentralgenossenschaftskasse [2]) als Zentralkreditinstitut der ländlichen Genossenschaften bietet in ihrem Geschäftsbericht und in ihrer Bilanz 1927 und 1928 bemerkenswerte Einzelangaben. Forderungen und Verpflichtungen, auch die Wechselkredite, werden nach Gruppen der Kreditnehmer und der Kreditgeber gegliedert. Über das Verhältnis der Krediteinräumung und der Kreditbeanspruchung (zum Teil Überziehungen) gibt die folgende Zusammenstellung eine gute Übersicht:

(In Mill. RM.)

	Ende 1927		Ende 1928	
	Einräumung	Inanspruchnahme	Einräumung	Inanspruchnahme
Ländl. Genossensch.	709.—	840.7	754.4	674.5
Gewerbl. „	74	68.5	74.1	56.9
Konsum- „	21.6	1,7	21.6	1.3
Öffentl. rechtl. Anstalten u. Sparkassen	50.9	17.7	34.2	13.6
Sonstige Kunden	15.5	12.9	20.—	19.2
	871.—	941.5	904.3	765.5

Die Gegenüberstellung zeigt die Verteilung der Kredite auf die einzelnen Gruppen von Kreditnehmern, wobei die schlechte wirtschaftliche

[1]) hierunter .... RM. aufgewertete Spareinlagen.
[2]) Vgl. Frankfurter Ztg. Nr. 805 von 1928.

Aktiva. Bilanz zum 31. Dezember 1928.

			RM		RM	
Noch nicht eingezahlte Stammeinlagen						
vom Staat			100 000 000	—		
von Verbandskassen			19 140 000	—	119 140 000	—
Dienstgebäude					2 000 000	—
Einrichtung					1	—
Beteiligungen			20 517 720	50		
Noch zu leistende Einzahlungen			1 263 037	50	19 254 683	—
Forderungen						
Ländliche Verbandskassen u. ä.		676 767 686,92				
davon Wechselforderungen		414 124 216,52	262 643 470	40		
Bürgschaftsforderungen	1 636 701,40					
Gewerbliche Verbandskassen u. ä.		55 308 092,38				
davon Wechselforderungen		46 247 200,86	9 060 891	52		
Bürgschaftsforderungen	87 000,—					
Konsumgenossenschaften u. ä.		542 476,36				
davon Wechselforderungen		542 476,36	—	—		
Öffentlich-rechtliche Anstalten u. ä.		13 642 838,43				
davon Wechselforderungen		1 481 667,04	12 161 171	39		
Treuhandforderungen	8 468 796,60					
Sonstige Kunden		14 166 505,79				
davon Wechselforderungen		994 184,18	13 172 321	61		
Bürgschaftsforderungen	506 788,—					
Rembourskredite			7 351 717	13		
Reports (hauptsächlich Verbandskassen)			1 136 285	—	305 525 857	05
Wechsel						
Bestandswechsel			310 125 728	95		
abzüglich Antizipando-Zinsen			3 449 040	42		
			306 676 688	53		
Weitergegebene Wechsel			153 264 016	01	459 940 704	54
Eigene Wertpapiere					1 181 914	85
Flüssige Mittel						
Kassenbestand, Guthaben bei Noten- und Abrechnungsbanken			401 963	41		
Fällige Zinsscheine und Sorten			429 592	55		
Guthaben bei Banken und Bankiers einschl. Einziehungspapiere			7 618 282	39	8 449 838	35
Schwebende Abrechnungen					1 528 469	19
					917 021 467	98

				RM		RM	
Grundkapital							
Stammeinlage des Staates				175 000 000	—		
Stammeinlage von Verbandskassen				35 160 000	—	210 160 000	—
Ordentliche Rücklage						9 500 000	—
Besondere Rückstellung						22 805 223	99
Ruhegehaltsrückstellung						8 735 770	22
Verpflichtungen							
aufgenommene Bank- und öffentliche Gelder							
Lombarddarlehen von der Reichsbank			100 014 370,34				
Guthaben von Reichs- und Staatskassen			17 672 230,10				
Guthaben der Deutschen Rentenbank-Kreditanstalt							
Allgemeiner Kredit		124 188 596,63					
Abzahlungskredit		57 406 402,—					
Sonderkredite		12 487 585,60	194 082 584,23				
Wechselkredite							
von der Reichsbank		131 018 995,46					
von anderen Stellen		22 245 020,55	153 264 016,01				
Guthaben von Banken und Bankiers			11 401 071,16				
Rembourskredite			7 351 717,13	483 785 988	97		
Treuhandverpflichtungen	8 468 796,60						
Bürgschaftsverpflichtungen	2 230 489,40						
Kundenguthaben und Einlagen							
Gegen Kündigung							
Ländliche Verbandskassen u. ä.		1 366 972,22					
Gewerbliche Verbandskassen u. ä.		1 101 066,67					
Konsumgenossenschaften u. ä.		15 000 000,—					
Öffentl.-rechtliche Anstalten u. ä.		80 883 238,13					
Sonstiges		57 003 087,71	155 354 364,73				
Täglich fällige							
Ländliche Verbandskassen u. ä.		2 111 932,71					
Gewerbliche Verbandskassen u. ä.		2 340 942,60					
Konsumgenossenschaften u. ä.		1 944 725,45					
Öffentl.-rechtliche Anstalten u. ä.		7 338 702,12					
Sonstiges		11 396 597,07	25 132 899,95	180 487 264	68	664 273 253	65
Schwebende Abrechnungen						1 190 705	59
Überschuß						356 514	53
						917 021 467	98

Lage der Landwirtschaft und der günstige Stand der Konsumgenossenschaften besonders auffallen.

Die Art der Kreditbeanspruchung — Darlehn, Wechseldiskont, Reportgeld — ist der Bilanz zu entnehmen. Die Gesamtsumme des Wechselbestandes enthält auch die weitergegebenen Wechsel, deren Summe auf der Passivseite erscheint (Wechselkredite bei der Reichsbank). Die Eventualverbindlichkeiten sind gut gegliedert und auf die Kreditnehmer verteilt. Die hingegebenen Kredite von 941.5 Millionen waren am Jahresschluß 1927 wie folgt finanziert: aus eigenem Kapital (Grundkapital und Reserven abzüglich der fehlenden Einzahlung) 8 %, durch Einlagen 7 %, durch Rediskontierung 42 %, durch Darlehnsaufnahme 43 %. Für 1928 sind die entsprechenden Zahlen 17,8 %, 19 %, 20 %, 43,2 %; die Verschiebungen sind auf die Stärkung des Eigenkapitals und die Einlagen zurückzuführen.

Vom Reingewinn (Zinsen- und Diskontgewinn aus dem Kreditverkehr 86 %, sonstige Einnahmen 14 %; für 1928: 89,1 % und 10,9 %) werden 52.4 % bezw. 60 % für Geschäftsunkosten und Abschreibungen verbraucht, für Rückstellungen 45 % bezw. 39,3 % verwendet. Der Überschuß laut Bilanz blieb unverteilt.

31. Abschnitt.

Bilanzen von Verkehrsunternehmungen.

Schiffahrtsbilanzen.

Auf Schiffahrtsbilanzen wurde an verschiedenen Stellen dieses Buches bereits hingewiesen (vgl. Sachregister). Charakteristische Bilanzposten sind: 1. Das Schiffskonto mit seinem Buchwert und der Tonnage in Bruttoregistertonnen (im Geschäftsbericht). Die Bruttotonnage ist eine brauchbare Beziehungszahl: Umrechnung des Buchwertes auf eine Tonne [1]), Aktienkapital und langfristige Schulden je Tonne [1]). Beide Vergleichswerte veranschaulichen die Abschreibungs- und Expansionspolitik und geben Anhaltspunkte für die Schätzung des Finanzbedarfes bei Erweiterung des Schiffsparks. Die Umrechnung der Betriebsüberschüsse (aus dem Frachten- und Personenverkehr, etwaige Zuschüsse des Reiches) und der Kosten auf die Tonne geben Betriebskennziffern für die Rentabilität und

[1]) In der Goldmarkeröffnungsbilanz:

	Buchwert/t	Aktienkap./t
Hamburg-Süd	182	135
Hapag	163	127
Lloyd	203	102
Hansa	115	84

die Wirtschaftlichkeit. Das Aktienkapital je Tonne ist der aus dem Nutzen der Unternehmung zu verzinsende Kapitalteil.

2. Anzahlungen auf Neubauten, die gesondert aufgeführt werden sollen, häufig aber bereits im Schiffskonto mit enthalten sind. Sie haben die gleiche Bedeutung für die finanzielle Beurteilung wie die Anzahlungen der Industriebetriebe.

3. Charakteristisch für die Undurchsichtigkeit der Schiffahrtsbilanzen sind die „Schuldner und Übergangsposten", auf der Passivseite „innere Abrechnungsposten". Der letzte Posten enthält meist Vorauszahlungen, Einnahmen für schwebende Reisen, mitunter auch stille Kapitalreserven.

4. Beteiligungen und Verpflichtungen an befreundete Gesellschaften stehen im Zusammenhang mit der Konzernbildung.

Das Erträgnis wird beeinflußt: durch die Gestaltung des Einfuhr- und Ausfuhrhandels, die Einwandererpolitik insbesondere Nord- und Südamerikas, durch internationale Vereinbarungen hinsichtlich der Schiffsraten, die Größe der verfügbaren Welttonnage, endlich die Wettbewerbsfähigkeit deutscher Reedereien im Kampfe um die Menschen- und Güterfracht. Für die Ertragsanalyse kommen in Betracht: Umrechnung des Überschusses, des Reingewinnes und der Kosten auf die Tonne; Umrechnung der Unkosten, des Rohgewinnes und des Jahresreingewinnes auf 100.— M. Aktienkapital.

Wir lassen ein Schema der typischen Bilanzposten einer Schiffahrtsunternehmung folgen (Nordd. Lloyd).

Vermögensseite	Kapitalseite
Dampfer: Seedampfer; Leichter, andere Fahrzeuge.	Grundpapital Gesetzlicher Reservefonds Erneuerungsfonds. Versicherungsfonds. } eigenes Kapital
Grundbesitz, Gebäude, Inventar, Anlagen.	Anleiheaufwertung.
Kassenbestand, Bankguthaben.	Langfristige Kredite.
Wertpapiere: Aktien fremder Schiffahrtsgesellschaften, Beteiligungen an anderen Unternehmungen.	Gläubiger.
Lagerbestände an Proviant, Kohle u.a. „ der Werkstätten.	Noch zu zahlende Kosten auf in Dienst gestellte Schiffe.
Anzahlungen auf Neubauten.	Innere Abrechnungskonten (vorausbezahlte Passagen, schwebende Reisen, Rückstellung für Steuern und Abgaben).
Schuldner u. Übergangsposten.	

Reichsbahn.

Wegen ihrer Besonderheit mögen hier noch einige Bilanzposten aus der Reichsbahnbilanz für 1927 herausgegriffen werden. Wir stellen sie zunächst zusammen:

Aktiva	(in Mill. RM.)	Passiva	
Betriebsrecht am Bahnvermögen	24 463	Stammaktien	13 000
Betriebsrecht am Anlagezuwachs	995	Reichsvorzugsaktien	500
		Eigene begebene Vorzugsaktien	381
		Reparationsobligationen (Ausgaben 1927: 590,5)	11 000
		Gesetzl. Ausgleichsrücklage	305
		Betriebsrücklage	756
		Rückstellung für Betriebsrechtabschreibung	340

Die „Betriebsrechnung" über Einnahmen (aus Personen- und Güterverkehr, sonstige Einnahmen) und Ausgaben (persönliche, sachliche Ausgaben für Erweiterung und Anlagenzuwachs) wird durch eine Gewinn- und Verlustrechnung ergänzt (Betriebsüberschüsse; der Betriebskoeffizient war 1927 = 82,53%), die im wesentlichen über die Verwendung des Betriebsüberschusses zuzüglich des Gewinnvortrages Aufschluß gibt (Reparations- und Zinsendienst, Rückstellung für die gesetzliche Ausgleichsrücklage und für Betriebsrechtabschreibung). Die Reichsbahn ist Treuhänderin des Reichsbahnvermögens, ihre Konzession läuft bis 1964, die Gegenleistung an das Reich besteht in der Verzinsung und Tilgung der Reparationsobligationen.

Das „Betriebsrecht" am Bahnvermögen betrug ursprünglich 24,5 Milliarden RM. und bildet einen bilanzmäßigen Ausgleichsposten für die von der Reichsbahn übernommenen Verpflichtungen. Das Stammaktienkapital verkörpert keinen Kapitalanspruch des Reiches, die Obligationen sind innerhalb der Konzessionsdauer zu tilgen. Von dem Betriebsrecht sind 500 Mill. RM. allmählich abzuschreiben, der Anlagezuwachs wird Eigentum des Reiches, die Nutzungsdauer für die Reichsbahn ist durch die Konzessionsdauer beschränkt, nach deren Ablauf das Betriebsvermögen lastenfrei zurückzugeben ist. Abschreibungspflichtig ist das Betriebsrecht in Höhe bis 500 Millionen RM. zuzüglich Anlagezuwachs (995 Mill. RM., zusammen für 1927 = 1495 Mill. RM.). Zurückgestellt sind 340 Mill. = 22,6% der abschreibungspflichtigen Summe. Der Anlagezuwachs wird aus den Betriebseinnahmen zuzüglich Gewinnvortrag finanziert, nicht aus Anleihen; das Bankguthaben betrug Ende 1927 = 374 Mill., der Wertpapierbestand 172 Mill.; die Wertpapiere werden als „Vermögensanlage durch Ansammlung der gesetzlichen Ausgleichsrücklage" aufgeführt, sind Deckung für eine bestimmte Reserve. Das Betriebsrecht vermindert sich automatisch in Höhe der Tilgung der Reparationsanleihe, 1964 muß dieses Recht bis auf 13,5 Milliarden (Stammaktien und Reichsvorzugsaktien) abgeschrieben sein. Das Reichsbahngericht hat in seiner Entscheidung vom August 1928 die Abschreibung des ganzen Betriebsrechts anerkannt, unserer Meinung nach mit Unrecht.

diese Forderung ist nach den allgemeinen Grundsätzen zu bewerten (§ 40 HGB.). Die Einstellung der Versicherungspflicht nach Abzug des Anteiles der Rückversicherer ist zwar für deutsche Unternehmungen behördlich vorgeschrieben, aber sachlich unrichtig. Diese Aufrechnung von Forderungen und Verpflichtungen widerspricht den Grundsätzen ordnungsmäßiger Bilanzierung.

Die Anlegung der Prämieneinnahmen ist im Interesse der Versicherten zum Teil durch behördliche Vorschriften gebunden (§§ 59 und 60 des Privatversicherungsgesetzes vom 19. Juli 1923; Rundschreiben des Reichsaufsichtsamtes vom 25. Mai 1925)[1]. Der Bestand an Wertpapieren ist im Geschäftsbericht zu erläutern, die Forderungen sind wie folgt zu gliedern: rückständige Prämien bei Versicherten; Außenstände bei Agenturen; Guthaben bei Banken und Kreditanstalten; Guthaben bei anderen Versicherungsunternehmungen; sonstige Forderungen. Die Bewertungsregeln des § 261 [1,2] HGB. sind durch Sondervorschriften ersetzt. Für Vermögensteile mit einem Börsenpreis gilt dieser als Höchstwert. Ist der Börsenpreis höher als der Durchschnittspreis der letzten 6 Kalendermonate, dann gilt dieser Durchschnittspreis oder der Anschaffungspreis, wenn er den Börsenpreis nicht übersteigt. Für andere Vermögensgegenstände gilt der als zuverlässig zu bezeichnende wirkliche Verkehrswert bei vorsichtiger Schätzung als Höchstwert, d. h. ein Veräußerungswert, der aller Voraussicht nach hätte erzielt werden können. Es wird nicht immer leicht sein, diesem „Grundsatz der fiktiven Auflösung" gerecht zu werden.

Die Liquiditätsfrage hat für die Lebensversicherung geringere Bedeutung, die Prämieneinnahmen können zum Teil langfristig angelegt werden. In der Sachversicherung hingegen ist immerhin mit einem größeren und plötzlichen Geldbedarf für Schadensregulierungen zu rechnen.

Ein wichtiges Imponderabile der Ertragserzielung ist die Organisation des Außendienstes des Versicherungsgeschäftes, deren Ausgaben Aktiengesellschaften nach § 261 [4] HGB. nicht auf mehrere Jahre (durch Aktivierung) verteilen dürfen (bei Versicherungsvereinen auf Gegenseitigkeit ist diese Verteilung mit Zustimmung der Aufsichtsbehörde möglich); dadurch entsteht ein Mißverhältnis zwischen den erst in Zukunft sich auswirkenden Aufwendungen eines und dem Erlös dieses Jahres. Man könnte durch Auflösung stiller Reserven den Ausgleich schaffen.

Die Rechnungsabschlüsse der vom Reichsaufsichtsamt für Privatversicherung überwachten Versicherungsunternehmungen sind nach Art und Inhalt durch Vorschriften (vom 2. Juni 1927) für die Lebens-, die Sach-, die Haftpflicht- und Unfallversicherung vereinheitlicht.

---

[1]) Vgl. Lengyel, Die Bilanzen der Versicherungsunternehmungen, 2. Aufl. Berlin 1927.

Wir lassen die Bilanz der Allianz und Stuttgarter-Verein-Versicherungs-A.-G. für Ende 1927 folgen (betreibt alle Versicherungszweige mit Ausschluß der Lebensversicherung; in Mill. RM.).

Passiva

I. Eigene Mittel:		
Aktienkapital	60.—	
·/. nicht eingezahlt	44.4	15.6
Reservefonds		8.535
Spezialreserve		1.
Sonstige Reserven und Rückstellungen		6.373
		31.508
II. Verbindlichkeiten aus dem Versicherungsgeschäft:		
Prämienreserve	5.405	
Prämienüberträge	44.676	
Schwebende Versicherungsfälle	28.653	78.734
III. Sonstige Verbindlichkeiten:		
Guthaben von Versicherungsgesellschaften aus der Rückversicherung und der Konzernfirmen	16.857	
Sonstige Passiva (Vorauszahlungen, Bewertungsposten usw.)	13.621	30.478
		140.720
Überschuß		3.361
		144.081

Aktiva

I. Grundbesitz	39.875	
·/. Abschreibungen	13.128	26.747
Hypotheken- und Grundschuldforderungen		12.253
Beteiligungen an anderen Versicherungsunternehmungen		8.5
„ an sonstigen Unternehmungen		4.374
Anlagewerte		51.874
II. Flüssige Mittel:		
Kasse	0.935	
Guthaben bei Banken und Postscheckämtern	15.420	
Wertpapierbestände	14.448	30.803
III. Forderungen:		
Darlehn auf Wertpapiere	—.—	
Schuldscheinforderungen gegen öffentl. Körperschaften	3.429	
Guthaben bei Versicherungsgesellschaften	37.131	
Guthaben bei Geschäftsstellen	20.325	60.885
IV. Rechnungsposten:		
Stückzinsen	0.515	
Vorauszahlungen	0.004	0.519
		144.081

33. Abschnitt.

Bilanz eines Warenhauskonzerns.

Leonhard Tietz, Cöln. 1927 (Mill. RM.).

Kapitalverwendung (Aktiva):

I. Anlagegüter:			
Grundstücke und Gebäude	35.—	Geschäfts-einrichtungen	
Anzahlung und Grundstücke	3.681		
Maschinen	3.450		
Beteiligungen und Effekten	4.490		
	46.621		= 49,5%
II. Flüssige Mittel: Bar-, Bankguthaben	9.041	Umsatz-güter	= 9,6%
III. Vorräte	30.710		= 32,6%
IV. Außenstände	7.114		= 7,6%
V. Aufwertungs-Ausgleichsposten	0.7		= 0,7%
	94.186		= 100,0%

Kapitalquellen (Passiva):

I. Eigenkapital:				
Stammaktien	29.500			
Vorzugsaktien	0,2	29.700		
Reservefonds	3.355			
Spezialreservefonds	0.5			
Personalfonds	0.65			
Gewinnvortrag aus 1926...........	0.183	4.688	34.388	= 36,5%
II. Anlageschulden:				
Hypotheken- und Grundschulden....	10.356			
Dollar-Anleihe	11.354	21.710		
Restkaufgeldaufwertung	0.7			
Restzahlung auf Grundstücke, Baugelder	2.601	3.301	25.011	= 26,6%
III. Umsatzschulden:				
Guthaben der Tochtergesellschaften ..	2.514 (Einzahlungsverpflichtungen)			
Warenschulden	9.907			
Bankschulden	14.955			
Verschiedene Schulden	2.716		30.092	= 32,0%
Rückständige Steuern	1.301			
Nicht eingelöste Dividende	0.013		1.314	= 1,4%
			90.805	= 96,5%
Reingewinn für 1927			3.381	= 3,5%
Bilanzsumme			94.186	= 100,0%

Bilanz mit Verhältniszahlen.

I. Anlagevermögen		49.5	Eigenes Kapital	36.5
Aufwertungsausgleich		0.7	Anlageschulden	26.6
II. Flüssige Mittel	9.6		Feste Kapitalien	63.1
Vorräte	32.6		Umsatzschulden	32.—
Außenstände	7.6	49.8	Rückständige Schulden	1.4
				96.5
			Reproduziertes Neukapital	3.5
		100.—		100.—

Die Geschäftseinrichtungen von 42 Mill. RM. sind mit 25 Mill. Anlageschulden belastet. Von den festen Kapitalien mit 63 Mill. sind für Anlagegüter 46,6 Mill. verbraucht. Vorräte und Außenstände mit 37,8 Mill. sind mit 24,8 Mill. Waren- und Bankschulden belastet. Die flüssigen Mittel sind verhältnismäßig gering, 9 Mill. gegen 31,4 Mill. M. Umsatzschulden.

Im Geschäftsbericht wird der Umsatz wie folgt gegliedert:

Detailbetriebe	127,75	
Groß- und Fabrikationsgeschäft	22,3	
Gesamtumsatz	150,05	Mill.

Auf 100 M. Umsatz kommen 2,025 M. Reingewinn, 26,55 M. Rohgewinn. Das Eigenkapital ist (150,05: 34,39) 4,4 mal umgesetzt worden. Die „Betriebszahl" ohne Steuern ist 76,5% (Rohgewinn 39,835 Mill. M., Unkosten 30,479 Mill., Steuern 4,351 Mill. M.). Der Umsatz ist mit 20,3% Kosten belastet. Vom Jahresreingewinn werden 86,9% ausgezahlt, der Rest zur Stärkung der eigenen Mittel verwendet.

34. Abschnitt.

Bilanzen gemeinwirtschaftlicher Betriebe.

Für gewerbliche Unternehmungen des Reichs, der Länder oder eines inländischen Kommunal-, Kreis- oder Provinzialverbandes gelten die allgemeinen Buchungsvorschriften. Die Anwendung der Vorschriften über die B. ist wegen des Zusammenhanges ihrer Rechnungsführung mit der allgemeinen Staats- und Gemeinderechnung häufig nicht möglich. Deshalb können nach § 42 HGB. die Wirtschaftsbetriebe der genannten juristischen Personen des öffentlichen Rechts die Rechnungsabschlüsse in einer von den Vorschriften der §§ 39—41 abweichenden Weise vornehmen; doch besteht auch für sie die Pflicht des Bücherführens.

Die Kameralistik[1]): Der Zweck einer Erwerbswirtschaft ist, das in der Unternehmung angelegte Kapital zu vermehren, einen Wirtschafts-

[1]) Werner, Kameralistische oder kaufm. Buchführung, namentlich für staatliche oder städtische werbende Betriebe. Leipzig 1915; dann: Etat-, Kassen-

erfolg in der Form der Zunahme des eigenen Kapitals, d. h. also Reingewinn zu erzielen, über den Kapitalverbrauch der Unternehmung hinaus Kapital zu reproduzieren.

Die Mindestleistung einer Aufwandswirtschaft besteht darin, für die Ausgaben Deckung zu beschaffen und etwaige Mehreinnahmen, die nicht mit Gewinn gleichbedeutend sind, zu erzielen. Die Grundlage ihrer Wirtschaftsführung bildet ein Etat, ein Voranschlag der Ausgaben, die voraussichtlich notwendig werden, und der Einnahmen, die voraussichtlich zur Befriedigung bzw. Deckung des Aufwandes zur Verfügung stehen werden. Der Voranschlag ist eine Wahrscheinlichkeitsberechnung des Aufwandes und seiner Deckung, die entweder einen Abgang an Deckungsmitteln oder einen Überschuß der Einnahmen aufzeigt. Nach Ablauf des Verwaltungs- oder Verrechnungsjahres zeigt sich aus der Zusammenstellung der wirklichen Einnahmen und Ausgaben, wie groß sie tatsächlich waren, und aus der Vergleichung zwischen Voranschlag und Verwaltungsergebnis, ob die auf Grund der rechnungsmäßigen Ergebnisse früherer Verwaltungsjahre veranschlagten und mit Berücksichtigung der wirtschaftlichen Entwicklung des Gemeinwesens geschätzten Einnahmen und Ausgaben größer oder kleiner waren als die wirklich erzielten. Eine ordentliche Verwaltungsbuchführung muß darstellen, wie sich die Mittel zur Deckung der Ausgaben zu dem Aufwand selbst stellen, wie Voranschlag und Wirklichkeit sich zueinander verhalten, und dabei die in der Organisation der Verwaltung von Gemeinwirtschaften liegende Trennung zwischen Verwaltung von Einnahmen und Ausgaben (Anordnung) und Vollziehung, d. i. die Kassenführung und die Buchführung der wirklichen Einnahmen und Ausgaben berücksichtigen.

Die Gesamtverrechnung trennt Geldrechnung und Sachenrechnung. Sie scheidet von vornherein nicht zwischen produktiven und unproduktiven Ausgaben, zwischen Gewinnen und Verlusten, zwischen Ausgaben für Anlagevermögen und Verlustausgaben. Abschreibungen sind ihr im allgemeinen fremd. Ihr charakteristisches Buch ist das Hauptbuch, das Einnahmen und Ausgaben, systematisch nach Materien geordnet, zusammenfaßt, die veranschlagten Einnahmen und die bewilligten (angeordneten) Ausgaben den tatsächlichen (vollzogenen) Einnahmen und Ausgaben gegenüberstellt, nach Einnahmequellen und Zweck der Ausgaben getrennt.

Die Funktion einer Einnahmerubrik des kameralistischen Hauptbuches ergibt sich aus folgendem Schema:

---

und Berechnungsvorschriften der Bergbauverwaltung. Berlin 1905 (Springer). Leitner, Verwaltung und kaufm. Buchführung in der Ztschr. f. Handelswissenschaft, 1918. Walb, Die Erfolgsrechnung privater u. öffentlicher Betriebe, Berlin 1926.

Soll	Tabakzolleinnahmen Ist
1. Voranschlag, Solleinnahmen	2. Wirkliche Einnahmen, Isteinnahmen

Der Unterschied beider Seiten gibt bei schwankenden Einnahmen eine Mehr- oder eine Mindereinnahme, einen Ausfall. Bei feststehenden Einnahmen können Einnahmereste, Rückstände, kaufmännisch ausgedrückt, Forderungen der Verwaltung an die Einnahmequellen entstehen.

Soll	Beispiel einer Ausgabenrubrik Ist
1. Veranschlagte, bewilligte, vorgeschriebene, angeordnete Ausgaben, Ausgabenkredit.	2. Tatsächliche Ausgaben, Istausgaben, Abstattung.

Der Unterschied beider Seiten ergibt je nach dem Charakter der Ausgabenrubrik eine Ausgabenüberschreitung, eine geringere Ausgabe als die veranschlagte oder einen noch unverbrauchten Ausgabenkredit, der in das nächste Jahr übertragen werden kann oder auch nicht. Wesentlich also ist für dieses Hauptbuch und für diese Konten die Trennung der Solleinnahmen und der Sollausgaben, die auf Grund des bewilligten Etat sofort in die betreffende Hauptrubrik eingetragen werden, von den Isteinnahmen und Istausgaben, die über das Kassabuch allmählich auf die Hauptbuchrubrik kommen.

In einzelnen Fällen findet man auch in der kaufmännischen Buchführung ein ähnliches Prinzip. Zum Beispiel: die Vorkalkulation schätzt die Sollkosten, die Nachkalkulation berechnet die Istkosten. Auf den Konten der Schulden steht rechts die Vormerkung der Schuld, links die Abstattung, die Tilgung, die Istausgabe. Das Einzahlungskonto der Aktionäre verrechnet links die Sollzahlung, rechts die Istzahlung. Die Gewinnauszahlungskonten bei Aktiengesellschaften (Dividenden-, Tantiemen-, Gratifikationskonto) zeigen rechts die bewilligte, die Sollausgabe, links die wirkliche Zahlung. Etwaige „Ausgabenreste" auf diesen Konten bilden eine Schuld der Unternehmung. Das Prinzip der Kameralistik läßt sich mit der doppelten Buchführung vereinigen. Diese besonderen Anwendungsformen der doppelten Buchführung sind bekannt unter dem Namen Logismographie (eingeführt 1876 in der italienischen Staatsverwaltung) und konstante Buchführung (eingeführt 1873 im Kanton Bern)[1].

Seit einigen Jahren wird die Einführung kaufmännischer, gewöhnlich doppelter Buchführung in den Wirtschaftsbetrieben des Staates und des

[1] Cerboni, Primi saggi dii logismografia, Florenz 1873; Hügli, Buchhaltungs-Systeme und Buchhaltungs-Formen. Bern 1887; ders., Die konstante Buchhaltung. Bern 1894.

Soll ℳ	₰	Einnahme	Hat ℳ	₰	Rest ℳ	₰
		A. Restverwaltung.				
466 191	65	Kassenbestand	466 191	65	—	—
355 652	51	Wechsel	355 652	51	—	—
212 460	67	Guthaben bei den Bankhäusern	212 460	67	—	—
106 657	36	Zins- und Rentenrückstände	104 603	56	2 053	80
9	30	Rückständiger Erlös aus Vereins-Obligationen	9	30	—	—
296	59	Saldo-Guthaben an Nebenkassen	296	59	—	—
100	37	Ersatzposten (exkl. vorausbezahlter Zinsen)	100	37	—	—
		B. Grundstock.				
6 179 600	—	Ausgegebene Vereinsschuldverschreibungen	6 179 561	74	38	26
63 439 582	75	Aktivkapitalien	2 369 244	12	61 070 338	63
		Es stehen noch aus:				
		Renten-Anlehen ... 60 627 415 ℳ 09 ₰				
		Verweisungskapitalien ... 4 847 „ 56 „				
		Württ. Staatsschuldverschr., Nennwert ... 410 000 „ — „				
		Pfandforderungen ... 25 300 „ — „				
		Liegenschaftskaufschillinge ... 2 775 „ 98 „				
		61 070 338 ℳ 63 ₰				
214 000	—	Für Liegenschaft, worunter das Vereinshaus in Stuttgart mit 160 000 ℳ	—	—	214 000	—
8 251	96	Für Inventarstücke	825	20	7 426	76
		C. Laufendes.				
9 141 417	53	An Bankguthaben	8 997 139	99	144 277	54
5 035 146	76	Wechsel	3 655 651	50	1 379 495	26
2 145 717	47	Zinsertrag	2 023 901	09	121 816	38
265 544	34	Beiträge zum Reservefonds von neuen Renten-Anlehen	265 544	34	—	—
722 003	05	Erlös aus Vereinsschuldverschreibungen	720 992	95	1 010	10
7 459	92	Ertrag des Grundeigentums	7 437	47	22	45
55 176	42	Ersatzposten (exkl. vorausbezahlter Zinsen)	55 021	37	155	05
60 863	36	Gewinn an Vereinsschuldverschreibungen	60 863	36	—	—
551	66	Außerordentliches	551	66	—	—
65 233	63	D. Fremde Gelder.	65 233	63	—	—
88 481 917	30	Hauptsumme der Einnahmen	25 541 283	07	62 940 634	23

Soll ℳ	₰	Ausgabe	Hat ℳ	₰	Rest ℳ	₰
		A. Restverwaltung				
1 400	—	Verloste Vereinsschuldverschreibungen	900	—	500	—
34 651	99	Zinsen	32 544	49	2 107	50
836	43	Reservefondsteile ausgetretener Vereinsmitglieder	393	22	443	21
79 139	46	Rentenanlehensreste	74 049	46	5 090	—
18 173	29	Vorauszahlungen	18 173	29	—	—
11 904	04	Fremde Gelder	11 904	04	—	—
		B. Grundstock.				
6 695 125	34	Neu angelegte Aktivkapitalien	6 437 956	09	257 169	25
59 956 500	—	Vereinsschuldverschreibungen	1 323 800	—	58 632 700	—
		Es stehen aus:				
		Lit. K.—U. à 3½% ... 40 152 900 ℳ — ₰				
		„ L.—P. à 4% ... 72 900 „ — „				
		„ A.—E. à 3½% ... 14 698 800 „ — „				
		„ AA.—EE. à 4% ... 3 708 700 „ — „				
		58 632 700 ℳ — ₰				
		C. Laufendes.				
9 141 417	53	Vorschüsse an Bankhäuser inkl. Reichsbank	9 141 417	53	—	—
9 035 146	76	Für erkaufte Wechsel	9 035 146	76	—	—
1 945 947	13	Zinsen (ausschließlich der vorausbezahlten Kupons)	1 910 603	24	35 343	89
26 523	90	Agio aus Obligationen	26 523	90	—	—
84 688	67	Verwaltungskosten	84 688	67	—	—
17 111	34	Steuern usw.	17 111	34	—	—
3 600	—	Mietwert der Geschäftsräume	3 600	—	—	—
2 584	45	Aufwand auf das Inventar	2 584	45	—	—
34 973	83	Aufwand auf das Grundeigentum	34 973	83	—	—
722 003	05	Für aufgekaufte Vereinsschuldverschreibungen	722 003	05	—	—
39 734	42	Ersatzposten	3	—	39 731	42
356	88	Gerichtskosten	356	88	—	—
74 017	36	Reservefondsanteile ausgetretener Vereinsmitglieder	73 455	32	562	04
4 000	—	Beiträge zur Pensionskasse der Vereinsbeamten	4 000	—	—	—
51	—	Außerordentliches	51	—	—	—
825	20	Abschreibungen am Inventar	825	20	—	—
65 233	63	D. Fremde Gelder.	65 233	63	—	—
83 995 945	70	Hauptsumme der Ausgaben	25 022 098	39	58 973 647	31

Von der Einnahme von ... 25 541 283 ℳ 07 ₰
abgezogen die Ausgabe mit ... 25 022 298 „ 39 „

Vermögens-Berechnung.

Aktivbestand.

	ℳ	₰
a) Kassenvorrat	518 984	68
b) Die oben unter der Rubrik „Rest“ aufgeführten Vermögensbestandteile	62 940 634	23
c) Stückzinsen aus den Aktivkapitalien von 61 070 338 ℳ 63 ₰ bis 31. Dezember	594 042	85
Summe des Aktivbestandes: 64 053 661 ℳ 76 ₰		

Passivbestand.

	ℳ	₰
a) Die oben unter „Rest“ aufgeführten Posten	58 973 647	31
b) Stückzinsen aus unverlosten Vereinsschuldverschreibungen von 58 624 100 ℳ — ₰ bis 31. Dez.	1 322 992	50
Summe des Passivbestandes: 60 296 639 ℳ 81 ₰		
Von dem Aktivbestand von	64 053 661	76
abgezogen den Passivbestand von	60 296 639	81
ergibt sich ein Vermögens-Überschuß (Reservefonds) von 3 757 021 ℳ 95 ₰, welchen die gegenwärtigen Mitglieder nach Verhältnis ihrer Leistungen anzusprechen haben.		

Aktiva Bilanz eines

Gegenstand	Bestand am 1. 4. 1910	Zugang aus Staatsmitteln	Zugang aus Betriebseinnahmen	Bestand am 31. 3. 1911
Grundstücke	8 000,—	—	—	8 000,—
Gebäude	348 508,02	—	—	348 508,02
Betriebsmaschinen	387 166,37	—	—	387 166,37
Leitungsanlagen	595 170,42	48 330,—	6 892,61	650 393,03
Inventar	38 426,48	—	7 271,70	45 698,18
Anlagevermögen	1 377 271,29	48 330,—	14 164,31	1 439 765,60
Materialien	110 152,01	—	9 525,37	119 677,38
Versch. Schuldner	—	—	—	16 210,65
Guthaben bei der Staatskasse	—	—	—	37 262,88
	1 487 423,30	48 330,—	23 689,68	1 612 916,51

Notiz: Abschreibungen 49 589,99 Kr.

Reiches gefordert [1]). Daß die Anwendung der „Doppik“ [2]) auf solche Erwerbswirtschaften möglich, nützlich und für die Beurteilung der Rentabilität der Betriebe wünschenswert ist, muß ohne weiteres zugegeben werden. So hatte die Kieler Werft versuchsweise die doppelte Buchführung eingeführt, für die preußischen Bernsteinwerke in Königsberg besteht sie schon aus der Zeit, wo sie Privateigentum waren. Daß es nicht gerade die doppelte Buchführung zu sein braucht und es angeht, nur Bücher nach kaufmännischer Art für Industriebetriebe des Staates einzuführen, beweisen die vorzüglichen Leistungen des Rechnungswesens der Staatlichen Porzellanmanufaktur, Berlin [3]).

Die Bilanzen und Ertragsrechnungen staatlicher Betriebe lassen allerdings nach Form und Inhalt manches zu wünschen übrig. Manche solcher Rechnungen, in kaufmännischer Form aufgestellt, enthalten teilweise unmögliche Posten, vermengen Rechnungsergebnisse, die nicht zusammengehören (z. B. Bestand und Erfolgsrechnung, Einnahmen und Ausgaben mit Gewinn und Verlusten); andere wiederum bringen ein solches Zahlengewirr, daß auch der sachverständige Leser Mühe hat, sich durchzufinden, oder sie trennen Ausgaben und Einnahmen, die in eine Rechnung gehören (Verwaltungskosten und Betriebskosten in Sonderrechnungen); sie lassen Ausgaben für Betriebsanlagen und Betriebseinrichtungen früherer Jahre weg, d. h. diese Bilanzen geben keinen Auf-

[1]) Vgl. Waldschmidt, Kaufm. Buchführung in staatlichen und städtischen Betrieben. Berlin 1908; Eiler, Buchführung und Bilanzen kommunaler Elektrizitätswerke. Hannover 1912; Sulzberger, Buchungsgrundsätze einiger deutscher Kommunen hinsichtlich ihrer Erwerbsbetriebe. Stuttgart 1912.

[2]) Eine österreichische Abkürzung für doppelte Buchhaltung.

[3]) Vgl. Barenthin, Kaufmann und Bürokrat. 2. Aufl. Berlin 1914.

Elektrizitätswerkes Passiva

Schuld an den Staat:		
a) Bis 1. 4. 1909: Aus Etatmitteln beschaffte Aktiva	1 345 057,16	
Zugang Etat 1910	48 330,—	
	1 393 387,16	
Davon zum Etat 1910 abgezahlt	45 853,69	
bleiben	1 347 533,47	
b) Bis 1. 4. 1909 aus Betriebseinnahmen angeschafft	169 241,93	1 516 775,40
Gewinn: Rest aus dem Vorjahr	10 225,11	
Jahresgewinn für 1910	85 916,—	[1]) 96 141,11
		1 612 916,51

schluß über das in Anlage- und Betriebsgegenständen investierte Anlagekapital; oder die Rechnungen sind in einer ungewöhnlichen, für den kaufmännischen Leser häufig unverständlichen Form aufgestellt. Bei Reformvorschlägen ist allerdings stets zu berücksichtigen, daß etatrechtliche Gründe und Forderungen der obersten Rechnungsbehörden die uneingeschränkte Übertragung kaufmännischer Verrechnungsgrundsätze auf diese Erwerbsbetriebe nicht immer möglich machen. Die Anforderungen der Rechnungskontrollbehörden an die Schlußrechnungen sind verschieden und demgemäß auch die Aufmachungen der Rechnungsabschlüsse.

So will beispielsweise ein staatliches Elektrizitätswerk, das nur Bareinnahmen und Barausgaben kennt, seinen ganzen Kassenverkehr durch eine Staatskasse abwickeln läßt, in der Bilanzrechnung die Anlagevermehrung aus Etatmitteln und aus eigenen Betriebseinnahmen trennen. Betriebsgewinn und Etatbewilligungen bilden Schulden des Werkes an den Staat. Vom Gewinn sollen 30% in Effekten angelegt, 70% an die Staatskasse abgeführt werden. Reicht das Guthaben bei der Staatskasse zur Anschaffung der Wertpapiere nicht, so müßte dieser Betrieb Schulden machen und diese aus den Betriebseinnahmen des folgenden Jahres tilgen (vgl. oben).

Abschreibungen bei diesen Gemeinwirtschaften, die ihre Überschüsse abzuführen haben, wirken nicht anders als Abschreibungen bei Privatunternehmungen. Sie vermindern den abzuführenden Gewinn, die Barmittel bleiben im Betrage der Abschreibungen dem Betriebe erhalten. Unterbleiben sie, so hat der Staat bei Untergang des Vermögensobjekts aus den allgemeinen Einnahmen die Ersatzanschaffungen zu bewilligen und bereitzustellen. Zweckmäßig wird ein den Abschreibungsbeträgen

[1]) Davon verwendet 45 853,69 zur Schuldentilgung
23 689,68 zur Erweiterung der Anlagen
69 543,37. Der Rest ist gedeckt durch das Guthaben bei den Schuldnern und der Staatskasse.

Aktiva Oberharzer Berg-

Bezeichnung der Konten	Bestand am 1. April 1917	Abschreibungen	Sonstiger Abgang	Zugang	Bestand am 31. März 1918
Grundbesitz	184 292,74	—	—	3 200,—	187 492,74
Gerechtsame	534,20	—	—	—	534,20
Gebäude und Betriebsanlagen.....	5 080 115,—	708 152,—	141 031,—	791 349,—	5 022 281,—
Geräte	446 278,—	39 667,—	1 000,—	40,—	405 651,—
	5 711 219,94	747 819,—	142 031,—	794 589,—	5 615 958,94
			bleibt Zugang:	652 558,—	
Produktenvorräte					1 728 736,59
Materialienvorräte					2 011 595,16
Lebensmittelvorräte					131 127,—
Ausstehende Forderungen					4 983 250,73
Ablieferungen an andere Staatsverwaltungen:					
a) Barablieferung an die Generalstaatskasse				2 220 013,29	
b) Wert der unentgeltlichen Vermögensüberweisungen				5 495,—	
				2 225 508,29	
Hiervon ab: Ruhegehälter und Hinterbliebenengelder, Verwaltungskosten in der Zentral- und Provinzialinstanz, Gewinnanteile, Anteil an der Verzinsung und Tilgung der Staatsschulden				*) 131 389,37	2 094 118,92
					16 564 787,34

Soll Gewinn- und

Betriebsausgaben	21 285 409,76
Einmalige und außerordentliche Ausgaben	499 329,33
Außerplanmäßige Ausgaben (Kriegsbeihilfen und Lebensmittelankauf)	910 379,12
Abschreibungen	747 819,—
Wert der unentgeltlichen Vermögensüberweisungen von anderen Staatsverwaltungen	500,—
Abgang bei den Produktenvorräten	382 376,36
Ruhegehälter und Hinterbliebenengelder einschl. Zuwendungen an Altpensionäre...	88 378,71 *)
Verwaltungskosten in der Zentral- und Provinzialinstanz.......	16 583,32 *)
Gewinnanteile der höheren Beamten	17 740,— *)
Anteil der Oberharzer Berg- und Hüttenwerke an der Verzinsung und Tilgung der Staatsschulden	8 687,34 *)
Reingewinn	4 121 147,46
	28 078 350,40

entsprechender Betrag in Effekten oder Hypotheken angelegt, so daß dem Betriebe aus eigenen Betriebsmitteln für Ersatzanschaffungen Gelder zur Verfügung stehen.

und Hüttenwerke. Passiva

Anlage- und Betriebskapital am 1. April 1917, und zwar:			
Eigenes Vermögen		12 215 897,08	
Bergwerksschuld	169 404,83		
Hiervon ab Tilgung in 1917	1 016,43	168 388,40	12 384 285,48
Kapitalwert der Lasten			58 854,40
Wert der unentgeltlichen Vermögensüberweisungen von anderen Staatsverwaltungen			500,—
Reingewinn			4 121 147,46
			16 564 787,34

Verlustrechnung. Haben

Einnahmen für Produkte		22 889 552,56
Sonstige ordentliche Einnahmen		1 626 528,—
Außerplanmäßige Einnahmen		399 050,94
Wert der unentgeltlichen Vermögensüberweisungen an andere Staatsverwaltungen		5 495,—
Zugang bei den Anlagen	652 558,—	
„ „ „ Materialienvorräten	614 927,70	
„ „ „ Lebensmittelvorräten	131 127,—	
„ „ „ ausstehenden Forderungen	1 758 026,17	
Abgang bei dem Kapitalwert der Lasten	68,60	3 156 707,47
Tilgung der Bergwerksschuld in 1917		1 016,43
		28 078 350,40

Ein anderer Staatsbetrieb hat bei der Staatskasse einen Betriebskredit von 900 000 M. jährlich und will den unverbrauchten Restkredit bilanzmäßig darstellen. Angenommen, es wären 661 000 M. verbraucht:

Bilanz

Kreditguthaben bei der Kasse 239 000	Betriebskredit 900 000

Der Etat eines Gemeindebetriebes will den hohen Reingewinn (Straßenbahn) verschleiern, sei es, um das Verlangen nach Tarifermäßigung nicht zu wecken, sei es wegen der Konkurrenz mit der Privatindustrie oder wegen der Arbeiter, indem sie zu diesem Zweck auf der Passivseite den Reingewinn trennt: ein Betrag wird dem Reservefonds überwiesen und der Rest als „Reingewinn“ dargestellt. Auch findet man im Etat mancher Städte mit günstiger Finanzlage unter den Ausgaben Ankäufe von Effekten und Rückstellungen, um den Einnahmeüberschuß nicht zu groß werden zu lassen und die Herabsetzung des Steuerzuschlages nicht in Erwägung ziehen zu müssen.

Wir überlassen es dem Leser, den S. 391 ff. angeführten Rechnungsabschluß nach Kameralstil in kaufmännische Bilanzen zu verwandeln (Grundkreditverein).

Es folgt die Bilanz nebst Gewinn- und Verlustrechnung der Oberharzer Berg- und Hüttenwerke für das Rechnungsjahr 1917 (Verfassunggebende Preußische Landesversammlung, Drucksache 441). Unter anderm interessiert die Berechnung des Gewinnes durch Einstellung des Zuganges beim Anlage- und Betriebsvermögen bzw. des Abganges bei den Produktionsvorräten (S. 396).

VII. Kapitel.

Außerordentliche Bilanzen.

35. Abschnitt.

Kurzfristige Bilanz- und Erfolgsrechnungen.

I. Zwischenbilanzen.

Man kann unterscheiden 1. die Jahresbilanz, die der Gesetzgeber für den Schluß eines Geschäftsjahres verlangt (§ 39 HGB.), 2. unterjährige Bilanzen für kürzere Zeiträume, z. B. Semestralbilanzen mit vollständigem Bücherabschluß.

Es gibt Zwischenbilanzen mit Nachweis des Erfolges, z. B. bei der Verlegung des Geschäftsjahres auf einen anderen Abschlußtermin, beim Eintritt oder Austritt eines Gesellschafters usw., oder ohne Nachweis des Erfolges, beispielsweise die Monatsbilanzen der deutschen Kreditbanken, die Halbjahrsausweise der Hypothekenbanken, Wochenausweise der Notenbanken, Tagesbilanzen der Großbanken.

Jede Probe- oder Kontenbilanz ist eine Art Zwischenbilanz ohne Erfolgsnachweis. Ihr Wert als Prüfstein auf die Richtigkeit der Übertragungen in das Hauptbuch ist problematisch (Bd. I, S. 88 ff.). Hingegen leistet sie als „Situationsbilanz" dem sachverständigen Kritiker große Dienste. Sie zeigt ihm die fortschreitende Entwicklung der Unternehmung in ihren einzelnen Teilen (Konten), bietet die Möglichkeit der Vergleichung mit den entsprechenden Zeiträumen des Vorjahrs, kurz, sie ist eine ausgezeichnete Kontrolle der Wirtschaftsführung.

Die Zwischenbilanzen ohne Erfolgsnachweis entsprechen im wesentlichen einer Saldobilanz, d. h. sie lassen die Verrechnung der Aktiva, der Schulden und des Erfolges ungetrennt. Die unmittelbaren Erfolge sind zu ersehen, die mittelbaren Umsatzgewinne nicht.

Semestralbilanzen mit Erfolgsnachweis, Zwischenbilanzen bei Verlegung des Geschäftsjahres, Eintritt eines Gesellschafters u. ä. wirken auch auf das Hauptbuch bzw. dessen Konten, die auch formell abgeschlossen werden. Andere Formen der Zwischenbilanzen sind nur eine Zahlenzusammenstellung aus den Hauptbuchkonten ohne formellen Abschluß [1]).

Eine allgemeine gesetzliche Verpflichtung zur Aufstellung von Zwischenbilanzen besteht nicht. Sie können infolge statutarischer Bestimmungen oder Beschlusses der Generalversammlung vom Aufsichtsrat gefordert oder vom Vorstand aus eigener Initiative aufgestellt werden. Nach § 240 HGB. verlangt der Gesetzgeber die Einberufung einer Generalversammlung, wenn die Aufstellung einer Zwischenbilanz ergibt, daß der Bilanzverlust die Hälfte des gezeichneten Grundkapitals erreicht. Der Vorstand hat die Eröffnung des Konkurses zu beantragen, wenn sich bei Aufstellung . . . einer Zwischenbilanz ergibt, daß das Vermögen nicht mehr die Schulden deckt. Eine Zwischenbilanz zwecks Feststellung der Überschuldung ist eine Vermögensermittlungsbilanz, keine Gewinnermittlungsbilanz. Demnach sind die wirklichen Werte der Aktiva einzusetzen. Die besonderen Bewertungsregeln des § 261 Ziff. 1 u. 2 können nicht zur Anwendung kommen [2]).

1. Beispiel, Schema einer Tagesbilanz: Die Bank des Berliner Kassenvereins stellte in der Vorkriegszeit jeden Abend eine Rohbilanz auf nach folgendem Schema:

Aktiva:	Passiva:
Darlehen gegen Unterpfand [3])	Aktienkapital
Wechsel per hier [3])	Reservefonds
Wechsel auf diverse Plätze [3])	Kreditoren auf Giroguthaben
Diskontierte Effekten [4])	Interimskreditoren [8])
Diverse Debitoren [5])	Kreditoren im eigenen Bankverkehr [9])
Einzahlungskasse [6])	Baureserve
Auszahlungskasse [6])	Vortrag
Giroguthaben bei der Reichsbank	Rückständige Dividenden
Grundstücke	Gewinn- und Verlust-Konto
Differenz [7]).	

[1]) Vgl. Malteur, Die Zwischenbilanz als Mittel der Kontrolle und Betriebsleitung. Berlin 1925.

[2]) Unserer Anschauung ist jetzt auch Staub beigetreten (II. Band, 1926, S. 272).

[3]) Darlehen und Wechsel bilden die hauptsächlichste Anlage der Kreditorengelder. Das finanzielle Ergebnis des Kassenvereins ist demnach im wesentlichen bedingt durch die Höhe des jeweiligen Zinsfußes.

[4]) Darunter Schatzscheine und verloste Papiere.

[5]) Retouren und noch einzukassierende Posten auf Personen ohne Girokonto beim Kassenverein.

[6]) Beide auch örtlich getrennt.

[7]) Fehler, die trotz Suchens am selben Tage nicht aufgefunden werden konnten.

[8]) Einlieferungen und Auszahlungen nach $^3/_4$5 Uhr.

[9]) Einschließlich Guthaben der Angestellten.

2. Eine preußische Genossenschaftsbank stellt tägliche Rohbilanzen nach folgendem Schema auf:

Konto	Tagesumsatz		Bewegung seit 1. Januar		Gesamtumsatz seit Beginn des laufend. Geschäftsjahres einschl. der Anfangsbestände	
	Debet	Kredit	Debet	Kredit	Debet	Kredit

Diese Bank berechnet ungefähr das tägliche Zinsenerfordernis auf das Grundkapital, die Darlehen von Banken, Guthaben in laufender Rechnung und Depositengelder auf Grund der Tagesbilanzen, dagegen die täglichen Zinseneinnahmen aus Wechselbeständen, Guthaben bei Banken, auf aktive Darlehne mit Ausschluß der Effektenzinsen. In der Differenz zwischen Zinsenerfordernis und -einnahmen liegt der Zinsengewinn oder -verlust.

3. Beispiel. Zwischenbilanz einer neugegründeten Kreditbank, am 28. November in das Handelsregister eingetragen.

Zwischenbilanz am 31. Dezember.

Aktiva		M	Passiva	M
Aktien-Kapital			Aktien-Kapital	
noch nicht eingeford.		1 500 000,—	Grundkapital	2 000 000,
Kassa-Konto			Kontokorrent-Konto	
Bestand an barem			Kreditoren	250,—
Gelde und Noten		26 025,50	Wechsel-Diskont-Ko.	
Inländische Wechsel-K.			vereinnahmt	594,45
Bestand an Wechsel		28 750,—	Zinsen-Konto	
Mobilien-Konto		95,70	vereinnahmt	1 852,22
Kontokorrent-Konto				
Guthaben bei				
Banken	442 210,93			
Debitoren	4 000,—	446 210,93		
Unkosten-Konto		1 614,54		
		2 002 696,67		2 002 696,67

4. Beispiel. Im folgenden Falle wurde das Geschäftsjahr vom 31. Oktober auf den 31. Dezember verlegt.

Gewinn- und Verlust-Konto für November und Dezember.

Soll		ℳ	₰
Zinsen und Agio		1 345	—
Zentral-Unkosten		10 568	98
Obligationen-Zinsen		4 935	—
Anleihe-Zinsen		7 333	33
Abschreibungen			
3% auf Gebäude	ℳ 42 925,80		
10% „ Maschinen und Apparate	„ 161 951,94		
20% „ Mobilien und Utensilien	„ 2 087,73		
20% „ Pferde und Wagen	„ 1 763,70		
	ℳ 208 729,17		
hiervon 1/6 für November und Dezember 1925		34 788	20
Netto-Gewinn		86 462	61
		145 433	12

Haben	ℳ	₰
Saldo-Vortrag aus 1924/25	37 638	81
Fabrikation	107 697	65
Effekten	96	66
	145 433	12

Der Reingewinn am 31. Oktober war	ℳ 287 679,98
Davon wurden verteilt und in d. Zwischenb. berücksichtigt	„ 250 041,17
Bleibt Gewinnvortrag	ℳ 37 638,81
Dazu Reingewinn für 2 Monate	„ 48 823,80
Es sind auf 1. Januar 1926 vorzutragen	ℳ 86 462,61

II. Die kurzfristige Erfolgsrechnung.

Jede unterjährige Bilanzaufstellung und Erfolgsberechnung nennen wir eine kurzfristige. Sie dienen Sonderzwecken: kurzfristige Übersichten über den finanziellen Stand, die Zahlungsbereitschaft, die Kapitalanlagen bei Kreditbanken (Tagesbilanzen). Die Wochenausweise der Reichsbank und der Privatnotenbanken sind gesetzlich vorgeschrieben, sie erfüllen volkswirtschaftliche Aufgaben. Über die monatlichen Zwischenbilanzen der Kreditbanken wurde an anderer Stelle geschrieben.

Die Methoden und die Schematisierung des Inhaltes kurzfristiger Ergebnisrechnungen (z. B. Gesamterfolgs-, Betriebserfolgs-, Liquiditätsberechnung) oder einer kurzfristigen Zustandsrechnung (Zwischenbilanzen, Zwischenausweis) sind durch ihren Zweck bestimmt. Man kann statistische Übersichten und Zusammenstellungen auf Grund der Bücher oder von zweckbestimmten Hilfsaufzeichnungen wählen, also betriebsstatistische Aufzeichnungen, so beispielsweise die Monatsbilanzen der Kreditbanken, Bankausweise, Liquiditätsübersichten. Man kann Buchungsmethoden wählen dergestalt, daß man einen zwischenzeitlichen Hauptbuchabschluß macht (z. B. Semestralbilanzen mit Erfolgsrechnung) oder das Problem durch Kontenspaltung, das ist durch Einschiebung von Zwischenkonten zu lösen versuchen, beispielsweise bei der Isolierung des monatlichen Betriebs- und Außenerfolges. Die Kontenspaltung bedingt die Einfügung von Verrechnungspreisen in die rechnungsmäßige Darstellung der Wertbewegungen von Konto zu Konto, das heißt die Einschaltung eines kalkulatorischen Faktors, der auf die buchmäßig nachgewiesenen Zustände und Ergebnisse Einfluß hat.

Die kurzfristige Erfolgsberechnung [1]) im besonderen beschäftigt sich mit dem Erfolg eines Ermittlungszeitraumes unter dem Gesichtspunkt des Zweckes der Berechnung: Rentabilitätsnachweis für den Kapitalgeber; Berechnung des Betriebsgewinnes als Mittel der Kontrolle der Betriebsgebarung; Schätzung des Periodenerfolges und zwar: isoliert für die einzelnen Abschnitte oder fortschreitend, kumulierend, für den Zeitabschnitt mit Einschluß der Erfolgsergebnisse seit Beginn des Jahres. Die kurzfristige Erfolgsrechnung der einfachen Buchführung wird wie die Jahresrechnung aufgebaut, d. h. auf Grund kurzfristiger Bestandsaufnahmen. In der doppelten Buchführung geht man bei der monatlichen Erfolgsrechnung von den Monatsbilanzen aus (Kontenbilanz: Verkehrszahlen, Saldenbilanz) und löst die Bestandserfolgskonten auf. Einfacher ist es, das Kontensystem im Hinblick auf die monatliche Erfolgsrechnung von vornherein zu spalten [2]). Bei einer genauen Ermittlung des Monatserfolges muß die berechnete Roherfolgsziffer durch Zu- und Abschreibung bestimmter anteiliger aber noch nicht verbuchter Kosten (z. B. Abschreibungen auf Anlagen, noch nicht verbuchte Monatsrechnungen, Provisionen der Vertreter, Vermittler und anderer Hilfsgewerbe) sowie der anteiligen Einnahmen korrigiert werden (ähnlich den Erfolgsregulierungsposten in der Jahresbilanz), weil sonst wirtschaftlich nicht berechtigte Schwankungen in den Ergebnissen ausgewiesen werden. Zweckmäßig ist es, ein Schema für die monatliche Erfolgsberechnung (abweichend vom Gewinn- und Verlust-Konto) zu entwerfen, um den Rechner und den Kritiker auf jene Korrekturposten hinzuweisen.

Die gleiche Aufmerksamkeit ist erforderlich, wenn der Abschnitterfolg

---

[1]) Schmalenbach, Bilanzlehre, S. 296 ff.; „Wirtschaftslehre", § 64; Beiträge zur Theorie und Praxis der monatlichen Erfolgsrechnung in Wirtschaftsbetrieben, Leipzig 1928.

[2]) Vgl. Schmalenbach, Der Kontenrahmen. Zeitschr. f. handelsw. Forschung. 21. Jahrgang 1927, und die Arbeiten des Reichskuratoriums für Wirtschaftlichkeit, Ausschuß f. wirtschaftl. Verwaltung: Einheitsbuchführungen in mittleren Maschinenfabriken, Nr. 9. Einheitsbuchführungen im Braunkohlenbergbau, Nr. 14.

durch Gegenüberstellung von Einnahmen (bar, kreditiert) und Kosten (Ausgaben, Abschreibungen) berechnet wird. Unter den Bareinnahmen sind jene auszuscheiden, die frühere Abschnitte betreffen, die Kosten sind abschnittsweise zu isolieren. Aber die „Aufteilung des Aufwandes auf Perioden" allein genügt nicht. Die kalkulatorische Aufteilung des Aufwandes auf die Leistungen kann zu einem richtigen Abschnittsgewinn nur dann führen, wenn die Leistungen an den Markt bewirkt sind. Die darin liegenden Schwierigkeiten können umgangen werden, wenn man sich damit begnügt, die monatlichen Betriebsleistungen zwischen Betriebs- und Vorratskonto für den Verkauf abzurechnen und die Darstellung des realisierten Verkaufsgewinnes dem Erlöskonto überläßt.

Die kurzfristige Erfolgsberechnung durch periodische Aufteilung des Aufwandes überhaupt oder des Aufwandes der Leistungen ist stets schwierig. Über die Verselbständigung dieser Rechnung vergleiche 16. Abschnitt.

In Unternehmungen, deren Betrieb mit größeren, wert- und mengenmäßig starken Schwankungen unterworfenen Gütervorräten zu tun haben, bereitet die Erfassung des Aufwandes oder des Bestandes Schwierigkeiten. a) Der Aufwand an Umsatzgütern (z. B. Werkstoffen) eines Berechnungsabschnittes läßt sich unmittelbar durch Aufzeichnung des Verbrauches seitens der Vorratsverwaltungsstellen ermitteln, der Aufwand der Leistungseinheit durch die Stückkalkulation. Eine summarische mittelbare Berechnung ist durch die Gleichung möglich: Anfangsbestand + Eingang ÷ Endbestand = Aufwand. Im Warenhandel läßt sich der Wert des Güteraufwandes, das sind die Einstandskosten der umgesetzten Waren, mit Zuhilfenahme der Durchschnittsrechnung für die Einkaufskosten der eingekauften Waren ermitteln. Dem Kontenabschluß des gemischten Warenkontos liegt die vorerwähnte mittelbare Berechnung zugrunde. b) Für die Erfassung des Bestandes gibt es verschiedene Methoden: 1. die Inventur, das ist Bestandsaufnahme nach Menge und Wert (Befundsrechnung). Für die monatliche Erfolgsberechnung genügt dann die summarische mittelbare Verbrauchsermittlung, mengenmäßig und unter Anrechnung des durchschnittlichen Einstandspreises. Geht man in dieser Rechnung von den Bilanzbeständen aus, sind die Ergebnisse der Befundsrechnung in die Bilanz einzustellen (durchschnittliche Anschaffungskosten; Zeitwerte und Ausschaltung noch nicht realisierter Erfolge durch Rückstellung; die monatlichen Anteile der Abschreibungen als Rückstellung; die anteiligen Kosten und Einnahmen als aktive oder passive Rechnungsposten). Geht man hingegen von der Gewinn- und Verlustrechnung aus, wird dort der summarisch ermittelte Güterverbrauch mit durchschnittlichen Anschaffungskosten oder mit durchschnittlichen Zeitwerten des Berechnungsmonates eingesetzt, daneben der Aufwand, der noch nicht Ausgabe ist und Leistungen, die noch nicht Einnahme sind.

2. Der Bestandsermittlung liegen die Ergebnisse des Zu- und Abschreibens der Ein- und Ausgänge zugrunde (Skontration). Ob man die Staffelform oder die doppelseitige Aufzeichnung, ob man Bestandsbücher oder -karten wählt, ob man die Ausgänge fallweise oder monatsweise gesammelt verrechnet, ob Mengen- oder auch Wertskontren geführt werden, ob Sorten, z. B. für Formeisen, oder Partien, wie für Leder, Tabak, Häute, skontriert werden, ist eine Frage der Zweckmäßigkeit und der Lagerorganisation.

3. Die retrogarde oder Soll-Aufwandsrechnung ermittelt den Bestand nach der Formel: Anfangsbestand + Zugang ÷ berechneter Sollaufwand = Sollbestand. Der Ist-Bestand wird durch Inventur vergleichsweise ermittelt. Die Bestände werden mit Verrechnungspreisen in die Bilanz bzw. der Aufwand wird mit Verrechnungspreisen in die Gewinn- und Verlustrechnung eingestellt. Das Wesentliche dieser Methode sind die Verrechnungspreise für den Verbrauch. Die rechnungsmäßig festzuhaltenden Verbrauchsmengen sind der Produktion proportional. Insoweit für die monatliche Erfolgsberechnung nicht Gütermengen als Aufwand, sondern „Aufwendungen nicht konkreter Art" in Betracht kommen (vorausbezahlte Kosten wie Zinsen; im Nachhinein bezahlte Kosten, wie Beiträge zu Berufsgenossenschaften, Hypotheken- und Anleihezinsen; später bezahlte Rechnungen für werterhöhende Reparaturen, Lohnschulden durch Auseinanderfallen von Lohnabrechnung und Lohnzahlung), werden sie ebenso behandelt wie die Erfolgsregulierungsposten in der Jahresbilanz (Periodenverteilung, Rückstellung unter den Kosten). Die ordentlichen Abschreibungen auf die Produktionsmittel werden gezwölftelt (oder durch 13 dividiert, wenn man vierwöchentliche Rechnungsabschnitte wählt), sofern in saisonbedingten Betrieben nicht eine andere Verteilung, z. B. auf die Betriebsmonate wirtschaftlich richtig ist, wie beispielsweise in den landwirtschaftlichen Nebenbetrieben, in Zuckerfabriken, Bauunternehmungen.

36. Abschnitt.

Gründungsbilanzen.

Jeder Kaufmann hat bei dem Beginn seines Handelsgewerbes seine Grundstücke, seine Forderungen und Schulden, den Betrag seines baren Geldes und seine sonstigen Vermögensgegenstände genau zu verzeichnen, dabei den Wert der einzelnen Vermögensgegenstände anzugeben und einen das Verhältnis des Vermögens und der Schulden darstellenden Abschluß zu machen (§ 39 Abs. 1 HGB.). Jede „Gründung" [1]) einer Unternehmung

[1]) Über Gründungsformen vgl. Wirtschaftslehre, § 53.

erfordert die Aufstellung eines Eröffnungsinventars und einer Eröffnungsbilanz, einer Anfangs- oder Gründungsbilanz. Die Gründung kann sein: Neugründung eines Handelsgewerbes; Wiedereröffnung eines früher betriebenen, aber inzwischen vollständig aufgegebenen oder infolge Konkurses, Krankheit usw. eingestellten Handelsbetriebes; Übernahme eines bereits bestehenden Geschäfts durch Kauf, Erbgang, Schenkung, auf Grund eines Nießbrauchs, eines Pachtvertrages (Übernahmegründung); Änderung der rechtlichen Grundlage einer Unternehmung (Umwandlungsgründung), beispielsweise Aufnahme eines Gesellschafters in ein bis dahin von einem Einzelkaufmann betriebenes Geschäft, Übernahme des Geschäfts einer offenen Handelsgesellschaft durch einen Gesellschafter, Umwandlung einer Einzel- oder Gesellschaftsfirma in eine Aktiengesellschaft, in eine G. m. b. H. usw. Gründungsinventar und Gründungsbilanz sind erforderlich, auch wenn ein Kaufmann ohne eigenes Vermögen oder nur mit einer Bargeldeinlage sein Geschäft beginnt, oder wenn ein Gemeinschuldner nach beendigtem Konkurs ein kaufmännisches Geschäft betreibt und neu eröffnet.

Bei „Beginn des Handelsgewerbes" ist die Bilanz aufzustellen, d. h. mit dem Beginn der kaufmännischen Tätigkeit. Dieser Zeitpunkt muß nach den gegebenen Umständen von Fall zu Fall gefunden werden. Für Kaufleute, die kraft Gesetzes die Kaufmannseigenschaft haben — Einzelfirmen, offene und Kommanditgesellschaften — gilt als Tag der Eröffnungsbilanz der Tag, an dem das Handelsgewerbe tatsächlich beginnt. Anschaffung des Inventars und andere Vorbereitungsgeschäfte bedingen eine ordnungsmäßige Buchführung, also auch eine Eröffnungsbilanz. Für registerbedingte Betriebe — Aktienvereine, Kommandit-Aktiengesellschaften, G. m. b. H., eingetragene Genossenschaften — gilt stets der Tag der Eintragung ins Handelsregister als maßgebender Zeitpunkt. Falls eine Bilanz schon vor der Eintragung ins Handelsregister aufgestellt ist (z. B. bei Umwandlungsgründungen, wenn das Geschäft schon in einem früheren Zeitpunkt als für Rechnung der Aktiengesellschaft geführt gelten soll), ist trotzdem für den Tag der Eintragung eine Eröffnungsbilanz zu machen.

Die Gründungsbilanz soll die ökonomische Lage einer Unternehmung bei Beginn des Gewerbebetriebes darstellen, ist somit eine statische Vermögensbilanz, die in Verbindung mit der ersten Schlußbilanz die Erfolgsermittlung ermöglicht. Die Bewertungsvorschriften der §§ 40 und 261 kommen zur Anwendung. Der Gesetzgeber verlangt eine Einzelbewertung der Vermögensgegenstände („Wert der einzelnen Vermögensgegenstände), was nach den Grundsätzen ordnungsmäßiger Buchhaltung selbstverständliches Erfordernis ist.

Für eine Bargründung kommen Bewertungsregeln nicht in Frage;

die Anschaffung von Betriebsvermögen zur Erzielung eines Erwerbes ist Gegenstand der Buchführung nach der Gründung.

Bei einer Umwandlungs- oder Übernahmegründung einer Kapitalgesellschaft bilden die Übernahmepreise den Wert, den die Vermögensgegenstände für den Bilanztag haben; es sind Anschaffungspreise im Sinne des § 261 HGB.

Zweifel können in den folgenden Fällen entstehen: Ein Kaufmann erwirbt ein Geschäft im Werte von 400 000 für 170 000, Anzahlung 100 000 bar; ein Hausgrundstück wird dem das väterliche Geschäft übernehmenden Sohne mit 75 000 M. auf sein Erbteil angerechnet; wahrer Wert 110 000 M.

a) Bilanz mit Anschaffungspreisen (§ 261 HGB.)

Verschiedene Aktiva	170	Restkaufgeld	70
Hausgrundstück	75	Reinvermögen	
		Geschäftskapital	100
		Privatkapital	75

b) Bilanz mit wirklichen Werten (§ 40 HGB.)

Aktiva	400	Restkaufgeld	70
Haus	110	Reinvermögen	
		Geschäftskapital	330
		Privatkapital	110

In den Büchern hat der Kaufmann „die Lage seines Vermögens" ersichtlich zu machen (§ 38 HGB.). Die Bewertungsregeln beziehen sich zweifellos auch auf die Gründungsbilanzen; die Auslegung, die man den §§ 40 und 261 gibt, findet auch auf das Gründungsinventar Anwendung. Ein Kaufmann, der nach a) bewertet, schafft eine stille Reserve in Höhe des Unterschiedes zwischen Erwerbs- und wahrem Wert. Er könnte sie als offene Reserve aufführen, wenn er die Aktiva mit ihrem wahren Werte (b) einsetzt, auf der Passivseite eine „Bewertungsreserve" (230 + 35) mit 265 einstellt — Reinvermögen 175 —, ein empfehlenswerter Vorgang, wenn der Einzelkaufmann an die Aufnahme eines Gesellschafters denkt. Verluste durch Verkauf der billig erworbenen, aber hoch zu Buche stehenden Vermögensteile müßten von der Reserve abgeschrieben, Gewinne auf das Kapital-Konto übertragen werden.

I. Gründung einer Einzelunternehmung. A. erwirbt ein Geschäft mit allen Aktiven und Passiven und besitzt ein Barvermögen von 60 000 M. Bei der Veräußerung eines Geschäfts gelten alle Vermögensgegenstände als veräußert und alle Schulden als übernommen, welche nicht besonders ausgenommen sind; insbesondere die im Handelsbetriebe begründeten Forderungen und Schulden (nicht die Privatschulden und

Aktiva	Eröffnungs-
Immobilien (Hausgrundstück)	75 000,—
Wechsel (Nennwert ab Diskont)	14 928,30
Waren (Übernahmewert)	28 750,—
Forderungen an 8 Kunden	41 757,—
Geschäftsinventar	4 500,—
Vom Vorbesitzer übernommene Aktiva	164 935,30
Rest des eigenen Bargeldes	5 000,—
	169 935,30

Privatforderungen) des Verkäufers gehen auf den Käufer über, sofern durch Vereinbarung nichts anderes bestimmt ist (vgl. §§ 25, 22—24 HGB.)[1]).

Das zu übernehmende Grundstück mit einem Übernahmewert von 75 000 ist mit einer I. Hypothek von 30 000 belastet, auf den Kaufwert wird eine Anzahlung von 30 000 geleistet, das Restkaufgeld als II. Hypothek mit 10% Zinsen in vierteljährlichen Raten für den Verkäufer eingetragen. Für die übernommenen Wechsel und Forderungen leistet der Verkäufer Ausfallbürgschaft. Kaufpreis des Geschäfts ist 120 000 M., Anzahlung hierauf 25 000, der Rest in zwei Jahresraten zu 8% Zinsen zahlbar.

Es könnte ein Pauschalpreis als Kaufwert des Geschäftes mit seinen Aktiven und Schulden vereinbart worden sein; dann müßte, da Einzelbewertung gesetzlich und für die buchhalterische Behandlung erforderlich ist, eine Aufteilung dieser Pauschalsumme auf die einzelnen Bestände erfolgen, die mehr oder weniger willkürlich sein, aber den gemeinen Wert der einzelnen Aktiva nicht übersteigen darf. Eine Minderbewertung des Betriebs- bzw. Veräußerungsvermögens und ein entsprechender Aufschlag auf den immobilen Besitz hätte zur Folge, daß der Reingewinn des Jahres buchmäßig um den Betrag der Minderbewertung höher wäre als den tatsächlichen Verhältnissen entspricht. Die höhere oder geringere Bewertung der Vermögensgegenstände in der Gründungsbilanz wirkt auf die Geschäftsergebnisse der folgenden Jahre.

Wird für die Kundschaft, Firmenübernahme usw. eine besondere Vergütung vereinbart (Facon, goodwill)[2]), so kann sie als Sonderposten (Firmenerwerbungs-Konto) in der B. erscheinen, wird dann zweckmäßig möglichst rasch aus dem Jahresgewinn amortisiert, oder man läßt sie durch Wertaufschlag, insbesondere auf die Immobilien, in der Gründungsbilanz verschwinden.

Beispielsweise der Kaufpreis einer Firma wäre $1^1/_2$ Mill., davon wird $^1/_2$ Mill. für „eingeführte Firma mit organisierter Fabrik, geschultem Per-

---

[1]) Wustrau, Die rechtliche Bedeutung des § 25 HGB. Berlin 1908.

[2]) Dicksee-Tillyrad, Goodwill and its treatment in accounts. 3. ed. London 1906 (Gee & Co.).

bilanz. Passiva

1. Hypothek	30 000,—	
2. Hypothek (Restkaufgeld)		15 000,—
Schulden an 2 Kreditoren	14 935,30	
Restkaufgeld		50 000,—
Vom Vorbesitzer übernommene Schulden	44 935,30	
Schulden des Käufers		65 000,—
Gesamtschulden		109 935,30
Eigenes Kapital		60 000,—
		169 935,30

sonal, reichen geschäftlichen Erfahrungen und bedeutenden, noch unerledigten Aufträgen" in die B. als Firmenerwerbungs-Konto eingestellt. Bei entgeltlicher Erwerbung können immaterielle Rechte zweifellos in die B. aufgenommen werden. Der Verkaufswert des Geschäftes bemißt sich in diesem Falle nicht nach dem Verkaufswert der einzelnen veräußerten Sachen und Rechte allein, ist nicht gleich der Summe dieser einzelnen Verkaufswerte. Der Verkaufswert des Unternehmens als Ganzes wird beeinflußt durch Verhältnisse, die mit der Persönlichkeit des zeitigen Inhabers nicht zusammenhängen, Verhältnisse, die sich nicht als besonders veräußerliche selbständige Werte darstellen, sondern gewissermaßen Eigenschaften des Inbegriffs sind. Dazu gehören alte Kundschaft, Ruf der Firma, Geschäftsgeheimnisse, die übertragbar sind und bei Fortführung durch einen Dritten eine erhöhte objektive Nutzbarkeit des Ganzen begründen. So lange eine wirkliche Wertminderung dieses in die B. eingestellten Verkaufswertes nicht eingetreten ist und nicht bewiesen werden kann, ist eine Abschreibung steuerrechtlich nicht zulässig [1]).

Da der Vorbesitzer Ausfallsgarantie für Wechsel und Buchforderungen übernommen hat, gehen etwaige Ausfälle zu Lasten seines Personen-Kontos bzw. werden im gegebenen Fall gegen seine Restkaufgeldforderung aufgerechnet.

Das Privatvermögen eines Einzelkaufmanns bildet mit dem zu geschäftlichen Zwecken abgesonderten „Geschäftsvermögen" rechtlich eine Einheit, obgleich beide wirtschaftlich verschiedenen Zwecken dienen. Der Konkurs über das Privatvermögen eines Einzelkaufmanns ohne gleichzeitigen Konkurs über das Geschäftsvermögen ist nicht denkbar. Da die Gründungsbilanz eine vollständige Übersicht über die Vermögenslage geben soll, so muß auch das Privatvermögen bilanzmäßig aufgezeichnet werden. Dies kann geschehen durch Aufnahme eines summarischen Postens

[1]) Entscheidungen des OVG. Bd. 10, S. 295, 309. Vgl. auch die von Passow, Bilanzen, S. 112 zitierten Entscheidungen des Kammer- und des Reichsgerichts. Auch Pisko, Das Unternehmen als Gegenstand des Rechtsverkehrs, Wien 1907.

oder durch Aufstellung zweier Gründungsbilanzen, einer für das Geschäftsvermögen, einer geheimen für das Privatvermögen; beide zusammen ermöglichen die vom Gesetz erforderte Übersicht. Das Fehlen der einen Bilanz hätte die Rechtsnachteile unordentlicher Buchführung zur Folge. Die Veränderungen im Privatvermögen sind nicht fortlaufend aufzuzeichnen, nur das Ergebnis dieser Veränderungen ist in die Schlußbilanz aufzunehmen.

Das Vorbehaltsgut der Ehefrau, das in das Geschäft des Mannes genommen ist, wird am besten auf einem Sonderkonto (z. B. Illaten-Konto) verbucht. Der Verkäufer eines Betriebes kann eine Schlußbilanz unter Zugrundelegung der Veräußerungspreise aufstellen.

Ein Handelsgeschäft kann auf Grund eines Nießbrauchs, eines Pachtvertrages oder eines ähnlichen Verhältnisses übernommen werden (§ 22 HGB.)[1]). Dadurch wird nicht das Eigentum, sondern das Gebrauchsrecht an Geschäft und Firma überlassen. Der Pächter oder Nießbraucher ist Inhaber des Geschäfts; er haftet für die bisherigen Geschäftsschulden. Das Geschäftsvermögen, sofern es nicht kraft Gesetzes oder Vertrages sein Eigentum wird, haftet nicht für die Schulden, welche nach der Übernahme des Geschäfts entstanden sind. Nach beendeter Pacht fällt das Geschäft an den Verpächter oder den sonst Berechtigten zurück. Verbrauchbare Gegenstände, z. B. Waren, werden meist verkauft, oder es wird vereinbart, daß am Ende der Vertragsdauer nur ihr Wert oder gleichartige Gegenstände in gleichem Wert zurückzuerstatten sind. Der Buchführung und Bilanz ist es in diesem Falle nicht leicht, diese Rechtsverhältnisse festzuhalten. Das einfachste dürfte es sein, das Leihvermögen der Kontrolle und Ordnung wegen aufzuzeichnen und vom eigenen Vermögen bilanzmäßig zu trennen.

II. Offene Handelsgesellschaft. Die Gesellschafter sind verpflichtet, zur Erreichung eines gemeinschaftlichen Zweckes die vereinbarten Beiträge zu leisten (§ 705 BGB.). Es kann Bargeld, es können aber auch Sachen, Rechtshandlungen, Verpflichtungsübernahme als Beiträge geleistet werden. So kann beispielsweise einer der Gesellschafter sich ohne Geldbeiträge als Gesellschafter eintragen lassen, dadurch das Risiko der Schuldenhaftung übernehmen und den Kredit der Gesellschaft erhöhen.

Der Gesellschaftsvertrag kann die Einbringung einer Sache zum bloßen Gebrauch oder zum Eigentum der Gesellschaft vorschreiben. Der Gesellschafter, der Forderungen einbringt, haftet für deren Rechtsbeständigkeit, nicht für die Zahlungsfähigkeit des Schuldners. Etwa später eintretende Ausfälle gehen zu Lasten des Reingewinns der Gesellschaft, sofern nichts anderes vereinbart ist, beispielsweise von den einbringenden Gesellschaftern Ausfallbürgschaft übernommen wurde. Die Buchführung kann das Einbringungsversprechen, die vertragsmäßige Vereinbarung und ihren Voll-

---

[1]) Henkel, Die Verpachtung eines Handelsgeschäftes. Dresden 1908.

zug kontenmäßig trennen, z. B. N. N. Illations-Konto an N. N. Kapital-Konto; das Debet des ersten Kontos zeigt die Solleinlage, dessen Kredit die späteren Einzahlungen.

Gründungs- und Inventarbilanz einer offenen Handelsgesellschaft umfassen nur das Gesellschaftsvermögen und die Gesellschaftsschulden, nicht das Sondervermögen und die persönlichen Schulden der Gesellschafter. Die Beiträge der Gesellschafter und die durch die Geschäftsführung der Gesellschaft erworbenen Gegenstände werden gemeinschaftliches Vermögen der Gesellschaft (Gesellschaftsvermögen, § 718 BGB.). Der einzelne Gesellschafter hat keinen Anteil an den einzelnen Vermögensteilen, nach der Einbringung keinen Anspruch auf einen bestimmten Vermögensgegenstand. Bei der Auflösung hat er nur einen quotalen Anteil am Erlös der Masse. Der rechnungsmäßige Anteil eines Gesellschafters bestimmt sich bei der Gründung nach dem Geldwert der Einlage, im späteren Verlauf nach dem jeweiligen Kapitalanteil unter Berücksichtigung der Erfolgsverteilung. Die Ermittlung des „gegenwärtigen Kapitalanteils" der einzelnen Gesellschafter hat nur den Zweck, den Gewinn- oder Verlustanteil für das zukünftige Geschäftsjahr berechnen zu können. Sie gibt nur annähernd den Wert der Kapitalanteile. Die Ermittlung des wirklichen Wertes würde die Aufstellung einer Auseinandersetzungsbilanz erfordern, für deren Aufmachung andere Gesichtspunkte maßgebend sind wie für die Aufstellung einer Jahresbilanz bei normaler Fortdauer der Gesellschaft.

Ein Gesellschafter, der seine Geldeinlage nicht rechtzeitig einzahlt, hat Zinsen von dem Tag an zu entrichten, an welchem die Zahlung hätte geschehen sollen (§ 111 HGB.); ebenso sind die Entnahmen über die vertragsmäßige Grenze hinaus und die unbefugte Verwendung von Gesellschaftsgeldern zu verzinsen. Die Übertragung der Gesellschaftsrechte (§ 717 BGB.), d. h. der Ansprüche aus dem Auseinandersetzungsguthaben und auf Gewinnanteile, wirkt wie eine Zession: die Gesellschaft hat einen neuen Gläubiger (Buchung: Übertragung des Geldbetrages vom Kapital- oder Privat-Konto des Gesellschafters auf das Kredit des Kontos des neuen Gläubigers).

Ersatzansprüche eines Gesellschafters auf Grund des § 110 HGB. für Aufwendungen und für Verluste in Gesellschaftsangelegenheiten werden am besten einem Separat-Konto gutgebracht, nicht dem Kapital-Konto des Gesellschafters, da sie keine Vermehrung des Kapitalanteils darstellen (beispielsweise Reisekosten im Interesse der Gesellschaft, Zahlung von Gesellschaftsschulden infolge der Solidarhaftung u. ä.).

Bei der Gründung einer offenen Handelsgesellschaft wird, wenn es notwendig ist, zunächst für jeden Gesellschafter ein Gründungsinventar aufgestellt, das die Zusammensetzung und die Höhe der Sacheinlagen feststellt; dann werden alle Vermögensgegenstände und Schulden in einem gemeinschaftlichen Inventar zusammengeworfen und in der Gründungsbilanz die Gesellschaftsaktiva, die Gesellschaftsschulden sowie die Kapitalanteile bestimmt.

1. Beispiel: A., B. und C. gründen eine Patentverwertungsgesellschaft. A. hat 80 000 bar zu leisten, davon 30 000 sofort, in drei Monaten 20 000, in sechs Monaten 30 000. B. bringt Staatspapiere ein, deren Erlös durch Barzahlung von 2496 auf die bedungene Einlage von 80 000 gebracht wird. C. inferiert seine Patente, deren Wert mit 100 000 vertragsmäßig bestimmt wird.

Gründungsbilanz.

Bargeld	110	Gesellschaftskapital	260
A, Einzahlungs-Konto	50	Davon entfallen auf A 80	
Patent-Konto	100	B 80	
		C 100	

2. Beispiel: A. nimmt B. in sein Geschäft auf. B. bringt die unten verzeichneten Werte ein, leiht überdies 30 000 M. Staatspapiere zwecks Verkauf und zur vorübergehenden Verstärkung der Betriebsmittel (Erlös 31 200). Jeder Gesellschafter übernimmt für die von ihm eingebrachten Forderungen Ausfallbürgschaft. Die Kapitalanteile sollen geheim gehalten werden.

A. besitzt:

Grundstücke	80	Hypothekenschulden	30
Inventar	3,5	Wechselschulden	34
Waren	35,3	Warenschulden	27
			91
Wechsel	4,8		
Bargeld	2,8	Eigenes Kapital	35,4
	126,4		126,4

B. bringt ein:

Effekten 16 000 zu pari	16
+ Stückzinsen	0,12
	16,12
Wechsel	10
Bargeld	15
Eigenkapital	41,12

Keine Schulden.

Generalbilanz der Handelsgesellschaft.

Grundstücke	80	Hypotheken	30
Inventar	3,5	Wechselschulden	34
Waren	35,	Warenschulden	27
Wechsel	14,8	B, Darlehens-Konto	31,2
Effekten	16,12	Generalkapital-Konto	76,52
Bargeld	49		198,72
	198,72		

Hätten beide Gesellschafter vereinbart, daß die Handelsgesellschaft die Schulden des A. nicht übernehme, so würden aus den Geschäftsschulden des A. dessen Privatschulden ausscheiden, wodurch die Gläubiger auf das empfindlichste geschädigt werden können; denn die Deckungsmittel, die Aktiva des A., gehen den Gläubigern unmittelbar verloren. Die Befriedigung ihrer Ansprüche wird sehr viel schwieriger, wenn sie sich an das persönliche Vermögen einer bestimmten Person halten müssen. Ein solches Privatvermögen ist auch viel leichter beiseite zu schaffen oder zu verdecken als der Vermögenswert einer Firma, aus deren Geschäftsbüchern sich alle Einzelheiten ergeben müssen.

Beim Eintritt eines persönlich haftenden Gesellschafters muß die letzte Bilanz der Unternehmung ein vollständig klares Bild der Vermögenslage der Gesellschaft bieten. Nicht nur die Höhe der Einlage der bisherigen Unternehmer (Einzelinhaber, Gesellschafter), auch die Haftpflicht des neuen Gesellschafters für frühere Verbindlichkeiten der Unternehmung bestimmen sich danach. Vor dem Eintritt des neuen Gesellschafters zedierte Forderungen, für deren Eingang die bisherige Gesellschaft die selbstschuldnerische Bürgschaft übernommen hat, müssen durch eine die Sachlage veranschaulichende Darstellung in der Bilanz klargestellt werden.

Für die persönlich haftenden Gesellschafter einer Personalgesellschaft besteht hinsichtlich des Privatvermögens dieser Gesellschafter kein Bilanzierungszwang, obgleich es ähnlich dem Privatvermögen des Einzelkaufmanns für die Verbindlichkeiten des Geschäftes haftet. Das Gesellschaftsvermögen als gemeinschaftliches Vermögen steht im Gegensatz zum Sondervermögen der Gesellschafter. Den Anforderungen des Kreditverkehrs genügt es nicht, daß erst bei einem Vermögensverfall, bei einer Zahlungseinstellung und Konkurseröffnung das gesamte haftpflichtige Vermögen festgestellt wird. Wir fordern von einem zukünftigen Handelsgesetzbuch die allgemeine Gesetzesvorschrift, daß da, wo neben dem Geschäftsvermögen noch ein Privatvermögen haftet, die Bilanz durch einen Zusatz über diesen Vermögensteil ergänzt werden muß.

III. Für Kommanditgesellschaften gelten die gleichen Vorschriften wie für die offene Handelsgesellschaft. Der Kommanditist haftet den Gläubigern unmittelbar, so lange die Einlage nicht oder nicht in der bedungenen Höhe geleistet ist (§ 171 HGB.); er haftet nur mit seiner Einlage, nicht mit seinem ganzen Kapitalsaldo, wenn dieser den Betrag der vereinbarten Einlage übersteigt. Im Konkurs kann der Kommanditist die über den Betrag seiner Einlage zugewachsenen Gewinne als Forderung anmelden. Durch Vereinbarung können Gewinnanteile zur Einlage geschlagen werden, erhöhen damit die Einlage und gleichzeitig die Haftpflicht des Kommanditisten (§ 172).

IV. Aktiengesellschaften.

Das HGB. kennt zwei Formen der Gründung[1]) von Aktiengesellschaften; die Einheits- oder Simultangründung, wenn sämtliche Aktien von den Gründern übernommen werden, Gründer und erste Aktionäre identisch sind (§ 188 HGB.). Sie ist im Deutschen Reich am häufigsten. Bei einer Sukzessiv- oder Stufengründung übernehmen die Gründer nur einen Teil der Aktien, während der Rest durch Zeichnung aufgebracht wird (§ 189).

Die Gründung kann eine Bargründung sein, bei der die Gründer nur Bargeld einzahlen, oder eine Gründung mit Sacheinlagen (§ 186), eine qualifizierte Apport- oder Illationsgründung, bei der auch andere als Bareinlagen gemacht werden. Gründungen mit Sacheinlagen sind stets Umwandlungsgründungen[2]), durch die eine bereits bestehende Unternehmung die Rechtsform der Aktiengesellschaft erhält, sei es, daß der Vorbesitzer sich seines Betriebes entäußert, sei es, daß durch die Umwandlung und die Ausgabe von Aktien dem Betriebe neue Mittel zugeführt werden sollen.

Als Sacheinlage geeignet ist jeder Wertgegenstand, der als Aktivum in die B. aufgenommen werden kann, z. B. körperliche Sachen, Rechte, immaterielle Güter, wenn sie verkehrsfähig sind (Patente, Urheberrechte, Wasserrecht, Konzessionen, Hypotheken, Vorkaufsrechte, Miet- und Pachtverträge, Berggerechtsame, Anteile an einer Gesellschaft, Firmenrecht, Kundschaft, Fabrikationsgeheimnis, Konzession usw.)[3]). Bei einer Gründung mit Sacheinlagen bringen die Gründer Sachvermögen ein, deren Wert auf den zu übernehmenden Betrag des Grundkapitals angerechnet wird. Gegen Einbringung erwerben die Gründer Mitgliederrechte.

Beispiel einer Gründung mit Sacheinlagen:

Sacheinlagen	0,9 Mill.	Aktienkapital	3 Mill.
Geschäftserwerbungs-Konto	2,1 „		

[1]) Schmalenbach in der Zeitschr. f. handelsw. Forschung, Jahrg. 1906/07, S. 203 ff. VI, S. 472. Silbernagel, Die Gründung von A.-G. nach deutschem, schweizerischem, französischem und englischem Aktienrecht. Berlin 1907. Bank-Archiv XI, S. 153, Bilanzierung von Aktiengründungen.

[2]) Bei einer Umwandlung erhält eine bestehende Unternehmung eine andere Rechtsform; Einzelfälle sind gesetzlich erwähnt z. B. §§ 28, 130, 139, 162, 176 HGB.; für Aktienvereine, die hier interessieren, insbesondere die §§ 307, 332/34; für Genossenschaften §§ 143/5 Gen.-Ges.; §§ 80/81 G. m. b. H.

[3]) Nicht aber Anteile an einer offenen Handelsgesellschaft, weil die Aktiengesellschaft nicht Mitglied einer solchen sein kann. Auch nicht die Arbeitskraft eines Aktionärs oder andere Dienstleistungen.

Das Geschäftserwerbungskonto stellt die Abfindung für den Vorbesitzer dar gegen dessen Verpflichtung, den eigenen Geschäftsbetrieb einzustellen, die eigene Firma löschen zu lassen und innerhalb 10 Jahren keinerlei Konkurrenzunternehmen zu errichten.

Bei der sogenannten Übernahmegründung schließen die Gründer mit einem Dritten einen Vertrag, infolgedessen dieser der zukünftigen Gesellschaft Vermögensgegenstände überläßt. Entsprechend dem § 186 HGB. sind Sacheinlagen und Sachübernahme zu unterscheiden. Die Sacheinlage ist eine nicht durch Barzahlung zu leistende Einlage des Aktionärs auf das Grundkapital; die Sachübernahme ist eine Übernahme von vorhandenen oder herzustellenden Anlage- oder sonstigen Vermögensgegenständen durch Kauf-, Tausch- oder Werkvertrag durch die zu errichtende Gesellschaft. Ob der Überlassende Aktionär wird, ist gleichgültig. Mitunter kommen verschleierte Übernahmegründungen, Scheingründungen vor. Die Aktiengesellschaft wird als Bargründung mit verhältnismäßig geringem Kapital errichtet, kurz darauf schließt die Gesellschaft unter gleichzeitig starker Kapitalerhöhung Kaufverträge mit der zu übernehmenden Unternehmung ab. Zweck dieser Scheingründungen ist, die vom Gesetzgeber geforderte Nachprüfung von qualifizierten Gründungen, insbesondere die Prüfung der Angemessenheit der Illationspreise für die übernommenen Objekte zu umgehen [1]).

Z. B. eine Pianofortefabrik wird als Bargründung errichtet, kurz darauf schließt sie Kaufverträge mit zwei anderen Fabriken derselben Branche. Die Aktiengesellschaft war von vornherein zum Zweck der Übernahme der beiden Fabriken ins Leben getreten. In Berlin wurde eine Baugesellschaft mit einem Aktienkapital von 1 Mill. M. als Bargründung errichtet. Einen Monat nach ihrer Eintragung wurden eine Erhöhung des Aktienkapitals auf 4 Mill. und die Übernahme von Grundstücken einer Immobilienfirma beschlossen, um auf ihnen eine Passage zu erbauen.

Das HGB. trifft im § 207 erschwerende Sonderbestimmungen für diese verschleierten Übernahmegründungen, die gewöhnlich als Nachgründungen bezeichnet werden. Trotz dieser Bestimmungen ist die Prüfung der Wertbemessung der eingebrachten Objekte unmöglich gemacht, Angaben über die bisherige Rentabilität sind vermieden. Um die Folgen solcher

---

[1]) Vgl. Sattler, Die Revision bei Gründung von Aktiengesellschaften. Berlin 1893. — Rosenwald, Desgl. München 1898. — In Betracht kommen die Vorschriften über den Gründungsbericht (§ 191) und die Prüfung durch Revisoren (§ 192 ff. HGB.). Die Bilanz der Aktienvereine wird unter Umständen zweimal einer behördlichen Prüfung unterzogen: einmal bei der Gründung, ein zweites Mal bei der Einführung junger Aktien in den Börsenverkehr; in diesem Falle erfolgt die Bilanzprüfung durch die Zulassungsstelle der Börse (§ 38 Börsen-Ges.).

vorgeschobenen Bargründungen zu beseitigen, hat die Handelskammer Berlin in ihren 1907 erschienenen Vorschriften für Gründungsrevisionen folgendes bestimmt: Die Prüfung erstreckt sich auf die vorausgegangenen Rechtsgeschäfte, die auf den Erwerb durch die Gesellschaft hingezielt haben, die Erwerbs- und Herstellungspreise aus den letzten beiden Jahren und im Falle des Überganges eines Unternehmens auf die Gesellschaft auf die Betriebsergebnisse aus den letzten beiden Jahren. Die Frage, ob eine Übernahmegründung vorliegt oder nicht, ist von den Revisoren selbständig und unabhängig von der Erklärung der Gründer und Gesellschaftsorgane zu prüfen. Entstehen Zweifel oder Meinungsverschiedenheiten zwischen den Revisoren und Antragstellern darüber, ob eine Übernahmegründung vorliegt oder nicht, so sind die Antragsteller und Organe der Gesellschaft auf den Standpunkt der Gerichte hinzuweisen, und es ist, wenn eine Einigung nicht erzielt wird, die Revisionstätigkeit einstweilen einzustellen.

Die Rechte auf Nebenleistungen (§§ 212, 216)[1]), beispielsweise bei Rübenzuckerfabriken die Rübenlieferungspflicht der Aktionäre, kommen als solche in der B. nicht zum Ausdruck. Leistungsvergütungen werden selbstverständlich verbucht.

Bei der Umwandlungsgründung — durch Vermittlung einer Bank, eines Finanzagenten — wird das Unternehmen als Ganzes übernommen. Der Illations-, Kauf- oder Einbringungspreis wird zwischen beiden Parteien vereinbart; der Vorbesitzer läßt sich den Wert des Geschäfts (Firma, Kundschaft usw.) bezahlen, auch die Provision an die Vermittler. Der Preisaufschlag hierfür gegenüber dem wirklichen Wert der Aktiva wird selten in einem offenen Sonderbilanzposten erscheinen. Häufiger wird er auf die Aktiva verteilt, gewöhnlich auf die Immobilien; auch andere geheime Verschiebungen in der Bewertung der Aktiva und innerhalb des Rahmens der Taxe kommen vor. So werden häufig die Immobilien höher, die Maschinen billiger eingestellt, weil auf dem Immobilien-Konto später weniger abgeschrieben zu werden pflegt als auf Maschinen-Konto[2]). Oder

---

[1]) Ebert, Die Nebenleistungs-Aktiengesellschaft. Leipzig 1904.

[2]) Z. B.: Vom Vorbesitzer wurden
ℳ 1 052 434 in die Aktiengesellschaft eingebracht. Dagegen übernahm diese die am 30. April 1932 vorhanden gewesenen Passiven (Kreditoren, Akzepte usw. sowie ℳ 37 000 Hypothek, die inzwischen zur Rückzahlung gekommen ist) im Betrage von
ℳ 377 250. Der Rest betrug sonach
ℳ 675 184. Diese den Buchwerten entsprechende Summe wurde laut Vereinbarung um
„ 72 500 erhöht, so daß sich
ℳ 747 684 als Gesamtübernahmepreis ergab.

man bewertet Waren und Debitoren, also Umsatzvermögen, geringer, schlägt das Minus auf den Wert der Immobilien und erhöht damit die Dividenden des ersten Jahres, da nach Eingang der Forderungen zum Nennwert und durch Verkauf der mit niedrigem Einstandswert zu Buche stehenden Waren der rechnungsmäßige Gewinn auf diesen Konten größer sein muß. Andererseits kommt es vor, daß man die Einlagen weit unter dem Schätzungswert einbringt, um das Aktienkapital nicht zu hoch zu normieren, stille (Gründungs-) Reserven zu schaffen usw.

Der Gründerlohn (§ 186, für Reklame, Vorarbeiten, Vertragsabschlüsse u. ä.) geht entweder zu Lasten der zu errichtenden Gesellschaft oder wird von den Gründern getragen. Er kann in Geld oder Geldleistungen bestehen. So bestand beispielsweise bei der Nationalbank für Deutschland das Gründerrecht in einem Paribezugsrecht auf die Hälfte neuer Aktien, das 1911 zu 95% durch eine Vereinbarung abgelöst wurde, wonach die Inhaber dieses Gründerrechts eine Vergütung von 5% des Nennwertes der jeweils auszugebenden Aktien erhalten, d. h. man hat den Gründern ein 10prozentiges Agio auf die ihnen in Zukunft zustehenden neuen Aktien garantiert. Der Gründerlohn kann auch verschleiert werden, wenn der Übernahmewert der Sacheinlagen höher als ihr wirklicher Wert angenommen wird, den Gründern oder den Vermittlern dementsprechend auch ein größerer Betrag von Aktien überwiesen werden muß.

1. Beispiel: Bargründung[1]). Eine Aktiengesellschaft wurde am 4. September 1906 gegründet. Grundkapital 40 Mill. in 10 Serien zu 4 Mill. Davon wurden zunächst 6 Serien vollbezahlt mit einem 10prozentigen Aufgeld, die letzten 4 Serien mit 25% zuzüglich 10% Agio auf den vollen Nennwert eingezahlt, wodurch der gesetzliche Reservefonds mit 4 Mill. aufgefüllt ist; Serie 7 wurde am 10. November 1906 vollbezahlt, so zwar, daß an diesem Tage 28 Mill. vollbezahlte Aktien und 12 Mill. Aktien mit 25% Einzahlung bestanden. Von den vollbezahlten Aktien wurde ein Teilbetrag von 9 Mill. zur Zeichnung aufgelegt, 127%, zuzüglich des halben Schlußnotenstempels. Die gezeichneten Beträge waren am 5. Dezember mit 40% zu bezahlen, die restlichen 60% bis 5. Januar 1907.

Vorstehende ℳ 72 500 wurden mit ℳ 35 000 dem Maschinen-Konto und
ℳ 37 500 dem Grundstück- und Gebäude-Konto zugefügt.

Zum Ausgleich sind dem Vorbesitzer
ℳ 747 000 als vollgezahlt geltende Aktien gewährt und der Rest von ℳ 684 nebst 8% Zinsen von ℳ 747 684 für das Jahr vom 1. Mai 1932 bis 30. April 1933 bar vergütet worden.

[1]) Gründungsbuchungen bei Reisch-Kreibig, Bilanz und Steuer, Wien 1909, Bd. II, S. 21 ff. — Steiner, Kapital und Bilanzen der A.-G., Dresden 1905, S. 6 ff.

Gründungsbilanz.

Fehlende Einzahlung	12	Grundkapital	40
Bargeld (Bank)	32	Reserve	4

Nach ihrer Eintragung erwarb die Gesellschaft 4 Mill. Aktien I zu 315% und 1,5 Mill. Aktien II zu 250% als dauernde Anlage mit einem Aufwand von 16,35 Mill. Mark.

Rentabilität der Anlage:

Aktien I, Barausgabe	12,6 Mill.,	Dividende 1905	25%	= 1 Mill.;	demnach 8%
II, „	3,75 „	„ 1905	15%	= 0,225 Mill.;	„ 6%
	16,35 Mill.			1,225 Mill.	

Der Gesamtaufwand 16,35 Mill. gibt 1,225 Mill. Einnahmen, d. h. im Durchschnitt 7⅓% Verzinsung. Rechnet man auf den Rest der Barmittel (32 ∸ 16,35) 5% Ertrag, so wäre der Jahresbruttogewinn ungefähr 2,175 Mill., d. h. 6,95% des eingezahlten Grundkapitals (31 Mill.). Der Zeichnungspreis (127%) scheint auf der Annahme einer $6^1/_2$—7proz. Dividende zu basieren, wenn man eine 5—$5^1/_2$proz. Kapitalverzinsung anrechnet. An der Börse wurden die erworbenen Aktien nicht gehandelt (Familiengründungen); ihr Bilanzkurs ausschließlich des Reingewinns war 1906 für I 144,24%, für II 145,31%.

2. Beispiel: Umwandlung einer offenen Handelsgesellschaft in eine A.-G. (Simultangründung).

a) Schlußbilanz der Vorbesitzer.

Aktiva		Passiva		
Insgesamt	1 365 508,38	Hypothek	ℳ	86 723,05
		Reservefonds	„	48 246,21
		Kreditoren	„	504 321,78
		Paul	„	200 000,—
		Frau Rind	„	50 000,—
		Buck	„	21 500,—
		Köster	„	33 995,68
		Reisenegger	„	25 000,—
		Hauser	„	20 000,—
		Diehl	„	15 000,—
		Scholz	„	20,000,—
		Summe der Passiven	ℳ	1 024 786,72
		Kapitalanteile:		
		Paul . . 136 450,02		
		Rind . . 204 271,64		340 721,66
			ℳ	1 365 508,38

Die Gründungskosten tragen die Vorbesitzer, die zu diesem Zwecke der Aktiengesellschaft den Reservefond (48 246,21) überlassen; ein darüber hinausgehender Betrag geht zu Lasten der Vorbesitzer, ein Überschuß zugunsten der Aktiengesellschaft.

b) Abrechnung mit den Gründern.

Die Gründer bringen ein	M	Pf	Die Gründer empfangen	M	Pf
1. Paul	136 450	02	Bar (nebst 4% vom 1. Januar)	549	98
			Aktien	137 000	—
2. Rind	204 271	64	Bar nebst 4%	728	36
			Aktien	205 000	—
und die durch Zession erworbenen Forderungen seiner Ehefrau	50 000	—	Aktien	50 000	—
3. Paul seine ihm zustehende Forderung	200 000	—			
und durch Zession erworbene Forderungen von Hauser, Diehl, Scholz, Reisenegger	80 000	—	Aktien	280 000	—
4. Köster bar	4	32			
und seine Forderung	33 995	68	Aktien	34 000	—
5. Buck bar	500	—			
und seine Forderung	21 500	—	Aktien	22 000	—
	726 721	66	Abfindung in Aktien	728 000	—
			Rest begeben	772 000	—
			Aktienkapital	1 500 000	—

3. Beispiel: Eröffnungs- und 1. Schlußbilanz.

Der Passivposten „Anlagekapitalien" umfaßt Hypotheken- und langfristige Darlehnsschulden. Zur Auszahlung der 9% Dividende auf 3,5 Mill. Kapital sind 315 000 M. erforderlich, die am Jahresende nicht vorhanden waren. Der Dispositionsfonds ist verschwunden, die Zunahme des Pensionsfonds entfällt auf Zinsenzuwachs. Das Delkredere ist etwa 5% des Forderungsbestandes.

Der Stand des Delkredere-Kontos am 31. Dezember ist um	20 146,64
größer; Abschreibungen im Kontokorrent und Überweisung auf Delkredere-Konto sind nach der Ertragsrechnung	64 703,79
Der Unterschied mit	44 557,15

dürfte auf Verluste an Forderungen entfallen.

Die Amortisation ist Ende 1904 größer um	110 851,02
Im Gewinn- und Verlust-Konto ist die Abschreibung mit	116 920,08
angegeben, es fehlen somit	6 069,06

Die liquiden Mittel (163 750) betragen etwa 13% der Kreditoren.

	Eröffnungs-bilanz 1. 1. 1904		Schluß-bilanz 31. 12. 1904		± gegen 1. 1.	
Aktiva	ℳ	₰	ℳ	₰	ℳ	₰
Fabrik-Anlagen	3 857 692	50	4 125 734	27	+ 268 041	77
Vorräte: Fertige Waren, Halbfabrikate, Rohstoffe u. sonstige Materialien	2 609 680	54	2 745 060	50	+ 135 379	96
Debitoren	1 471 958	28	1 539 685	21	+ 67 726	93
Kassa, Wechsel, Effekten und Guthaben bei Banken	237 678	61	163 750	25	— 73 928	36
Vorausbezahlte Versicherung	—	—	67 081	50	+ 67 081	50
	8 177 009	93	8 641 311	73	+ 538 230	16
					— 73 928	36
Zunahme der Aktiva					+ 464 301	80
÷ „ „ Passiva					÷ 62 556	36
Die Aktiva haben mehr zugenommen, d. i. Jahresreingewinn					401 745	44
dazu Vortrag					28 578	59
Bilanzgewinn					430 324	03

	1. 1. 1904		31. 12. 1904		+ gegen 1. 1.	
Passiva	ℳ	₰	ℳ	₰	ℳ	₰
Aktien-Kapital	3 500 000	—	3 500 000	—	—	—
Diverse Anlage-Kapitalien	1 191 163	87	925 244	46	÷ 265 919	41
Pensionskasse der Beamten	106 278	31	109 665	17	+ 3 386	86
Arbeiter-Pensions- und Unterstützungskasse	134 800	24	134 712	97	÷ 87	27
Kreditoren	1 036 447	42	1 242 136	11	+ 205 688	69
Delkredere-Konto	58 072	32	78 218	96	+ 20 146	64
Dispositionsfonds-Konto	11 510	17	—	—	÷ 11 510	17
Amortisationen	2 110 159	01	2 221 010	03	+ 110 851	02
Gewinn- u. Verlust-Konto, Vortrag	28 578	59	430 324	03	—	—
	8 177 009	93	8 641 311	73	+ 340 073	21
					— 277 516	85
Zunahme der Passiva					+ 62 556	36

4. Beispiel: Umwandlung einer G. m. b. H. in eine Aktiengesellschaft.

Übernahmewert der Aktiva	ℳ	1 376 977,61
die Schulden betragen	„	328 428,80
das eigene Kapital der G. m. b. H.	ℳ	1 048 548,81
auf 725 000 Geschäftsanteile; nach Auszahlung des Gewinnes und der Tantiemen mit	„	221 929,60
bleibt ein Eigenkapital von	ℳ	826 619,21
d. h. 114 % des Nennwertes der Stammeinlage. Die Abfindung beträgt	„	725 000,—
in Aktien der neuen Gesellschaft, so daß	ℳ	101 619,21

der Aktiengesellschaft **geschenkt** wurden, nämlich der Betrag aller Reserven und der Gewinnvortrag.

Die Vorbesitzer empfingen in Aktien zu 100 %	M	725 000,—
Gewinn und Zinsen in bar	„	205 110,—
zusammen	M	930 110,—

d. h. 128,3 % der Stammeinlagen.

Die Geschäftsgewinne der Vorbesitzer in den 3 letzten Jahren vor der „Gründung" waren:

148 610 M	bei einem Kapital von M	99 532 =	149,3 %
190 651 „	„ „ „ „ „	348 000 =	54,8 %
284 340 „	„ „ „ „ „	558 000 =	51 %.

V. **Die Gesellschaft mit beschränkter Haftung**[1]). Die G. m. b. H. kann errichtet werden: 1. als Bargründung; die in Geld zu leistenden Stammeinlagen sind voll oder nicht voll, aber mit mindestens 250 M. je Stammeinlage eingezahlt. 2. Als Umwandlungs- und 3. als Übernahmegründung. Die Umwandlung einer Einzelfirma oder einer handelsrechtlichen Personalgesellschaft in eine G. m. b. H. ist im Gesetz nicht besonders geregelt. Die Übertragung des Gesellschaftsvermögens an die neue Gesellschaft erfolgt nach der an keine besonderen Rechtsregeln gebundenen Auflösung der persönlichen Gesellschaft. Die Mitglieder der Gesellschaft bringen ihre Kapitalanteile als Sacheinlage unter Beobachtung des § 5 Abs. 4 des Gesetzes, betreffend die G. m. b. H., ein.

Bei einer Bargründung ist die Mindesteinzahlung (20 000 zu 25%) gleich 5000 M. Anders bei der Gründung mit Sacheinlagen; z. B.: Stammeinlage 20 000, Sacheinlagen 4000; Barzahlung 25% von 20 000 M. = 5000 M. Davon sind durch Sacheinlagen gedeckt 4000, bleiben 1000 M. Barzahlung zu leisten. Der Wert der Sacheinlagen wird in Anrechnung gebracht. Nach anderer Auffassung ist der durch die Sacheinlagen nicht gedeckte Betrag der Stammeinlage in Geld zu zahlen, mindestens 250 M. Die Ausgabe von Vorzugs- und Stammeinlagen über pari ist zulässig. Das Emissionsagio muß einem Reservefonds zugeführt werden. Außer der Leistung von Kapitaleinlagen dürfen den Gesellschaftern noch andere Verpflichtungen gegenüber der Gesellschaft auferlegt werden, wie z. B. Rübenbau, Rübenlieferungspflicht, Leistung von Fuhren usw.

Bei der Gründung von Kapitalgesellschaften mit Sacheinlagen kommt es häufig vor, daß die Übernahme einer bereits bestehenden Unternehmung **rückwirkend** nach dem Stande einer **vor** dem Zeitpunkt der Errichtung liegenden Bilanz erfolgt. Das kann der Fall sein, wenn der Übernahmepreis der Sacheinlagen nach dem Stande dieser weiter zurückliegenden Bilanz sich richten soll, eine vertragliche Vereinbarung der Bewertung. Solange eine Kapitalgesellschaft rechtlich noch nicht besteht, d. h. noch

[1]) Parisius-Crüger, Gesellschaften m. b. H. 4. Aufl. Berlin 1906.

nicht in das Handelsregister eingetragen ist, können Gewinne und Verluste, die in der Zeit vom zurückliegenden Bilanzstichtag bis zur Eintragung gemacht worden sind, nicht als Gewinne der Kapitalgesellschaften gebucht werden. Eine Abmachung, wonach das eingebrachte Unternehmen von einem früheren, vor der Eröffnungsbilanz liegenden Zeitpunkt als für Rechnung der Gesellschaft geführt gelten soll, ist steuerrechtlich unzulässig (Entsch. R. F. H. Bd. I, S. 205 f.).

Bei der Umwandlung einer Aktiengesellschaft in eine G. m. b. H. kann die Liquidation der Aktiengesellschaft unterbleiben, sofern hinsichtlich der Errichtung der neuen Gesellschaft den Vorschriften der §§ 80 und 81 genügt wird (kein Sperrjahr, keine vorgängige Befriedigung oder Sicherstellung aller Gesellschaftsgläubiger). Vor Eintragung der neuen Gesellschaft, spätestens innerhalb eines Monats nach der Auflösung der Aktiengesellschaft, muß der auf jede Aktie entfallende Anteil an dem Vermögen der aufgelösten Gesellschaft auf Grund einer Bilanz berechnet werden. Diese Vermögensverteilungsbilanz soll den Anteil der verbleibenden und der ausscheidenden Aktionäre bestimmen. Dabei ergeben sich Interessengegensätze hinsichtlich der Bewertung des Gesellschaftsvermögens. Die ausscheidenden Gesellschafter werden den Wunsch haben, möglichst hohe Abfindungsbeträge zu empfangen und die Vermögensgegenstände innerhalb der gesetzlich zulässigen Grenzen (§ 40 HGB.) möglichst hoch zu bewerten, während die Aktionäre, die ihre Anteile als Stammeinlage in die neue Gesellschaft einbringen, ein Interesse an niedriger Bewertung haben. Die rechtlichen Bestimmungen über die Vorlage und Genehmigung der Liquidationsbilanz durch eine qualifizierte Mehrheit sollen eine möglichst zutreffende Schätzung des einzubringenden Vermögens gewährleisten. Die Bewertungsregeln des § 40 HGB. werden mit der Beschränkung zur Anwendung zu bringen sein, daß Veräußerungsgegenstände zum Veräußerungswert anzusetzen sind, Gebrauchsvermögen aber unter Berücksichtigung des „Geschäftswertes" bei Weiterführung des Unternehmens. Die Feststellung des Anteils am Gesellschaftervermögen zeigen die folgenden schematischen Beispiele:

a) Ordentliche Schlußbilanz (Tausender).

Summe der Aktiva ...	300	Aktienkapital ...	200	(200 zu 1000)
		Reserven	10	
		Schulden	70	
		Reingewinn	20	

Bilanzwert einer Aktie vor der Gewinnverteilung 115%.

b) Die Bilanz im Sinne des § 80 liefert unter Berücksichtigung der veränderten Wertansätze eine Summe

der Aktiva von	400
ab Schulden	70
eigenes Kapital	330.

Auf eine Aktie entfallen somit 1650 M. als Anteil am Gesellschaftsvermögen. Angenommen die Hälfte der Aktionäre scheidet aus, demnach sind 1650 × 100 = 165 000 M. zur Auszahlung bereitzuhalten. Die zurückbleibenden Aktionäre setzen den Betrag des Stammkapitals auf 200 000 M. fest, die sich beteiligenden Aktionäre haben 35 000 M. nachzuzahlen.

c) Die Eröffnungsbilanz:

Aktiva	400	Stammkapital	200
auf die Stammeinlage		Schulden der Aktiengesellschaft	70
noch einzuzahlen	35	Forderung der ausscheidenden Aktionäre	165

d) Hätten 150 verbleibende Aktionäre das Stammkapital auf 200 000 M. festgesetzt, also unter dem Vermögensanteil von 1650 M. die Aktie, gäbe die Eröffnungsbilanz folgendes Bild:

Aktiva	400	Stammeinlagen	200	
		Schulden	70	
		An ausscheidende Aktionäre	82,5	
				352,5
		Verfügbare Reserve		47,5

Der Überschuß der Aktienanteile (150 × 1650) über die neue Stammeinlage fällt als Reserve an die neue Gesellschaft, oder wird zu Abschreibungen auf die Aktiva verwendet.

Die Bewilligung einer **Gründungsprovision** ist unzulässig, eine Entschädigung an die Gründer könnte nur aus dem Jahresreingewinn zugebilligt werden.

Die **Erhöhung des Stammkapitals** durch Schaffung neuer Stammeinlagen, sei es durch Barzahlung, sei es durch Leistung von Sacheinlagen, bedarf bilanztechnisch keiner besonderen Erörterung.

Die G. m. b. H. kann als Zubußegesellschaft errichtet werden, d. h. es kann im Gesellschaftsvertrag bestimmt werden, daß die Gesellschafter über den Betrag der Stammeinlage hinaus die Einforderung von Nachschüssen beschließen können.

Eine bereits beschlossene, aber **noch nicht** erfolgte Einziehung von Nachschüssen kann nur als Aktivum eingestellt werden, wenn sich die Gesellschafter durch Überlassung des Geschäftsanteils von der Zahlung der Nachschüsse nicht befreien können (kein Abandonrecht haben). Den in die Aktiva der B. aufgenommenen Nachschußansprüchen muß ein gleich hoher Kapitalbetrag in den Passiven gegenübergestellt werden. Auch die eingezahlten Nachschüsse sind unter den Passiven aufzuführen, soweit nicht die Verwendung eine Abschreibung des betreffenden Passivpostens begründet, beispielsweise bei der Deckung einer Unterbilanz oder Verwendung zu außerordentlichen Abschreibungen [1]).

(Buchung der beschlossenen Einzahlung: Nachschußeinzahlungs-Konto oder Konto der Gesellschafter an Nachschußkapital-Konto. Durch die tatsächlichen Einzahlungen wird das zuerst genannte Konto späterhin entlastet. Beide Konten erscheinen in der Jahresbilanz, falls bis zum Bilanztag die Nachschüsse nicht voll eingezahlt sind. Die Verwendung der Nachschüsse geht zugunsten der betreffenden Konten [Anlage-, Maschinen-Konto usw.], zu Lasten des Nachschußkapital-Kontos.)

Die Einziehung oder Amortisation von Geschäftsanteilen, d. h. die Beseitigung von Anteilsrechten erfolgt, um das Stammkapital zu vermindern oder um durch Vernichtung von Geschäftsanteilen die Zahl der Beteiligten zu reduzieren und dadurch die Rentabilität des Unternehmens für die Verbleibenden zu erhöhen, endlich um aus der Gesellschaft, ohne Übertragung des Anteils an Dritte, auszuscheiden. Die Herabsetzung des Stammkapitals (§ 58), bis zum Mindestbetrag von 20 000 M. zu 500 für die einzelne Stammeinlage, kann durch Einziehung von Stammanteilen oder durch Verminderung des Betrages der einzelnen Stammanteile erfolgen. Ihr Zweck kann sein: Tilgung einer Unterbilanz, Bildung eines Reservefonds, d. i. Verzicht der Gesellschafter auf einen Teil ihrer Einlagen zugunsten der Gesellschaft ohne eine Abfindung; endlich kann die Herabsetzung zum Zwecke der Zurückzahlung von Stammeinlagen, oder, soweit die Stammeinlagen nicht vollbezahlt sind, zum Zwecke des Erlasses der geschuldeten Einzahlungen (Minderung des Kapitalüberflusses) erfolgen.

Beispiel für die Umwandlung einer Einzelfirma in eine G. m. b. H. An der Erbschaftsmasse des verstorbenen Kaufmannes N. sind dessen Witwe und drei Kinder beteiligt. Außer Geschäftsvermögen ist noch Privatvermögen vorhanden. Von den Erben wird die Umwandlung in eine G. m. b. H. mit einem Mindestkapital von 270 000 M. beschlossen. Die Aktiva der Erbschaftsmasse einschließlich Privatvermögen betragen

	M. 764 108,10
die Schulden	„ 244 484,30
das Kapital	M. 519 623,80.

Der Abschluß der Hauptbuchkonten des verstorbenen Geschäftsinhabers erfolgt durch Liquidationsausgangsbilanz- bzw. Gewinn- und Verlust-Konto in der üblichen Weise. Bei der Liquidation der Firma ergaben sich insofern Schwierigkeiten, als nur ein Teil des Gesamtvermögens von der Familiengesellschaft übernommen, der andere, in der Hauptsache

[1]) Über die Nachschußpflicht vgl. Fischer, Bilanzwerte, II. S. 355, 361.

Bilanz für den 31. Dezember 1911. Passiva.

	ℳ	₰	ℳ	₰
Zubußen			3 040 000	—
Anleihen	3 000 000	—		
ab ausgeloste	1 063 000	—	1 937 000	—
Dispositionsfonds	300 000	—		
Rücklage 1911	500 000	—	800 000	—
Kontokorrent-Konto: diverse Kreditoren (einschließlich Rückstellung für Syndikatsspesen und Preisausgleichungen)			848 622	76
Bürgschaften: diverse Avale für Steuern, Frachten und Syndikat ℳ 402 500,—				
Bürgschaft für die 4½ proz. mit 103 % rückzahlbare Anleihe der Gewerkschaft Z. in Höhe von ℳ 3 000 000,— „ 3 090 000,—				
ℳ 3 492 500,—				
Noch einzulösende Anleihe-Zinsscheine			41 259	—
Noch einzulösende verloste Obligationen			12 360	—
Hypothekenschuld bei der Magdeburger Bau- und Kreditbank	492 450	—		
ab: Amortisation	232 678	86	259 771	14
Rückständige Löhne			54 118	—
Rückstellung für Unfall-Versich.-Konto			35 000	—
Disagio-Konto	62 640	—		
ab 3 % Agio auf ausgeloste ℳ 151 000,—	4 530	—	58 110	—
Spezial-Reserve-Fonds	138 000	—		
ab: Entnahme f. außerordentliche Steuern	69 000	—		
	69 000	—		
und Rücklage 1911	60 000	—	129 000	—
Beamten- und Arbeiter-Unterstützungs-Fonds			75 000	—
Ausbeute-Konto (rückständig)			250 000	—
Gewinn- und Verlust-Konto				
Gewinn-Vortrag 1910	184 936	51		
Gewinn-Saldo 1911	1 096 617	63		
	1 281 554	14		
ab: Ausbeute 1911	1 000 000	—	281 554	14
	281 554	14		
ab: Tantieme an Vorstand und Beamte	65 800	—		
bleibt Vortrag auf das Jahr 1912	215 754	14		
			7 821 795	04

aus Grundstücken und darauf lastenden Passivhypotheken, Beteiligungen, Wertpapieren, Aktivhypotheken bestehende Teil den Bestimmungen des Testaments entsprechend zur Verteilung kommen soll. Es müssen somit zwei Vermögensverwaltungen auch buchtechnisch in Erscheinung treten:

a) Die G. m. b. H. übernimmt: Aktiva in Höhe von	*M*	404 588„70
Schulden in Höhe von	„	173 460„30
einen Kapitalanteil von	*M*	231 128„40
b) Die Nachlaßverwaltung übernimmt: Aktiva im Betrage von	*M*	359 519„40
Schulden im Betrage von	„	71 024„—
Kapital	*M*	288 495„40

Mit der kontenmäßigen Verteilung der Aktiva und der Passiva in der ausgeführten Art ist die Liquidation der Einzelfirma beendet. Drei Kontenbeispiele mögen die Verrechnung veranschaulichen:

Immobilien

1. Bilanz 184 000	2. Liquid. 184 000
3. Liquid. Bilanz 184 000	4. Nachlaß-verwalt. 184 000

Debitoren

501 670	200 000
	Liq.-Bil. . . 300 000
	Verlust . . . 1 670
Liq.-Bilanz 300 000	G. m. b. H. 300 000

Kapital

G. m. b. H. 231 128,40	Liquid.-Bilanz 519 623,80
Nachlaß-verwaltung 288 495,40	

Das Kapital der neuen G. m. b. H. beträgt auf Grund der Liquidation weniger als 270 000 M.; die Resteinzahlung wird als Aktivum bzw. als Forderungsanspruch an die Gesellschafter eingestellt.

Eröffnungsbilanz der G. m. b. H.

Übernommene Aktiva ...	404 588,70	Übernommene Schulden ..	173 460,30
A Einzahlungskonto	9 717,90	Stammeinlage	270 000,—
B „	9 717,90	davon entfallen auf	
C „	9 717 90	A 67 500	
D „	9 717,90	B 67 500	
		C 67 500	
		D 67 500	

V. **Bergrechtliche Gewerkschaften** sind seit 1900 als Kaufleute zur Bilanzziehung verpflichtet. Sie verfügen über kein Aktienkapital, keine Stammeinlage. Das eigene Kapital wird durch Zubußen und Rücklagen gebildet. Jeder Gewerke ist verpflichtet, die für den Betrieb des Bergbaues oder die Erfüllung von Verbindlichkeiten der Gewerkschaft erforderlichen Einzahlungen in unbegrenzter Höhe zu leisten. Doch kann der Gewerke der Zubußeverpflichtung durch Verfügungsstellen (Kaduzierung) sich entziehen; die Zahlungsfähigkeit der Gewerken ist somit bei Berechnung des Finanzbedarfes und seiner Deckung zu berücksichtigen. Mitunter wird die Barzahlung der Ausbeute durch Überlassung eigener oder der Obligationen von Tochtergesellschaften ersetzt. Die Ausbeute, d. h. der Überschuß ist nicht immer mit Gewinnausschüttung gleichbedeutend; sie kann Reingewinn oder Anteil an entbehrlichen flüssigen Mitteln sein. Die Ausbeute wird nicht auf Grund der Bilanz, sondern regelmäßig schon früher verteilt, gewöhnlich vierteljährlich, seltener monatlich. Ist die Ausbeute größer als der Reingewinn, erscheint nicht nur kein Reingewinn in der Bilanz, sondern der überschießende Restbetrag wird vom Kapital abgeschrieben oder als Kapitaltilgungs-Konto eingestellt. Ist die Ausbeute kleiner als der Reingewinn, so schließt die Bilanz mit dem Restgewinn ab (vergleiche das Bilanzbeispiel S. 425 — Passivseite —, das über die Art der Finanzierung unterrichtet).

37. Abschnitt.

Liquidationsbilanzen.

a) Offene Handelsgesellschaft (§§ 145—158 HGB.)[1]). Die Auflösung einer offenen Handelsgesellschaft kann erfolgen durch Liquidation, Naturalverteilung der Gesellschaftsaktiva, durch Ausscheiden eines Gesellschafters und Fortsetzung durch die übrigen Gesellschafter, Verkauf in Bausch und Bogen, Übertragung des Geschäfts mit allen Aktiven und Passiven unter Abfindung der Gesellschafter, Umwandlung in eine andere Rechtsform usw.

Die Liquidatoren haben die Pflicht, die laufenden Geschäfte zu beendigen, die Forderungen einzuziehen (auch Abtretung und Aufrechnung sind zulässig), das übrige Vermögen in Geld umzusetzen (durch freihändigen Verkauf oder Versteigerung) und die Gläubiger zu befriedigen. Zur Beendigung schwebender Geschäfte können sie auch neue Geschäfte eingehen. Bei Beginn sowie bei Beendigung der Liquidation ist eine B. aufzustellen. Die ordentliche Jahresbilanz ist nicht mehr aufzumachen, doch empfiehlt

---

[1]) Franken, Die Liquidation der offenen Handelsgesellschaft in geschichtlicher Entwicklung. Stuttgart 1890. Flechtheim in Düringer-Hachenburg, Handelsgesetzbuch, IV. 1917, S. 663 ff.

es sich, bei langandauernder Liquidation alljährlich behufs Übersicht eine B. aufzustellen.

Die „Eröffnungsbilanz für die Liquidation" stützt sich auf die bisher geführten Bücher. Die Vermögensgegenstände sind grundsätzlich nach § 40 HGB. zu bewerten, obgleich eine andere oder eine unrichtige Bewertung auf das Endergebnis der Liquidation, die Kapitalanteile der Gesellschafter nach beendigter Liquidation, ohne Einfluß ist. Der Betrag des Gesellschaftsvermögens wird häufig auf ein allgemeines Liquidations-Kapitalkonto oder auf einzelne Liquidations-Kapitalkonten der Gesellschafter übertragen. Die Weiterführung der etwa vorhandenen doppelten Buchführung ist überflüssig; doch hat der Liquidator, der eine mit Einnahmen und Ausgaben verbundene Vermögensverwaltung hat, ordnungsmäßig Rechnung zu legen (§ 529 BGB.).

In der Schlußbilanz werden die Gewinn-, die Verlust- und die Kapitalanteile sowie der etwaige Passivsaldo eines Gesellschafters ermittelt. Die Liquidation endet mit der Verteilung des nach Berichtigung der Schulden verbleibenden Vermögens nach dem Verhältnis der Kapitalanteile. Während der Liquidation können Abschlagszahlungen auf die zukünftigen Liquidationsanteile gezahlt werden. Ein Recht auf die Entnahme von Kapitalzinsen besteht während der Liquidation nicht. Gewinn und Verlust werden vertragsmäßig verteilt. Vom Gewinn werden zunächst Zinsen auf die Kapitalanteile der letzten Geschäftsbilanz berechnet und verteilt, der Rest nach dem Gesellschaftsvertrag oder nach Köpfen.

Die Auseinandersetzung[1]) mit dem ausscheidenden Gesellschafter erfolgt auf Grund einer Auseinandersetzungsbilanz (§§ 738 bis 740 BGB., vgl. auch §§ 135, 141 HGB.). Für die Feststellung der Vermögenslage zur Zeit des Ausscheidens sind die Buchwerte maßgebend, wenn die Gesellschafter dies vereinbaren. Auch die übermäßigen Abschreibungen in den Jahresbilanzen, die die Verteilung eines zu großen Gewinns verhindern sollen, gehen in diesem Falle zuungunsten des ausscheidenden Gesellschafters. Dieser aber hat ein Interesse an der Feststellung des wahren Wertes der Vermögensteile, der, wenn es erforderlich ist, durch sachverständige Schätzung festzustellen ist, und daran, daß willkürliche, von der Sachlage abweichende Wertansätze nicht zur Geltung kommen. Es wird sich deshalb empfehlen, im Gesellschaftsvertrag für den Fall der Auseinandersetzung eine Abrechnung mit Zugrundelegung der Buchwerte auszuschließen. In einem solchen Falle würde die weiter be-

[1]) Vgl. meinen Aufsatz in der Zeitschr. f. Handelswissenschaft und Handelspraxis, 1915, S. 173 (Auseinandersetzungsguthaben der Erben; Geschäftswert).

stehende Gesellschaft neben der ordentlichen B. für das bestehende Geschäft mit den bisher üblichen Wertansätzen eine besondere Berechnung der Kapitalanteile aufzustellen haben, bei der willkürliche Wertansätze fortbleiben und in der überall die wahren, erforderlichenfalls im Wege der Schätzung zu ermittelnden Werte anzusetzen wären. Die Jahresbilanz einer offenen Handelsgesellschaft ist keine Auseinandersetzungs-, sondern eine Erfolgsermittlungsbilanz.

Die Abfindung des ausscheidenden Gesellschafters kann in Bargeld beansprucht werden; die Abfindungssumme bildet ein Passivum der fortgesetzten Handelsgesellschaft. Ergibt sich für den ausscheidenden Gesellschafter ein Passivsaldo, so ist dieser eine Geldschuld des ausscheidenden Gesellschafters an die Gesellschaft [1].

Bei Vermögensauseinandersetzungen, insbesondere bei Erbschafts-, Gütergemeinschafts- und Gesellschaftsteilungssachen kann das Gericht die Vorlegung der Handelsbücher zur Kenntnisnahme ihres ganzen Inhalts anordnen (§ 47 HGB.).

Liquidationskonto eines Gesellschafters [2].

3. Privatentnahmen	5	1. Kapitalanteil	100
4. Waren-, Wechsel-, Effekten-, Debitoren-Konto usw. (Übernahme in natura)	16	2. Gewinnanteil	20
5. Kasse: Liquidationsraten	99		

Bei der Auseinandersetzung auf Grund einer Bilanz mit Tageswerten treten die stillen Vermögensreserven ohne weiteres zutage, begrenzt durch den Tageswert des Stichtages. Stille Kapitalreserven, die durch Überbewertung von Schulden gelegt wurden, werden berichtigt. Der Zweck der Auseinandersetzung ist die Berechnung des wirklichen Wertes des Kapitalanteiles des Ausscheidenden, nicht die Ermittlung eines Gewinnanteiles für den Zeitraum von der letzten Jahresbilanz bis zum Stichtag der Auseinandersetzungsbilanz. Der bilanzmäßige Wert des Gesellschafts-

[1] Bei der Auseinandersetzung mit einem ausgeschiedenen Gesellschafter müssen die Vermögensgegenstände mit ihrem wahren Wert eingesetzt und dürfen nicht nach den Regeln der jährlichen Gewinnverteilungsbilanz bewertet werden. Wo ein besonderer Geschäfts- und Firmenwert ermittelt werden kann, ist er bei der Auseinandersetzung zu berücksichtigen. Die Berechnung des Guthabens des ausscheidenden Gesellschafters hat unter Zugrundelegung des gesamten Geschäftsvermögens zu erfolgen (Entsch. d. RG. II. 234. 18., Bd. 94, S. 106).

[2] Vgl. Sterns Buchhaltungslexikon, Wien 1904, S. 364 ff.; auch Schiebe-Odermann, Die Lehre von der Buchhaltung, 13. Aufl., Leipzig 1891.

kapitals ist gleich dem Unterschied der Vermögenssumme zu Tageswerten und den Schulden. Die Bemerkung Staubs (I, S. 748), daß an den in früheren Bilanzen versteckten „Gewinnen“ der Ausscheidende im Verhältnis teilnimmt, trifft die stillen Kapitalreserven. Die Höherbewertung des Vermögens (gegenüber einem niedrigen Anschaffungspreis beispielsweise) ist kein Gewinn; die bisher üblichen Wertansätze in den Jahresbilanzen werden berichtigt. Die Ermittlung des „Wertes“ des Kapitalanteiles auf Grund von Tageswerten führt zu eigenartigen Folgen. Es wurde beispielsweise für den 30. Juni eine Abschichtungsbilanz (als außerordentliche Zwischenbilanz ohne Bücherabschluß und ohne Wirkung auf die Konten) aufgemacht, dabei betrug der Tageswert der Waren 300 000 M., ihr Anschaffungswert 230 000 M. Der Ausscheidende nimmt an der Wertsteigerung für den Bilanzstichtag teil, mittelbar auch an den realisierten Gewinnen der Abrechnungsperiode, die der Vermögensmasse zugewachsen sind. Wird der Buchgewinn durch Verkauf der Vorräte in der Folgezeit liquidiert, trägt die Unternehmung die volle Einkommens- bzw. Körperschaftssteuer allein, auch für den Teilerfolg, der bis zum Stichtag erzielt worden war. Das erscheint unbillig. Es wird sich empfehlen, den Steueranteil des bis zum Auseinandersetzungstag realisierten Gewinnes vom Auseinandersetzungsguthaben abzusetzen. Die übrigen Gesellschafter laufen das Risiko, daß der „Bewertungsgewinn“ der Auseinandersetzungsbilanz durch den Konjunkturablauf in den folgenden Monaten in der errechneten Höhe nicht realisiert werden kann. Wenn die Absicht der Parteien beim Abschluß des Gesellschaftsvertrages dahin ging, den „Wert des Kapitalanteils“ für den Stichtag festzusetzen, tragen die übrigen Gesellschafter die Gefahr der Entwertung und die Chancen der Wertsteigerung des Gesellschaftsvermögens nach dem Bilanzstichtag. Ob und inwieweit der ideelle Geschäftswert bei der Wertermittlung zu berücksichtigen ist, hängt vom Willen der Vertragschließenden und von dem Einfluß des Ausscheidenden auf die bisherige Ertragsbildung ab. Erträge, die auf die besondere Tüchtigkeit des Ausscheidenden zurückzuführen sind, bleiben bei der Wertberechnung unberücksichtigt; es kann nur der gemeingewöhnliche künftige Ertrag zugrunde gelegt werden, den die Unternehmung auch nach dem Ausscheiden des Gesellschafters erzielen wird: eine praktisch recht schwierige Berechnung bzw. Schätzung (vgl. „Wirtschaftslehre“ § 47; Staub I. S. 747, 750).

Die Industrie-Belastung, ihre Verzinsung und Amortisation sind u. E. nicht in die Auseinandersetzungsbilanz (auch nicht in die Jahresbilanz) einzusetzen; sie mindert den Tageswert des Kapitalanteiles des Ausscheidenden nicht. Anders jedoch, wenn zur Wertberechnung auch der Ertragswert herangezogen wird, d. h. wenn auch der immaterielle Wert bei der Auseinandersetzung mitberücksichtigt werden soll. Die

Jahresleistungen auf Grund des Aufbringungsgesetzes (vom 30. August 1924), das sind 5 % Verzinsung + 1 % Tilgung, sind ertragschmälernde, den Steuern ähnliche Ausgaben, wie auch die Ausgaben für den etwaigen Rückkauf der Einzel-Obligationen. Berechnungsfaktor und Maßstab für die Industriebelastung ist das Betriebsvermögen nach dem Vermögenssteuergesetz. Die Jahresleistungen sind schwankend, im voraus nicht feststellbar und nicht kapitalisierbar (mit Recht betont von Koppe, Das Aufbringungsgesetz, Berlin 1926, S. 28). Die Einstellung der Industriebelastung unter die Schulden kommt auch steuerlich nicht in Betracht (§ 47 Reichsbewertungsgesetz).

Rückständige Steuerschulden aller Art gehören auch in die Auseinandersetzungsbilanz.

b) Die Liquidation einer Aktiengesellschaft erfolgt unter anderem infolge Beschlusses der Generalversammlung, durch Eröffnung des Konkurses über das Gesellschaftsvermögen (§§ 292 ff. HGB.), infolge einer Fusion (§§ 305, 306 HGB.), einer Veräußerung des ganzen Vermögens, z. B. an den Staat, an eine Gemeinde (§§ 303, 304 HGB.). Die Liquidation der Gesellschaft kann auch im Interesse der Aktionäre liegen; z. B. der Börsenkurs eines wenig rentablen Unternehmens wäre 76 %, der innere Wert der Aktien aber derart, daß der Wert der Aktiva abzüglich der Schulden auf annähernd Pari geschätzt wird. Eine rasche und billige Liquidation könnte solchen Aktionären, falls nicht schwer realisierbare Werte vorhanden sind, den größten Teil des Kapitals zuführen.

Der Auszahlungsanspruch auf den bilanzmäßigen Reingewinn entfällt während der Liquidation. Verteilt wird nur der Überschußerlös der Aktiva über die Schulden. Terraingesellschaften, die als „Liquidationsvereine auf Aktien" gegründet wurden, verteilen häufig den jährlichen Reingewinn nicht, sondern stellen die Auskehrung der Gewinne zurück bis zur Liquidation der Unternehmung. Die liquidierende Gesellschaft verteilt keine Dividende, sondern nur „Liquidationsraten", die teils Kapitalsrückzahlungsbeträge, teils Gewinnanteile enthalten.

Die Liquidatoren haben 1. bei Beginn der Liquidation (Liquidations-Eröffnungsbilanz) und 2. späterhin für den Schluß jedes Jahres — des bisherigen Geschäftsjahres oder des neuen Liquidationsbilanzjahres — eine B. (Liquidations-Jahresbilanz) und eine Gewinn- und Verlustrechnung aufzustellen. Die Bewertungsvorschriften des § 261 HGB. und die Bestimmungen des § 262 (Reservebildung) finden keine Anwendung (§ 299 HGB.), da keine Dividenden, nur Vermögensanteile ausgezahlt werden. Die Liquidationsbilanzen sind Vermögensverteilungsbilanzen, auf welche die Bewertungsgrundsätze des § 40 Anwendung finden müssen. Die Realisationswerte, die voraussichtlich als Erlös beim Verkauf der Vermögensgegenstände sich ergeben, sind einzusetzen, wobei auch die Art der in Aussicht genommenen Veräußerung mit zu berücksichtigen ist (Einzelverkauf, Verkauf als Ganzes). Wertberichtigungsposten entfallen. Eine Gewinn- und Verlustrechnung ist auch während der Liquidationsdauer aufzustellen, damit die Aktionäre wissen, wie die im Laufe der Liquidation sich ergebenden Mehreinnahmen und Ausfälle entstanden sind. Nach Beendigung der Liquidation ist die Schlußrechnung zu legen (§ 302), also keine Schlußbilanz.

Auch die Liquidationsbilanzen sind in der Form einer Erfolgsermittlungsbilanz aufzustellen, d. h. der Jahresreingewinn oder -verlust ist als Sonderposten in der B. ersichtlich zu machen. (Vgl. hingegen das Beispiel S. 435.) Aktienkapital und Reserven können getrennt oder zusammengezogen werden. Auch können die Reserven einem Liquidationskonto, Liquidationskapitalkonto oder dem Gewinn- und Verlustkonto überwiesen werden. Die Rückzahlungsquoten vermindern das Aktienkapital, und dementsprechend erscheint das Aktienkapitalkonto in der Liquidationsbilanz vermindert, oder es bleibt unverändert, wogegen die Rückzahlungen auf der Aktivseite erscheinen [1]).

1. Beispiel einer Liquidationsbilanz (Münchener Trambahn-A.-G.): S. 434 und 435.

2. Beispiel: Bodengesellschaft Kurfürstendamm S. 434/35.

3. Interessant ist das S. 436 ff. folgende Beispiel der Liquidation der Kreditanstalt für Industrie und Handel, Dresden. Wir bringen die Schlußbilanz für 1900, die Liquidations-Eröffnungsbilanz für 12. Juli 1901 und machen auf die Bemerkungen zu beiden Bilanzen aufmerksam. Dann folgen die 1. Liquidationsjahresbilanz und die für das Jahr 1910.

Bemerkungen zur Liquidations-Eröffnungsbilanz (S. 438). Beginn der Liquidation 12. Juli 1901 (Tag der außerordentlichen Generalversammlung, Ernennung der Liquidatoren). Die Kreditanstalt gewährte den zahlreichen Gründungen der „Kummerwerke" große Kredite und übernahm für sie Bürgschaften, ohne eine andere Sicherheit als gegen Hinterlegung der eigenen Werte dieser Unternehmungen. Diese leichtsinnige Kreditgewährung führte zur Katastrophe.

Vom Wechselkonto sind 952 000 ℳ abgesetzt auf solche Wechsel, die das Giro einiger in Zahlungsschwierigkeiten bzw. Konkurs befindlicher Firmen

---

[1]) Über die besonderen Vorschriften der §§ 80—81 G. m. b. H., für die Umwandlung einer Aktiengesellschaft in eine Gesellschaft m. b. H. vgl. S. 422 f.; wegen der Liquidation der G. m. b. H. vgl. §§ 66 ff. des genannten Gesetzes, auch Zeitschr. f. Handelswissenschaft und Handelspraxis 1910, S. 119. Bei der Umwandlung einer Kommanditaktien- in eine Aktiengesellschaft wird eine Schlußbilanz verlangt (§§ 333—341 HGB.).

tragen. Die Absetzung auf Lombardkonto erfolgte für minderwertige Effekten und zahlungsunfähige Schuldner. Auf Konsortialkonto wurden schon in der B. am 31. Dez. ℳ 950 315 abgeschrieben, die der Dividendenergänzungsreserve entnommen waren. Die Bergwerksgerechtsame stehen mit dem Anschaffungswert zu Buche, da sich ein Verkaufswert nicht feststellen ließ. Für die Freischürfe wurde überhaupt kein Wert eingestellt, da eine Verwertung in absehbarer Zeit unmöglich erschien. Die voraussichtlichen Verluste für Aval-Akzepte sind abgesetzt. Auf dem Interimskonto für eigene Akzepte sind die bis 12. Juli 1901 fällig gewesenen Akzepte der Bank einschließlich Spesen gebucht. Diese Beträge wurden auf Akzeptenkonto belassen, andererseits den Gläubigern auf Kontokorrent-Konto gutgebucht, so ist diese Gegenbuchung erforderlich gewesen. Die Kontokorrentforderungen[1]) verteilten sich auf etwa 410 Konten; die Abschreibung war notwendig wegen der Schwierigkeiten, mit denen die Beschaffung anderweitiger Kredite für eine Anzahl Schuldner verbunden war und dadurch, daß die von den Schuldnern gewährten Sicherheiten zum Teil in Werten solcher Gesellschaften bestanden, deren Aktien infolge Konkurseröffnung oder Kreditentziehung seitens der liquidierenden Bank wertlos oder stark entwertet worden waren. Auch die beschleunigte Abstoßung der Schuldner ist in vielen Fällen nur mit Verlust möglich gewesen.

Die Effektenbestände waren Ende Dezember 1900:

2,241	Mill.	festverzinsliche Werte,
0,596	„	Bankaktien,
0,554	„	Transportaktien,
2,521	„	Aktien industrieller, vorwiegend elektrischer
5,912	Mill.	Unternehmungen

Der Pensionsfonds ist zunächst in seiner bisherigen Höhe eingestellt, wird aber nach Festsetzung der darauf lastenden Verbindlichkeiten als Passivposten verschwinden. (Diese Annahme des Liquidationsberichts erwies sich als irrig; der Pensionsfonds kam infolge Generalversammlungsbeschlusses vollständig zur Auszahlung.) Die Depositen waren in der Jahresbilanz nicht gesondert angeführt. Die Kontokorrentgläubiger verteilten sich auf etwa 300 Konten, einschließlich der zur Befriedigung der Depositen und Buchgläubiger gegen Kautionshypothek gewährten Vorschüsse von 1,3 Mill. des Bankenhilfssyndikats, ein Vorschuß, der späterhin um 3½ Mill. erhöht wurde. Auf dem Rückstellungskonto für laufende Giroverbindlichkeiten sind jene Beträge gebucht, die auf weiter begebenen Diskonten voraussichtlich verlustbringend sein werden.

Auf die Wechselverbindlichkeiten der Bank (ursprünglich 12 556 762,50 Mark) wurden 25% mit Hilfe der erwähnten Vorschüsse abgezahlt, wegen des Restes zunächst eine Frist bis 31. Jan. 1912 gewährt. Die zweite Abzahlung der liquidierenden Bank betrug 14%, die weiteren Abzahlungen 11%. Bis zum

[1]) In der Schlußbilanz 1900:

0,402	Mill.	Bankguthaben
19,689	„	gedeckte Debitoren
2,651	„	ungedeckte, „in der Hauptsache über jeden
22,742	Mill.	Zweifel erhabene industrielle Etablissements“ (Geschäftsbericht).

1. Beispiel: Bilanz für das
(vom 1. Juni 1908 bis

Aktiva	ℳ	₰
Aktienkapital-Liquidations-Konto	3 999 600	—
„ „ „	2 299 770	—
Kassa	2 029	29
Inventar	883	—
Bankhaus Merck, Finck & Co., hier	238 515	74
	6 540 798	03

Gewinn- und

Soll	ℳ	₰
Übertrag auf Aktienkapital-Liquidations-Konto	2 300 000	—
Einlösung von Aktien-Dividenden-Kupons	1 320	—
Tantiemen	22 500	—
Effekten-Verkaufsspesen	9 270	09
Steuer und Umlagen	34 843	08
Diverse Unkosten	3 732	55
Übertrag auf Bilanz-Konto	240 172	03
	2 611 837	75

2. Beispiel: Bodengesellschaft
Bilanz per 31.

Aktiva		ℳ	₰
Kassa- und Bankguthaben		544 011	52
Immobilien		508 600	—
Hypotheken-Debitoren			
Restkaufgled-Hypotheken	ℳ 2 722 000,—		
Baugeld-Hypotheken	„ 288 450,—	3 010 450	—
Diverse Debitoren		26 647	34
		4 089 708	86

Liquidations-Konto

Debet	ℳ	₰
Geschäfts-Unkosten	4 963	33
Provisionen	17 186	70
Stempel-, Gerichts- und Notariatskosten	3 030	80
Kosten für Pläne und Vermessungen	5 593	35
Steuern	96 950	04
Bilanz-Konto	3 813 541	25
	3 941 265	47

[1]) Die Liquidation ist nahezu vollendet. Die Liquidationsrate des letzten Bilanzjahres betrug 2,3 Mill., von denen 2 299 770 ℳ ausgezahlt wurden. Die Bilanzierung ist nicht genügend deutlich. Aktienkapital-Liquidationskonto (Aktiva) gibt die auf die Liquidationsraten bereits bezahlten Beträge an.

[2]) Diese Bilanz zeigt das ursprüngliche Aktienkapital nicht; am 31. De-

Liquidationsjahr 1908/09
einschl. Juli 1909)[1]).

Passiva	ℳ	₰
Aktienkapital	4 000 000	—
Aktienkapital-Liquidations-Konto	2 300 000	—
Aktien-Dividenden-Kupons	226	—
5 % Schuldverschreibungs-Auslosungs-Konto	400	—
Gewinn- und Verlust-Konto	240 172	03
	6 540 798	03

Verlust-Konto

Haben	ℳ	₰
Übertrag vom Vorjahr	2 536 455	79
Kursgewinn an verkauften Effekten	23 845	80
Zinsen	51 406	16
Nicht eingelöste, verjährte Schuldverschreibungs-Zinskupons	130	—
	2 611 837	75

Kurfürstendamm in Liquidation
Dezember 1910 [2]).

Passiva		ℳ	₰
Rückstellungen			
a) für zu erstattende Grunderwerbskosten	ℳ 136 747,61		
b) für noch zu zahlende Straßenregulierungskosten und Provisionen	„ 139 420,—	276 167	61
Liquidations-Konto		3 813 541	25
		4 089 708	86

(Bodengesellschaft).

Kredit	ℳ	₰
Vortrag	1 195 372	89
Zinsen-Konto	52 941	16
Immobilien-Konto	2 692 951	42
	3 941 265	47

zember 1910 ist der Wert des verteilungsfähigen Kapitals mit 3,813 Mill. Mark berechnet. Im abgelaufenen Liquidationsjahr wurden 2,693 Mill. Mark Gewinn durch Verkauf von Immobilien erzielt. Der größte Teil des Liquidationskapitals ist in Hypothekendebitoren angelegt, also auf verhältnismäßig lange Zeit festgelegt. Die Schulden sind vollständig bezahlt. Die Ausschüttung einer Liquidationsrate hat nicht stattgefunden.

Aktiva 3. Beispiel: a) Schlußbilanz für

Kassa, Kupons und Sorten		1 692 612	56
Effekten		5 911 464	48
Wechsel		7 056 949	95
Konsortial-Konto		5 513 215	82
Kontokorrent, Schuldner		22 741 613	68
Hypotheken		240 400	—
Hausgrundstück, Altmarkt 13	ℳ 1 065 000,—		
abz. Hypothek	„ 100 000,—	965 000	—
do. Schreibergasse 4		99 824	60
do. do. 2	ℳ 625 993,12		
abz. Hypothek ℳ 315 000,—			
Abschreibung zur Abrundung „ 993,12	„ 315 993,12	310 000	—
Distriktsfeld Bracht		61 304	24
Mobilien		1	—
		44 592 386	33

15. November 1901 (Abschlußtag des Berichtes der Liquidatoren für die außerordentliche Generalversammlung am 28. Dezember 1901, Vorlegung der Liquidationseröffnungsbilanz) waren liquidiert durch

Einziehung von Außenständen	7 464 138,20, (mit	7 312 784,83	
Verkauf von Effekten	3 188 412,68, („	3 128 537,35	
	10 652 550,88, (mit	10 441 322,18	
in der Liquidationsbilanz bewertet); demnach ..		211 228,70	Mehrertrag.
Die Rückstellungen infolge Minderbewertung betragen insgesamt		21 765 099,39	
+ Handlungsunkosten		198 950,46	21 964 049,85
Davon ab die Reservefonds		3 950 000,—	
Gewinnvortrag		23 168,56	
Gewinn und Sonstiges		448 632,12	4 421 800,68
		bleibt Verlust	17 542 249,17

Vorbemerkungen zur ersten Liquidationsjahresbilanz (S. 440). Das Grundstückkonto hat sich erhöht, weil zur Vermeidung allzu großer Verluste Fabrikgebäude, Grundstücke und Steinbrüche im Zwangsversteigerungsverfahren behufs späteren Wiederverkaufs übernommen wurden (Aufwand 194 518,86 gerichtliche Taxe 456 424) [1]). Desgleichen wurden bei der Auseinandersetzung mit Schuldnern Hypotheken übernommen, die nur teilweise in diesem Liquidationsjahr wieder verwertet werden konnten (bei der Zwangsversteigerung eines Pfandgrundstücks fiel später eine Hypothek von 38 000 ℳ aus, weil dessen Erstehung durch die liquidierende Gesellschaft keine Vorteile in Aussicht stellte). Auf die Effektenbestände mußte auf nicht voll bezahlte Aktien die Rest-

[1]) Der Einzelverkauf der Maschinen und Gebäude ergab später einen Gewinn von 4 583,68.

31. Dezember 1900 (Kreditanstalt). Passiva

Aktien-Kapital	20 000 000	—
Reservefonds	2 750 000	—
Dividenden-Reservefonds	1 200 000	—
Pensionsfonds	125 000	—
Dividenden	7 676	—
Akzepte	10 227 548	—
Aval-Akzepte	549 174	24
Kontokorrent, Gläubiger	7 947 431	47
Gewinn und Verlust	1 785 556	62
	44 592 386	33

zahlung mit 837 000 *M* geleistet werden, während der Besitz an diesen Aktien nur mit ihrem Liquidationswert eingesetzt werden konnte. (Der Verlust auf die Effektenbestände erhöhte sich im zweiten Liquidationsjahre durch Zwangsliquidation einer englischen Unternehmung, bei der die Aktionäre leer ausgingen. Auch die Aktien einer Dresdner Gesellschaft, die durch diese Liquidation in Mitleidenschaft gezogen war, mußten geringer bewertet werden.) Das Bergwerkskonto erhöhte sich durch Aufwendungen. Die Kontokorrentforderungen verteilen sich auf 70 Konten und Schuldner, die teilweise in Konkurs sind, teilweise nur Teilzahlungen leisten können. Andere Forderungen mußten im Prozeßwege eingetrieben werden; damit erklärt sich die hohe Rückstellung. Von den Avaldebitoren entfallen 214 998,40 auf für die Aktiengesellschaft „Kummer" abgegebenen Avalakzepte, für die unter Abzug der zu erwartenden Konkursquote 182 750 *M* zurückgestellt wurden. Von den Kontokorrent-Verbindlichkeiten werden etwa 154 772 *M* durch Aufrechnung erledigt werden, von den Aval-Akzepten wurden 389 750 *M* durch Rückgabe der Wechsel an den Liquidator erledigt.

(Im dritten Geschäftsjahr der Liquidation wurde das jederzeit kündbare Moratorium durch Begleichung aller Wechselverbindlichkeiten erledigt. Der Gesamterlös der allerdings schwer realisierbaren Werte — besonders die Grundstücke waren wegen der Lage des Grundstücksmarktes in Dresden schwer abzustoßen — steht nunmehr zur Verfügung der Aktionäre. Die erste Liquidationsrate betrug 5% des Aktienkapitals; 1907 wurden aus dem Effektenbestande Aktien in natura als zweite Liquidationsrate zur Aufteilung gebracht; die vierte Liquidationsrate betrug 1½%. Ende 1910 notierten die Aktien der liquidierenden Gesellschaft in Berlin etwa 0,8¼, in Dresden etwa 0,5%.)

Aktiva b) Liquidations-Eröffnungsbilanz für

Kassa		*M*	324 758,24		
Kupons	*M* 1 715,52				
÷ Minderbewertung	„ 292,29	„	1 423,23		
Sorten		„	7 681,20	333 862	67
Wechsel		*M*	1 482 065,80		
÷ Minderbewertung		„	951 980,80	530 085	—
Effekten				4 707 843	65
Lombard		*M*	791 000,30		
÷ Minderbewertung		„	453 700,30		
		M	337 300,—		
+ Kasse		„	22 387,87	359 687	87
Konsortial-Konto		*M*	725 339,16		
÷ Minderbewertung		„	214 980,94	510 358	22
Hypotheken I		„	240 400,—		
÷ Minderbewertung		„	38 000,—	202 400	—
Grundstücks-Konto					
Hausgrundstück I	*M* 1 065 000,—				
÷ Minderbewertung	„ 165 000,—	*M*	900 000,—		
Hausgrundstück II		„	99 824,60		
Hausgrundstück III	*M* 625 000,—				
÷ Minderbewertung	„ 25 000,—	„	600 000,—		
Areal-Konto Riesa	*M* 239 611,52				
÷ Minderbewertung	„ 12 611,52	„	227 000,—	1 826 824	60
Mobilien				2 001	—
Bergwerks-Konto:					
Distriktsfeld Bracht		*M*	63 602,22		
Freischürfe in Wippach		„	— —	63 602	22
Aval-Debitoren		*M*	647 248,40		
÷ Minderbewertung		„	287 248,40	360 000	—
Interims-Konto für eigene Akzepte				1 628 621	74
Kontokorrent-Konto, Schuldner		*M*	22 236 771,11		
÷ Minderbewertung		„	10 171 108,33	12 065 662	78
Gewinn- und Verlust-Konto:					
Verlust				17 542 249	17
				40 133 198	92

12. Juli 1901 (vgl. Bemerkungen 432 ff.). Passiva

Aktien-Kapital		20 000 000	—
Hypotheken-Konto II:			
Hypothek auf Hausgrundstück I	ℳ 100 000,—		
Hypothek auf Hausgrundstück III	„ 315 000,—		
Hypothek auf Areal-Konto Riesa	„ 187 000,—	602 000	—
Pensionsfonds		149 623	88
Dividenden		37 128	50
Akzepte		6 667 743	45
Depositen		1 002 984	69
Kontokorrent-Konto, Gläubiger		8 433 470	—
Aval-Akzepte		647 248	40
Rückstellungs-Konto für laufende Giro-Verbindlichkeiten		2 593 000	—
		40 133 198	92

Aktiva c) Bilanz für 12. Juli 1902.

Kassa		8 919	75
Sorten		34	90
Wechsel	28 081,30		
÷ Rückstellung	5 081,30	23 000	—
Effekten		1 786 951	95
Hypotheken-Konto I	247 392,10		
÷ Rückstellung	40 000,—	207 392	10
Grundstücks-Konto	2 029 902,64		
÷ Rückstellung	259 902,64	1 770 000	—
Mobilien		1	—
Bergwerks-Konto: Distriktsfeld Bracht	67 575,67		
Freischürfe Wippach	4 246,45	71 822	12
Kontokorrent-Konto, Schuldner	16 449 801,16		
÷ Rückstellung	12 088 377,42	4 361 423	74
Aval-Debitoren	257 498,40		
÷ Rückstellung	182 750,—	74 748	40
Interims-Konto eigener Akzepte		3 050 000	—
Verlust		17 519 504	93
		28 873 798	89

Soll c) Gewinn- und Verlust-

Vortrag des Verlustes der Eröffnungsbilanz		17 542 249	17
Abschreibungen auf Effekten-Konto		312 031	30
Zinsen-Konto		136 137	62
Grundstücks-Konto :			
Hypotheken-Zinsen und Spesen		23 445	29
Handlungs-Unkosten-Konto:			
Gehälter, Miete für Filialen, Steuern, Notariatsspesen, Aufsichtsratsvergütung, Reisespesen, Spesen der Generalversammlungen, Bureauaufwand usw.		216 800	61
Neu-Rückstellungen:			
auf Wechsel-Konto	5 081,30		
„ Grundstücks-Konto	259 902,64		
„ Aval-Debitoren-Konto	182 750,—		
„ Hypotheken-Konto	40 000,—		
„ Kontokorrent-Konto: Außenstände	12 088 377,42	12 576 111	36
		30 806 775	35

(1. Liquidationsjahr). (Vgl. S. 436.) Passiva

Aktien-Kapital	20 000 000	—
Hypotheken-Konto II	623 000	—
Pensionsfonds	148 423	88
Dividenden	15 625	50
Akzept	3 050 000	—
Kontokorrent-Konto, Gläubiger	4 779 251	11
Aval-Akzepte	257 498	40
	28 873 798	89

Konto für 12. Juli 1902. Haben

Zahlung von Entschädigungssummen dreier Aufsichtsratsmitglieder gemäß Generalversammlungsbeschluß vom 28. Dezember 1901		125 000	—
Einnahmen auf Wechsel-, Kupons-, Sorten-, Provisions-, Agio-, Dividenden- (verfall. Dividende), Konsortial-, Mobilien- und Grundstücks-Konto		47 286	40
Von den in der Eröffnungsbilanz gemachten Rückstellungen:			
auf Kontokorrent-Konto	10 171 108,33		
„ laufende Giroverbindlichkeiten	2 593 000,—		
„ Lombard-Konto	453 700,30		
„ Wechsel-Konto	951 980,80		
„ Aval-Debitoren-Konto	287 248,40		
„ Hypotheken-Konto	38 000,—		
in Summa:	14 495 037,83		
sind bei Abwickelung von Kontokorrent- und Lombard-Forderungen bis jetzt erforderlich gewesen	1 380 053,81		
so daß bisher nicht erforderlich waren		13 114 984	02
Bilanz-Konto: Verlust		17 519 504	93
		30 806 775	35

Aktiva		d) Bilanz für	
Kassa		508	44
Effekten		185 127	50
Hypotheken		120 000	—
Grundstücks-Konto		418 400	—
Mobilien		1	—
Kontokorrent-Konto:			
Bankguthaben	63 885,45		
Schuldner	361 980,17		
	Sa. 425 865,62		
hiervon ab:			
Rückstellung von 1908/09	343 041,41	82 824	21
Verlust		17 560 884	07
		18 367 745	22

Debet	d) Gewinn- und Verlust-	
Übertrag vom vorigen Jahr	17 564 042	58
Handlungsunkosten-Konto:		
Gehälter, Aufsichtsrats-Tantiemen, Generalversammlungs- und Reisespesen, Gerichts- und Notariatskosten, Steuern, Porti, Bureaubedarf, Heizung, Beleuchtung usw.	13 789	06
Effekten-Konto:		
Verlust	440	65
	17 578 272	29

38. Abschnitt.

Fusionsbilanzen.

Unter Fusion versteht man die Verschmelzung zweier oder mehrerer bisher wirtschaftlich selbständiger Unternehmungen zu einer einzigen, wobei die wirtschaftliche Selbständigkeit der einzelnen nunmehr vereinigten Unternehmungen aufgehoben wird.

Veranlassung zur Verschmelzung mehrerer Unternehmungen ist unter anderm das Streben nach Zentralisation (Montanindustrie, Banken), Aufnahme notleidend gewordener Gesellschaften in eine andere (Notfusionen), Verminderung der Produktions- und Verwaltungskosten, Ausschaltung der Konkurrenz, Schaffung produktionstechnischer Vorteile durch gegenseitige Ergänzung der Betriebe, gemeinsame Interessen, Erzielung von Buchgewinnen und deren Verwertung zu Abschreibungen und Minderbewertung auf Anlagevermögen und Beteiligungen („Kontenregulierungen"), Schaffung stiller Reserven, gelegentlich auch der Wunsch der Banken, umfangreiche Finanzierungsgeschäfte zu tätigen, stille Reserven zu verwerten, Ablösung und Verteilung eines allzu großen Risikos u. a.

12. Juli 1910. Passiva

Aktien-Kapital		20 000 000	—
ab I. Liquidationsrate von 5%	1 000 000,—		
ab II. Liquidationsrate 3½% in Aktien der Nordischen Elektrizitäts- und Stahlwerke, Danzig, Nominal 666 666⅔, zu 25%	166 666,67		
ab III. Liquidationsrate von 2½%	500 000,—	1 666 666	67
		18 333 333	33
Konto I. Liquidationsrate von 5%	1 000 000,—		
ab erhobene Beträge	995 125,—	4 875	—
Konto III. Liquidationsrate von 2½%	500 000,—		
ab erhobene Beträge	485 695,—	14 305	—
Kontokorrent-Konto, Gläubiger		15 231	89
		18 367 745	22

Konto für 12. Juli 1910. Credit

Zinsen-Konto	13 457	97
Mobilien-Konto	60	—
Grundstücks-Konto, Ertrag	1 911	65
Eingänge auf abgeschriebene Forderungen	1 958	60
Bilanz-Konto	17 560 884	07
	17 578 272	29

Das HGB. regelt in den §§ 305—306 nur bestimmte Formen der Fusion: die Verschmelzung einer Aktiengesellschaft oder Kommanditaktiengesellschaft mit einer anderen Unternehmung der gleichen Rechtsform (die sogenannte Inkorporierung). Die eine Gesellschaft wird in juristischem Sinne durch Veräußerung des Gesellschaftsvermögens als Ganzes (§ 303 HGB.) „aufgelöst", die Abfindung der Aktionäre der aufzunehmenden Gesellschaft erfolgt in Aktien der übernehmenden, also gegen Aktientausch, nicht in Bargeld. Die übernehmende Gesellschaft bleibt in erweitertem Umfange bestehen, erhöht ihr Aktienkapital und vermehrt die Produktionsmittel. Gesetzlich nicht geregelt ist beispielsweise die Verschmelzung zweier Aktienvereine zu einer neuen Aktiengesellschaft, wobei die Aktienvereine sich auflösen und ihr Vermögen als Sacheinlage in die zu gründende Aktiengesellschaft einbringen. Eine Fusion in wirtschaftlichem Sinne liegt auch dann vor, wenn ein Unternehmen von einem anderen selbständigen Unternehmen dauernd gepachtet wird, oder wenn eine Aktiengesellschaft sämtliche Aktien eines anderen Aktienvereins erwirbt, endlich auch verschiedene Formen der Interessengemeinschaft.

Die übertragende Gesellschaft liquidiert (§ 305 HGB.) oder geht mit allen Aktiven und Passiven ohne Liquidation in der übernehmenden Gesellschaft auf (§ 306 HGB.). Die Praxis beschränkt sich nicht auf die im HGB. geregelten Sonderfälle der Verschmelzung, sondern ändert sie in vielfacher Hinsicht ab.

Die übertragene Unternehmung bleibt äußerlich dauernd oder während einer Übergangsperiode bestehen, oder sie geht bei der Angliederung und Verschmelzung auch äußerlich vollständig in die andere Unternehmung auf. Die Aktionäre der untergehenden Gesellschaft oder der angegliederten Gesellschaftsunternehmung können durch Aktien oder Obligationen der aufnehmenden Gesellschaft abgefunden werden. Die Gewährung von Aktien erfolgt entweder an die zu übernehmende Gesellschaft, die sie verkauft, in Liquidation tritt oder die empfangenen Aktien an die Aktionäre verteilen kann, oder an die Aktionäre der zu übernehmenden Gesellschaft unmittelbar.

Das Umtauschverhältnis der Aktien wird in der Regel durch den Börsenkurs bestimmt oder es tritt an dessen Stelle eine Schätzung des inneren Wertes. In Fällen, in denen ein bequemes Umtauschverhältnis schwierig zu ermitteln ist, findet eine entsprechende Korrektur statt, z. B. durch Barzahlung eines bestimmten Betrages, durch Vergütung einer höheren oder geringeren Dividende usw.

Beispiele: Hoesch-Limburger Fabrik- und Hüttenverein. 3 Mill. Limburger Aktienkapital werden gegen $1^8/_{10}$ Mill. Aktien von Hoesch umgetauscht. Auf 7500 Aktien der Limburger Gesellschaft kommen 4500 Aktien von Hoesch (Umtauschverhältnis 5: 3). Überdies erhalten die Limburger Aktionäre bar 5% des Nennwerts ihrer Aktien (= 150 000 ℳ) und als Entschädigung für ausfallende Dividende 7¼% Zinsenvergütung (= 225 000 ℳ).

Die Rheinisch-Westfälischen Kaliwerke Dornap nahmen die Bergischen Dolomit-Kalkwerke auf, gaben für $1^8/_{10}$ Mill. Mark Aktien 1,125 Mill. eigene Aktien (Umtauschverhältnis 8: 5) mit der Verpflichtung, den Dividendenschein für 1906/07 mit 35,50 je Aktie einzulösen. Der Fusionsgewinn (675 000 ℳ) wurde zu Abschreibungen verwendet.

Die Kosten der Fusion werden von einer der beiden Gesellschaften getragen oder von einem Bankenkonsortium gezahlt oder aus einer Reserve gedeckt.

Die Reserven der übernommenen Gesellschaft werden weiter geführt oder aufgelöst und vermehren dann den Buchgewinn der übernehmenden Gesellschaft. Auch hat es diese in der Hand, die neuen Aktien mit Aufgeld auszugeben, ihre Reserven zu erhöhen und auf größere Abschreibungen aus dem Fusionsgewinn oder auf die Bildung von Reserven zu verzichten, dafür die neuen Aktien zum Parikurs auszugeben und die Aktiva der zu übernehmenden Gesellschaft niedriger zu bilanzieren.

1. Beispiel einer Fusion (nach § 306 HGB.): Rentabilitätsberechnung.

Die Brauerei A geht in B auf; beide sind Aktiengesellschaften.

a) Bilanz für A: Bilanz für B:

	%	pro hl	%	pro hl
Feste Anlagen für die Produktion	46,8	= 39 M.	44,2	= 20 M.
Feste Anlagen für den Absatz ...	39,3	= 33 M.	33,2	= 16 M.
Flüssige Mittel	13,9	72 M.	22,6	36 M.
Aktiva.....	100%		100%	

Die Produktions- und Absatzkosten der Gesellschaft A sind — bei 10 % Abschreibung und Verzinsung — mit 7,20 M. das hl, jene für B mit nur 3,60 M. das hl festen Kosten belastet.

Passiva für A: Passiva für B:

	A		B	
Feste Schulden (Hypothek, Obligationen)	12,7%	57,9%	13,8%	53,7%
Laufende Schulden (Kreditoren)	45,2%		39,9%	
Eigenkapital........................	42,1%		46,3%	
Passiva	100 %		100 %	

b) Fusionsvertrag: A überträgt mit Ausschluß der Liquidation das gesamte Vermögen an B; B übernimmt sämtliche Schulden von A gegen Überlassung von 812 Aktien und 1200 M. Barzahlung, die Aktionäre von A erhalten für je 2400 M. eigener 1000 M. Aktien von B; wer nicht tauschen will, erhält vom Konsortium 100 % und 4 % Zinsen vom 1. Oktober.

Kurs der Aktien von A 100% (Bilanzkurs 111,3%),
Kurs der Aktien von B 262%.

α) Vermögen von A:

Aktiva ....M. 5 188 407,43
Schulden ..M. 3 017 485,95
Kapital ....M. 2 170 921,48 } Grundkapital 1,95 Mill., 3250 Stück Aktien zu 600 M., Reserven 220 921,48 M.

A erhält 812 Aktien von B und 1200 M. bar.
Umtauschverhältnis 4:1 (2400:1000).

β) B empfängt Vermögenswerte für M. 2 170 921,48
B gibt Vermögenswerte für „ 813 200,—
Fusionsgewinn (ohne Kosten) M. 1 357 721,48
Buchwert des übernommenen Vermögens 37,4%.

γ) Rentabilität für die Aktionäre von A[1]):

Sie geben 2400,— M. zu 100%	= 2 400,— M.
Sie empfangen 1000,— M. zu 262%	= 2 620,— „
Prämie	220,— M.
auf je 4 Aktien, für eine Aktie ..	55,— M.

[1]) Vgl. dazu Moll, Rentabilität der Aktiengesellschaften, Jena 1908, S. 182 ff.

c) Buchungen bei B nach Ablauf des Sperrjahres (§ 306 HGB.).
Fusions-Konto (Übernahme-Konto A).

Aktienkapital	812 000,—	Verschiedene Aktivkonten	5 188 407,43
Kasse	1 200,—		
Schulden-Konten	3 017 485,95		
	3 830 685,95		
Saldo	1 357 721,48		
	5 188 407,43		
Fusionskosten		Saldovortrag	1 357 721,48
Aktivkonten .... für Abschreibungen			
Spezialreservefonds .... usw.			
	1 357 721,48		

2. Beispiele für Rentabilitätsrechnungen:

a) Bank A (6,5 Mill. Grundkapital, 400 000 Reserven, durchschnittliche Aktienrente 5,44 %) wird mit der Bank B fusioniert. A erhält 3,9 Mill. Aktien von B und 40 M. je Aktie bar (= 260 000 M.).

Kurs der A-Aktien 113,2%,
Kurs der B-Aktien 188%.

B empfängt 6,5 Mill. gegen 4,16 Mill., bewertet die Aktien von A mit 64 %.

Kurswert der A-Aktien (6,5 zu 113,2 %)	=	7,358 Mill.
Kurswert der B-Aktien (3,9 zu 118 %)	=	7,592 Mill.
Unterschied		0,234 Mill.

Durchschnittsrente der A-Aktien

5,44% auf 6,5 Mill. Kapital	35,36% Ertrag
für B: 9% auf 3,9 Mill.	35,10% Ertrag
Unterschied	0,26%

Dazu der Zinsenertrag aus 260 000 M. bar an Aktionäre von A gibt ungefähr den gleichen Durchschnittsertrag.

b) Zwei Versicherungsgesellschaften vereinbaren die Verschmelzung:

Gesellschaft A: Kurs M. 2270,—, Dividende M. 125,—,
„ B: „ „ 1200,—, „ „ 75,—.

Auf je 3 Aktien von B entfallen 2 Aktien von A und M. 300,— bar Zuzahlung. Der Rentabilitätsberechnung sind die Kurse unmittelbar vor Bekanntwerden des Fusionsplanes zugrunde gelegt. Die Aktionäre von B empfangen:

2 Aktien zu 2270 =	ℳ 4540,—	
bar	„ 300,—	pro Aktie B
	ℳ 4840	ℳ 1613,—
und geben 3 Aktien zu 1200 =	„ 3600	„ 1200,—
Überschuß ...	ℳ 1240,—	ℳ 413,—

Nicht berücksichtigt ist, daß die B-Aktionäre zukünftig (2 zu 125) M. 250,— anstatt (3 zu 75) M. 225,— Dividende empfangen werden.

3. Beispiel: Fusion der Wittener Stahlröhren-Werke Schalke mit Röhrenwalzwerk, A.-G.

a) Aus den Vertragsbestimmungen:

§ 1. Die genannten beiden Gesellschaften verschmelzen sich derart, daß das Vermögen der Röhrenwalzwerke A.-G. mit allen Rechten und Verbindlichkeiten als Ganzes unter Ausschluß der Liquidation an die Wittener Stahlröhren-Werke übertragen wird gegen Gewährung von insgesamt 300 000,— ℳ neuer Aktien der Wittener Stahlröhren -Werke, welche mit den alten Aktien gleiche Rechte haben, und einer Barzahlung von insgesamt 210 000,— ℳ; außerdem stellen die Wittener Stahlröhren-Werke der Röhrenwalzwerke A.-G. 50 000,— ℳ Aktien der letzteren Gesellschaft ohne besondere Gegenleistung zum Zwecke der Amortisation zur Verfügung, so daß hierdurch das Aktienkapital der aufzunehmenden Röhrenwalzwerke A.-G. auf 1 200 000,— ℳ reduziert wird. Hiernach erhält jeder Aktionär der Röhrenwalzwerke A.-G. auf nom. 4000,— ℳ Aktien nom. 1000,— ℳ neue Aktien der Wittener Stahlröhren-Werke und 700 ℳ bar.

§ 2. Zum Zwecke der Durchführung der Fusion erhöhen die Wittener Stahlröhren-Werke unter Ausschluß des Bezugsrechts der Aktionäre ihr Grundkapital um 300 000,— ℳ durch Ausgabe von 300 neuen Inhaber-Aktien zum Parikurse über je 1000,— ℳ, welche mit den alten Aktien gleiche Rechte haben. Außerdem erhöhen die Wittener Stahlröhren-Werke ihr Grundkapital um weitere 300 000,— ℳ unter Ausschluß des Bezugsrechts ihrer eigenen Aktionäre durch Ausgabe weiterer 300 auf den Inhaber lautenden Aktien über je 1000,— ℳ, welche mit den alten Aktien die gleichen Rechte haben. Auf diese weiter auszugebenden 300 Aktien wird den Aktionären der Röhrenwalzwerke A.-G. ein Bezugsrecht in der Weise eingeräumt, daß auf je 4 Aktien der Röhrenwalzwerke A.-G. nach Wahl der Aktionäre an Stelle der in § 1 stipulierten Barzahlung von 700,— ℳ eine weitere neue Aktie der Wittener Stahlröhren-Werke gewährt wird, wenn eine Zuzahlung von 300,— ℳ erfolgt, so daß alsdann bei einer Zuzahlung von 300,— ℳ auf 4 Aktien der Röhrenwalzwerke A.-G. zwei neue Aktien der Wittener Stahlröhren-Werke entfallen würden.

Das Aktienkapital der Röhrenwerke war 1,25 Mill. Die S. 448/49 abgedruckte, dem Einführungsprospekt entnommene Fusionsbilanz (30. Juni 1907) der Röhrenwerke berücksichtigt bereits die Fusionsbedingungen.

Zur Erläuterung der auf der Passivseite vorstehender Bilanz unter Verfügungs-Konti aufgeführten Posten sei folgendes mitgeteilt:

1. Das Aktien-Reduktions-Konto 650 000 ℳ stellt den Betrag dar, um den sich das Aktienkapital der Röhrenwalzwerke A.-G., Gelsenkirchen-Schalke, bei der Fusion mit den Wittener Stahlröhrenwerken, Witten, ermäßigte.
2. Das Genußschein-Amortisations-Konto 146 700 ℳ stellt den Betrag der in den Geschäftsjahren 1905 und 1906 getilgten Genußscheinschuld dar. Der Betrag ist dem Jahresgewinn entnommen und hat daher auf der

Fusions-Bilanz

Aktiva	M	Pf	M	Pf
1—9. Grundstücks-, Gebäude-, Maschinen- und Transmissions-, Umbau-, Eisenbahnanschluß-Anlage, Werkzeuge und Geräte-, Walzen-, Mobilien-Konti			927 644	67
10. Syndikats-Beteiligungs-Konto			300	—
11. Aval-Konto			36 000	—
12. Vorräte-Konto				
Waren	625 523	—		
Betriebsmaterialien	15 390	—	640 913	—
13. Debitoren				
Buchforderungen	632 418	47		
Bankguthaben	18 832	—	651 250	47
14. Kassa-Konto, Bestand			9 787	62
15. Wechsel-Konto, Bestand			6 273	92
			2 272 169	68

Gewinn- und Verlust-

Soll	M	Pf	M	Pf
General-Unkosten:				
Gehälter, Steuern, Berufsgenossenschaft- usw. Beiträge			321 070	76
Fusions-Unkosten [1])			144 068	70
Skonto und Zinsen			25 113	01
Stiftung Arbeiter-Unterstützungsfonds			18 000	—
Abschreibungen			1 023 050	51
Reingewinn			754 496	49
			2 285 799	47

Passivseite zu erscheinen. Das z. Zt. für die Genußscheine erhaltene Geld ist nicht zu Abschreibungen, sondern zur Deckung der Kosten der Rekonstruktionsanlagen verwandt und durch Gegenposten auf der Aktivseite verbucht worden.

3. Das Verfügungs-Konto belief sich ursprünglich auf 101 960,08 M. Dieser Betrag ist der Saldo des aus der Aktien-Reduktion im Geschäftsjahre

[1]) Diese setzen sich zusammen aus:

M 82 445,70	Buchwert der laut Fusionsvertrag seitens Witten gratis zur Verfügung zu stellenden M 50 000 Röhrenwalzwerke Schalke-Aktien.
„ 10 000,—	Rückstellung für Umsatzsteuer usw. an die Gemeinde Gelsenkirchen.
„ 30 000,—	Abfindung an einen abgegangenen Direktor.
„ 21 623,—	Stempel und Spesen.
M 144 068,70	

zu S. 447 (3. Beispiel).

Passiva	ℳ	₰	ℳ	₰
1. Aktienkapital-Konto			600 000	—
2. Dividenden-Konto 1904 ℳ 900,—				
„ „ 1906 „ 2760,—			3 660	—
3. Reservefonds-Konto			45 000	—
4. Aval-Konto			36 000	—
5. Kreditoren			568 810	99
Verfügungs-Konti:				
6. Aktien-Reduktions-Konto	650 000	—		
7. Genußscheine-Amortisations-Konto	146 700	—		
8. Verfügungs-Konto	40 960	08	837 660	08
9. Gewinn- und Verlust-Konto				
Vortrag von alter Rechnung	5 641	12		
Brutto-Gewinn	273 629	—		
	279 270	12		
Abschreibungen	98 231	51	181 038	61
			2 272 169	68

Rechnung zur Bilanz (S. 450).

Haben	ℳ	₰	ℳ	₰
Vortrag von alter Rechnung: Witten	16 246	43		
Schalke	5 641	12	21 887	55
Zuzahlungen auf Aktien [1])			90 000	—
Aktien-Reduktions-Konto Schalke	650 000	—		
Genußschein-Amortisations-Konto Schalke	146 700	—		
Verfügungs-Konto Schalke	25 960	08	822 660	08
Betriebs-Überschuß			1 351 251	84
			2 285 799	47

1901 erzielten Buchwertes 907 088,82 ℳ abzüglich 815 128,74 ℳ Abschreibungen. In obiger Bilanz beläuft sich das Verfügungs-Konto noch auf 40 960,08 ℳ. Hiervon dienten 15 000 ℳ zur Auffüllung des Reservefonds von 45 000 ℳ auf 60 000 ℳ gleich 10 % des in der Bilanz investierten Grundkapitals, so daß auf diesem Konto 25 960,08 ℳ verblieben. Der so erzielte Buchgewinn 822 660,08 ℳ ist nicht zu Abschreibungen ausschließlich auf die Röhrenwalzwerke A.-G., Gelsenkirchen-Schalke, benutzt worden, sondern die Gesellschaft hat sich für berechtigt erachtet, diesen Betrag nach der Fusion auf die Anlagewerte beider Werke abzuschreiben.

Wir lassen noch die erste Bilanz (Passiva) des Wittener Werkes nach der Fusion folgen (30. Juni 1908):

[1]) Zuzahlung der Aktionäre der Röhrenwalzwerke A.-G. bei dem Umtausch ihrer Aktien in junge Aktien der Wittener Stahlröhren-Werke.

Passiva		M	Pf	M	Pf
1. Aktienkapital-Konto				2 400 000	—
2. Hypotheken-Konto		40 000	—		
Zugang		50 000	—	90 000	—
3. Arbeiter-Unterstützungsfonds-Konto				20 000	—
4. Dividenden-Konto				4 200	—
5. Reservefonds-Konto				240 000	—
6. Spezial-Reservefonds-Konto				100 000	—
7. Aval-Konto				87 517	—
8. Kreditoren				574 387	10
9. Gewinn- und Verlust-Konto					
Vortrag vom 1. 7. 06					
Witten	M 16 246,43				
Schalke	„ 5 641,12	21 887	55		
Bruttogewinn		932 999	37		
		954 886	92		
Abschreibungen	M 1 023 050,51				
davon aus der Fusion	„ 822 660,08	200 390	43	754 496	49
				4 270 600	59

4. Beispiel: Fusion Dresdner Bankverein-Mitteldeutsche Privatbank, Magdeburg.

Vereinigungsvertrag 8.|14. Oktober 1909. Übernahme des Bankvereins auf Grund der Bilanz vom 31. Dezember 1908 mit Wirkung vom 1. Januar 1909 ab. Die Magdeburger Bank gab $17^1/_2$ Mill. in eigenen Aktien, wovon sie sich 14 Mill. durch Kapitalerhöhung beschaffte; 3,5 Mill. eigener Aktien erwarb sie unter der Hand für 4 487 106,72 M. (Durchschnittskurs 128,209 % einschl. Stückezinsen). Die Dividenden für 1909 wurden von der Mitteldeutschen eingelöst. Umtauschverhältnis 6000 Dresdner gegen 5000 Aktien der Mitteldeutschen.

Der Einführungsprospekt berichtet (Mai 1910):

Das finanzielle Ergebnis bei der Fusion stellte sich wie folgt:

Bilanzwert des übergegangenen Vermögens	Gesamterwerbs-aufwand	Leistungen an die Aktionäre des Dresdener Bankvereins nom. in Aktien	Sonstiger Erwerbsaufwand
M 24 350 365,75	M 19 903 779,20	M 17 500 000,—	M 2 403 779,05 [1])

[1]) Enthaltend 987 106,72 M an die Vorbesitzer der 3 500 000 M anläßlich der Verschmelzung erworbenen alten Aktien gezahltes Agio, 1 016 672,33 M sonstige mit der Übernahme verbundene und gezahlte Stempel und Kosten sowie 400 000 M dem Erwerbswert zugeschlagenes Agio (s. u.).

Das Reinvermögen des Dresdner Bankvereins in Höhe von M 24 350 365,75 steht bei der Mitteldeutschen Privat-Bank, Aktiengesellschaft entsprechend dem Einstandspreise mit 19 903 779,20 M zu Buche und ist mit Rücksicht darauf, daß derselbe sich am 31. Dezember 1909 noch im Sperrjahre befand, in der Bilanz vor dem Strich auf beiden Seiten besonders eingesetzt.

Berechnung auf Grund der Bilanz (S. 452) des Dresdner Vereins:

Vermögen	56 622 578,35	Schulden	30 739 516,16
÷ Abschreibung	172 000,—		
	56 450 578,35	Dividende	1 050 000,—
	÷ 31 964 922,71	Tantiemen	175 406 55
Reinvermögen	24 485 655,64		
der Prospekt rechnet	24 350 365,75		
Differenz	135 289,89,	d. i. soviel als Gewinnvortrag und Pensionsfondsüberweisung,	

die anscheinend zur Gewinnverstärkung der Mitteldeutschen oder zur Deckung des Fusionsverlustes bei der Hersfelder Genossenschaft (113 446,61) Verwendung fanden.

Der Buchgewinn berechnet sich laut **Prospekt** wie folgt:

Einstandswert des Vermögens		24 350 365,75	ℳ
Aktien		17 500 000,—	„
		6 850 365,75	ℳ
Fusionsaufwand einschl. Agiozuschlag		2 403 779,05	„
Fusionsgewinn		4 446 586,70	ℳ
davon verwendet: Abschreibungen auf Debitoren	ℳ 2 000 000		
Errichtung einer Reserve	„ 800 000	2 800 000,—	ℳ
Rest		1 646 586,70	ℳ

Im gleichen Jahre wurde auch der Vorschußverein in Hersfeld aufgenommen.

Die Mitteldeutsche Privatbank hatte als Gesamtübernahmepreis die Gesamtsumme der Geschäftsguthaben aller bis zum 3. Juni 1909 vorhandenen Mitglieder mit 898 516,91 ℳ zu erlegen. Hierzu kamen 21 % Bonifikation sowie 4 % Extra-Bonifikation auf diejenigen Geschäftsguthaben, welche bis zum 31. Dezember 1908, und 10 % Bonifikation auf die, welche nach diesem Termin bis zum 30. Juni 1909 eingezahlt waren, sowie weiter 6 % Zinsen p. a. vom 1. Januar 1909 bis 30. Juni 1909. Einschließlich sonstigen Aufwandes von 169 299 ℳ stellt sich der Gesamterwerbspreis für die Mitteldeutsche Privat-Bank auf 1 278 633,69 ℳ. Die Mitteldeutsche war verpflichtet, den bis zum 31. Dezember 1908 eingetretenen Genossen des Vorschuß-Vereins zu Hersfeld auf deren Wunsch anstatt der Barzahlung für je 1000 ℳ Geschäfts-

---

Da der Ausgabekurs der zur Fusion benutzten 14 000 000 ℳ neuer Aktien bilanzmäßig auf 115 % festgesetzt war, so ist das Agio von 15 % abzüglich eines Betrages in Höhe von 5 % = 700 000 ℳ für Stempel und Kosten mit 1 400 000 ℳ dem gesetzlichen Reservefonds zugeführt worden. Hiervon sind 400 000 ℳ — wie oben gesagt — in dem Einstandswert des übergegangenen Vermögens enthalten, während 1 000 000 ℳ bis zum Ablauf des Sperrjahres unter den Debitoren als besonderer Interimsposten „Teilbetrag des vom Dresdner Bankverein übernommenen Reservefonds“ eingestellt worden sind. Der sich über 1 400 000 ℳ hinaus bei der Realisierung der übernommenen Bestände etwa noch ergebende Gewinn soll in die gesetzliche Reserve gestellt werden, so daß dieser Gewinn also zur Dividendenausschüttung nicht verwendet werden wird.

guthaben 1000 ℳ ihrer Aktien al pari außer der oben erwähnten Extra-Bonifikation von 4 % zur Verfügung zu stellen. Dabei war der Zukauf von Spitzen zulässig, die unter Zugrundelegung des jeweiligen Tageskurses für Mitteldeutsche Privat-Bank-Aktien gerechnet wurden. Demgemäß sind von dem oben genannten Kaufpreise 421 574,28 ℳ in Aktien der Mitteldeutschen Privat-Bank bezahlt worden, welche letztere zu einem Kurse von 132,90 % inkl. Stückzinsen von dritter Seite erwarb. Gegenüber dem Erwerbskreis des Vorschuß-Vereins zu Hersfeld von 1 278 633,69 ℳ stellt sich der Bilanzwert des übergegangenen Vermögens nach Berücksichtigung der bis zum 30. Juni 1909 ausgezahlten Geschäftsguthaben von 23 384,51 ℳ und der neu eingezahlten von 58 224,27 ℳ auf 1 165 187,08 ℳ.

Der sich aus der Fusion ergebende Verlust von 113 446,61 ist aus dem Gewinn vor Abschluß der Gewinn- und Verlust-Rechnung abgesetzt worden.

Die Passivseite der Bilanz des Dresdner Bankvereins:

Passiva			ℳ	₰
Aktien-Kapital			21 000 000	—
Reservefonds I			2 200 000	—
Reservefonds II			800 000	—
Depositen- und Scheck-Einlagen			12 055 237	74
Akzepte			7 894 554	30
einschließlich Aval-Verpflichtungen von ℳ 333 551,10				
Kontokorrent-Kreditoren			10 788 164	12
einschließlich Hypotheken-Kreditoren ℳ 389 000				
Pensionsfonds			350 365	75
Unerhobene Dividende			1 560	—
Reingewinn			1 532 696	44
Verteilung des Reingewinns				
Abschreibung bzw. Rückstellung auf Kontokorrent-Konto	ℳ	172 000,—		
Zuweisung an den Pensionsfonds	„	30 000,—		
4 % erste Dividende	„	840 000,—		
Tantieme des Aufsichtsrates	„	31 851,90		
Tantieme an die Direktion und Filialvorsteher sowie Gratifikation a. d. Beamten	„	143 554,65		
1 % Superdividende	„	210 000,—		
Vortrag auf neue Rechnung	„	105 289,89		
	ℳ	1 532 696,44		
			56 622 578	35

Die Bilanz der Mitteldeutschen Privatbank für den 31. Dezember 1909: S. 453/54.

39. Abschnitt.

Konkursbilanzen.

Voraussetzung für die Eröffnung des Konkursverfahrens über ein kaufmännisches Unternehmen ist die Zahlungsunfähigkeit oder Überschuldung bei Kapitalgesellschaften. Zahlungsunfähigkeit oder Insolvenz ist das nach außen fühlbare Fehlen bereiter Mittel zur Tilgung fälliger Schulden. Sie ist anzunehmen, wenn Zahlungseinstellung erfolgt ist, d. h. wenn der Schuldner wegen eines voraussichtlich dauernden Mangels an Zahlungsmitteln aufhört, seine fälligen Verbindlichkeiten in ihrer Allgemeinheit zu erfüllen. Die Zahlungseinstellung kann auch bei Vorhandensein eines aktiven Vermögensüberschusses aber nicht genügenden liquiden Mitteln erfolgen, sie kann aber auch die Folge einer Überschuldung sein.

Im Falle der Zahlungsunfähigkeit stehen für Befriedigung der Gläubigeransprüche mehrere Wege offen.

1. Ein Vergleich zur Abwendung des Konkurses nach der Vergleichsordnung vom 5. Juli 1927.

2. Die außergerichtliche Liquidation der Unternehmung, die, langsamer als das gerichtliche Liquidationsverfahren, häufig eine Erhöhung des Aktivbestandes und damit der Gläubigeranteilsquoten erzielt. Die Liquidation des Vermögens durch Versteigerung, Verkauf an der Börse, freihändige Veräußerung usw. kann sich endlos hinziehen, einzelne Gläubiger können gegen die vorgeschlagene Art der Verteilung Einspruch erheben usw., so daß das Konkursverfahren alle Schwierigkeiten beseitigt.

3. Die gerichtliche Liquidation, die eine vollständige Klärung der finanziellen Verhältnisse bringen muß, die Möglichkeit bietet, einzelne Rechtsgeschäfte des Schuldners zugunsten der allgemeinen Gläubiger anzufechten.

4. Der Zwangsvergleich oder Akkord im Sinne der §§ 173 bis 201 KO. (= Konkursordnung 17./20. Mai 1898).

5. Ein Moratorium der Gläubiger, d. i. die Bewilligung einer Zahlungsfrist für fällige Schulden.

6. Nicht selten vereinigen sich die großen Gläubiger eines bedeutenden, vornehmlich industriellen Betriebes zu einer Gesellschaft, gewöhnlich m. b. H., übernehmen das in Konkurs geratene oder von ihm bedrohte Geschäft, mitunter nach einem mehrmonatlichen, die Rentabilität des Betriebes dartuenden Probebetrieb, für eigene Rechnung unter Zuzahlungen zugunsten der kleineren Gläubiger und betreiben das Geschäft

Bilanz der Mitteldeutschen

Aktiva		M	Pf
Kassabestand inkl. Reichsbank-Giro-Guthaben, Sorten u. Kupons		11 541 814	94
Guthaben bei Banken, Bankiers und Kommunen		6 625 994	99
Wechsel-Bestand inkl. Devisen		51 870 878	46
Effektenbestand		10 049 121	45
Konsortialbeteiligungen		3 055 998	85
Vorschüsse gegen Waren		22 115 825	08
„ „ Effekten		42 128 804	28
Aval-Debitoren	M 11 276 414,31		
Sonstige Debitoren gedeckt	M 51 535 142,57		
blanko	„ 31 155 302,12	82 690 444	69 [1])
Gebäude	M 6 458 392,09		
ab Hypotheken	„ 1 451 900,—	5 006 492	09
(außerdem M 973 000,— Sicherungshypotheken eingetragen für den Verkehr mit Sparkassen, Kommunen usw.)			
Grundstücke (Dresdner Bankverein)		624 946	61 [2])
Inventar inkl. Stahlkammer-Einrichtungen		464 953	11
Dauernde Beteiligungen		8 052 968	08
Vermögen der in 1909 übernommenen Geschäfte:			
Erfurter Bank (Ablauf des Sperrjahres 28. 1. 1910)	M 3 452 109,21		
Dresdner Bankverein (Ablauf des Sperrjahres 25. 11. 1910)	„ 19 903 779,20		
	M 23 355 888,40		
		244 228 242	63

weiter. Der Betrag ihrer Forderungen bildet ihren Anteil am Geschäftsvermögen.

7. Schließlich können mehrere der angeführten Verfahren nacheinander angewendet werden, z. B. wird zunächst die Liquidation beschlossen, von den Gläubigern ein Moratorium gewährt, nachträglich aber der Konkurs eröffnet usw.

Im Konkursverfahren werden unter Leitung des Konkursgerichts die Gesamtgläubiger (Konkursgläubiger) eines zahlungsunfähigen Schuldners (Gemeinschuldner) durch einen mit der Verwaltung und Verwertung des Vermögens des Schuldners beauftragten Konkursverwalter nach Maßgabe der vorhandenen

[1]) Nach Abschreibung von M 2 000 000 aus dem bei der Fusion erzielten Buchgewinn auf Debitoren des Dresdner Bankvereins.

[2]) Die Differenz gegen das Konto Grundstücke in der Bilanz des Dresdner Bankvereins per 31. Dezember 1908 erklärt sich durch den Verkauf von Grundstücken im Betrage von ca. M 300 000.

Privatbank 31. Dezember 1909.

Passiva		ℳ	₰
Aktien-Kapital		50 000 000	—
Reservefonds		5 000 000	—
Beamten-Unterstützungsfonds inkl. ℳ 50 000 Paul Blanchat-Stiftung		533 757	45
Akzepte		37 930 671	39
Avale	ℳ 11 276 414,31		
Rückständige Dividende		2 149	—
Betrag der überhobenen Zinsen		278 375	37
Kreditoren:			
Nostro		6 614 274	95
Loro (davon ℳ 57 286 164,65 befristet)		140 462 886	70
Einstandspreis der übernommenen Geschäfte	ℳ 23 355 888,40		
Reingewinn pro 1909		3 406 127	77
		244 228 242	63

Mittel anteilsmäßig befriedigt. Das vorhandene Aktivvermögen des Gemeinschuldners, die „Konkursmasse“, dient der gemeinschaftlichen und grundsätzlich gleichmäßigen Befriedigung der vorhandenen Gläubiger. Anteilsberechtigt sind jene Gläubiger, deren Forderungen als berechtigt „festgestellt“ und in Geld umgewertet sind. Die Summe aller berechtigten Forderungen bildet die „Schuldenmasse“.

Bei der Befriedigung der Konkursgläubiger aus der Konkursmasse sind vier Klassen zu unterscheiden:

1. Die Aussonderungsberechtigten (§ 43—46 KO.). Fremde, dem Gemeinschuldner nicht gehörende Vermögensgegenstände (geliehen, bei ihm verwahrt), die sich bei der Eröffnung des Verfahrens in seinem Besitz befinden, sind vom Konkursverwalter auszusondern. Hierher gehören Inkassowechsel, Depoteffekten, nicht verkaufte Kommissionswaren. Bei anerkanntem Aussonderungsrecht können die betreffenden Gegenstände im Inventar fortgelassen werden, weil sie dem Berechtigten zurückzugeben sind, sofern nicht der Gemeinschuldner ein Aufrechnungsrecht geltend machen kann.

2. Die absonderungsberechtigten Gläubiger (§ 47—52 KO.) nehmen ein zur Konkursmasse gehöriges Vermögensstück zur Befriedigung einer be-

stimmten Forderung für sich allein in Anspruch. Insbesondere können Pfandgläubiger abgesonderte Befriedigung aus den ihnen verpfändeten Gegenständen wegen der Kosten, der Zinsen und des Kapitals verlangen. Mit dem ausgefallenen, d. h. durch die Pfandverwertung nicht gedeckten Betrage ihrer Forderung sind sie am allgemeinen Konkurs beteiligt.

3. Die Massegläubiger (§ 57—60 KO.) machen Anspruch auf Vorausbefriedigung gegen die Konkursmasse. Hierher gehören a) die Massekosten, d. s. Aufwendungen zur Durchführung des Verfahrens, b) die Masseschulden, d. s. Verpflichtungen aus den vom Konkursverwalter kraft seiner Vertretungsbefugnis vorgenommenen Rechtshandlungen.

4. Die Konkursgläubiger (§ 61—70 KO., chirographische Gläubiger) sind jene persönlichen Gläubiger, die einen zur Zeit der Eröffnung des Verfahrens begründeten Vermögensanspruch an den Gemeinschuldner haben. Unter ihnen wird die Verteilungsmasse aufgeteilt: a) Die bevorrechtigten Forderungen in 5 Klassen. Die Gläubiger einer Klasse können nur dann etwas beanspruchen, wenn die Gläubiger der vorangehenden Klasse voll befriedigt sind. b) Die nicht bevorrechtigten Forderungen.

Verteilt wird unter die Konkursgläubiger das Vermögen, welches nach Erfüllung der Ansprüche der Aussonderungs-, der Absonderungsberechtigten und der Massegläubiger übrig bleibt.

Beantragt der Gemeinschuldner selbst die Konkurseröffnung, so hat er ein Verzeichnis der Gläubiger (Bank-, Buch-, Wechsel-, Hypothekenschulden, rückständige Leistungen, wie Zinsen, Miete, Gehälter, Löhne usw., § 61 KO.), sowie eine Übersicht der Vermögensmasse, einschließlich des Privatvermögens bei Einzelkaufleuten, vorzulegen. Dieser Status hat die Zahlungsunfähigkeit zu beweisen und hat die Vermögensstücke nach den Grundsätzen ordnungsmäßiger Buchführung zu bewerten. Insbesondere hat diese Übersicht alles im fremden Besitz sich befindliche Eigentum des Gemeinschuldners, z. B. Effektendepots, sowie die verpfändeten Vermögensgegenstände und die Forderungen zu verzeichnen, welche für die abgesonderte Befriedigung beansprucht werden.

Nach der Eröffnung des Verfahrens hat der Verwalter die einzelnen zur Konkursmasse gehörigen Gegenstände unter Angabe ihres Wertes aufzuzeichnen. Der Wert ist erforderlichenfalls durch Sachverständige zu ermitteln. Bei der Aufzeichnung ist eine obrigkeitliche oder eine Urkundenperson zuzuziehen. Der Gemeinschuldner ist zuzuziehen, wenn er ohne Aufschub zu erlangen ist (§ 123 Abs. 1 KO.).

Dem Verwalter liegt ferner die Anfertigung eines Inventars und einer Bilanz ob. Er hat eine von ihm gezeichnete Abschrift des Inventars und der B. und, wenn eine Siegelung und Entsiegelung stattgefunden hat, die Protokolle über dieselben auf der Gerichtsschreiberei zur Einsicht der Beteiligten niederzulegen (§ 124 KO.). Inventar und Bilanz nach § 124, die ohne Beiziehung einer obrigkeitlichen oder Urkundenperson vom Verwalter aufzustellen sind, geben auch die Schulden an, die „Aufzeichnung" nach § 123 die zur Konkursmasse gehörigen Gegenstände.

Die Konkursbilanz ist eine Liquidations- und Vermögensverteilungsbilanz. Die Bewertungsvorschriften der §§ 39, 40, 261 HGB. genügen nicht immer für solche Zusammenstellungen. Der Versilberungswert der Vermögensgegenstände steht im Anfang des Konkursverfahrens nicht mit Sicherheit fest. Deshalb muß die Bewertung allen Eventualitäten Rechnung tragen, damit den Gläubigern weitere unangenehme Enttäuschungen erspart bleiben. Besonders muß die Entwertung durch die zwangsweise Auflösung, die „Mußveräußerung", berücksichtigt werden.

Die Feststellung der wirklichen Konkursgläubiger erfolgt im Prüfungstermin. Dabei ist im wesentlichen die Rechtsbeständigkeit der angemeldeten Forderungen zu prüfen. Ihre Zusammenfassung erfolgt in der „Konkurstabelle" [1]). Betagte, zur Zeit der Anmeldung noch nicht fällige verzinsliche Forderungen werden am Tage der Eröffnung des Verfahrens fällig. Die Verzinsung hört von diesem Tage an auf. Betagte, unverzinsliche Forderungen sind zu diskontieren [2]).

Zur Konkursmasse gehören, neben dem üblichen aktiven Vermögen: der Anspruch auf die Auszahlung des Geschäftsguthabens als Mitglied einer eingetragenen Genossenschaft; Forderungen aus Lebensversicherungspolicen, wenn dem Gemeinschuldner das Verfügungsrecht darüber zusteht; im Konkurs einer Kommanditgesellschaft und einer G. m. b. H. der Anspruch der Gesellschaft gegen die Kommanditisten bzw. die Gesellschafter auf Zahlung der rückständigen Einlage (§§ 171, 172 HGB.); das Privatvermögen des Gemeinschuldners, ausgenommen Hausrat, Kleidungsstücke usw. (§ 811 ZPO.); das Gesamtgut bei allgemeiner Gütergemeinschaft. Bei ausstehenden Forderungen, für die eine Sicherheit durch Bürgen oder Pfand besteht, ist diese Sicherheit zu vermerken. Die rückständigen und die laufenden Zinsen und sonstige Ansprüche (z. B. Kostenschadenersatz) sind anzugeben. Senst a. a. O. S. 42, 276, 284 gibt folgendes Schema einer Konkursbilanz:

---

[1]) Über Inventar und Bilanz vgl. Senst, Die Verwaltung von Konkursen. 4. Auflage, Leipzig 1900, S. 40, 275 ff. Das Beispiel eines Verzeichnisses der Forderungen und einer Schlußabrechnung vgl. bei Nauke, Leitfaden für Konkursverwalter, Leipzig 1904, S. 114, 120.

[2]) Auf Hundert nach der Hoffmannschen Formel:

$$\text{Barwert} = \frac{\text{Nennwert} \times 100}{100 + (p \cdot t/365)},$$ worin p der Diskontsatz (4%, 5%), t die Diskonttage bedeuten.

Aktiva.

1. Wert der Immobilien		55 000	
÷ Hypothek, Grundschuld		45 000	10 000
2. Bewegliche körperliche Sachen [1])		50 700	
÷ Zur Befriedigung Absonderungsberechtigter		12 000	38 700
3. Forderungen		24 160	
davon ab:			
a) durch Gegenforderung beglichen	1 300		
b) Zweifelhafte 4600 à 50%	2 300		
c) Nicht einbringliche	11 000	14 600	
		bleiben	9 560
4. Sonstige Vermögensrechte: Nießbrauch an 6000 3½% Konsols auf Lebenszeit — Schätzungswert			3 000
			61 260
Überschuldung			64 440
			125 700

Passiva

Schulden			184 000
davon ab:			
a) Durch Gegenforderung beglichen		1 300	
b) Masse- und Absonderungsansprüche		57 000	58 300
Bleiben anteilberechtigt			125 700

Davon ℳ 370 bevorrechtigt (Ärzte, Gehälter, Steuern, Apotheker) und ℳ 125 330 nicht bevorrechtigt.

1. Beispiel: Status eines Warenhauses als Grundlage eines außergerichtlichen Vergleichs. Bei der Zwangsversteigerung der beiden zur Masse gehörigen Grundstücke wird mit einem Hypothekenausfall von mindestens 100 000 M. zu rechnen sein, im Konkurs dürfte kaum eine höhere Dividende als 35 % zu erzielen sein.

Aktiva

Warenlager zu Fakturenwerten	ℳ	277 412,—	
ab 20%	„	55 412,—	222 000,—
Ladeneinrichtungen			43 000,—
Kassa			4 500,—
Außenstände	ℳ	2 800,—	
ab	„	600,—	2 200,—
			271 700,—
Hiervon Gehälter und Unkosten für zwei Monate	ℳ	20 000,—	
rückständige Warenhaussteuer	„	8 000,—	
Miete	„	3 700,—	31 700,—
			240 000,—

[1]) Kleidungsstücke und andere Sachen zum persönlichen Gebrauch, Gegenstände der häuslichen Einrichtung, Wertgegenstände, Wertpapiere, Bücher, Urkunden, Waren, Fabrikationsmaterialien, Einrichtungsgegenstände zum Geschäfts-, Fabrikbetrieb usw. usw.

Schulden

Kreditoren und Akzepte .... 344 482,—
(Verwandtenforderungen sind nicht vorhanden.
Vergleichsquote $66^2/_3$% in 4 Raten zahlbar.)

2. Beispiel: Eine offene Handelsgesellschaft (§ 209 ff. KO.) wird in den meisten Fällen erst dann ihre Zahlungen einstellen, wenn auch die einzelnen Gesellschafter nicht mehr imstande sind, mit ihrem Privatvermögen der Gesellschaft zu Hilfe zu kommen.

Die B. nach § 123 KO. beschränkt sich auf das Gesellschaftsvermögen; als Deckungsmittel müssen allerdings die Privatvermögen herangezogen werden. Das Gesellschaftsvermögen bildet die Masse im Gesellschaftskonkurs. Dazu gehören auch rückständige Einzahlungen auf die Einlage eines Gesellschafters, die der Konkursverwalter einziehen kann. Die Ansprüche der Gesellschafter auf Zinsen und Gewinnanteile können nicht als Konkursforderung geltend gemacht werden. Ein Gesellschafter kann selbst den Konkurs über seine Gesellschaft beantragen, um nicht noch tiefer mit seinem Privatvermögen in den Verfall der Gesellschaft hineingezogen zu werden.

Über das Privatvermögen eines Gesellschafters findet ein Konkursverfahren nur statt, wenn der Gesellschafter zahlungsunfähig ist und dann nur auf Antrag. Die Eröffnung des Verfahrens über das Vermögen eines Gesellschafters hat die Auflösung der Gesellschaft zur Folge (§ 131 Z. 5 HGB.). Die Auseinandersetzung über das Gesellschaftsvermögen erfolgt, wenn nicht anders vereinbart wurde, im Wege der Liquidation (§ 145 HGB.), falls nicht die Gesellschaft selbst dem Konkurs verfällt.

Das folgende Beispiel behandelt die Zahlungseinstellung des Bankhauses Haller, Soehle & Co. in Hamburg und gibt einen instruktiven Einblick in die Verhältnisse vor der Konkurseröffnung. Besonders interessant ist das Verhältnis der Buchwerte zu den angenommenen Liquidationswerten (vgl. S. 460).

Die Bilanz von Haller, Soehle & Co. am 31. Dezember 1906 nach dem Bericht des Liquidators.

Aktiva	ℳ	Passiva	ℳ
Diverse Effekten	1 697 003,84	Kapitalkonto	5 216 302,26
Grundstück Mittelweg	532 980,82	Reservekonto	1 902 523,32
Grundst. Adolfsplatz ..	215 168,96	Provisionskonto	
Vereinsbankkonto	70 453,23	Vortrag	30 000,—
Reichsbankkonto	4 312,61	Hypothekenkonto	
Kassakonto	23 121,31	Mittelweg	422 500,—
Diverse Wechselkonti .	33 941 01	Adolfsplatz	190 000,—
Diverse Debitoren	26 438 222,94	Akzeptenkonto	13 443 617,69
		Diverse Kreditoren ...	7 810 261,45
	29 015 204,72		29 015 204,72

Haller, Soehle & Co. in Liquidation.

Approximativer Status der offenen Handelsgesellschaft in Firma Haller, Soehle & Co., Hamburg, aufgemacht den 17. Oktober 1907 nach den Büchern, vorgefundenen Dokumenten und mündlichen Erläuterungen.

Aktiva.

Ausstände laut Spezifikation	ℳ 274 546,—	
als gut und realisierbar anzunehmen mit		ℳ 250 000,—
Überschuß auf Depot Otto Becker jr. per 31. Oktober 1907		
Wert	ℳ 451 312,—	
Vorschuß	„ 400 000,—	
Überschuß		„ 51 000,—
Anteil-Überschuß auf Depot Otto Becker jr. per 31. Oktober 1907 auf	ℳ 150 000,—	„ 20 000,—
Effekten-Konto 1 [1])		
Eigene Effekten nominell	„ 98 000,—	
realisierbarer Wert anzunehmen mit		„ 53 000,—
Effekten aus Dr. Martin Soehle Test. und J. W. Lübbers Nachl. anzunehmen mit		„ 27 000,—
Wechselportefeuille	ℳ 7 066,—	„ 7 000,—
Banksaldo nicht vorhanden, da aufzurechnen ℳ 36 506,60 bei Vereinsbank in Hamburg		
„ 28 254,69 bei Reichsbank in Hamburg		„ —,—
Kassabestand		„ 200,—
Grundstück Mittelweg 22/24		
Buchwert ℳ 527 000,—, Beschwerung ℳ 422 500,—		
Mieteeinnahme bei voller Vermietung ℳ 40 000,—		
anzunehmender Überschuß		„ 20 000,—
Grundstück Adolfsplatz 4		
Buchwert ℳ 368 000,— Beschwerung ℳ 190 000,—		
anzunehmender Überschuß		„ 100 000,—
G. E. A. Asmus, Kiel und Lübeck		
Kommandit-Anteil … ℳ 300 000,—		
Blankokredit … „ 2 849 000,— gegen Saatankäufe		
do. … „ 350 000,— gegen Grundstück und Erneuerungsfonds		
ℳ 3 499 000,—		
Hiervon den vollen Betrag von ℳ 3 499 000,— trassiert; die Wechsel befinden sich in fremden Händen		„ —,—
B. Wagner, Berlin und Stettin, Steinkohlen- und Brikettgeschäft		
Wagner eingesetzt von H. S. & Co.		
Einschüsse von H. S. & Co. auf Kohlenkonto	ℳ 801 439,90	

auf Patente, Verfahren, Grundstück Friedrich Junge-Straße, Grundstück Grunewald und Lichtenberg	ℳ 2 422 686,99	
	ℳ 3 224 126,89	
Hiergegen trassiert ℳ 2 995 000,—; die Wechsel befinden sich in fremden Händen. Für die noch offenstehende Forderung besitzt die Masse Sicherheits-Hypotheken am Fabrikgrundstück Stettin in Höhe von ℳ 300 000,—. Angenommen mit		ℳ 100 000,—
Dr. Martin Soehle Erben, Gemälde-Konto [2])		
Noch zu erwarten aus Gemälden		„ 30,000,—
Buchforderung von Portland-Zementfabrik Saturn		
Angenommen und realisiert mit		„ 100,000,—
Bureauinventar		
Angenommen mit		„ 5 000,—
Wesselner Koks- und Kaumazitwerke Dr. Auspitzer, Teplitz		
Werke in Wesseln, Schwaz und Seestadtl inferiert von Haller, Soehle & Co. laut Bücher		
Laufendes Konto	ℳ 1 331 520,15	
Konto separat für Patente usw.	„ 510 439,87	
Kommanditeinlage	„ 425 000,—	
	ℳ 2 266 960,02	
Hiergegen trassiert ℳ 1 055 000,—; die Wechsel befinden sich in fremden Händen. Überschuß für die Masse zur Zeit nicht zu beurteilen		„ —,—
Partizipations-Vertrags-Konto ℳ 8 035 524,84 als Verlust wegzuschreiben		„ —,—
Konsortialbeteiligung Aktien der Vereinigten Dampfschiffs-Gesellschaften in Kopenhagen ca.	ℳ 18 000,—	
Konsortialbeteiligung Banca Commerciale Italiana	„ 10 000,—	„ —,—
Pankow-Heinersdorfer Terrain-Gesellschaft	„ 44 000,—	
Der Erlös aus diesen Beteiligungen ist zurzeit auch nicht annähernd zu fixieren.		
		ℳ 763 200,—
Abzüglich:		
Voll zu zahlende Saläre bis 1. Januar ℳ 9000,—, laufende Geschäftsunkosten ℳ 1500,—, kleine voll zu zahlende Rechnungen ℳ 3000,—, Masseschulden und Kosten anzunehmen mit abgerundet		„ 83 200,—
		ℳ 680 000,—
Passiva laut Spezifikation ca.		ℳ 14 000 000,—

doch steht zu erhoffen, daß solche sich um weitere ca. 3 000 000,— ℳ durch Ausscheiden von Giroverbindlichkeiten im Laufe der Liquidation reduzieren dürften.

Hamburg, den 28. Oktober 1907.

[1]) Tatsächliches Ergebnis der Versteigerung war 146 000 ℳ.
[2]) Tatsächlicher Anteil am Erlös war 97 000 ℳ.

Kritik: Auffallend ist der enorme Betrag der Akzeptverbindlichkeiten. Primadiskonten haben in der Regel eine Laufzeit von höchstens 3 Monaten. Dies angenommen, ergibt, daß die Firma durchschnittlich etwa für 150 000 M. Akzepte täglich einzulösen hatte. Diesen Verbindlichkeiten, auch mit Rücksicht auf den Kupontermin am 2. Januar und den unter den Kreditoren verrechneten täglich fälligen Verbindlichkeiten, stehen vollständig ungenügende Deckungsmittel zur Verfügung. Das Reichsbankguthaben ist außerordentlich gering. Von den Debitoren entfallen 7,76 Mill. auf „Partizipationsvertragskonto der Wesselner Koks- und Kaumazitwerke“, d. h. aus Finanzierungsgeschäften, die bei der Zahlungseinstellung in Höhe von 8 035 524,87 als Verlust abgeschrieben werden mußten. Dieses Werk beschaffte sich flüssige Gelder durch Trassierung der Kontokorrentsalden auf die finanzierende Firma (s. Liquidationsbilanz: Guthaben 1,841 Mill., davon trassiert 1,055 Mill.). Unter den Debitoren ist auch die Kommanditeinlage bei der Ölmühle Asmus mit 300 000 M. verrechnet, die durch Trassierung auf die Ölmühle wieder liquidiert worden war (vgl. Liquidationsbilanz). Der Rest der Debitoren enthält die Forderungen aus den Akzeptverbindlichkeiten, recht problematische Werte, dann Beträge, die auf längere Zeit festgelegt sind.

Das Provisionskonto dürfte eine 1907 an die Wechselmakler für ihre Mitwirkung bei den Wechseltransaktionen der Firma zahlbare Vergütung darstellen.

Die Liquiditätsberechnung stellt sich im günstigsten Fall wie folgt:

Bankguthaben, Kasse, Wechsel	132 000 ℳ
Vom Effektenbestand etwa $^1/_3$	563 000 „
	695 000 ℳ

Von den Debitoren	26,438	Mill.
Ab Vertragskonto Wesseln	7,760	„
Ab Kommanditeinlage Asmus	0,3	„
bleiben	18,378	Mill.
Ab Kontokorrent gegen Akzepte	13,445	„
bleiben	4,933	Mill. Debitoren, von

denen man als liquide etwa ¼ ansehen kann. Die Akzeptverbindlichkeiten, die Hälfte der Kreditoren, machen zusammen etwa 17 Mill. Mark.

In den Hamburger Zeitungen erschien am 30. Oktober 1907 die S. 460/61 abgedruckte Liquidationsbilanz vom 17. Oktober 1907, die zeigt, daß in den ersten 9 Monaten des Jahres 1907 Verschiebungen wenigstens auf drei der großen Konten stattgefunden haben, daß Debitoren und Akzepte gestiegen, Kreditoren (Depositengelder) zurückgegangen sind.

Interessant ist der Vergleich der Buch- bzw. Nominalwerte mit den eingesetzten Liquidationsschätzungswerten. Die Schlußbilanz 1906 (vgl. S. 459) zeigt ein verantwortliches Kapital von zusammen 7 118 825 M. (Kapital und Reserven). Dazu bemerkt der Bericht des Liquidators:

Rechnet man nun diesen Betrag zu der vorhandenen Unterbilanz laut vorliegendem Status von etwa 13 000 000 ℳ, so ergibt dies zurzeit eine Unterbilanz von rund 20 000 000 ℳ. Hiervon entfallen nun etwa 7 500 000 ℳ für auf die Firma zurückgefallene Akzeptverbindlichkeiten von Asmus, Wagner und Wesselner Koks- und Kaumazitwerke, wofür nominell Aktiva auf Bilanz vorhanden waren, und etwa 2 500 000 ℳ für eingeräumte Blankokredite bei Lütgens und Einstmann usw. und übernommene Bürgschaften für verschiedene Interessenten laut Spezifikation im Gläubigerverzeichnis, wofür ebenfalls die Firma haftbar gemacht wird. Die weiteren 10 000 000 ℳ finden ihre Erklärung in den vorliegenden, jetzt wegzuschreibenden Generalunkosten und Buchverlusten, aus denen etwa 8 035 000 ℳ Partizipations-Vertragskonto Wesselner Koks- und Kaumazitwerke, 1 200 000 ℳ Buchforderungen an dieselben, 130 000 ℳ Buchforderungen an B. Wagner, 100 000 ℳ Verlust Grundstück Stralau, 420 000 ℳ Verlust bei Saturn, Beteiligung und Aktien, 240 000 ℳ Zinsen- und Kursverlust auf Fonds, 160 000 ℳ angenommener Verlust auf Grundstücke Mittelweg und Adolfsplatz, 30 000 ℳ Generalunkosten und Courtagen und 150 000 ℳ Privatverbrauch der Gesellschafter und Saläre herausgegriffen werden.

Die Schulden setzen sich wie folgt zusammen:

Notleidende Akzepte	8 263 493,10 ℳ
Eigene Tratten auf andere Firmen	1 790 480,95 „
Buchgläubiger	3 620 751,02 „
	13 674 725,07 ℳ.

Überdies waren 6,8 Mill. reine Kreditakzepte vorhanden, die von den Beteiligten zurückgenommen wurden. Dadurch verminderten sich die Debitoren und die Akzeptverbindlichkeiten um den gleichen Betrag. Die Buchgläubiger betragen 3,6 Mill. gegen 7,8 Mill. Ende 1906. Es müssen also große Rückforderungen von seiten der Gläubiger stattgefunden haben, worauf das etwa um $1^3/_4$ Mill. höhere Akzeptenkonto schließen läßt. Die Effektendepots waren in Ordnung.

Die Wechselverbindung mit Asmus dürfte sich nach dem Bericht der Konkursgläubiger dieser Unternehmung wie folgt gestaltet haben: Die Beteiligung von Haller, Soehle & Co. bei der Ölmühle betrug 300 000 gegen Gewinn- und Verlustanteil von 40% (die Kommanditisten bezogen durchschnittlich 30 000 M. Gewinn alljährlich). Die Kommanditisten trassierten den Betrag der Kommanditeinlage auf Asmus und entzogen dadurch dieser Firma wiederum die Bareinlage. In späterer Zeit ließen sich Haller, Soehle & Co. von der Ölmühle Wechselunterschriften als Aussteller über den Betrag der Kommanditeinlage hinaus geben, versahen sie mit eigenem Akzept und verkauften diese Finanztratten (oder Gefälligkeitswechsel?), die in der Konkursbilanz von Asmus mit 625 000 M. angegeben waren. Daneben hatten Haller, Soehle & Co. der Ölmühle ständig Akzeptationskredit gewährt (Kreditakzepte, im Lübecker Konkursbericht mit 2,53 Mill. angegeben), die diese durch Diskontierung ihrer Tratten auf H. S. benutzten.

Am 3. Mai 1908 wurde das Konkursverfahren über die Firma Haller, Soehle & Co. in Liquidation eröffnet.

3. Beispiel: Im Konkurs einer stillen Gesellschaft (§§ 341 342 HGB.) kann der stille Gesellschafter die Einlage, soweit sie den Betrag des auf ihn entfallenden Verlustanteils übersteigt, als Konkursforderung anmelden. Deshalb hat die ordnungsmäßig aufgestellte B. zunächst diesen Verlustanteil zu ermitteln. Z. B.[1]) A. beteiligt sich mit 40 000 M. vollbezahlter Einlage und $^1/_4$ Gewinn und Verlust als stiller Gesellschafter. Das Vermögen des Geschäftsinhabers ist 9000; Konkurseröffnung am 15. August. Die Inventur ergibt 87 000 Aktiva, 75 000 Schulden.

Verlustberechnung: Schulden	75 000 ℳ
Einlage 40 000 + 4% Zinsen bis 15. August	41 000 „
Einlage des Inhabers + 4% Zinsen	9 225 „
Passiva	125 225 ℳ
Ab Aktiva	87 000 „
Verlust	38 225 ℳ
Verlustanteil des stillen Gesellschafters	9 556 „ = ¼.

Die nicht bevorrechtigte Konkursforderung des stillen Gesellschafters beträgt demnach 40 000 abzüglich 9556,25 = 30 443,75. Wäre die Konkursdividende beispielsweise 30%, so erhält der Gesellschafter 9155 und verliert insgesamt 77,1% seiner Einlage.

Als 4. Beispiel für die Konkursbilanz einer Aktiengesellschaft diene der folgende Status:

---

[1]) Nach Berliner, Schwierige Fälle der Buchhaltung. 3. Aufl. Hannover 1909, S. 23, 130.

Konkursmasse der Gerhard Terlinden Aktiengesellschaft, Oberhausen.

Status am 24. Juli 1901.

Aktiva	M	Pf	M	Pf
1. Grundstücks-Konto.				
a) Oberhausen	358 973	50		
b) Essen	24 925	—		
c) Elberfeld	38 640	—		
d) Sonsbeck	36 839	—		
e) Capellen	9 415	—		
f) Straelen	11 568	30		
g) Dilkrath-Boisheim	10 361	—		
h) Oberhausen (Eifel)	7 339	—		
i) Altstaden	16 156	—		
k) Dülken (einschl. eines kleinen Gebäudes)	500	—	514 716	80
2. Gebäude-Konto.				
A. Auf eigenen Grundstücken.				
a) Oberhausen M 424 148,25 ab: Öfen, welche nicht als Bestandteil der Gebäude anzusehen sind „ 5 068,—	419 080	25		
b) Essen	38 537	80		
c) Elberfeld	35 571	10		
d) Sonsbeck	106 904	67		
e) Capellen	46 583	13		
f) Straelen	175 452	73		
g) Dilkrath-Boisheim	31 943	79		
h) Oberhausen (Eifel)	29 474	92		
zus.	883 548	39		
B. Auf Pachtboden.				
Die Pachtung läuft 25 Jahre, bis 31. Dezember 1922. Bisheriger Pachtlauf 3½ Jahre. Amortisationsquote 4% pro anno des Wertbetrages von M 152 958,66 ab: Amortisation 3½ Jahre à 4% „ 21 414,21	131 544	45	1 015 092	84
Übertrag			1 529 809	64

	M	Pf	M	Pf
Übertrag			1 529 809	64
3. Maschinen-Konto.				
a) Dilkrath	12 121	20		
b) Schleiden	125 166	14		
c) Straelen, Steinfabrik	5 910	—		
d) Oberhausen, Maschinenfabrik	29 576	14		
e) Sonsbeck	37 093	15		
f) Oberhausen, eigenes Werk	200 383	44		
g) Straelen, Hauptanlage	15 211	85	425 461	92
4. Werkzeug- und Geräte-Konto.				
a) Oberhausen (Ruhr)	55 629	80		
b) Sonsbeck	7 142	59		
c) Straelen	4 732	90		
d) Capellen	3 595	35		
e) Dilkrath-Boisheim-Vorst	3 190	30		
f) Diverse, auf den nicht eigentümlichen Grundstücken befindliche Werkzeuge und Geräte	31 284	68	105 575	62
5. Modelle-Konto.				
a) Hauptanlage Oberhausen	34 235	36		
b) Maschinenfabrik Oberhausen	1 000	—	35 235	36
6. Fuhrwerks-Konto.				
a) Capellen	649	80		
b) Sonsbeck	5 957	65		
c) Oberhausen (Ruhr)	2 765	—		
d) Straelen	610	—		
e) Dilkrath-Boisheim	470	—		
f) Auf den nicht eigentüml. Grundstücken pp.	7 424	75	17 877	20
7. Mobilien-Konto.				
Laut Aufnahme	11 207	40		
Davon Abschreibung	5 207	40	6 000	—
8. Kassenbestand.				
a) Bar laut Kassenbücher	15 705	01		
b) Im Geldspind des Prokuristen Casbadt aufgefunden	28 986	63	44 691	64
Übertrag			2 164 651	38

	ℳ	₰	ℳ	₰
Übertrag			2 164 651	38
9. Wechsel-Bestände.				
Lt. Aufnahme	53 754	08		
ab: Zinsen bis zur Fälligkeit	363	—	53 391	08
10. Debitoren-Konto.				
Außenstände laut Aufnahme	316 595	91		
ab: darauf zu erwartende Ausfälle	124 152	—		
Von restlichen	192 443	91		
5% für Skonto und Dekort	9 622	21	182 821	70
11. Fabrikations-Konto.				
Bestände an fertigen und halbfertigen Waren laut Aufnahme und Schätzung			705 534	19
12. Materialien-Konto.				
Bestände laut Aufnahme und Schätzung	308 847	97		
dazu Verbrauchsmaterialien	1 967	63	310 815	60
zus.			3 417 213	95
Hiervon:				
a) Rückständige Löhne und Gehälter	77 117	85		
b) Gehälter bis 1. Oktober 1901	44 956	67		
c) Rückständige und laufende Mieten für die Filialen bis 30. September 1901	7 170	—		
d) Mieten für aufgelöste Filialen bis 31. Dezbr. 1901	5 257	50		
e) Weitere nicht einbringliche Massekosten u. Masseschulden, Gerichts- und Verwaltungskosten	121 280	65		
f) Berechtigte und absonderungsberechtigte Forderungen und Forderungsanmeldungen	57 624	48		
g) Aufgenommen auswärts lagernde Waren-, Material- und Gerätebestände, an denen eventuell ein Zurückbehaltungsrecht geltend gemacht wird	25 797	38	339 204	53
verbleiben...			3 078 009	42
Übertrag			3 078 009	42

	ℳ	₰	ℳ	₰
Übertrag			3 078 009	42
Zur Deckung der Pfandrechte der Hypotheken- und Obligationsgläubiger sind vorweg folgende Aktiva zu verwenden:				
1. Die gesamten Gebäude.				
(Grundstücks-Konto)	514 716	80		
2. Die darauf stehenden Grundstücke.				
(A. Das Gebäude-Konto)	883 548	39		
3. Maschinen-Konto.				
zu a, c, e, f, g	270 719	64		
4. Werkzeug- und Geräte-Konto.				
zu a bis e	74 290	94		
5. Modelle-Konto.				
zu a	34 235	36		
6. Fuhrwerks-Konto.				
zu a bis e	10 452	45	1 787 963	58
Freie Netto-Aktiva			1 290 045	84
Passiva				
Aktienkapital				
Zum Gedächtnis	3 500 000	—		
1. Hypothekar-Gläubiger.				
Diverse mit zusammen			245 000	—
2. Prioritäts-Obligationäre I.				
Ursprünglich	800 000	—		
davon: a) nicht ausgegeben ℳ 45 000,—				
b) verloste „ 72 000,—	117 000	—		
in Umlauf	683 000	—		
à 100%			683 000	—
3. Prioritäts-Obligationen-Amortisations-Konto I.				
verlost nom.	72 000	—		
eingelöst „	71 000	—		
noch einzulösen „	1 000	—		
Übertrag	1 000	—	928 000	—

	M	Pf	M	Pf
Übertrag	1 000	—	928 000	—
4. Prioritäts-Obligationen-Zinsen-Konto I.				
Noch nicht präsentierte Zinsscheine	3 897	50		
zu 3 und 4 zusammen	4 897	50		
Dagegen deponiert	4 892	—	5	—
zu 3 und 4 noch zu zahlen				
5. Prioritäts-Obligationen II.				
Besteht in Höhe von	2 000 000	—	2 100 000	—
à 105%				
6. Prioritäts-Obligationen II Zinsen-Konto.				
Noch nicht präsentierte Zinsscheine			51 380	—
7. Zinsen auf die Obligationen.				
Zu I. zu 4½% auf	683 000	—		
Zu II. zu 5% auf	2 000 000	—		
Für die Zeit vom 1. Juli bis einschl. 24. Juli 1901			8 715	70
zus.			3 088 100	70
Davon gedeckt durch den Wert der verwendeten Grundstücke und Zubehör (die zu 5 und 6 der Aktiva als mitverpfändet angenommenen Teile des Modell- und des Fuhrwerks-Kontos werden unter Vorbehalt zugerechnet)			1 787 963	58
bleiben als gewöhnliche Konkursforderungen zu berücksichtigen			1 300 137	12
8. Nicht bevorrechtigte Kreditoren.				
a) Angemeldete	7 602 899	57		
b) Bisher nicht angemeldet	8 612	97		
zus.			7 611 512	54
Ungedeckte Passiva			8 911 649	66
Würden die jetzt bestrittenen Ansprüche zu				
Nr. 15 der Tabelle	248 000	—		
„ 67 der Tabelle	1 403 695	42		
„ 208, 219, 335 und 344 der Tabelle	2 092 006	05		
in Geltung treten, so erhöhen sich die ungedeckten	zus.		3 743 701	47
Passiva auf			12 655 351	13

Die zu erwartende Dividende ist

a) bei 8 911 649,66 M Passiva etwa 15⁵/₁₀%,
b) bei 10 500 000,— „ Passiva etwa 12³/₁₀%,
c) bei 12 655 351,13 „ Passiva etwa 10³/₁₀%.

40. Abschnitt.

Bilanz und Steuergesetze.

Die Terminologie des HGB. ist einfach, dem kaufmännischen Sprachgebrauch angepaßt: Vermögensgegenstände; Vermögen und Schulden (§ 39 HGB.); Vermögensgegenstände mit einem Börsen- oder Marktpreis und andere Vermögensgegenstände; Anlagen und sonstige, nicht zur Veräußerung bestimmte Gegenstände (§ 261[3] HGB.); Vermögenseinlagen nach § 322; Gesellschaftsvermögen nach §§ 303 und 304; Kapitalanteile nach §§ 120 und 155. Die Betriebswirtschaftslehre folgt, von einigen Theoretikern abgesehen, dieser Terminologie. Höchstwertprinzip nach § 39, Niederstwertprinzip nach § 261, eine Überbewertung des Vermögens soll vermieden werden.

Die Terminologie und der Begriffsinhalt der Steuergesetze sind auf zweckbestimmten Sonderbegriffen aufgebaut.

I. Das Einkommensteuergesetz vom 10. 8. 1925 unterscheidet: die Steuereröffnungsbilanz für den 1. 1. 1925 (§§ 105 f.); ein Betriebsvermögen, das ist das Reinvermögen; Gegenstände des Betriebsvermögens (§§ 106, 108) und zwar Gegenstände, die zum Anlagekapital gehören, dann Waren, Erzeugnisse sowie sonstige Gegenstände des umlaufenden Betriebskapitals (§ 107). Die steuerrechtliche Unterscheidung zwischen Anlage- und umlaufendem Kapital entspricht im allgemeinen der betrieblichen Unterscheidung von Anlage- und Umsatzvermögen. Zum Anlagekapital rechnen Gegenstände, deren Nutzen im Betrieb sich nicht in einem Akt erschöpft, die vielmehr dauernd und unmittelbar im Betrieb gebraucht werden; umlaufendes Betriebskapital sind Gegenstände, die im Betrieb verbraucht oder veräußert werden sollen; entscheidend ist ihre Verwendung im Betriebe. Zweifel können hinsichtlich solcher Gegenstände entstehen, die weder für die Herstellung noch beim Einkauf oder Verkauf eine Rolle spielen und aus dem Betrieb entfernt werden können, ohne ihn unmittelbar zu berühren, beispielsweise Beteiligungseffekten und Mietshäuser, die für den Betrieb nicht notwendig sind. Entscheidend wird die Art der Behandlung solcher Gegenstände im Betrieb der Unternehmung sein. Der gemeine Wert des Anlagekapitals wird von der Zugehörigkeit zum Betrieb beeinflußt (Herstellungs- oder Anschaffungskosten unter Absetzung wegen Abnutzung und Substanzverringerung, Abschreibungen aus anderen Gründen oder Einsetzung des gemeinen Wertes, §§ 16 und 19). Für Gegenstände des umlaufenden Kapitals gilt das Niederstwert-Prinzip (gemeiner Wert oder Anschaffungs- bzw. Herstellungspreis), nicht realisierte Konjunkturgewinne können unberücksichtigt bleiben.

Der Begriff des gemeinen Wertes ist im § 138 RabgO. erklärt, das

Einkommensteuergesetz hat ihn übernommen (§ 19). Die Absetzungen für Abnutzung sind grundsätzlich gleichmäßig auf die voraussichtliche Nutzungsdauer der Gegenstände zu verteilen, behauptete außerordentliche Abschreibungen sind nachzuweisen (§ 16). Die Anschaffungs- [1]) oder Herstellungskosten bilden die Grundlage für Absetzung für Abnutzung, Wiederbeschaffungskosten werden steuerlich nicht berücksichtigt, eine Erhöhung der Jahresabschreibungen wegen gestiegener Ersatzkosten ist steuerlich eine Rücklage. Die Abschreibung vom Buchwert, das ist Saldoabschreibung mit jährlich sinkenden Abschreibungsbeträgen, wird von einigen Steuerrechtlern bestritten unter Hinweis auf den Text des Gesetzes. Wir halten die kaufmännische Übung auch steuerlich für zulässig. Die Minderung des Verkaufspreises eines neu in den Betrieb eingeführten und widmungsgemäß benutzten Anlagegegenstandes wird steuerlich nicht berücksichtigt.

Das Einkommen umfaßt bestimmte Arten von Gewinnen (§ 7, § 6 Nr. 1—3), für deren Ermittlung in den §§ 12 und 13 entsprechende Vorschriften gegeben werden; dann die Überschüsse der Einnahmen über die Ausgaben (§ 6 Nr. 4—8, § 7; Ermittlungsvorschriften §§ 14, 15 bis 17). Bei der Gewinnermittlung für buchführungspflichtige Zensiten wird von der Handelsbilanz ausgegangen. Der steuerliche Gewinn ergibt sich aus dem nach den Grundsätzen ordnungsmäßiger Buchführung ermittelten Überschuß des Betriebsvermögens am Schluß des Steuerabschnittes gegenüber dem Betriebsvermögen am Schlusse des vorangegangenen Steuerabschnittes. Es werden also die Schlußbilanzen und ein Vermögensvergleich zugrunde gelegt, wobei die steuerlichen Bewertungsvorschriften (§§ 19—21) und die steuerlich abzugsfähigen Ausgaben berücksichtigt werden.

Der steuerrechtliche und der handelsrechtliche Gewinnbegriff weichen voneinander ab. Der steuerliche Begriff der Ausgaben nach § 15 umfaßt die Werbungskosten (§ 16), das sind Ertragskosten in unserer Terminologie, die einem Erfolgskonto belastet werden und nicht auf ein Bestands- oder Bestanderfolgskonto gehören. Sie belasten den Gewinn und sind keine Vermögensvermehrung. Zu den Ausgaben zählen die steuerlich zulässigen Absetzungen für Abnutzung. Einkommensteuer, Vermögenssteuer und Privatentnahmen sind nicht abzugsfähig.

Die Bewertungsregeln entsprechen im großen Ganzen dem § 40 HGB. (gemeiner Wert, Tageswert) bzw. § 261 HGB. (Niederstwertprinzip).

II. Das Reichsbewertungsgesetz vom 10. 8. 1925 bezweckt die Vereinheitlichung der Bewertung bestimmter Vermögensarten für die Vermögensbesteuerung (Reichsvermögenssteuer, Realsteuern der Länder und Gemeinden). Einheitswerte sind das Ergebnis der Bewertung nach

[1]) Zuzüglich aller Nebenkosten der Anschaffung.

den Grundsätzen dieses Gesetzes. Jede wirtschaftliche Einheit ist für sich zu bewerten.

Die Feststellung des (für land- oder forstwirtschaftliche oder gärtnerisch benutzte Grundstücke wichtigen) Ertragswertes ist in den §§ 15 ff. eingehend geregelt. Ihre Technik zeigt die Schwierigkeit der Durchführung dieser Grundsätze (Vergleichsbetriebe, Ertragswertklassen, Bewertungsbeirat). Hier interessieren nur einige Vermögensarten:

a) Zum Betriebsvermögen gehören alle Teile einer wirtschaftlichen Einheit, die dem Betrieb dieses Gewerbes dient (§ 26). Eine wirtschaftliche Einheit bilden alle Gegenstände, die einer juristischen Person (Aktiengesellschaft, G. m. b. H.), Personalgesellschaften oder einer Berggewerkschaft dienen. Zum Betriebsvermögen zählen die im Eigentum des Betriebsinhabers stehenden Gegenstände, aber auch solche, die im Eigentum eines oder mehrerer an einer offenen Handels- oder Kommanditgesellschaft beteiligten Gesellschafter stehen, jedoch dem Betrieb der Gesellschaft dienen und ihr zur Verfügung gestellt wurden. Auch Anlagegegenstände, die von ihrem Eigentümer einem anderen dauernd zum gewerblichen Betriebe überlassen wurden, beispielsweise verpachtete Fabrikanlagen. Während in der Handelsbilanz Vermögen = Eigentum ist, umfaßt das Betriebsvermögen des Reichsbewertungsgesetzes nicht nur das Eigentum des Betriebsinhabers, sondern auch die Besitzherrschaft für die Zwecke des Gewerbebetriebes.

Die Gesamtheit der Aktivbestandteile einer wirtschaftlichen Einheit bildet das Rohvermögen der Gewerbebetriebes, die im wirtschaftlichen Zusammenhang damit stehenden Schulden werden abgezogen. Das Industrieprivileg des § 139[3] der RabgO. (Bewertung des Anlagekapitals mit Anschaffungs- oder Herstellungskosten abzüglich Abnutzung) ist für dieses Gesetz aufgehoben, der Wert unter der Voraussetzung der Fortführung des Betriebes für den Betrieb ist maßgeblich (§ 31, Betriebswert), das heißt der Wert der Teile in der Gesamtheit ist zu ermitteln. In Fällen besonderer Art kann auch der Geschäftswert, das unsichtbare Vermögen mit berücksichtigt werden. Von der Pauschalbewertung war an anderer Stelle die Rede.

b) Die als Kapitalanlage dienenden ortsüblich bebauten Grundstücke sind mit dem Ertragswert zu bewerten (§ 35). Gewerbliche Grundstücke, die gepachtet oder gemietet sind, gehören zum Betriebsvermögen. Die zum Betriebsvermögen gehörenden Grundstücke sind nicht mit dem gemeinen Wert sondern wie Grundvermögen zu bewerten.

c) Sonstiges Vermögen bilden die selbständigen Rechte, Gerechtigkeiten und Kapitalforderungen (§§ 38 ff.).

Das Gesamtvermögen ist die Summe der Vermögensarten nach § 2, sein Wert wird durch Zusammenrechnung der für die einzelnen Vermögensarten festgestellten Einheitswerte ermittelt. Für gewerbliche Betriebe gilt der für das Betriebsvermögen festgestellte Einheitswert zugleich als Einheitswert für das Gesamtvermögen (§ 45).

III. Bilanz und Steuerrecht. Maßgeblich für die Bedeutung der kaufmännischen Jahresbilanz sind die §§ 174 RAbgO. und 13 EinkStG.[1]). Auf Verlangen haben steuerpflichtige Kaufleute eine Abschrift der unverkürzten Bilanz mit Erläuterungen einzureichen, aus denen klar hervorgeht, wie die Gegenstände des Gebrauchs und Lagerbestände bewertet, welche Beträge darauf und auf zweifelhafte und uneinbringliche Forderungen oder sonst abgeschrieben worden sind. Auch die Gewinn- und Verlustrechnung ist beizufügen, wenn der Steuerpflichtige sie nach seiner Buchführung aufstellt, also nicht nur, wenn er kraft Handelsgesetzes verpflichtet ist, eine solche aufzustellen. Die Verbuchung von Ausgaben für Anlagen als Unkosten ist nicht verboten, aber in den Erläuterungen anzugeben (§ 174 RAbgO.).

Bei Kaufleuten, welche Handelsbücher nach den Vorschriften des HGB. führen, ist der Geschäftsgewinn unter Berücksichtigung der Vorschriften des § 15 EinkStG. nach den Grundsätzen zu berechnen, wie sie für die Inventur und Bilanz durch das Handelsgesetzbuch vorgeschrieben sind. Die steuerrechtliche Bewertung und Berichtigung bleiben vorbehalten (§ 13 EinkStG.)[2]).

Die Bilanzen und Bücher der Kaufleute haben, wenn sie den formellen Anforderungen der §§ 162, 163 RAbgO. (d. s. im wesentlichen die Anforderungen des § 43 HGB.) entsprechen, die Vermutung der Richtigkeit für sich (§ 208 RAbgO.); die Steuerbehörde muß, wenn sie von ihnen abweichen will, ihre Unrichtigkeit beweisen. Die Beweislast für die Richtigkeit liegt beim Steuerpflichtigen, wenn er eine Änderung oder Berichtigung der Bilanz verlangt. Die Steuerbehörde hat das Recht der Nachprüfung der Richtigkeit und Vollständigkeit der Bilanz.

Die Bilanz im steuerrechtlichen Sinne ist stets nur ein Mittel zum Zweck, z. B. der Feststellung des Wertes der Unternehmung, des steuerpflichtigen Einkommens und Ertrages usf.; sie kennt grundsätzlich keine Unterbewertung — Ausnahmen im § 139 RAbgO. und § 19 EinkStG. —. Die handelsgesetzliche Bilanz ist durch die Bewertungsregeln der §§ 40 und 261 HGB. gebunden, das Recht der Unterbewertung durch die Generalversammlung ergibt sich aus § 271 HGB. Die Vermögensgegenstände sind im einzelnen zu bewerten; im Sinne der Reichsabgabenordnung soll der gemeine Wert der gesamten kaufmännischen Unternehmung, d. h. deren

[1]) Vgl. Moos, Die Steuerbilanz. Berlin 1920.

[2]) Nach §§ 10 und 13 des Körperschaftssteuergesetzes kommen die Vorschriften der §§ 6—8, 11, 12—17, 19—21, 25—48 des Eink.-Steuer-Gesetzes auch auf juristische Personen und Berggewerkschaften sinngemäß zur Anwendung.

Verkaufswert für den in Betracht kommenden Stichtag erfaßt werden. Für die einzelnen Steuerarten wird jeweils eine gesonderte Steuerbilanz erforderlich.

Im Zusammenhang mit den in diesem Buche erörterten Fragen interessiert die Wertermittlung [1]). Die Grundlagen für alle Steuerarten bilden die allgemeinen Vorschriften der §§ 137 bis 151 RAbgO.; für Grundstücke insbesondere §§ 152 bis 174 RAbgO.

Die steuerrechtliche Bewertung erfolgt durch Berechnung auf Grund unmittelbar feststehender (z. B. Kurswert, Kapitalisierungsfaktor) oder auf Grund feststellbarer Rechnungsfaktoren (z. B. gemeiner Wert) oder durch Schätzung. Grundsätzlich ist für Vermögensabgaben der gemeine Wert des gesamten kaufmännischen Unternehmens zugrunde zu legen, soweit nichts anderes vorgeschrieben ist (wie z. B. in § 139 Abs. 2 RAbgO., die Abschreibungsbewertung vom Anschaffungs- oder Herstellungspreis für Anlagevermögen; in § 152 für Grundstücke der Ertragswert; § 19 EinkStG. der Anschaffungs- oder Herstellungspreis für Betriebsvermögen).

IV. Handelsbilanz und Steuerbilanz. Steuerbilanzen sind selbständige Bilanzaufstellungen für die Zwecke einer bestimmten Steuerart und unter Berücksichtigung der besonderen gesetzlichen Vorschriften z. B. die Einkommensteuer-Eröffnungsbilanz für 1. 1. 1925. Ein Gutachten des Reichsfinanzhofes vom 15. 2. 1927 arbeitet besonders scharf den Unterschied zwischen Handels- und Steuerbilanz heraus. Sie unterscheiden sich durch den Grundsatz der Kontinuität (§§ 12, 13, 20 des Einkommensteuergesetz), den Grundsatz der Bilanzwahrheit (keine stillen Reserven) und durch die besonderen Bewertungsvorschriften. Die steuerliche Aktivierungspflicht für Verlustausgaben geht weiter als die handelsrechtliche bzw. kaufmännische Auffassung (Entsch. d. RFiH. 27. 3. 1928, I. A. 470|27, zitiert von Lion im Berliner Tageblatt Nr. 304 von 1928): Eine Firma hatte einer anderen für Unterlassung des Wettbewerbes, Aufgabe ihrer Tätigkeit, Einstellung des Betriebes, Überlassung einer Vertretung usw. erhebliche Abfindungssummen bezahlt und diese über Unkosten abgebucht. Das Finanzamt verlangte Aktivierung und Abschreibung. Die Entscheidung hat festgestellt, daß in der Steuerbilanz unter Umständen Ausgaben für nicht körperliche Sachen oder Rechte aktivierungspflichtig sind, während Kaufleute sie nur als aktivierungsfähig ansehen.

Steuer- und Handelsbilanzen werden stets Unterschiede aufweisen. An literarischen Vorschlägen, beide zu vereinigen, fehlt es nicht. Der

---

[1]) Vgl. Bd. I, S. 186 f. Mrozek-Arlt, Die Wertermittlung. Auszug aus dem Kommentar zur RAbgO. Köln 1921.

zweckmäßigste Vorgang ist[1]), die stillen Bewertungsreserven auf besonderen Konten zu führen, ohne sie in der veröffentlichten Bilanz gesondert aufzuweisen. Die handelsrechtlich vorgeschriebenen stillen Vermögensreserven nach dem Niederstwertprinzip des § 261 HGB. sind auch steuerlich zulässig. Daneben können aber auch steuerliche stille Reserven vorkommen; beispielsweise: ein Grundstück wurde für 200 000 M. gekauft und mit dem Einheitswert von 160 000 M. in die Steuereröffnungsbilanz 1925 eingesetzt; dieses Grundstück wird zum Einstandspreis veräußert, der Unterschied von 200 000—160 000 zuzüglich Werbungskosten gilt steuerlich als „Gewinn", ein steuerrechtlicher Scheingewinn.

Der Grundsatz der steuerrechtlichen Bilanzkontinuität kommt für die Einkommensteuerbilanz an zwei Stellen zum Ausdruck:

a) Als Anfangsbestand eines Steuerabschnittes gilt der vorjährige Endbestand (§ 12) und als Anfangsvermögen das vorjährige Endvermögen (§ 13) nach Verteilung des Gewinnes. Eine für das abgelaufene Jahr höhere und nachteilige Feststellung des Endbestandes und des Reinvermögens ist für das nächste Jahr von Vorteil, eine niedrigere für das abgelaufene Jahr vorteilhafte wird für das nächste Jahr ein Nachteil. Etwaige Unrichtigkeiten sollen sich später ausgleichen (Entsch. d. RFiH. VI A 693/28, zitiert in Steuer und Wirtschaft, Nr. 456).

b) Es wird verlangt, daß der Steuerpflichtige den einmal angesetzten Wert des Gegenstandes auch weiterhin beibehalten soll (§ 20). Wer im Laufe eines Geschäftsjahres Vermögensgegenstände, wie Grundstücke und Wertpapiere, erworben hat, darf entweder den gemeinen Wert oder die Anschaffungskosten in die Einkommensteuerbilanz einsetzen, er darf also nichtrealisierte Konjunkturgewinne oder -Verluste berücksichtigen, muß es aber nicht und kann die konjunkturellen Wertveränderungen in einem späteren Jahr wirksam werden lassen. Die einmal gewählte Bewertungsart muß in den späteren Steuerabschnitten beibehalten werden.

[1]) Vgl. Feilchenfeld, Handels- und Steuerbilanz; Lion, Bewertung und Reservestellung in der Bilanz für die Einkommen- u. Körperschaftssteuer, beide Artikel abgedruckt in den Steuervorträgen der Industrie- u. Handelskammer Berlin 1928. Auch Meltzer, Mitteilungen aus dem Revisionsseminar der Revisions-Treuhand A.-G., Nr. 12/13 von 1926 bringt schematisierte Beispiele.

Sachregister.

Bilanzen und Notrecht

Von

Dr. h. c. Friedrich Leitner
Professor an der Handels-Hochschule und der Technischen Hochschule
Berlin

Walter de Gruyter & Co.
vormals G. J. Göschen'sche Verlagshandlung — J. Guttentag, Verlagsbuchhandlung — Georg Reimer — Karl J. Trübner — Veit & Comp.
Berlin W 10 und Leipzig
1932

Archiv-Nr. 13 09 32
Druck von Walter de Gruyter & Co., Berlin W 10

Inhalt.

Die Verordnungen des Not- und Krisenjahres 1931 haben einschneidende Veränderungen im deutschen Bilanzierungswesen zur Folge, die teilweise von Dauer sein werden. Die im Schrifttum und in der kritischen Wirtschaftspresse jahrzehntelang geforderte Klarheit der Gliederung der Jahresbilanzen, die Angabe betriebswesentlicher Dinge im Geschäftsbericht und manche Zweifelsfragen der Wertansätze sind, ohne parlamentarisches Zwischenspiel, überraschend schnell ‚verordnet' worden, „zur Sicherung von Wirtschaft und Finanzen".

Die für unser Thema wesentlichen Punkte wurden durch „Fragebogen" des Reichsjustiz-Ministeriums zur Reform des Aktienrechts, durch einen „Entwurf eines Gesetzes über Aktiengesellschaften und Kommanditgesellschaften auf Aktien sowie Entwurf eines Einführungsgesetzes nebst erläuternden Bemerkungen" durch das Reichsjustiz-Ministerium vorbereitet (zitiert als Entwurf I, Berlin 1930); dann folgten die „Notverordnungen" und, für spätere parlamentarische Verhandlungen, ein „Amtlicher Entwurf eines Gesetzes über Aktiengesellschaften und Kommanditgesellschaften auf Aktien sowie Entwurf eines Einführungsgesetzes", veröffentlicht auf Anordnung des Reichsjustiz-Ministeriums (Entwurf II, Berlin 1931). Diese Materialien sollen in der Hauptsache den folgenden Ausführungen zugrunde gelegt werden. Sie sind als Ergänzung meiner größeren Arbeit über Bilanztechnik und Bilanzkritik, 8. und 9. Aufl., Berlin 1929 (zitiert ‚Bilanztechnik') gedacht, zugleich aber als eine kurze selbständige in sich geschlossene Darstellung der Neuerungen des Bilanzrechts.

Benutzt wurden: H. Neufeld, Die aktienrechtlichen Vorschriften der Verordnung v. 19. Sept. 1931, Berlin 1932; Schlegelberger-Quassowski-Schmölder, Verordnungen über Aktienrecht v. 19. Sept. 1931 nebst Durchführungsbestimmungen, Berlin 1932.

I. Abschnitt.

Die Bilanz des Einzelkaufmanns und der Personalgesellschaften.

Für bilanzpflichtige Einzelkaufleute und für die Personalgesellschaften (offene, Kommandit-, stille Gesellschaft) hat sich handelsrechtlich nichts geändert. Der Tageswert der Vermögensteile nach § 40 HGB. ist immer noch der zulässige Höchstwert, die äußere Gestaltung des Bilanzbildes bleibt dem Willen des Bilanzierenden überlassen; doch erscheint es empfehlenswert, sich den Bilanzformblättern, wenn sie ausgegeben werden, zum mindesten aber der für Aktiengesellschaften gesetzlich vorgeschriebenen Gliederung der Bilanzposten und den Bewertungsvorschriften für Kapitalgesellschaften anzupassen.

Die NV. vom 5. 6. 1931 (7. Teil, Kap. II, Änderung des Einkommensteuergesetzes, § 58 a) läßt für unbeschränkt steuerpflichtige und bücherführende Einzelkaufleute und Teilhaber von offenen Handels- und Kommanditgesellschaften, Reedereien und Gesellschaften des bürgerlichen Rechts auf Antrag die Bildung einer steuerlich begünstigten Rücklage[1]) aus den Einkünften zu, die dem Betrieb nicht entzogen werden (Reingewinn abzüglich Entnahme). Diese Rücklagen dürfen im Steuerabschnitt 25 % des steuerlich festgestellten Gewinns und die Gesamtrücklage 40 % des für den Schluß des Steuerabschnitts festgestellten Betriebsvermögens (das ist Gesamtvermögen, ohne Hinzuzählung von Wertberichtigungsposten wie das Entwertungskonto) nicht übersteigen. Der Steuersatz für diese Rücklagen ist 20 %. Den Entnahmen gleichgestellt sind außerordentliche Einkünfte aus der Veräußerung des Betriebes als ganzem, der Verkauf von Beteiligungen oder Anteilen an einer Unternehmung, die Entschädigung für die Aufgabe des Betriebes, Darlehen aus Betriebsmitteln an Unternehmer und Angehörige (§ 67[1] RAO.).

---

[1]) Ausführlicher bei J. Gebhardt, Die steuerlich begünstigten Rücklagen bei Einzelunternehmungen und Personalgesellschaften, Berlin, Carl Heymanns Verlag, 1932.

II. Abschnitt.

Die vereinfachte Einziehung von Aktien, § 227 n. F.

Ich zitiere zunächst den Text des Gesetzes.

§ 227 (neue Fassung).

(1) Aktien können zwangsweise oder nach Erwerb durch die Gesellschaft eingezogen werden. Die Zwangseinziehung ist nur zulässig, wenn sie in dem ursprünglichen Gesellschaftsvertrag oder durch eine vor der Übernahme oder Zeichnung der Aktien bewirkte Änderung des Gesellschaftsvertrages angeordnet oder gestattet war.

(2) Bei der Einziehung sind die Vorschriften über die Herabsetzung des Grundkapitals zu befolgen. Dies gilt nicht, wenn

1. die Aktien der Gesellschaft unentgeltlich zur Verfügung gestellt oder
2. zu Lasten des nach der jährlichen Bilanz verfügbaren Gewinns oder eines Reservefonds eingezogen werden oder
3. die Gesellschaft die einzuziehenden Aktien innerhalb der letzten sechs Monate vor der Einziehung erworben hat und der Gesamtnennbetrag zehn vom Hundert oder den von der Reichsregierung gemäß § 226 Abs. 1 Nr. 2 festgesetzten niedrigeren Hundertsatz des Grundkapitals nicht übersteigt.

(3) In den Fällen des Abs. 2 Nr. 1 bis 3 erfolgt die Einziehung auf Grund eines Beschlusses der Generalversammlung, soweit es sich nicht um eine durch den Gesellschaftsvertrag angeordnete Zwangseinziehung handelt. Der Beschluß bedarf der einfachen Stimmenmehrheit; der Gesellschaftsvertrag kann für die Beschlußfassung noch andere Erfordernisse aufstellen. Der Beschluß kann nur gefaßt werden, wenn der Gegenstand gemäß § 256 Abs. 2 ausdrücklich angekündigt worden ist. Durch die Einziehung ermäßigt sich das Grundkapital um den Gesamtnennbetrag der eingezogenen Aktien. Der Vorstand hat den Beschluß sowie die erfolgte Ermäßigung zur Eintragung in das Handelsregister anzumelden.

(4) Im Falle des Abs. 2 Nr. 3 ist den Gläubigern, deren Forderungen vor der Bekanntmachung der Eintragung des Beschlusses in das Handelsregister begründet sind, wenn sie sich innerhalb von drei Monaten nach der Bekanntmachung der Eintragung zu diesem Zwecke melden, Sicherheit zu leisten, soweit sie nicht Befriedigung verlangen können.

(5) Unter die Passiven der Jahresbilanz ist als Reservefonds einzustellen

1. in den Fällen des Abs. 2 Nr. 1 und 2 ein dem Nennbetrage der eingezogenen Aktien gleichkommender Betrag,
2. im Falle des Abs. 2 Nr. 3 der Betrag eines aus der Einziehung erzielten buchmäßigen Gewinns.

Der Reservefonds kann ganz oder teilweise nur unter Einhaltung der Vorschrift des § 289 aufgelöst werden.

1. Die unentgeltliche Überlassung (Schenkung) von Aktien und Einziehung. Die Buchung lautet: Aktienkapitalkonto an Einziehungsreservefonds. „Einziehung" von Aktien ist stets Untergang der Aktienrechte und bilanzmäßige Minderung des Grundkapitals. Die unentgeltlich erworbenen eigenen Aktien einer A. G. können vor der Einziehung gebucht werden (Schlegelberger, S. 65, Neufeld, S. 46): Konto eigener Aktien an Einziehungsreservefonds mit dem Nennwert; dann ist die Ein-

ziehung zu verrechnen: Aktienkapitalkonto an Konto eigener Aktien; die Reservebildung ist bereits erfolgt. Die an sich nicht notwendige Aktivierung unentgeltlich erworbener Aktien (Konto eigener Aktien) kann nur zugunsten der Einziehungsreserve als Gegenposten erfolgen. Liegt zwischen Erwerb und Einziehung der Bilanzstichtag, unterläßt man besser die Aktivierung und begnügt sich mit einer Proforma-Buchung auf blinden Konten (im Hauptbuch: Konto eigener Aktien, Nennwert vor der Geldspalte).

2. Bei der entgeltlichen Erwerbung eigener Aktien wird das Konto eigener Aktien mit dem Erwerbspreis belastet zugunsten des Gegenleistungskontos (Kasse, Bank). Die Einziehung folgt als besonderer Buchungs- und Rechtsvorgang, wobei der Erwerbspreis zugrunde zu legen ist oder, falls die Einziehung in einem dem Erwerbsjahr folgenden Zeitabschnitt durchgeführt wird, der Bilanzwert des letzten Bilanzjahres.

· 3. Einziehung zu Lasten eines Reservefonds. Zur Einziehung dürfen verwendet werden: die nicht zweckgebundenen Reservefonds, z. B. Spezial-, außerordentliche Reserve, Dispositionsfonds u. dgl.; der Gewinnvortrag. Die etwa vorhandenen ‚stillen' Vermögensreserven bedürfen zunächst ihrer Auflösung (über Gewinn- und Verlustkonto zu buchen), d. h. sie müssen vorerst buchmäßig in Erscheinung treten (z. B. Vermögensbestandskonto an Reservekonto 5, Richtigstellung der zu niedrigen Bewertung). Ebenso ist die stille Kapitalreserve (durch Überbewertung von Rückstellungen und Wertberichtigungsposten) zunächst buchmäßig und intern sichtbar zu machen, damit der Jahresabschluß klar und übersichtlich wird (§ 260 b). Nicht verwendet werden dürfen die gesetzliche Reserve nach § 262; die zweckgebundenen freiwilligen Reservefonds (Neubau-, Erneuerungsfonds z. B.), solange die Bindung nicht aufgehoben ist; die Reserve nach § 26 Hypothekenbank-Gesetz.

Eine Verminderung des Aktienkapitals geht stets zu Lasten (Soll) des Aktienkapitalkontos, sie ist bilanzmäßig sichtbar zu machen und eintragungspflichtig. Diese Belastung braucht einen Gegenposten (Haben); bei unentgeltlicher Überlassung ist es der Einziehungs-Reservefonds; bei entgeltlicher Erwerbung das Konto eigener Aktien, wobei der Unterschied zwischen Nennwert und Erwerbspreis zu beachten ist.

Das Gesetz läßt eine erleichterte Einziehung gelten, wenn die Aktien der Gesellschaft zu Lasten eines Reservefonds eingezogen werden; dann ist unter den Passiven der Jahresbilanz ein dem Nennwert der eingezogenen Aktien gleichkommender Betrag als Reservefonds einzustellen.

a) Ein Beispiel: Wir erwerben 200000 M. eigener Aktien zu 60% (unter pari) gegen Barzahlung zu Lasten des Spezialreservefonds. Der Erwerb ist zu buchen: Konto eigener Aktien an Bankkonto 120000 M. Die Einziehung zu Lasten eines Reservefonds sieht dann so aus: Spezialreservefonds an Konto eigener Aktien 120000 M. oder, falls man schon die Erwerbung zu Lasten dieses Reservefonds gebucht hat: Spezialreservefonds an Bankkonto 120000 M. Die „Einziehung", die Kapitalminderung ist zu buchen: Aktienkapitalkonto an Kapitaleinziehungs-Reservefonds 200000 M. Nennwert. Der Buchgewinn (80000) aus der Erwerbung unter 100% erscheint nur mittelbar. Das Aktienkapital ist vermindert, und an die Stelle des verbrauchten Teilbetrages von 120000 M. aus der Spezialreserve tritt die Einziehungsreserve mit 200000 M.

Bilanz vor der Einziehung.

Vermögensteile	1 480 000 M	Aktienkapital		1 000 000 M
		freie Spezialreserve		230 000 „
		Reingewinn		250 000 „

Bilanz nach der Einziehung.

Vermögensteile	1 480 000 M	Aktienkapital	1 000 000	
— Aufwendungen	120 000 „	÷ eingezogen	200 000	800 000 M
	1 360 000 M	Spezialreserve	230 000	
		÷ verbraucht	120 000	110 000 „
		Kapitaleinziehungs-reservefonds		200 000 „
		Reingewinn		250 000 „

b) Bei einer Erwerbung eigener Aktien über pari (z. B. 200000 M. zu 125%) ist das Aufgeld über die Gewinn- und Verlustrechnung zu Lasten des Jahresgewinns abzubuchen. Die Bilanz vor der Einziehung wie oben 3a.

Bilanz nach der Einziehung.

Vermögensteile	1 480 000 M	Aktienkapital	1 000 000	
— Aufwendungen	250 000 „	÷ eingezogen	200 000	800 000 M
	1 230 000 M	freier Reservefonds	230 000	
		÷ verbraucht	200 000	30 000 „
		Aktieneinziehungsreserve		200 000 „
		Reingewinn	250 000	
		÷ Aufgeld	50 000	200 000 „

4. Die Einziehung zu Lasten des nach der jährlichen Bilanz verfügbaren, d. h. verteilungsfähigen Reingewinns. Der verfügbare Reingewinn ist im Beispiel 250000 M. Es werden 100000 M. eigener Aktien zu 120% aus dem Jahresreingewinn eingezogen. Die Erwerbung der Aktien ist wie üblich zu buchen (Konto eigener Aktien

an Kasse, Bank, 120000 M.). Nun folgt die **Einziehung** zu Lasten des Gewinn- und Verlustkontos (Gewinn- und Verlustkonto an Konto eigener Aktien 120000 M.) sowie die Reservebildung (Aktienkapitalkonto an Aktieneinziehungsreserve 100000). Die Bilanz vor der Einziehung vgl. oben 3 a.

Bilanz nach der Einziehung.

Vermögenswerte	1 480 000 ℳ	Aktienkapital-		
— Aufwendungen	120 000 „	konto.....	1 000 000	
	1 360 000 ℳ	÷ eingezogen .	100 000	900 000 ℳ
		Aktieneinziehungsreserve..		100 000 „
		freie Spezialreserve		230 000 „
		Reingewinn		
		(250 000 ÷ 120 000) .		130 000 „

5. Eine Aktiengesellschaft hat rechtzeitig (vgl. § 227 Abs. 2 Ziff. 3) eigene Aktien wie folgt erworben:

	20 000 ℳ	zu 55%	= 11 000 ℳ
	30 000 „	„ 65%	= 19 500 „
	30 000 „	„ 60%	= 18 000 „
	20 000 „	„ 69%	= 13 800 „
Nennwert	100 000 ℳ	Ausgabe	62 300

Einziehung und Reservebildung erfordern den folgenden Buchungssatz:
Aktienkapital an Konto eigener Aktien 62300 M.
„ „ Einziehungsreservefonds 37700 M. (Buchgewinn).

Die erleichterte Einziehung von Aktien und die satzungsmäßig vorgesehene Zwangsamortisation treffen nur die eingezogenen Aktien, vernichten die Aktionärrechte nur dieser Aktien, während die Kapitalherabsetzung nach § 289 HGB. (durch Abstempelung oder Zusammenlegung) alle Aktionäre gleichmäßig trifft; ihre Rechte gehen nicht unter.

Die satzungsmäßig vorgesehene **Zwangseinziehung** (beispielsweise bei Heimfallunternehmungen) ist wie die Einziehung bei entgeltlichem Erwerb zu behandeln (Bilanztechnik, S. 151 f.).

6. Der **Aktieneinziehungsreservefonds** verhindert die Verteilung eines gleichhohen Betrages des Reingewinns; sie ist zwar gesetzlich vorgeschrieben, aber keine zweckgebundene Reserve wie jene nach § 262. Die Auflösung dieser Sonderrücklage (unter Beachtung der Vorschriften des § 289 HGB., Gläubigeraufruf und Sperrjahr) kann für jeden gesetzlich erlaubten Zweck erfolgen: Ausschüttung an die Aktionäre, Umwandlung in eine zweckgebundene Rücklage, Mitheranziehung zur Deckung einer Unterbilanz neben der gesetzlichen Rücklage nach § 262, Aufrechnung gegen die fehlende Einzahlung auf das Aktienkapital (durch Umbuchung von der Aktienamortisationsreserve auf das Konto der Aktionäre).

7. Die Einziehung eigener Aktien zu Lasten eines Reservefonds ist m. E. auch zulässig, wenn ein bilanzmäßiger Verlust besteht (a. M. Schlegelberger S. 67, Neufeld S. 47). Ein zweckgebundener Reservefonds wird, weil er entbehrlich geworden ist, aufgelöst, z. B. Neubaureservefonds. Es wird die Einziehung zu Lasten dieser nun freien Reserve beschlossen, an seine Stelle tritt der Einziehungsreservefonds in Höhe des Nennwertes der eingezogenen Aktien. Nach Ablauf des Sperrjahres wird die (vorgetragene) Unterbilanz aus der Einziehungsreserve mitgedeckt. Die andere Anschauung halte ich für richtig, insoweit es sich um allgemeine und freiwillige Reservefonds ohne Zweckbestimmung handelt, wie die außerordentliche Reserve, der Dispositionsfonds. Solche Reserven müssen wie der gesetzliche Reservefonds nötigenfalls zur Deckung der Unterbilanz herangezogen werden. Bei zweckgebundenen Reservefonds kann die ursprüngliche Zweckbestimmung durch Beschluß abgewandelt werden.

Der entgeltliche Erwerb und die Einziehung zu Lasten eines Reservefonds oder des Gewinn- und Verlustkontos bedeutet stets eine Schmälerung der Vermögenssubstanz durch Ausschüttung von liquiden Mitteln, die buchmäßig auf Kosten der Aktionäre geht (durch Verminderung des Reingewinns oder aufgespeicherter verteilungsfähiger Gewinnrücklagen), materiell jedoch auf Kosten der Gläubiger durchgeführt wird, denen Deckungsmittel für ihre Forderungsansprüche entzogen werden.

III. Abschnitt.

Der Jahresabschluß der Aktiengesellschaften.

Wir lassen vorerst den Gesetzestext folgen:

1. § 260 des Handelsgesetzbuchs ist in folgender Fassung anzuwenden:

§ 260.

(1) Die Generalversammlung beschließt über die Jahresbilanz und die Gewinn- und Verlustrechnung (Jahresabschluß), über die Gewinnverteilung und über die Entlastung des Vorstandes und des Aufsichtsrats.

(2) Der Vorstand hat in den ersten drei Monaten des Geschäftsjahrs für das verflossene Geschäftsjahr den Jahresabschluß sowie einen Geschäftsbericht dem Aufsichtsrat und mit dessen Bemerkungen der Generalversammlung vorzulegen. Der Gesellschaftsvertrag kann eine andere Frist bestimmen, jedoch nicht über die Dauer von sechs Monaten hinaus.

2. Hinter § 260 des Handelsgesetzbuchs werden als §§ 260a und b folgende Vorschriften eingefügt:

§ 260a.

(1) In dem Geschäftsbericht sind der Vermögensstand und die Verhältnisse der Gesellschaft zu entwickeln und der Jahresabschluß zu erläutern. Bei der Erläuterung des Jahresabschlusses sind auch wesentliche Abweichungen von dem früheren Jahresabschluß zu erörtern.

(2) In dem Geschäftsbericht ist auch über die Beziehungen zu einer abhängigen Gesellschaft und einer Konzerngesellschaft zu berichten.

(3) In dem Geschäftsbericht sind ferner Angaben zu machen über

1. Aktien, die von dem Aktionär als Gründer oder Zeichner für Rechnung der Gesellschaft übernommen worden sind; sind solche Aktien im Laufe des Geschäftsjahrs verwertet worden, so ist auch über ihre Verwertung und die Verwendung des Erlöses zu berichten;
2. den Bestand an eigenen Aktien der Gesellschaft, die ihr oder einem anderen für ihre Rechnung gehören; sind solche Aktien im Laufe des Geschäftsjahrs erworben oder veräußert worden, so ist auch über den Erwerbs- oder Veräußerungspreis und die Verwendung des Erlöses zu berichten;
3. gebundene Aktien; eine Aktie gilt als gebundene Aktie, wenn der Aktionär durch ausdrückliche oder stillschweigende Vereinbarung zugunsten der Gesellschaft, einer abhängigen Gesellschaft oder einer Konzerngesellschaft in der Ausübung der Aktienrechte oder in der Veräußerung oder sonstigen Verfügung über die Aktie gebunden ist;
4. im Laufe des Geschäftsjahrs ausgegebene Genußscheine;
5. aus der Bilanz nicht ersichtliche Haftungsverhältnisse einschließlich von Pfandbestellungen und Sicherungsübereignungen sowie von Verbindlichkeiten aus der Begebung von Wechseln und Schecks;
6. die Gesamtbezüge der Mitglieder des Vorstandes und die der Mitglieder des Aufsichtsrats (Gehalt; Vergütungen, die in einem Anteil am Jahresgewinn bestehen; Aufwandsentschädigungen; Provisionen und Nebenleistungen jeder Art);
7. die Zugehörigkeit der Gesellschaft zu preis- und absatzregelnden Verbänden, Konventionen und ähnlichen Verbindungen;
8. Vorgänge von besonderer Bedeutung, die nach dem Ende des Geschäftsjahrs eingetreten sind.

(4) Die Berichterstattung hat den Grundsätzen einer gewissenhaften und getreuen Rechenschaftsablegung zu entsprechen. Sie kann nur insoweit unterbleiben, als das überwiegende Interesse einer der beteiligten Gesellschaften oder der Allgemeinheit es erfordert.

§ 260 b.

(1) Für die Aufstellung des Jahresabschlusses kommen, soweit nicht in den §§ 261 bis 261 e ein anderes bestimmt ist, die Vorschriften des Vierten Abschnitts des Ersten Buches und im übrigen die Gundsätze ordnungsmäßiger Buchführung und Bilanzierung zur Anwendung.

(2) Der Jahresabschluß ist so klar und übersichtlich aufzustellen, daß er den Beteiligten einen möglichst sicheren Einblick in die Lage der Gesellschaft gewährt.

3. Der § 261 des Hangelsgesetzbuchs ist in folgender Fassung anzuwenden:

§ 261.

Für den Ansatz der einzelnen Posten der Jahresbilanz gelten folgende Vorschriften:

1. Anlagen und andere Vermögensgegenstände, die dauernd zum Geschäftsbetriebe der Gesellschaft bestimmt sind, dürfen ohne Rücksicht auf einen geringeren Wert zu den Anschaffungs- oder Herstellungskosten angesetzt werden, wenn der Anteil an dem etwaigen Wertverlust, der sich bei seiner Verteilung auf die mutmaßliche Gesamtdauer der Verwendung oder

Nutzung für den einzelnen Bilanzabschnitt ergibt, in Abzug oder in der Form von Wertberichtigungskonten in Ansatz gebracht wird. Bei der Berechnung der Herstellungskosten dürfen im angemessenen Umfang Abschreibungen berücksichtigt und angemessene Anteile an den Betriebs- und Verwaltungskosten eingerechnet werden, die auf den Zeitraum der Herstellung entfallen; Vertriebskosten gelten hierbei nicht als Bestandteile der Betriebs- und Verwaltungskosten.

Wertpapiere, die dauernd zum Geschäftsbetriebe der Gesellschaft bestimmt sind, dürfen ohne Rücksicht auf einen geringeren Wert zu den Anschaffungskosten angesetzt werden, soweit nicht die Grundsätze ordnungsmäßiger Buchführung Abschreibungen auf die Anschaffungskosten erforderlich machen.

2. Wertpapiere und andere Vermögensgegenstände, die nicht dauernd zum Geschäftsbetriebe der Gesellschaft bestimmt sind, sowie Waren und eigene Aktien der Gesellschaft dürfen höchstens zu den Anschaffungs- oder Herstellungskosten angesetzt werden. Bei der Berechnung der Herstellungskosten findet die Vorschrift der Nr. 1 Abs. 1 Satz 2 Anwendung.

   Sind die Anschaffungs- oder Herstellungskosten höher als der Börsen- oder Marktpreis am Bilanzstichtage, so ist höchstens dieser Börsen- oder Marktpreis anzusetzen.

   Übersteigen die Anschaffungs- oder Herstellungskosten, falls ein Börsen- oder Marktpreis nicht festzustellen ist, den Wert, der den Gegenständen am Bilanzstichtage beizulegen ist, so ist höchstens dieser Wert anzusetzen.
3. Die Kosten der Gründung und der Kapitalerhöhung dürfen nicht als Aktiven eingesetzt werden.
4. Für den Geschäfts- oder Firmenwert darf ein Posten unter die Aktiven nicht eingesetzt werden. Übersteigt jedoch die für die Übernahme eines Unternehmens bewirkte Gegenleistung die Werte der einzelnen Vermögensgegenstände des Unternehmens im Zeitpunkt der Übernahme, so darf der Unterschied gesondert unter die Aktiven aufgenommen werden. Der eingesetzte Aktivposten ist durch angemessene jährliche Abschreibungen zu tilgen.
5. Anleihen der Gesellschaft sind mit ihrem Rückzahlungsbetrag unter die Passiven aufzunehmen. Ist der Rückzahlungsbetrag höher als der Ausgabepreis, so darf der Unterschied gesondert unter die Aktiven aufgenommen werden. Der eingesetzte Aktivposten ist durch jährliche Abschreibungen zu tilgen, die auf die gesamte Laufzeit der Anleihe verteilt werden dürfen.
6. Der Betrag des Grundkapitals ist unter die Passiven zum Nennbetrag einzusetzen.

4. Hinter § 261 des Handelsgesetzbuchs sind als §§ 261a bis e folgende Vorschriften einzufügen:

§ 261 a.

(1) In der Jahresbilanz sind, soweit nicht der Geschäftszweig der Gesellschaft eine abweichende Gliederung bedingt, unbeschadet einer weiteren Gliederung folgende Posten gesondert auszuweisen:

A. Auf der Seite der Aktiven:

I. Rückständige Einlagen auf das Grundkapital.

II. Anlagevermögen.

1. Grundstücke ohne Berücksichtigung von Baulichkeiten;
2. Gebäude.
   a) Geschäfts- und Wohngebäude,
   b) Fabrikgebäude und andere Baulichkeiten;
3. Maschinen und maschinelle Anlagen;
4. Werkzeuge, Betriebs- und Geschäftsinventar;
5. Konzessionen, Patente, Lizenzen, Marken- und ähnliche Rechte.

III. Beteiligungen einschließlich der zur Beteiligung bestimmten Wertpapiere. Aktien einer Gesellschaft, deren Nennbeträge insgesamt den vierten Teil des Grundkapitals dieser Gesellschaft erreichen, sowie Kuxe einer bergrechtlichen Gewerkschaft, deren Zahl insgesamt den vierten Teil der Kuxe dieser Gewerkschaft erreicht, gelten im Zweifel als zur Beteiligung bestimmt.

IV. Umlaufsvermögen.
1. Roh-, Hilfs- und Betriebsstoffe;
2. halbfertige Erzeugnisse;
3. fertige Erzeugnisse, Waren;
4. Wertpapiere, soweit sie nicht unter III oder IV Nr. 5, 11 oder 12 aufzuführen sind;
5. der Gesellschaft gehörige eigene Aktien unter Angabe ihres Nennbetrags;
6. der Gesellschaft zustehende Hypotheken, Grundschulden und Rentenschulden;
7. von der Gesellschaft geleistete Anzahlungen;
8. Forderungen auf Grund von Warenlieferungen und Leistungen;
9. Forderungen an abhängige Gesellschaften und Konzerngesellschaften;
10. Forderungen an Mitglieder des Vorstandes oder an gesetzliche Vertreter eines von der Gesellschaft abhängigen Unternehmens, oder eines Unternehmens, von dem die Gesellschaft, der die Forderung zusteht, abhängt, sowie an den Ehegatten oder ein minderjähriges Kind dieser Personen sowie an einen Dritten, der für Rechnung einer dieser Personen handelt;
11. Wechsel;
12. Schecks;
13. Kassenbestand einschließlich Guthaben bei Notenbanken und Postscheckguthaben;
14. andere Bankguthaben.

V. Posten, die der Rechnungsabgrenzung dienen.

B. Auf der Seite der Passiven:

I. Grundkapital; die Gesamtnennbeträge der Vorzugsaktien jeder Gattung sind gesondert anzugeben; sind Aktien ausgegeben, denen ein höheres Stimmrecht beigelegt ist als den Aktien einer anderen Gattung oder die durch eine ihren Nennbeträgen nicht entsprechende Abstufung des Stimmrechts vor den Aktien einer anderen Gattung bevorzugt sind (Stimmrechtsaktien), so ist außerdem die Gesamtstimmenzahl der Stimmrechtsaktien und der im Stimmrecht nicht bevorzugten Aktien zu vermerken.

II. Reservefonds.
1. Gesetzlicher Reservefonds;
2. andere Reservefonds.

III. Rückstellungen.
IV. Wertberichtigungsposten.
V. Verbindlichkeiten.
1. Anleihen der Gesellschaft unter Aufführung ihrer etwaigen hypothekarischen Sicherung;
2. auf Grundstücken der Gesellschaft lastende Hypotheken, soweit sie nicht Sicherungshypotheken sind oder zur Sicherung von Anleihen dienen, Grundschulden und Rentenschulden;
3. Anzahlungen von Kunden;
4. Verbindlichkeiten auf Grund von Warenlieferungen und Leistungen;
5. Verbindlichkeiten gegenüber abhängigen Gesellschaften und Konzerngesellschaften;
6. Verbindlichkeiten aus der Annahme von gezogenen Wechseln und der Ausstellung eigener Wechsel;
7. Verbindlichkeiten gegenüber Banken.

VI. Posten, die der Rechnungsabgrenzung dienen.

(2) Der Reingewinn oder Reinverlust des Jahres ist am Schlusse der Bilanz ungeteilt und vom vorjährigen Gewinn- oder Verlustvortrage gesondert auszuweisen.

(3) Beim Anlagevermögen und bei den Beteiligungen sind die auf die einzelnen Posten entfallenden Zu- und Abgänge gesondert aufzuführen. Die Verrechnung von Forderungen mit Verbindlichkeiten ist unzulässig; Entsprechendes gilt für Grundstücksrechte und -belastungen, denen eine persönliche Forderung nicht zugrunde liegt. Die Beträge der Reservefonds, der Rückstellungen und der Wertberichtigungsposten dürfen nicht unter den Verbindlichkeiten der Gesellschaft aufgeführt werden. Fallen Forderungen oder Verbindlichkeiten unter mehrere Posten, so ist bei dem Posten, unter dem sie ausgewiesen werden, die Mitzugehörigkeit zu den anderen Posten zu vermerken, soweit dies zur klaren und übersichtlichen Bilanzierung erforderlich ist. Der Gesellschaft gehörige eigene Aktien dürfen nicht unter anderen Posten aufgeführt werden.

§ 261 b.

Verbindlichkeiten aus Bürgschaften, Wechsel- und Scheckbürgschaften sowie aus Garantieverträgen sind, auch soweit ihnen gleichwertige Rückgriffsforderungen gegenüberstehen, in voller Höhe in der Bilanz zu vermerken.

§ 261 c.

(1) In der Gewinn- und Verlustrechnung sind, soweit nicht der Geschäftszweig der Gesellschaft eine abweichende Gliederung bedingt, unbeschadet einer weiteren Gliederung folgende Posten gesondert auszuweisen:

I. Auf der Seite der Aufwendungen:
1. Löhne und Gehälter;
2. soziale Abgaben;
3. Abschreibungen auf Anlagen;
4. andere Abschreibungen;
5. Zinsen, soweit sie die Ertragszinsen übersteigen;
6. Besitzsteuern der Gesellschaft;
7. alle übrigen Aufwendungen mit Ausnahme der Aufwendungen für Roh-, Hilfs- und Betriebsstoffe, bei Handelsbetrieben mit Ausnahme der Aufwendungen für die bezogenen Waren.

II. Auf der Seite der Erträge:

1. Der Betrag, der sich nach Abzug der Aufwendungen für Roh-, Hilfs- und Betriebsstoffe, bei Handelsbetrieben nach Abzug der Aufwendungen für die bezogenen Waren, sowie nach Abzug der unter 2 bis 5 gesondert auszuweisenden Erträge ergibt;
2. Erträge aus Beteiligungen;
3. Zinsen, soweit sie die Aufwandszinsen übersteigen, und sonstige Kapitalerträge;
4. außerordentliche Erträge;
5. außerordentliche Zuwendungen.

(2) Der Reingewinn oder Reinverlust des Jahres ist am Schlusse der Gewinn- und Verlustrechnung ungeteilt und vom vorjährigen Gewinn- oder Verlustvortrage gesondert auszuweisen.

§ 261 d.

Die Reichsregierung wird ermächtigt,

1. für die Aufstellung des Jahresabschlusses Formblätter mit der Maßgabe vorzuschreiben, daß die Bilanz und die Gewinn- und Verlustrechnung statt nach den Vorschriften der §§ 261 a bis 261 c nach diesen Formblättern zu gliedern sind;
2. für Konzerngesellschaften Vorschriften über die Aufstellung des eigenen und über die Aufstellung eines gemeinschaftlichen Jahresabschlusses zu erlassen.

§ 261 e.

Auf eine Verletzung der Vorschriften der §§ 261 a bis 261 c sowie auf eine Nichtbeachtung von Formblättern, nach denen die Bilanz und die Gewinn- und Verlustrechnung zu gliedern sind, kann eine Anfechtung (§ 271) nicht begründet werden.

Allgemeines.

Durch die Notverordnung vom 19. September 1931 (kleine Aktienrechtsreform) ist das Bilanzrecht ganz wesentlich umgestaltet worden. Die §§ 260 und 261 HGB. sind neu gefaßt, die §§ 260 a und b, 261 a bis e sind neu eingefügt [1]).

Die Generalversammlung (im Entwurf II die Hauptversammlung) beschließt über den Jahresabschluß, der die Jahresbilanz und die Gewinn- und Verlustrechnung umfaßt. Der Jahresabschluß und ein seinem wesentlichen Inhalt nach gesetzlich bestimmter Geschäftsbericht (§ 260 a) für das verflossene Geschäftsjahr sind der Hauptversammlung vorzulegen.

---

[1]) Die Vorschriften der §§ 260, 260a, 260 b, 261 HGB. finden erstmalig Anwendung für das Geschäftsjahr, das nach dem 31. Dezember 1930 begonnen hat. Die Vorschriften §§ 261a—c HGB. gelten erstmals für das Geschäftsjahr, das mit dem 30. September 1931 begonnen hat. Die Vorschriften über die Bestellung von Bilanzprüfern durch die Generalversammlung sowie § 266 HGB. sind erstmalig anzuwenden für das Geschäftsjahr, das nach dem 30. September 1931 begonnen hat. Bei einem Aktienkapital von 3 000 000 ℳ und weniger tritt die Zwangsprüfung in einem später bekannt zu gebenden Termin ein.

Die Jahresbilanz ist ein Augenblicksbild für den Bilanzstichtag. Geschäftliche Vorgänge von besonderer Bedeutung für die Unternehmung, die nach dem Ende des Geschäftsjahres eingetreten sind, müssen im Geschäftsbericht angegeben werden. Wenn beispielsweise Konjunkturveränderungen während der Bilanzaufstellung den Wert der Vorräte erhöhen oder vermindern, wenn eine mit 100% eingesetzte Forderung zwischenzeitlich (wegen eines beantragten Vergleichs- oder Konkursverfahrens) dubios wird oder wenn nach dem Bilanzstichtag eine bisher nicht erkannte Haftpflicht bekannt wird, wird der Vorstand im Geschäftsbericht darauf hinweisen müssen. Man wird auch im Gewinnverteilungsvorschlag für zwischenzeitlich eingetretene ungünstige Entwicklungen durch Rücklagen Vorsorge treffen können, falls nicht ausreichende stille Reserven jene Verlustmöglichkeit abdecken. Es besteht jedoch keine Verpflichtung, bereits in der Jahresbilanz jene ungünstigen Umstände vorweg mit zu berücksichtigen, etwa durch Minderbewertung der am Bilanzstichtag vollwertig gewesenen Forderung. Ein vorsichtiges Abwägen der Tatumstände wird immerhin notwendig erscheinen; waren solche ungünstigen Ereignisse bereits im verflossenen Geschäftsjahr wirksam, aber erst während der Bilanzvorarbeiten in Erscheinung getreten, wird man sie für die Bilanzaufstellung anders behandeln wie Tatumstände, die erst nach dem Bilanzstichtag wirksam und erkennbar geworden sind. So wenig die Vorwegnahme einer günstigen Preisentwicklung nach dem Bilanzstichtag statthaft ist (wegen der Ausschaltung noch nicht realisierter Gewinne nach § 261 HGB.), so wenig ist die bilanzmäßige Vorwegnahme ungünstiger Entwicklungen erforderlich. Geschäftsbericht und Gewinnverteilungsvorschlag bieten ausreichende Möglichkeiten, das Notwendige zu tun.

Für die Aufstellung des Jahresabschlusses kommen die Vorschriften des HGB. über die Handelsbücher (§§ 38—47) und im übrigen die Grundsätze ordnungsmäßiger Buchführung und Bilanzierung zur Anwendung. Der Jahresabschluß ist so klar und übersichtlich aufzustellen, daß er den Beteiligten einen möglichst sicheren Einblick in die Lage der Gesellschaft am Bilanzstichtag und für das verflossene Geschäftsjahr gewährt (§ 260b). Die Buchführung muß einer sorgfältigen kaufmännischen Buchführung entsprechen. Die Grundsätze ordnungsmäßiger Buchführung sind ebensowenig geschriebenes Recht wie die Grundsätze ordnungsmäßiger Bilanzierung. Im Einzelfall wird der Richter, nach Anhörung von Sachverständigen und branchekundigen Kaufleuten, jene Grundsätze zu ermitteln haben. Ein Verstoß gegen die nunmehr gesetzlich vorgeschriebene Gliederung der Vermögensaufstellung (§§ 261 a, b, d) und der Erfolgsbilanz (§ 261 c) kann nicht ohne weiteres als nicht ordnungsmäßige Bilanzierung angesehen werden. Für die Beurteilung eines ‚Falles' scheint mir entscheidend zu sein, daß Klarheit und Übersichtlichkeit in der Bilanzziehung vorhanden sind, die den Beteiligten (Aktionäre, Gläubiger, Aufsichtsrat und sachverständigen Dritten) ohne erhebliche Schwierigkeiten und ohne weitere Beihilfe einen durch die Natur der Bilanzaufstellung gegebenen und begrenzten möglichst sicheren Einblick gewähren, wenn sie über die erforderlichen Geschäftskenntnisse des betreffenden Geschäftszweiges und über Verständnis für allgemeine wirtschaftliche Dinge verfügen. Einem Ignoranten des Bilanzwesens bleibt auch eine übersichtliche und klare Bilanz verschlossen. Weder Vorstand noch Aufsichtsrat noch Hauptversammlung sind verpflichtet, Elementarunterricht im Bilanzwesen zu erteilen: den sachkundigen Beteiligten soll eine Bilanz Einblick gewähren.

Die Formulierung, daß die „Grundsätze ordnungsmäßiger Bilanzierung" anzuwenden sind, kann leicht zu einem Gegensatz zwischen Geschäftsinteresse und dem Interesse der Beteiligten führen. Das wohl verstandene Lebensinteresse der Unternehmung (als selbständiges Rechts- und Wirtschaftssubjekt) steht vor den Interessen der Beteiligten und der Unbeteiligten, z. B. der Proforma-Aktionäre, die für die Hauptversammlung eine Aktie erwerben, um Auskünfte über Posten des Jahresabschlusses zu erhalten oder Aktionäre, die persönliche Vorteile erstreben.

Die General- oder Hauptversammlung beschließt auch über den Jahresabschluß, sie kann ihn berichtigen (durch Änderung in der Bewertung z. B. durch andere Festsetzung der Abschreibungen), sie kann ihn ändern (z. B. durch Auseinanderziehung zusammengezogener Posten oder klarere Bezeichnung einzelner Bilanzposten); die Vorschläge der Verwaltungsorgane für die Gewinnverteilung und die Verlustdeckung können abgeändert, der Jahresabschluß kann gänzlich abgelehnt werden mit der Auflage, innerhalb einer bestimmten Frist einen neuen Jahresabschluß vorzulegen.

Der der Generalversammlung vorzulegende Bericht über das verflossene Geschäftsjahr (der Geschäftsbericht nach § 260 a) kann unter Umständen auch geschäftliche Vorgänge schildern, die in den Zeitraum von Bilanzstichtag bis zur Drucklegung des Geschäftsberichtes fallen. Vorgänge nach der Drucklegung bzw. Vervielfältigung des Geschäftsberichtes bis zum Tage der Hauptversammlung können nur mündlich bekanntgegeben werden. Die wesentlichen Punkte der Berichterstattung sind dem Gesetzestext zu entnehmen (vgl. S. 11). Die Arbeitsteilung zwischen Geschäftsbericht und Bilanz zeigt die nachstehende Tafel:

Im Geschäftsbericht mit ziffernmäßigen Angaben	In der Jahresbilanz
1. Forderungen und Verbindlichkeiten aus schwebenden Geschäften ohne Vorleistung.	Vorleistungen auf schwebende noch nicht erfüllte Geschäfte.
2. Wesentliche Abweichungen von den früheren Jahresabschlüssen, z. B. Änderung in der Gliederung und der Bewertungsgrundsätze.	
3. Verhältnis zu Konzerngesellschaften und abhängigen Gesellschaften.	Beteiligungen, Konzernforderungen und Konzernschulden.
4. Giroverbindlichkeiten aus der Begebung von Wechseln und Schecks; Haftung aus der Begebung von Tratten (als Aussteller).	Bürgschaften auf Wechsel und Schecks, andere Bürgschaften und Garantieverpflichtungen.
5. Pfandbestellung an Vermögensteilen z. B. Verpfändung von Effekten, Waren und Grundstücken für eigene Schulden und für Konzernfirmen;	
Sicherungsübereignung an Waren und Außenständen der eigenen Gesellschaft.	Sicherungshypotheken, Hypothekenschulden, Wechselschulden, (Akzepte, Ausstellung eigener Wechsel).
Fehlende Einzahlungen auf Beteiligungen in der Form von Wertpapieren und Einlagen.	Besser in der Bilanz anzuführen: Aktiva Nennwert, Passiva fehlende Einzahlung.
6. Gesamtbezüge der Mitglieder des Vorstandes und Gesamtbezüge der Mitglieder des Aufsichtsrats, jeweils in einer Summe ohne Spezifikation nach Personen und Art der Bezüge.	In der Erfolgsrechnung unter „sonstigen Aufwendungen“ oder aufgeteilt unter ‚Löhnen und Gehältern‘ und sonstigen Aufwendungen.
7. Genußscheine (Anteile am Reingewinn oder Liquidationserlös); anzugeben nach Inhalt der Verpflichtung, ihrem Umfang (Nennwert); Tilgung und Einlösung sind in der Bilanz bzw. in der Erfolgsrechnung sichtbar zu machen.	In die Bilanz nicht aufzunehmen. Anders geartete Genußscheine mit bestimmtem Nennwert sind echte Schulden und in die Bilanz einzustellen.

Im Geschäftsbericht mit ziffernmäßigen Angaben	In der Jahresbilanz
8. Nützlich sind Angaben über etwaige Dividendengarantien für andere Unternehmungen oder von anderen Unternehmungen.	In der Ertragsrechnung als verlorene Zuschüsse. In der Bilanz als Forderung an die Tochtergesellschaft bei rückzahlbaren Zuschüssen, die nach § 40 HGB. zu bewerten sind.

Jahresabschluß und Geschäftsbericht sind in der Generalversammlung mündlich zu erläutern, zu ergänzen und unter Umständen zu berichtigen. Die Auskunftspflicht der Verwaltungsorgane ist durch die Schutzklausel des § 260 a, letzter Absatz, begrenzt. Im Geschäftsbericht sind die passiven Kreditsicherungen, die von der bilanzierenden Gesellschaft bestellt wurden, anzuführen, soweit nicht aus der Benennung eines Schuldpostens die Tatsache der Sicherung bereits erkennbar ist, z. B. Hypothekenschulden, Effektenlombarddarlehen, Rembourskredite o. ä. Über die empfangenen oder aktiven Sicherheiten ist nicht zu berichten; sie sind nur zum Teil aus der Bilanz zu ersehen, beispielsweise die der Gesellschaft zustehenden Hypotheken, Grundschulden, Rentenschulden, Restkaufgelder oder die Deckung gewisser Bankdebitoren in den Bilanzen der Kreditbanken nach dem Schema für die Monatsbilanzen. Die empfangenen Kreditsicherungen sind somit nur in Ausnahmefällen erkennbar.

Die Gliederung der Jahresbilanz, § 261 a, b.

§ 261 a schreibt eine bestimmte Gliederung der Jahresbilanz vor; Abweichungen sind zulässig, einer besonderen Begründung bedarf es nicht, soweit sie sich aus der Eigenart des Geschäftszweiges der Gesellschaft ergeben. Das Bilanzschema ist vorzugsweise für Industriebetriebe bestimmt, paßt beispielsweise nicht für Verkehrs-, Bank-, Versicherungsbetriebe. Eine weitergehende Gliederung ist statthaft und wird häufig notwendig werden. Formblätter bestehen bereits für die Monatsbilanzen der Kreditbanken, für Notenbanken, Versicherungsanstalten, im beschränkten Umfange auch für Hypothekenbanken [1]).

[1]) Die Forderung nach einer gesetzlichen Schematisierung der Bilanzen wurde schon 1874 von Adolf Wagner für Banken u. Versicherungsanstalten erhoben (Schriften d. Vereins f. Sozialpolitik Bd. 4, S. 55). Die Ermächtigung des Bundesrats (Aktiennovelle 1884) für gewisse Arten von Unternehmungen Formulare aufzustellen, wurde nie verwirklicht. Vorbilder für gesetzlichen Gliederungsvorschriften finden sich im Hypothekenbankengesetz von 1899 (§§ 24 und 28), im Bankgesetz von 1924 (§ 36, Notenbankenausweise) sowie im Privatnotenbankgesetz von 1924 (§ 19). Für Versicherungsgesellschaften vergleiche die Vorschriften über die Rechnungslegung der vom Reichsaufsichtsamt für Privatversicherung beaufsichtigten größeren Versicherungsunternehmungen (XXVI. Jahrgang, Nr. 4 der Veröffentlichungen des Reichsaufsichtsamts für Privatversicherung, 1927). Wegen der Monatsbilanzen der Kreditbanken vgl. ‚Bilanztechnik' S. 334 f.

Die Gliederungsvorschriften sind sinngemäß anzuwenden; insoweit dort Bilanzposten zusammengezogen sind, hat es dabei sein Bewenden, eine Auseinanderziehung ist zulässig. Hingegen ist eine andere Zusammenfassung nicht gestattet; beispielsweise werden Wechsel, Schecks und Kassenbestände einschließlich Reichsbank- und Postscheckguthaben getrennt aufgeführt, eine Zusammenziehung dieser drei Vermögensteile wäre unstatthaft. Die Gliederungsvorschriften brauchen nicht als Abklatsch in die interne Bilanz (Hausbilanz) übernommen werden; diese interne Bilanz kann für die Zwecke der Unterrichtung der Geschäftsleitung auch eine andere Gliederung aufweisen. In der zu veröffentlichenden Bilanz ist auch die Reihenfolge der Bilanzposten nach § 261 a zu beachten, eine Änderung ist unzulässig.

Die nunmehr vorgeschriebene Gliederung habe ich in dem von mir entworfenen Bilanzschema eines Produktionsbetriebes (‚Bilanztechnik', S. 10) in manchen Teilen vorweggenommen. Auch die Trennung des Gewinnvortrags vom jährlichen Reingewinn habe ich immer wiederum verlangt (ebendort, S. 201)

Das Anlagevermögen ist in der Gliederung des Gesetzes nach den verschiedenen Abschreibungsbedürfnissen unterteilt. Grundstücke bleiben in der Regel ohne Abschreibung, den Geschäfts- und Wohngebäuden mit geringen Abschreibungssätzen folgen die Fabrikgebäude und andere Baulichkeiten des Fabrikbetriebes mit höheren Sätzen, dann reihen sich Maschinen und maschinelle Anlagen für die Fertigung (nicht aber die zum Gebäude gehörigen Anlagen für Warmwasser, Elektrizität, Gas, Entlüftung und ähnliches) an. Schließlich erfordern Werkzeuge u. Inventar die höchsten Abschreibungssätze.

Für Anlagevermögen und Beteiligungen ist das Prinzip der Bewegungsbilanz übernommen worden. Die auf die einzelnen Posten entfallenden Zu- und Abgänge sind gesondert aufzuführen, eine zwingende Vorschrift. Zweckmäßig ist die folgende Anordnung:

	Buchwert am 31. 12. 1931	Abgang 1932	Zugang 1932	Abschreibungen	Buchwert am 31. 12. 1932
I. Anlagevermögen:					
1. Grundstücke	2 000 000	28 000	—	—	1 972 000
2. Gebäude					
a) Wohngebäude	254 000	16 010	—	4 000	233 990
b) Fabrikgebäude ...	1 960 000	—	150 000	40 000	2 070 000
c) Siedlungsbauten ..	89 000	—	—	1 000	88 000
3. Maschinen	1 340 288	23 269	534 929	318 274	1 533 674
4. Werkzeuge	1	—	20 000	19 999	1
Inventar	1	—	—	—	1
Dampf-, Gas-, Wasser, Rohrleitungen	1	—	—	—	1
Pferde und Wagen ...	1	—	—	—	1
5. Beteiligungen	200 000	—	100 000	—	300 000

Aufrechnungen durch Saldoziehung sind grundsätzlich verboten. Unzulässig wäre folgende Bilanzierung: Aktiva, Debitoren 100 ÷ Kreditoren 70 = 30. Ebenso ist die Aufrechnung von Zugängen und Abgängen sowie mit Abschreibungen beim Anlagevermögen und bei den Beteiligungen, die Aufrechnung von Posten der Rechnungsabgrenzung (Aktiva V, Passiva VI) und die Kompensation von Bankguthaben und Bankschulden nicht statthaft. Die liquiden Mittel der Unternehmung stehen am Schluß der Aktivseite. Die kritische Betrachtung der Einzelbilanz, die Vergleichbarkeit der Bilanzen gleicher Unternehmungen sowie die Bilanzstatistik werden durch die Neuordnung beträchtlich gefördert.

Die **Buchführung**, insbesondere die Aufgliederung der Hauptbuchkonten, wird dem Bilanzschema angepaßt werden müssen, eine weitergehende Aufgliederung bleibt unberührt, eine kontenmäßige Zusammenfassung ist nicht erforderlich. Wer beispielsweise mehrere Grundstückskonten führen muß, braucht die Salden der einzelnen Konten nicht auf einem General-Grundstückskonto zu sammeln. Es genügt die Zusammenfassung in der internen Bilanzaufstellung und die Übernahme der Gesamtsumme in die zu veröffentlichende Bilanz. Eine **kontenmäßige** Zusammenfassung bilanzmäßig getrennt auszuweisender Posten ist unzulässig, z. B. Kontokorrent-Kto. für den Bankverkehr und für Warenforderungen. Die Todesstunde dieses Sammelkontos hat geschlagen.

Bisher **geteilte Bilanzen** (vgl. ‚Bilanztechnik', Sachregister) bedürfen einer Umarbeitung. Die Aktiven und die Schulden der wirtschaftlich unselbständigen aber selbständig bilanzierenden Abteilungen einer Unternehmung (Werkbetriebe, Depositenkassen, Vertriebsstellen ohne eigene Rechtsform) müssen zusammengeworfen und nach dem Schema behandelt werden. Zulässig erscheint die folgende Form (oder eine Ergänzung der Jahresbilanz durch Teilbilanzen im Geschäftsbericht):

	Dynamowerk	Elektromotorenfabrik	Schalterwerk	Gesamtbetrag	
Anlagevermögen:					
Grundstücke	100	70	60	230	
Fabrikgebäude					
Bestand	800	600	450	1850	
Zugang	200	—	80	+280	
	1000	600	530	2130	
Abgang	80	80	40	÷200	
	920	520	490	1930	
Abschreibungen	46	70	50	÷166	1764
	874	450	440		

Für unzulässig erachte ich eine abweichende Gliederung im Text dèr Bilanz nach Werkbetrieben, z. B. die folgende Gliederung: 1. Dynamowerk; Grundstücke, Gebäude mit Zugang, Abgang, Abschreibungen; Maschinen. 2. Elektromotorenwerk, wie 1, usw. Eine solche Aufgliederung läßt die Gesamtsumme der einzelnen Anlagewerte der Unternehmung ohne Zwischenrechnung nicht erkennen.

Wir lassen nunmehr ein vollständiges und ergänztes Schema der Jahresbilanz mit Erläuterungen folgen:

A. Aktivseite:

I. Rückständige Einlagen auf das Grundkapital, mit dem Nennwert, ohne Bewertung der Einbringlichkeit, wegen §§ 179, 219, 220, 223 HGB.

II. Anlagevermögen; nur das im Eigentum oder im Verwaltungseigentum der Gesellschaft stehende, nicht gemietetes oder gepachtetes.

1. Grundstücke, ohne Berücksichtigung der Baulichkeiten, unbebaute Fabrikgrundstücke.
2. Gebäude a) Geschäfts- und Wohngebäude einschließlich werkeigener Siedlungsbauten;
   b) Fabrikgebäude und andere Baulichkeiten, z. B. für den Verkauf (Bierdepots), die Lagerung, Versuchsanlagen, Laboratorien u. ä.
3. Maschinen und maschinelle Anlagen, einschließlich der Apparate der chemischen Industrie; nur für die Fertigung unmittelbar oder mittelbar dienende bewegliche oder unbewegliche: Werkzeugmaschinen, Krafterzeugung und -verteilung u. a.
4. Werkzeuge, Betriebs- und Geschäftsinventar; zweckmäßiger ist die Abtrennung der Werkzeuge wegen ihres höheren Abschreibungssatzes.
5. Konzessionen, Patente, Lizenzen, Marken- und ähnliche Rechte; hierher gehört auch der Geschäftswert nach § 261 Ziff. 4 HGB.

III. Beteiligungen einschließlich der zur Beteiligung bestimmten Wertpapiere, in einer Summe, ohne Aufteilung nach Gesellschaften. Zu den Beteiligungen rechnen die Kommanditeinlage, die Kapitaleinlage als persönlich haftende Gesellschafter, Anteile an einer G. m. b. H.; Kuxe, Aktien einer Konzerngesellschaft, Bohranteile. Bei Beteiligungen in der Form der Wertpapiere ist die Absicht des Erwerbes maßgebend. Dauernde Beteiligungen können mit weniger als 25 % des Gesamtkapitals beabsichtigt sein. Die Erwerbsabsicht kann wechseln. Bei einer am Bilanzstichtag noch nicht verwirklichten Veräußerungsabsicht müssen solche Wertpapiere wie Umlaufsvermögen bewertet (Niederstwert) und unter IV Ziff. 4 eingesetzt werden.

Festverzinsliche Effekten als Kapitalanlage von verhältnismäßiger Dauer sind hier einzusetzen.

IV. Umlaufsvermögen, fließende, unbeständige, wertmäßig dauernd wechselnde Vermögensteile:

1. Roh-, Hilfs- und Betriebsstoffe, die für die betriebseigene chemische Verarbeitung oder mechanische Bearbeitung bestimmt sind. Hierher rechnen auch fertig bezogene Teile wie Schrauben, Nieten, Formeisen, Fertigungsmaterialen, Unkostenmaterialien. Die Art des Geschäftszweiges und die Fertigungstechnik entscheiden über die Zurechnung. Bewertung mit Anschaffungskosten ohne Zuschläge oder mit Herstellungskosten und Zuschlägen nach § 261 HGB.
2. Halbfertige Erzeugnisse des eigenen Fertigungsbetriebes, selbst erzeugte Teile eines Ganzen für den Zusammenbau, unvollendete Fertigung.
3. Fertige Erzeugnisse, Waren des Warenhandelsbetriebes. Das sind betriebseigene Erzeugnisse der Massen-, Reihen- und Einzelfertigung. ‚Waren' mit einem Markt und einem Marktpreis z. B. Müllereiprodukte, Metalle.
4. Wertpapiere, im Sinne des Börsenverkehrs Effekten, d. s. Aktien und Anleihepapiere, für die Veräußerung bestimmt oder als vorübergehende Anlage flüssiger Mittel. Ihre Verwendung zur Kreditbeschaffung bzw. zur Kreditsicherung ist im Geschäftsbericht zu erwähnen.
5. Eigene Aktien, die selbst erworbenen, mit ihrem Nennbetrag vor der Geldspalte, bewertet mit Anschaffungskosten oder dem niedrigeren Tageswert; der Gesamtmengenbestand nicht über 10 % des Grundkapitals nach § 226.
6. Der Gesellschaft zustehende (aktive) Hypotheken, Ansprüche aus Grundschulden und Rentenschulden. Gemeint sind Brief- und Buchhypotheken; die Hypothekenforderungen sind mit dem Nennwert abzüglich notwendiger Abschreibungen einzusetzen. Eine nur durch Sicherungshypothek gesicherte Forderung gehört nicht hierher.
7. Von der Gesellschaft geleistete Anzahlungen, d. s. Vorleistungen des Bestellers bzw. Käufers; auch etwaige Abzahlungen für im Teilzahlungsgeschäft unter Vorbehalt des Eigentums erworbene Anlageteile. [1])

[1]) Zulässig erscheint die Aktivierung der Kaufpreissumme unter Anlagevermögen (II. 3) und die Anführung der Restschuld auf der Passivseite (V. 4).

8. Forderungen auf Grund von Warenlieferungen und Leistungen, die „Debitoren" auf Grund von Kauf- und Kreditverträgen, wegen Reparaturen, Installationen, Zusammenbau, wegen der Ausrüstung in der Textilindustrie.

   Gewöhnliche Darlehnsforderungen aus einem Kreditvertrag sind gesondert aufzuführen, Angabe der Deckung nicht notwendig.

9. Forderungen an abhängige Gesellschaften (Tochtergesellschaften, Enkelgesellschaften) und Konzerngesellschaften, einschließlich der Gewinnanteile. Forderungen aus Krediten, Warenlieferungen und sonstigen Leistungen, z. B. Zuschüsse.

10. Forderungen an Mitglieder des Vorstandes, des Aufsichtsrats und an Angestellte.

11. Wechsel, abzüglich Diskont für angekaufte Wechsel, inländische und Devisenwechsel. Depot- und Kautionswechsel gehören nicht hierher.

12. Schecks, auch Devisenschecks, insoweit sie noch nicht eingezogen sind.

13. Kassenbestand einschließlich Guthaben bei Notenbanken des Inlandes und Postscheckguthaben. Gesondert die Bestände an Valuten.

14. Andere Bankguthaben (bei ausländischen Notenbanken, Abrechnungs- und Kreditbanken) im Sinne des Handelsverkehrs. Der Name ‚Bank' in der Firma einer Gesellschaft, z. B. einer Holding- oder Investment-Gesellschaft, ist nicht entscheidend für die Einstellung einer Forderung als Bankguthaben.

V. Posten, die der Rechnungsabgrenzung dienen, nur Erfolgsausgleichsposten (vgl. die später folgenden Erläuterungen).

VI. Rückgriffsrechte aus Bürgschaften, aus Wechsel- und Scheckbürgschaften und aus Garantieverträgen nach § 261 b, vor der Geldspalte (als bilanzfremde Posten).

VII. Disagio und Rückzahlungsaufgeld bei Anleihen nach § 261 Ziff. 5; das Damno bei Hypothekenschulden.

VIII. a) Das Kapitalentwertungskonto nach den Notverordnungen vom 15. und 23. Dezember 1931.

b) Vermögensaufwertungskonten wie die Kosten der Organisation, der Firmenwert, insofern sie nicht unter II Ziff. 5 bereits aufgeführt sind.

c) Das Hypothekenaufwertungs-Ausgleichskonto nach dem Ausgleichsgesetz.

IX. a) Verlustvortrag aus dem Vorjahr.

b) Reinverlust des Jahres, die Unterbilanz.

B. Passivseite:

I. Grundkapital mit dem Nennbetrag. Stamm- und Vorzugsaktien jeder Gattung gesondert aufgeführt. Die Gesamtstimmenzahl der Stimmrechtsaktien nach § 185 HGB. im Text der Bilanz anzuführen.

II. Reservefonds, auch Rücklagen genannt, besser als Reservekonten bezeichnet.
 1. Der gesetzliche Reservefonds, ohne Aufteilung nach Aufgeld und Gewinnrücklagen (vgl. § 262).
 2. Andere freiwillige aus dem Reingewinn stammende Gewinnrücklagen, zweckgebundene und frei verfügbare, Unterteilung nach ihrer Benennung; gesondert anzugeben der Aktieneinziehungs-Reservefonds nach § 227 neuer Fassung.

III. Rückstellungen, meist steuerfreie Schätzungswerte für künftige Aufwendungen. Sie gehen zu Lasten des Reingewinns und sind dann im Gewinnverteilungsvorschlag aufzuführen oder sie gehen zu Lasten der Gewinn- und Verlustrechnung.

IV. Wertberichtigungsposten, d. s. Abwertungsposten für vorsätzlich zu hoch angesetzte Vermögensteile (früher Erneuerungsfonds genannt). Hierher gehören Gebäude- und Maschinenabschreibungskonten, das Delkrederekonto für Debitoren, der Rückdiskont auf Wechselbestände. Die Unterteilung dieses Bilanzpostens erfolgt entsprechend der Gliederung der Vermögensseite. Eine Zusammenrechnung aller Wertberichtigungsposten ohne Unterteilung ist unstatthaft, wenn nicht in der Erfolgrechnung eine Spezifikation gegeben ist.

V. Verbindlichkeiten, rechtlich begründete Ansprüche Dritter. Die bestrittenen Schulden sind schätzungsweise, für prozessierte ist eine Rückstellung einzustellen.
 1. Anleiheschulden, Obligationen.
  a) nicht besonders gesichert,
  b) durch Sicherungshypothek gesichert,
  c) noch nicht eingelöste, bereits fällige.
  Diese drei Gruppen sind zu trennen.
 2. Hypothekenschulden, Grund- und Rentenschulden, nicht aber Sicherungshypotheken, Maximalhypotheken, die im Geschäftsbericht zu erwähnen sind. Restkaufgelder. Langfristige Darlehen ohne hypothekarische Sicherstellung sind hier anzuschließen.
 3. Anzahlungen von Kunden, das sind Leistungs-, nicht Geldschulden. Bei einem Verkauf unter Vorbehalt des Eigentums

sind die bisher bezahlten Raten hier einzustellen, auf der Aktivseite ist der volle Forderungsbetrag anzusetzen.

4. Verbindlichkeiten auf Grund von Warenlieferungen und Leistungen, die verkehrsüblichen „Kreditoren", Warenschulden als Buchschulden; dann Rechnungsschulden für Reparaturen, Transportleistungen, Vermittlung u. ä.
5. Verbindlichkeiten gegenüber abhängigen Gesellschaften und Konzerngesellschaften für die von ihnen empfangenen Warenlieferungen und Leistungen, Darlehen, Zuschüsse; geschuldete Gewinnanteile; Spezifikatien nicht notwendig.
6. Verbindlichkeiten aus der Annahme von gezogenen Wechseln und der Ausstellung eigener Wechsel. Auch gezogene Tratten ohne Akzept gehören hierher (Wechselschulden).
7. Verbindlichkeiten gegenüber Banken (s. Aktiva, 14). Die Summe aller Bankschulden genügt, eine Unterteilung ist nicht erforderlich. Die hingegebenen Sicherheiten werden im Geschäftsbericht aufgeführt [1]).

VI. Posten, die der Rechnungsabgrenzung dienen, vgl. Aktiva V.

VII. Eventualverbindlichkeiten aus Bürgschaften, Wechsel- und Scheckbürgschaften und Garantieverträgen nach § 261 b, vor der Geldspalte. Der Gegenposten unter Aktiva VI. Hierher rechnen Avale, Avalkreditoren; Verbindlichkeiten aus Garantieverträgen, z. B. Dividendengarantie für eine Konzerngesellschaft. Die Gewährleistung für die Qualität betriebseigener Erzeugnisse ist unter den Rückstellungen aufzuführen. Die Giroverbindlichkeiten aus begebenen Wechseln und Schecks sind im Geschäftsbericht ersichtlich zu machen.

VIII. a) Gewinnvortrag aus dem Vorjahr.
b) Reingewinn des Bilanzjahres, der als letzter Bilanzposten ungeteilt in einer Ziffer anzuführen ist. Der Gewinnverteilungsvorschlag kann in der Vorspalte vermerkt werden.

Eine ausführliche Erläuterung der einzelnen Bilanzposten erübrigt sich. Ich verweise auf meine ‚Bilanztechnik'. Nur einige Bilanzposten müssen herausgegriffen werden:

a) Posten der Rechnungsabgrenzung sind Erfolgsausgleichsposten transitorischer oder antizipierender Art; Erfolgsregulierungsposten habe ich sie genannt (‚Bilanztechnik', S. 223 f.). Unter den Aktiven erscheinen Einnahmen des folgenden Geschäftsjahres für Rechnung des

[1]) Im Schema nicht aufgeführt sind Verrechnungsschulden wie entstandene, noch nicht gezahlte Löhne (Lohnreserve), Steuern, Abgaben, noch nicht eingelöste Zins- und Dividendenscheine, die vor VI einzusetzen sich empfiehlt.

verflossenen oder Vorausgaben im abgelaufenen Geschäftsjahr für das folgende. Auf der Passivseite stehen Voreinnahmen im verflossenen Geschäftsjahr, die wirtschaftlich dem folgenden Bilanzjahr zugute kommen und die Vorwegnahme von Ausgaben, die im nächsten Geschäftsjahr getätigt werden, aber wirtschaftlich den Erfolg des verflossenen Geschäftsjahres belasten.

Eine Aufrechnung der aktiven und der passiven Erfolgsausgleichsposten ist unstatthaft. Abgrenzungsposten werden sich auch unter den Debitoren und Kreditoren finden, wenn beispielsweise Pacht-, Miet-, Steuerrückstände über Konto-Korrentkonto verrechnet wurden.

Verlustverteilungsposten auf der Aktivseite sind das Disagio, das Entwertungskonto, das Hypothekenaufwertungsausgleichskonto.

b) Reservefonds, Rücklagen, Rückstellungen.

Die Terminologie des Gesetzes ist wechselnd. Die §§ 237 und 245 HGB., die von der Tantieme des Vorstandes und Aufsichtsrates handeln, sprechen von Rücklagen, die den tantiemepflichtigen Gewinnanteil vermindern (vgl. §§ 67 und 81 des Entwurfes II, wonach die Anteile von Vorstand und Aufsichtsrat am Gewinn sich ergeben nach Vornahme sämtlicher Abschreibungen, Rücklagen und Rückstellungen). Eine Anfechtung wegen übermäßiger Abschreibungen und Rücklagen ist nach § 271 HGB. statthaft. Nach § 261 a sind der gesetzliche Reservefonds und andere Reservefonds gesondert auszuweisen; die Beträge der Reservefonds und der Rückstellungen dürfen nicht unter den Verbindlichkeiten aufgeführt werden. Nach dem Entwurf I sollten die Reservekonten gesondert ausgewiesen werden. Reservefonds und Rücklagen sind rechtlich und bilanztechnisch identische Begriffe; es sind Teile des eigenen Kapitals, die, soweit sie aus dem Jahresgewinn gespeist werden, körperschaftssteuerpflichtig sind.

Der Begriff der Rückstellungen ist für das Handelsrecht neu, vom Steuerrecht übernommen. Rückstellungen sind keine Gewinnrücklagen und, falls sie nicht übermäßig hoch sind, auch steuerfrei. Unter Rückstellungen verstehen wir die Bewertung von Verbindlichkeiten, die dem Grunde, nicht aber ihrer Höhe nach am Bilanzstichtag feststehen, oder die Bewertung drohender Verluste, die mit Wahrscheinlichkeit zu erwarten, aber ihrer Höhe nach unbestimmt sind. Beispiele: schwebende Prozesse, strittige Steuerschulden, Regreßansprüche, angemeldete aber noch nicht geregelte Schadensansprüche aus Versicherungsverträgen, Kursverluste auf noch nicht erfüllte schwebende Termingeschäfte; die Delkredere-Rückstellung neben Abschreibungen auf uneinbringliche und zweifelhafte Forderungen. Rückstellungen wirken reingewinnschmälernd, es sind schwebende Aufwendungen, die in einem späteren Zeitpunkt Ausgaben werden.

Die Abgrenzung der Rückstellungen gegenüber den Posten der Rechnungsabgrenzung ist mitunter schwierig. Bei den Posten der Rechnungsabgrenzung jedoch handelt es sich nur um Erfolgsausgleichposten, die nach ihrer Höhe, ihrer Fälligkeit und Entstehung am Bilanzstichtag bekannt sind.

Die gesetzliche Reserve entsteht nach § 262 HGB.; die Aktieneinziehungsreserve nach § 227 wurde bereits behandelt.

c) Stille Reserven (vgl. ‚Bilanztechnik' S. 157 ff.). Stille Vermögensreserven (Aktivseite) durch Unterbewertung bis auf eine Mark sind auch weiterhin gestattet; sie dienen häufig weniger der Regelung des verteilungsfähigen Gewinnes, vielmehr der Liquiditätsfürsorge, d. h. dem Schutz der flüssigen Mittel. Verboten ist, Reservefonds, Rückstellungen und Wertberichtigungsposten irgendwo unter den Verbindlichkeiten verschwinden zu lassen (§ 261 a Absatz 3). „Gewinnkreditoren", d. h. zurückgestellte Gewinne dürfen nicht mehr unter den Kreditoren erscheinen. Anders geartete stille Kapitalreserven (auf der Passivseite) sind auch nach den neuen Vorschriften erlaubt, weil sie nicht ausdrücklich verboten sind, z. B. übermäßige Abschreibungen als Wertberichtigungsposten, übermäßig hohe Rückstellungen. Eine langfristige Pfund-Sterling-Schuld darf mit dem Paritätskurs von 20,40 M. für 1 Pfund Sterling bewertet werden. Anleiheschulden werden mit ihrem Rückzahlungswert unter die Passiva eingestellt, obgleich ihr Tageswert (durch Abzinsung nach der Rentenformel) richtig wäre. Auch die Akzeptverbindlichkeiten werden ohne Abzinsung mit ihrem Nennwert in die Bilanz eingestellt. Eine stille Reserve entsteht, wenn eigene Obligationen unter pari angekauft (aktiviert) und die Anleiheschulden unverändert mit ihrem Nennwert unter den Passiven eingesetzt werden. Verboten ist die Fortlassung von Vermögensteilen in der Bilanz (§ 39 HGB.).

Eine stille Reserve darf ‚still' ohne Hinweis im Jahersabschluß oder im Geschäftsbericht aufgelöst werden; selbstverständlich ist auch eine offenkundig werdende Verwendung zulässig, sei es durch Erwähnung im Geschäftsbericht, sei es durch Umbuchung in die Gewinn- und Verlustrechnung.

d) Die Wertberichtigungsposten erwähnt das Gesetz unter den Passiven als Ersatz für Abschreibungen auf das Anlagevermögen. Es gibt aber auch aktive Wertberichtigungsposten, z. B. der Jahresreinverlust, der eine Berichtigung des eigenen Kapitals darstellt. Das Entwertungskonto nach der Notverordnung ist ein Wertergänzungsposten für bestimmte Aktiva, das Kapitalentwertungskonto der Goldmarkeröffnungsbilanz, das Währungswertberichtigungskonto unter den Aktiven nach dem Gesetz der Bilanzierung wertbeständigerSchulden und das Hypothekenaufwertungsausgleichskonto des Aufwertungsgesetzes sind andere Beispiele. Durch diese aktiven Wertberichtigungsposten soll die Gefahr einer Unterbilanz durch Entwertung des Vermögensbesitzes vermieden und der Vermögensschwund auf eine Reihe von Jahren verteilt werden.

Die Gliederung der Erfolgsrechnung, § 261 c.

In der Gewinn- und Verlustrechnung sind, unbeschadet einer weiteren Gliederung, bestimmte gesetzlich vorgeschriebene Posten gesondert auszuweisen, falls der Geschäftszweig nicht eine andere Gliederung bedingt, so beispielsweise Verkehrsunternehmungen, Versorgungsbetriebe, Kreditbanken aller Art. Das Gliederungsschema gilt vorzugsweise für Industriegesellschaften (vgl. „Bilanztechnik", S. 166—234, 305 f.).

Es entsteht die Frage, ob die Zwangsgliederung der Erfolgsrechnung zu einer Änderung der Geschäfts- und der Betriebsbuchführung zwingt. Der Werteumlauf in der Veredlungsindustrie wird meist auf einem Fabrikationskonto, Betriebskonto o. ä. benannt, konzentriert dergestalt, daß auf diesen Konten alle Betriebsaufwendungen für Werkstoffe, Fertigungslöhne, Betriebsgemeinschaftskosten einschließlich der Abschreibungen auf Betriebsanlagen im Soll gesammelt werden. Die Entlastung erfolgt durch Übertrag auf ein Fabrikate- oder Produktenkonto oder auf Lagerkonto. Der Erlös aus den Verkäufen wird einem Erlös- oder Verkaufskonto erkannt, die Verrechnung von Konto zu Konto wird durch Herstellungs-, Selbstkosten- oder Betriebspreise vermittelt.

Nach meiner Auffassung ist es nicht notwendig, die bisherige Verrechnungsweise aufzugeben. Die Gewinn- und Verlustrechnung, die für die Veröffentlichung bestimmt ist, muß aber trotzdem die vorgeschriebenen Einzelheiten aufweisen. Die Darstellung von Aufwendungen und Erträgen im Jahresabschluß wird von der innerbetrieblichen buchmäßigen Darstellung des Werteumlaufes abweichen können. Im Endergebnis (Reingewinn) natürlich müssen beide Verrechnungsarten übereinstimmen. Das Lohnkonto beispielsweise zeigt die Bruttolöhne im Soll, seine Aufteilung durch Umbuchung auf Fabrikationskonto (Fertigungslöhne), Anlagekonto (Fertigungslöhne für selbst hergestellte Werkzeugmaschinen und Werkzeuge für den Betrieb, für Neubauten in eigener Regie), auf Betriebsgemeinschaftskonto (die unproduktiven Löhne oder Unkostenlöhne) zeigen den Umlauf der Aufwendungen. In der zu veröffentlichenden Erfolgsrechnung müssen nach dem Gesetz Löhne und Gehälter ungeteilt ausgewiesen werden.

Die gesetzliche Schematisierung folgt zum Teil dem sogenannten Bruttoprinzip (vgl. „Bilanztechnik", S. 184, 202), nur bei der Verrechnung der Zinsen dem Nettoprinzip, d. h. es ist nur der Saldo der Zinseneinnahmen und -ausgaben aufzunehmen. Es ist schade, daß hier das Bruttoprinzip verlassen wurde.

Die vorgeschriebene Gliederung der Gewinn- und Verlustrechnung rechtfertigt diese Benennung nicht. Aufwendungen und Erträge sind ihre Überschriften. Aber Aufwendungen beispielsweise sind nicht Verluste. Der Fabrikationsnutzen wird unmittelbar nicht ersichtlich. Die Gleichung: Verkaufserlös abzüglich Aufwendungen für Werkstoffe liefert eine undefinierbare Größe, die weder Fabrikationsnutzen noch Ertrag, auch kein Rohertrag ist (unrichtig Schlegelberger S. 254, auch S. 255 Beispiel c, wo diese Differenz als ‚Erlös' aus der Fabrikation bezeichnet wird). Für Handelsbetriebe (Anschaffung und Weiterveräußerung beweglicher Güter) gibt der Verkaufserlös abzüglich der Anschaffungskosten nach den gesetzlichen Vorschriften wenigstens den Rohertrag.

Die unrichtig [1]) als Gewinn- und Verlustrechnung bezeichnende Gliederung von Aufwendungen und Erträge ist, soweit die Aufwendungen im Schema 1—4 in Betracht kommen, zum Teil eine Betriebsrechnung, es fehlen die Ausgaben für Werkstoffe. Der Verkaufserlös wird nach Abzug der Rohstoffe eingesetzt. Die Wahrheitsfanatiker unter den Beratern des Gesetzgebers haben ihm einen schlechten Dienst erwiesen, die Gewinn- und Verlustrechnung ist nichts Halbes und nichts Ganzes.

Die von mir immer wieder geforderte Trennung der organischen oder geschäftswesentlichen Gewinne und der nicht organischen z. B. Finanzierungs-, Beteiligungsgewinne, außerordentlichen Erträgen und Zuwendungen ist nunmehr durchgeführt. Die Aufrechnung von Zinseneinnahmen und Zinsenausgaben ist erlaubt. Erträge aus Beteiligungen sollen (nach Schlegelberger S. 256) gegen Verluste aus Beteiligungen nicht aufrechenbar sein. Welcher Art diese Verluste sein sollen, ist nicht gesagt. Insoweit Abschreibungen auf Beteiligungen erforderlich werden, gehören sie unter die Aufwendungen (4. andere Abschreibungen), ohne sie gesondert anzuführen. Außerordentliche Verluste und außerordentliche Aufwendungen, z. B. nicht rückzahlbare Zuwendungen an Konzerngesellschaften oder aus Dividendengarantien, die aber im Geschäftsbericht erwähnt werden müssen, können als Aufwendungen unter 7. summarisch ausgewiesen werden: wiederum ein Topf für Verschleierungen.

Die Gewinn- und Verlustberechnung nach § 261 c ist betriebswirtschaftlich und buchtechnisch das unglücklichste Gebilde des Notrechtes betreffend die Aktiengesellschaften. Die Einwendungen gegen diese Rechnung wurden von Schlegelberger S. 256 zu unrecht beiseite geschoben. Seiner Meinung nach sind in der Erfolgsberechnung alle Aufwendungen des Geschäftsjahres in Ansatz zu bringen. „Wie bei

[1]) Besser ‚Erfolgrechnung' genannt.

allen Posten der Gewinn- und Verlustrechnung handelt es sich auch bei den vom Jahresgesamtertrag abzuziehenden Aufwendungen für Rohstoffe usw. um Aufwendungen, die auf das Geschäftsjahr entfallen. Es sind nicht die im Selbstkostenwert des Umsatzes enthaltenen Aufwendungen, sondern die Aufwendungen für das Geschäftsjahr in Abzug zu bringen" (Schlegelberger S. 261, auch S. 256). Ich untersuche im Folgenden die Durchführbarkeit dieser Anschauung. Ich nehme ein einfaches Beispiel:

Löhne und Gehälter	1000 M
Werkstoffe	5000 „
andere Aufwendungen	18000 „
Gesamtaufwendungen des Jahres	24000 M

1. Fall. Es ist nichts verkauft. In der Jahresbilanz erscheinen als Vorräte an Fertigprodukten 24 000 M. Das Gewinn- und Verlustkonto (nach Schlegelberger) zeigt im Soll als Aufwendungen 1000 M. + 18 000 M., zusammen 19 000 M. Ein Erlös oder ein Ertrag ist nicht vorhanden. Es fehlt somit auf der Ertragsseite ein Gegenposten, der in den Beständen an Vorräten in der Bilanz erscheint. Folgt man der Schlegelbergerischen Anschauung, dann käme auf die Ertragsseite der Gewinn- und Verlustrechnung 24 000 M. abzüglich Werkstoffe 5000 M. = 19 000 M. Die Gewinn- und Verlustrechnung wäre ausgeglichen. Aber diese Verrechnung ist buch- und bilanztechnisch nicht möglich.

2. Fall. Es ist alles verkauft. Der Erlös ist 30 000 M., der Fabrikationsnutzen 6000 M. Für diesen Fall sind die Anschauung Schlegelbergers und sein Beispiel S. 255 annehmbar. Die Gewinn- und Verlustrechnung sieht dann so aus:

Aufwendungen		Erträge	
Löhne und Gehälter	1 000	Erlös	30 000
andere Aufwendungen	18 000	abzüglich Werkstoffe	5 000
Fabrikationsnutzen	6 000	Restbetrag	25 000

3. Fall a. Von der Jahresproduktion ist die Hälfte mit 15 000 M. Erlös und Nutzen 3000 M. verkauft, die Hälfte ist vorrätig (12 000 Wert).

(Falsche) Darstellung nach § 261 c.

Löhne und Gehälter	1 000	Erlös	15 000
andere Aufwendungen	18 000	ab Werkstoffe	5 000
Jahres-Aufwendungen	19 000	Restbetrag	10 000
		Verlust	9 000

Will der Gesetzgeber, nicht nur der Kommentator, tatsächlich die Jahresaufwendungen ausgewiesen sehen, muß auf der Ertragsseite der Wert der Jahresproduktion — Erlös + Wert der Vorräte — eingestellt werden.

3 b, richtige Darstellung:

Löhne, Gehälter	1 000	1. Erlös	15 000	
Anderer Aufwand	18 000	— Werkstoffe	5 000	10 000
Jahresaufwand	19 000	2. Vorräte:		
Gewinn	3 000	Herstellkosten ohne Werkstoffe		12 000
				22 000

4. Fall. Noch schlimmer werden die Dinge, wenn auch noch Vorräte aus dem Vorjahr vorhanden waren. Ich zeige ein Beispiel in der Art der üblichen Verrechnung:

Eingang — Werkstoff-Konto — Ausgang

Vorräte	120 000	Verbrauch der Fertigung	67 000
Zugänge	45 000	Schlußvorräte	98 000

Aufwand — Lohn-Konto — Verteilung

Fertigung	38 000	Verrechnet	36 000

Andere Aufwendungen.

Fertigung	8 000	Verrechnet	15 000
Verwaltung	4 500		
Abschreibungen	3 000		
	15 500		

Aufwand — Fabrikations-Konto — Erlös

Werkstoffe Kto	67 000	Erlös	136 000
Lohn-Kto	36 000		
Andere Konten	15 000		
Produktionsaufwand	118 000		
Rohgewinn	18 000		

Wert der Vorräte 98 000 + 2 000 + 500 = 100 500.

Die richtige Berechnung des Erfolges zeigt die nachstehende Tafel:

Aufwendungen — Gewinn- u. Verlustrechnung — Erträge

Anfangsbestände	120 000			
Werkstoffe, Zugang	45 000	Erlös		136 000
Löhne, Gehälter	38 000	Vorräte am Bilanzstichtag:		
Anderer Aufwand	15 500	Werkstoffe	98 000	
	218 500	Löhne	2 000	
Gewinn	18 000	Aufwendungen	500	100 500

Dem Gesetzgeber schwebte offenbar die Berechnung des steuerpflichtigen Gewinns nach § 12 Eink.-Steuer vor, die so aussieht (Zahlen oben):

Einnahmen		136 000
Ausgaben: Werkstoffe	45 000	
Löhne, usw.	38 000	
Andere	15 500	98 500
Unterschied		37 500
— Minderwert der Vorräte am Schluß des Bilanzjahres gegenüber den Anfangsbeständen	120 000	
	100 500 ÷	19 500
	Gewinn	18 000

Das vorstehende Zahlenbeispiel nach § 261 c und berichtigt würde folgendes Bild zeigen:

Löhne und Gehälter	38 000	Erlös	136 000
Andere Aufwendungen	15 500	÷ Werkstoffeingang	45 000
Minderwert der Schlußvorräte gegenüber den Anfangsvorräten	19 500	Überschuß	91 000
	73 000		
Fabrikationsgewinn	18 000		

Wer die Ausführungen Schlegelbergers ignoriert und nur die Aufwendungen für den Jahresumsatz in die Gewinn- und Verlust-Rechnung einstellt, kommt gleichfalls zum richtigen Ergebnis (Zahlen oben 4. Fall).

Verrechnete Löhne u. Gehälter	36 000	Erlös	136 000
Andere Aufwendungen	15 000	— Verbrauchte Werkstoffe ..	67 000
	51 000	Überschuß	69 000
Fabrikationsgewinn	18 000		

Zusammenfassung: Die Formulierung des § 261 c II 1. („Der Betrag der sich nach Abzug der Aufwendungen für Roh-, Hilfs- und Betriebsstoffe . . . sowie nach Abzug der unter 2. bis 5. gesondert auszuweisenden Erträge ergibt") ist unklar.

a) Die Einfügung „sowie nach Abzug der unter 2. bis 5. gesondert ausgewiesenen Erträge" ist sinnstörend und zu streichen. Es muß heißen: der Betrag, der sich nach Abzug der Aufwendungen für Rohstoffe usw. ergibt; die Erträge unter 2. bis 5. sind gesondert auszuweisen.

b) Der „Betrag": gemeint ist der Verkaufserlös des Bilanzjahres, wenn kein Vorrat an Erzeugnissen (fertigen oder halbfertigen) vorhanden ist, oder der Selbstkostenwert der Erzeugnisse, wenn nichts verkauft wurde.

c) Sind Vorräte vorhanden, das ist im Fabrikbetrieb die Regel, ist die gesetzliche Vorschrift falsch und muß etwa wie folgt formuliert werden: Der Überschuß der sich nach Abzug der Jahresaufwendungen für Roh-, Hilfs- und Betriebsstoffe vom Verkaufserlös ergibt, zuzüglich des Mehrwertes oder abzüglich des Minderwertes der Vorräte an Erzeugnissen des Betriebes am Schlusse des Bilanzjahres gegenüber dem Stande bei seinem Beginn.

Der Gesetzgeber hat übersehen, daß die Gewinnermittlung auf Grund einer Jahresrechnung über Betriebseinnahmen und Betriebsausgaben durch einen Vergleich der Bestände an Erzeugnissen ergänzt werden muß. Vermögensbildende Aufwendungen wie Löhne, Gehälter und andere in die Selbstkosten einzurechnende Aufwendungen gehören in die Gewinn- und Verlust-Rechnung nur insoweit, als sie am Bilanzstichtag durch zwischenzeitliche Veräußerung Betriebseinnahmen geworden sind.

Schließlich zeigen wir die einfachste Form der Lösung der Ertragsberechnung nach § 261 c. Wir führen für Löhne, Gehälter und sonstigen Aufwendungen besondere Konten, die über Gewinn- und Verlust-Konto abgeschlossen werden, überdies ein Fabrikationswaren-Konto, das die Vorräte an Erzeugnissen, an Werkstoffen, die Materialeingänge und den Umsatz verrechnet:

Eingang — Fabrikations-Waren-Konto — Ausgang

Eingang		Ausgang		
1. Anfangsbestände (Bilanz-Kto.)		3. Verkaufserlös		
Werkstoffe	10 000	(Debitoren-Kto.)		230 000
Fertigerzeugnisse	25 000	4. Schlußbestände (Bilanz-Kto.):		
Halbfertige Erzeugnisse	8 000			
	43 000	Materialien	12 000	
2. Materialeinkauf	80 000	Erzeugnisse	30 000	
5. Gewinn- u. Verlust-Kto.	159 000	Halbfertige Erzeugnisse	10 000	52 000
	282 000			282 000

Die Jahresaufwendungen für Löhne und Gehälter betragen 60 000, sonstige Aufwendungen 110 000, der Umsatzerlös ist 230 000.

Aufwendungen — Gewinn- und Verlust-Rechnung — Erträge

Aufwendungen		Erträge	
Löhne u. Gehälter	60 000	Fabrikations-Warenkonto	159 000
Andere Aufwendungen	110 000	Betriebsverlust	11 000
	170 000		170 000

Die Richtigkeit des Betriebsverlustes wird durch die folgende Nebenrechnung bewiesen:

Verkaufserlös		230 000
— Werkstoffe		80 000
Überschuß		150 000
+ Mehrwert der Schlußbestände	(52 000	
—	43 000	9 000
wie in der Gewinn- und Verlust-Rechnung		159 000

Die kontenmäßige und vereinfachte Darstellung macht eine unmittelbare, besondere Berücksichtigung des Mehr- oder Minderwertes der Schlußbestände überflüssig, weil sie mittelbar in der Verrechnung auf dem Fabrikations-Waren-Konto liegt.

Ich erläutere nunmehr das Schema der Gewinn- und Verlustrechnung (Erfolgsbilanz, Ertragsberechnung).

A. Aufwendungen.

1. Löhne und Gehälter der Arbeitnehmer, der Vorstandsmitglieder. Die Bruttobeträge sind einzustellen einschließlich der Steuerabzüge und der Beiträge des Arbeitnehmers zur Sozialversicherung. Vorschüsse auf Akkordarbeit und Gehälter bilden Forderungen. Die kalkulatorische Sortierung der Löhne und Gehälter ist für den Jahresabschluß bedeutungslos.
2. Soziale Abgaben, soweit die Unternehmung sie zu tragen hat; nur Zwangsversicherungsbeiträge aller Art, die freiwilligen Sozialaufwendungen gehören unter 7. Ich schlage eine Untergliederung vor: a) Zwangsbeiträge,
   b) freiwillige Aufwendungen.
3. Abschreibungen auf Anlagen im Sinne des § 261 a A II. Eine Trennung nach Teilen des Anlagevermögens ist nicht vorgeschrieben, ist aber aus der Bilanzgliederung des Anlagevermögens zu folgern. Wenn in der Jahresbilanz die Teilabschreibungsbeträge ersichtlich sind, genügt in der Erfolgsrechnung ihre summarische Darstellung. Ist die Vermögensbilanz hinsichtlich der Wertberichtigungsposten des Anlagevermögens undurchsichtig, wird die klare Darstellung mit Abschreibungen nach Gruppen, z. B. für Gebäude, Maschinen, Werkzeuge in der Erfolgsberechnung notwendig sein. Die Angabe der Prozentsätze ist nicht erforderlich.

   Zu den abschreibungsbedürftigen Anlagen rechnen auch Konzessionen, Patente, Lizenzen, Marken- und ähnliche Rechte; auch die Abschreibungen auf den Geschäftswert (§ 261), auf das Entwertungskonto sind gesondert auszuweisen.
4. Andere Abschreibungen, z. B. auf die Teile des Umlaufsvermögens wie Forderungen, Wertpapierbesitz; dann Abschreibungen auf Beteiligungen nach § 261 Ziff. 1.

5. Der Sollsaldo des Zinsenkontos. Die Aufrechnung von Aufwendungen und Erträgen, Einnahmen und Ausgaben aus gleichartigen Zinsen z. B. Bankzinsen sowie die Aufrechnung unter den verschiedenen Gruppen, z. B. Bank-, Anleihe-, Hypothekenzinsen ist hier statthaft. Eine Spezifikation z. B. Zinsen für Wechselkredite, Anleihen, Hypotheken, Bankschulden wird nicht gefordert.
6. Besitzsteuern als Gemeinschaftskosten der Unternehmung, nicht aber die von ihr als Inkassostelle der Finanzverwaltung bezahlten Steuern der Arbeitnehmer. Der Ausdruck Besitzsteuern ist finanzwissenschaftlich recht unbestimmt. Strutz (Handbuch des Reichssteuerrechts, Berlin 1924 S. 23) zählt zu den Besitzsteuern u. a.: Einkommens-, Körperschafts-, Kapitalsertrags-, Vermögens-, Vermögenszuwachs-, Lohnsummen-, Landsteuern, die Hauszinssteuer, die Aufbringungssteuer. Man wird sagen können, alle Personal- und Realsteuern.

   Sondersteuern wie Umsatzsteuer, Kapitalsverkehrssteuer, Zölle und Verbrauchsabgaben zählen nicht hierher.
7. Alle übrigen Aufwendungen, soweit sie nicht unter 1.—6. besonders aufgeführt sind, mit Ausnahme der Anschaffungskosten für Werk-, Hilfs- und Betriebsstoffe und der Ankaufskosten für Handelswaren. Diese Bilanzposition bildet ein Sammelbecken für nicht gesondert auszuweisende sonstige Aufwendungen, z. B. sachliche Ausgaben für die Verwaltung, Reklame, Schmiergelder, Vertriebskosten u. v. a.

   Die im Schema fehlenden Sonderposten für außerordentliche Aufwendungen (z. B. Zuschüsse an Konzernfirmen, Effektenverluste, Verluste an Beteiligungen, aus dem Verkauf von Anlagen u. ä.) sind hier einzustellen.

B. Erträge.

1. Der Verkaufserlös abzüglich der Aufwendungen für Materialien, bei Handelsbetrieben abzüglich der Aufwendungen für bezogene Waren (vgl. die Ausführungen S. 30 f.). Ein negativer Überschuß gehört unter die Aufwendungen.
2. Erträge aus Beteiligungen, die regelmäßigen Einkünfte wie Zinsen, Dividenden, Lizenzgebühren, Gewinnanteile an einer Personal-, an einer Gesellschaft m. b. H.
3. Der Habensaldo des Zinsenkontos (vgl. A 5) und sonstiger Kapitalerträge, wie Zinsen aus der Kapitalanlage in Effekten, Diskontwechsel, Dividenden (nicht auf Beteiligungen).
4. Außerordentliche Erträge, die mit dem Lebenszweck der Unternehmung nur mittelbar zusammenhängen, betriebsfremde

Gewinne, z. B. aus dem Verkauf von Beteiligungseffekten, von Quoten an einem Kartell, Verkauf von Grundstücken und eigenen Aktien, von Betriebsteilen, Einschmelzungsgewinne bei Fusionen, Sanierungsgewinne, Auflösung eines Reservekontos, Rückzahlungsgewinne aus Anleiheschulden (Einlösung 100, Ausgabe 100—x), Rückvergütung von Steuern.

Die Auflösung eines offenen Reservekontos sowie die Auflösung einer stillen Rücklage am Anlagevermögen durch bilanzmäßige Aufwertung werden hier zu verrechnen sein. Die stille Rücklage am Umsatzvermögen löst sich bei einer Veräußerung automatisch auf, eine gesonderte Ausweisung der Aufbesserung des Jahresertrages durch eine solche Auflösung wird vielfach nicht möglich sein. Sie ist aber im Geschäftsbericht zu erwähnen.

5. Außerordentliche Zuwendungen, wie verlorene Zuschüsse von Konzerngesellschaften, des Reiches, der Aufsichtsratsmitglieder für die Zwecke der Abdeckung besonderer Verluste.

   Schenkungen von Vermögensteilen werden mit ihrem Wert aktiviert, das Gegenkonto [1]) bildet ein freiwilliges Reservekonto (unklar Schlegelberger S. 263 hinsichtlich der Verrechnung des Gegenwertes als Aufwendungen).

6. Der Jahresreingewinn oder der Jahresreinverlust, d. i. der Unterschied der Erträge und der Aufwendungen, ist am Schlusse der Gewinn- und Verlustrechnung gesondert und ungeteilt anzugeben.

   Der Gewinn- bzw. der Verlustvortrag aus dem Vorjahr muß nicht unbedingt in die Erfolgsrechnung eingestellt werden — er fehlt auch im Schema des § 261 c —, es genügt der gesonderte Nachweis in der Jahresbilanz. Erscheint der Vortrag in der Gewinn- und Verlustrechnung, ergibt sich folgendes Bild:

Gewinn- und Verlust-Konto 1932.

Aufwendungen (A 1—7) ...	5	Mill.	Gewinnvortrag aus 1931 .	0,3	Mill.
Gewinnvortrag aus 1931 ..	0,3	„	Erträge (B 1—5)	7	„
Reingewinn für 1932	2	„			

Wir halten es für zweckmäßiger, den unverteilt gebliebenen Reingewinn- oder Verlustrest auf ein Gewinn- oder Verlustkonto 1931 zu buchen, auf der Gewinn- und Verlustrechnung 1932 Aufwendungen und Erträge dieses Jahres zu sammeln und die Jahreserfolgsrechnung über das Bilanzkonto auszugleichen. Die Gewinn-

[1]) Man könnte über Gewinn- u. Verlustkto buchen, dann müßte die Reservebildung auch unter den Aufwendungen (an Reservefonds) verrechnet werden.

verteilung nach den Beschlüssen der Generalversammlung im Jahre 1933 ist dann auf dem Gewinn- oder Verlustkonto für 1932 durchzuführen.

Im Entwurf I (§ 115) war noch bestimmt: Wird der Buchgewinn aus der Herabsetzung des Grundkapitals zu Abschreibungen oder Rückstellungen verwendet, so sind die einzelnen Beträge der bewirkten Abschreibungen und Rückstellungen gesondert auszuweisen. Diese Vorschrift wurde nicht übernommen. Die Hineinarbeitung der Sanierungsbilanz in die Jahresbilanz würde nicht zur Klarheit und Übersicht beitragen. Es ist besser, die Durchführung der Sanierungsbeschlüsse im Geschäftsbericht und dabei auch die Verwendung des Sanierungsgewinns zu erläutern (vgl. § 260 a, wesentliche Abweichungen).

Die Bewertung in der Jahresbilanz.

Die grundlegenden Bestimmungen des § 261 HGB. wurden neu gefaßt [1]). Sie betonen stärker als bisher den Charakter der Jahresbilanz (bei Fortführung des Betriebes) als Erfolgsermittlungsbilanz, die ‚dynamische' Bilanz der Theorie. Der Grundsatz der Vergleichbarkeit und der Stetigkeit (Kontinuität der Bewertungsgrundsätze, nicht der Werte) ist durch die Vorschriften gewährleistet, daß bei der Erläuterung des Jahresabschlusses im Geschäftsbericht auch die wesentlichen Abweichungen von dem früheren Jahresabschluß (nur dem vorjährigen) zu erörtern sind. Solche Abweichungen können sein: die Änderung der Bewertungsgrundsätze, z. B. der Abschreibungssätze, die Gliederung der Bilanzposten und der Gewinn- und Verlustrechnung, Zugänge und Abgänge an Beteiligungen u. a. Der Umfang des Begriffs Abweichungen kann in der Praxis recht weit gezogen werden und zu Schwierigkeiten in der Generalversammlung führen. Das Interesse der Unternehmung, bei Konzernunternehmungen das überwiegende Interesse einer der beteiligten Gesellschaften oder der Allgemeinheit sind nach den Schutzbestimmungen des § 260 a Abs. 4 gegen unbegründete Neugierde ausreichend.

Im Grundsätzlichen hat die Neufassung der Bewertungsbestimmungen nichts geändert. Die allgemeinen Bestimmungen der §§ 38—47 HGB., die Sonderbestimmungen der §§ 261—261 d für Aktiengesellschaften und der Handelsbrauch sorgfältiger Kaufleute, im Rahmen der gesetzlichen Vorschriften, sind die Rechtsquellen (Neufeld, S. 80). Die Bewertungsvorschriften für die Vermögensteile sind Bewertungs-

[1]) Vgl. ‚Bilanztechnik', S. 69—130. Meine Ausführungen: Bilanzreform und Betriebswirtschaftslehre in Heft 6/7 der Zeitgemäßen Steuer- u. Finanzfragen, Berlin 1928. Text der neuen Fassung vergl. S. 11.

grenzen nach oben, eine niedrigere Bewertung ist erlaubt; jene für die Schulden sind Bewertungsgrenzen nach unten, eine höhere Bewertung ist statthaft.

a) Anlagen und andere Vermögensgegenstände, die dauernd zum Geschäftsbetrieb bestimmt sind, dürfen für jeden Bilanzstichtag neu bewertet werden; der Tageswert, der geringer ist als die Anschaffungskosten, ist dann der Höchstwert. Sie dürfen aber auch ohne Neubewertung und ohne Rücksicht auf einen geringeren Wert zu den Anschaffungs- bzw. Herstellungskosten eingesetzt werden (endlich ist der Ausdruck ‚Preis' gefallen), wenn gleichzeitig ein Anteil an dem etwaigen Wertverlust in Abzug gebracht (aktive Abschreibung) oder in der Form von Wertberichtigungskonten eingesetzt wird. Der Erneuerungsfonds des alten § 261 ist erfreulicherweise ersetzt durch Wertberichtigungsposten, z. B. Abschreibungskonto. Während im alten § 261 handelsrechtlich nur die ‚Absetzung wegen Abnutzung', die sogenannte technische Abschreibung wegen physikalischer Brauchbarkeitsminderung zulässig erschien, läßt die neue Fassung (‚Anteil an dem etwaigen Wertverlust, der sich bei seiner Verteilung auf die mutmaßliche Gesamtdauer der Verwendung oder Nutzung für den einzelnen Bilanzabschnitt ergibt') auch die steuerlich längst anerkannte Abschreibung wegen Konjunkturänderung und anderer wirtschaftlicher Tatsachen zu, z. B. wegen Veralten, Geschmacks- und Modewechsel, dauernde Minderbeschäftigung.

Abschreibungen [1]) vom Anschaffungswert, vom jeweiligen Buchwert, ungleichmäßige Abschreibungen (z. B. unter Berücksichtigung des verschiedenen Maßes der Entwertung, anfänglich mehr, später weniger oder umgekehrt), Erhöhung der Abschreibungen wegen Schätzungsfehler der mutmaßlichen Lebensdauer (im Geschäftsbericht zu erwähnen) sind zulässig. Die Abschreibungen in der Form der Wertberichtigungskonten müssen für jede abschreibungsbedürftige Vermögensgruppe entsprechend dem Bilanzschema getrennt aufgeführt werden. Sonderabschreibungen sind als solche erkennbar zu machen.

Nicht abnutzbares Anlagevermögen wie Grund und Boden, Lagerplätze, landwirtschaftlich benutzte Grundstücke bleiben ohne Abschreibungen. Geschenktes Anlagevermögen wird nicht abgeschrieben, wenn es mit 1 M. in die Bilanz eingestellt wurde; ist es mit seinem Tageswert (als Höchstwert; Buchung Anlage-Konto an ein Reserve-Konto) aufgenommen, werden etwaige Wertverluste vom Reserve-Konto abgebucht.

b) Wertpapiere, die dauernd zum Geschäftsbetrieb bestimmt sind (vgl. § 261 a A III beispielsweise Beteiligungseffekten; die dauernde

---

[1]) Vgl. meine ‚Selbstkostenberechnung industrieller Betriebe', 9. Aufl., Frankfurt a. M. 1930, S. 314—342.

Kapitalanlage der Versicherungsanstalten in Pfandbriefen u. dgl.). Diese Wertpapiere dürfen ohne Rücksicht auf einen geringeren Wert zu den Anschaffungskosten angesetzt werden; nötigenfalls werden Abschreibungen — hier ist der alte Ausdruck im neuen § 261 geblieben — auf diese Kosten zu machen sein. Es gibt keine ‚Grundsätze ordnungsmäßiger Buchführung', die eine solche Abschreibung erforderlich machen. Die ‚Buchführung wertet und bewertet nicht, sie registriert nur. Im Text des Gesetzes soll es heißen: soweit die ‚Grundsätze ordnungsmäßiger Bilanzierung' Abschreibungen erforderlich machen.

Wie Beteiligungseffekten sind die Kapitalanteile an Personalgesellschaften, an G. m. b. H., an einer stillen Gesellschaft und einer bürgerlichrechtlichen Gesellschaft zu bewerten.

Die Zinsherabsetzung bei fest verzinslichen Wertpapieren, eine Sanierung von Obligationen durch Kapitalabwertung oder Beseitigung der Goldklausel, die Kapitalherabsetzung bei abhängigen Gesellschaften und Konzernunternehmungen können eine Abschreibung von den Anschaffungskosten bedingen.

Die Beteiligungen sind in der Bilanz gesondert, insbesondere getrennt von den übrigen Wertpapieren aufzuführen. Sie stehen im Schema zwischen Anlage- und Umlaufsvermögen, sind jedoch eine besondere Gruppe des Anlagevermögens, für deren Bewertung § 261, Abs. 2 maßgebend ist. In den Bankbilanzen (Monats- und Jahresbilanzen) findet sich schon bisher folgende Einteilung (vgl. ‚Bilanztechnik', S. 321 f.): a) Konsortialbeteiligungen (Einzahlungsbeträge bis zum Bilanzstichtag); b) Dauernde Beteiligungen bei anderen Banken und Bankfirmen (Anteile, Kapitaleinlagen bei Personalgesellschaften).

Die Wertpapiere, die dauernd zum Geschäftsbetrieb gehören, dürfen ohne Rücksicht auf einen geringeren Tageswert zu den Anschaffungskosten einschließlich der Bezugsnebenkosten wie Stempel, Umsatzsteuer, Provision, Maklergebühr eingesetzt werden. Der Gesetzgeber spricht hier von einem Dauerbesitz an Wertpapieren; hierher sind zu rechnen Beteiligungseffekten, der Dauerbesitz an Effekten als Kapitalanlage bei Versicherungsanstalten, Sparkassen und anderen Erwerbsgruppen, denen eine bestimmte Zusammensetzung ihres Vermögens vorgeschrieben ist. Unter Wertpapieren sind Effekten im Sinne des Kapitalverkehrs zu verstehen, also amtlich notierte und nichtnotierte Aktien, festverzinsliche Effekten, GmbH-Anteile, Kuxe. Neben den Effekten als Dauerbesitz gibt es noch andere Formen der Beteiligungen, für deren Bewertung § 261 sinngemäß Anwendung finden kann, beispielsweise Kapitaleinlage als offener oder stiller Gesellschafter, als Kommanditist, als Gesellschafter einer bürgerlichrechtlichen Gesellschaft.

Das Abschreibungsbedürfnis wird bei amtlich notierten oder bei marktgängigen (Freiverkehr der Börse, Angebot- und Nachfragepreis der Bankabteilungen für nichtnotierte Werte) Wertpapieren verhältnismäßig sicher erkennbar werden. Auch der Jahresabschluß einer Beteiligungsgesellschaft von 1932 an wird aufschlußreich sein können, wenn sie ihre Bilanz veröffentlichen muß. Die Wertminderung des Vermögensbestandes der Beteiligungsgesellschaft wird zu Abschreibungen auf den Beteiligungsbesitz zwingen. Anhaltspunkte geben überdies: eine dauernde Überkapazität im Verhältnis zur Absatzfähigkeit, dauernde Ertraglosigkeit, Verlust aus dem Kreditgeschäft sowie andere bekannt gewordene geschäftliche Vorgänge, beispielsweise Konkurs und Vergleichsverfahren, die Einstellung der Zinszahlungen für Zinseffekten.

Für die Kapitaleinlagen bei Beteiligungsgesellschaften stehen verschiedene Wertungsmöglichkeiten zur Verfügung: 1. Die Berechnung des wahren Bilanzwertes für je 100 Einheiten der Beteiligung, wobei keinerlei stille Reserven vorhanden sein dürfen. Die Angemessenheit der Abschreibungen auf Anlagen, Vorräte und die Debitoren ist zu prüfen. Der Gesamtsachwert der Unternehmung ergibt sich durch Zusammenzählung der Teilwerte des Vermögens.

2. Der Reproduktionskostenwert des Vermögens abzüglich der Schulden (wobei die Angemessenheit der Produktionsfähigkeit im Verhältnis zu den Absatzmärkten zu prüfen ist).

3. Ertragswert der Unternehmung: der von allen Zufälligkeiten und nichtorganischen Gewinnen bereinigte Ertrag mehrerer Jahre wird unter Abschätzung der künftigen Entwicklung als Ertragsaussicht kapitalisiert (vgl. meine „Wirtschaftslehre der Unternehmung“, Berlin 1926, S. 183 f.).

4. Ein kombinierter Schätzungswert von 2. und 3. Man nimmt das arithmetische Mittel von Reproduktions- und Ertragswert oder eine andere sachlich berechtigte Relation beider Werte als Gesamtwert der Unternehmung.

5. Innerhalb eines Konzerns muß die produktions- und absatzwirtschaftliche Bedeutung einer Konzernfirma bei der Ermittlung des Wertes der Beteiligung berücksichtigt werden. Wenn beispielsweise eine im Auslande ansässige Konzernfirma derartig günstige Produktionsbedingungen hat, daß sie 40 v. H. der Gesamtproduktion des Konzerns deckt und in Deutschland zu einer Preissenkung um 10 v. H. gegenüber den deutschen Mitbewerbern führt, dann besitzt ein solches Aktienpaket für die Muttergesellschaft des Konzerns einen beträchtlichen wirtschaftlichen Wert, der nicht an den Anschaffungskosten der Aktienbeteiligung gemessen werden kann, obgleich die Bewertung zu Anschaffungskosten vorgeschrieben ist. Grundsätzlich müssen Beteiligungen an Konzernfirmen für eine Konzernbilanz als wirtschaft-

liche Teilwerte des Ganzen und nach ihrer Bedeutung für den Konzern gewertet werden, so beispielsweise im Falle § 240 HGB.

6. In Sonderfällen kann die Pauschbewertung mit den Steuerkurswerten nach § 33 Reichsbewertungsgesetz gute Dienste leisten.

Die Wertpapiere werden in den Bewertungsvorschriften des § 261 unterteilt: α) Wertpapiere im Dauerbesitz der Gesellschaft (Beteiligungs- und Kapitalanlageeffekten), die mit ihren Anschaffungskosten abzüglich der notwendigen Abschreibungen anzusetzen sind.

β) Wertpapiere des Umlaufsvermögens, die nicht dauernd für den Geschäftsbetrieb bestimmt sind, und eigene Aktien (für beide gilt das Niederstwertprinzip).

Im Bilanzschema hingegen sind die Wertpapiere anders gruppiert: a) Beteiligungseinlagen, Beteiligungsaktien, Kuxe (§ 261, a. III); b) Wertpapiere des Umlaufsvermögens; c) eigene Aktien, d) Wechsel, e) Schecks (§ 261, IV). Die Effekten als dauernde Kapitalanlage sind nicht gesondert aufgeführt. Eine vollständige Gliederung würde so aussehen:

I. Dauernder Besitz an Wertpapieren: a) Beteiligungspapiere wie Aktien, Kuxe, GmbH-Anteile; b) verzinsliche Effekten der Kapitalanlage.

II. Wertpapiere des Umlaufsvermögens: a) Effekten im Sinne des Kapitalverkehrs; b) eigene Aktien der Gesellschaft; c) Wechsel, d) Schecks.

c) Für Veräußerungsgegenstände (Erwerbung oder Herstellung in der Absicht, sie zu veräußern oder zu verarbeiten und zu veräußern), wie Wertpapiere, Warenvorräte, sowie für eigene Aktien und für andere Teile des Umlaufsvermögens gilt das Niederstwertprinzip: es konkurrieren Börsen- bzw. Marktpreise des Bilanzstichtages für marktnotierte Vermögensteile mit den Herstellungs- oder Anschaffungskosten. Für Veräußerungsgegenstände ohne Börsen- oder Marktpreis (z. B. Erzeugnisse der Fertigungsindustrie) konkurrieren Herstellungs- bzw. Anschaffungskosten mit dem Tageswert, d. i. der am Bilanzstichtag erzielbare Veräußerungspreis. In beiden Fällen gilt von den konkurrierenden Werten der niedrigere als Höchstwert für die Bilanzaufstellung.

Insoweit Anschaffungs- oder Herstellungskosten vorhanden sind, konkurrieren sie mit dem Börsen- oder Marktpreis (Niederstwertprinzip). Für andere Vermögensteile ohne Anschaffungskosten und ohne Marktpreis gelten die Bestimmungen des § 40 HGB (Tageswert als Höchstwert, beispielsweise Forderungen).

d) Die Verordnungen über einmalige Bilanzierungserleichterungen (vom 15. 12 und 23. 12. 1931) gestatten für Bilanzen mit einem Stichtag vom 1. 7. bis 31. 12. 1931 einen Ausnahmezustand:

Wertpapiere, die nicht dauernd zum Geschäftsbetrieb bestimmt sind, können ausnahmsweise anders bewertet werden, wie unter c) ausgeführt. Wertpapiere mit einem Börsen- oder Marktpreis dürfen mit dem

Mittel der Börsenkurse für diese Wertpapiere vom Juni und September 1931 bewertet. Ist ein Börsenpreis im September 1931 nicht festgestellt, tritt an seine Stelle das Mittel der Börsenpreise für Juni 1931 abzüglich 20% des Nennwertes bei Aktien und 10% bei Schuldverschreibungen. Insoweit die zwischenzeitlich (d. h. nach dem 30. 6. 1931) bekannt gewordenen besonderen Verhältnisse des Ausstellers der Aktien und der Schuldverschreibungen nach den Grundsätzen ordnungsmäßiger Bilanzierung eine niedrigere Bewertung erforderlich machen, ist sie zu berücksichtigen. Eigene Aktien sind wie Wertpapiere des Umlaufsvermögens zu behandeln.

Für Jahresbilanzen mit dem Stichtag vom 1. 7. 1931 bis 30. 6. 1932 kann (muß aber nicht) für Gegenstände des Umlaufsvermögens die Substanzwertminderung, die durch Entwertung eingetreten ist, ein Entwertungskonto, bis zu 75% des Entwertungsbetrages gegenüber dem Bilanzwert der letzten Bilanz bzw. gegenüber den Anschaffungs- oder Herstellungskosten während des laufenden Geschäftsjahres unter die Aktiva eingestellt werden; 25% sind abzuschreiben. Dieses Entwertungskonto darf nicht höher sein als 30% des Grund- oder Stammkapitals zuzüglich des in der Bilanz ausgewiesenen, zur Deckung eines Verlustes verfügbaren Reservebetrages (offene Reserven wie der gesetzliche Reservefonds und die freiwilligen Rücklagen mit der Zweckbestimmung, bestimmte Verluste zu decken, wie Kursverlust-, Warendelkredere-Reserve). Das Entwertungskonto ist spätestens innerhalb der nächsten fünf Geschäftsjahre durch angemessene jährliche Abschreibungen zu tilgen. Die Abschreibungsbeträge können ungleich groß sein. Eine vorzeitige Abschreibung ist zu lässig. Die Tilgung darf auch aus der vorhandenen gesetzlichen Reserve, § 262, erfolgen, ein Sonderfall der Verwendung; die jährliche Dotierung der gesetzlichen Reserve, das Aufgeld und die Zuzahlungsreserve dürfen gleichfalls zur Tilgung verwendet werden, soweit nicht der Reingewinn oder andere Verlustdeckungsreserven ausreichen. Eine Gewinnverteilung ist bis zur vollständigen Tilgung des Entwertungskontos unzulässig, eine Bestimmung, die es zweifelhaft erscheinen läßt, ob eine Unternehmung nicht besser tut, die Entwertung der Vermögenssubstanz in einer Summe abzuschreiben und von dem Recht der erleichterten Kapitalherabsetzung Gebrauch zu machen. Die Tilgungsbeträge sind einkommens- und körperschaftssteuerfrei, das Entwertungskonto gilt als Teil des Vermögens, nicht als Verlustposten (wichtig bei Konkurseröffnung wegen Überschuldung und beim gerichtlichen Vergleichsverfahren; vgl. auch § 240 HGB. und § 49 GmbH.).

Für Versicherungsaktiengesellschaften und Bausparkassen, für Versicherungsvereine auf Gegenseitigkeit finden die Bestimmungen unter d sinngemäß Anwendung. Auch für Unternehmungen, welche die aktienrechtlichen Bewertungsgrundsätze von Rechts wegen oder auf Grund der bisherigen Übung anwenden, gelten die Bestimmungen sinngemäß.

e) Der Umfang der Anschaffungs- und der Herstellungskosten:

1. Anschaffungskosten sind alle unmittelbaren oder Sonderkosten für den entgeltlichen Erwerb eines Vermögensgegenstandes. Die Gemeinschaftskosten (Handlungsunkosten, Regie, Generalia), die Kosten des Einkaufsbüros bleiben außer Ansatz.
2. Herstellungskosten. Der bisher umstrittene Umfang dieser Kosten ist in der von mir vertretenen Anschauung (vgl. meine ‚Selbstkostenberechnung', S. 350 f.) entschieden worden. Ein Beispiel: Herstellungskosten für Anlagevermögen (wie Maschinen, Werkzeuge, Apparate, Gebäude):

Werkstoffkosten	10 000	
Gemeinschaftskosten f. die Stoffverwaltung 10%	1 000	11 000
Fertigungslöhne	50 000	
200% Fertigungsgemeinschaftskosten einschließlich angemessener Abschreibungen auf die Fertigungsanlagen	100 000	150 000
1. Herstellungskosten (Fabrikselbstkosten)		161 000
allgemeine Verwaltungskosten 6%		9 660
2. erweiterte Herstellungskosten		170 660
allgemeine Vertriebskosten 10% der Herstellungskosten		16 100
besondere Vertriebskosten (Rabatt, Umsatzprämien, Verkaufsfracht) 20% von den Selbstkosten		46 690
3. Selbstkosten		233 450

Die höchst zulässige Bewertung im Beispiel sind die erweiterten Herstellungskosten mit 170 660. Davon sind angemessene Abschreibungen anzusetzen.

Die Einrechnung angemessener Anteile an Abschreibungen, Betriebs- und Verwaltungskosten in die Herstellungskosten führt zu einer Aufbesserung des Jahresreingewinns, weil Unkosten teilweise aktiviert werden und durch den Zuschlag eine Erhöhung des Bilanzwertes der Anlagen, nicht aber ihres wirtschaftlichen Wertes eintritt. Gewinnschmälernde Ertragskosten werden durch dieses Verfahren in die Vermögensrechnung übernommen. Wer den Zuschlag unterläßt, was zulässig ist, belastet den Jahresgewinn mit der vollen Summe der erwähnten Gemeinschaftskosten.

Die bisher üblichen Kalkulationsformeln müssen für Bilanzierungszwecke abgeändert werden; die allgemeinen Vertriebskosten (wie Reklame, Kosten der Vertriebsstellen, der Verkäufer, der ganzen Vertriebsorganisation) müssen im Rechnungsschema abgesondert werden. Die besonderen

Verkaufskosten (Fracht, Zölle u. ä.) wurden schon immer gesondert berechnet. Die Abschreibungen auf Außenstände zählen zu den Vertriebskosten wie die Kosten für die besondere Sicherung der Kaufpreisforderung; Wechseldiskont auf Akzepte des Käufers, Einzugskosten rechnen ebenfalls hierher.

„Angemessene Anteile an den Betriebs- und Verwaltungskosten", „die auf den Zeitraum der Herstellung entfallen", heißt es im Gesetz. Diese betriebswirtschaftlich unglückliche Formulierung braucht keine Kopfschmerzen zu verursachen. Man mißt nur selten den Anteil an den Gemeinschaftskosten nach dem Zeitraum der Herstellung, so beispielsweise bei Stunden- und Tageszuschlägen. Man bleibt bei der bisher angewendeten Divisions- oder Zuschlagsmethode der Stückkalkulation. Nicht einrechenbar sind die Mehrkosten wegen Unterbeschäftigung.

Die Anschaffungskosten dürfen keine Zuschläge erhalten. Gründe für die verschiedene Behandlung von Anschaffungs- und Herstellungskosten hinsichtlich der Zurechnung von Gemeinschaftskosten sind nicht ersichtlich.

f) Die Kosten der Verwaltung dürfen nur anteilsmäßig im Rahmen der Bewertung von Anlagen (und Vorräten) aktiviert werden. Die Aktivierung und damit eine bilanzmäßige Verteilung im Wege der Abschreibung) von Kosten der Einrichtung oder der Organisation ist in bestimmten Fällen zulässig. Es werden beispielsweise beträchtliche Aufwendungen im Inland und im Ausland gemacht, um den Verkaufsapparat oder eine Aufkauforganisation aufzubauen. Es werden auch Reklamemittel beschafft, es wird die Quote an einem Verkaufskartell erworben. Die Lebensversicherungsgesellschaften aktivieren Teile der Aquisitionskosten.

Ein Firmenwert als ideelles Aktivum ist nur bei entgeltlicher Erwerbung zulässig. Man kann bei einer Übernahme- und Umwandlungsgründung auf einen besonderen Aktivposten verzichten, wenn innerhalb der Grenzen des gemeinen Wertes die erworbenen Anlagen über ihre Anschaffungskosten hinaus bewertet werden[1]) (a. M. Schlegelberger S. 210).

Wenn eine Unternehmung beispielsweise einen 10jährigen Nutzungsvertrag für eine zum Gebrauch überlassene Anlage (Haustelefone beispielsweise) abschließt, hat sie das Recht, den Wert dieser Nutzungsverträge zu aktivieren. Sie wird die Jahresbeiträge des Nutznießers nach der Renten-

[1]) Vgl. meine ‚Wirtschaftslehre der Unternehmung', 5. Aufl., Berlin 1926, S. 262 f.

formel auf den Barwert diskontieren, die Zahlungsfähigkeit, die selbst zu tragenden Unterhaltskosten und die Abnutzung der verliehenen Anlagen bei der Bewertung berücksichtigen. Ebenso darf ein mehrjähriger Monopollieferungsvertrag in angemessener Höhe aktiviert werden, wofür die möglichen Umsatzmengen und der voraussichtliche Ertrag Anhaltspunkte geben.

g) Anleihen[1]. Ihr Bilanzwert ist, richtig berechnet, der diskontierte Rückzahlungsbetrag. Meist setzt man sie jedoch mit ihrem Nennwert ein, eine nicht verbotene Höherbewertung von Schulden, die eine stille Kapitalreserve einschließt. Ein Beispiel: Ausgabekurs einer 6 %igen Anleihe 70 % (d. h. 30 % Disagio), rückzahlbar zu 105 %, Tilgung in 20 Jahren. Wir bilanzieren wie folgt:

Aktiva.

Disagio	30	
Rückzahlungsaufgeld	5	
	35	
Abschreibung 5%	1,75	33,25
Bankkonto separato, Erlös		70

Die Ausgabekosten sind als ertragschmälernde Aufwendungen in die Gewinn- und Verlustrechnung einzustellen.

Passiva.

Anleihen, nicht besonders gesichert, Rückzahlungswert	105

Die Abschreibungsdauer des aktivierten Verlustes, d. h. die Verlustverteilung ist auf die Tilgungsdauer beschränkt. Mit der fortschreitenden Rückzahlung vermindert sich auch automatisch der Aktivposten Disagio. Etwaige Kursgewinne durch freihändigen Rückkauf der Anleihen unter 100 % mindern diesen Aktivposten.

Bei langfristigen oder festen Darlehen darf der Unterschied zwischen Nennwert und Auszahlungsbetrag, das Damno, ebenfalls aktiviert werden, beispielsweise bei Hypothekenschulden; die höchst zulässige Abschreibungsdauer ist die Darlehensdauer (a. M. Schlegelberger S. 212 gegen Neufeld S. 89).

Die wirtschaftlichen Bedenken gegen die Aktivierung von Verlusten bei der Ausgabe von Anleihen sind die gleichen wie bei Darlehen. In beiden Fällen läßt sie sich rechtfertigen mit dem Hinweis, daß Disagio und Damno wirtschaftlich den Aufwand für Zinsen regulieren und auf die Dauer des Darlehens zu einer mittelbaren Erhöhung der Zinslasten führen. Die

[1] ‚Bilanztechnik', Seite 229—234.

nominellen Darlehenszinsen auf dem Zinsenkonto zuzüglich Abschreibungsbeträge auf das aktivierte Disagio oder Damno geben die effektive Verzinsung für das Bilanzjahr.

Ist das Rückzahlungsgeld am Bilanzstichtag unbestimmt, beispielsweise weil es sich nach der Höhe der Dividende richtet, empfiehlt sich eine angemessene Rückstellung als Vorverteilung später eintretender Verluste.

Für die G. m. H. ist § 42 nicht abgeändert; auch die Gliederungsvorschriften gelten nicht. Doch wird es sich empfehlen, den Vorschriften für die A. G. sich anzupassen.

FSC
www.fsc.org
MIX
Papier | Fördert
gute Waldnutzung
FSC® C083411

Kolibri 360 GmbH
Ferdinand-Jühlke-Straße 7
99095 Erfurt, Deutschland
produktsicherheit@kolibri360.de